心理学丛书

普通心理学

孟昭兰 主编

北京大学出版社

图书在版编目(CIP)数据

普通心理学/孟昭兰主编. —北京：北京大学出版社,1994.9
(心理学丛书)
ISBN 978-7-301-02568-0

Ⅰ. 普… Ⅱ. 孟… Ⅲ. 普通心理学 Ⅳ. B84

书　　　　名：	普通心理学
著作责任者：	孟昭兰　主编
责 任 编 辑：	朱新邨
标 准 书 号：	ISBN 978-7-301-02568-0/B・138
出 版 发 行：	北京大学出版社
地　　　　址：	北京市海淀区成府路205号　100871
网　　　　址：	http://www.pup.cn　电子邮箱：zpup@pup.pku.edu.cn
电　　　　话：	邮购部 62752015　发行部 62750672　理科部 62752021
	出版部 62754962
印　　刷　者：	三河市博文印刷有限公司
经　　销　者：	新华书店
	850 mm×1168 mm　32 开本　20.75 印张　540 千字
	1994 年 9 月第 1 版　2019 年 5 月第 31 次印刷
定　　　　价：	45.00 元

未经许可,不得以任何方式复制或抄袭本书之部分或全部内容。
版权所有,侵权必究
举报电话：010-62752024　电子邮箱：fd@pup.pku.edu.cn

内 容 简 介

本书系统地阐述了人的心理活动的一般规律,完整地介绍了心理学从感觉到思维,从无意识到意识,从动机到能力,从气质到个性的基本概念、理论和知识。比过去的教材增加了个体毕生心理发展、人类心理演化、社会心理与行为、心理异常与治疗等构成心理学基本理论体系的篇章,吸收了近 20 年来国内外在神经科学、认知科学和个体早期发展研究中的新成果,注意了理论联系实际。本书是为高等学校心理学专业本科基础课使用的教科书,也可作为教育、医学、社会学、管理学、军事、司法、体育、艺术等专业的教材或参考书以及这些领域中实际工作者的参考读物。

前 言

本书是为高等学校心理学专业本科基础课编写的教科书。编者总结了多年来北京大学心理学系普通心理学课程的教学经验，参阅了近年来国内出版的多种优秀教材以及国外，特别是美国在全美范围推荐的优秀版本，据此编写而成。

普通心理学作为专业基础理论课和入门课，要求阐述本学科在科学上已定论的一般规律、基本理论和知识，又要求介绍本学科领域具有重大影响的科研新成果。因此，教科书存在着应予不断更新的问题。

为此，本书系统地阐述了普通心理学理论体系中从感觉到思维、从无意识到意识、从动机到情绪、从能力到人格的完整概念和学科知识；吸收了近20年来国内外在神经科学、认知科学以及个体早期发展研究等方面的新成果；增加了个体毕生心理发展、人类心理演化、社会心理与行为、心理异常与心理治疗等构成心理学基本理论的篇章，以扩大初学者的学术视野；还注意了理论联系实际。

编者还精减了旧教材中一些单纯描述、过于繁琐的内容，但鉴于人的心理的复杂性和迄今尚未完全解决的研究方法上存在的困难，在涉及某些高级心理过程的一些章节，不可避免地仍存在着许多缺乏实证而流于描述的内容。这将有待于一代代心理学家坚持不懈地潜心研究和执着努力，以提高心理学的科学水平。

本书的主要撰写人是北大心理学系普通心理学课程教学集体。第一、二章导言和心理的生理基础由孟昭兰编写；三至五章感觉、知觉、意识由王垒编写；第六章记忆由郭淑琴、第七章学习由包燕编写；第八、九章言语、思维由孟昭兰编写；第十、十一章动机、情绪由邓惠编写；第十二、十三章技能与能力、人格由王垒编写。社会心理与行为由胡平、毕生心理发展由孟昭兰完成。特别要提出的是，人类心理演化和变态心理与心理治疗两章分别特邀生理心理学家邵郊教授和临床心理学家陈仲庚教授撰写，在此特向两位专家表示感谢。

由于受本书编者的能力和时间的局限，诸多疏漏在所难免，恳请读者和同行们批评指正。

孟昭兰
1993.12 于北大

目 录

第一章 心理学的性质 ··· 1
- 第一节 心理学的概念范围 ···································· 1
- 第二节 心理学的领域与分类 ································· 11
- 第三节 心理学的探讨途径与研究方法 ······················ 19

第二章 心理活动的生理基础 ··································· 34
- 第一节 神经细胞的信息传递功能 ··························· 35
- 第二节 神经系统的结构与功能(一)
  ——外周神经系统与心理 ································· 42
- 第三节 神经系统的结构与功能(二)
  ——中枢神经系统与心理 ································· 50
- 第四节 神经系统的结构与功能(三)
  ——大脑皮层与心理 ····································· 57
- 第五节 内分泌系统与心理 ··································· 72

第三章 感觉 ··· 77
- 第一节 概述 ··· 77
- 第二节 感觉的度量 ··· 83
- 第三节 感觉现象 ·· 90
- 第四节 视觉 ··· 94
- 第五节 听觉 ··· 108
- 第六节 其他感觉 ·· 114

第四章 知觉 ··· 121
- 第一节 概述 ··· 121
- 第二节 知觉的基本特性 ····································· 123
- 第三节 空间知觉 ·· 136
- 第四节 时间知觉与运动知觉 ································ 144
- 第五节 知觉中的错觉 ·· 148

第六节	分类过程	149

第五章　意识 154

第一节	概述	154
第二节	注意	158
第三节	意识的各种变体	164

第六章　记忆 173

第一节	概述	173
第二节	感觉记忆	184
第三节	短时记忆	189
第四节	长时记忆	197

第七章　学习 224

第一节	概述	224
第二节	学习的联结理论	240
第三节	学习的认知理论	255
第四节	学习理论的对立与融合	266

第八章　言语 268

第一节	语言和言语概述	268
第二节	言语活动的生理基础	279
第三节	言语活动的组织	285
第四节	言语获得规律	300

第九章　思维 308

第一节	概述	308
第二节	表象和想象	318
第三节	概念	328
第四节	问题解决的思维过程	336
第五节	思维的机制	348

第十章　动机 358

第一节	概述	358
第二节	动机理论	365
第三节	动机的种类	373

第十一章　情绪和情感 387

第一节	概述	387
第二节	情绪的形式和类别	395
第三节	情绪的生理基础	404
第四节	情绪理论	416
第五节	情绪调节与情绪健康	424

第十二章 技能与能力 433

第一节	技能	433
第二节	能力概述	441
第三节	能力结构	446
第四节	智力的决定因素	451
第五节	智力测量	462
第六节	智力的个体差异	469

第十三章 人格 474

第一节	概述	474
第二节	气质	481
第三节	人格特质论	488
第四节	人格的心理动力学理论	496
第五节	人格的人本主义理论	509
第六节	人格的学习理论	513
第七节	人格的认知理论	517
第八节	人格测评	519

第十四章 毕生心理的发展 527

第一节	婴儿心理发展的生物因素及早期社会化	529
第二节	儿童语言与认知的发展	538
第三节	儿童、青少年的人格发展	545
第四节	青年、中年与老年	550

第十五章 社会心理与行为 558

第一节	社会心理学发展史及其结构	559
第二节	个体社会化	563
第三节	社会知觉和归因理论	571
第四节	态度和态度改变	579

| 第五节 | 社会心理学的应用研究 | 587 |

第十六章 人类心理的演化 595
第一节	心理演化的一般概念	595
第二节	人类行为和心理演化的生物根源	607
第三节	文化环境对人类行为和心理演化的影响	618

第十七章 变态心理与心理治疗 627
第一节	概述和历史	627
第二节	心理障碍重要类别的例举	635
第三节	心理治疗和预防	643

第一章 心理学的性质

第一节 心理学的概念范围

一、心理现象

无论意识到或没意识到,觉醒着的人每时每刻无不进行着心理活动。就在我提醒你的这一瞬间,你就会意识到自身正在进行着的心理活动。事实上,只要你对自己略加思索或注意,各种各样的心理现象就会跃然呈现,并常常可为自身所觉知。

但是,什么是心理活动?哪些现象属于心理活动的概念范围?这是首先应当弄清楚的。要知道,心理现象是很复杂的,心理学同其他科学一样,包含着一个完整的概念体系。

例如,人是如何感知光亮和颜色的;为什么人处在暗光线作用下就失去色觉;声音的强弱、高低以及节奏和旋律是怎样为人所觉知的?又如,人每日每时接触无数的外界事物,有的是无意中遇到的,有的是有意地学习的,但无论在哪种情况下,都有某些部分在人的记忆里保存下来,而更多的则被遗忘了,这是什么原因造成的?师傅与学徒在排除机器故障中经历的过程、采取的步骤和方法可能是不相同的。这种差别显然是由于他们的有关知识和经验有所不同所致,那么,在他们的头脑里所进行的解决问题的思维过程有什么不同?工程师的创造过程和艺术家的创作活动,在运用词的思维与形象思维中有什么异同?再如,是什么动机力量驱使人去进行各种性质不同的活动的? 为什么人的心理和行为会出现异常或变态? 又为什么在异常心理中,首先发生的是感情或情绪上的困扰？人们从舞台上、小说里以及在生活中知道，没有哪两个人的个性是完全相同的，尽管他们的性格在某些方面可以相似，这又是怎么形成的？

类似这样的心理事例俯拾皆是。这里已经涉及到感觉、知觉、记忆、思维、动机、情绪、个性特征等心理过程和人格特性。这些过程是通过人脑的活动实现的，是外界事物作为信息传入人脑，经过人脑的加工、处理，从而产生的心理活动诸形式。如果说，非心理学专业人员对其中某些方面，如视、听的形成，思维的延展，可以不必特意去注意和解释，而诸如智力的提高，个性的培养，心理病态的产生，行为异常的出现以及社会适应问题，却是人们不能不去加以认真对待和精心处理的。人们在社会生活中，老师与学生、医生与病人、厂长与工人之间的关系、学生的勤奋与苦恼、少年的激情与偏颇、青年的婚姻与创业、中年的成就与压力、老年的满足与孤独、凡此种种，即使在很大程度上是社会因素造成的，但也是通过自身的心理反应而对自身起作用的。因此，这种心理现象应该引起人们的普遍关注并必须加以研究。

社会的进步、生产的发展以及文化的缔造，关键在于人。社会首先应当关注的是人心的向往和需求的发展。社会的成功在很大程度上，要把人的愿望与渴求引导到社会总目标的规范之下。这就需要认识人、了解人，认识人的心理活动——它们如何产生，以哪些形式存在，它们的活动规律是什么以及它们对人的生活活动有什么意义和作用。

心理学是一门科学。早在1890年，美国心理学家威廉·詹姆士(W. James, 1842—1910年)指出，"心理学是研究心理生活的科学；它既研究心理生活的现象，又研究这些现象产生的条件……所说的现象就是我们称之为情感、欲望、认知、推理、决定等一类的东西"(詹姆士：《心理学原理》，1890年)。这无疑是正确的。

一百年来，心理学研究已有了很大的发展。人们认识到，心理活动是通过人脑的活动实现的。人脑的功能在于它可接受外界现实的多种信息。如声音的或光线的,言语的或形象的,抽象的或具体的等等。各类信息以不同方式或多种过程在脑内进行整合,并以人的言语、动作和活动等行为方式反应出来。因此,心理学可定义为:心理学是研究人脑对外界信息的整合诸形式及其内隐、外显行为反应的一门科学。

心理学是一本打开了的书,它对人的心理进行剖析,向人们展示作为社会成员的个人,在从事劳动、学习、工作和社会交往活动中所依赖的科学基础。

二、心理与脑

心理现象与苹果、桌子、机器等物质的东西不同,它是一种精神现象。

在远古时代,人由于知识水平的局限,对人的感觉、思维、意识等心理现象不能科学地加以解释,从而把它们归之为不可捉摸的灵魂作用,认为人和整个世界都是由一种无形的、超自然的和永存的精神力量所主宰。从这种观点产生了唯心主义的哲学世界观。唯心主义哲学断言精神是第一性的,精神先于物质而存在,从而把宇宙万物归结为精神本源。如英国主教贝克莱(G. Berkeley,1685—1753)提出,"存在就是被感知"(贝克莱,《视觉新论》),我国明代哲学家王守仁认为,"天下无心外之物"(《阳明全书》卷一,《传习录》上)。按照这种哲学思想,心理现象乃成为一种无源之本、神秘莫测的东西了。

然而,在思维与存在、物质与精神的关系问题上,自古即存在着朴素的自然观,如认为灵魂是一种气体,有一定的存在形式,占有一定的空间等等,以后逐渐形成了与唯心主义相对立的唯物主义哲学观。古希腊哲学家德谟克里特(Democritos,约公元前460—370)指出,世界万物是原子构成的,灵魂也是原子构成的。亚里士多德(Aristotle,公元前384—322)认为,灵魂依附于肉体,肉体的活动产生了灵魂。中国古代哲学家荀子(约公元前300年左右)也提出了先有身体而后才有精神的论断。这是在西方和中国最早明确提出的物质与精神的唯物主义因果论。

欧洲经历了中世纪(公元500—1500年)扼杀科学的宗教黑暗统治之后,经过文艺复兴时期,自然科学和唯物主义哲学有了很大的发展。英国唯物主义哲学家霍布斯(T. Hobbes, 1588—1679)摒弃了对灵魂实体的唯心主义思辨,把心理同身体和脑视为不可分割的东西,主张一切心理现象都是物质运动的结果,认为一切知识开端于感觉,认识首先是由外界物体的运动作用于人的感官,引起感官的相应运动,并通过神经运动传到脑,引起脑的运动,从而就产生了感觉。与霍布斯差不多同时的英国哲学家、教育学家洛克(J. Locke, 1632—1704)和法国哲学家笛卡尔(R. Descartes, 1596—1650)对心理科学的产生有重要的影响。洛克是经验论心理学思想的代表,他批判了"天赋观念说",认为人的全部观念都是通过感官,"归根到底都是导源于经验的"。他提出了人的心灵好比一块白板,凭借外部和内部经验在白板上留下痕迹就是知觉、思维、信仰、认识、意欲以及人的一切作用(洛克,《人类理智论》)。笛卡尔是二元论者,他认为人的身体就是一部机器,其构造和作用可以机械的原理作出解释,从而他提出了"反射"的概念;而把感觉、思维等心的现象仍归之为灵魂活动。他认为身心可以互相影响,身心交感之处在脑内的松果体。我国古代医学家李时珍(1518—1593)也曾指出,"脑是元神之府","泥丸之官,神灵所集"(《本草纲目》)。中国医学在18世纪通过尸体解剖和临床观察,已明确提出心理活动不在心脏而在脑内发生的观点。

随着自然科学的发展,唯物主义哲学对精神现象的理解日益建立在科学的水平之上。19世纪后半叶,俄国生理学家谢切诺夫在《脑的反射》一书中把心理、意识活动均归结为脑的反射活动。这标志了对心理现象的本质理解的一大飞跃。到19世纪末,俄国革命家列宁指出"……心理的东西,意识等等,是物质(即物理的东西)的最高产物,是叫作人脑的这样一块特别复杂的物质的机能"

(列宁,《唯物主义与经验批判主义》)。按照辩证唯物主义哲学的解释,心理是脑的机能,是客观世界在人脑中发生的反映。这一论断科学地阐释了心理现象的本质属性。

简略的历史回顾说明了人类对心理现象本质的理解,对心理与脑和神经系统的关系的认识,是经过漫长的科学史和哲学史的发展历程才得到的。而后又在现代自然科学的发展中得到了进一步的科学解释。

(一) 心理是脑的机能

自然科学的发展阐明了心理现象是神经系统和脑长期演化的产物。生物进化史表明,生物进化到一定阶段,产生了神经系统和脑。神经系统和脑在进化的不同阶段,发生了相应的、不同水平的心理现象,这就是动物的心理。

动物进化有一个很广的差异幅度。处于不同进化阶段的动物,其心理的发展水平有很大的不同。一般来说,无脊椎动物只有感觉,脊椎动物发展出了知觉,哺乳动物的灵长类开始具有思维的萌芽。这无不决定于它们在长期演化中所处的生存环境的特殊性以及神经系统和脑的发展水平。例如,只有在形成了神经节索的动物种属,如节肢动物中的蜘蛛或环形动物中的蚯蚓,它们的神经系统达到了初级中枢化,才能对单个刺激物或刺激物的单独属性产生确切的感觉。然而处于更低等的网状神经系统的水生腔肠动物,如水螅、水母等尚未形成神经中枢,它们对刺激物只能产生感应性反应而达不到感觉的水平。又例如,只有在发展了完善的感受器(感官)和运动器官的某些种属,如脊椎动物中爬行类的蜥蜴、蟒蛇等具有了明显的大脑皮质,才能对完整客体的各种属性进行整体反映而达到知觉水平。直至前人类动物进化最高水平的猿猴的脑,在形态和体积上与人类最为接近,这样才达到具有一定的抽象概括的推理能力,从而达到了思维的萌芽水平。

每高一级生物的神经系统和心理,是在低一级生物的神经系统和心理的水平上发展而来的。然而前者既达到了高一级水平的具有新质的心理形式,又保留着后者低一级水平的心理形式。例如节肢动物只有感觉,而爬行类既发展了知觉,也保留了感觉;猿猴不但有思维的萌芽,也仍保留着感觉和知觉的反映形式。不仅如此,那些作为保存下来的低级心理形式,其神经基础在进化中也仍然得到发展。因此,猿猴的感觉对蜘蛛的感觉,人类的知觉对蜥蜴的知觉来说,就有了很大的发展。这种心理由低级形式到高级形式发展,高级阶段保留低级形式的这一特点,到人类阶段就形成了包括低级形式和高级形式的多阶梯、多水平的不同的心理活动诸形式的心理结构。

人类具有高度发展的神经系统和大脑。作为大脑的机能,派生了人类高度发达的认识能力和智慧,发展了人类语言和抽象思维,蕴育了无限丰富的想象力和创造才能,以及复杂多样、各具特征的人格整体。神经系统和大脑是使人类高于万物的物质基础;人类诸多心理形式所构成的智慧与才能以及整个的精神世界,是使人成为万物之灵的所在,这样,人类主宰世界和探索宇宙,直至最终掌握人类命运,才成为可能。

人脑的结构和机能与心理现象相联系,是逐渐为科学研究所发现的。直到19世纪中叶,脑科学的发展才从解剖上与心理现象联系起来。1861年,法国外科医生布罗卡(P. Broca)发现,大脑左半球皮层额下回受损伤的病人罹患了运动性失语症。这个区域后来被命名为布罗卡区。后来还陆续发现,皮层颞上回受损伤引起失听症,额中回受损伤产生失写症,顶叶角回受损伤引起失读症等。这些发现粗略地证明了大脑部位功能专门化的假设。

本世纪60年代以来,斯佩里等(R. Sperry,1970)在为治疗癫痫发作而施行割断连接两个大脑半球的胼胝体手术中,发现大脑两半球的心理功能是有差异的。经过反复的研究发现,左半球为言语思维优势,右半球为空间定向优势。此后,持续的对两半球单侧化的大量研究,进一步揭示了左半球为认知优势,右半球为情绪优势;以及左顶叶为正性情绪优势,右顶叶为负性情绪优势等功能差异(R. Daridson,1985)。

与此同时,微电极技术的发展取得在细胞水平上的研究成果。休伯尔和维塞尔(D. Hubel and T. Wiesel,1981)对视觉感受野的研究发现,大脑皮层上的某些细胞专门负责接受外界一定方向的线条、形状、边缘等视觉刺激;而对脑的核心部位的微电极埋藏研究指明,下丘脑的某些部位分别产生正性或负性情绪反应等。

早在本世纪 40 年代,加拿大医生潘菲尔德(W. Penfield,1891—1976)在人的大脑手术中发现,对脑的刺激作用引起患者的某些记忆,促进了以后对记忆的神经传导和物质变化的研究。在动物实验中发现,记忆活动中神经突触上的核糖核酸增多,从而发现核糖核酸是记忆的物质基础;血液中酶物质的增多超过脑中核糖核酸的数量,就会导致记忆的破坏,从此开展了大量的关于脑生物化学的研究。

所有这些以及许多其他研究成果,越来越精确地证明脑是心理的器官,心理是脑的机能。尽管当前脑科学的发展水平,对于说明全部心理机制还有很大差距,但是可以肯定,随着脑科学的进步,心理的生理机制定将得到更精确的揭示。

(二)心理是脑对客观现实的反映

心理现象作为脑的机能是以活动的形式存在的,它以脑的神经活动为物质基础。脑的神经活动是生理的、生化的过程,而心理活动则是在这些过程中发生的对现实外界刺激作用的反映活动,是对外界信息的加工。

在此不妨作一个类比。大脑好比一个加工厂,神经组织好比是机器部件,化学递质好比是润滑油,客观现实影响于人的刺激事件好比是原材料。每当原料进入车间,机器运转起来,流水作业线上所产生的"心理产品"不断地流动着生产出来。当然,类比总是有很大局限性的。它只是说,外界环境刺激事件作用于人的感受器,引起神经系统的活动——神经系统活动的复杂性正好比机器装备系统活动的复杂性一样——产生感觉、知觉、记忆、思维、想象、情绪、意志等心理活动。环境刺激事件是心理的源泉和内容。神经过程对它们的加工和处理就是心理活动。因此,一切心理活动都是由神经活动过程携带的对现实刺激的反映。

心理的反映有几个重要的特点:

首先,心理是观念的反映。物质世界的反映形式是多种多样的。有物理的、化学的、生物的等等。所有这些反映形式都是物质的反映——物质的相互作用和影响。例如,物理的力的、电的或原子的作用所产生的能量是物质的能量;力的作用与反作用,电的阴、阳,原子的聚合与裂变,都是物理的反映形式。化学元素的化合与分解所产生的化合物,也是物质的东西;化合与分解就是化学的反映形式。生物的遗传与变异所产生的新个体或新物种,无疑是物质的实体;个体的新陈代谢就是生物的反映形式。唯有心理的反映形式是非物质的、观念的反映。脑的神经过程本身,如兴奋与抑制,是物质的过程;但是人脑这一独特的、物质世界最精密发展的产物,具有一种产生观念的特性。在神经过程进行的兴奋的传递或抑制的阻抑的同时,产生观念的反映。诸如水生网状神经系统生物遇到刺激产生的感应性以全身运动的反应形式表现出来,这种感应性是生物体所独有的,是心理的最原始形态。又如猫狗根据嗅觉记忆路途,猿猴根据手势或符号认知信号的意义。刺激物的意义通过脑的过程在动物的行为应答中表现出来。这些感知、记忆、理解等等,就是非物质的、观念的反映。这种观念的反映,在人的阶段,可为产生这些观念的主体——人所觉知,这就是人的意识。观念的反映构成了人的精神世界,它使人认识外界,存储知识,制订计划,调节行为;它还使人适应环境,改造环境,组织社会生活,创造新的世界。这就是以心理活动为依据的人的精神力量。

其次,心理是客观世界的主观映像。心理反映的内容和材料来自外界现实。但是,心理的反映不同于摄影,不同于镜子式的反映。人脑不是复印机,而是加工器。由于人在生活经历中除了直观地认识现实事件之外,在头脑里储存了个人所获得的知识和经验。每次在新事件作用下所产生的反映,均经过已有的知识、经验以及个人特征的折射。也就是,脑的加工过程每一次的编码和译码,对已有的信息的提取和检索都是具体的,因而心理的反映带有很大的主观性和个体性。这说明为什么对同一事件,对不同人或同一人在不同的时间、地点下,可以产生不同的反映,为什么有时产生错误的反映的心理根源。

心理的反映有多种形式。外界事物作用于感觉器官的直接反映属于感性反映的范围;对物体的个别属性的反映称为感觉,如颜色、声音、气味等即为物体的个别属性。对事物的整体反映称为知觉,如由某种颜色、声音、气味等个别属性相结合所构成的某物的外部整体形态——如树木——即为知觉。感觉与知觉是关于事物的外部属性的反映,它们以映像的形式发生。

外界物体作用于人脑所产生的映像可以消失也可以在脑中储存。在一定条件下,储存的映像可在观念中再现,这就是记忆。在记忆中储存和再现的映像,称为表象。脑中映像在人经验中的积累和丰富,在另外的条件下映像的重新组合而呈现与原来不同或全新的映像,这就是想象了。想象比表象是更高一级的脑的功能。

对于某些事物,那些不能直接感知的属性,可通过对它们的分析与综合,抽象与概括,揭示它们的内在属性和规律以及事物之间的联系和关系,这是思维过程。例如,树木的外部形态以及对它的记忆表象的再现,并不能揭示树木生长的来龙去脉,也不能述说树木同它所处生态环境的关系,植物生长的规律要靠科学思维来揭示。思维是人类认识世界、创造新事物的高级心理工具。

上述感觉、知觉、记忆、表象、想象和思维的活动过程统称认识过程或认知过程。认识是人的基本的心理活动,也是首要的心理功能。

认识活动之外,还有意志活动和情绪活动。它们也是心理活动的重要形式。意志活动是思维决策见之于行动的心理过程;情绪活动是伴随认知与意志过程而生的独特体验。意志和情绪各有其独特的表现形式和发生规律。认知、情绪和意志是组成人的心理活动或心理过程的主要形式。

人的心理活动还以不同的方式联系和组织起来，以一定的结构形式表现在行为之中，形成人的个性心理。人类生活在社会群体中，从事各种工作实践和生活实践，并在实践中形成多方面的、复杂的人与物和人与人之间的联系与关系。人在这些因时间、地点而异、因人而异的人-境、人际联系中，心理活动的每一次发生都是具体的。这是个体心理活动的重要前提，它给人的心理反映带来许多个体性特点。例如，有人反应敏捷果断，有人行动迟缓犹豫；有人适应性强，有人适应性弱；有人模仿意味多，有人创新倾向大。随着实践经验的积累，在不知不觉中，心理活动的某些特点就恒定地贯注在个体的心理世界，并表现在行为之中，这就是个性的心理特征。

个性的心理特征包括智慧与才能和气质与性格两方面。智慧与才能主要是由人的认识能力所组成。凡认识活动某些方面的最优特性的组合集中在某人身上，他就被标定为智慧或才能较高的人。例如认识活动的特点和品质是多种多样的，一个人可能具有精细准确的观察能力，深刻而阔展的思维能力，迅速而精确的记忆力等特性。在智力活动或创造活动中，对知识的积累和提取的有效性达到最优，就被称为聪明的人。气质与性格所涉及的心理特性比才能更加广泛，它们不仅包括认识特性，而且包括意志和情绪特性。凡人的认知、意志和情绪在强弱程度、延续程度、灵敏程度、强力坚韧程度、激活程度等多维量的组合，就构成个体的气质特征和人格特性。例如可把个体的个性特征标定为坚强而稳定、活泼而热情、独立而果断等等。由于人的心理活动特性的多样性，其多维量、多层次、多品种的叠加与组合，就形成十分多样、人人各异的能力、气质与性格。这些心理活动特征在具体人身上所形成的个性，标志人的具有个体差异的心理世界和精神面貌。

第三，心理是以活动的形式存在着。从感觉到思维，正如计算机一样，是信息加工的过程，是心理的运算活动。感觉，如对光产生的视觉映像,只在反映的过程中存在;感觉是脑的操作。思维,更明显地是在某一主题上进行的脑的操作。例如建筑师进行一座建筑物的设计,他从已有的心理贮存中筛选某些有用的线索,提取有关的图式,搭建一个框架,填充内部构件,构思方园大小,设计部件功能,所有这些筛选、提取、搭建、填充、构思、设计,均系思维的操作。思维或其他心理过程,都是在脑的外显的或内隐的交替操作中进行。如果它的过程和产品已经贮存在记忆里,也只能在提取的过程中再现。我们的脑似乎可以呈现思维或知觉的产品,如设计的图样或知觉的图形,但它们决不是静止的,图样呈现本身就是心理操作。

情绪也是心理的操作。鉴于情绪具有一种独特的主观体验的色彩,无论是短暂的或持久的,均可被人体验为一种状态。这种状态也是脑的操作活动,它参与到当时的认知活动中。个性特征似乎是一种稳定的特性,一种心理结构形式。但它们只有在人的活动或行为方式中存在,离开了人的活动和行为,个性也就不存在了。

心理以活动的形式存在,这个论断是以神经系统和脑的活动为基础的。不能设想活着的人的神经过程是静止的。而心理现象,虽然是脑的产物,但却不是物质的产品。心理是神经系统和脑的功能,是以脑的反映活动的形式存在着。

第二节 心理学的领域与分类

一、心理学的研究领域

心理学作为一门科学,应从它的根本性质和最大范围内概括它的研究对象,以得到它在科学分类上的位置,并依此建立它的理论框架和概念体系。

从心理学研究所涉及的对象与性质来说,可分为自然科学研究与社会科学研究;从所涉及的研究领域来说,可分为基础科学研究与应用科学研究。

（一）基础学科与应用学科

诚如上述，心理学研究客观现实通过人脑而产生的反映活动的规律。由此可见，心理学既涉及人脑的高级功能，又涉及人所广泛参与的社会生活与实践。在如此截然不同的两种范畴里所发生的心理现象，是自然现象与社会现象的结合点，是人类的自然方面与社会方面相互作用中所发生的一种最普遍、最基本的现象。因此，心理学首先要研究人脑这一高度发展的物质的运动——为什么在人的活动中，它能产生感觉与思维、动机与情绪、意志与人格等心理活动与行为方式。同时，人的心理又是在社会实践中发生的，人脑对现实的反映为什么能影响人的行为，其心理中介是什么；服务于人的社会适应，心理与社会的联系有什么规律。

从上述这个意义上说，心理学是一门基础学科。对它的研究既要从心理本身方面进行，又要从脑的机制方面进行，还要从社会方面进行。由此形成了心理学基础研究的3大领域：普通心理学——研究心理过程和个性心理特征发生发展的一般规律；生理心理学——研究心理现象发生发展的神经生理机制；社会心理学——研究个体心理社会化、个体与社会相互作用的规律。

心理学是研究个体心理规律的学科。个体从降生到死亡毕生的成长变化规律是心理学基础研究的一个范围很广的领域。从发展的观点看人的心理成长，既包括心理现象本身的发展，又包括生理方面的发展，还包括成长中的人所参与的社会生活对个体的影响方面。与普通心理学相比，普通心理学从横向方面，研究人的心理结构诸形式的形成规律；发展心理学从纵向方面，研究个体生存每个时期心理诸形式发展变化的规律。

与上面阐述的道理类似，从进化的观点看，动物心理诸形式——从低级到高级——的发展规律，也属于基础研究的范围。此外，心理异常——个体各年龄阶段、各种心理形式如认知、情绪、人格及行为的异常——的机制和规律，与正常心理相比较，也具有基础研究的意义。

心理学不仅是一门基础学科,它同时又是一门应用学科。人的社会实践范围很广,各种不同的工作领域、生活方式以及人际关系等,对人的心理反映有着不同的影响。它们各自对心理活动的不同方面,形成心理活动的具体的、独特的规律。对这些规律的揭示,可服务于让人们了解从事这些活动的心理依据和对心理的影响,使人既有效地从事这些活动,又有益于心理和能力的发展。

社会实践的多样性对心理活动的不同影响,粗略地可区分为两大范畴,并由此可分出心理学的多种应用学科。

其一,人自身处于某种具体的、特定的状态下的心理活动规律。例如,个体从婴儿、幼儿、童年、少年,发展到青年、中年、老年。人自身所处的每一不同阶段,其心理的发展与变化,均有其不同的主要方面和特殊规律。又如,人自身处于心身变异或病态的情况下,其心理活动也具有特殊的规律。个体生存过程中所处的基本情况决定,对年龄心理或变态心理,既可从基础方面进行研究;又可从应用方面进行研究。

其二,人处于某种具体的特定实践活动中的心理规律。例如,人处于接受教育、训练或自身学习中,依所学知识和技能的不同,具有独特的学习与记忆、掌握与理解的不同规律。又如人处于生产过程、机器操作或驾驶活动中,形成特定的人-机关系情境,具有完成操作、效果优劣不同的特殊要求和心理依据。人还从事各类不同的艺术活动,具有与特定艺术形式相关的艺术才能和心理能力。人在广泛的社会活动中所建立的社会关系,对完成人的社会活动,达到人的社会适应,促进人的社会成熟,并对维系整个社会的协调,有益于社会的发展,在诸如人事管理和人际接触的独特领域——如商业、旅游——中,具有可能是另外一些方面的心理知识与技能。所有这些都是心理学的应用领域,心理学的知识有着广泛的社会需要。

基础学科与应用学科不是截然分开的。前已指出,发展心理学与变态心理学,还有社会心理学均属于基础学科,它们对于形成心理学的基本概念体系,具有重要的理论意义。但同时,在指导人的成长与教育,在心理保健与医疗,在人的社会化与人际关系处理等方面又有很大的应用价值。因此在心理学的研究选题上,有的可侧重于基础研究;有的可侧重于应用研究;有的还可归属于有双重意义的应用性基础研究。

(二) 自然科学与社会科学

不难理解,从脑的这一物质本体的机能活动的角度所进行的研究,以及有关心理的生理基础和机制的研究,属于自然科学。例如,神经心理学是在脑及神经系统各种病变和外伤的情况下,按其解剖部位与心理功能的联系揭示心理的脑机制,它是一门纯粹的自然科学。而广泛与社会实践相联系的人的心理活动和社会行为均涉及社会规律,对它们的研究属于社会科学。例如,研究某一社会结构、制度中,或某一集团、群体范围内,人与人之间的特定关系。具体到组织管理心理学来说,则是研究某一企业领导与被领导之间的关系问题。它涉及领导者实施优化人事制度,易于了解层层下属的工作情况,便于发挥各级人员的负责精神和积极性。还要研究作为领导者应具备的最优心理素质和能力倾向,以发挥其领导才能。从这个意义上说,组织管理心理学是一门社会科学。

社会科学的范围很广。近年来,从社会科学中分出一门行为科学。行为科学是指在一定的社会条件下,研究个体行为的科学。它是社会科学的一部分。或者更确切地说,它属于人文科学,即属于研究人的科学。组织管理心理学、人事心理学、商业心理学均属于行为科学。

按上述分析,心理学中包含着纯自然科学的分支,也包含着纯社会科学的分支。然而,心理学的主体——研究人的心理活动过程诸形式及其规律,研究心理过程和个性心理特征的发生和发展,从这方面来说,既涉及脑神经机制;又涉及人的社会实践。因此,一般来说,心理学属于边缘科学,特别是大多数学科分支的基础研究部分应属于边缘科学。至于每一具体学科分支的性质,则应依具体研究对象来规定。

综上所述,无论从基础研究或应用研究,抑或从自然科学或社会科学方面来设想,心理学服务于了解人、揭示人的心理能量和发挥人的精神作用。这将有助于提高人的精神素质和发挥人的潜在力量,用以改善人的生活和人类生命的质量。这一论断可表现在如下方面:

首先,认识人的心理规律,提高人的心理潜能。例如根据记忆规律组织学习过程;根据知觉特性发挥艺术家的构思与创作。

其次,从心理上了解他人,有助于协调人际关系,增进人之间深层次的互相了解和互相帮助。

第三,按照个体心理功能各方面的差别,把人放置在最适合的位置,有助于最大限度地发挥每个人的效用。

第四,提高人的心理素质。例如,特殊才能的早期发现,个性的全面发展,使发展中的人成为心理功能健全和心理素质完善的人。

二、心理学的分类

现代心理学的发展,在理论上已形成了基本的、作为一门科学的独立体系。在应用上与社会各实践领域建立了广泛的联系,从而形成许多分支学科,体现了独立的在科学体系上的分类。

(一)普通心理学

普通心理学是研究正常成人的心理过程和个性心理特征的一般规律的学科,是心理学最基本、最重要的基础研究。普通心理学研究心理过程的发生发展和个性心理特征形成的最一般的理论和规律,建立心理学研究最一般的方法论原则和具体的方法。普通心理学既包括过去研究中已经定论的、为科学实践所证实并为科学家所公认的理论和规律,也包括虽不一定为大家所公认,但却有重大影响的学派的理论和学说,还包括处于科学发展前沿的新成果和新发现。因此,普通心理学的内容不是一成不变的。在它已形成的理论体系上,不断地充实着新的内容。特别由于心理学尚属一门年轻的科学,这一点尤为重要。

在普通心理学的范围内,按照心理活动的基本过程和个性心理特征,还可分为感觉(视觉、听觉、触摸觉、运动觉、嗅味觉等)心理学、知觉心理学、记忆心理学、注意心理学、思维心理学、言语心理学、情绪心理学、动机心理学、智能心理学、气质心理学、人格心理学等分支基础学科。

(二) 生理心理学

生理心理学是从人体生理和神经生理、神经解剖、神经生物化学等方面进行关于心理的生理基础和机制研究的学科,是心理学基础研究的重要组成部分。生理心理学在现代脑科学研究成果和现代技术方法的基础上,揭示各种心理现象在脑的解剖部位及脑功能上发生的规律。生理心理学还包括神经心理学、心理生物学、动物心理学等分支学科。

(三) 社会心理学

社会心理学是研究个体在特定社会、群体条件下,心理、动机、人际关系发生发展及其规律的学科。社会心理学着重探讨个体社会化的条件和规律,个体的社会动机与态度的形成,人际关系和群体心理的形成与影响等方面的一般规律。社会心理学还包括民族心理学、家庭心理学等分支学科。

(四) 发展心理学

发展心理学是研究个体心理发展的规律的学科。发展中的个体,无论处于发展的哪一阶段之中,他们的心理发展既包括心理的各个过程及各个特征,又分别有着主要的发展方面和主要的矛盾。在全面发展的基础上,每一阶段主要矛盾得到解决,即将向下一阶段过渡。发展心理学就要研究个体心理发展各个阶段各方面的矛盾与变化。发展心理学可分为婴儿心理学、幼儿心理学、学龄儿童心理学、少年心理学、老年心理学等分支学科。发展心理学既是心理学理论体系的重要组成部分,又是对发展中的人进行教育、教养的理论根据。

（五）教育心理学

教育心理学是研究学校教育和教学过程中学生的心理活动规律的学科。它主要涉及掌握各科知识和各种技能的心理活动特点及规律,研究智能的发展与智力测查方法,影响教学过程的心理因素、道德品质与行为习惯的形成规律,以及家庭、学校、团体、社会意识形态等对学生的影响。教育心理学涉及的范围很广,它可包括德育心理、学习心理、学科心理、智力缺陷与补偿、智力测量与教师心理等分支。

（六）劳动心理学

劳动心理学研究人在劳动过程中所需的心理能力和心理品质,研究操作程序、操作条件与操作者的心理特点相适应等问题。劳动心理学可包括工程心理学与工业心理学。工程心理学主要研究在生产高度机械化和自动化条件下人与机器的相互作用问题。工业心理学研究生产者选拔和操作合理化等问题。

（七）文艺心理学

文艺心理学在各种艺术领域有不同的研究对象。对于绘画艺术,着重研究光感觉、视色觉、视知觉的规律,如光觉与色觉的感受性,视知觉的参照、透视规律。对于音乐艺术,着重研究发音和听觉特性,如发声机制及发声规律,听觉的音高、音强、音色、节奏感和旋律感。对于舞台艺术体现的是完整的人物角色,需研究个性的全面特征、情绪体验和表现、人格结构和行为;探讨各类角色的典型特征并在舞台上再现的规律。艺术心理学还要研究艺术家独特的心理素质,如形象思维能力、情绪情感体验特征等。人的艺术特长属于特殊才能,不是人人所具备的。因此,对艺术工作者的心理特长、个性差异的鉴别及测量方法的制订,是重要的研究方面。

（八）体育运动心理学

体育运动心理学研究体育活动和竞赛活动所涉及的心理特点。在一般的体育运动中,研究各种体育运动所涉及的骨骼肌肉系统的解剖特点和器官活动的灵敏度与感受性以及受意识支配的能力,研究运动技能和技巧形成的一般规律。在运动竞赛中,研究竞赛条件下应具备的情绪特征、意志品质和人格特点,竞赛中的动机水平、情绪状态对运动技能发生的影响。在运动员选拔方面,心理选拔和测量方法的制订也是重要的研究领域。

(九) 航空航天心理学

航空航天心理学研究在空中和宇宙飞行条件下人的心理活动特点。在非陆地的异常条件下从事紧张的驾驶操作,要求飞行员和宇航员具有较全面的优秀心理素质和较完善的个性特征。飞行中缺乏视觉参照物,完全依靠仪器仪表的指示进行操作,从而要求飞行员具备精确的视-动协调反应能力,对错觉的意识灵敏度,还要求坚强沉着的意志,稳定的情绪等特征。宇宙飞行在失重条件下,要求具备心理反应变化的高度适应性和自我协调能力。为了培养和选拔飞行员和宇航员,心理素质的测定和训练过程的检测方法,均是重要的研究方面。

(十) 组织管理心理学

组织管理心理学研究某一群体——一个企业或一个学校——的组织管理工作中人的因素方面。它涉及领导者与被领导者的心理素质以及二者之间的关系的协调问题。一方面,包括领导者对被领导者的心理活动的掌握,例如对生产者的专业能力和技能的了解,用以对人才的估量和选拔;对生产者的动机、情绪和需要的了解,以预测他们的表现和对工作的影响;协调与生产者之间的关系,发挥他们的生产和工作积极性。另一方面,还包括对领导者的心理活动特点的研究。例如领导能力、领导作风、领导心理素质的了解,用以对领导行为的评价和对领导者的选拔。组织管理心理学既可用于工业生产、企业经营,又可用于诸如学校、医院、文体机构等事业单位。

(十一) 临床或医学心理学

心理异常可由遗传和社会适应不良而产生。临床心理学是研究心理异常的发生原因、发病机制、症状与诊断、预防与治疗的学科，并从中分出心理治疗与心理咨询的面对社会和医疗服务的专门事业。临床心理学既包括严重的心理变态疾病（如精神分裂症）；也包括轻度的单纯由心理因素所引起的神经症（如神经性焦虑）或忧郁症，还包括由心理因素所引起的躯体疾病（如高血压）。后者称为心身医学，并从治疗的角度，研究病因、诊断与预防，形成一门新兴的健康心理学。

对心理异常的研究，不仅对医疗实践有重要作用，而且从异常与正常的比较中，有助于揭示心理的机制。因此，从学科的观点和学术研究的角度，对心理异常的病因、机制、诊断与治疗方面的研究，称为变态心理学。

（十二）司法与犯罪心理学

司法心理学是研究违法行为以及处理违法行为中的心理学问题的学科。它涉及犯罪、侦察、审讯以及改造罪犯等过程中，对犯罪原因、侦讯技术、改造手段的研究。侦察和审讯人员应具备的心理素质和心理技能也是研究的组成部分。

犯罪心理学与司法心理学有重叠的方面，前者着重研究罪犯行为的心理原因。尤其对青少年犯的心理特点、心理动机、个体人格和情绪特征，是研究的重要方面。对罪犯的个人成长背景、家庭、学校、社会的致犯罪因素等方面也要进行调查研究。

第三节 心理学的探讨途径与研究方法

一、心理学的探讨途径

一百年来，心理学家们探索着研究心理现象的各种途径，试图从各自主张的理论观点和关注的问题去揭示心理活动规律。正如一个人作出的任何行动可从不同的方面予以解释一样。例如，一个人正在操纵一台机器，扭动着杠杆，旋转着螺母。这个行动可被分解为精细的神经肌肉运动;也可以被描述为修理机器的解决难题的过程;还可被解释为操作者的行动是为完成生产定额的动机所驱使。人的心理活动也可以从不同的方面进行研究和解释。从心理学百年来的发展历程看,主要的探讨途径如下述几个方面:

（一）构造主义与实验心理学

心理学被看作一门科学,是以把心理现象的解释建立在可数量化的分析之上,而力图避免主观臆测为前提的。

心理学有一个很长的过去,但只有很短的历史。这是指心理学长期和哲学在一起,成为哲学中关于精神与物质的关系问题的一部分。至19世纪末,德国哲学、生理学家冯特(W. Wundt, 1823—1920)提出心理学有独立的研究对象,还确立了具体的研究方法,并于1879年在莱比锡建立了第一个心理学实验室,开创了实验心理学的研究。从此,1879年心理学实验室的建立即作为独立的、科学心理学起始的标志。

冯特受当时自然科学发展的影响,否认把灵魂作为心理学的研究对象,认为心理学是研究人的直接经验的一门科学。他提出心理可分析为许多元素,如光亮、颜色、软硬、粗细等即为感觉元素;愉快、紧张、兴奋即为感情元素,一切观念都是由元素构成的。冯特以及他后来的学生铁钦纳(E. Titchener, 1867—1927)提出了"心理世界有声有色,有感情,……还包括思想、情绪、记忆、想象、意志……心不外乎是这些现象的总称"(见铁钦纳:《初步心理学》,英文版,8—9页)。这就是冯特和铁钦纳构想的构造主义心理学。

冯特认为研究人的直接经验要用内省方法。但他改造了传统思辨式的内省,主张为把握心理现象,要靠精确的观察。因此,他把内省与实验结合起来,既重视主观的观察分析,又强调实验心理学所要求的方法学上的准确性,对刺激条件的控制和精确的记录。在他的实验里开展了感觉心理学和心理物理学的研究,主要工作在视觉、听觉、触觉、时间、知觉等研究,如视对比、后像、双眼视觉、形状知觉等。此外还有关于注意、感情和联想的研究。

冯特使心理学从哲学中独立出来,开辟了科学的一个新领域。冯特实验室的建立影响了其后心理学沿着实验心理学的道路发展,直至今日,实验心理学的研究方法仍被心理学沿用为重要的方法。

(二) **格式塔心理学**

20世纪初(1912年)在德国出现了一个反对冯特构造主义的学派——格式塔心理学(Gestalt Psychology)。格式塔意指形态、整体,英译文采用configuration,中文译为"完形"。

格式塔学派的代表人物为魏特墨(M. Wertheimer,1880—1943)、考夫卡(K. Kolfka,1886—1941)和柯勒(W. Kohler,1887—1967)。他们主张心理现象是一个整体,整体不决定于局部因素,因此反对冯特构造派只强调分析的观点。魏特墨在观察物体运动所进行的研究中,发现了"似动现象",他把两条直线在一定时间内连续呈现可被知觉为一条线的运动现象作了格式塔的说明,认为这一现象给人的知觉,不能以孤立的两条线来解释,这个运动现象是一个完形。格式塔心理学认为,外界物体在经验里被组织起来,被知觉为整体。例如,有一些并列的直线,其中排列紧密的被知觉为一组。这一现象被认为不决定于直线本身,而是决定于人脑对这些直线间的相互关系的组织力量。完形学派受当时物理学中"场"的理论的影响,认为人脑中有一个磁场,是这个场的力量分布决定人的知觉;他们力图把心理现象还原为物理现象。

柯勒还把格式塔概念扩大到学习问题上,从事物的联系和整体观点研究动物的智慧。他从黑猩猩叠木箱取食物的现象中提出"顿悟说",从动物迂回取食的实验来解释,认为取食的成功或顿悟的出现,是建立了新的完形;旧完形的破坏和新完形的发现,就是创造性思维。

格式塔心理学的主要贡献在知觉研究方面。他们所提出的知觉的组织原则,至今仍为心理学教科书中阐述知觉现象的经典资料。格式塔学派强调采用综合方法研究心理现象,对后来的心理学研究有很大影响。

(三) 机能主义心理学

另一个与构造主义持对立观点的学派称为机能主义(Functionalism)。机能主义主张心理学的目的不是为了要把心理分解为一些元素,而是应当研究人在适应环境中心理的机能作用。

美国心理学家维廉·詹姆士(William James,1842—1910)是心理学机能主义的先驱,他深受达尔文进化论的影响,为适应美国资本主义蓬勃发展的需要,以达尔文的适者生存和自然选择的原理为基础,研究心理在适应环境中的作用,认为人是在适应社会生活中成长。詹姆士于1890年发表《心理学原理》这一部名著,提出了影响深远的机能主义概念。他主张人的心理是一个整体,不能分割为各个元素,也不能划分为各个阶段,而意识是一条连续不断的"思想流"或"意识流",他强调心理的效用方面,认为心理活动有助于人们的生存需要,因而心理学应研究有效用价值的心理活动的动态方面。

詹姆士的后继者,在20世纪初,由芝加哥大学的杜威、安吉尔等人建立起机能主义心理学,即芝加哥学派。杜威的研究为这一学派奠定了理论基础,他以婴儿抓烛火而缩手为例,说明作为反射活动时行为动作应以其适应意义来解释,而不能把它还原为感觉运动元素;安吉尔强调了心理学在各个生活领域中的应用价值。这一学派主张心理学应该成为一门"有所为"的科学,以有目的的心理活动为研究对象,认为心理活动的作用就在于获得、保持、组织和评价人的经验,以指导行动。这一学派主张应对注意、学习、智能等对人的适应行为有用的心理过程进行研究。因此,在研究范围上,机能主义比构造主义心理学广阔得多。在研究方法上,这一学派认为研究意识有必要运用内省法,但更注重客观的观察和实验,从而认为,一切有益于获得研究资料的方法,包括日常观察和历史文化档案的分析,都可采用。

机能主义心理学对后来心理学的发展有深远的影响,虽然作为一个独立的学派已不复存在,但它的观点已融合在后来心理学发展的主流之中。

(四) 行为主义心理学

自本世纪初期以来,有些心理学家不满意于对心理的主观推测,又不能把心理现象完满地诉诸于生理解释,他们试图使心理学与其他自然科学一样,把心理学的研究放在可观察和可测量的对象上,于是他们集中研究行为。这一学派后来得到发展,在心理学研究中居统治地位达50年之久,称为行为主义。

行为主义学派创始人华生(B. Watson,1878—1958)断言,心理学要成为一门科学,必须摒弃一切主观内省,确立心理学的客观研究对象。华生否认传统心理学以主观上能体验到的知觉或意识为研究对象,而代之以行为;又将行为归结为肌肉的收缩或腺体的分泌,华生受俄国巴甫洛夫(И. Павлов,1849—1936)条件反射学说的影响,建立了刺激—反应模式。他不去考虑刺激与反应之间的心理过程,认为即使是思维,也不过是由内部语言所引起的喉头肌肉运动,情绪不过是内脏和腺体的变化,它们都是可以客观记录的行为。

华生认为,行为是可以通过学习和训练加以控制的,从而他否认遗传。他夸口说:"给我一打健全的婴儿和我可用以培育他们的特殊世界,我就可以保证随机选出任何一个,不问他的才能、倾向、本领和他的父母的职业及种族如何,而把他训练成为我所选定的任何类型的特殊人物,如医生、律师、艺术家、商人或乞丐、小偷"(《行为主义》,1924年)。

华生在心理学领域破旧立新,在当时独树一帜,是有其积极意义的。由于他主张心理学的目的在于预测和控制人的行为,这对于后来心理学以行为测量为手段,在医疗、教育、人事管理等广泛领域推动了心理学走向应用。

以华生为代表的早期行为主义是对传统心理学和主观内省法的否定,把心理现象过度地简单化为 $R—S$ 模式,否定了脑和神经中枢在心理活动中的作用,走向了荒谬。本世纪30年代后,逐渐为新行为主义所取代。

新行为主义的代表们修正了华生的 $R—S$ 公式,在 $R—S$ 之间增加了一个中介变量,这个中介变量代表着反应的内部心理过程。例如把中介变量分为需求变量和认知变量,包括了需要、动机、知觉、再认、技能等基本心理活动。

新行为主义者受当时操作主义哲学的影响,其代表之一斯金纳(B. Skinner,1904—1990)建立了操作行为主义。他认为心理学应当研究刺激与反应之间的一种可观察到的相互关系,对反射"进行操作分析"。他用数学函数关系表示这种观点:$R=f(S)$。他在研究中,考虑那些改变刺激与反应关系的条件,提出 $R=f(S,A)$。R 代表反应,S 代表刺激,A 就是"第三变量",也就是"中介变量",就是改变刺激与反应之间关系的条件。他在动物实验中,展示了动物主动地按压杠杆取得食物而得到强化,从而建立起区别于巴甫洛夫经典条件反射的操作条件反射。斯金纳认为,人的行为大都决定于先前行为的后果,先前行为的后果所起的强化作用决定以后的行为。这就是奖励的作用。操作行为主义用这一理论广泛地解释了学习现象,程序教学就是在这个原理的基础上创建的。设计的程序中包括学习迁移、强化作用、动机作用等中介因素,是符合人的心理活动规律的。程序设计的构想已在当前计算机辅助教学中被广泛地应用了。

本世纪60年代以来,随着认知心理学的发展,行为学派已经衰落。但它的理论体系仍然在一些学科中被采用,如动物心理研究、教育心理学等。然而已不再有心理学家认为自己是绝对的行为主义者。

(五) 精神分析学

心理学的精神分析研究方向是在本世纪初期由奥地利精神病学家弗洛伊德(S. Freud,1856—1939)建立的。1895年,他与布洛伊尔合著的《癔病研究》一书问世,是精神分析学派开始建立的标志。弗洛伊德早期理论的代表著作发表于20世纪初期（《梦的解释》,1900年,《精神分析引论》,1910年）。经过几十年的形成、发展和修正,精神分析理论成为心理学中一个十分独特的学派。

精神分析概念是从精神疾病的治疗中开始采用的,因此它是一种治疗方法；同时,弗洛伊德经过多年的医疗实践,它也形成为一个理论体系。

潜意识概念是精神分析理论的核心部分,是弗洛伊德学说的理论基础。弗洛伊德认为,人的行为导源于本能和原始冲动,特别是性冲动。人的某些本能和欲望由于某种原因或受社会习俗、道德、法律的约束而产生恐惧或忧虑时,这些欲望和冲动就被压抑到潜意识里去而不在人的意识里呈现。这就是导致精神疾患的原因。弗洛伊德在不同时期采用催眠疗法、宣泄疗法,梦的解释和自由联想法,引导病人回忆和说出自己的情况,当那些被压抑的体验和情绪说出来之后,紧张心情得到松缓,就达到了治疗的效果。这就是精神分析概念的来源。

弗洛伊德的潜意识理论、梦的学说、泛性论等,构成了精神分析的系统概念。弗洛伊德在后期,还提出了生的本能与死的本能以及人格形成的系统理论,从而形成了精神分析学说的完整体系。

许多心理学家拒绝接受弗洛伊德过分强调潜意识冲动的观点。其后发展起来的新精神分析学派修正了弗洛伊德学说。那些学者虽然仍然沿用潜意识、压抑、精神决定论等概念,也继承了精神分析的一些治疗技术,如自由联想、释梦等,甚至也同意潜意识冲动决定人的行为的理论,但是他们更多地强调社会环境、文化背景对人的影响。他们的理论与弗洛伊德已有很大的不同。

弗洛伊德的精神分析学说在全世界有深远的影响。在许多探讨人的精神活动的领域,诸如文学、艺术或法律中,也渗透了这一学说。而迄今延续其影响最大的,仍然是精神治疗学。

（六）认知心理学

认知心理学的研究方向是在行为主义衰落,信息论、计算机科学的发展过程中,于本世纪 60 年代发展起来的心理学研究的新方向。奈瑟(U. Neisser)于 60 年代末所写《认知心理学》一书,被看为是认知心理学建立的开端。司马贺(H. Simon)和纽维尔(A. Newell)在计算机与心理学的结合上作出了贡献。

认知心理学的基本理论在于,人不是被动的刺激物接受者,人脑中进行着积极的、对所接受的信息进行加工的过程。这个加工过程就是认知过程。例如,某种形式组合的线条,通过视觉系统把这一信息传递到脑,产生对组合线条的图式。同时还发动与此线条刺激有关的、在记忆中贮存的其他图式与之比较,产生对这一组合线条的认知——比如说是一个几何图形或一个汉字。

认知心理学研究高级的心理过程,它在感觉登记的基础上,进行编码和译码,贮存和提取,也就是知觉、记忆、思维、推理、概念形成和问题解决等过程。

人在思维中形成概念和命题,作出判断和决定,都是在头脑里建立假设和证实假设的过程。而这一过程同计算机的信息加工过程相类似。计算机在进行一项运算时,是按照任务制订一个程序。依此程序进行加工运算,如果得到预想的结果,就证明了假设是正确的和符合实际的。计算机所加工的程序,实际上类似于人脑在思维中所作出的假设。人在头脑中制订计划时,可设想在各种可能性之间作出最优的抉择,或利用过去的经验,采取最稳妥的方式去行动。决策和行动达到了预想的结果,就证明了思维的正确性。因此,把认知过程同计算机操作联系起来,是基于人脑同计算机二者都是信息加工的系统,它们有同样的原理。认知心理学模拟计算机的程序模式,建立人类的认知模型,是揭示人脑高级心理活动规律的一条探索途径。另一方面,根据心理学的研究成果,计算机研究者又可模拟人的高级心理过程。认知心理学与计算机科学的结合产生了人工智能的新学科。人工智能的研究使计算机的智能水平越来越提高。

(七) 人本主义心理学

人本主义心理学是本世纪60年代以来在美国出现的一个心理学流派。它主张心理学应关心人的价值与尊严,研究人的发展自身的潜能。它反对贬低人性,把人性与社会文化对立起来的弗洛伊德主义,也反对在实验室里用心理变量来预测行为和控制行为的行为主义,从而被称为心理学的第三势力。

人本主义心理学的代表主要有罗杰斯(C. Rogers)、马斯洛(A. Maslow)等。他们强调心理学应当研究自我的纯主观意识,着重探讨个体的自我觉知和自我对事件的解释;认为,人在充分发展自我的潜力时,力争实现自我的各种需要,从而建立完善的自我,并追求建立理想的自我,最终达到自我实现。因此,人本主义心理学可被称为自我心理学。这一理论认为,人在争得需要的满足过程中,能产生人性的内在幸福感和丰富感,给人以最大的喜悦,这种主观的感受是对人的最高奖赏和鼓舞力量。

人本主义心理学强调,从探讨人的最高追求和人的价值的角度看,心理学应当改变对一般人或病态人的研究,而成为研究"健康人"的心理学。它还主张应着重总结那些成功的自我实现者的人生道路,从而找到发挥人的创造性的动机,展现人的潜能的途径。

人本主义心理学是一门尚处在发展中的学说,它的理论体系还不完备。它注重人的价值,发挥人的潜能,力争自我实现的观点,反映了人对现实不满和对理想追求的倾向。它作为一种思潮在西方社会引起人们的兴趣和重视。心理学界具有代表性的评价认为,人本主义心理学实际上是一种扩展心理学研究范围到包括人类诸多方面精神生活的研究。它对近代传统心理学的批判是有力的,可能代表着心理学发展的一个新方向。

(八)脑的机制研究

对于心理的生理基础和脑机制研究构成心理学研究的一个专门途径,是心理学研究的重要组成部分。

人脑是宇宙间最复杂的一块物质结构。人脑有120—140亿个神经细胞。这些细胞之间有无可计数的神经联系和神经通路,所有的心理活动都是在这些神经联系中发生的。神经解剖、生理学家们致力于探索心理活动与神经联系之间的关系,已经走过了漫长的路。脑外科医生每每发现,脑的某些部位受损或病变,导致某些心理上的变化或缺陷。对动物施行脑部位切割术,也得到这类结果。从布罗卡提出大脑左半球的语言中枢,到潘菲尔德发现大脑某些部位与记忆的关系;从脑核糖核酸作为记忆物质基础的研究,到脑的微电极技术对视觉感受野和某些情绪机制的发现;从解剖到生理、生化上日益扩大着对心理的生理机制的认识。近年来,采用脑电波记录技术,可测量人在清醒状态、睡眠状态和从事紧张智力活动时脑的不同变化。这种脑电波的变化甚至已经用于测量人的不同智力水平。对割裂大脑两半球胼胝体的手术及其后的心理学实验研究,发现两半球心理功能的差异性。所有这些方面的研究成果,不断地加深对感知觉、记忆和情绪机制,以至于性格特征和智力与脑的关系的认识。

　　大多数上述方面的研究是用动物进行的。有些工作是在脑病患者或精神、神经病患者身上为治疗的目的进行的。在动物实验和医疗实践基础上,进一步采用心理实验的方法,在正常人身上进行验证,是心理学家经常努力尝试的方法。例如割裂脑的治疗技术所得两半球功能单侧化的结果,在正常人身上,采用单视野呈现刺激的方法得到了证实。然而无论如何,在人身上进行心理的脑机制研究,在目前的科学技术水平上,仍有很大的局限性。从理论上讲,无论多么复杂的心理活动,其脑机制都是应当可以被揭示的。这有待于自然科学技术的更大发展。

　　以上阐述了近代心理学几个主要的学派,他们代表着不同的研究方向。在科学心理学发展的一百多年中,构造主义、机能主义与格式塔学派出现得最早,它们对后来的研究有很大影响,但已不作为独立的学派在现代心理学中起作用。行为主义和精神分析理论虽然也已有半个多世纪或说接近一个世纪的历史,它们各自作为独立的学说在后来有了很大的发展与改造,以至于至今——尤其是精神分析理论——仍起着较大的作用,而认知心理学和人本主义则是近30年发展起来的新学说。总的看来,这些理论泾渭分明,差别很大。这种多途径研究反映了心理学研究对象的复杂性,同时也表明心理学尚属于一门前规范科学(Preparadigmatic Science)。

规范科学,指一门科学已发展到拥有明确研究对象和研究方法,从而能提出强有力的研究途径的水平上。例如,爱因斯坦的相对论为现代物理学提供了一个研究范例,它就被看作为是一门规范科学。

心理学现存的许多互相对立的研究途径,还没有哪一个已成为强有力的研究范例。弗洛伊德理论被沿用至今,但由于缺乏实验研究的基础而并未被广泛认可;行为主义不能把复杂的心理学领域包括其内,认知心理学虽然对高级心理过程感兴趣,但迄今未涉及心理异常问题。因此,多途径研究反映了心理学的现状。科学总是在前人研究的基础上发展的,后人也总是在取前人之长、弃各家之短,为解决他们所关心的问题,从各家选用适宜的概念和方法,推动着心理学的研究。然而,心理学这种处于前规范科学阶段的情况还将延续相当长的时期。

二、心理学的研究方法

(一) 实验法

实验法是心理学研究的主要方法。多数实验是在实验室里进行的。但是实验法也可以在实验室以外进行,称为自然实验法。例如,实验可以在条件相似的不同工厂,试行不同的管理方法;在条件相似的不同学校或班级,采用不同的教学方法,以观察、比较所采用措施的效果。然而实验法的最大特点,在于人为地控制和改变某些条件,引出所要研究的某种心理现象,以得到关于这一现象发生或起作用的规律性的东西。一般来说,实验者对研究主题有一个预期的结果,按照这个预期的结果作出假设,再根据假设,设计实验条件控制,通过这样的控制或改变了的实验条件进行实验的过程,就可得到或证实在这样的条件控制下对所引起的心理现象的影响或它们之间的关系。例如,实验者想要了解学习与遗忘的关系问题,于是作出假设:学习后搁置的时间越长,遗忘的量越大。根据这个假设,实验者人为地给不同组的被试者安排相同的学习材料,要求不同组被试者在学习后不同的间隔时间后回忆(再现)原学习材料。回忆数量在不同组之间的差异,即表明学习后间隔时间的长短与遗忘之间的规律性。从而揭示学习后在多少时间之内复习会得到最好的效果。在这个实验中,不同组被试者的年龄、年级和学习成绩等因素均需予以控制。不同组被试者进行回忆的间隔时间是设计中确定的,称为自变量,不同组被试者所显示的不同的回忆量为因变量,自变量与因变量之间的关系,即显示为证实假设或否定假设。许多问题经过反复的实验和结果的积累,即可揭示所要探知的某些问题的规律。

心理学的许多问题均可在实验室进行研究。尤其对认知过程和生理机制的研究,通过严格控制的条件,可以获得精确的数据,分析出确切的结果。实验常常需用一些现代化的仪器设备。如录音、录像设备、电生理记录设备、视听检测设备、电子计算机等仪器的自动控制和自动记录,可求得更加精确的结果。

需要注意的是,实验法的价值在于它对变量的精确的控制以得出可靠的量化结果,而不在于它使用多少或多么昂贵的仪器设备。即使只用纸、笔进行的实验也可能揭示重要的心理规律。

此外,实验法也有其缺陷或不足。一方面,有些问题可能由于涉及伦理、道德或难于直接控制,无法使用实验法,如离婚对子女心理的影响。另一方面,由于实验法中严格控制了变量和条件,与现实生活总不免有一定的差距,在推广应用实验结论时受到一定的限制。

(二) 观察法

观察法通常是在自然条件下采用的一种研究方法。它常常是在所研究的题目不适合于在实验室内,以人为方式控制条件下进行时使用的。例如,对灵长类动物行为和它们的社会群居组织方式的研究,通过有计划的自然现场观察,可以得到珍贵的资料,这些资料是无法在实验室安排的条件下进行的。又如,幼儿的社会交往类型或道德行为特征,或母亲-婴儿间感情交往的发生和发展,为了不受实验室人为条件的影响,也常常是在自然生活条件下进行观察。

观察的进行也要有严格的计划。尤其是对某一过程的变化情况的了解,或对心理某一方面的发展情况的研究,要在一定的时间间隔之内,有计划地、连续地进行观察记录,以便积累资料,进行比较和分析,以求得可靠的结果。

观察法的优点在于保持了心理表现的自然性而不附加人为的影响。观察过程的进行一般不让被观察者知晓。现代化仪器设备在观察中也很重要,它们被用来把观察的资料记录下来,供事后分析研究和收集数据使用。观察法的运用不只在于记录事实,而是在于客观地解释这些事实以及它们产生的条件和原因。因此,对观察过程的解释要避免观察者的主观推测或偏见,而必须依赖科学研究的客观化原则来进行。

（三）测验法

测验法也是被广泛使用的心理学研究方法,它与实验法与观察法均不相同。如果说实验法是用来通过控制条件以求得确切的心理事实材料,使用于更多地属于心理学的自然科学方面的研究。那么,测验法常常是用来研究那些难以确定自变量和因变量关系的,更多地使用于复杂的心理社会方面的研究。测验是针对所要研究的问题,首先制订一个可供测量的量表或问卷。被试者按照量表或问卷上的项目或题目作出回答,可得到所研究问题的资料。为了求得被试者回答的准确性和客观性,量表或问卷本身的制订就是科学研究的问题和过程。例如,为研究儿童的智力发展水平,首先提出符合各不同年龄儿童的测量项目,把这些题目在大量的相应年龄的儿童中进行测试,按照统计学处理的结果,修订和筛选这些项目,最后得出适合于测量各年龄儿童智力水平的项目量表。这个过程称为量表的标准化。经过标准化的量表意味着它能比较客观地反映这些年龄阶段儿童所应达到的智力标准。因此,只有经过标准化的量表才能作为可靠的工具,按照它的规定用来测量某一特定群体儿童的智力水平。换句话说,测验绝不是任意提出几个题目用来让儿童回答便能得到符合科学性的结果的。任何一个量表或问卷的建立都必须首先进行标准化的测量工作;测验本身的建立就是一项严格的科学工作。

测验可用于一般智力、特殊能力、人格特性、职业人员选拔等方面的测量。测验的优点在于,一个测验的量表一旦确立,就可在它所规定的问题上和所规定的人群范围内的大量人群中使用,成为了解这一人群在这个量表所规定的范围内的测量工具。

(四) 模拟法

近年来,随着计算机科学的发展,心理学中使用了一种新的研究方法,就是模拟法。模拟法是采用技术模拟或数学模拟,以求得对所研究心理现象的某些方面的认识。模拟法并不直接研究心理现象,而是通过与所要认识的心理现象有某些类似的模型来研究。通常采用的是编制可输入计算机的程序(数学模型)来模拟所要揭示的心理规律。首先按照所要研究的课题的假设,编制一个以数学形式呈现的程序,通过计算机对这一程序的处理,用所得的结果来验证所研讨问题的假设。通过模拟法所得结果的可靠性在于所运用的模型和所研究问题的相近程度。模拟法的优点在于,它以数学的严格规律来呈现研究的客观性和准确性,来检验研究假设和实验程序是符合严格的数量化规律的。

本节的目的在于一般地描述心理学的研究方法,概略地介绍了心理学研究的具体途径。至于每种方法的具体运用,都是一门专门的学问。心理学的研究方法、实验的设计、测验的制订的每一方面,都是心理学中专门的学科。对心理学研究方法的掌握,需要进行严格的训练。

推 荐 读 物

[1] 希尔加德等著,周先庚等译《心理学导论》,北京大学出版社,1987年。
[2] 克雷奇等著,周先庚等译《心理学纲要》,文化教育出版社,1981年。
[3] 林赛等著,孙晔等译《人的信息加工》,科学出版社,1987年。
[4] Gleitman H., Psychology, New York: Norton & Company, 1981.
[5] Zimbardo P., Psychology and Life, Illinois: Scott, Foresman and Company, 1985.

第二章　心理活动的生理基础

心理是脑的功能,脑是心理的器官。人的心理和行为,无论是一举手、一投足的简单动作,抑或是在生产线上的操作,对艺术品的雕琢以及进行数学运算或社会活动,都要归结为神经系统的整合活动。事实上,人每时每刻无不通过脑和神经系统以及内分泌系统的活动,调节着人的心理和行为。

试想,生活中发生了这一事例:"空军某特技师在行路途中忽听到"救人"的呼喊声,他立即奔向出事地点。只见被冰层覆盖着的池塘中央,两个不慎掉进冰窟的小男孩正在水中挣扎。他甩掉大衣,跃入冰水,把一个头顶尚露在水面的孩子托上冰面,又一头潜入水中,划动着寻找另一个。他终于抓到了,再用力把他也托上冰面……(参阅《人民日报》海外版,1993.3.4)。

整个事件是在一连串的心理活动中发生的。首先是小孩的呼救声通过特技师的外周感官——双耳,声音刺激转化为神经信号经过低级中枢传向大脑听觉区,与记忆中的信息相比较(指对溺水的知识),呼救的涵义在大脑被分析整合,特技师激起救人的意念,驱策救人的动机。大脑运动区发出信号,通过外导神经对骨骼肌的支配,发生运动反应,于是特技师跑向水塘。小孩在水中挣扎引起与上述听觉过程相似的视觉过程和大脑的分析,告诉特技师必须下水才能救出孩子,使他作出决定,跳下水去。脑的支配运动的部位与肢体运动间的内导、外导的不断协调,使他不断地改变着身体的运动,以实现他抓住、托起小孩、把他们送上冰面的目的。由于情况紧急,诱发了紧迫感和担心恐惧的情绪,激活了一些内分泌腺、心血管系统和代谢过程,为特技师的英勇行为提供能量。整个从听到呼喊到急救反应这一发生在瞬间的过程,包括着许多复杂的信息调节活动。整个过程的完成包括着无数神经细胞之间连续的信息传递,包括着中枢神经系统、特别是大脑的整合活动。经过中枢神经系统与外周神经之间多次输入、输出的联系,以及内分泌系统和自主神经系统的参与,情绪和意志力的激励,这个过程才能够实现。

无论是简单的或复杂的活动、抑或简单或复杂的心理过程,都要通过上述神经活动来实现。人对外界事物的认识和对环境的适应或改造,依赖于这些事物作为信息通过不同的感官输送到脑,脑对这些信息进行解释,并对事件的意义进行判断,作出决策,最后发出命令,引起行为反应。大脑是神经系统的"指挥中心"。人的复杂行为和高级心理过程,要通过言语机制进行思维加工,还要通过动机和情绪激励以及意志努力来完成。

因此,了解心理产生的物质过程,掌握神经系统和脑的组织与工作,是学习心理学重要的和必要的一步。

第一节 神经细胞的信息传递功能

一、神经系统的基本单位——神经元

(一)神经元

构成神经系统的基本单位是神经细胞,又称神经元。神经元不仅是神经系统的结构单位,也是功能单位。它之不同于身体细胞的功能主要在于它可被输入刺激所激活,引起神经冲动,进行冲动传导,在心理上就是信息传递。

神经细胞的大小、形状和它们的具体功能均有不同。但在构造上基本由3部分所组成:胞体、树突和轴突(图2-1)。胞体是神经细胞的主体,每个神经细胞有一个核及其周围的细胞质。树突是由胞体外层表面向外延伸的无数呈树枝状的细小分支,它们接受来自其他神经细胞的冲动。轴突是由胞体向外延伸的一根长支,其长

度可短至1毫米的几分之一,也可长至1米,这取决于它们的位置和功能,它们传导神经冲动。轴突末端处有许多小分支,这些小分支末端膨大呈球形,称为终球。终球是向邻近细胞传递神经信息的重要机构之一。

轴突的外周常包着由髓磷脂组成的髓鞘,以防止神经冲动在并行的神经纤维之间扩散,故而起着绝缘的作用。至于冲动的传导方向,在轴突接受刺激时产生的神经冲动会沿着轴突向两个方向传导,然而当神经冲动从一个神经元向另一个神经元传导时,方向只有一个,即总是从一个神经元的轴突向另一个神经元的树突或胞体传导。

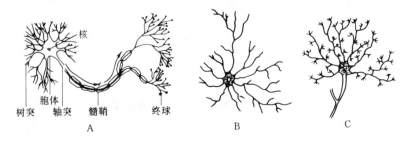

图2-1 人类神经系统神经元的不同形态

A. 脊髓中的运动神经元

B. 具有许多轴突分支的联络神经元

C. 具有许多短而多支的树突的联络神经元

从整个神经系统来说,神经元依其所在脑和身体的不同部位和功能,可分为3种:

1. 传入神经元

传入神经元是从外周向中枢传导神经冲动的神经元,它们分布于身体各组织、器官,接受各种刺激信息。如位于视网膜的传入神经元,接受光的刺激信息,产生神经冲动,向(视觉)中枢传导。这类神经元又称为感觉神经元、内导神经元。

2. 传出神经元

传出神经元是从神经系统各中枢向外周传导神经冲动的神经元。它们将神经冲动传递到肌肉和腺体等效应器官,引起运动或分泌反应。如外界紧张刺激引起神经冲动向内传导,经过中枢的整合活动,冲动沿传出神经元外导至比如汗腺,引起汗腺分泌。这类神经元也称为运动神经元、外导神经元。

3. 联络神经元

联络神经元介于上述两种神经元之间,其功能是连接传入和传出神经元,起联系的作用,也称中间神经元。它们分布于脊髓、脑,特别是大脑皮层。它们组成复杂的神经网络,不但起着连接的作用,而且起着在脑各个层级上的分析与综合作用。

(二) 神经

由许多平行的神经聚集成一束,便构成一根神经;神经是神经纤维的集合。神经没有传导方向之分。在同一根神经里,既可有传入神经元,又可有传出神经元。神经系统主要以神经而不是以单个神经元的形式分布于全身,构成神经网络。

二、神经冲动的传导——信息传递

神经细胞主要有两种功能,即冲动和传导。神经细胞受到刺激就产生兴奋。这种兴奋性表现为神经冲动。神经冲动沿着神经元的轴突向邻近的下一个或一些神经元传递,这就是神经冲动的传导。

神经传导是一种电化学过程。打个通俗的比方:神经元好象是一个"盐水袋",在另一种"盐水液"中浮游着。"袋子"——细胞膜——把两种液体分开。由于细胞膜有一定的通透性,膜内外的离子可以互相渗透。膜内的负离子占优势形成负电位,膜外正离子占优势形成正电位,于是形成膜内负电荷、膜外正电荷的电位差。这种电位差就是膜的极化现象。这时的电位差称为静息电位。但实际上它不是静的,而是处于瞬息间即放电的准备状态。当神经元受到足够强的刺激时,细胞膜的电离子通透性发生改变。这时膜内离子变化,称为去极化过程。神经元便由相对静息状态进入活动状态,形成了神经冲动,称做动作电位(图 2-2)。动作电位的持续时间很短,大约为 1 毫秒。但由于神经冲动沿着轴突一节一节地跳跃式传导,膜上电位差的变化是连续进行的,于是就形成了电脉冲,这就是我们所说的神经冲动(图 2-3)。正是这种神经冲动负载着有关刺激的信息。

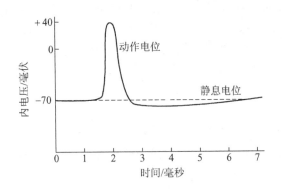

图 2-2　动作电位与静息电位

神经元还具有对神经冲动的整合作用,它能使传递来的兴奋被加强或被抑制。这要由神经元之间的传导作用来说明。

三、神经元之间的联系——突触传递

神经元之间是以一个神经元的轴突与另一个神经元的树突或胞体相联系的。这种特殊的联系结构称为突触。神经元的这种联系方式叫作突触传递。它使神经冲动在神经元之间传导。

突触在构造上分突触小体、突触前膜、突触间隙、突触后膜 4 部分(图 2-4)。神经元轴突末梢膨大呈球形者为突触小体(即终

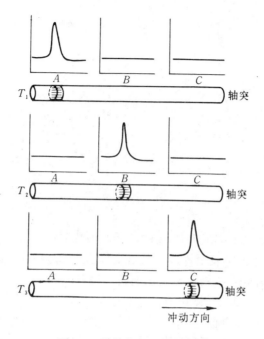

图 2-3 动作电位沿轴突传导

T_1,T_2,T_3 表示轴突 3 个不同的瞬间，

A,B,C 表示轴突中 3 个不同点的电位。

球）。突触小体内有许多囊泡和线粒体，内含神经化学递质和合成这些递质的酶。突触小体与另一个神经元的树突或胞体相联系。但这种联系不是两个细胞的直接连接，它们之间存在着一个微小的物理间隙，这就是突触间隙。在突触间隙两边的细胞各有一层膜，突触小体这一方的膜称为突触前膜，另一边树突或胞体的膜称为突触后膜。后膜里含有特殊的化学物质，称为受体。受体专门对前膜中的神经化学递质起反应。在突触间隙部位，神经冲动是以神经化学递质为媒介而勾通的。

突触传递是通过神经化学递质和电变化两个过程完成的。当

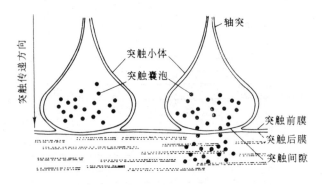

图 2-4 突触

神经冲动传至轴突末梢时,膜的离子通渗性发生变化,大量的钙离子进入突触小体,使囊泡向突触前膜移动并与之接触。这时储存于囊泡中的神经递质被释放出来而进入突触间隙,并作用于突触后膜,与突触后膜的受体相结合。于是又引起突触后膜电位发生变化,产生突触后电位。

突触后电位有两种类型,即兴奋性突触后电位(EPSP)和抑制性突触后电位(IPSP)。这是由轴突末梢所释放的神经递质不同,以及这些递质与突触后膜的不同受体相结合来决定的。EPSP 沿着轴突传导去影响其他神经元,这就是神经冲动的传导。IPSP 使突触后膜的兴奋性降低,因而出现抑制效应。应当指出,任何一个神经元都同许多其他神经细胞的突触相联系。有些神经细胞只产生 EPSP,另一些则只产生 IPSP,还有一些可产生兴奋性和抑制性两种突触后电位。这种兴奋性和抑制性电位的相互影响决定着特定的神经元是否有可能在特定时刻发放动作电位——引起神经兴奋或抑制。特别是在中枢神经系统内,一个神经元的细胞体及树突上有成千上万个突触(据估计,一个脊髓前角运动神经元胞体可有二千个突触,大脑皮层每个神经细胞可有三万个突触),各种突触小体又是分别来自不同的神经元,它们所释放的神经递质可以不同,对各突触后膜的影响也不相同。因此,一个神经元的活动产生兴奋或抑制,是由许多突触传递的活动共同决定的。

已发现神经递质存在于脑、脊髓、外周神经,甚至某些腺体中。并已发现脑中存在着30种以上的神经递质。例如肾上腺素和去甲肾上腺素,既是内分泌素,又是神经递质;它们既是兴奋性的,又是抑制性的。乙酰胆碱(Ach)既在中枢神经系统引起兴奋,又在心脏和某些自主神经系统方面引起抑制。乙酰胆碱作为神经肌肉系统的神经递质,能引起肌肉收缩,而当另一些物质,如箭毒,占据了接受细胞受体的位置时,就会阻止Ach活动,从而引起暂时性运动瘫痪。如果不及时解除箭毒的作用,它会使胸腔无法扩张进行呼吸而导致死亡。

突触传递这一神经细胞的工作方式,对心理活动的影响,不但是重要的,而且是很直接的。已有的研究表明,神经递质对人的记忆和情绪有着明显的影响。

正如前述,乙酰胆碱除影响肌肉运动外,对许多脑神经元突触也起着神经递质的作用。一项研究表明,一种称为毒扁豆碱的药物能提高神经元突触处Ach的活动,这是因为这种药物能抑制一种破坏Ach的酶的活动。使用这一药物意味着Ach的释放,而其结果导致人的学习与记忆的提高。这说明,致力于认识神经元信息传导效率的提高和神经递质的作用,对于以化学方式增进人的学习与记忆能力,是有可能的。

又如,去甲肾上腺素是影响人的情绪兴奋状态的神经递质。在治疗精神性抑郁症中发现,给患者使用一种称为单胺氧化酶(MAO)抑制剂的药物,可以改善患者的抑郁状态。研究指出,这是由于,在患者脑内神经细胞轴突中的去甲肾上腺素被MAO所破坏,从而在突触传递中,没有足够的去甲肾上腺素以激活接受细胞的神经兴奋,致使患者产生抑郁状态。经给患者使用MAO抑制剂之后,MAO对去甲肾上腺素的破坏受到抑制,从而达到治疗的目的。

第二节　神经系统的结构与功能(一)
——外周神经系统与心理

一、神经系统的进化与功能

从进化的观点看,神经系统经历了漫长的由简单到复杂的发展过程。它最初从局部的、自发性结构向中枢控制机构演变。在进化早期,生物体内一些细胞聚集在一起,形成神经节,执行着从体表受纳器到体内之间传递信息的作用(如水母)。随着生物演化,神经节细胞间形成了突触结构,神经节成为协调受纳器和肌肉运动的局部控制中枢。以后某些神经节集中到生物体头部,形成为对另一些神经节的中枢控制,并形成从头部至尾部的神经节索(如扁虫)。神经节索环绕着生物体消化腔,为取食服务。生物头部的大神经节逐渐具有整合各个受纳器传入的不同信息的功能,终于使它复杂化而进化为脑。脑的进化在结构上又逐渐发展为等级化。进化中较早形成的中枢成为低级中枢,较晚形成的则为高级中枢。低级中枢执行着维持生命如调节呼吸、心跳、体温等的功能,而高级中枢越来越多地接受环境的复杂信息,为有机体实现更有效的适应。

在脊椎动物的不同等级中,有发展不同水平的脑(图 2-5)。脑的低级部位在进化中被后来发展的高级部位所遮盖而掩藏在脑的内部,包括中脑和间脑(丘脑、下丘脑)。它们的外部则由大脑两半球和覆盖着的大脑皮质所环包着。

脑的高级部位对低级部位的控制,降低了低级部位原有的独立功能,使低级部位失去某些自发性。例如原来完全由间脑控制的内分泌活动、自主神经系统的功能以及基本情绪和生物动机等过程,均受大脑皮层的调节。又如在灵长类动物中,丘脑已不再有整合视、听的独立功能,而只是视、听信息传递的转换站;而在较低的

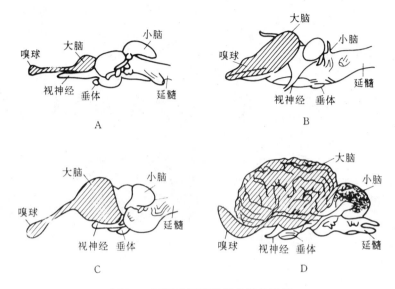

图 2-5 不同水平脊椎动物脑的发展
A.鱼 B.蛙 C.爬行类 D.马

猫科动物中,失去视觉皮层后,丘脑仍能执行一部分视觉功能;这时猫已不能辨别方形和圆形,但却仍能辨别明与暗。

人类个体的发育过程似乎在重复着种族的演化。人类胚胎神经系统的发育,在胚胎2—3周最初形成神经板后被拉长、弯曲而成为神经管。第4周后,可区分的前脑、中脑、后脑的3部位结构已清晰可见。6周时前脑已分化为间脑和大脑。新生儿的脑已形成完整的大脑两半球和初步的多皱折的大脑皮质(图2-6)。

成长的人类个体的脑和神经系统具有极其复杂的结构(表2-1)和机能。人类大脑与高级思维和意识相关系,但并不能脱离脑低级部位的作用。

43

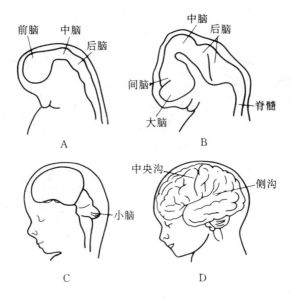

图 2-6 人类胚胎脑的发育
A.3 周胚胎 B.6 周胚胎 C.11 周胚胎 D.新生儿

表 2-1 神经系统的构造

神经系统	中枢神经系统	脑	大脑半球	
			间脑	丘脑
				下丘脑
			脑干	中脑
				脑桥
				延髓
			小脑	
		脊髓		
	外周神经系统	躯体神经系统	12 对脑神经	
			31 对脊神经	
		自主神经系统	交感神经	
			副交感神经	

44

二、外周神经系统

应当说神经系统的基本功能是把输入的感觉信息模式转化为输出的运动模式。从低等动物到人类,这一机制并没有根本的改变,只不过在感觉输入与运动输出之间的中枢调节已逐渐极大地精确化;二者之间的信息加工在人类身上有了极大的扩展和复杂化。从神经系统的构造和功能可清楚地显示这一点。

外周神经系统就是联系感觉输入和运动输出的机构,它包括从外周感觉器官内导到中枢的神经组织和从中枢外导到效应器官的神经组织。从结构上看,外周神经系统包括由脑神经和脊神经组成的躯体神经系统和由交感神经与副交感神经组成的自主神经系统。

(一) 躯体神经系统

躯体神经系统把来自眼、耳、舌、鼻以及皮肤、肌肉、关节等外部刺激的信息传到中枢神经系统,使人觉知光亮、声音、疼痛、压力、温度等变化,又把在中枢产生的神经冲动输送到运动器和效应器,从而产生感官的和肢体的运动反应以及腺体的分泌反应。

1. 脑神经

脑神经共 12 对,由脑的左右两侧对称地向外周延伸。它们的大部分分布于面部的肌肉、粘膜、腺体等部位。其中只有一对,即第 10 对,分布于内脏器官(图 2-7)。

从脑神经的机能来看,可分为感觉神经、运动神经与混合神经。12 对脑神经已给予确定的编号:

(1) 嗅神经:嗅神经自脑的前下部发出,分布于鼻粘膜,主管嗅觉。

(2) 视神经:视神经由间脑底部发出,其末端分布而成为眼睛的视网膜,主管视觉。

(3) 动眼神经:动眼神经由中脑发出,分布于眼球的肌肉内,控制眼球的运动。

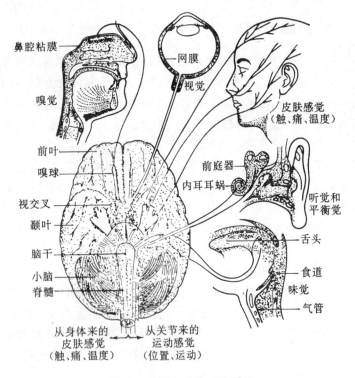

图 2-7　到达脑部的感觉通路

(4) 滑车神经:滑车神经由中脑发出,分布于眼球周围的肌肉中,也负责控制眼球的运动。

(5) 三叉神经:三叉神经由脑桥发出,因每侧皆有 3 个分支而得名。它分布于颜面、颌等部位,主管面部、牙齿、鼻腔、角膜、头皮、口唇和咀嚼肌的运动和感觉。

(6) 外展神经:外展神经发自桥脑,分布于眼球的肌肉中,主管眼球向外侧旋转的运动。

(7) 面神经:面神经分布于面部肌肉、舌部和泪腺、唾液腺,主管面部肌肉运动和部分味觉,并支配眼泪和唾液的分泌。

(8) 位听神经:位听神经也叫听神经,发自脑桥和延髓之间,分布于内耳,主管听觉与身体平衡觉。

（9）舌咽神经:舌咽神经自延髓发出,分布于舌、咽等处,主管味觉、咽头肌肉运动,也支配唾液腺的分泌。

（10）迷走神经:迷走神经发自延髓,分布于头、颈、胸、腹等广大部位,它有调节内脏、血管及腺体等机能的作用。

（11）副神经:副神经发自延髓,分布于颈部、胸部肌肉中,主管咽部和肩部的运动。

（12）舌下神经:舌下神经从延髓发出,分布于舌的肌肉中,主管舌肌运动。

上述12对脑神经中,第1,2,8对是感觉神经,主管感觉活动;第3,4,11,12对是运动神经,主管有关的运动活动;第5,7,9,10对则是混合神经,兼有感觉、运动两类机能。上列12对脑神经的分布给人以清晰的印象,即由脑所整合的心理活动,其来自感官的和发至运动器官和腺体的信息,是经过外周神经系统,尤其是经过脑神经的通路输送的,它们为人的高级思维的产生和发出指令传递信息。

2. 脊神经

脊神经是自脊髓通过脊椎椎管发出的神经。每个脊椎分节都向两侧发出一对神经,共31对。脊神经主管颈部以下的身体感觉和运动。

脊神经按脊椎的分段可分为:颈神经8对,胸神经12对,腰神经5对,骶神经5对,尾神经1对。自脊椎两侧椎间孔发出的每根脊神经又分为前、后两支。前支分布到身体腹面、两侧和四肢的肌肉与皮肤;后支分布到身体背面的肌肉与皮肤,分别主管有关部位的感觉和运动。

脊神经自脊髓发出后总是向下行。因此,任何一节脊髓受损伤,这节脊髓和这一节以下的神经组织将丧失其功能,但是只有这一节以下的神经所引起的感觉和运动能力受到损害,而受损的这一节本身所支配的感觉和运动能力仍然保存,因为这些能力是由来自上面的神经承担的。

(二) 自主神经系统

自主神经系统的神经冲动起源于下丘脑,其中枢级神经元分别位于中脑、延髓和脊髓。自主神经分布于心脏、呼吸器官、血管、胃肠平滑肌和腺体等,调节、支配全部内脏器官的活动。一般说来,自主神经系统不受意识的支配,它可在不意识的情况下实现其支配和调节的机能。这是由于下丘脑在脑组织中,属于古老的进化部位,其功能主要在于调节、控制和维持、延续与生命有关的机体活动以及基本情绪和生物动机活动。从与大脑皮层的关系而言,下丘脑的活动保持着相对的自发性,从而由它所控制的自主神经系统的活动也有着相对的自发性,以至在一般情况下不受意识的支配。但在特殊训练的情况下,意识或意念在一定程度上可以调节自主神经系统的活动。

自主神经系统包括交感神经与副交感神经这相对独立又相互影响的两部分(图 2-8)。

1. 交感神经系统

交感神经中枢级神经元位于脊椎胸、腰段。脊椎两侧各有一条自上至下的由神经纤维和神经节组成的链索,称为交感链。由脊髓发出的交感神经元到达交感链,在这里交换神经元,新发出的神经元纤维分别延伸至心脏、血管、气管和肺、胃肠消化器官以及肾和肾上腺、生殖器官等部位。交感神经系统的主要功能是激活这些器官,引起诸如心率加快、血压升高、血糖浓度上升、骨骼肌血管和心脏动脉舒张、皮肤和消化器官血管收缩、胃肠活动减慢、汗腺和肾上腺分泌增加等反应。交感神经系统的主要功能在于:提高有机体的唤醒水平,发动体内储存的能量,为有机体应付紧急事件作准备,以适应环境的变化。

2. 副交感神经系统

副交感神经中枢级神经元分别位于中脑和脊椎骶段两部位。中脑部位的副交感神经元纤维随着脑神经,如动眼神经、面神经、

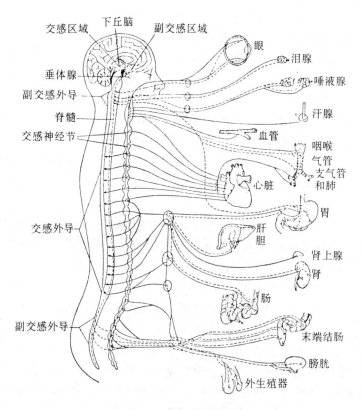

图 2-8 人体自主神经系统
实线表示交感系统,虚线表示副交感系统。

舌咽神经、迷走神经和副神经延伸至相应器官,引起诸如唾液分泌、胃肠蠕动、胃液分泌和胃肠血流量等。还有延伸至眼部的神经,调节瞳孔的收缩与舒张。脊椎骶部的副交感神经延伸至结肠、膀胱和外生殖器,调节这些器官的活动。

交感神经系统与副交感神经系统的活动有拮抗作用。表现为交感系的功能在于唤醒有机体,调动机体能量,使机体处于激活状态;而副交感系的功能则在于使有机体恢复或维持安静状态,如促进消化和代谢过程,吸收养料和有机体的其他合成物质,使有机体

49

储备能量，维持有机体的机能平衡。

交感神经与副交感神经活动的拮抗表现为，在不同时刻或不同情况下，哪个系统的活动处于支配地位。在正常情况下，它们是相互替换着处于主导地位的。这有助于使有机体处于正常的生理节律和生理平衡的状态中，但在环境因素变化的情况下，有时两个系统也可能同时被激活。例如，在过度恐惧情绪中，交感系处于支配地位，但同时外周血管不是扩张而是收缩，心脏似乎停止跳动，呼吸也被压抑，还可能出现不随意排尿或排便，这些就是副交感系统的作用。

自主神经系统的活动与情绪有密切的关系。人在情绪状态中，常常伴有明显的、甚至可被主体意识到的自主系反应。例如在愤怒情绪状态下，交感系统被激活，这时，一方面心脏血管系统活动被激发；另一方面消化系统活动被抑制。这是由于，愤怒情绪的原型在进化中是与为生存而引起的搏斗行为相联系的。交感系统的活动为有机体提供活力以适应搏斗的需要。又如在痛苦情绪中，主体处于沮丧、无力状态，这时肌肉紧张度下降，显示为肌无力，心率、脉搏缓慢，血糖分泌降低；甚至在痛苦得悲哀时引起泪腺分泌和肌肉颤抖。恐惧时外周血管收缩，表现为手脚发凉、皮肤温度下降、面色苍白、出冷汗等，这些生理反应导致主体处于退缩、压抑状态。这就是一百年前维廉·詹姆士提出的著名的"情绪是机体变化的知觉"理论的根据。然而，情绪的机制远比只涉及自主系统反应复杂得多，它还涉及脑的各级组织和内分泌系统的活动，这些将在后面的篇章中详述。

第三节　神经系统的结构与功能（二）
——中枢神经系统与心理

如果说，外周神经系统——从低等脊椎动物到人类，其传导信息的功能始终没有改变，那么，神经系统在进化中得到显著发展的部分,则在于中枢神经系统在结构上的复杂化与精细化,以及功能上的专门化与精确分化。中枢神经系统对输入信息的整合功能随着进化日益提高。处于进化的低级阶段,中枢神经系统主要执行着与维持有机体生命相联系的机能。在人类阶段,大脑的信息加工机能极大地得到发展,脑的低级中枢执行着调节身体器官的生理平衡的作用,维持着人类机体的基本动机和本能行为反应;高级中枢则执行着协调人与环境关系,包括社会环境和社会关系的复杂信息加工。中枢神经系统在进化中的发展与心理的进化发展是同步的;大脑两半球皮质的机能活动是人类高级思维的物质载体。

一、脊髓

外周神经系统的脊神经(共 31 对)胞体和神经纤维构成脊髓,也就是从身体躯干和四肢延伸到脑的神经和由脑发出到达身体各部位的神经,进出于脊椎椎管内并集合在一起,组成脊髓。脊髓是中枢神经系统最低级的中枢,能完成一些简单的反射,也能向脑的高级中枢传送神经冲动,形成复杂的反射。

反射概念。当敲击膝腱部位时,击打刺激引起的神经冲动从膝部肌、内感觉神经末梢沿内导神经元向脊髓传递。在脊髓中,冲动经中间神经元与外导神经元发生突触联系,外导神经将冲动反回到同一块肌肉,引起这块肌肉收缩,使腿伸展。这就是一个简单的反射活动,称为膝跳反射。组成这一反射的内导、中间、外导神经3部分的功能联系,称为反射弧。反射弧是反射活动的基本模式。由于简单的反射是由脊髓完成,故而在脊髓与大脑失去联系时仍可发生。许多原始的低级反射均系如此。但是在正常情况下,即使简单的反射也仍受高级中枢的控制。

反射活动实际上是很复杂的。它的活动往往不是单纯的从内导向外导、或从外导向内导的单向神经冲动传递。在一个反射活动中,反射弧的各部分都有神经冲动的往复传导。

从外周感官传入的感觉信息达到大脑,大脑的各中枢又可以把冲动沿感受器的传出神经向外传导,形成中枢与感官之间的反回联系。正是通过这种反回联系的机制,调节着感受器的机能。例如,光线对眼睛的刺激作用,在视觉高级中枢产生的反回联系所引起的眨眼运动,调节着视感觉的功能。由此可见,外周感官不仅有接受刺激的作用,也作为效应器官而活动着,成为构成复杂的反射活动的机制的组成部分。

在反射活动中,从感官到大脑皮层的传入传出现象,在脑的各级水平上均存在。反射活动既发生在感受器与低级中枢之间,也发生在低级中枢与高级中枢之间。例如人的某些基本情绪活动,如惊吓,可发生在视、触感受器——丘脑、下丘脑水平——骨骼肌运动系列反射中,也可发生在丘脑、下丘脑与大脑皮层的联系中,从而惊吓情绪受到大脑皮层和人的高级认知的调节。

中枢神经系统与效应器官之间也存在着反回联系。神经冲动由中枢传到效应器官或运动器官,引起效应反应或运动反应。效应和运动反应本身又成为刺激,引起传入神经冲动。例如,由中枢传到运动器官的冲动所引起的运动性回答反应,就成为动觉刺激;传到效应器官的冲动所引起的腺体分泌反应,乃是化学刺激。这种由效应活动所引起的反回传入称为反馈。中枢神经系统通过反馈机制实现有机体对自身活动的主动控制。

二、脑干——网状结构

中枢神经系统在脊髓以上的部位,可看作在进化的不同时期由内向外、由老到新发展起来的3个同心层的结构。它们是(1)以脑干和小脑为主要部位的中央核心——原始的为维持生命活动的低级中枢;(2)丘脑系统和边缘系统——维持基本生物需要和情绪动机的中枢;(3)大脑皮层——高级心理活动中枢(图2-9)。

从解剖学的观点把脑的进化结构作上述3个同心层的分解,使初学心理学者易于从观念上把握结构复杂、组织交织和联系密布的脑结构。图2-9是呈现脑的3个同心层牵拉开来的想象模型。

图 2-9　人脑的 3 个同心层示意图

　　脊髓从脊椎椎管上行进入颅骨，扩展而形成脑干。脑干也是由外周到中枢的内导和外导的神经组成的结构，它与脑的更高级部位以及一些重要的神经核团相联系。脑干包括延髓、脑桥和中脑 3 结构。延髓的腹侧有左右两条柱状椎体，其下部形成椎体交叉。由身体左侧内导的感觉冲动，通过椎体交叉，进入脑的右侧，控制身体左侧；而由身体右侧内导的感觉冲动，通过椎体交叉，进入脑的左侧，控制右侧躯体。延髓上部膨大而形成脑桥，与小脑相连接。脑桥上才是较小的中脑。从进化上看，脑干是脑的最古老部位，是维持生命的基本活动、整合诸如呼吸、心率、体温等生理活动的主要机构。

　　网状结构。贯穿在脑干的大部分区域，从延髓经脑桥和中脑，一直延伸到丘脑下部，沿着脑干腹侧的狭长区域，有许多散在的神经核团和上行、下行神经纤维，交织着构成一个神经网络的结构，称为网状结构或网状组织。由外周感官或身体器官输入的神经冲动，经内导神经的旁支沿着脑干腹侧进入网状结构，并上行进入下丘脑和丘脑。网状结构是一个激活神经兴奋的组织,它的上行激活系统的主要机能,是它所携带的神经兴奋在下丘脑被整合与扩散,激活丘脑的觉醒中枢,兴奋大脑皮层。

网状结构是本世纪50年代由林斯里(D. Lindsley)所提出的。从此,人们把脑干的神经通路分为特异性神经通路和非特异性神经通路两个结构。特异性神经通路指从特定感受器——如眼睛传入的神经兴奋,沿脊髓上行,可直达大脑皮层的相应的专门化部位——如枕叶的通路。与此相对而言,非特异性神经通路是指,通过网状结构,神经兴奋弥散性地传布到脑的广大区域,整个脑组织被激活而并不只与某特定专门化区域相联系(图2-10)。因此,网状结构的主要机能是调节睡眠与觉醒的机构。它使有机体在一定的刺激条件下,保持一定的唤醒水平和清醒状态,维持注意并激活情绪。网状结构的神经组织经过上行和下行激活系统的整合活动,对丘脑系统和大脑皮层的激活起着提供兴奋来源和协调的作用。

三、丘脑和下丘脑

在脑干之上、大脑两半球中央底部,于左右两侧有两个对称的神经细胞核团,这就是丘脑。由于丘脑是蛋状的,在形态上更像是左右独立的两个结构,但它们之间由另外的核团联结着,不像大脑两半球那样明显地除胼胝体外完全独立地分开。

丘脑是网状结构最高部位的终端,来自网状结构的神经激活从丘脑向大脑广泛地扩散,并具有一定的整合作用。因此,丘脑在控制睡眠与觉醒中起重要作用。丘脑激活被唤醒时,情绪阈限明显下降,有机体的情绪性明显提高,情绪行为模式明显改变。

丘脑和下丘脑被认为是重要的整合生命活动的结构。高等动物和人类的感觉功能高级中枢已由大脑所承担,从而丘脑只作为把来自外周感官的输入信息传至大脑的中继站而起作用。

下丘脑位于丘脑下部,是比丘脑在体积上小得多,但功能十分复杂的结构。下丘脑调节有机体的基本生理需要和过程,保持体

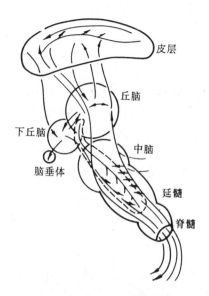

图 2-10 网状结构投射通路
虚线勾起部分是网状结构的近似部位。

温、心率、血压等生理平衡,发动和制止动物的取食、饮水和繁衍、争斗行为。下丘脑还是情绪的重要中枢,它不仅由于从网状结构传递的兴奋而激活情绪,而且,通过微电极技术已发现下丘脑有专门的发动"快乐"和"痛苦"的不同部位。

下丘脑还是调节自主神经系统的直接中枢。有机体在情绪性刺激的作用下,通过自主神经系统引起的身体器官节律活动的变化,在达到大脑时,所附加的情绪体验由何而来,被认为是与下丘脑的整合活动分不开的。研究推测,下丘脑是在进化中储存情绪模式的场所。此外,下丘脑与内分泌系统密切联系。它与脑垂体、肾上腺共同形成情绪激活系统,参与情绪的发生并起重要作用。下丘脑实际上不仅是脑的一部分,对自主神经系统实行直接控制,而且,下丘脑本身也是内分泌腺体,它所分泌的激素直接调节着整个内分泌系统。这更加证明了它在情绪发生的复杂机制中所处的重要地位。

四、边缘系统

边缘系统是由边缘叶及其周围相连接的结构组成的。边缘叶是大脑皮层在进化中早先发展的古老结构,它位于前脑底部,是由于大脑皮层面积的扩展而逐渐向内卷折而形成的皮层内边界。它覆盖在脑干、间脑之上,从内面延伸到大脑的整个区域。边缘叶与其下面连接的皮层下细胞核团,包括杏仁核、下丘脑、脑垂体等,总称边缘系统(图 2-11)。

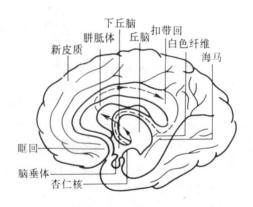

图 2-11 边缘系统

箭头表示情绪发生之环路,称帕佩兹环路。

边缘系统是在大脑皮质极大扩展后形成的。因此在进化阶梯上,哺乳类以下的动物没有边缘系统。它们(如鱼类或爬行类动物)维持生命的基本活动,如哺喂、交配、攻击或逃避行为只能通过刻板的本能行为完成。而边缘系统的整合活动能调节下丘脑和脑干的功能,在支配、发动和制止动物的本能行为中,使其在多变的环境中更灵活地适应。例如,边缘叶的扣带回是有机体的警戒部位,扣带回被激活引起有机体的警觉和注意。

边缘系统是有机体适应环境的高级中枢。它通过下丘脑调节内脏和骨骼反应,调节情绪行为和情绪体验。尤其情绪体验被认为是整个边缘系统的整合结果。图 2-11 上箭头所环绕的"环路",是整合情绪体验的神经兴奋传导路线。

属于边缘系统的海马结构,对记忆有特殊的作用。当代研究认为,海马是短时记忆的机构。海马部位受损伤,记忆中不再能储存新的信息,但仍能记得受损伤以前的事。

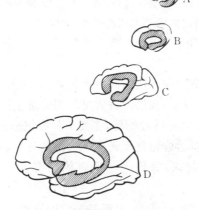

图 2-12 不同哺乳类动物的边缘系统
A.兔 B.猫 C.猴 D.人

第四节 神经系统的结构与功能(三)
——大脑皮层与心理

一、大脑皮层的结构与功能

蒙特利尔神经学研究所里正在进行着一例癫痫发作患者的肿

瘤切除手术。为预防不良的手术后果，术前医生画一张此患者将被切除部位的脑图，试图标定与这些部位有关的心理和行为的功能。医生掀开颅骨，露出多皱折的脑，即大脑皮层，用微电极轻轻刺触皮层的某些部位——脑是没有痛点的，电刺激不会引起病人的不适感。病人在局部麻醉下保持意识清醒。当医生小心地移动着电极刺激点的同时，观察病人的反应，以便确定手术所允许切除的区域，以尽可能不破坏其心理功能为准。突然在刺激某部位时，病人发出了微笑，张开了眼睛。问他体验到什么时，他说"我听见歌声，一个曲调"。"你以前听到过它吗"？"是的，很久以前我听到过，但不记得歌的名字了"。当刺激另一部位时，病人想起了儿时一个生动经历的细节。潘菲尔德医生好像在打开记忆电钮一样，触发病人脑深处多年默默存贮着的记忆（潘菲尔德和巴德温，1952）。神经外科学向人们提示着了解脑的心理功能的知识，潘菲尔德的工作是一个范例。

　　大脑皮层是物种进化的高级产物，在人类身上发展到最高阶段。随着种系的发展，皮层所占大脑组织的总量比例相应增大。人类大脑皮层有140亿神经细胞，主要由神经细胞胞体密集而成。扩展了的皮层面积远远超过颅骨所能容纳的程度，它于是变得在颅内皱折和卷绕起来，好像把一块海绵拥塞在一个头盔里（图2-13）。

　　大脑皮层面积的增大，无疑是与它的结构的严密化和功能的精细分化联系着的。皮层上神经细胞胞体的密集排列，承担着对外界信息的极其复杂的加工。在此，以记忆为例，人类记忆的机制之一，是在同类外界输入信息的重复作用下，众多的、不同的神经细胞群交替地和重复地参与到整合活动中。记忆的保持或遗忘取决于这些神经细胞群参与工作的数量和质量。如果一次输入所激活的神经细胞群在下次被抑制或破坏，还有另外的细胞群参与来取代前者。这说明庞大的神经细胞群参与记忆活动，能保证记忆痕迹在长时记忆中保存。

　　那么，记忆或思维如何成为有意识的呢？对于意识来说，在脑

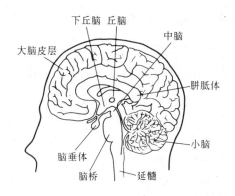

图 2-13 人类大脑及中枢神经系统的其他低级部位

的中央核心部分,有众多的、短而细的多支神经纤维的神经元,它们之间可进行相互之间往复的平行传导。这种工作方式在脑各级组织中的广泛传导,给脑内留下一种持续的状态,这种状态在进化中逐渐成为一种感觉,它以主观体验的方式进行着自我监督,这就是意识的前身或起源。当这种脑的状态与言语机制相结合,就形成了人类的语词意识。

在人类,言语活动是信息加工的独特载体。语词代表着被极大概括化了的外界事物的涵义,因此,言语刺激和言语思维能激活所涉及的大量神经细胞,在广泛的大脑皮层中进行整合。它涉及思维的分类与归类,记忆的存贮与提取,情绪与动机,皮上与皮下的相互交错联系,这一切导致人的思维加工可在语词意识的水平上进行,并在情绪中产生满意与否的意识体验。

以上描述作为举例说明,无论是记忆的形成,思维的加工或意识的产生,尽管其物质基础和形成机制还不能确切地予以解释,但无疑是与脑这一体积虽小但却是极其庞大和复杂的神经结构的发展联系着的。

二、大脑皮层的结构与功能

(一)大脑皮层的外观形态分布与功能分工

大脑皮层有严密的形态结构和机能定位。从外观上看,大脑由左、右两个大致对称的半球构成。两个半球的外层就是大脑皮层。皮层由神经细胞胞体密集排列,其下部是由髓鞘化了的神经纤维所构成。人类大脑皮层的皱折形成了许多沟回和裂。按照这些沟和裂,可把大脑皮层分为额叶、顶叶、枕叶和颞叶(图2-14)。额叶与顶叶由中央沟分开,颞叶在外侧裂下面,与枕叶和顶叶相连接,但没有明确分开的沟。

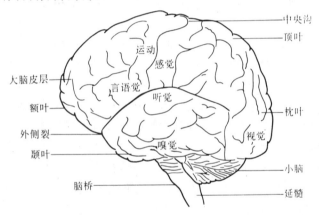

图 2-14 大脑半球外侧

大脑两半球内侧环绕着的额上回、颞下回、枕颞回、楔回以及颞下沟、顶枕沟等部位,是从两半球的外侧卷折过来的。靠近这些回沟更接近于中心位置的扣带回、海马回等,则属于旧皮层,即皮层内边界的边缘叶部分;围绕着它们以外的部分均为新皮层。大脑两半球是分开的结构,唯有中间的胼胝体是两半球联结的部分(图2-15)。

大脑皮层不同的区域有不同的机能。按照上述的结构分布,大

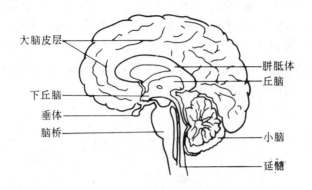

图 2-15 大脑半球内侧

致相应地分为 3 类机能区：皮层感觉区、皮层运动区和皮层联合区。皮层感觉区又可分为躯体感觉、视觉区和听觉区。

1. 视觉区

皮层视觉区位于枕叶，是视觉的最高中枢。视觉神经从视网膜上行进入脑，通向低级中枢——外侧膝状体。在上行途中，双眼视神经的一部分投射于同侧外侧膝状体，另一部分交叉到对边外侧膝状体，最后投射到皮层枕叶。由于视交叉是不完全的交叉，因此视觉信息向脑内传递带有双侧性。

2. 听觉区

皮层听觉区位于颞上回，是听觉的最高中枢。听觉神经从听觉感受器——内耳柯蒂氏器上行进入听觉低级中枢——内侧膝状体，最后投射到皮层颞叶。由于听觉神经进入脑内后也呈不完全交叉，故而听觉信息向脑内传递也带有双侧性。

3. 躯体感觉区

躯体感觉区位于顶叶中央沟后面的中央后回。这里主管着热、冷、触、痛、本体觉等所有来自躯体的感觉。躯体特定部位的感觉在躯体感觉区有一定的机能定位，其定位有如下特点：(1)颈部以下躯体感觉有对侧性，即左(右)侧躯体信息投射在右(左)侧皮层。

(2)整个躯体感觉的机能定位呈倒立分布,即来自躯体上部的信息投射到躯体感觉区下部,来自躯体下部的信息投射到感觉区上部。
(3)皮层投射区域的大小,不以躯体器官的大小而定,而是以器官感觉的精细和复杂程度而定。如手和口部感觉精细,内涵丰富,在皮层上占有极大的投射区(图 2-16)。

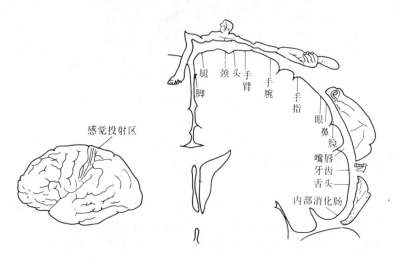

图 2-16　大脑皮层感觉投射区

4. 皮层运动区

皮层运动区位于中央沟前面的中央前回。这部位含有大量的锥体细胞,故又称锥体区。皮层运动区的机能定位与躯体感觉区相似,即头面部运动由本侧皮层支配,头部以下躯体运动由对侧皮层支配;皮层运动区的机能定位呈倒立分布,运动区上部支配躯体下部运动,运动区下部支配身体上部运动;同时,动作越精细,越复杂,在皮层的投射区越大(图 2-17)。

5. 皮层联合区

大脑皮层中具有起着联络、综合作用的结构和机能系统,称为皮层联合区。它是大脑皮层执行高级心理功能的部位。在种系进

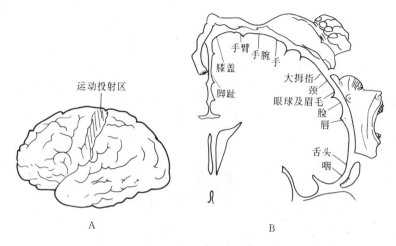

图 2-17 大脑皮层运动区

化的水平上越高,联合区在皮层上占的比例越大。在人类,除上述感觉区和运动区以外的区域,均为联合区,它占据整个皮层的一大半位置。

联合区不直接同感觉过程和运动过程相联系,它的主要功能是整合来自各感觉通道的信息,对输入的信息进行分析、加工和储存。它支配、组织人的言语和思维,规划人的目的行为,调整意志活动,确保人的主动而有条理的行动。因此,它是整合、支配人的高级心理活动、进行复杂信息加工的神经结构。

(二) 大脑皮层的三级区结构与功能

大脑皮层是由 6 层神经细胞组成的(图 2-18)。在进化中,它由下层到上层依次生成,从而这些不同层次结构的功能也不尽相同。在功能上,它们被分为 3 个级区:初级区、次级区和联络区。

1. 初级区

初级区主要指皮层第 4 层(感觉性内导层)和第 5 层(运动性

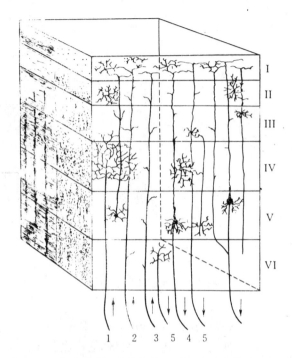

图 2-18 大脑皮质细胞和纤维分层及皮质内联系示意图

1. 特异上行投射纤维　　Ⅰ 切线层(分子层)
2. 联络纤维　　　　　　Ⅱ 无纤维层(外颗粒层)
3. 非特异上行投射纤维　Ⅲ 纹上层(外锥体细胞层)
4. 下行投射纤维　　　　Ⅳ 外纹层(内颗粒层)
5. 传出联络纤维　　　　Ⅴ 内纹层(内锥体细胞层)
　　　　　　　　　　　Ⅵ 纹下层(梭形细胞层)

外导层)大锥体细胞密集的部位。它直接接受皮层下中枢的传入纤维和向皮层下部发出的纤维,与感受器和效应器之间有着直接的功能定位关系。这些部位的神经细胞具有高度的特异性,分别从视、听、肌肉等外周感受器与枕叶、颞叶、中央后回和中央前回联系起来。这种联系是由定位和功能相同的神经细胞聚集在一起,形成垂直于皮层表面的柱状结构,从而区分出投射性的皮层视觉区、听觉区、躯体感觉区和运动区,实现着初级的感觉性和运动性信息传递。整个初级区属于较简单的"投射"皮层结构。

2. 次级区

次级区主要占据着皮层结构比较复杂的第2、3层组织。这些部位由短纤维神经细胞所组成。它们大部分同外周感官没有直接联系。次级区的主要功能是对外周输入的信息进行初步加工,它们还接受来自脑深部传导的冲动。次级区是在种系演化晚期阶段和人类中发展的,其功能是对所接受信息进行分析与整合,在复杂的心理活动中起作用。次级区属于"投射-联络"皮层结构。

3. 联络区

联络区是指位于皮层各感觉区之间和重叠部位。它所包含的皮层区域完全是由皮层的上层细胞所组成,与外周感官无直接联系。联络区在皮层上构成两大区域。其一分布于脑后部两侧枕叶、顶叶和颞叶之间的结合部位,是各感觉区的皮层重叠部分,下顶区是它的基本组成部位。人类下顶区十分发达,占据联络区的四分之一,实际上联络区是人类所特有的组织。其二位于皮层运动区前上方,它在人的行为的复杂程序序列中起作用。它同皮层所有其余部分均有联系。联络区对心理的高级功能,诸如词义、语法、逻辑、抽象数量系统,综合空间标志的整合,以及经验的保存起作用;它协调各感觉区之间的活动,进行皮层最复杂的整合功能,被称为"保存信息、接受加工"的联络区。

大脑皮质分层结构是长期进化的产物。三级区结构的发展在不同类动物中有不同的发展等级。例如,老鼠的大脑皮层只有初级区和次级区的初步分化,没有联络区;猿猴的皮层有了联络区。只有到了人类,大脑皮质的分层次结构才分化得十分清楚。人的大脑皮层初级区受到发达的次级区的排挤,已占据不大的部位,而顶-枕-颞重叠区和额叶皮层的联络区两部分,是最发达的系统。人脑的功能作用,不是由相对分开的区域所完成,整个皮层结构是协同整合的机能系统。

（三）脑的3个基本机能联合系统

人的心理活动是复杂的机能系统，它们不由脑的局部部位所决定。正像从上述皮层三级区所看到的，每个区域和不同层次起着不同的作用。皮层下结构的功能也是如此。按照脑的功能分工，可划分为3个基本的机能联合系统，任何心理活动都必须有它们的参与：(1)调节觉醒和紧张状态的联合系统；(2)接受加工和保存信息的联合系统；(3)调节和控制复杂活动的联合系统。通过这3个机能系统的工作，可看到人的心理从信息输入、整合到反应的大致图景。

1. 调节觉醒、紧张状态机能系统

为了心理活动的正常进行，保持大脑皮层一定的觉醒状态和适宜的紧张度，具有决定性的意义。保证和调节皮层觉醒状态和紧张度的器官，不是位于皮层本身，而是位于皮层下部位和脑干的网状结构。这些部位与皮层有上、下行的调节联系通路。网状结构上行激活系统激活皮层紧张度，同时通过网状结构下行激活系统受到皮层的调节与控制。借助于这种机制，皮层所需用以进行信息加工的兴奋与抑制的整合能量，从皮层下网状组织得到补充。

激活网状结构下行纤维的皮层部位，首先从额叶开始，并通向丘脑和脑干。这一额叶-网状结构通路，不但输送外导信息，引起有机体的适应行为，更重要的是，额叶的高级功能——意图形成、计划制订、监督计划的执行等有意识活动，是靠额叶-网状结构通路的机能活动实现的。事实上，即将从以下阐述所能看到的，上额叶受损伤，人的能动的心理活动的整个系统，也就是人的高级智能活动，将受到严重的破坏。

2. 接受加工、保存信息机能系统

接受加工和保存信息的机能系统是心理整合的最主要的系统。它涉及大脑皮层的枕-颞-顶叶3个感觉区的3个级区的整合功能。初级投射区的特异性感觉输入——分别为视觉、听觉和躯体感觉的,在次级区即已被整合加工,但仍具有投射性;最重要的是在第三级联络区的广大皮层进行的多方面整合。例如,认识周围地理环境的综合标志,不是由专门化的某一感觉系统所能完成,而是由顶-枕部联络区所整合的反应。因此,顶-枕部受损伤时,空间认知即发生障碍。从直观知觉向以内部图式和广泛概括为前提的抽象思维的过渡,也必须在联络区参与下才有可能。在顶-枕-颞部受损伤时,不能把输入的个别信息整合到统一的结构中去,从而对信息意义的理解发生困难。

颞叶是听觉的中枢。颞叶次级区受损伤导致语音不识症,即"感觉性失语症。"这是左侧颞叶次级区受损伤的基本特征。它影响到听觉记忆和思维,产生"听觉记忆性失语症"。但是在顶-枕-颞叶三级联络区受损时,失去的则是对语法结构的理解。例如对"鸟巢在树枝上"的句子,患者弄不懂"树、鸟、巢、枝"的关系。这时,言语失去工具效应,发生命名障碍,语义不能纳入一定意义的范畴,语义图式完全遭到破坏。左半球额下回或额-颞区(Broca 区)受损伤,则失去言语表达动机,构思不能主动发生,导致表达思想成为不可能的"运动性失语症。"

额叶受损伤时,患者在任务面前表现茫然不解。意识不到任务提出的条件,从而不能形成任何意图与计划。病人冲动式地得出答案,不能把答案与任务条件作比较,意识不到自己的答案毫无意义。实际上,额叶与整个皮层,特别是在三级联络区,有广泛的联系,额叶损伤所破坏的是人的能动的心理活动的整个结构。

3. 调节复杂活动机能系统

调节复杂活动的机能系统位于大脑皮层前部中央前回的额叶。中央前回额叶是大脑的执行器官。它由皮层初级区第5层大椎体细胞纤维外导,通向达到肌肉运动器官,引起活动反应。这条通路称为椎体通路(活动的实现还要经过另一条椎体外路来保证)。

人对外来信息不仅简单地予以反应,在加工和保存信息中,产生意图,制订计划、执行程序、监督和控制活动,这就是人类高级的有意识的活动。这些复杂的信息加工是在上述"接受加工、保存信息"的机能系统中进行的,是在额叶次级区和联络区借助言语机制形成的,这就不仅涉及额叶本身,而且在联络区通向整个皮层。由此可见,活动调节机能系统有两个方向的联系,一个是下行通过间脑调节网状激活系统,以形成行为的动力图式;另一个是额叶与皮层所有其他部位的广泛联系,以实现对由意识所支配的行为的调节。因此,额叶不仅对调节皮层紧张度与激活水平起着重要的作用,而且对人的高级思维和决策,对问题解决、实现意志行为等意识活动的调节和控制,在整个皮层联络区的整合加工参与下,起着决定的作用。

综上所述,人的心理是在大脑皮质的3个级区和脑的3个机能系统的协同活动中实现的。外界信息在皮层初级区向次级区、联络区传递,特别是在其中的高级区进行加工。信息的传递过程,第一机能系统保证皮层紧张度,第二机能系统进行分析与整合,第三机能系统保证有意识的、有目的的探索活动。这就是大脑皮层的概略的信息加工图景。

三、大脑两半球功能差异

看起来似乎是完全对称的大脑两半球,实际上在大小和重量上、尤其在功能上是有差异的。这种大脑两半球功能不对称性称为"单侧化"。主要表现在左、右两半球在实现语言、逻辑、数学和空间认知、雕刻、音乐等方面功能的差异。单侧化的研究为人们认识脑的功能提供了新的知识和开辟了新的途径。

(一)单侧化的证据和实验研究

早在上个世纪,布罗卡发现大脑左半球额叶受损伤导致运动性失语症以来,大量研究已向人们揭示了左半球的语言功能。因此,对右利手者来说,左半球为言语优势半球。然而对右半球的功能,长期以来一直不很清楚。近年来研究发现,右半球也有着单侧优势的重要功能。右利手者在右半球受损伤时，他们的空间和形象认知方面产生障碍，尤其在空间定向和对复杂图形的知觉中，只能知觉局部细节而不能把握整体。有的患者不能识别人的面孔，有的患者不能确定地图坐标。这些不正常现象在右半球受损伤中常见。

但是，这种现象在左利手患者中有时并不十分清楚。有的左利手者，与右利手者正相反，他们的右半球为语言优势，左半球为空间知觉优势。但是，有许多左利手者的两半球功能全然没有单侧化现象。他们的两半球的功能是均衡的，任何一侧受损伤均可导致失语症，而且，未受损伤的半球能较好地补偿受损伤半球的语言功能。这种现象使人迷惑不解，增加了认识两半球功能差异性的难度。

单侧化的进一步研究是在本世纪 60 年代从"割裂脑"技术中进行的(R. Spery, 1960)。正常人的脑是作为一个整合的整体起作用的。两个半球各自获得的外界信息，均可立即通过脑中心的胼胝体内连接两半球的神经互相传送到对边半球。但是在患某种癫痫发作的病人中，由于胼胝体连接桥的作用，使一边半球的神经发作引起对边半球放电，从而导致两个半球的普遍放电，加剧了癫痫发作。通过割裂脑手术——割断胼胝体在两个半球之间的连接桥，可有效地制止癫痫发作的严重情况。也正由于这一治疗的目的，两半球变成了两个分别独立地进行机能活动的组织，于是引起了对两半球单侧化的进一步研究。

对割裂脑病人的实验研究是这样进行的：用速示器在 0.10—0.15 秒* 的短时间内向被试左或右视野呈现一张图片，上面是一个物体图形，如一个钥匙或一个字母。图形或字母信息分别传送到右或左半球枕叶视觉区，让被试说出看见什么。当信息传送至双眼视网膜左侧（图 2-19），病人能准确地予以回答，因为信息达到了

---

* 刺激物给出的时间很短，这是为了控制被试的眼动效应。被试的眼动能使信息传送到对边半球。也正是因为割裂脑病人能自由地活动双眼，从而在日常生活中不致引起明显的缺陷。

具有言语表达能力的左半球。但当信息投射到右半球时,被试则不能回答,因为右半球不具备言语表达能力。有时他会任意猜测,当猜错时他摇头或皱眉。这一现象被解释为他能理解刺激物是什么,但他却不能用言语回答。

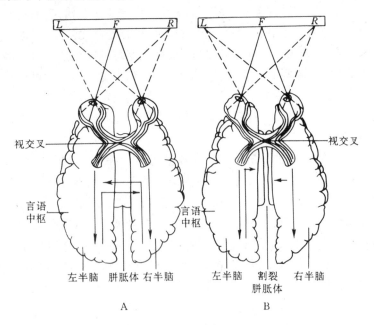

图 2-19　割裂脑视觉信息输入图

另一个实验同样说明这个问题。将一个裸体胖娃娃图片刺激传送到左半球,被试笑了,并告知看到了胖娃娃。随后将图片传送到右半球,被试说什么也没看见,但她也笑了。问她是什么引起发笑时,她回答"我不知道,……啊,这可笑的机器"(Gazzaniga,1967)。右半球听到了笑声,右脑知道笑的是什么,却不能说出笑的原因。

为了进一步证明右半球确实理解了刺激物是什么,而只是由于没有传送到左半球,从而不能用言语表达这一事实。实验时,让被试把右半球接受的信息——如一个"螺母"的词,用左手从档板后几个物体中摸出一个螺母,被试能够做到这一点,却不能说出螺母的名称。这证明了被试确实看到了螺母图片,也理解了看见的东西,只是不能用言语表达出来。

(二) **大脑两半球功能差异性**

割裂脑的研究为证明大脑两半球功能之差异提供了许多证据,但仍不能认为已经十分清楚。已经明确知道的是,左半球支配着言语表达能力,数学运算以及连续的分析综合思维活动,并符合逻辑;右半球能理解简单的语言,如摸出一个螺母表明对"螺母"词作出了反应。但是右半球不能理解抽象的语言形式和进行抽象思维。从语言功能上说,对右利手者,左半球为优势半球,右半球为非优势半球。

许多研究也证明了右半球有着它的特殊功能。右半球支配着空间方位定向和图形认知。它比左半球更好地完成三度空间辨认和绘画立体图形,在按照图案构造立体模型上,比左半球显示更有效的形象构思和形象透视能力。由此推论右半球有着方位知觉、触摸觉、绘画、雕刻等艺术活动方面的优势。还有些研究者认为右半球比左半球更多地支配情绪和梦,从而把与情绪活动密切联系的艺术才能归结为右半球优势。这需要作更多的研究才能予以确定。

两个半球的专门化在个体发展中有一个明显的发展过程,而且它是随着个体掌握语言和言语能力完善化而显示。在儿童时期,左半球受损伤,右半球代偿语言功能将没有多大困难。然而,成年人左半球受损伤,随其受损程度,语言缺陷将是不可避免的和无可取代的。

本节阐述了大量的有关大脑皮层结构的机能定位问题。但必须具有这样一种认识,即有关机能定位的知识大多数来自脑损伤引起的功能缺陷。但确切的损伤定位在病人活着的时候很难十分确切地予以鉴定,同时一处损伤,有时与不同的功能缺陷联系着,而许多种心理功能又完全由某一脑区所掌管。因此模糊不清和模棱两可的情况时常出现,这些困难只能靠大量的神经外科手术资料的积累来加以分析。这个问题即使得到克服,也还有另外一个问题需要对之具有明确的认识,即脑是心理的器官,了解心理活动要依靠脑科学知识;但这只是真理的一半。对脑这一物质基础的依赖,首先需要对心理本身的一定认识。换句话说,不了解情绪的性质,就无从解释脑皮质、皮下多部位与情绪的关系;不了解思维和知觉的区别,也难以分辨皮层不同级区与它们之间的定位关系;刺激额叶一定部位可引起某些回忆,但在对记忆知道更多之前,对此不能作出任何解释。神经生理学和心理学的知识是互相为用和互相促进其研究进展的。

第五节 内分泌系统与心理

内分泌系统是由许多内分泌腺体所组成。它包括垂体腺、甲状腺、胸腺、胰腺、肾上腺、生殖腺等(图 2-20)。内分泌腺不同于外部腺体(如泪腺和汗腺),它们是无管腺体,其分泌物——称为激素,直接进入血液或淋巴,并带到全身。内分泌系统与神经系统有密切的联系,它们作为体内组织的一部分,和其他内脏器官一样,受自主神经系统的支配;同时有些腺体则形成统一的自行维持的系统,它们之间又有互相支配的关系。

内分泌系统对人体生长、生理平衡维持和某些心理活动有重要的作用。在个体发育、性别形成、性和母性行为以及在情绪和应激状态中,是重要的调节机制。这一节主要阐述与心理活动关系密切的几种腺体。

一、垂体腺

垂体腺也称脑垂体。这是因为在脑结构中,它的名称是脑垂体;后来发现它本身也是一种内分泌腺体,它分泌的激素参与到其他腺体的活动中去,因此又被称为垂体腺。

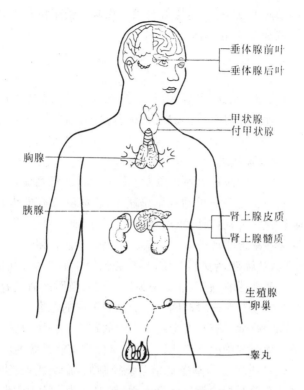

图 2-20　人体主要内分泌腺的位置

　　垂体腺位于丘脑下部,是两个分开而又紧密靠着的腺体,称为垂体前叶和垂体后叶。垂体后叶完全为下丘脑所控制,它所产生的抗利尿激素控制尿的分泌速度和分泌量;它还间接控制血压,并影响分娩和乳汁分泌。由于下丘脑的作用,在一定的情绪影响下,排尿、血压均可引起变化;事实上,分娩和排乳也受情绪的影响。

　　垂体前叶产生多种激素,也由下丘脑控制。垂体前叶释放的一种激素有直接效应,它直接影响身体生长的速度和持续时间,如果分泌过少会引起侏儒症,分泌过多则引起巨人症。垂体前叶释放的另一些激素则通过触发其他内分泌腺的活动,影响与那些腺体有关的生理活动。例如,触发肾上腺分泌会引起在情绪性变化方面的垂体-肾上腺相互作用。

二、肾上腺

肾上腺位于肾脏的上部,由肾上腺皮质和肾上腺髓质的两个腺体组成。肾上腺对有机体的应激状态、行为和情绪有重要的影响。

(一) 肾上腺髓质

肾上腺髓质分泌肾上腺素和去甲肾上腺素。肾上腺素与自主神经系统中的交感系统的活动紧密联系,它能激活有机体使之处于准备应急的状态,引起出汗、心率加速、外周血管舒张、胃肠血管收缩等与交感系统活动类似的现象。肾上腺素还作用于网状结构的某些部位,从而激活交感系统,再次激活肾上腺分泌,由此形成一个维持生理激活的循环,这就是为什么在刺激因素消失后,情绪激动状态会持续存在一段时间而不能立刻消失的原因。

去甲肾上腺素具有与肾上腺素类似的作用。特别由于去甲肾上腺素是交感系统中的神经递质,它直接促进交感系统的活动。

肾上腺髓质的活动是受交感系统控制的,在交感系统与肾上腺髓质之间有着互相协调的相互作用。例如在情绪性刺激作用下,交感系统同时刺激内脏器官和肾上腺髓质。神经刺激激起内脏器官立刻进入紧张活动,而激素起动较慢,但维持较长时间的效果,以保持机体活动处于维持需要的状况。

(二) 肾上腺皮质

肾上腺皮质分泌肾上腺类固醇。它直接受垂体腺的调节。垂体腺前叶分泌的激素之一为促肾上腺皮质激素(ACTH),在环境刺激因素的作用下,通过促肾上腺皮质激素的分泌控制肾上腺皮质活动;肾上腺皮质分泌的肾上腺类固醇在血液中的含量又能反馈到神经中枢和垂体,从而调节垂体腺的 ACTH 分泌(图 2-21)。肾上腺类固醇的分泌影响有机体生理效应,又通过中枢神经影响

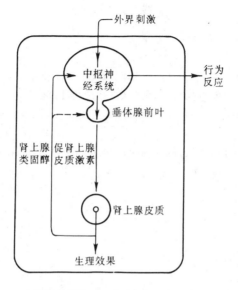

图 2-21 中枢神经系统、垂体腺和肾上腺皮质的相互关系

有机体的行为和情绪行为。然而通过"垂体腺-肾上腺"这一循环系统的自动调节,使肾上腺皮质分泌维持恒定。特别由于肾上腺类固醇的分泌水平有每日周期,可见有机体生物钟也在发挥着维持生理平衡的作用。

至于肾上腺的功能对心理-情绪的影响,一般来说,情绪影响生理过程,其中包括对内分泌的影响;反过来,生理变化,特别是内分泌的变化又影响情绪。因此,神经-内分泌系统的自动调节机制也是情绪控制的机制,人在一定的情绪起伏之后会恢复平静。但是必须注意到,由于环境因素的变化所引起的情绪反应,可以超过神经-内分泌自动调节的限度。在这种场合下,人所体验的情绪纷扰就会比较持久而强烈。甚至在环境刺激长期存在,以及在个体认知和人格特性的一定条件下,一般的情绪纷扰转化为情绪异常也是可能的。

推 荐 读 物

[1] 希尔加德等著,周先庚等译《心理学导论》,第二章,北京大学出版社,1987年。
[2] 鲁里亚著,汪青等译《神经心理学》,科学出版社,1983年。
[3] 沈政等著,《生理心理学》,北京大学出版社,1993年。
[4] Glietman H. , Psychology,chapter 2,New York:Norton & Company,1981.
[5] Zimbardo P. , Psychology and Life,chapter 2,Illinois:Scott,Foresman and Company,1985.

第三章 感　　觉

第一节 概　　述

人要在丰富多样且变幻多彩的世界中生存，就必须了解并把握这个世界。而人们认识客观世界、领略周围的万千事物，首先是从感觉开始的。人们通过各种感觉器官，如眼、耳、鼻、舌、皮肤等，去看、去听、去嗅、去触摸，由此建立起关于客观事物的最初的直接印象。因此，感觉是认识的开端。不仅如此，感觉还给人们带来愉快、痛苦等感受。比如，风景名胜、芳香气味、美食佳肴、恐怖刺激、新奇的事物，当它们诉诸人的感觉器官时，便会造成愉快或不愉快的各种感受，并可引发相应的接近或回避的行为。所以，感觉是人的认识、情感、行为等方面的重要先导。

一、感觉的概念

感觉(sensation)是人脑对直接作用于它的客观事物的个别属性的反映。对感觉的这一界定包括着多层含义。首先，感觉是客观的。感觉以客观事物为其对象。没有客观对象，也就没有感觉可言。当然，作为感觉对象的客观事物既可以是周围环境中的具体事物，也可以是人本身这个客体，比如人既可以感觉外界的声、光、色，也可以感觉自身的痛痒、自身的躯体姿势和运动状况等。其次，感觉是对直接作用于感官的客体的反映，感觉反映的这种直接性，意味着人对客观世界的认识是以直观的感觉为开端的。其三，感觉是脑的机能，是客观作用于人的感官、作用于神经系统而最终在大脑产生的。人体的大脑乃至整个神经系统和各个感觉器官，是感觉的生物物质基础。从生理水平上说,感觉是把外界的物理能量转换为体内的神经化学能量、并在大脑产生映像的过程。其四,感觉还只是对客观事物的个别属性的反映。感觉分别反映着客体的声、形、色等属性,但并不把这些属性整合起来整体地反映客体;这种整体反映是比感觉更高级的心理过程的机能。

感觉既是客观性的,同时也是带有主观色彩的。从感觉的对象和内容来说,它是客观的;从感觉的形成和表现来说,它是主观的。感觉的主观性主要反映为3个方面:(1)人有个体差异,不同的人有着不同的感觉发展里程和结果,故而对同一客体的感受会有所不同。比如,正常视觉者和色盲的人在感觉颜色时产生的感受是不同的。(2)感觉既然是作用于人的感觉器官、神经系统的结果,是人脑的反映,它就不可避免地打上人的主观烙印。由于我们对客观世界的经验常常是有效的、可靠的,以至于我们觉得似乎感觉是正确的、无误的。但实际上,感觉是客观世界的主观形象和模写;这个主观形象、模写不可能同客观原型完全一样。(3)感觉是在人的社会实践中形成和发展的,具有主观能动性。感觉是能够被人自身意识到的,是受人的意识控制的。

二、有关概念的区别与辨析

(一) 感觉与知觉

感觉和知觉都是认识物理世界的心理过程。其中,感觉是指较早的过程,它分析环境中的各种物理能量——如光波和声波——并转换为神经活动,这种神经活动对一些简单的信息进行编码,说明了感觉器官是如何被作用的。由于它依赖于具体感觉道、感受器对具体能量形式的转换方式,故而只是对客体个别属性的反映。知觉(perception)是指随后发生的过程,它对由客观三维世界中的客体的种种属性所产生的感觉映像中的信息进行组织和解释,故而是对客体的各个属性的整体反映。此后,人们把知觉客体鉴别、标定为有特定意义的范畴的成分——如"车"、"树"——有些学者主张把这一过程单独划分为分类(classification)。

(二) 错觉、幻觉

人们常常是不由自主地相信自己的感觉的正确性、可靠性。当然,我们的感觉的确帮助我们认识客观世界。不过,我们的认识与客观存在之间的关系并不那么简单。有时,我们的认识会发生严重错误或歪曲。请考虑下面这几个概念和现象及其与感觉概念的区别。

1. 错觉

当人们被感觉所蒙蔽而以错误的方式产生某种刺激模式的体验的现象,叫错觉(illusion)。换句话说,错觉是人们对客体的不正确的反应,它可以发生在感觉水平,也可以产生于知觉水平。错觉的特点是,绝大多数人在同样的认知环境下都产生同样的错觉。因此,从某种意义上说,错觉是正常的。

2. 幻觉

幻觉(hallucination)是错误的知觉,通常并没有任何真实的客观刺激,只是主观的虚幻反应。幻觉的产生有许多原因,例如,心理疾患、脑疾病、酒精中毒、某些药物的作用。

三、感觉的机制与意义

对感觉的研究主要是考察刺激的物理能量如何被转换成神经、心理过程。这其中包括两个领域:一个是感觉生理学,主要探讨感觉的生理机制;另一个是感觉的心理过程的研究,包括运用心理物理学等方法研究心理量与物理量之间的相互关系以及各种特殊的感觉现象和规律。

(一) 感觉的生理机制

感觉生理学(sensory physiology)是研究生物机制如何将物理事件转换为神经事件,其目的是要揭示从物理能量到感觉经验的一系列过程中在神经水平上发生了什么变化或活动。

感觉有其赖以活动的生物物质基础,主要划分为3大部分:

(1)感觉器官:直接接受体内、体外的刺激(信息)的作用。感觉器官中的感受器(receptor),如眼睛中的视锥细胞、舌上的味蕾是负责接受并转换能量的核心装置。(2)传入神经:负责将能量(或信息)传向高级神经中枢(主要是大脑)。(3)大脑皮下和皮层中枢:接受信息并负责解释,产生相应的感觉。以上这3个部分统称为感觉的分析器。在所有感觉过程中,这些分析器都遵从着同样的工作模式:感受器接受信息,转换能量;传入神经传递信息;高级神经中枢接受信息并分析、加工,产生感觉。

人的感觉器官、感受器是由细胞分化和特化形成的。它们有不同的形态构造,执行着各不相同的职能。各种感受器有自己特定的适宜刺激物,它们只对各自的适宜刺激有最大的感受能力(如眼接受可见光波,耳接受可听声波),产生清晰、有意义的感觉。这种不同感觉器官各自只适宜于接受特定刺激的感觉现象,叫作感觉器官专门化。

(二) 对感觉本质的认识

对感觉生理机制的说明有助于认识感觉乃至心理的本质。从上述机制的说明可见,感觉是客观与主观相互作用的第一场所,它以客观事物为源泉,以主观解释为方式和结果,是主、客观相沟通的重要渠道。感觉决定着客观内容能否进入主观世界,但并不能取代客观存在本身。

关于感觉的本质,有一些不正确的观点。一是主观唯心主义,它虽然承认感觉是认识的来源,但否认客观事物是感觉的来源,认为只有感觉是真实的存在,客观世界就是感觉的总和,"存在就是被感知"(G. Berkeley),从而把客观世界看作是决定于人的主观感觉的东西。二是不可知论,它认为感觉只是客观事物的标记或符号;它虽承认有客观存在,但认为感觉并不决定于客观存在(D. Hume)。

德国生理学家缪勒(J. Muller,1801—1858)提出"神经特殊能力学说",认为感觉不取决于外部刺激,而是取决于感觉神经自身的性质。在缪勒看来,人的任一种感觉器官在接受任何刺激物作用时,都释放出一种该感觉器官所特有的能量,而"我们感官认识的直接对象只是在神经内引起而被神经自身或感觉中枢认为是感觉的特种状态"。换句话说,人感觉到的只是自身的状态,而不是客观的属性,客观世界是不可知的。缪勒的证据是:(1)同一刺激物作用于不同感官可引起不同感觉。比如电刺激眼可引起光感,刺激耳引起声感。(2)不同刺激作用于同一感官可引起同样性质的感觉。例如电、光、机械压力作用于眼都可产生光感。

缪勒的论据确属事实,但并不能导出他的结论。首先,他的证据并无普遍意义可言。电和机械压力是两种较特殊的刺激,都能激发神经电活动,而恰好所有感受器本身活动的结果都是生成神经电脉冲。其他种类的刺激则不具有这样的特性,比如,声音无法刺激舌头,光无法引起嗅觉。其次,不同刺激虽可作用于同一感官,但所产生的感受的性质是不同的。感官有专门化现象,一种感官只有特定对应的适宜刺激物。非适宜刺激物即使能引起某种感受,也只是不鲜明、不清晰、模糊而粗糙的,而且往往需要较大的刺激强度或付出较大的心理能量和努力才能产生;它也不能确定地反映出刺激物的特性。比如,电流或机械压力作用于眼睛只能产生一种模糊的光感,不带有任何具体的视觉形象,也反映不出客体的特性,同丰富多彩、生动逼真的正常视觉有着本质区别。

缪勒的观点过分夸大了感觉对感觉器官的依赖性,把感觉同客观存在相分离,故而从科学事实中导出不正确的结论。不过,他的工作也有历史上的进步意义。他在对感觉的说明中引入了"能量"的概念,结束了用"动物精气"、"活力"、"神秘力"等神秘概念解释感觉的历史。其次,他首次提出了人的感觉与感觉器官的依赖关系的概念,促进了后来对感觉的外周神经机制的研究。

(三) **感觉的意义**

感觉是认识的源泉,是客观通向主观的通道,是意识形成和发展的基本成分。没有感觉,此后的高级的认识活动就无从产生;"不通过感觉,我们就不能知道实物的任何形式,也不能知道运动的任何形式"。可以说,感觉提供了心理的原料,是一切心理活动的最初始的基础。

"感觉剥夺"实验是说明感觉重要性的一个极好例证。所谓感觉剥夺(sensation deprivation)是把人置于一个没有任何刺激或极少有刺激的环境里,使其没有或极少有可能产生感觉。实验结果表明:被剥夺感觉者的注意不集中,思维不连贯,条理不清,反应迟钝,烦躁,甚至还会产生幻觉、神经质症状或恐怖症。换言之,感觉剥夺严重影响了人的认识活动,特别是思维过程,也波及人的情绪和意志,造成心理上多方面的紊乱乃至病态。

感觉的意义还反映在为适应生存提供重要的线索或依据。通过感觉,人们及时把握客观环境,捕捉有利的信息,警惕和探测危险的信号,提高生存机遇。痛觉便是起到一个报警系统的作用,告诉人们目前存在着来自何方何种类型的危险,以便人们采取措施消除危险。

四、感觉的种类

远在古代人们就开始对感觉加以区别、分类。古希腊根据眼、耳、鼻、舌、身5种感觉器官,将感觉分成相应的5类:视觉,听觉,嗅觉,味觉,触觉。现代科学的发展加深了对感觉的认识,揭示了更丰富的感觉种类。根据感觉分析器和它反映的适宜刺激物的不同,以及根据不同的目的、需要,可对感觉进行不同方式的分类。

按照刺激物与感觉器官的接触方式,可将感觉分为距离感觉(如视觉、听觉等)和接触感觉(如触觉、味觉等)。根据医学临床需要,可将需要按照感受器的分布及作用特征分为体表感觉(如视、听觉)、深部感觉(姿势和运动感觉)、内脏感觉。

心理学中常用的分类之一,是根据内、外感受器及其所反映的内、外环境刺激的不同,将感觉分为内感觉、外感觉、本体感觉。(1)外分析器的各种感受器分布于身体表面,接受各种外部刺激,形成外感觉,包括视觉,听觉,嗅觉,味觉,肤觉(包括触觉、温度觉)。(2)内分析器的感受器位于身体的内部器官和组织,接受机体内部发生变化的信息,产生内感觉,也叫机体觉,它由机体内进行的各种过程刺激相应的内脏器官及组织内的神经末梢而产生。(3)运动分析器的感受器介乎内、外分析器的感受器之间,分布于肌肉和韧带内,接受有关身体各部位器官的运动和位置的信号,产生本体感觉,它包括运动觉、平衡觉。

痛觉是较特殊的一种感觉,没有自己独立的特殊的分析器系统。对任何感受器来说,如果接受的刺激强度过大以至达到伤害的程度,便会产生痛觉。痛觉的这种特殊性恰恰使它能够成为报警系统,监视来自任何感觉的异常刺激,引起警觉,使人处于防御状态,设法避开或消除伤害性刺激,对有机体起到保护作用。

第二节　感觉的度量

前面说到,感觉负责将物理能量转换为神经能量并产生相应的心理事件。对感觉的心理学研究的主要内容之一,是说明心理量与物理量之间的对应关系。这种对心理内容的量化的说明,是心理学研究科学化的重要指标之一。

一、心理物理学

心理物理学(psychopyhsics)研究心理经验与物理刺激之间的相互关系,它的核心任务是通过把心理经验同物理刺激的量值相联系以说明感觉的强度,说明心理量如何随着刺激的物理量的变化而变化。心理物理法(psychophysical technique)是用来测量人在正常的警觉状态下,对不同强度的刺激作出反应所体验的感觉的强度。

(一)感受性

要测量心理量与物理量之间的关系,首先要定义什么是心理量。我们把人对刺激物的感觉能力叫作感受性(sensibility)。不同的人对刺激的感受性是不同的。对同一刺激,有人能觉察到它的存在,有人觉察不到;有人能辨别出很微弱的刺激量的变化,有的人辨别不出。心理物理学就是要对人的感受性作出说明。

感受性是用感觉阈限的大小来度量的。"阈"字本意为门槛,这里的"阈限"就是指界限、临界值。我们要感到一个刺激的存在或刺激的变化,这个刺激的强度或强度的变化需达到起码的量值,这个临界值就叫作感觉阈限(sensation threshold)。感觉阈限有绝对阈限和差别阈限两类,前者说明人能否感觉到刺激本身的存在,后者说明人能否感觉到刺激的变化。

(二)绝对阈限

能可靠地引起感觉的最小刺激强度(物理能量)叫作此一感觉的绝对阈限(absolute threshold)。确定绝对阈限的方法是实施探测作业:以从小至大或从大至小改变刺激量,或随机呈现各种不同强度的刺激等方法,探测人对不同刺激的感觉反应,由此建立心理测量函数(psychometric function),绘出每一强度的刺激(X轴坐标)的觉察百分率(Y轴坐标)图(见图3-1)。

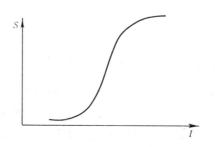

图3-1 心理物理函数曲线

由图3-1可知,并不存在一个唯一的、真正的绝对阈限,因为并没有一个绝对的强度值,一旦高于它,感觉就总能必然可靠地发生,一旦低于它,感觉就完全不会发生。图 3-1 显示,心理量曲线几乎总是一条平滑的 S 形曲线,表明随着刺激量的增加,对刺激的觉察由不发生到逐渐提高觉察率,直至最终总能正确觉察出刺激。这一曲线意味着:感觉从无到有是一个渐进的而不是突变的过程。而且,存在这样的情形:人们的行为表明他们似乎觉察到了刺激,即使这个刺激的强度处于阈限之下。这种现象叫作"阈下觉知"。此外,存在一种有规律的倾向,即反应偏差(response bias),是指由于种种非感觉因素,人们偏好以特殊的方式作出反应,常见的形式有:希望、预期、习惯。这些形式使人的感觉被改变或歪曲。为此,通常在感觉探测作业中采用检测实验技术来检查是否出现反应偏差。

表 3.1　几种常见事物的感觉绝对阈限

光	清晰夜空中可见 30 英里外的一支烛光
声	安静环境中可听到 6 米外表的走针声
味	可尝出 9 升水中放一茶匙糖的甜味
触	可感到蜜蜂翅膀距脸颊 1 厘米处落下

鉴于以上所述,为了对阈限作出相对适宜的说明,我们对绝对阈限采用这样的定义:有一半(50%)的机率能被感觉到的最小的刺激量,叫作绝对阈限。这里,50%的机率使阈限的说明相对明确化,以便能实际地实施测量阈限的操作,故而这种定义又叫作操作定义(operational definition)。

绝对阈限标定了绝对感受性。绝对阈限越低,即能引起感觉所需的刺激量越小,绝对感受性就越高,即对刺激越敏感。也就是说,绝对阈限和绝对感受性成反比。用字母 S 代表绝对感受性,用 R 代表绝对阈限,则两者间的数学关系可表示为:

$$S = \frac{1}{R}$$

(三) 信号侦察论

信号侦察论(The signal detection theory)是针对反应偏差的

一种系统研究方法,实际上它是心理物理学的阈限研究的一种替代方法。它取代了单一的绝对阈限的传统的理论概念,代之以认为:在感觉刺激时,存在着两个过程,一个是最初的感觉过程,它反映了刺激的强度;一个是随后而来的独立的判断过程,它反映了观察者的反应偏差。这一理论放弃了测量阈限的方法,采用了一种全然不同的复杂的方法,可以同时测量感觉过程和判断过程,这种方法实际上是检测实验方法的扩展。有两类实验:信号实验和噪音实验,对每一类实验都可能有两种反应:是和否。这样,可能出现 4 种情况:

	信号	噪音
是	击中	虚报
否	漏报	正确否定

这种方法以概率论为基础,可以测量出感觉辨别力(d')和反应偏差(B)。

根据信号侦察论,任一刺激事件都在感觉系统中产生某些神经活动。在判定是否存在一个刺激时,观察者要把神经系统中的感觉量同某种自我设定的内部反应标准相比较。如果感觉过程达到了标准量值,就作出"是"的反应,否则就作出"否"的反应。

信号侦察论已成为心理物理学中的主导方法。实际上,它也是一种一般性的模型,可以应用于心理物理学以外的各种不同领域。

(四) 差别阈限

在现实中,我们不仅要感受一个刺激是否存在,还要感受刺激的强度是否有所变化或不同。同样,只有当刺激强度的差别达到一定的量值时,我们才能觉察这种差别。这个刚刚(有 50% 的机率)被觉察到的最小的刺激物理量的差别或变化,叫作差别阈限(difference threshold),它的量值又叫作最小可觉差(just noticeable difference,记为 jnd)。差别阈限和差别感受性成反比。

差别阈限和绝对阈限一样,都因人而异,因不同类别的刺激而异。但差别阈限还因刺激量本身大小的不同而不同。18世纪末,法国物理学家布格尔发现:原有光的强度不同,能感觉出其差别或变化的值即差别阈限也不同,两者之比为一固定的常数。19世纪初德国生理学家韦伯(E. Weber)也在重量感觉中发现了同样的现象。比如,对100克重的物体,要增加3克才能感觉到重量的变化,而对200克的物体,要增加6克才能感觉到重量的改变。用I表示原刺激量,用$I+\Delta I$表示感觉到差别所需要的刺激量(ΔI即为差别阈限),那么,I不同,ΔI也不同,但ΔI与I的比值却是一个相对固定的常数,我们把它记为K。于是有公式:

$$\frac{\Delta I}{I} = K$$

也就是说,差别阈限与刺激量近似为恒定的正比关系。这被后人称之为布格尔-韦伯定律(由于公式由韦伯首先明确提出,故多被称为韦伯定律)。

二、心理物理函数

从韦伯定律来看,心理量与物理量成线性关系,即物理量增长或减小多少倍,心理量也增长或减小多少倍。我们不禁要问:能直接用物理量来说明心理量吗?答案是否定的。人们的经验是:当物体由1公斤增加到2公斤时,我们在感觉上并不是觉得它重了一倍;当两根蜡烛放在一起时,我们也并不是觉得它们比一根蜡烛亮了一倍。这就是说,刺激物的物理量的变化,并不一定引起感觉上等量的变化。实际上,韦伯定律只适用于中等强度的刺激;而且它只描述固定刺激量下的差别阈限,并不能在连续的意义上比较不同的心理量,因为它没有考虑到主观感觉的作用和变化规律。

(一) 对数定律

为了描述连续意义上心理量与物理量的关系,德国物理学家费希纳(G. Fechner)在韦伯研究的基础上,于1860年提出了一个假定:把最小可觉差(即连续的差别阈限)作为感觉的单位,即每增加一个差别阈限,心理量增加一个单位。这样,费希纳运用积分进行推导,得出了下列公式:

$$S = K\log I + C$$

公式中,S 为感觉量,K 为常数,I 为物理量(刺激强度)。这就是对数定律,其含义是:感觉量与物理量的对数值成正比。也就是说,感觉量的增加落后于物理量的增加;物理量成几何级数增长,

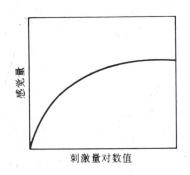

图 3-2　对数定律

心理量成算术级数增长(图 3-2)。这个公式被称为费希纳定律。这一定律在许多感觉领域得到了验证,较之韦伯定律更为合理,描述了心理量与物理量的连续性函数关系,使心理量自身具有可比较性。

然而,这一对数定律仍然只适用于中等强度的刺激。这主要是因为人的感觉往往不是机械地变化的,它因不同的刺激量值以及不同的刺激类型而有着不同的特点。这就很难给出一个具有连续变化的、一成不变的数学描述。实际上,人的感觉的这种复杂、多样化的特性,是符合生存需要的,是适宜于变化多样的外界环境的。因此,试图用单一化的数学形式描述心理物理量的关系的做法,有欠妥之处。对这一认识,我们还会在后面对感觉的具体讨论中得到进一步印证。

(二) 幂定律

在费希纳的对数定律提出约一百年后,斯蒂文思(S. S. Stevens)采用了一种不同的构造心理物理函数的方法,从而得出了不同的结论。他要求观察者直接用数值表述他们的感觉。比如,向观察者呈现一定强度的光刺激,给这个刺激确定一个量值——不妨就定为10。然后呈现另一个不同强度的刺激。如果观察者感到这个新刺激是原来刺激亮度的两倍,那么就把它的量值定为20,如果只是原来刺激亮度的一半,就把量值定为5。这样就得到了不同刺激强度与(估计的)感觉大小之间的关系。这种确定心理量的方法称作量值估计(magnitude estimation)。斯蒂文思用这种方法构造了心理物理函数,提出心理量并不随刺激量的对数的上升而上升,而是随刺激量的乘方函数而变化,即感觉到的大小是与刺激量的乘方成正比的。其公式为:

$$S = kI^b$$

S 为心理量,I 为物理量,k 为常数,b 这个指数因不同的感觉而异。

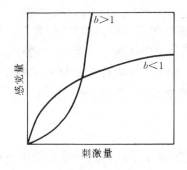

图 3-3 幂定律

这就是斯蒂文思的幂定律。这个定律具体地指出,心理量与物理量的关系有两类形式(图 3-3):其一,当幂指数 b 小于 1 时,心理量的增长慢于物理量的增长,这与费希纳的对数定律相吻合,如对光亮度的感觉量的增长远远慢于其实际物理强度的增长。其二,当幂指数 b 大于 1 时,心理量的增长快于物理量的增长,这与费希纳定律恰恰相反,但却有着实际的心理意义。比如,当接受电刺激时,虽然电击强度增加并不大,但人们的痛感可能成数倍陡然增长。实际上,对任何有害刺激来说,人们的感觉都很敏感,心理量的增长都可能快于物理量的增长,这具有重要的保护意义,起到适应生存的作用。另外,从量的角度看,凡是对物理量值范围级差较大的刺激形式,如光强度从黑夜到白昼相差几十至上百万倍,心理量不可能也没必要作出等量级的对应,故而心理量慢于物理量的增长;对于物理量值范围级差较小的刺激形式,如温度,味觉刺激,心理量的变化就较大,以反映出刺激强度的精细差别。看来,幂定律更为合理,更恰当地反映了心理规律。当然,即使对同一类刺激,在强度范围不同时,b 的值也不是固定不变,也有相应改变。实际应用表明,幂定律可用于测量几乎所有的心理量,具有广泛的用途。

第三节 感觉现象

感觉的对象来自客观世界,但感觉作为人的感觉器官的机能也有其主观的一面,它既体现了感官的生理构造、性能方面的特点,也反映了主观经验的影响。主要的感觉现象有:感觉适应,感觉对比,感觉后象,感觉融合,感觉的相互作用。

一、感觉适应

在同一感受器中,由于刺激的持续作用或一系列刺激的连续作用,导致对刺激的感受性的变化,这种现象叫作感觉的适应(adaptation)。适应的结果可以是感受性的升高(仅见于视觉),但大多是感受性的降低。

古语有"入芝兰之室久而不闻其香,入鲍鱼之肆久而不觉其臭",这说的正是嗅觉的适应现象。由于气味的持续作用,久而嗅不出香臭。视觉的适应尤为人们所熟悉。刚步入电影院,除了屏幕,什么都看不见,过一会则能看到座位上的观众。这叫作"暗适应",是视觉感受性提高的现象。

不同感觉的适应有不同的特点,这与人类的生存需要有密切的关系。比如痛觉就很不容易发生适应,因为痛起到警报作用,促使人们避免痛刺激。如果对痛过于容易适应,久而不觉痛,会很危险。

二、感觉后象

在刺激停止作用后,感觉印象仍暂留一段时间的现象,叫感觉后象(afterimage)。后象有正、负两类之分。正后象在性质上和原感觉的性质相同,负后象的性质则同原感觉的性质相反。比如,注视电灯一段时间后,关上灯,仍有一种灯似的那亮着的感觉印象。这是正后象。如果目不转睛地盯着一盏白色荧光灯,然后把视线转向一堵白墙,会感到有一个黑色的灯的形象。这是负后象。

后象的持续时间与原刺激作用的时间有关。刺激作用的时间越长,产生的后象持续越长,这是因为刺激的持续作用有时间上的累积效应。

三、感觉的空间积累与空间融合

感觉不仅有时间积累现象,也有空间积累现象。空间积累是指感受器不同的部位同时受到刺激所产生的、因反应整合在一起而改变了感受性的现象。比如,用一定温度的冷或热刺激(如冰或热水袋)作用于皮肤,随着受作用的皮肤面积的增大,冷或热的感觉也增强,但这时刺激的强度并没有改变。这是由于皮肤各部位的温度觉反应累积在一起的结果。

感觉的空间融合是指感受器把对同时作用于它的不同刺激的反应联合起来而产生单一感觉印象的现象。比如,红光和绿光混合时,我们看到的是黄光。又比如,用不同味道的刺激混合作用于舌头,会产生另外一种味道的感觉。

四、感觉的对比

感觉的对比是指感受器不同部位接受不同刺激,对某个部位的强刺激会抑制其他邻近部位的反应,不同部位的反应差别被加强的现象。由此可知,感觉对比是与感觉的空间积累恰恰相反的过程的结果。

感觉对比的一个突出例子是马赫带现象。所谓马赫带是指人们在明暗交界处感到明处更亮而暗处更黑的现象(图3-4)。之所以发生这种现象,原因是感觉神经系统中存在的侧抑制。侧抑制是指相邻的感受器之间能够相互抑制对方向上行发放神经冲动的现象。因此,单一感受细胞的神经电活动会受到周围细胞活动的影响。以图3-4为例,当人同时看明暗相间的区域时,明亮区域对感受细胞的刺激比黑暗区域的刺激强得多,明亮区域的强刺激会抑制与黑暗区域相对应的感受细胞的反应,这就加强了对明暗交界处的反应差别,形成强烈的感觉对比。

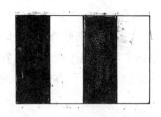

图 3-4 感觉对比:马赫带

感觉对比有同时对比和先后对比两种。由同一感受器同时接受两种刺激的作用而产生的对比,叫作同时对比。比如马赫带现象就属同时对比。

先后对比是指同一感受器先后接受不同的刺激的作用而产生的对比现象。比如,先吃糖再吃西瓜,就吃不出西瓜的甜味来;若刚喝了苦汤药,就是喝白开水也会觉得有甜味。

五、不同感觉的相互作用

前面介绍的各种感觉现象都发生在同一感觉道内。不同感觉道间也会发生相互作用。所谓相互作用是指因此种感觉道受到刺激而引起彼种感觉道产生感觉或感受性发生变化的现象。

一般说来,在适当条件下,不同感觉之间多少会有不同程度的影响,通常是:对此一感觉的弱刺激会提高另一感觉的感受性,而强刺激会降低这种感受性。比如,给一点微弱的声音刺激可提高对颜色的视觉感受性;给一点微光刺激可提高听觉的感受性;把音乐与噪音以特定方式结合起来施与牙科病人,会使许多病人减除痛觉。

不同感觉相互作用的另一种形式是感觉补偿,它是指某种感觉缺失后,其他感觉的感受性增强而起到部分弥补作用的现象。比如,盲人没有视觉,但可以用手靠触觉阅读;聋哑人听觉缺失,但可以用眼靠视觉来"听"(手势语)。不同感觉之间所以有补偿作用,是因为在一定条件下,各种感觉道的不同形式的能量可以互相转换。根据这一原理,人们制造了"声纳眼镜"、"电子助听器"等产品,开辟了人工感觉补偿的领域。

联觉也是一种不同感觉间相互作用的现象,它是指一种感觉的感受器受到刺激时,在另一感觉道也产生了感觉的现象。生活中联觉的现象相当普遍。例如,听到美妙的音乐会使人觉得看到了绚丽多彩的景色,闻到花的芳香。再比如,红色、黄色看上去使人觉得温暖,被称为"暖色",而蓝色、紫色常引起人冷的感受,被称之为"冷色"。暖色的东西看上去显得大,有使视觉膨胀的作用;冷色的东西看上去则显得小,使视觉收缩。法国国旗原来蓝白红三色等宽,但由于冷暖色的视觉效果,看上去并不等宽,其中白色显得最宽,蓝色显得最窄。后来调整了3种颜色的宽度比率,使蓝色最宽,白色最窄,这才使旗子看上去三色等宽。联觉的规律已被广泛地运用于建筑、装潢、广告及医疗等领域。

第四节 视 觉

一、视觉的刺激

视觉的适宜刺激是光。这种说法有些笼统。光是电磁波。人们可以看到的光只是整个电磁波谱中的很小一部分(图 3-5)。可见光波的波长分布范围大约在 400 至 700 毫微米(nm)之间。

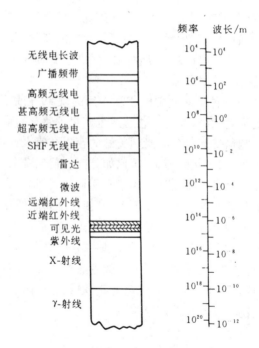

图 3-5 电磁波与可见光谱

能够产生光的物体叫光源,太阳是主要的光源,此外还有灯、蜡烛等。日光通过三棱镜的折射产生由红到紫的光谱,这就是人眼的可见光谱。人眼接受的光主要来自日光及其照射在物体上而被物体反射出来的光。

二、视觉分析器与神经过程

(一) 眼

眼是人的视觉器官,是视觉的外周感受器。当光进入眼睛时,依次通过角膜、前房中的房水、水晶体、玻璃体,这些构造形成了一个完整而精巧的光路系统(图 3-6),负责对入射光进行适当折射,使外界的物像清晰聚焦于视网膜上。视网膜位于眼底,是入射光的最后归宿,它由多层细胞构成,包括感光细胞、双极细胞、神经节细胞。

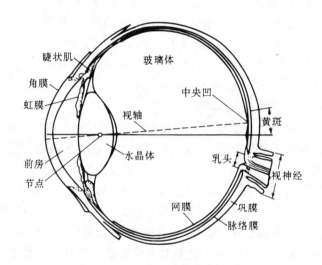

图 3-6 人眼及视网膜构造模式图

感光细胞是视觉的感受器,有两种:一种是视锥细胞(cone,又叫锥体细胞)。视锥细胞分布于网膜中央。它的机能特点是:(1)神经节细胞只与较少视锥细胞相连,因此有对物体细节的精细辨别能力;(2)含有昼视觉所必需的视紫质,能分辨颜色,故而是昼视觉和颜色视觉的器官。另一种感光细胞是视杆细胞(rod,又叫杆体细胞)。视杆细胞主要分布于网膜的周边。它的机能特点是:(1)多个视杆细胞通过双极细胞与一个神经节细胞相连,由于空间积累效应,能起到光放大作用,使视觉对光敏感;(2)含有夜视觉所必需的视紫红质,故而是夜视器官,但不能分辨颜色。网膜感光细胞的作用是:当光经过折射系统抵达视网膜时,引起感光细胞中色素(视紫质和视紫红质)的变化而产生光化学反应,将光能转化为化学能;光化学反应引起神经细胞的兴奋,化学能转化为神经电能,产生神经电脉冲,并沿着神经节细胞形成的视神经,离开眼睛上行传入大脑。

在眼底网膜中央有一块不大的碟形区域,叫中央窝(fovea),它含有大量密集的视锥细胞,因而有敏锐的视觉,颜色和空间细节的辨别主要由它承担。在偏离中央窝15度左右的地方,有一小块无视觉区,因为神经节细胞在这里聚集成束,形成视神经而进入大脑。这个地方叫盲点(blind spot)。

(二) 视觉的上行通路

两只眼睛各自的视神经离开眼睛后,分成两支,其中,来自眼睛鼻内侧的一部分交叉到脑的另一侧,形成视交叉,此后仍形成两条分离的上行通路。上行不久,又有一小部分神经连向脑干的四叠体上丘,这块神经核团是原始的视觉中枢,其机能主要是负责处理有关客体位置的信息,但不能说明客体是什么。大部分上行神经进入丘脑的外侧膝状体,随后又形成视放射线,投射到大脑皮层两侧的枕叶视觉区(图 3-7),在这里对来自两眼的信息进行加工,产生完整、丰富的视觉。

(三) 感受野

在视觉信息传入过程中,视神经细胞(指网膜神经节细胞、外侧膝状体细胞、皮层视区细胞)与网膜上的感光细胞有特定的联络关系。本世纪60年代以来,休伯尔和威赛尔等的研究指出:网膜上

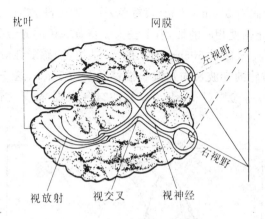

图 3-7 人的视觉通道模式图

一定区域的感光细胞转换的神经能量能激活与这个区域有联系的视觉系统各层神经细胞的活动,也就是处于某一层次的神经细胞只是接受来自一定区域的感光细胞送来的信息。网膜上的这个感光细胞区域就叫作相应神经细胞的感受野(receptive field)。按照对感受野的研究,休伯尔等人认为,视觉系统的高级神经元对呈现在网膜上的特定刺激物作出反应。这种高级神经元叫特征觉察器。高等哺乳类和人类的视觉皮层具有边界、直线、运动、方向、角度等的特征觉察器,以保证有机体对视觉信息作出选择性反应。

三、对光与颜色的视觉经验

(一)视觉的感受性与视敏度

人眼的感受性尽管与有些鸟、兽相差甚远,但也算好得惊人了。有实验表明:仅 7—8 个光量子的能量便足能引起人眼的反应。这意味着人眼能够看到放在 200 公里远处的一支蜡烛(假定空气不吸收光能的话)。经计算可知,视觉的感光阈限值,以 500 纳米 (nm) 波长的光为例,约为 $5 \times (10^{-18})$ 小卡。

人眼对不同颜色(波长)的光感受性不同。在明视觉(昼视觉)条件下,人眼对550nm的光(黄绿色)感受性最高。换言之,如果各种颜色的光强度相同的话,看上去人觉得黄绿色的光最亮。但在暗视觉条件下,人眼对505nm波长的光(蓝绿色)感受性最高。也就是说,最敏感的光波长向短波一端移动了约50nm,这一现象由捷克物理学家浦金野(J. Purkinje)于1824年发现,故又称作"浦金野现象"(图3-8)。

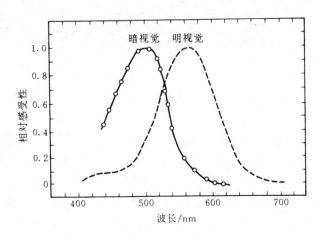

图3-8 浦金野现象

在光强度中等时,感光的差别阈限符合韦伯定律,韦伯分数K接近恒定,约为"1/100"。但在光线极弱时,韦伯分数增到"1",在光线极强时,可减至"1/167"。

眼睛不仅有感光能力,而且有分辨细节的能力。视敏度就是指这种分辨物体细节的能力。对视敏度的度量在于能否分辨出空间中的两个相距一定距离的点,或者说,看两点的距离大到什么程度时眼睛便能分辨出它们。这实际上是视觉的空间觉察阈限。但能否分辨出空间中的两点,不但与两点间的距离有关,而且与它们同眼睛的距离有关,总而言之,细节辨别取决于物体与眼睛所成视角的大小,视角越大,越易辨别;反之则越难辨别。由此可知,所能分辨的物体与眼睛所成视角越小,视敏度则越高。

视敏度大小与视锥细胞切面半径有关,半径越小,能辨别的视角就越小,视觉越精细,视敏度越高。中央窝区域的视锥细胞切面半径最小,因此这里的视敏度最高。我们看东西时,总是用这里对准客体,使中央窝、节点、客体三点成一直线,以保证获得最大分辨能力。此外,背景的照明条件、照明光的波长、物体与背景的对比等因素,也会影响视敏度。

(二) **颜色视觉**

1. *颜色属性与色轴*

光波有强度、波长(或频率)、纯度 3 种属性,它们分别决定了人的视觉的明度、色调、饱和度 3 种属性。

明度(brightness)是指光刺激的强度作用于眼所发生的效应,光强度越大,看上去越觉得亮,明度就越高;反之则觉得暗,明度低。物体发出或反射的光的多少不同,其明度也就不同。我们看到的物体的颜色,就是因它们按不同的比率反射出不同波长的光而形成的视觉结果。白色物体反射光的比率很高,故而看上去很亮,明度较高。黑色物体反射光的比率低,绝大部分照射光被吸收,故而看上去很暗,明度较低。

色调(hue)就是指颜色。颜色不是光波本身的物理属性,而是不同波长(或频率)的光波作用于眼睛而产生的视觉属性。不同波长的光产生的颜色感觉不同。波长为 700nm 的光看上去是红色,400nm 左右的光看上去是紫色,其他波长的光的颜色分布在由红到紫的色谱上。把太阳光通过三棱镜折射到白纸上,就可以看到太阳光被分解为由红到紫的一系列不同颜色的单色光。这就是太阳光谱。在这个光谱上,我们可以看到与波长自长到短的光波相对应的各种颜色及其排列顺序。世界上最大的光谱要算是彩虹了,它是由阳光经空气中的水滴折射而分解形成的。

以上说的是色光的颜色。对于不发光的物体来说,它的颜色是由它所反射的光波中的所占比率最大的光波所对应的颜色决定的。

饱和度(saturation)又称浓度,是指颜色的程度,决定于光波的纯度,表现为颜色的鲜明程度。至于不发光物体,浓度是由物体所反射出的光波中,决定其色调的光波所占的比例决定的;所占比例越高,饱和度越高,颜色看上去就越浓、越艳。

可以从下面的例子来理解饱和度的含义。把一点红颜料逐渐加水稀释,可以看到红色越来越浅、越淡,也就是说,红色的浓度越来越小,越来越不饱和,最后几乎看不出一点儿红色了。这时,得到一种完全不饱和色,称之为"无彩色"。由白经灰至黑这一系列都是无彩色,它们无色调可言,也无饱和度可言,只有明度这一种属性,称为灰色系列。

图 3-9 颜色立体(色轴)

明度、色调、饱和度这 3 种颜色视觉属性有一定的相互关系,这种关系可以用一个色轴(color spindle)表示(图 3-9),这个色轴形成一个颜色立体(color space)。色轴的中柱表示纵坐标,代表由白经灰到黑的无彩色系列,也就是明度坐标轴。绕着中柱四周的各垂直平面代表不同的色调。由图可见,从红经黄、绿、蓝到紫,最后又回到红,形成圆周,这叫颜色环(color circle)。色轴上每一点与中柱的距离说明了该颜色的浓度;距离越大,浓度越大。从色轴的形状可见:色轴中部所示的颜色可达到最大的浓度;浓度随明度的增大而增大,在明度适中时达到最大,而后又随着明度增大而减小;无论什么颜色,当明度极小或极大时,都失去原色调,变成灰黑或耀眼的白亮色;色轴不是标准的纺锤体,由图可见,黄色部分在达到最大饱和度时所需明度略高,蓝色部分达到最大饱和度时所需明度略低。

2. 颜色混合

我们生活中看到的光大多是含有各种波长的混合光,像彩虹那样被分解了的单色光在自然界中是很少见的。色光的混合造成的视觉现象有一定的规律,主要有以下 3 条:

(1) 互补律:若两种色光混合产生白色或灰色,则这两种色互为补色。颜色环上任意两种经圆心相对应的颜色都互为补色,例如黄与蓝互为补色。因此,每一种颜色都有与之相对应的补色。

(2) 间色律:两种非互补色相混合,产生一种中间色,其色调视原来两种颜色的比例而定,哪种颜色占的比例大,便接近哪种颜色。如红、黄混合生成橙色。

(3) 替代律:以任何方式混合生成的颜色相同的混合色,可以互相替代,而不受原来被混合颜色的具体光谱成分的影响。如黄色可以由红色和绿色的混合所替代。

由上述规律可知,选择 3 种基本的彩色,可以对它们进行不同方式的混合而得到所有的颜色。这 3 种基本颜色就叫作元色。我们这里所说的是色光的混合,是在视觉系统中进行的不同波长的光的混合,这种混合遵从"加法原则",其三元色是红、绿、蓝。用这三元色依加法原则可得到所有颜色,如:红+绿=黄,红+蓝=紫,绿+蓝=青,红+绿+蓝=白。

颜料的混合与色光混合不同,它不是在视觉系统中的混合,而是颜料自身的混合。由于颜料的颜色是由反射入射光中某些成分而吸收其他成分造成的,因此决定颜料颜色的是一个减法过程,颜料混合遵从"减法原则",其三元色是青、紫、黄。青=白-红,紫=白-绿,黄=白-蓝。

彩色电视的颜色是由红、绿、蓝色光三元色按加法原则混合形成的,电视机本身只发射 3 种元色。彩色电影的颜色是用颜料三元色按减法原则预先处理混合形成的。

3. 色觉缺陷

色觉缺陷包括色弱和色盲。据统计,8%的男性和 0.3%的女性有某种形式的色盲或色弱。色弱主要是指对光谱中的红色和绿色区的颜色分辨力较差。色盲是指丧失颜色感觉的现象。

色盲有全色盲和局部色盲之分。全色盲指丧失对整个可见光谱上各种光的颜色视觉，都看为灰白系列。全色盲极为少见，主要因视网膜上缺少视锥细胞或视锥细胞功能丧失所致，故又称视锥盲。局部色盲又分红-绿色盲和黄-蓝色盲两种，其中丧失的颜色都是成对出现的。红-绿色盲把整个光谱色看成黄、蓝两色，没有红、绿色觉。这种色盲最为常见。黄-蓝色盲把整个光谱色看成为红、绿色，没有黄、蓝色觉。

（三）其他视觉现象

1. 视觉适应

视觉适应是指在光刺激作用下，视觉光感受性发生变化的现象。视觉适应是环境中光强度变化的需要。环境中昼夜之间光强度的变化幅度异常之大，相差达数百万倍。如果不适应这一变化，对环境就无从分辨，无法作出相应的反应。

视觉适应有暗适应和明适应两种。暗适应是进入暗环境时视觉感受性提高的现象，这是唯一一种感受性提高的适应。暗适应过程中，最初5到7分钟里感受性提高较快，随后速度减慢；完成整个暗适应约需要40分钟，其间感受性提高达20万倍。

明适应是由暗环境进入亮环境使视觉感受性降低的现象。明适应过程比较短，在最初半分钟里，感受性迅速下降，而后速度减慢，在两、三分钟里趋于稳定。

视觉适应与感光化学物质（视色素）的合成与分解活动有关。比如，暗视觉时，需要用维生素A和视黄醛合成视紫红质，提高感受性，完成暗适应。若缺乏维生素A，影响视紫红质的合成，也就很难完成暗适应。这就是导致夜盲症的主要原因。

然而，我们的眼睛也存在与适应相反的过程。不言而喻，视觉刺激总是在不断运动和变化的，而这种变化其实是产生视觉的重要前提。如果刺激在一段时间里没有变化，视觉感受细胞会因为适应效应而丧失对刺激的反应能力。适应既有积极的意义,也有消极的一面。其积极意义在于,环境总在不断变化,对熟悉的刺激产生适应,有利于保存能量,随时准备转入对新刺激的反应。消极的一面在于,丧失感受性会无法把握刺激,现实的客体在眼中消失,产生错误的认识。幸而在这种情况下,眼睛自身会作出调整、补偿,即眼睛作出一种被称作生理震颤的运动,以此不断微弱地改变视线。这样一来,静止的刺激会作用于不同的网膜细胞,从而避免适应。当然,也有例外,眼底的血管会在眼动时也随之移动,因而总保持静止,结果导致适应,失去感受性:我们看不到自己眼底的血管——恰好我们不需要看到它们。

2. 颜色视觉后象

颜色视觉后象主要是指当颜色刺激移去后,仍有颜色感觉的现象,其特点是多为负后象,后象的颜色与原刺激的颜色互为补色。比如,注视一个红色方块纸一段时间后,把视线移到一张白纸或白墙上,会感到看见一个蓝绿色的方块。对于这种彩色负后象的一种解释是,由于长时间注视一种颜色,对此颜色的感受性大大下降,再注视白色背景时,相当于由白光中减去原注视颜色,这就产生了补色的感觉。

3. 视觉对比

视觉对比有无彩色和彩色对比之分。无彩色对比的结果是引起明度感觉的变化,这在前面一节已经提到过。彩色对比主要是引起颜色感觉上的变化,它使颜色向其背景的颜色的补色变化。比如,绿色背景上放一灰方块,注视这一方块会觉得它带上了红色调。产生对比现象的机制与彩色负后象不同。即使对比刺激只作用于一只眼睛,另一只眼仍会产生对比现象,这表明对比效应不是发生在外周感受器上,因为在网膜水平上左右两眼毫无关系,这只能是在中枢水平上发生的。

(四)颜色视觉理论

究竟是什么生理机制使我们能够看到并区别颜色?不同波长

的光如何产生不同的颜色经验?

1. 三元色说

托玛斯·扬(Sir Thomas Young)于1800年左右提出了最早的颜色视觉的科学理论。他认为:在正常的眼睛里,有3种颜色感受器。每种感受器只对光谱的特定部分十分敏感,当它们受到不同波长的光刺激时,在心理上就产生不同的颜色感觉——红、绿、蓝。红、绿、蓝是基本的颜色感觉,而其他所有颜色觉都是由这三元色组合成的。1856年,黑尔姆霍兹(Hermann von Helmholtz)完善了扬的观点,他认为,3种颜色感受器对波长的敏感度不同,红、绿、蓝分别对长波、中波、短波更敏感。因此,当某种光刺激作用于感官时,它所引起的兴奋在3种感受器中有所不同,从而产生相应的颜色感觉。由此产生了著名的扬-黑氏三元色理论(trichromatic theory)。这个理论在后来很长一段时间里被人们接受,因为它很好地解释了颜色混合,说明了如何凭有限种类的受体反应出无限多样的颜色。但三元色理论也有致命的缺陷,它不能说明:(1)为什么会有颜色负后效;(2)为什么色盲者成对地缺失颜色识别——红和绿或蓝和黄。

2. 拮抗说

19世纪后期,**赫林**(Ewald Hering,亦译黑灵)提出了拮抗说(opponent-process theory):(1)所有的颜色都产生于三个子系统,每一个系统都包含两个对立成分:红与绿,黄与蓝,白与黑。(2)当一个系统中的一个成分疲劳时,另一个成分的作用就相对突出出来,因此产生颜色后效。(3)当一个颜色系统受损时,失去了一对颜色觉察能力,因而局部色盲总是成对地丧失颜色感觉。

赫林的拮抗说完好地说明了颜色后效和色盲。然而它并不是取代了三元色说。实际上这两个理论并不矛盾,它们分别描述了视觉系统生理构造中,不同水平上发生的过程。一方面,网膜上的确有3种类型的锥体细胞分别对红、绿、蓝敏感,它们的工作方式确如扬-黑氏理论所描述的。这是在感受器水平的过程。随后,神经节细胞以3种方式组合来自锥体细胞的输出,按照赫林拮抗说所描述的方式工作,从而形成红-绿、黄-蓝、白-黑3个系统。由此我们看到,人的生理、心理工作方式是复杂的,多形式化的,试图用简单化的一统的模式去说明一切,可能会犯错误。这就像前面提到的,用一种简单的公式去说明一切心理量的变化规律是不妥的。

四、有关空间属性的视觉经验

我们的视觉探测落在视网膜上光模式的空间特性,是我们识别客体并在三维空间中对它们定位的重要基础。要想觉知空间属性,进入眼睛的光模式必须在色调、浓度或明度上有所区别,否则就会是混沌一片。专家们认为:空间感觉涉及几个基本步骤:(1)复杂的模式被分解为较小的亚单元,从网膜到皮层的视觉通路上的每一个细胞只对部分模式的特定方面作出反应。(2)在大脑皮层,来自各个部分的反应被重新整合为复杂的模式。

(一) 初期的空间加工

我们前面曾提到过感受野的概念。具体地说,神经节细胞的感受野是圆形的,且有两种类型:(1)On 中心型,刺激圆形感受野中部引起神经节细胞兴奋,刺激感受野周边导致神经节细胞的抑制;(2)Off 中心型,刺激中心导致抑制,刺激周边引起兴奋。具有这样感受野特性的神经节细胞能使人们觉察白纸上的黑点或黑背景上的光点。

有些细胞只要刺激存在就始终保持兴奋,被称作 X 细胞;另一些细胞在刺激之初反应强烈,随后兴奋便衰减,被称作 Y 细胞。学者们认为:X 细胞负责为高敏锐度视觉提供精确细节,而 Y 细胞则负责视觉模式的整体分析。

(二) 中枢水平的空间加工

外侧膝状体中的神经细胞的感受野和神经节细胞的感受野形状相似。然而,视觉皮层上的神经细胞的感受野则大不相同,那些对兴奋低级神经有效的刺激并不是高级中枢的反应对象。休伯尔和威赛尔为此所做的大量工作获得了诺贝尔奖。如前所述,他们发现,皮层中有些细胞对线条反应;有些对边缘反应;有些对刺激的特定位置或空间走向反应;有些对特定形状反应;还有些则对特定方向的运动反应(图 3-10)。由于这些细胞只是简单而直接地同特定感受野相联系,休伯尔和威赛尔称它们为简单细胞,它们的输出又进一步被其他更为复杂的皮层细胞加工。

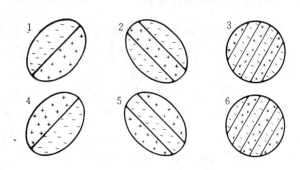

图 3-10　皮层细胞的感受野

五、有关时间和运动的视觉经验

(一)对不连续客体的视觉

神经系统有两种方式填补失去的细节,一是把不断闪烁的光模式看作为连续的光模式;二是把一系列静止位置上的顺序闪动看作是同一客体的连续运动。

1. 闪光融合

当一盏灯一开一关,我们会看到闪烁,但当灯的开关频率增加到一定程度时,我们不再看到闪烁,而是觉得灯一直在亮着。日光灯就是利用了这一原理。这种现象叫作闪光融合(flicker fusion),产生闪光融合所必须达到的闪烁频率叫作临界闪烁频率(critical flicker frequency)或闪光融合频率。产生这种现象的原因是:网膜在光刺激时需要一定的时间把光能量转换为神经反应,在光消失时也需时间停止反应。在闪烁频率超过感受器启动和停止兴奋的速度时,神经反应就会相互重合、叠加在一起。电视呈像正是利用了这一现象,以较高频率扫描,而人们看不到它的闪烁。

2. 频闪观察运动

同样客体的静止画面以稍有区别的不同的位置序列呈现,如果画面转换速度较快,会被看成是一个客体的连续运动。这种现象叫作频闪观察运动(stroboscopic motion)。一些学者们认为,电影正是利用了这种现象,以一定频率投射出略有不同的画面,使人们产生连续运动的感觉。

(二) 运动觉察器

视觉系统只能觉察一定速度的运动。过快或过慢的运动都不能被觉察为连续的运动。比如,月亮相对于眼睛的移动很慢,我们并不能直接"经验"它的实际运动,只是在一段时间后通过看到它的位置改变而"判断"它的运动。另一方面,如果一个光点运动过快,我们就不会感到一个点的明确的运动,而是感到一条不动的光线。

解释对真实的运动和频闪观察运动的最流行的神经理论是,视觉系统本身具有运动探测神经元。对猫和猴的皮层的单个神经细胞的记录表明,的确存在不同的神经元对特定方向的运动敏感。另一个证据来自运动觉的负后效,即在长时间注视一个方向的物体运动后,当运动停止时,会感到物体向相反的方向运动。只有存在专门的运动神经元,才能解释这种负后效,因为探测此一方向的神经元经长时间刺激而适应,刺激停止后,探测相反方向运动的神经元的活动便显现出来,产生似有相反运动的感觉。在此还要提到,闪光融合、频闪观察运动、动觉负后效,都可认为是感觉水平上的错觉,而且它们也都说明我们的感觉不完全等同于客观实际。

第五节 听　　觉

一、听觉的适宜刺激

物体的振动使其周围的介质(空气、水或其他媒介)产生周期性压缩、膨胀的连续纵波。当这种波的频率为 20—20000Hz 时,便引起听觉,这种波就是可听声波。

声波与光波不同。光波是电磁波,以电磁能为能量,可在真空中传播。声波是机械波,以机械能为能量,必须借助一定介质才能传播。与光波相类似的是,声波也有强度、频率(波长)和纯度 3 种物理属性,它们分别决定着不同的听觉属性。

声波的频率是指单位时间里周期性振动的次数,它决定着音高这一听觉属性。声波的强度是指振动的幅度,它决定着音响这一听觉属性。声波的纯度是指是否由单一频率的周期振动构成,据此可将声音分为纯音和复合音。纯音是单一的正弦振动波,它是最简单的声波。人们听到的绝大多数声音都不是纯音,就像我们很少看到纯的单色光一样。我们常听到的是由不同频率和振幅的纯音混合在一起得到的声音,这些声音叫作复合音。如果复合音中各纯音的频率成简单整数比,这个复合音的振动波仍呈周期性,就是乐音,否则这个复合音的振动没有任何周期性规律,就是噪音。乐音和噪音在感觉上的区别在于:乐音听起来是和谐的,噪音听起来则不和谐。纯音的振动波也呈周期性,因此纯音也属于乐音,只不过听起来较单调而已。

复合音中的各纯音频率不同、振幅不同,听起来感受也就不同。这种由复合音各成分的频率构成与振幅比率决定的声音听觉属性,叫音色。比如,钢琴和小提琴都奏相应于钢琴的中央 C 时,虽然音高一样,但"色彩"不同,因为它们虽然基音一样,都是 440Hz,但基音的陪音(其频率与基音频率成简单整数比)的数目及振幅不同。

乐音在混合时不会失去自己的特性,在混合音中仍可听出各乐音成分,比如,我们可以听出乐队演奏的各个声部。这一点同光的混合不同。我们从一种色光本身是看不出它是纯色光还是混合光。

二、听觉感受器与刺激过程

耳朵是人的听觉器官。它由外耳、中耳、内耳3部分组成(图3-11)。外耳包括耳廓和耳道,从耳廓向里面是耳道,它们主要起收集声波的作用。

中耳由鼓膜、听骨、卵圆窗组成。听道内接鼓膜,传入的声波会引起它的振动。鼓膜后面是由锤骨、砧骨、镫骨组成的听小骨系统;镫骨与中耳另一端的隔膜——卵圆窗相接。整个中耳构造巧妙,听小骨系统就像一副特殊的杠杆,两端连接的鼓膜和卵圆窗面积相差很大,从而起到将声波振动放大(约20—30倍)的作用。

卵圆窗将声波传导到后面的内耳,内耳由前庭器官和耳蜗所组成。前庭是平衡觉的器官。耳蜗是一个螺旋状骨组织,耳蜗内充满了液体,其中部有一层膜,叫基底膜,将耳蜗分成两部分。卵圆窗将振动传入耳蜗内的液体,液体中压力的变化便引起基底膜的位移。基底膜是由许多不同长短的横纤维组成的隔膜,其厚度自耳蜗底部至顶部逐渐增大。基底膜上分布有许多听觉感受器——科蒂氏器官,它由支持细胞和末端有细毛的毛细胞(即听细胞)组成,听神经便由此发出。听神经的兴奋是由基底膜的位移刺激毛细胞产生的;兴奋向大脑传导,最后达到皮层颞叶的听觉中枢,在此产生听觉。

三、听觉现象

(一)听觉的属性

听觉有音高、音响、音色3种属性。(1)音高(pitch)是对应于

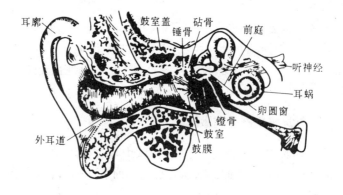

图 3-11(a)　耳的构造

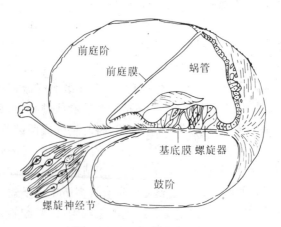

图 3-11(b)　蜗管的横断面

声波频率的心理量。音高与频率之间的心理物理关系不是直线型的:在低频音一端,很小的频率改变即可觉察到;在高频音一端,需要很大的频率变化才能被觉察。这就是为什么钢琴最低音两个键之间相差仅 1.6Hz,而最高音两个键相差 235Hz。(2)响度(loudness)是对应声波强度的心理量。人耳能接受相当大范围的音强差。既可听到 6 米外手表的走针声，也可接受 100 米处喷气式飞机掠过产生的声音。这两者之间的强度差达上亿倍。(3)音色(timber)是反映声波的混合特性的心理量。每个复合音都可分解为一系列频率、振幅不同的纯音，其中最低的频率决定了音高，叫作基音；其他的音叫谐音，频率是基因频率的简单整数倍。如果谐音频率不是基因频率的简单整数倍，则合成的声音为噪音。

(二) 听觉的感受性

可听声波的范围为 20—20000Hz，这实际上就是音频听觉的上、下绝对阈限。也就是说，超出这个频率范围外的声音是听不到的。

在可听声波范围里，声音还必须达到一定强度才能被听到。这是指音响感受的阈限。要确定音强的感受性，先要给音强定一个度量的标准。音强是以作用于鼓膜上的声波的机械压力度量的。学术上规定，人们刚刚能听到的 1000Hz 的声波的最小强度为零分贝，记为"0dB"（一分贝为十分之一贝尔，贝尔是为纪念科学家贝尔而命名的声压单位）。换言之，0dB 以 1000Hz 声音的绝对阈限为准；1000Hz 的绝对阈限就是 0dB。当声压大到超过 120dB 时，所引起的已不是正常的听觉，而是痛觉（图 3-12）。

不同频率的声音的绝对阈限不同。1000Hz 时绝对阈限最低，也就是说，人对这一频率的声音最敏感，感受性最高；随着频率的降低或升高，绝对阈限都将升高。图 3-12 表明，声音的感知是声波的强度和频率的函数。图中下面的曲线表示，为了听见每一频率的声音所需要的最小强度。如音高为 100Hz，我们需要大约 50dB 强度才能听到。在 1000Hz 时，不到 10dB 就可以听到了。在上面的曲线以上，强度就高到足以使耳朵产生痛觉了。在这两条曲线之间就是听域。此外，听觉阈限与人的年龄也有关系。随着年龄增高，到老年时，听觉阈限会升高，感受性下降，尤其是对 500Hz 以上的声音。

人对音频差别的感受性很高，音频差别阈限甚至可小到几赫

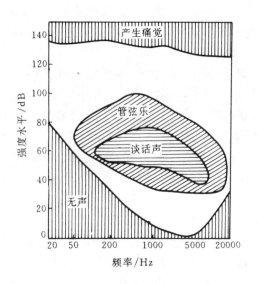

图 3-12 声音区域图

兹。音频差别阈限同音频本身的大小有关,在中等音域里符合韦伯定律,韦伯分数约为 1/300。音乐听觉灵敏的人的中等音高的差别阈限可小到 1/20 到 1/30 个半音。音频差别阈限是鉴别音乐能力的重要指标之一。

(三)听觉的适应与疲劳

听觉适应所需时间很短,恢复也很快。听觉适应有选择性,即仅对作用于耳的那一频率的声音发生适应,对其他未作用的声音并不产生适应现象。

如果声音较长时间(如数小时)连续作用,引起听觉感受性的显著降低,便称作听觉疲劳。听觉疲劳和听觉适应不同,它在声音停止作用后还需很长一段时间才能恢复。如果这一疲劳经常性地发生,会造成听力减退甚至耳聋。如果只是对小部分频率的声音丧失听觉,叫作音隙。若对较大一部分声音丧失听觉,叫作音岛。再严重就会整个失聪。

(四) 声音的混合与掩蔽

两个声音同时到达耳朵相混合时,由于两个声音的频率、振幅不同,混合的结果也不同。

如果两个声音强度大致相同,频率相差较大,就产生混合音。但若两个声音强度相差不大,频率也很接近,则会听到以两个声音频率的差数为频率的声音起伏现象,叫作拍音。比如,两个声音频率分别为 222 和 223,它们混合将产生每秒一次的声音起伏感觉。

如果两个声音强度相差较大,则只能感受到其中的一个较强的声音,这种现象叫作声音的掩蔽。声音的掩蔽受频率和强度的影响。如果掩蔽音和被掩蔽音都是纯音,那么会有这样的规律:两个声音频率越接近,掩蔽作用越大;低频音对高频音的掩蔽作用比高频音对低频音的掩蔽作用大。掩蔽音强度提高,掩蔽作用增加;掩蔽音强度减小,掩蔽作用覆盖的频率范围也小,而强度增加时,掩蔽作用覆盖的频率范围也增加。

四、音频识别的理论

(一) 地点说

最早的音频辨别的理论是黑尔姆霍兹在 19 世纪提出的共鸣说,他主张,由于基底膜神经纤维长短不同,像竖琴的琴弦一样,能对不同频率的声音产生共鸣,长纤维对低频发生共鸣,短纤维对高频发生共鸣,从而刺激不同部位可产生不同的声音。后来贝克西(George von Bekesy)修正、完善并检验了这一学说,提出了自己的行波说,并因此获得 1961 年的诺贝尔奖。他认为,声波进入人耳会引起整个基底膜的振动,振动在基底膜从底部到顶部运行,低频音的最大振幅在接近蜗顶处停止,高频音在接近蜗底处停止,从而对不同频率的声音产生不同的辨析。概括地说,这两种学说都是以声波在耳蜗基底膜不同部位引起振动为音频编码的,因而都是地点说(place theory),所不同的只是黑尔姆霍兹具体地强调基底膜不同部位的纤毛长度作为编码依据。而行波说更确切地被认定为地点说,因为它主张,不同频率的声音在基底膜的不同部位激起最大的活动,因此声音就是依基底膜不同部位上被激起最大活动(位移)的地点来编码的。基底膜以移动波的形式对声音作出响应。也就是高频音在基底膜靠卵圆窗的较厚的基端产生最大位移,低频音则在基底膜末端产生最大位移。这个理论很好地说明了高频音的编码。但后来发现基底膜的长度或基底膜上纤毛长度的变化不足以编码从 20000Hz 高音到 20Hz 低音如此宽范围的频谱,对解释 1000Hz 以下的声音编码尚不能成立。

(二) 频率说

频率说(pitch theory)试图用神经反应的时间特性来说明声音的编码,它认为:神经只是在正弦波的特定时相如峰值期才放电,因此神经放电频率决定于声波的频率。这样神经放电频率便是音高的编码。这个理论很好地解释了低频音的编码,但当音频高达 5000Hz 以上时,这个解释失效,因为,经证明神经放电频率不可能达到那么高。

作为对频率说的修正,维弗尔(Wever)提出了排射原理(volley principle):对于高频音,由一组神经元以顺序放电的形式作出响应,它们的放电频率被整合起来说明刺激音的频率。

地点说和频率说看似对立,其实它们都有正确的一面,分别说明了不同频段的音频编码。地点说适合于 1000Hz 以上的高频音的编码;频率说适合于 5000Hz 以下的低频音的编码;1000—5000Hz 之间的声音则由两种机制共同起作用。我们看到,与颜色编码一样,复杂的听觉系统也分为两部分,分别针对不同的刺激工作,为人提供更为精确的感觉经验。这又一次说明了心理的复杂性,单一、简化的理论模式不一定能反映这种复杂性。

第六节 其他感觉

视觉和听觉在人类是最重要的感觉;人类所获得的绝大部分

信息来自视觉和听觉,它们被称为高级感觉,而且各自有特殊的、以符号(文字、语音、乐音)为内容的组织形式。与之相比,其他感觉的摄入信息量小得多,也无相应的符号内容(盲文是个例外),不过它们在生存中仍然具有一定的作用。

一、嗅觉和味觉

(一) 嗅觉

嗅觉(smell,又称 olfaction)是最原始的感觉之一,从进化史上看,它有着重要的地位,提供了远距离处有气味物体的信息。对许多种系来说,探察气味是了解食物源、性行为、领地归属、危险等的重要方式。嗅觉器官无论在哪种动物都是位于头部向前突出的部位,这具有搜索环境并指导行为的作用。

鼻腔上鼻道内有嗅膜,其中分布的嗅细胞是嗅觉的外周感受器。嗅细胞向外有纤毛伸到半液体的粘膜的表面,以便同吸入的气体相接触,向内则发出神经纤维。嗅细胞与大脑直接相联,它们的神经纤维不经过交换,神经元便直接抵达大脑的嗅球。嗅球位于大脑额叶下部,它同颞叶内部的嗅觉皮质相连,在那里产生嗅觉。

嗅觉感受性受许多因素的影响,人们对不同嗅觉刺激物的感觉阈限有很大的不同。由于嗅觉在种系发生中有重要的适应意义,一般来说,人们对有害物质,如乙醚的嗅阈就很低;而对香气的嗅阈则较高。此外,环境因素和机体状态也影响嗅觉感受性,例如过敏病患者比常人有更为敏锐的嗅觉感受性。

嗅觉有极强的适应性,这可能也是由于在进化过程中,人类的主要感觉已为视、听等距离感觉所取代,而嗅觉已退居次要地位所致。

(二) 味觉

味觉(taste,又称 gustation)的外周感受器是味蕾,多分布于舌的边缘和根部,有少量分布在软腭、咽部和喉头。味蕾以能溶于水的物质为其适宜刺激物。

味觉有 4 种最基本的经验：甜，酸，苦，咸。它们构成了我们的味觉立体(taset space)(图 3-13)，其他味觉感受都是这 4 种以不同方式融合而成的。实验证明：把白糖、草酸、奎宁(苦刺激)、食盐按不同比例相调配，即可产生各种味道。

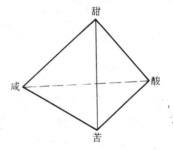

图 3-13 味觉立体

不同部位的味蕾对不同味刺激的感受性不同。一般地说，舌尖对甜味最敏感，舌边对酸味最敏感，舌根对苦最敏感，而舌尖、舌边乃至整个舌部都对咸味较敏感。由于味觉感受器主要分布在舌面，因此不同味觉的混合与对比会影响人的味觉感受性。这对饮食烹调技术的研究有一定意义。

二、皮肤觉

(一) 触压觉和温度觉

皮肤是最大的感觉器官(成人的皮肤约有两平方米左右)，它主要产生 4 种基本的肤觉(cutaneous sense)：触压觉，温觉，冷觉，痛觉。这 4 种感觉在皮肤上有各自相应的感觉点，当适宜刺激作用于这些点上，便引起相应的感觉。在这些皮肤感觉点下面，分布着各种感觉的外周感受器。当外界刺激接触皮肤表面，引起皮肤表面变形，就会刺激皮肤的感受器。研究认为：分布于无毛皮肤表层的迈斯纳触觉小体和皮肤深层的巴西尼环层小体，是触压觉的外周感受器。

皮肤表面温度的变化是温度觉的适宜刺激。冷觉和温觉的感受器分别为克劳斯末梢球和罗佛尼小体。

痒觉属于触压觉的范围,可由不断轻微地针刺痛点而产生,也可由连续快速地骚动皮肤上邻近的压觉点而产生。热感觉是皮肤上的冷点和温点同时受到刺激而产生的反应,这是因为冷点分别对低温、高温起反应,对中等温度无反应;高温刺激同时激活了冷点和温点,产生"热"觉(thermal illusion)。

肤觉很容易适应。比如,在冷或热刺激的持续作用下,皮肤很快就停止反应,不再有冷、温感。皮肤感不到冷或温的温度叫作生理零点(physiological zero)。由于皮肤的适应现象,生理零点是会暂时改变的。如果两只手分别对35℃和42℃的水完全适应,两手的生理零点发生不同方向的偏移,都没有温度觉,我们会认为两手接触的水温度是一样的。这里我们又一次看到感觉与客观实际的差别。

(二) 痛觉

痛觉(pain)是躯体对有害刺激的反应,是我们体验到的伤害性经验。几乎所有的动物都有痛觉防御系统,发动自主躲避反射,并学会识别环境中的有害刺激。从适应意义上说,没有痛觉并不是一件好事,反而是危险的。痛觉是报警系统,是帮助生存的重要工具。

1. *痛觉的感觉基础*

痛觉的独特感受器可能是皮肤深处的自由神经末梢。它没有独立的神经纤维专门传导痛信号,也没有特异的痛觉刺激形式。目前已知,有些化学物质存储在游离神经末梢里或附近,在受到强刺激时释放,使神经敏感化,从受伤区域向脑发放冲动。这些化学物质有P激素(因pain而得名),前列腺素,缓激肽。阿司匹林及其他止痛药物正是抑制前列腺素的合成而起作用的。

痛觉神经信号从外周传向脊髓,上行到丘脑,然后到大脑皮层,在这里鉴定痛觉的位置和强度,作出评价,产生行动方案。痛信号的传导有两种通路,产生不同的痛经验。一是有髓壳神经的快速通路,传递锐痛(bright 或 pricking sensation),这种痛产生和消失都很快,可对其迅速定位。另一个是无髓壳神经的慢速通路,传递钝痛(burning 或 dull sensation),这种痛产生较慢,有弥散性,持续较长。

这些痛信号的作用是释放内啡肽,这是脑自生的一种吗啡,能降低对痛刺激的敏感性,起到止痛作用。针灸或直接电刺激脑干都可达到这种效果。关于止痛,梅尔扎克(Melzack,1973,1980)提出控制阀理论(gate-control theory)。他认为:神经系统只能接受有限的信息。如果信息超载,脊髓中的某些细胞就会像阀门一样工作,阻断痛信号,防止它进入大脑。

2. 痛觉的中枢过程

痛觉反应是非常复杂的,因为其中有许多因素参与进来,包括情绪反应、情景因素以及脑的中枢过程对各种因素的解释。这些因素和刺激本身共同决定着痛的产生和解除。

实际上,痛感觉可以不直接同有害刺激的强度甚至刺激的存在与否有关。有时没有痛刺激源却有痛体验。如10%的截肢者说他们的四肢有巨痛,尽管四肢已切除,这就是所谓幽灵痛。相反,有时存在强烈的伤害性刺激,人们却没有痛觉。比如有人可在碳火或玻璃渣上行走而无痛感。

人们对特殊经验所赋予的意义也会影响痛觉程度。受伤的士兵比街头斗殴受伤者需要的麻药量少。文化习惯背景也影响痛的承受力。有调查表明:爱尔兰人比犹太人和意大利人更能忍受疼痛,且不轻易在公众面前表露痛苦。中枢作用的另一个例证表现在人们对各种止痛技术的反应上。例如,催眠对减轻一些人的痛觉很有效。甚至人们在服下名为止痛剂实际毫无止痛作用的安慰剂时也会感到疼痛减轻。由此可见,如何认识自身的痛觉,如何表达痛苦,对止痛措施采取什么反应等,不仅反映了痛刺激强度,而且尤为丰富地揭示了痛觉心理。这里我们又一次看到:我们感受的内容与我们实际感受的对象是有区别的。

三、内部感觉

来自有机体内部器官的状态和变化的信息产生内部感觉,它包括动觉、平衡觉和内脏感觉。

(一) 动觉

动觉(kinesthetic sense)是对身体各部位的位置和运动状况的感觉,也就是肌肉、腱和关节的感觉,即本体感觉。在关节和腱里有动觉感受器,或称本体感受器,觉察身体位置和运动,并自动调节肌肉的活动。人一般不能直接觉察到动觉信息,但是对于优秀的运动员来说,他们对身体肌肉、筋腱和关节的运动十分敏感,他们对运动速度、动作准确度的估量和稳定性有精细的自我感受。动觉敏感是运动员和舞蹈演员、杂技演员选拔的重要条件之一。

动觉也是人从事正常活动的保证。要拿到桌上的东西,就必须调整手和臂的姿势和动作;要上楼梯,就必须保证脚抬得足够高,落得足够稳。这些都需要动觉的帮助。

(二) 平衡觉

平衡觉(vestibular sense)涉及身体整体的位置和运动,告诉我们躯体尤其是头部在环境中相对于重力的方向,提供身体是否旋转、加速、倾斜等信息。内耳里的充满液体的3个半规管和前庭囊是平衡器官,其中分布有纤毛细胞,它们在身体运动时,受液体流动造成的压力变化的作用。3个半规管各位于空间的3个相互垂直的平面,因而能监测任何方向、角度的旋转运动。前庭囊内有叫作耳石的晶体胶质物。耳石的压力向下则产生直立感觉,压力方向偏斜则产生姿势倾斜感觉,压力为水平方向时,则产生直线上的加速运动感觉。

平衡觉对于保持身体直立非常重要。失去平衡觉的人最初会难于调整姿势,易摔倒,还可能感到眩晕。但是可靠视觉信息得到补偿,经验和练习也可导致平衡的适应。平衡觉在空间作业,如飞行中起重要作用。

(三) 内脏感觉

内脏感觉也叫机体感觉,它由有机体各内脏器官的活动所引起,其感受器是位于器官壁的神经末梢。有机体各内脏器官的生物节律是由自主神经系统支配的。在机体生物节律正常运行的情况下,人的内脏活动一般不为人所意识,也不受人的随意支配。只有在生理节律发生超乎常态或处于病理状态下,才能产生明显的感觉,而且常常带有不适感。

但是在受到特殊训练的情况下,如生物反馈技术训练,某些生物节律如血压、心率等可以人为地引起改变,并能在一定程度上为人随意地控制。但这主要应用在医疗和体育训练方面。

推 荐 读 物

[1] 曹日昌主编《普通心理学》(合订本),第4章,人民教育出版社,1987年。

[2] 希尔加德等著,周光庚等译《心理学导论》,第4章,北京大学出版社,1987年。

[3] 荆其诚、林仲贤主编《心理学概论》,第5章,科学出版社,1986年。

[4] Zimbardo P., Psychology and Life, chapter 4, Illinois: Scott, Foresman and Company, 1985.

[5] Gleitman H., Psychology, chapter 6, New York: Norton & company, 1981.

第四章 知 觉

第一节 概 述

一、知觉的概念

知觉(perception)是人脑对直接作用于感觉器官的客观事物的各个部分和属性的整体的反映;知觉是在感觉的基础上产生的,是对感觉信息的整合和解释。

人生活在一个丰富多彩的世界,几乎每时每刻都有许多刺激作用于人的感官,人的感官也在不断分别地了解客观事物的各个属性,比如客体的声音、颜色、空间属性、气味等。然而在现实中几乎没有绝对孤立的感觉,人们很少只是把握某一个事物的单一属性,而总是要把通过感觉所得到的有关事物的各个属性整合起来并加以理解。只有这样才能真正把握这一事物。当人们认识一个苹果时,既观察到它的形状、颜色,也感受到它的味道、口感等特性,把这些方面的感觉信息整合起来,就构成了人们对苹果的基本认识。这个信息整合的过程就是知觉。

知觉是在人的实践活动中发展起来的。刚出生的婴儿既不能把握物体的远近、大小,也没有关于时间的概念。这些知觉是随着他们后天不断地生活实践才发展完善起来的。

知觉的产生不仅需要具体的客观对象,还需要借助于过去经验或知识的帮助。如果要把某一对象知觉为一个确定的客体,就需有关于这一确定客体的知识、经验。从未见过恐龙,也无有关知识的人,即使真的见了恐龙,也不知其为何物。过去经验、知识甚至还可以补偿部分感觉信息的缺欠。比如,漆黑的夜晚,我们看到公路上有一对灯在迅速地移动,我们很容易判断出有一辆汽车在行驶,即使我们看不到汽车的清晰轮廓,这正是由于我们对汽车的了解弥补了现时感觉信息的不足。由此可见,知觉过程既受具体感觉材料的驱动(data-driven process),又受经验、概念的驱动(concept-driven process),前者是自下而上的过程,后者是自上而下的过程。两种过程在知觉中相辅相成、交互作用,使知觉更完整、精确。

语言在知觉的发展中也起着重要的作用。从幼儿开始学习语言起,词就帮助他们标记、区分、归纳事物,帮助他们命名并联系事物的各个部分和属性,从而大大促进了他们的知觉功能,使他们能够更好地认识事物,了解事物。可以说,词是知觉发展到高级水平的必要工具。

从不同角度出发可对知觉进行不同方式的分类。根据在知觉中起主导作用的分析器的特性,可把知觉分成视知觉、听知觉、触知觉、嗅知觉等。根据知觉所反映的事物的主观特性,又可分成空间知觉、时间知觉、运动知觉。

二、知觉的生理机制

我们在感觉一章里介绍了侧抑制和感受野的概念。揭示了感觉受纳器有着特定的神经细胞与脑的各级水平的神经细胞有着特定的联系,以接受专门的信息。这方面的研究提供了对脑的分析综合功能,也就是对神经网络的编码作用的进一步认识。前已指出,神经系统各级水平存在着以高级神经元构成的特征觉察器,它们对刺激信息的不同特性进行整合,分别对客观事物的不同属性作出反应。例如,视网膜上的感受野区域接受的光刺激,进入脑内外侧膝状体的感受野,这里对光点刺激特别敏感。外侧膝状体感受野细胞又上行与皮层特定的感受野细胞发生突触联系,皮层感受野对直线刺激敏感。即外侧膝状体整合外部信息,对光点进行分析,而皮层整合了外侧膝状体输入的信息,对直线发生反应,并在皮层不同的层次上进一步实现更概括化的整合功能。

第二章介绍了现代神经生理学研究,发现大脑皮层具有三级区分工结构,进行着对外部信息不同水平、程度的分析、综合功能。感觉皮层的初级(一级)投射区接受外来信息使其投射到专门区域,如视觉信息投射到枕叶,听觉信息投射到颞叶,躯体信息投射到中央后回。神经刺激通过初级区进入次级(二级)投射-联合区,进行初步的整合,基本上实现复合性知觉的功能。皮层三级联络区是各感觉之间的重叠机构,神经刺激在这里实现着包括言语对知觉的综合能力和额叶皮层对知觉的监测、评定和行动反应的调节。

第二节 知觉的基本特性

人的知觉过程并不是对感觉材料的简单堆积,而是一个非常有组织、有规律的过程,并且具有某些特别的属性。这些规律和属性反映为知觉的组织性、恒常性、惯性(定势),它们保证了人们对事物的认识的相对可靠性、合理性和经济性。

一、知觉的组织过程

前面说过,知觉是在经验背景上对感觉信息的整合过程。这一整合过程也就是对信息进行组织加工的过程。在这一过程中,人们把事物各部分属性综合起来,整体地把握事物,这体现为知觉的整体性。同时,由于经验的作用,人们可以根据自己的需要选择知觉对象,并借助经验辅助对当前信息的理解,这分别体现为知觉的选择性和理解性。

(一) 知觉的整体性

知觉的整体性是指人在过去经验的基础上把由多种属性构成的事物知觉为一个统一的整体的特性。

知觉的整体性与知觉对象本身的特性及其各个部分间的构成关系有关。这一点甚至体现在对最简单的线条图形的知觉上。对

图 4-1(a),人们的习惯不是把图形知觉为零散的 7 个线条,而是左边 3 组线条,右边一条单线。这种知觉的组织与线条本身的空间关系有关。但这同样 7 个线条在图 4-1(b)中被稍加修改,我们便倾向于把图形知觉为右边 3 个未闭合的方块和左边一个单线。这是由于图形各部分相互关系被改变的缘故。然而,只要客体各部分之间的相互关系不变,它们就总被知觉为同一整体。比如,如果我们用虚线去替换图 4-1(a)中的实线,知觉的整体性组织的结果并不会变。再比如,同一乐曲移一个八度演奏,尽管每个乐音都降(或升)了八度,但各乐音间的相互关系不变,因此它仍被知觉为同一乐曲。

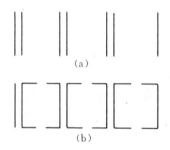

图 4-1 知觉的整体性

知觉整体性的组织反映出一定的规则,格式塔学派将它们归纳为几条定律:(1)接近律:空间、时间上接近的客体易被知觉为一个整体。比如,图 4-1(a)中左边的 6 根线条之所以被知觉为两两一组,是因为每一组中的两条直线在空间中很接近,被视为一组。(2)相似律:物理属性(强度、颜色、大小、形状等)相似的客体易被知觉为一个整体。比如图 4-1(b)中右边的线条被知觉为 3 组未闭合的方形,因为它们在形状上相似。(3)连续律:具有连续性或共同运动方向等特点的客体,易被知觉为同一整体。总括来说,这些规律都体现了一个组织原则:使对感觉材料的处理达成简明性(simplicity)。

知觉整体性不仅与对象本身的特性有关,也与知觉者的主观状态有关。前面提到,在知觉中,过去经验、知识可对当前知觉活动提供补充信息。比如,图4-1(b)中的右边3组图形尽管线条并未闭合,我们还是倾向于把它们知觉为3个方形。这种把不完整的图形看成为完成图形的知觉组织过程叫封闭性,由此产生的图形轮廓叫主观轮廓(另见图4-2)。

图4-2 主观轮廓
人们在图形的中心位置似乎看到一个
白色的三角形,它落在图形的最上面。

当人们把各个部分知觉为一个整体时,这个整体便具有新的、为各个部分所没有的意义(比如我们把未闭合线条知觉为方形)。这意味着:整体不是各个部分的简单堆积,整体通过各个部分的有机结合而表现出新的意义;整体大于部分之和。

(二) **知觉的选择性**

1. **图形与背景**

我们每时每刻所接触的外部事物多不胜数,我们不可能同时都把它们纳入为知觉对象,而总是根据当前的需要有选择地把其中一部分作为知觉对象,把它们构成一个整体,使之得到清晰的知觉。这就叫知觉的选择性。被选择出来的部分叫图形,即知觉的对象,其他部分便叫作背景。图形与背景有重要的区别:图形有鲜明、完整的形象,突出于背景之前,背景在其后连续地延伸;图形是有意义的,且容易被记忆。

图形和背景的关系只是相对的,此时的图形可为彼时知觉的背景,此时知觉的背景可为彼时知觉的图形。知觉的对象并不是一成不变地固定在某些客体上,而是不断发生着转换,这是为了保证总能使有意义的客体内容成为知觉的对象。图形-背景的转换是自动的,不需意识干预的。有研究表明,这种转换能力是先天的,因为即使先天盲的成人因手术复明后,立即便能表现出图形-背景转换机能。对图 4-3 的知觉可体现出图形-背景变化的情况。图 4-3 是一幅两可图形(ambiguous figure),也叫双关图形。当我们注意白色部分时,看到的是一个花瓶;当我们注意黑色部分时,看到的是两个侧面人像。在这一知觉过程中,白色与黑色的对象-背景关系是可以互相转换的。由此也可看到,由于知觉的选择性,我们的知觉既清晰、准确,又完善而丰富,不致陷于僵化。

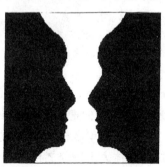

图 4-3 两可图形:花瓶还是人面形

知觉对象的选择与很多因素有关。一般地说,强度较大、色彩鲜明、具有活动性的客体易成为选择的对象。客体自身的组合规律如简明性、对称性、规律性等,使它们容易被选择为图形。这就是所谓的良好图形原则。由图4-4可见,5种几何图形自左向右规律性越来越差,图形的良好性越差,知觉起来就越困难。良好图形是容易被迅速而准确地知觉、记忆、描述的图形。比如,图4-4a比图4-4e容易描述。实际上,视觉系统倾向于把不良图形(图4-5a)看作为两个良好图形(图4-5b)的叠加。由此说明,知觉的组织提供了符合感觉刺激本质的最佳的和最简明的解释。此外,知觉者的经验、兴趣、爱好及职业等也都影响知觉对象的选择。

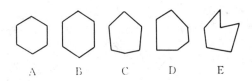

图4-4 良好图形与规律性

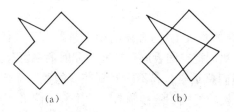

图4-5 不良图形的转换

2. 知觉的参照

当我们把图形与由时空背景所确立的参照框架相联系而知觉时,起用了更高水平的组织。例如,图4-6(a)中最左端的方形若三个斜接在一起或放在一个倾斜的矩形里,容易被当成菱形,而在图4-6(b)中最左端的菱形若斜接起来或放在一个倾斜的矩形里,却容易被知觉为正方形。这是因为背景中的某些特性(如这里的方向)对图形的知觉起着一定的规定作用(Palmer,1983)。这一现象表明,图形的知觉不是孤立的,而是受背景的影响,以图形-背景关系为依据的。

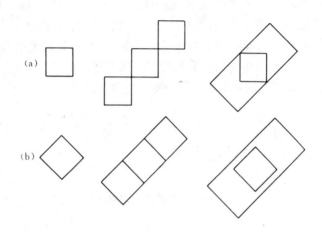

图 4-6 背景框架的影响

　　从更广泛的意义上说,客体的知觉是融入于具体的时空框架的。一方面,我们把空间看成是在我们此时的视野外无限延伸的;另一方面,我们总是整合起不同时刻获得的经验而产生时间上的连续性,使我们的经验不致被割断。一个复杂图形,即使能同时全部装入视野,也需分别注视各个不同部分以产生完整认识。而当我们注视某一部分时,必须把此时的经验同先前的经验恰当地整合起来,才能产生连续、正确的知觉,否则每一次注视都会感到是另一个客体。在知觉图 4-7 时,只有把对每一个局部的经验精细地在时空背景上整合起来,才能产生连贯的印象,把它判断为不可能客体,否则就会产生错觉。

　　知觉中图形与背景关系的规律有重要的应用价值。举个突出的例子:军事设施中经常利用这一规律来发送信号、进行伪装和发现目标。以颜色来说,物体与背景颜色相同不容易区分,而二者为

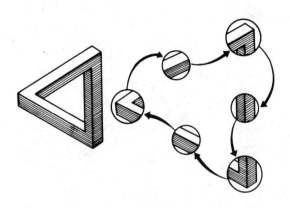

图 4-7 不可能图形

互补色时最容易辨认。因此,军事目标、房子、车辆经常使用黄绿色以与森林、原野的绿色背景相一致。对活动着的物体,如军车、飞机、服装采用形状不固定的斑点和条纹来伪装,使物体与环境形成交错重合的画面以破坏对象的轮廓结构,从而达到伪装的目的。

(三) 知觉的理解性

在对现时事物的知觉中,需有以过去经验、知识为基础的理解,以便对知觉的对象作出最佳解释、说明。知觉的这一特性叫理解性。

不同知识经验的人在知觉一个对象时,他们的理解不同,知觉的结果也不同。最简单的事实是,成人与儿童对一幅图画的知觉有很大差别,年龄较小的儿童只能说出图画中主要的构成成分,而成人则既能掌握画面上的每一个细节,又能把握整个图画的意义。显然,不同的知识背景和理解力影响了对同一对象的知觉。图4-8是一个斑点图,乍看似乎并无意义,但仔细琢磨一下,可把它知觉为一匹跑着的马。正是以知识经验为基础的理解作用,使我们填补了画面信息的不足,把对象知觉为一个有意义的整体。

在理解的过程中,言语可以起很重要的指导作用。如果一开始提问人们"图4-8中画的是否像一匹马?"那么知觉起来将容易得

图 4-8 斑点图

多。从这一例子我们还可看到,在感觉水平上,图 4-8 的内容不过是一些斑点,但在知觉水平上,它是一个完整的对象,有名称,有意义,并可归入某一已知的范畴或类别,这表明知觉已有了初步的概括性。

二、知觉的恒常性

(一) 恒常性的概念及其意义

知觉的目的是要理解客观事物本身的信息,而不是我们感觉器官上的映像。知觉系统能在一定范围内保持对客观事物的稳定的认识,而不随知觉条件或感觉映像模式的改变而改变。知觉的这一特性叫知觉的恒常性(constancy)。

知觉常性具有十分重要的意义。客观对象具有一定的稳定性,我们的知觉也就需有相应的稳定性,以便能真实地反映客观对象的自然属性、本来面貌。知觉的任务就是要从不断变化的知觉模式中揭示客观环境的稳定性、连续性。知觉恒常性是人认识世界的需要,是人长期实践的结果。

知觉恒常性体现于知觉的各个领域。我们在很暗的地方看一张白纸时,仍然把它知觉为一张很白的纸而不是灰纸;在亮光下看煤块仍把它知觉为黑色,这是明度恒常性。在黄光和蓝光下看一面红旗,仍把它知觉为红色,这是颜色恒常性。从侧面看一只杯子,杯子口虽呈椭圆状,仍把杯子知觉为圆的,这是形状恒常性。站在远处的一个人与我们眼睛所呈视角极小,甚至像眼前一粒豌豆所呈视角那么大,可仍能知觉那人有一米八的个头,这是大小恒常性。

"恒常性"一词当然有夸大的成分,它不过是用来突出地刻划人的知觉的相对稳定性。当知觉条件的变化超出了一定范围,知觉便会失去恒常性而受条件所左右。让我们以亮度恒常性的实验为例:两个混色盘 A、B 的中间及左、右、后3面隔开,光由 W 窗口射向 B 盘,在 A 盘上形成阴影。被试在 O 处观察两色盘的亮度(图4-9)。

两个色盘均由黑、白两部分组成,转动时混合成灰色,首先确定 A 盘为 320°白和 40°黑,让被试调节 B 盘的黑白比例使之与 A 盘的亮度相同。在图(A)条件下,被试知道 A 盘受阴影影响这一线索,看上去其亮度便保持了一定的恒常性,被试给出了 B 盘 152°白的判断。但是在图(B)条件下,被试只能通过 R 圆孔去观察色盘的中央部分给出了 B 盘 40°白便与 A 盘亮度相同,这是因为被试失去了参照环境的线索,看不到光源和阴影,因而失去了恒常性。要注意的是在图(A)条件下,被试的实际亮度恒常性并非完全的恒常性,因为完全恒常性的 B 盘应当也是 320°白。由此可见,恒常性只是在相对的水平上表现出来。

(二) 大小和形状恒常性

大小恒常性(size constancy)是指不论客体网像的变化而知觉出其实际大小的特性。如图 4-10,墙上画有大小不同的正方形。让被试站在远处,从手上拿着的大小不同的正方形纸块中分别找出与墙上各正方形看起来大小相同的来。手中的正方形纸块比墙上的近得多,在网膜上的呈像大得多,但被试找出的正方形与墙上正方形的实际大小很接近,说明被试考虑到了距离信息,从而相对把握了墙上正方形的实际大小。对于大小恒常性的解释,黑尔姆霍兹

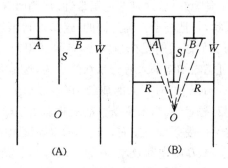

图 4-9 亮度恒常性的实验装置

首先提出理论认为：大小恒常性是通过以客体距离为依据说明网像大小而获得的。他把这种知觉过程叫作无意识推理（unconscious inference）。之所以叫作"推理"是因为，视觉系统必须结合各类不同信息，包括过去经验，来推断出外在客体的大小。之所以是"无意识"的，是因为观察者并不觉察到大小—距离关系或用它去知觉客体大小。这个过程是迅速、自动地发生的，不需要任何意识努力。

由于大小知觉通过距离判断而产生，如果距离判断出现错误，大小知觉也就会出现错误，失去常性。作为一种矫正，经验是帮助我们判断大小、保持常性的重要信息。绝大多数情况下，依据经验的大小知觉都是正确的，都具有恒常性。然而，当现时视觉距离判断与经验发生严重冲突时，距离信息占更为主导的地位，起支配作用。这种情况下，知觉压倒了经验。

形状恒常性（shape constancy）是不论知觉条件的变化而反映客体本身形状的特性。形状恒常性与距离判断和大小恒常性有关。视觉系统通过说明相对于客体不同部位的距离而确定客体的真实形状。当客体相对于我们发生倾斜时，各部分的距离有不同改变，把这些距离信息同网像形状的变化整合起来，便能正确反映客体

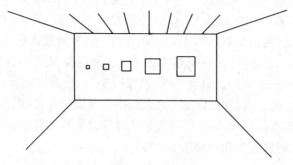

图 4-10 大小知觉

实际的形状(图 4-11)。当知觉客体形状时,尽管人相对于它的位置可能不断变化,但人们会度量各部分相对于感官的距离,对因位置造成的形状进行矫正,从而保持知觉恒常性。

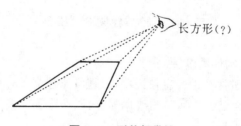

图 4-11 形状恒常性

(三) 方向恒常性

方向恒常性(orientation constancy)是指不论网像方向如何而觉察客体实际方向的能力。它是通过依据头部的倾斜来说明网像方向而实现的。通过把前庭系统的信息与网像信息相整合,产生环境客体实际方向的判断。这也是一种无意识推理过程。

不同人在运用视觉和前庭觉信息时有很大的个体差异,尤其是在这两类信息有矛盾时。有的人更多地依赖内部前庭觉信息,有的人则更多地依赖来自外部环境的视觉信息。比如在调节垂线的任务中,前者能将图 4-12(a)中的斜线调节成图 4-12(b)中的样子,而后者则会调节成图 4-12(c)中的样子,显然后者是受了外周斜框的影响,受外部环境信息左右,这种现象又叫作场依存性(field dependency)。也就是说,按照图 4-12,当要求把(a)中的直线调节为垂直状态时,场独立的人能不受环境的干扰,把直线调节为接近垂直(b)。而场依存的人则受环境因素的左右,以外框为垂直依据,结果丧失方向恒常性(c)。

图 4-12　场依存性与方向恒常性

(四) 恒常性的度量

为了对恒常性进行定量说明,心理学家建立了一些数学描述方法。根据大量的实际观测数据和分析,布隆斯维克(Brunswik)提出了一种比率公式:

$$K_B = \frac{(P - R)}{(C - R)}$$

这就是布隆斯维克比率,其中,P 是对物体知觉的大小,C 是物体实际的大小,R 是按视角计算的网像大小。R 可以用物体的实际大小除以物体对眼睛的距离求得。由公式可见:如果知觉的大小 P 等于实际大小 C,则比率值为 1,具有完全恒常性;如果知觉大小 P 等于网像大小 R,则比率值为 0,没有恒常性。

对于数量级变化较大的物理量,如明度,通常采用邵勒

斯(Thouless)的比率公式,既对布隆斯维克公式的各项取对数值:
$$TR = (\log P - \log R)/(\log C - \log R)$$

恒常性对人的生活和工作有重要意义。如果知觉随客观条件的变化而改变,那么,要想获得确定的知识将是不可能的。掌握知觉恒常性的规律有助于建筑师、艺术家的实践,使他们的设计和作品更符合人类的认识规律。

三、知觉定势

定势(set)又称心向,是指主体对一定活动的预先的特殊准备状态。具体地说,人们当前的活动常受前面曾从事的活动的影响,倾向于带有前面活动的特点。当这种影响发生在知觉过程中时,产生的就是知觉定势。

知觉定势可由早先的经验造成。图 4-13 中,S_1 是一个年轻姑娘的侧面像,S_2 是一个老妇人的侧面像,R 则是一幅双关图。如果我们先看一会儿图 S_1,再去看图 R,那么我们会把图 R 看成是年轻姑娘的侧面像,如果我们先看的是图 S_2,再去看 R,那么我们会把图 R 看成是一个老妇人的侧面像。这里,对图 R 的知觉受了前面的知觉内容的影响,打上了前面知觉活动特点的烙印,反映出前面知觉活动造成的倾向性。这种现象就是定势作用的结果。

知觉者的需要、情绪、态度和价值观等也会产生定势作用。最常出现的情形是,如果我们今天心情特别好,于是对一切事情都觉得美好,待人也和气热情。这实际上就是一种定势,一种把所有事物都知觉为美好的倾向。在这里,定势也有强弱之别。如果一个人的某种需要特别强烈,那么使他去知觉与该需要有关的对象或事件的定势也特别强烈。

定势对知觉有其积极的一面,它能使知觉在条件不变或相似的情况下更迅速有效。但定势也有消极作用的一面,它较刻板,在条件改变的情况下,会妨碍知觉,甚至使之误入歧途。

图 4-13　是年轻姑娘还是老妇人

第三节　空　间　知　觉

空间知觉是对物体的形状、大小、远近、方位等空间特性的知觉。空间知觉是多种分析器协同活动的产物,视觉、触觉、动觉等的经验及相互联系,对空间知觉的获得起着重要的作用,下面我们简要介绍几种空间知觉。

一、大小知觉

大小知觉与知觉对象本身的大小、与它在网膜上所呈的像的大小有关。网像大,知觉为大;网像小,知觉为小。然而,单靠网像的大小并不足以正确地判断物体的大小,因为不同大小的物体,由于与眼睛的距离不同,所呈的网像可以是一样大的。如图 4-14 所示,直线 x1 和 x2 在眼底网膜上的呈像大小是一样的。因此必须说明距离。在实际的大小知觉中,我们总是在一定环境中知觉对象的,我们可以通过参照环境中的其他物体来把握知觉对象的距离及其与参照物体的大小比例。此外,对物体的触摸觉经验以及眼球沿物体的轮廓进行长、宽、高度的扫描所提供的信息,都为大小知觉提供了有效的依据。

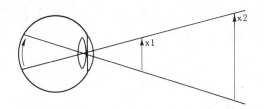

图 4-14 物体大小及与眼睛的距离与大小知觉的关系

大小知觉还与知觉者的头部姿势有关。在进行水平方向的观察时,大小知觉有很大的恒常性;但在作向上或向下的垂直观察时,大小知觉的恒常性则变得很小。我们都有这样的经验,从高处(如楼顶)向下看物体时,它显得要比在同样距离上作水平观察时小得多。这是由于角度的变化使我们失去所熟悉的地面环境的(水平)参考作用的缘故。从下往上看时情形也是如此。月亮错觉(即天顶上的月亮比水平线处的月亮小)便是因这一原因而产生。

二、形状知觉

形状知觉是脑对物体形状特征的反映,它也是由视觉、触摸觉、动觉来完成的。物体在网膜上留下其形状的投影,提供视觉信息;眼睛沿着观察对象的边沿轮廓扫描,提供了动觉信息;手在物体表面触摸,提供触觉信息。所有这些信息在大脑内被综合加工,产生形状知觉。当我们已有了丰富的形状知觉经验,各感觉系统形成特定联系后,单凭视知觉或触动觉也能知觉物体的形状。比如,我们知道,从不同角度看一个缸口,它可能呈圆形,也可能呈椭圆形,但我们有着触摸缸子的经验,我们把这经验多次与不同角度上的视觉经验相联系,从而形成缸子是圆形的知觉。这样,不论我们再从什么角度看缸子,总把它知觉为圆的,也即形成知觉恒常性。

知觉物体的形状时,首先把握的是它的轮廓。轮廓是构成一个形状的边界线,它是不同区域之间亮度上的明显变化形成的。有形状必有轮廓,但轮廓还不等于形状。图 4-15(b)是由图 4-15(a)沿一曲线剪开而成,两图有共同的轮廓线,但形状不同。这是因为轮廓有向内成形作用,它对所包围的空间起作用,使之构成形状。

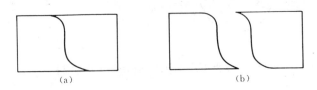

图 4-15　轮廓与形状

三、深度知觉

关于物体远近距离或深度的知觉,叫深度知觉(depth perception),也叫距离知觉。由于人是生活在三维立体的空间中,需要判断相对于环境中各种客体的空间关系,因此深度知觉对人来说十分重要。

知觉深度是根据外部环境和机体内部的许多线索进行的,这些线索叫作深度线索。

(一) 单眼视觉线索

单眼视觉线索是指仅凭一只眼睛的视觉即可提供的线索,它以视觉所反映的环境及对象的物理特性或现象为内容,其中包括:

1. 物体大小

在熟悉的环境中,只要知道物体的大小,根据它与眼睛所成视角的大小,便可推知距离,有公式可依:

$$视角=物体大小/距离$$

2. 物体的掩蔽或重叠

物体的掩蔽或重叠是非常重要的线索。被遮挡的物体总是距离较远,这一显见的事实是判断远近的重要线索。

3. 阴影

具有深度或距离的物体是在三维空间中展开的。阴影反映了相对于光源的位置,由此产生的物体各部位明度的差异可以使我们了解物体的三维形状,从而把握深度或距离。

4. 线条透视

处于同一平面上的物体,利用它们各自所成视角的大小,可以帮助判断其远近。如两条铁轨向远处伸展,越远越窄,越窄就越觉得远。这种线索叫线条透视。

5. 空气透视

透过空气看不同远近的物体,其清晰度不同。清晰度大的物体被知觉为较近。不过,这种判断常受天气影响,同一对象在晴天时会觉得近些,雾天时又觉得远些。

6. 运动视差

当环境静止而观察者移动时,由于不同远近的物体相对眼睛的视角变化不同,我们会感到近处物体在向后移动且较快,远处物体移动较慢,而且似在跟着我们同向运动。这种经验我们常在火车或汽车上体验到。由此可判断物体的远近。这种线索叫相对运动视差(relative motion parallax)。如果观察者静止不动,而观察对象移动,我们的眼睛和头部随物体提供其相对运动速度的信息,只要我们熟悉各物体本身的运动速度,便可推断它们的距离。

7. 结构级差与运动透视

吉布森(J. Gibson)提出了与运动视差有关的另外两个概念。他认为,整个视野中的运动视差的整体模式是非常重要的信息,他把这种线索叫作运动透视(motion perspective)。运动透视反映为结构级差(texture gradient)的变化。所谓结构级差是指随着视野向远处延伸,运动视差(客体的物理分布密度)的有规律的递缩变化。图 4-16 表明,同样大小的方格在空间伸展时,看上去越远越小,即方格的密度显得越来越大,这就是结构级差。如果知道物体本身的结构,空间中结构级差的变化就可提供远近的线索。

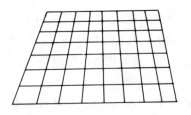

图 4-16 结构级差

(二) 非视觉线索

非视觉线索是指由其他感觉(主要是动觉)而不是视觉提供的判断深度、距离的依据,它包括:

1. 眼的调节

眼睛为使远近不同的物体能有清晰的网像而需要调节它的光学系统以便准确聚焦,这主要是由睫状肌调节水晶体的曲度来实现的。水晶体是由悬韧带固定于睫状肌上的有弹性的透明体。看近物体时,睫状肌收缩,悬韧带放松,水晶体凸起而增厚;看远物体时,睫状肌放松,悬韧带拉紧,水晶体变得扁平。肌肉、韧带的这些调节动作提供动觉信息传递给大脑,提供了判断远近的依据。不过这一线索受眼睛调节能力的限制,仅于 10 厘米到 10 米之间的深度知觉有效。

2. 双眼视轴的辐合

如果把眼的调节算作单眼非视觉线索,那么双眼视轴的辐合(convergence)就可算作双眼非视觉线索。视轴是指眼睛的中央窝、节点与物体这 3 个点的连线(这条线总是直线,因为看物体时,总是把中央窝对准物体以便得到清晰视觉的)。在看物体时,两眼的视轴向鼻侧辐合,交于所视物体上,两根视轴成一交角,叫辐合角。视轴的辐合是由眼球外部肌肉组织的协调收缩和舒张实现的。物体离得近,视轴辐合大(轴合角大),肌肉调节动作大;物体离得远,视轴辐合小,肌肉调节动作小(图 4-17)。这样,肌肉的动觉信息提供了判断远近的依据。双眼视轴的辐合是与眼睛水晶体的调节同时进行的。双眼视轴的辐合提供的信息也是有一定范围的。当物体距离超过 30 米时,两视轴几乎趋于平行,辐合动作几乎没有了,因而也就很难提供有关的动觉信息。

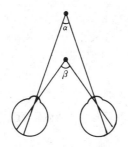

图 4-17 双眼视轴辐合图

(三) 双眼视觉线索——双眼视差

双眼视差(binocular disparity)是一种双眼视觉线索,它是物体立体知觉的最重要的依据。

人的两眼相距六、七厘米,它们获得的外部形象是略有差别的。当我们看一个平面物体时,物体在两只眼睛上的网像都处于网膜相对应的区域(同在鼻侧或颞侧且离中央窝等距)上。图 4-18(a)中可见,物体对两眼网像的刺激部位基本对应,两个网像可以重合(即以中央窝为准重叠两个网像时,两网像上对应于原物体任一点的位置基本重合)。这正是我们平面视知觉的特点,两眼网像基本重合产生平面知觉。

但当我们看一个立体物体时,物体在两只眼睛上的网像并不落在网膜相同的区域上,即两个网像不对应,不能重合。从图 4-18(b)可见,左眼看物体左半边多些,右眼看右半边多一些,x' 和 x''、y' 和 y'' 不位于两网膜的相应点上,两个网像向相反方向偏斜,即都偏向内侧(或称鼻侧),因而两眼的视觉有差异,即有双眼视差。这种差异作为视觉信息传入大脑皮层,产生了立体深度知觉。

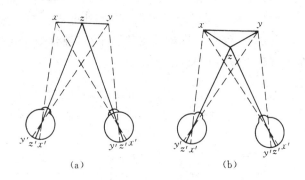

图 4-18 平面与立体物体呈像图:双眼视差

以双眼视差为依据的深度知觉能力随物体的距离的增大而减弱。距离为 1 米时,可辨别出 0.3 毫米的深度差异;距离为 10 米时能辨别出 3.8 厘米以上的深度差异;当距离为 100 米时,深度差异需达 4.15 米以上才能辨别出来。

在实际生活中,各种深度线索是联合起作用的。而且,视觉、触觉、动觉间也相互协调,形成一定的联系,确保了有效的深度知觉。

四、方位知觉

方位知觉是指对空间方向、位置等属性的反映。人在沙漠、草原中旅行,在海洋、天空中航行,都需要判别方位。因此,方位知觉是人在三维空间中生存的重要手段,它是由各种感觉协调活动实现的。不同种系方位定向所利用的具体信息不同。如蝙蝠利用发出的超声波的回馈,犬类利用灵敏的嗅觉。人主要是利用视觉和听觉信息,动觉、平衡觉、触觉信息也以不同的形式整合进来。

(一)视觉定向

人靠视觉从环境中捕捉各种参照信息,确定客体及自身的位置关系,判断上下、左右、前后。比如,日月升沉,我们用它们来判断东西南北;头顶天,脚踏地,依此判断上下;面对长河,背倚群山,由此分出前后。总之,人们可利用各种客体及自身状态来判断方位。

方位知觉的线索受文化、习俗的影响,尤其受经验的影响,是后天习得的一种能力。生活在沙漠、草原、森林里的人,在自己的生活经验中提炼出各不相同的线索来判断方位。但人一旦处于完全无参照信息的环境下,方向定位就会发生困难。例如,高空飞行条件下,失去视觉参照线索,只能靠仪表显示来确定方位。人在大雪夜中行走,由于四周茫茫一片,无房屋、道路、灯光为参照线索,辨认方向将十分困难。

(二) 听觉定向

听觉主要用于判断发声物体的方位。这种知觉能力既能告诉我们声源的方位,在与其他信息或经验相联系时,也能告诉我们声源的距离。

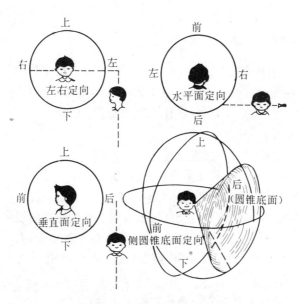

图 4-19　声音的方向定位

听觉定位的能力主要来自两耳听觉的差别。两耳左右有一定距离。声源到达两耳时间不同可产生两耳听觉差，从而可对声源的方位进行编码。据测量，两耳可分辨 10^{-5} 秒的时差，故而可对方位作相当精确的判断。

由于双耳的构造，人们对来自左右两侧的声源最容易分辨，因为这时两耳听觉差最大。随着声源向人的前后上下各方偏移，听觉定位的效果逐渐衰减（图 4-19）。研究表明，当声源位于头部正中切面时，方位定向最差，辨不清前后。然而这时可以靠动觉信息来弥补。人们不时转动头部，从而改变两耳相对于声源的位置关系，获得较大的两耳听觉差，再加上动觉信息的修正，便可精确地判断方位。

第四节 时间知觉与运动知觉

一、时间知觉

时间是物质现象延续性和顺序性的表现。时间知觉正是对这一延续性和顺序性的反映。由于人的活动是在时间上展开的，了解、把握时间，为人们规划自身的活动提供了依据。

（一）时间知觉的线索

我们总是通过一些媒介来标定时间，这些媒介包括：

1. 自然界的周期现象及其他客观标志

自然界中有许多周而复始、不断重复的周期性现象，如太阳出没、月亮盈亏、四季轮替以及星辰出没等。这些周期性现象是人们最早用于计时（日、月、季、年）的依据。在这一基础上，人们发明了许多计时工具（如日晷、滴漏、钟表）和计时法（古代天文学的发展产生了历法）。

自然界中其他客观现象也常被用来计算时间的历程。比如，人们用树的年轮计算树龄，从动物的牙齿估算它的岁数，等等。通过这些现象来判断物质变化过程所经历时间的时间知觉,叫物化时间感。

2. 人体本身的节律性活动

人的睡眠与觉醒是有周期性的,心脏与呼吸、消化与排泄、饥与渴等,都表现出一定的时间规律,它们都可用于对不同长短的时间的估计。除这些人体固有的生理节律性现象外,人的主动的运动活动和有意识的计算活动,也可估计短暂的时间过程,而且这些经验还有助于大脑皮层对时间信号的分析,提高时间感知能力。

(二) 时间估计

时间估计在生活中经常发生,这使人的时间估计能相当准确。比如,在判断时间间隔精确性方面,视觉辨认的精度可达 0.1—0.05 秒,触觉辨认可达 0.025 秒,而听觉辨认可达 0.01 秒(精确度是用辨认时间的误差来表示的)。

尽管时间估计可以很精确,但总是有误差的。一般来说,人对 1 秒钟左右的时间间隔估计得较准确,对短于 1 秒钟的间隔常发生估计过长的超估现象,对于长于 1 秒钟的间隔,常发生估计过短的低估现象。

对正在发生的事件所持的情绪、态度也影响对这段时间的估计:若所发生的事件令人愉快、很感兴趣,则总嫌时间过得太快;若对这事件感到厌倦乏味,则总觉时间过得太慢了。时间估计还与活动有关。若活动丰富、生活紧张,则觉时间过得快;百无聊赖、无所适事则觉时间过得慢。但事后回忆时,时间知觉与当时的估计正好反过来:与有趣事件、丰富的活动相联系的时间,回忆起来觉得要长一些;与厌倦的事件、单调的生活相联系的时间,回忆起来觉得很短。

二、运动知觉

运动知觉是对空间中的物体运动特性的知觉。人生活的世界是一个充满运动的世界。为了了解人和环境客体之间相对关系的变化,人就需要了解客体的运动。

(一) 运动知觉的概念

前面曾说到,除非运动的速度大到一定程度,否则我们无法直接感觉到运动现象,只能通过一些参照标志,间接地判断运动的存在。比如星辰相对于我们的运动角速度极为缓慢,我们只是通过一段时间后,发现它们相对于地面参照物的位置改变来间接推断它们的运动。另一方面,速度过快的运动我们也无法把握。高速运动的物体在我们眼前一闪即逝,我们得到的感觉非常模糊,或者根本看不出运动来。

当需其他信息作为补充来判断物体运动状况时,人们就必须启用知觉手段,这就是运动知觉。运动知觉是相当复杂的过程,它需要大脑进行高水平的组织,综合各种信息而产生判断。运动知觉不仅同运动的速度有关,还同物体的距离有关。天空上的星星运动速度相当快,但我们并不能直接观察到它们在动,因为它们距我们太遥远了。而从我们身边一擦而过的自行车的速度虽远不能与星球速度相比,却也使我们有风驰电掣之感,可见,运动是我们运动知觉的根本原因,但造成运动知觉的直接原因却是角速度,是单位时间内所造成的视角的改变量。

(二) 运动知觉的线索

过去人们大都认为:当头、眼静止不动地观察运动物体时,运动知觉是由运动物体连续刺激网膜上各点造成的。但这种观点遭到批评,因为科学家发现,即使我们主观上使眼睛固定地盯住一个不动点,眼睛也总是在不停波动,因为这是为防止视网膜上的感受器因发生适应而造成映像消失所必需的,只是这种眼动我们自己几乎不意识到。因此,即使我们是在看一个不动的物体,它也总是在刺激着网膜上的不同点。现在人们大多认为,运动知觉的线索是在于环境之中,物体被知觉在动,是因为它在运动时不断地掩蔽和暴露出不动的背景的某些部分,因此,无论我们是注视运动的物体还是注视背景,都能产生物体运动的知觉。

如果眼、头部追踪物体而动，那么，除了环境中的参考信息外，动觉信息也提供了运动知觉的依据。

（三）动觉现象

1. 游动效应

我们把眼睛静止不动地盯着屏幕上的一个固定光点，不一会儿会发现刺激点漂忽移动起来。这种固定光点的似动现象叫作"游动效应"，也叫"自主运动现象"(autokinesthetic)。这种现象主要是因为背景上无任何参照物，无法确定其是否稳定。但此现象的机制至今尚未能很好地解释。

2. 动景运动

动景运动现象，又称似动(apparent motion)或Φ现象(phi phenomenon)，是空间中不同的静止且不连续的刺激相继呈现时，我们知觉为一个刺激在空间连续运动的现象。最简单的例子是，两个相距一定距离的小灯泡A和B以一定的时间间隔(4—5次/秒)先后发光，我们会感到有光点在AB间移动。无论将眼睛固定注视视野中的一点，还是在AB两点之间不停地追踪移动，都会产生似动现象。由于追踪移动时，两个光点总落在两眼同样的网膜位置——中央窝上，没有信息可供网膜运动觉察细胞反应，因此，这种似动现象一定发生在更高的信息加工水平，它把动觉信息同刺激位置信息整合在一起而作出解释。电影放映正是运用这一现象来使观众产生连续运动的知觉的。胶片上每一个画面都不同，分别地看它们是不连续的，但以一定的时间间隔(24画面/秒)放映，便产生连续运动的知觉。有些学者认为，似动与前面提到的频闪观察运动有所不同：似动可发生于较大的刺激距离和刺激间隔；似动发生于更高层次的中枢系统，有着不同的神经机制，是知觉水平的而不是感觉水平的。

3. 诱导运动

当两个物体中的一个运动时，在缺乏参照的情况下，由于运动的相对性，人们会知觉是另一物体在运动。这种现象就叫诱导运动

(induced motion)。一般规律是,人们倾向于把较大的客体当作静止背景,较小的客体在其中移动。因此较大物体的运动,会诱导出我们认为较小的不动物体在运动的知觉。当夜晚一片云彩飘过月亮时,由于云彩看上去较大,易被当作背景,所以我们常是觉得月亮在云中穿行(图 4-20)。

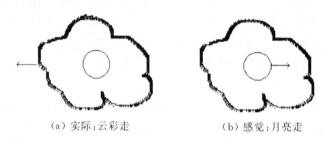

(a) 实际:云彩走　　　　(b) 感觉:月亮走

图 4-20　诱导运动

有必要指出,诱导运动、似动与自主运动现象,都是运动错觉。

第五节　知觉中的错觉

种类最丰富的错觉之一是几何图形错觉。图 4-21 中介绍了几种较典型的几何图形错觉。

垂直、水平线错觉:水平线(或垂直线)被垂直线(或水平线)平分,显得略短一些,但它们的实际长度是一样的。

缪勒·莱依尔错觉:两条直线本是等长的,但由于下端的两个箭头朝外,占据较大空间,似乎有延伸作用,使得下面的直线看上去较长一些。

由图形背景的影响产生的错觉:由于背景上的直线和折线的影响,圆形看上去变了形。

佐尔纳错觉:图中有 6 条斜向的平行线,受一些方向不同的小斜线的影响,它们看上去不平行了。

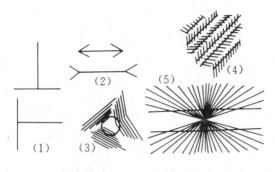

图 4-21　几何图形错觉

海林错觉：图中有 2 条水平的平行直线，受一组放射线的影响，它们显得似乎弯曲而不平行了。

关于几何图形错觉的产生，目前尚没有很好的解释，而且不同类型的错觉，其产生的原因也不一定一样。

尽管错觉是对客观事物的不正确的反映，但许多错觉对我们是有益处的，它们被大量用于建筑、造型、绘画、摄影、化妆、布景、杂技、魔术、服装、装潢等艺术及生活领域。当然，有些错觉严重歪曲事实，有消极作用，甚至会危及生命。空军飞行员驾驶战斗机作翻转时，由于离心力始终指向飞机底部，飞行员坐姿也未改变，便以为仍处于正常坐姿，感觉不出是在倒飞。这种错觉称"倒飞错觉"，它可能导致机毁人亡。但这类有害错觉唯数不多。只要我们合理运用错觉，会使生活增色不少。

第六节　分类过程

除非把所知觉的客体识别或鉴定为我们已了解的一定意义的范畴中的成员，否则，我们就不知道所知觉的客体有什么用途，或者它们相互之间以及与人自身之间有什么联系，它们对我们而言仍是陌生的，不知其是否有益或有害。这种识别或鉴定的过程就是分类(classification)。

一、自下而上与自上而下的过程

分类意味着把知觉材料同已有经验相匹配。在这种匹配中有两种过程。一是自下而上的过程,也叫材料驱动的过程,是受感觉信息指引的过程。另一个是自上而下的过程,又叫概念驱动或假设驱动的过程,它建立于大脑高级中枢部位,以经验为基础而影响感觉材料的收集、组织和解释。不难理解,我们对一个客体的熟悉程度、有关的知识,会影响我们对它的知觉和分类。

分类是感知觉的高级形式和阶段,在这一阶段中,记忆、概念分析、期望、动机、人格特征、社会经验等,都会影响对所感知的事物的理解。正是由于分类,使我们的经验具有跨时空、跨情景的连续性。

这两个过程是相互联系、交互作用的。如果人们只是依赖自下而上的过程,就会局限于此时此地的具体的狭隘现实,只记录经验却不会在以后的生存中利用经验。如果人们只是依赖自上而下的过程,就会一味陷入个人幻想世界,被自己的主观期望所左右。这两个过程之间应达成恰当的平衡:在经验的基础上以最大限度有利于生存的方式对刺激信息作出解释。这正是知觉的基本目的。

二、模式识别

如何形成客体的范畴?如何把一种刺激模式去识别或鉴定为属于某一特定范畴?一个范畴既要把所有本范畴成员鉴别出来,又要把非成员排除出去。那么,这个范畴的特征究竟是怎样构成的呢?换句话说,人究竟是怎样进行模式识别(pattern recognition)的呢?以大写字母 A 为例,人如何把某种图形识别为 A?有各种不同的理论试图解释模式识别的机制。

(一)关键特征理论

关键特征理论(critical features theory)认为:每一个范畴都

是由一组关键特征定义的,它们是一些可知觉的属性,是归属于这个范畴所需的充分、必要条件。而且仅当一个客体满足这些条件时,才被判断为属于这一范畴。这些特征分为两类:一类是局部特征,诸如线条、角度、方位;另一类是总体特征,如对称、封闭。

然而,特征理论面临着一个困难。乍听起来,它很合理、可行,可实际上几乎不可能找到一组特征,它们能恰好包容所有真正的A而又能区分出所有的非A。而且,存在这样的情形(图4-22):虽然图4-22(a)说明了大写字母A的范畴特征,但图4-22(b)不合乎标准却是A,而图4-22(c)符合标准却不是A。

图4-22 哪个是字母A

(二)原型理论

人们的实际经验是,一个范畴的各个样本对该范畴有着不同的代表程度,有的具有典型性,有的则有畸变,有的则极为个别。据此,原型理论(prototype theory)认为:范畴是围绕着一个理想的或最佳的典型而构造的。这个最佳典型就叫作这个范畴的原型。根据原型理论,如果一个客体更接近于某个范畴的原型而不是其他范畴的原型,则被判断为属于这个范畴。

但原型理论也遇到了难题。一个问题是,某个客体虽比其他客体更接近某个范畴的原型,但仍然不属于这个范畴。有些学者认为把这两种理论结合起来更为恰当,才可既能说明为什么属于一个范畴,又能说明为什么不属于一个范畴。

三、其他影响因素

有许多因素影响着知觉和分类。情景是其中之一。比如有些客体惯常在某些场合或情境出现,一旦这些客体在另外的场合出现,对它们的知觉速度会大大降低。有关的经验和期望也是影响的因素之一,就像在定势中所看到的那样,这使知觉分类成为一种主动的、构造性的解释,而不只是依赖于刺激本身。

个人及社会因素也影响知觉分类。40年代兴起的知觉"新观察"学派(new look school)质疑到:在知觉理论中,知觉者的角色何在?这一学派认为:某些主体因素(知觉者的特性)总要对知觉发生作用。这些学者提出了知觉防御(perception defense)的概念,其含义是:知觉具有心理防御作用,保护个体免于识别引起不快或焦虑的刺激。

人格也是影响知觉的因素。前面提到的场依存性和场独立性便是有关的一种人格特性。另一种特性是,有的人对刺激很敏感,受环境信息支配,知觉很精细,且倾向于夸大差别,而有的人则忽略细微的差别,倾向于把握相似性,受经验、记忆支配。此外,社会因素如公众的一致见解、权威人物的观点,都会不同程度地左右我们的知觉分类。

总之,对一个刺激事件的知觉经验是整个有机体的反应。除了感受器被激活时所接受的信息之外,知觉者的自身特性、他的社会背景、他的主观期望、需要、价值观等等,都会决定着知觉——这也就是自上而下的过程的含义。

推 荐 读 物

[1] 曹日昌主编《普通心理学》(合订本),第5章,人民教育出版社,1987年。

[2] 希尔加德等著,周先庚等译《心理学导论》,第5章,北京大学出版社,1987年。

[3] 荆其诚、林仲贤主编《心理学概论》,第六、七章,科学出版社,1986年。

[4] Zimbardo,P. ,Psychology and Life,chapter 5,Illinois:Scott,Foresman and Company,1985.

[5] Gleitman,H. ,Psychology,chapter 7,New York:Norton and Company, 1981.

第五章 意 识

第一节 概 述

一、意识的机能与作用

意识(consciousness)是心理的过程和属性。一般地说,意识可以看成是觉醒状态下的觉知,包括对客体的觉知和把自己与其他个体及物体相区分的觉知。意识既涉及到人在任一特定觉知时刻下的各种直接经验,如知觉、思维、情感、欲望,也包括我们对这些内容以及自身行为的评价,即觉知的内容和意识本身。

意识对人类的生存有着重要的作用。从进化的角度来说,意识之所以产生,是由于它增加了个体的生存机遇,因为它使人们把有目的的意志行为建立在对现实性的最佳解释和最佳决策的基础上,使人们把握感、知觉信息的意义以服务于具体时间、空间上的生存目的。

意识以3种重要的方式帮助人们把握由感官所接触到的纷繁复杂的世界的意义。其一,通过限制人们的注意,减少不断涌入的刺激能量;其二,使人们依据知觉组织的规律,把连续不断的经验划分为客体(空间模式)和事件(时间模式);其三,使我们能利用过去记忆对现时输入信息作出最佳判断和行为。正是通过意识,我们分析因果关系,想象现时不在眼前的情景和可能性,计划未来的行动,向着我们预期的目标指引行为。

意识也是一种能力,这种能力使人们在经验的背景上,有选择地分析客体和事件,对客观现实进行主动的稳定的认识。只有在意识水平上,高级的心理过程才得以发生。而这就使人们具有灵活的、适宜的、反应的潜能,为生存提供了巨大帮助,远远超越于其他种系。

由于所有的人类都有相似的感觉和神经系统,他们对现实性的认识也有许多相似之处,人们往往也倾向于在对现实性的一般认识上达成一致。这种观点的一致化和相互印证现象;叫作舆论效度(consensual validation)或译作同感效度。比如,在同一社会的大多数人的意识中,对于什么是危险的、安全的、厌恶的、可追求的东西,往往达成共识。这种同感效度意义很重要,当人自身的感官觉知不能准确把握客体或事物时,舆论是人们寻求解释的来源。

当然,人们的意识也有很大的差异。意识毕竟是人在对环境信息有限的选择的基础上对客观现实的个体化的把握过程,更不用说这一过程总是建立在个人经验的基础之上。

此外,许多时候人们的一般意识形态也会改变,转而发生其他形态,如睡眠、梦、幻想或是受了酒精或药物或手术等的影响。对此将在后面详细讨论。

二、意识在科学研究中的地位

科学心理学最初是以研究意识起步的,那是在一百多年前由冯特首先推行的。在冯特的实验室里,被试们使用内省的方法报告自己的个人心理状态,因为当时冯特认为这是接触意识内容的最好方法。后来,冯特的弟子铁钦纳又在美国的康奈尔大学继续研究意识,不过更多是关心测量感觉的心理学方法,而不是意识的内容。

哈佛大学的心理学家威廉·詹姆斯极力坚持意识的重要性,声称:"心理学就是对意识的描述和解释"。

然而,由训练过的自我观察者对实验室引发的感觉进行内省,并不是一种很可靠的方法。它不能恰如其分地反映出人的思想、情感和行为的丰富性,而且,也不能使人接触潜意识或无意识的心理过程。此外,这种方法由于过于依赖言语和复杂的内省技术,把婴儿、智力迟钝者、心理疾病患者排除于研究之外,因为这些人或者不能用言语表达其意识内容,或者所说的内容不可信,不可接受。

于是,行为主义先驱华生摒弃意识以及研究它的流行的方法。华生说,他的工作"既不讨论意识,也不使用诸如感觉、知觉、注意、意志、意象等术语……坦率地说,我不知道它们意味着什么,也不相信任何人能够协调一致地使用它们"。因此,以后的许多年里,心理学领域几乎完全"丧失了意识"。直到20世纪50年代,随着认知心理学革命在许多领域开辟新的道路,意识又逐渐回到心理学中来。当然,新理论也采用了新技术作为手段。在问题解决的研究中,计算机取代了迷津;故事理解取代了无意义音节的机械记忆;用出声报告代替传统的内省法;用脑电波模式或脑放射粒子扫描作为意识活动的指标。新理论通过研究在行为控制中的结果输出来研究心理事件,从而为意识找到了新的位置。

三、没有意识的心理过程

意识是许多高级心理活动的基础和前提。但并非所有的心理活动都需要意识。比如,没有意识,也可以有注意。事实上,人们经常在意识域下注意某些心理事件,比如骑自行车时许多动作是自发地做出的,并没有也不必要有意识的监控。人们常常一边骑车一边聊天、看风景,甚至一边想心事,只是在道路上出现情况时才很快把意识转到骑车上来。

人对信息进行意识加工的能力虽然是有限的,但似乎意识域外的潜在加工容量是无限的,而且它能不断地进行。

(一)知觉中的前注意加工

在认识序列过程中,有一个最初的前注意阶段,一个纯感觉的阶段,它自动的、无意识地发生以记录现时刺激特征。只有在进入注意阶段后,感觉元素才被综合成为一个连续的有意义的整体。值得注意的是,虽然人们往往相信能时刻意识到在头脑中正在展开的活动内容,但实际上只能觉知到心理实体的一小部分,宛若冰山浮现出水面的顶部。

更有趣的是,人们有时无法报告出那些影响着行为的刺激因素的作用,有时却又会觉得有些实际上根本没有作用于我们的刺激在影响着我们。这恰恰也说明直接内省并不能反映人们的复杂的心理过程。

人们之所以会有错觉,其原因在于:(1)人们经常依赖一些似是而非的因果关系的假设,而不是对现时认知过程的真正觉知。(2)没有充分、恰当的反馈来纠正错误的认识。

(二) 非意识,潜意识,无意识

有许多种形式的信息加工过程运行于意识域之外,但却影响着我们的行为,比如场依存性、知觉防御(见"知觉"一章)。

非意识过程(nonconscious processes)涉及那些既不存在于意识,也不存在于记忆中却影响着基本的躯体和心理过程的信息。比如,血压的调节是一种非意识过程,其中对生理因素的探察和作用并不被人所觉知。又比如,在图形-背景的知觉中,我们并不意识到使我们产生知觉的组织过程。

潜意识过程(subconscious processes)和非意识过程形成对照,它所涉及的信息并不在现时意识中,但却在记忆中,并可以通过一定的方式从记忆中抽取出来的。

无意识过程(unconscious processes)常常被用于借指所有不具意识性的过程。不过,在心理分析理论中,它具有特殊的含义,是指那些被维持于意识域之外以避免焦虑的过程。所谓避免焦虑,也就是压抑不愉快的回忆和感受。弗洛伊德把无意识界定为"任何一种心理过程,我们不得不接受它的存在,它在某些时刻变得很活跃,尽管并不被人所觉察。我们是从它的作用效果推断它的存在的"。弗洛伊德假设,在这种情况下,真实的观念或动机的内容被压抑,排除于意识之外,因为它们太令人不安或令人恐惧,以至于无法应付它们。但与它们相伴随的情绪感受仍然保留着。

人在意识域之外加工信息的能力是有重要意义的,它能使人们大大超越意识加工的局限,处理更多更广的内容,而不致使信息阻塞于加工能力有限的意识域中。意识域外的信息加工简化了我们的任务,但它并不产生分析推理和客观判断,对真实现时环境及其要求的觉知也很有限。至于复杂的认识活动则由意识去进行(见"思维"一章)。

第二节 注 意

一、注意的一般概念

(一) 什么是注意

注意(attention)是意识的一个属性,是人的心理活动或意识对一定事物的指向和集中。注意就好像是意识的聚光灯,使感觉清晰;它作为外部信息进入主观的阀门,使中枢作好准备对刺激进行反应。可以说,注意是高级心理活动的条件。

注意对心理活动有特殊意义。我们生活于大千世界,可以感知的对象无穷无尽,但在某一时间里,人们只能去感知、思考有限的少数对象。这不仅是受人们能力的限制,而且有其特殊的意义:以少数对象作为心理操作的对象,它们就能被突出出来,从而被清晰而充分地认识。

注意是心理活动的一种积极状态,具有指向性和集中性。注意的指向性是指心理活动选择某一事物为对象而离开其他事物;集中性是指注意时"全神贯注",它表现在心理活动的紧张性或强度上。指向性和集中性是紧密相关的。在全神贯注地注意某一事物时,人的意识指向的范围也大大缩小。

注意的基本作用还在于选择信息,使之处于心理活动或意识的中心,以便能被有效地记录、加工和处理。

(二) 注意的生理基础和外部表现

注意就其发生来说,是有机体的一种定向反射,是以定向反射为基本机制的。定向反射是由周围环境的变化引起的。客观事物的出现、消失、增强、减弱及性质上的变化,都会引起定向反射,但若刺激持续作用或多次重复,定向反射则会消失。因此,可以说,定向反射是对新异性事物的反应。定向反射发生时,伴随着许多身体反应,如感受器官朝向刺激物,肢体血管收缩而头部血管舒张,手掌皮肤电阻降低,皮层进入兴奋状态,等等。

脑干网状结构对注意的唤醒和保证注意的选择性功能有重要的作用。如果网状结构受到损伤,不但信息不能传递,而且使皮层紧张度急剧下降,有机体陷于昏迷状态,注意严重失调。脑的边缘系统既是调节皮层紧张度的机构,也是对新旧刺激物进行选择的机构。如果这部分受到损伤,将引起整个行为选择的破坏。

产生注意的最高部位是大脑皮层,这里是注意的最高中枢,它不仅对皮层下组织起调节、控制作用,而且起着主动调节行为、对信息进行选择的重要作用。具体地说,注意是某动因引起的一种大脑皮层上的优势兴奋中心的负诱导。当刺激作用时,大脑皮层上有关刺激作用的相应部位便产生优势兴奋中心,这个中心对其周围区域的皮层有一定的抑制作用;一个兴奋点诱导其周围产生抑制,称为负诱导。正是负诱导过程,使人更集中、更清楚地反映引起这一优势兴奋中心的那些刺激,这就是注意过程的机理。

(三) 注意的种类

根据引起注意及维持注意的目的是否明确和意志努力程度的不同,可把注意分为3类。

1. 不随意注意

不随意注意是一种没有预定目的、不需付出意志努力的注意,也叫无意注意。

引起不随意注意的原因包括刺激物本身的特点及人自身的状态。一般地说,刺激物强度较大、与周围环境成鲜明对比而有新异性、具有运动性或富于变化等,都易于引起注意。人们常运用这些因素于建筑、装潢、广告、服装、玩具等的设计上,以吸引人的注意力。另一方面,人们自身的主观状态,如需要、兴趣、情绪、态度以及对事物所持的期待等,也都影响着人们的无意注意。当然,知识和经验也是一个重要的因素。

2. 随意注意

随意注意又称有意注意,是有预定目的、需付出一定意志努力的注意。

我们要学习一种新知识,完成某项工作,就需要把注意力积极投入到对象上去;为了能理解、掌握对象,或是顺利地完成工作,就要自觉地付出努力,其至需要克服一定困难,以使注意指向、集中于当前的对象。

随意注意是在不随意注意基础上发展起来的。它是人特有的一种心理现象,是语言被纳入到心理活动后的结果,是由语词意识支配的。人们通过语言,根据一定的任务来指导注意的活动,因此,即使在没有具体事物存在的情况下,也可通过语言实现心理活动的指向和集中作用。

随意注意受多方面因素的影响,包括活动的目的与任务、对活动的兴趣和认识、人的知识经验、活动的组织、人的性格及意志品质等。然而,由于随意注意是一种自觉的过程,即使是在有相当的干扰的情况下,经过意志努力,随意注意也是可能发生并维持的。

3. 随意后注意

随意后注意又称有意后注意或继有意注意,它是一种有自觉的目的、但无须意志努力的注意,因此它兼有不随意注意和随意注意两方面的某些特点。比如,人在初学一项技能时,原本不感兴趣,但为了工作需要,不得不付出很大努力去学习。这时他的注意是随意注意。但很快学习入了门,也有了兴趣,即使不用付出意志努力也能从事这一学习,这时的注意就是随意后注意。

由于随意后注意兼有不随意注意和随意注意的某些特点,它既服从于当前的活动目的与任务,又能节省意志的努力,因而对完成长期、持续的任务有很大益处。

(四) **注意的基本品质**

1. *注意广度*

注意广度也就是注意的范围,是指人在同一时间内所能清楚地把握的对象的数量。一项最早的研究是这样的:抓一把黑豆撒向一个黑色背景上的白盘子中,当然只有部分黑豆落在盘子内,其余的都落入黑背景中去了。待盘中的黑豆刚一稳定下来,要被试立即报告盘中有多少黑豆。一千次实验结果表明:当盘中黑豆多至5个时,报告开始出错;到8至9个时,错误估计的次数尚不超过50%,多于8、9个时,错误率大增,且都倾向于把黑豆数量低估。由此可知,视觉的注意广度大约是"7±2"。当然,对于不同对象,广度不同。彼此不相关的外文字母的注意广度只有4—6个。此外,被注意的对象越集中,排列得越有规律,注意的广度也越大。

2. *注意的稳定性*

注意的稳定性是指注意在一定时间内相对稳定地保持在注意对象上。这是注意在时间上的特征。它可以用一定时间内工作效率的变化来表示。

由于人的感受性不能长时间地保持不变,总是有间歇地加强和减弱,因此注意力也表现出时高时低的周期性变化。这叫作注意的起伏现象。这种现象即使在相对稳定的注意中也是存在的。

注意的稳定性也受许多条件的影响,包括刺激物的强度和持续时间,刺激物在时间和空间上的确定性,活动内容和活动方式的多样化,对活动结果的了解以及个体本身的身体状态与情绪、态度等。

3. *注意的分配与转移*

注意的分配是指在同一时间内,把注意分配到两种或几种不同的对象或活动上。

注意分配是实际生活和工作的需要。比如,学生上课时需要边听讲边记笔记,他必须把注意分配到两种活动上。然而,对注意进行分配是有条件的。它要求同时进行的几种活动达到一定的熟练程度或自动化程度,起码在几种活动中只能有一种是不熟悉的。此外,注意分配与刺激的性质也有关。通常,人们是在不同的感觉道间分配注意,如边听边写,边吃边看,边走边说等。如果两种任务要求用同一类心理操作来完成,则出现注意分配困难。如一边背诵一边听讲,必然顾此失彼,至少有一方面的活动要受到影响。

当环境或任务发生变化时,注意从一个对象或活动转到另一对象或活动上,这叫注意的转移。注意转移的质量与速度依赖于前后活动的性质和人对前后活动的态度。如果人们觉得后面的活动有趣,便很容易转移,反之则困难。

注意转移与分心不同。转移是任务的要求,随整个当前活动的改变而改变。分心是指注意偏离了当前进行的活动,背离了活动的要求,是由与任务无关的刺激的干扰引起的,是注意的一种障碍或缺陷。

二、注意的理论

现代认知心理学从信息加工的角度对注意这一心理过程作了大量的研究,针对注意的作用机理与功能提出了许多有价值的理论,丰富了人们对注意的认识。

(一)过滤器说

英国学者唐纳·布罗德本特(Donald Broadbent)是重新唤起对注意研究兴趣的先驱。他提出了注意是感觉输入的过滤器的学说。他认为,注意起着一个通讯渠道的作用,对信息进行积极的加工和传输。这一通讯渠道在某一时刻究竟能加工多少信息,受到注意机制在不同信息输入源之间转换能力的限制。

在同一时刻只注意各个现时信息输入通道中的一个通道的现象,叫作"鸡尾酒会效应"(cocktail party effect)。在鸡尾酒会上,很多人在同时进行着各种交谈,但一个人同一时刻只能注意和参与其中的一个交谈。这就是注意分配的问题。由于心理资源有限,同一时刻只能将信息加以过滤和筛选,以此时最重要或最有兴趣的信息为注意对象。布罗德本特设想:作为一个选择过滤器,注意就像收音机上的旋钮,一方面挡住大多数不需要的信息,一方面延留所需要的信息,使之进入意识。

布罗德本特等人在实验室里用双听技术(dichotic listening)成功地模拟了鸡尾酒会效应。具体方法是,用耳机把分别录好不同信息的录音带同时向两个耳朵送入不同信息,要求被试注意其中一边(注意耳)的信息。结果,事后要被试回忆时,被试不能回忆来自非注意耳的内容,甚至当非注意耳的内容是倒着放磁带送出的,或由英语换成了德语,他们都没有觉察;他们只是对粗糙的物理特征在意识域下进行处理,但其内容并不进入意识。布罗德本特假设,没被注意的、被阻挡在意识外的信息暂时被放在一个"缓冲器"(相当于后来的记忆理论中提出的"感觉记忆")里,保留一段时间,或者过滤器转过来选中它为注意对象或者就被丢掉。这一设想也同样通过双听技术的另一种变式得到了证实。

(二) 加工水平说

布罗德本特的理论存在一些问题。比如,在双听任务中,当我们的名字或其他对个人具有重要意义的信息进入非注意耳时,我们的确可以觉察得到;而且,如果我们突然改变我们的注意选择,转向另一只耳朵,我们仍然能够听到并回忆少量来自原注意耳(现在是非注意耳)的信息。这些现象意味着,对于来自并没有被有意识地注意的通道的信息,仍然有一定程度的意义加工。因此,诺尔曼(Norman,1968)认为,注意并不是按照过滤器理论所主张的"全或无"的方式工作的,而是对不同的信息分配不同的资源,在不同水平上加工。

(三) 综合器学说

对过滤器学说的第二个修正是认为,即使在没有有意识的觉知的情况下,过去学习经验仍能够影响现时反应,这一观点的证据来自这样一个实验：事先训练被试对某些词进行生理反应,结果发现,即使当这些词是出现于非注意耳时,也会引起被试的生理反应,尽管他们报告说并没有觉察到这些词。对此种现象的解释是：在意识水平下可能存在着某种机制,监视来自非注意输入的有意义信息,并且能够利用在记忆中已经存储的信息,对新输入的刺激信息进行加工。在上个例子中,事先的训练使词与生理反应之间建立了联系,这种联系被存储在记忆中。既然词作用于非注意耳时也能引起反应,就说明在这里信息也被接受和加工,并启用了原有记忆中的词与生理反应之间的联系。

奈瑟提出了一个注意理论,认为注意既包括由感觉输入驱动的分析,也包括由一个人业已建立的世界观指引的分析。被注意的新信息同已知经验综合在一起,这时尽管人们可能并没有意识到已有经验的作用。一旦我们陷入只有不完整的信息或信息泛滥的情景,就要更多地依靠由先在经验驱动的自上向下的过程来预见和构想可能的客体或事件。

第三节　意识的各种变体

一、意识的日常变化

你也许曾注意到,儿童们常喜欢把头低下倒过来看世界,那时上下的空间关系反了过来,令他们颇有新奇感。其实,人"生来就有一种体验正常觉醒状态以外的意识形式的欲望；从很小的时候起,儿童们就尝试用各种方法改变意识"(Weil,1988)。人的这种"天性"与其说是为了了解世界,不如说是为了了解自己的意识。随着年龄的增长,人们可能采取其他的方法进行这种尝试,比如摄取酒精,服用药物等等。即使是正常人,也会有幻想,做白日梦。这方面研究的先驱查尔斯·塔特(Charles Tart)曾作过这样的论述："所谓意识的改变是指这样一种状态,在其中,个体明确地体验到自身心理机能模式在性质上的变化。也就是说,他不仅感到量变(如警惕性的高低、视觉表象的多少、敏感或迟钝),而且体验到心理过程的性质的变化。心理机能不再以日常形式运作,知觉属性也发生偏离"。

(一) 白日梦

你是否经常在光天化日之下合上眼睛,想象各种事物或景致出现于脑际?这时,你不是用平常意义上的眼睛,而是用心灵的眼睛在看想象的世界。而你看到的那些心灵的图画,就是白日梦的内容。所谓白日梦(daydreaming)是指一种适度的意识状态的改变形式,注意力不再诉诸对环境刺激的反应,而是转向对内在刺激的反应。另一个操作性定义是:"思维报告反映出注意偏离了现时要求的任务,不指向任何现时的外部刺激"(Jerome Singer,1975)。

有研究表明,所有年龄的人都会做白日梦,不过,20岁上下的年轻人最多见,此后随着年龄增长而减少。一般说来,白日梦是人独处和放松休息时普遍的一种活动,在人们入睡前的短暂时刻里最多见,清醒时、就餐时、性生活时最少见。绝大多数人都报告说喜欢做白日梦,因为他们觉得这是人的一种正常机能。在白日梦中,人们并不必逃避生活,而是怀着好奇正视生活的神秘。这时的一种核心活动似乎是进行幻想和检验其真实性。

(二) 睡眠

我们每天都要在觉醒与睡眠、梦的意识状态间转换。心理学家对睡眠和梦的关心程度不亚于对觉醒下的意识。

要研究睡眠和梦,首先应具备相应的手段。重要的是为睡眠的内在行为找到可观察、测量的外在指标。方法之一是脑电波(EEG),它提供了人处于不同状态下对脑活动的客观测量。1937年,卢米斯(Loomis)和他的同事有一项重大发现:在人进入睡眠和随后的整个睡眠中,脑电波呈现有规律的变化。另一个指标是快速眼动睡眠(rapid eye movement,简称REM)。人们发现:在睡眠中,REM呈现有规律的间隔变化,而且发现,REM同梦的产生有密切关系。

人一生中大约有三分之一的时间是在睡眠中度过的,这其中有什么原因吗?睡眠对有机体究竟有什么意义?看起来,人不能没有睡眠,可人们竟在这么长的时间里做如此少的事情!

睡眠的原因之一是<u>生物钟</u>的作用。无论环境怎样、如何变化,人和动物都以大约 24 小时的周期进入睡眠。任何以 24 小时为周期的一贯性、规律性的生理躯体活动的变化模式,都叫作<u>生物节律</u>(circadian rhythm)。类似这样的周期活动还有体温的变化,某些激素的分泌等。这种节律活动是有机体固有的、内生性的,因此总是很稳定的,但光线及其他环境刺激也可在一定程度上相对改变这些节律。

研究表明,当松果体分泌大量的褪黑激素时,会促成睡眠;光线可以抑制褪黑激素的分泌。

有证据表明,人的睡眠量和日间的活动并没有什么关系,而是与某些人格特性有关。睡眠长于平均时间的人更容易神经质、烦闷,也更多艺术性、创造性。睡眠较少的人往往更精力充沛、外向。然而,究竟是睡眠影响人格,还是人格影响睡眠,抑或是第三个因素导致这两者相关,尚不明确。

关于睡眠的意义,目前普遍的回答有两个。其一,恢复功能。睡眠使躯体能恢复各种机能,如消化。在睡眠时,将合成神经递质以补偿日间活动的消耗,或是突触后受体恢复到最佳敏感水平,这就会使有机体处于不活跃状态。其二,保护功能。进化理论认为,睡眠是一种机制,是在自然选择中进化、保留下来的,因为它使动物能在不必觅食、求偶或进行其他活动时保存能量。

睡眠可以被划分为几个独特的阶段,其中脑电波活动模式有所不同。一个阶段是迪尔塔睡眠(delta sleep),这时脑电波模式慢而有序。另一个阶段是去同步睡眠(desynchronized sleep),这时的脑电波很像觉醒时的模式。由于快速眼动睡眠发生在这一时期,故又称作 REM 睡眠。研究发现,如果在这个阶段把人唤醒,常报告说正在做梦。

成人的睡眠有周期性脑电波变化,每个周期约90分钟。每个周期都有一段REM睡眠。随着睡眠一个一个周期地进行,迪尔塔睡眠越来越短,REM睡眠越来越长。不过不同年龄的人又有所不同。婴幼儿睡眠时间长,REM睡眠比例大;成人睡眠越来越短,REM睡眠比例也越来越小。这一现象看起来很有趣,好像人们是为了获得REM睡眠才睡觉的,而不简单是休息。有一些证据支持了这一看法。(1)在婴儿期,REM睡眠帮助建立控制眼动的神经-肌肉之间的通路。(2)有助于建立脑中某些机能结构,如动作技能学习的能力。(3)它可能起到维持心境和情绪的作用。(4)它可能是存储记忆,把新经验纳入已有记忆网络所必需的。

(三) 梦的原因

伴随REM睡眠的梦是非常有戏剧性、生动、丰富和富于幻想的,而且伴有视觉和听觉形象,做梦者当作是"真"的。最近提出的一种心理学解释是:(1)梦是脑的一种尝试,欲对REM睡眠中不断的脑活动中无序的内容作出一个连续协调的解释。(2)皮层从脑干深层检索可能与它所接受到的信息相关联的记忆。(3)当在刺激间找不到逻辑联系时,形成非逻辑的机械联系或是填补近期记忆间的空隙。

不过,弗洛伊德的理论对梦有特殊的解释。他认为,梦并不只是脑寻找一段故事来解释它的放电现象。梦是表达那些被内在"监督员"精心伪装起来的无意识欲望的象征。在梦里回忆、报告的内容只是表面性的,其真实的意义是其潜在(隐含)的内容——无意识冲动和欲望,它们得不到外在的满足,从而在梦里以伪装的形式出现。在睡眠中,通常保持警惕的意识"监督员"处于放松状态,于是通过各种心理活动,不可接受的无意识冲动被披上可接受的外衣浮现出来。在弗洛伊德看来,梦的内容就是各种形式的性象征。

弗洛伊德认为,梦有两种主要机能。一是保护睡眠;二是提供实现愿望的方式。它排除各种日间生活产生的心理紧张,使人们的各种无意识愿望在这无意识境界中得到实现。

二、意识的异常扩展状态

(一) 幻觉

幻觉是在没有客观刺激情况下产生的一种生动的知觉,在其中所体验到的形象或感觉,是幻觉者的心理产物,而不是环境刺激的结果,但却常常被相信是现实的真实反映。

幻觉常出现于高烧、癫痫、周期性偏头疼状态之中。幻觉也是某些心理疾患的特征,在这些心理异常状态下,病人放弃了基于舆论效度的真实性概念,转而以个人心理事件为反应对象,仿佛它们就是对外部刺激的表征,对听到或看到的内容的真实性深信不移。

幻觉有时还伴随着高度唤醒和宗教狂热。实际上,在有些文化和环境中,幻觉被解释成神秘的灵感,赋予人超然的预知力。

幻觉还可由影响心理的药物所引起。比如,一种叫作麦角酸二乙基酰胺的药物,这是一种致幻剂,英文缩写为LSD。此外,由酒精中毒引起的震颤性谵妄(简称DTS)也会导致幻觉。不过,这些并算不上是真正的幻觉,因为它们是药物对脑的直接效果,而不是由人自生的一种对真实性的新观念。

幻觉还可以由高度的激活、强烈的需要状态或是由企图压抑恐惧而实际上不可能的想法所促发。

为什么我们并不总是有幻觉?心理学家们认为:产生幻觉的能力,人皆有之,但正常情况下,它被与感觉输入的不断交互作用,被不断的真实性检验,被来自环境的反馈所抑制。当缺乏感觉输入和反馈,没有办法检验人关于外部真实性的观念时,便的确会有产生幻觉的倾向。

看起来,脑需要某种最低限度的环境刺激。感觉剥夺破坏了环境,可能促使人们尝试寻找意义和稳定与环境的关系。因此,幻觉也许是一种方式,使人依据人格、过去经验或现时环境的要求重构现实。

（二）催眠

催眠一词的英文是 hypnosis，源出于希腊睡神 Hypnos 之名。然而，睡眠并不在催眠中扮演任何角色，只不过人在被催眠时处于深度放松状态下，很像是在睡觉。如果真是睡着了，对催眠暗示也就不会有反应了。迄今为止，对催眠有许多不同的定义。但一个较普遍的定义是：催眠是由各种不同技术引发的一种意识的替代状态，它对各种暗示很敏感，并在知觉、记忆、动机和自我控制方面作出相应的变化反应。更简单地说，催眠常常就等同于高度受暗示性，对别人的暗示具有极高的反应性。而且，被催眠的人觉得他的遵从行为是自发的，没有任何主观的企图和意志努力。

催眠中富有戏剧性的现象给人一种印象：催眠之所以具有神奇效力，归功于催眠师的高超技术。其实，扮演最关键角色的，不是催眠师，而是有高度受暗示性的被催眠者，他们具有被催眠的天赋。这种可催眠性，反映了一个人可以在多大程度上对标准化的暗示作出反应。这些具有可催眠性的人，还可能进行自我催眠，自己给自己暗示，并对这暗示作出反应。

可催眠性一般来说是人的一种相对稳定的特性。不过，人的受暗示性也随年龄增长而变化。儿童往往受暗示性较高，在青少年期前达到高潮，随后逐渐下降。有证据表明，可催眠性似乎是受遗传影响的。不过，强化训练、感觉剥夺也可以稍许改变可催眠性。

有研究认为，可催眠性同任何其他人格特性都无关，也不同于轻信、顺从、角色扮演或是响应情景的社会要求。它是一种独特的敏感力，是在生活早期同易于完全着迷于某种经验的特性相伴随而形成的。

（三）药物的作用

有些药物能对人的神经系统发生作用，通过暂时改变对现实的意识觉知而影响心理活动和行为，这些药物叫作 psychoactive drugs。这些药物的一个特点是，能够通过血脑屏障——一种半通透性膜，进入大脑，改变大脑的通讯系统，影响知觉、记忆、心境和行为。

当不断使用这种药物时,它们的作用会逐渐衰退,这时躯体就产生了"耐受性"。然而,长期服用这些药物,会使躯体产生"药物依赖性"。药物依赖有两种形式。一种是生理依赖,躯体变得适应并依靠这些药物,部分原因是在于药物的频繁作用使神经递质耗竭。这种依赖的悲剧后果便是"上瘾",有机体自身变得真的需要这些外来物质,一旦缺乏这些药物,便患各种令人痛苦的退行症状,如震颤、盗汗、恶心。另一种是"心理依赖",即服药者觉得服药非常快活,以至发展起一种欲望,无论是否真的上瘾。

总之,服用这些药物的后果是,使心身机能受到严重制约甚至损害,同时出现连带的经济问题,甚至犯罪。

能改变神经系统工作机能和精神状态的药物有很多,大致可分为 3 类:

1. 抑制剂

常见的抑制剂包括酒精、鸦片、巴比妥酸盐,它们抑制或减少中枢神经系统中的神经冲动的传递,从而压抑(减缓)心理和躯体活动。

酒精的摄取量不同,作用效果也不同。可能的反应有行为迟钝,喧闹,多话,骂人,行暴力,最后完全抑郁。当服用量较少时,有放松和改善反应速度的作用。人体每小时只能分解大约一盎司酒精,否则就会对中枢神经系统带来消极作用,它影响思维、记忆、判断,并导致情绪失常和动作失调。

鸦片(opiate)是笼统的称谓,是指从罂粟未成熟的种子荚的包浆里提炼出的物质,包括可待因(codeine)和吗啡(morphine)。这种药物的作用是导致深度睡眠,止痛,抑制呼吸,降低血压,丧失性功能。从鸦片里提炼的另一种药物是海洛因(heroin),它可以驱除退行性症状,服用时引起一阵突然的温热,减退性欲,也可引起困盹,乏力和恍惚。

巴比妥酸盐(barbiturates)在小剂量服用时,减少焦虑使人感到平静,减少肌肉震颤;大剂量服用时,引起睡眠,但减少 REM 睡眠的时间,严重时丧失感觉,陷入麻木,甚至死亡。

2. 兴奋剂

兴奋剂包括安啡他明,可卡因,咖啡因,其作用是增强中枢神经系统的冲动传递,往往加速心理和躯体活动。

安啡他明(amphetamine)又称加速剂,低量服用时,提高警觉,增强能力,辅助活动;中等量服用可增加食欲,觉醒期较长,易上瘾,变得胆怯、充满敌意、焦躁不安,致使丧失人格、意志和心理自由。

可卡因(cocaine)是另一种兴奋剂。现代心理药物学大约就是起始于弗洛伊德引入可卡因这种药物。这种药物可以缓解心理痛苦。然而,后来人们了解到,可卡因可能使人上瘾,并引起中毒性精神病。此外,可卡因还具有增加血压、呼吸频率、脉搏和减低食欲的作用。

3. 致幻剂

致幻剂(hallucinogens)包括 LSD,麦角酸,裸盖菇素,南美仙人掌毒碱等。在有些文化中,这些药物的使用带有群体宗教性。致幻剂的主要作用是使人产生对现实真实性的各种奇异的认识。

LSD 可以阻止一种叫作羟基色胺(serotonin)的神经递质的释放,而通常这种递质只是在活动减退时分泌减少,在 REM 睡眠时完全不分泌。在 LSD 的作用下,神经细胞不再分泌羟基色胺,即使服用者是处于觉醒、警觉和完全有意识的状态。

大麻(marijuana)是由一种学名印度大麻(cannabis)提炼出的毒品,具有使人镇静、歪曲时间感、改变知觉的作用,大量服用会导致痛苦状态,丧失判断和协调性,不过这种药物的作用相对是可以控制的。

需要提到的是,一种药物产生的作用是因人而异的;对同一个人来说,其作用又因服用量、服用时间或环境条件不同而不同。此外某些心理、社会因素会反过来影响药物的作用。

三、意识的再剖析

人有能力象征性地表现外部世界和自己所希望的行为活动,这使他们具有记忆、计划、预见的能力。人并不仅仅是对物理现实中的刺激作出反应,复杂的大脑使人能把过去、现时、未来联系起来,不仅可以应付现实问题,而且可以利用过去经验和想象未来。

然而,这不是说,脑的活动可以任意漂游于内在的观念世界。大脑需要一种机制来监视现时的注意焦点,监视现时被加工的刺激源究竟是外部的客体和事件,还是自身内部产生的思想和概念。

如果说心理是大脑过程产生的整体性的心智活动的总和,那么,意识就是心理把输入信息主动地构造为连续、稳定、有组织的符号模式的活动。这种构造活动可能受到各种因素的影响:(1)分配注意的策略;(2)改变生理或心理机能(如脑损伤,药物,睡眠、催眠);(3)各种社会因素、定势和背景、组织期望的图式;(4)各种习得的、借助无意识过程和梦保护自身免受威胁的方式。

此外,语言能力也帮助人们不仅解释刺激的意义,而且说明它的可能的原因和结果。

人的意识是以现实为基础和诉诸对象的,是围绕现实展开的。然而,这种唯现实的倾向也带来一定的束缚,使人的经验范围和深度受到限制。于是,人们常常试图超越日常现实的制约。这种渴望并不等于背离现实,相反,它也许有助于我们在现实生活中充分实现自身潜能。

推荐读物

[1] 荆其诚、林仲贤主编《心理学概论》,第 6 章,科学出版社,1986 年。
[2] 希尔加德等著、周先庚等译《心理学导论》,第 6 章,北京大学出版社,1987 年。
[3] Zimbardo P., Psychology and Life. Illinois: Scottand Forseman and Company, 1985.

第六章 记 忆

第一节 概 述

　　记忆是人脑积累知识经验的一种功能,它有"心灵的仓库"之美称。探索记忆的奥秘已引起不少学者的兴趣,早在古希腊时期,著名学者亚里士多德就对记忆现象有较多的思考。在他的《记忆和回想》一文中,他提出了一些有价值的理论,如记忆与回想的定义、记忆的特点、操作方式及与心灵功能的关系等。他认为联想有助于回忆,为此提出联想的三大定律:接近律、相似律和对比律。这些虽是凭借日常生活的观察经验而立论,但却为尔后记忆的研究起了推动作用。17世纪英国的联想主义者J.洛克和D.休谟等对记忆作了较完备的解释。19世纪末,德国的H.艾宾浩斯才真正开创了对记忆的实验研究,他对实验的结果进行数量化分析,从中发现了保持和遗忘的一些规律,这些研究直至100多年后的今天仍有不可磨灭的价值。从19世纪末到本世纪50年代,心理学对记忆的研究,基本上是沿着艾宾浩斯的方向进行的,除记忆广度外,多属长时记忆的范围。近年来,随着信息科学的发展,计算机技术的应用和认知心理学的兴起,人们已不满足对记忆的现象学解释,更多地以信息加工的观点探索记忆在头脑中进行的动态过程,提出了许多有创建性的理论和模型。有的学科从突触传递、神经介质方面探索记忆的生理基础,有的从脑损伤的临床观察分析记忆的机制,有的用计算机模拟人的记忆功能,在多学科水平上获得较大进展。这些研究为人类早日披露记忆之谜迈出了可喜的一步。

一、记忆的概念

记忆是人脑对过去经验的保持和提取。

凡是人们感知过的事物、思考过的问题、体验过的情感以及操作过的动作,都可以以映像的形式保留在人的头脑中,在必要的时刻又可以把它们重现出来,这个过程就是记忆。

记忆与感知觉不同,感知觉反映的是当前作用于感官的事物,离开当前的客观事物,感知觉就不复存在。记忆总是指向过去,是在感知发生后出现的,是人脑对过去经历过的事物的反映。

记忆包括记和忆两个方面,记体现在识记和保持上,忆体现在再认和回忆上。记忆实际是通过识记、保持、再认或回忆等方式,在人们头脑中积累和保存个体经验的心理过程。记忆由3个环节构成:识记是第一个环节,它是记忆的开端,是主体获得知识和经验的过程;保持是第二个环节,是已获得的知识经验在头脑中储存和巩固的过程;再认或回忆是第三个环节,是从头脑中提取知识和经验的过程。已储存的知识一时不能提取出来,但当它重新出现时,能加以确认,这个过程称之为再认。既不能再认又不能回忆的现象是遗忘,它是保持的对立面。这3个环节相互影响、相互依存,有着密切的联系。识记是保持和回忆的前提,欲忆必先记。识记的内容只有在头脑中保持并巩固了,日后才能回忆起来。回忆是对识记和保持的检验,通过回忆又能加强促进识记内容的巩固。

从信息加工的观点看,记忆就是人脑对外界输入的信息进行编码、储存和提取的过程。为使外界输入的信息适合于存储,大脑要对信息进行精细的加工,首先使不同感官通道输入的信息,成为人脑可以接受的形式,这种加工方式就是编码。编码有不同的层次或水平,而且是以不同的形式存在着的。如视觉的信息编码、听觉的信息编码以及语义的信息编码等。采用哪种编码形式,取决于刺激的性质和主体的个人特点。把初步编码的项目有机地组合,就是组织。经过编码和组织的信息就可以存储了。有时对初步编码的信息还要进行反复的加工,也就是编码再编码,直至有利于存储。总之,对信息的编码相当于识记过程,信息的存储相当于保持过程,信息的提取相当于再认或回忆过程。

人们研究记忆的目的,在于找出记忆的特点和规律,从而使人记得快、保持得牢固、再认或回忆得准确而又容易,以便提高人的记忆效率。

二、记忆的重要性

记忆对人类个体的心理生活有着极其重要的作用。人通过感知从外界获得信息,如果不能将某一部分保留下来,就不会有知识、经验,就不能形成概念,进行判断和推理,也就无法适应复杂多变的环境。失去记忆,人将永远面临一个陌生的世界。记忆将人的心理活动的过去、现在和未来联成一个整体,使心理发展、知识积累和个性形成得以实现。记忆是心理过程在时间上的持续,失去记忆,人的心理会出现断层,人的心理也就不能得到充分深入地发展。可以说,记忆是一切智慧的根源,是心理发展的奠基石。

三、记忆的分类

根据记忆内容的不同,可把记忆分为以下几种。

(一)形象记忆

形象记忆是以感知过的事物的具体形象为内容的记忆。它保持的是事物的感性特征,具有鲜明的直观性。例如,我们所感知过的物体的颜色、形状、体积,人物的音容笑貌、仪表姿态、音乐的旋律、自然景观、各种气味和滋味等,以表象的形式储存着,所以又叫形象记忆。一般人以视觉和听觉方面的形象记忆为主,但也不尽然,像调味师、研磨师、按摩师,由于职业训练的不同,它们却在嗅觉、味觉、触觉方面的形象记忆得到了高度的发展。作家、画家、音乐家、表演艺术家等都有惊人的形象记忆,他们平时所储存的典型形象素材,成为他们构思、创作和表演的基础。形象记忆与人的形象思维密切联系,它是在实践活动中,随着形象思维的发展而发展的。人类的记忆都是先从形象记忆开始,婴儿能认知母亲或其他熟人的面孔,就表明他已有了形象记忆。人感知过的事物,只有经过形象记忆才会成为人的直接经验。

(二) 情景记忆

情景记忆是对个人亲身经历的、发生在一定时间和地点的事件的记忆。情景记忆是由加拿大心理学家E.托尔文于1972年提出的。用他的话来说,情景记忆接受和储存关于个人在特定时间发生的事件、情景及与这些事件的时间、空间相联系的信息。它是以个人的经历为参照的,或者说,情景记忆储存的是自传式的信息。如想起自己参加过的救人抢险活动,那壮丽的景观和场面历历在目,对这一事件的记忆就是情景记忆。它与语义记忆相对应,但二者又有重大的区别,情景记忆由于受一定时空的限制,很容易受各种因素的干扰,因而难以储存,不易提取。从某些遗忘症患者那里可以看到,他们回忆自己所经历的某段具体情景比回忆其他内容更困难。

(三) 语义记忆

语义记忆是指对各种有组织的知识的记忆。又叫语词逻辑记忆。是以语词所概括的逻辑思维结果为内容的记忆,包括字词、概念、定理、公式、推理、思想观点、科学规则等。这些内容都是通过严密的逻辑思维过程所形成,又与语词密不可分。它具有高度的概括性、理解性、逻辑性和抽象性,还具有一定的形式化特点。而情景记忆则很难用逻辑或公式表达。语义记忆的信息是以意义为参照的,不受特定的时间地点限制,也不易受外界因素的干扰,比较稳定,因而容易存取,提取时也不需要作明显的努力。人类只有凭借语义记忆才能把思维的结果保存下来,并获得间接知识。语义记忆为人类所特有,从简单的识字、计数到掌握复杂的现代科学知识,都离不开语义记忆。语义记忆与人的抽象思维有密切联系,它随抽象思维的发展而发展。

（四）情绪记忆

情绪记忆是以体验过的情绪或情感为内容的记忆。引起情绪、情感的事件虽然已经过去，但深刻的体验和感受却保留在记忆中。在一定条件下，这种情绪、情感又会重新被体验到，这就是情绪记忆。例如，某人就要与久别的朋友重逢，此刻他沉浸在幸福的回忆中，昔日的愉快、欢乐的情绪、情感油然而生。又如，俗语说"一朝遭蛇咬，十年怕井绳"。这说明被蛇咬过的恐惧情绪体验仍保留在记忆中。积极愉快的情绪记忆对人的活动有激励作用，而消极不愉快的情绪记忆有降低人的活动的作用。情绪记忆是人们精神健康的重要条件，也是人的道德感、理智感和美感发展的心理基础。

（五）运动记忆

运动记忆是以人们操作过的运动状态或动作形象为内容的记忆，又叫动作记忆。

运动记忆同运动表象有联系，运动表象是各种运动和动作的形象在脑中的表征过程。它是人们学习模仿某些运动动作的凭借。一旦掌握了运动动作的技能，并能熟练地操作，于是运动动作的形象连同这套动作的程序以及对骨骼、肌肉、关节活动的精细控制和调节一起储存在头脑中，成为运动记忆。运动记忆与其他类型记忆相比，易保持和恢复，不易遗忘。如学会骑自行车之后，即便多年不骑，也不会忘记，这正是运动记忆在起作用。人的生活、学习、劳动离不开动作记忆，各种生活技能的形成和发展都要依靠动作记忆，离开动作记忆将寸步难行。

四、记忆的生理机制

记忆的生理机制涉及记忆在脑的什么部位产生，信息以什么形式储存，储存的信息如何恢复活动等。围绕这些问题，神经心理学、神经生理学、生物化学、分子生物学以及神经外科学等进行了大量的实验研究，提出了各种假说。

(一) 定位说

持定位说的学者认为,记忆与脑的特定部位有关,不同类型的记忆在脑的不同部位产生。有关听觉记忆在听觉中枢产生,视觉记忆在视觉中枢产生,语言记忆在言语中枢产生。大脑两半球功能的不对称性,在记忆方面也有突出表现。左半球言语运动中枢受损伤,不仅导致失语症,而且也损伤言语记忆,病人可以记住事物的形象及属性,却不能记住字词。相反,右额叶损伤后,直观形象记忆发生困难,然而言语记忆不受影响。这些事实是由临床病例资料所提供的。加拿大著名神经外科医生潘菲尔德和他的同事米勒在医治癫痫病人的大量材料也给定位说以有力的支持。他们认为记忆与大脑额叶和颞叶有密切的关系。他们发现在额叶受到严重损伤时,病人不仅丧失了有组织的逻辑思维能力、计划能力,而且也不能形成牢固的动机和有目的的回忆。科恩(Cohen)在给抑郁病患者脑的不同部位电击痉挛时发现,电击左脑后损害了言语记忆,但不损害形象记忆。电击右脑后,则损害了形象记忆,但不损害言语记忆。由此推断,言语记忆可能储存在大脑左半球,形象记忆可能储存在大脑右半球。潘菲尔德曾多次报道过,他给严重癫痫病人施开颅手术治疗时,用微电极刺激患者右侧颞叶,病人突然产生对往事的鲜明回忆,甚至听到了过去曾听到过的歌曲,能随着音乐节律把歌唱出来。他称这种记忆为"诱发回忆"。诱发回忆大多数是视觉和听觉等形象方面的。而电刺激大脑皮层其他部位时,就没有发生这类反应。前苏联神经心理学家鲁利亚发现皮层下组织与记忆有关。海马、乳头体和边缘系统受损伤,病人的短时记忆出现明显的障碍。米尔纳(Milner)的实验研究还证实了,海马在从短时记忆向长时记忆转化中起着重要作用。上述事实表明,海马、乳头体、丘脑背内侧核可能是形成、存储短时记忆的特定部位,而两侧颞叶可能是存储长时记忆的重要部位。

(二) 非定位说

不少学者对记忆的定位说持有疑虑,认为记忆是一种复合心理现象,同感知觉不同,大脑中可能不存在单纯的记忆中枢。美国心理学家拉什里(K.lashley)最早提出记忆与大脑的各个部分都有关而无特殊定位,这种主张被称为脑均势说。他在许多动物身上进行一系列实验,破坏动物大脑皮层的不同区域,并检查其与记忆学习的关系。他发现大脑皮层破坏的区域越大,对学习的影响越大,记忆丧失就越严重。因此,他认为记忆的保持,不依赖于大脑皮层的精细结构定位,而是整个大脑皮层的机能。这一主张得到了60年代兴起的"聚集场"假说的支持。这种假说认为,神经细胞之间形成一个庞大而复杂的神经通路系统,任何一个神经细胞都不能离开细胞群而单独地进行活动。一个神经细胞,可以是这一通路上的一个环节,同时也可以是另一条通路的组成部分。因此,记忆痕迹并不是依靠某一固定的神经通路,它涉及成千上万,甚至上百万神经元的相互联系。斯坦福医学院的卡尔·普里布拉姆(K.Pribram)及其同事的研究,用全息照像的理论来解释记忆,他们认为记忆的信息储存在脑的各个部位,每一部分都是一个全息图,这一理论也支持了脑均势说。

从已有的大量实验结果及临床经验来看,对定位说和均势说都不能简单地否定,甚至绝对化。应该看到,记忆是整个中枢神经系统的功能,是中枢神经系统不同部位参与的联合活动,但不同部位所起的作用是不同的。信息的储存多数在大脑皮层,但皮层下部位、丘脑、边缘系统、脑干网状结构,甚至脊髓都具有储存信息的功能。

(三) 记忆突触说

记忆突触说又称为突触生长说。这一学说的代表人物是澳大利亚的神经生理学家艾克尔斯(J.Eccles)。他用独到的实验技术,对突触及单个脑细胞的电生理活动进行了大量的研究。他发现,刺激的持续作用可使神经元的突触发生变化。例如,神经元的轴突末梢增大,树突增多、变长,突触间隙变窄,突触内的生化变化使相邻的神经元更易于相互影响等。突触的这种变化使传入的效率大大提高。这一看法得到不少实验的支持。例如,将刚生下的一窝小白鼠分为两组,一组饲养在有各种设备和玩具,内容丰富的环境里;另一组放在没有任何设备的贫乏的环境里,30天后,发现前一组白鼠的大脑皮层在重量和厚度上均比后一组白鼠有所增加,突触数目也增多,脑中与学习有关的化学物质的浓度较高,学习行为表现得较好,因此,有人认为突触结构的变化,可能是长时记忆的生理基础。

(四) 记忆分子学说

本世纪60年代,分子生物学兴起,人们对生物大分子在大脑活动过程中的作用的研究有较大进展,这就为在分子水平上披露记忆之谜打下了基础。特别是发现了脱氧核糖核酸(DNA)借助核糖核酸(RNA)传递遗传信息的机制后,使得一些心理学家假定,个体记忆经验是由神经元内的核糖核酸的分子结构来承担的。这种假设由学习引起的神经活动,可以改变与之有关的那些神经元内部核糖核酸的细微化学结构加以证实。诺贝尔奖获得者瑞典神经生物化学家海登(H. Hyden)首先进行了这方面的研究。他训练小白鼠走钢丝,然后进行解剖,发现鼠脑内与平衡活动有关的神经元的RNA含量显著增加,而且组成成分也有变化。据此,海登认为大分子是信息的储存库,RNA和DNA均是记忆的化学分子载体。

后来有人作了另一种实验,将抑制RNA产生的化学物质注射到动物脑内,会使学习能力显著减退或完全消失。而用促进RNA产生的化学物质注入动物脑内,则能提高动物的学习能力,这进一步证明RNA本身的变化是学习和记忆的物质基础。后来海登与美国的弗莱克斯夫妇先后发现,记忆与RNA合成蛋白质有关。学会走钢丝的小白鼠,由于注射了嘌呤霉素,它干扰了RNA合成蛋白质,于是小白鼠忘记怎样走钢丝。此时RNA并没有减少,只是合成蛋白质困难,因而造成记忆进行缓慢。RNA不但影响蛋白质的合成,而且也影响神经元之间传递物质的释放,因此影响记忆过程的进行。

（五）记忆的电生理基础

有人认为瞬时记忆可能是由于刺激停止后，神经细胞的电活动状态并没立即消失，由于惰性的作用，还在一个极短的时间内继续活动，因此，一定数量的信息在感官通道内可被保留一瞬间；电活动消失，瞬时记忆也就消失。

关于短时记忆，有人认为反响回路是其生理基础。反响回路是指神经系统中皮层和皮层下组织之间存在某种闭合的神经环路。当外界刺激作用环路的某一部分时，回路便产生神经冲动。刺激停止后，这种冲动并不立即停止，而是继续在回路中往返传递并持续一段时间。这种脑电活动的反响效应被认为是短时记忆的生理基础。贾维克（Jarvik）和艾思曼（Essman）的白鼠跳台实验支持了这种看法。他们将白鼠分为两组，一组为实验组，一组为控制组。首先将控制组的白鼠放在一个窄小的台子上，使它总想往下跳，只要跳下台就要受到轻微的电击，迫使它又跳回高台，建立起躲避反应。经过一段时间的训练，白鼠停留在高台的时间明显延长，说明它"记住"了台下有电，形成了长时记忆。这时用电休克破坏白鼠的记忆，当白鼠从电休克状态恢复正常后，立即将它放在高台上，这时可以看到白鼠并不往下跳，这表明电休克没有破坏它的长时记忆。然后将实验组的白鼠使它也形成躲避反应，并立即使它进入电休克，在它恢复正常后再把它放在高台上，发现它立即往下跳，这一事实说明电休克可能破坏了短时记忆中躲避反应的电回路，引起了遗忘。由此，人们认为反响回路可能是短时记忆的生理基础。

（六）脑内代谢物与记忆

美国加州大学的一些教授们研究发现，当有外界刺激作用时，产生兴奋的神经细胞的轴突末梢分泌出大量乙酰胆碱，它对突触部位的化学变化有很大影响。当突触前膜与突触间隙接点处堆积较多的 Ca^{2+} 时，神经冲动的传递就缓慢，而乙酰胆碱可对游离 Ca^{2+} 起反应，起清道夫的作用，因而保证神经冲动传递的畅通。

有人认为,老年性记忆衰退与突触部位过多的 Ca^{2+} 堆积有关,因此对信息的输入和检索比较缓慢。

60年代后,有些生物化学家和药理学家的实验发现,给白鼠注射一定剂量的五羟色胺,白鼠很快学会走迷宫,这种化学物质有促进信息在神经通路内传递的作用。脑组织中,五羟色胺水平下降,导致记忆失调。另一个实验表明,给白鼠注射一种脑肽(激素)又名加压素,发现白鼠很容易记住迷宫通路,有较好的记忆力。

近期西欧的一些科学家用加压素对病人进行恢复记忆力的实验,对50—60岁病人每天向鼻内喷3次加压素,过几天后检查病人记忆力恢复情况,发现喷了加压素的病人记忆力都有明显的恢复。

上述的一些有关记忆生理基础的资料,仅仅是初步的研究,有的还处于假说阶段,有的仍需反复实验加以验证,但这些初步的研究成果,使我们对记忆本质的了解开阔了眼界,可以相信,随着现代科学技术的进步,人类揭开记忆生理机制之谜为期不远了。

五、记忆的系统

长期以来,心理学界一直把记忆看成是某种单一的东西,相信只存在一种长时记忆系统。二次世界大战后,由于军事和工业工程技术的需要,在信息论、控制论和系统论的影响下,认知心理学应运而生,心理学对记忆的研究有了一个很大的转变和进展,开始重视另一种记忆现象,即短时记忆。在初步研究的基础上,出现了记忆双系统论的学说。这种学说认为,记忆不是单一的,它可以分为短时记忆和长时记忆两个相对独立的系统。这一思想猛烈地冲击了传统的有关记忆的看法,于是短时记忆的研究蓬勃发展起来。在这一热潮的带动下,人们又进一步提出,是否还存在比短时记忆更短暂的记忆系统。本世纪60年代初,美国心理学家斯波林(G. Sperling)首先用实验证实了感觉记忆系统的存在。这样看来,一个完整的记忆系统不仅包括短时记忆和长时记忆,而且还包括感

觉记忆。于是出现了记忆信息三级加工模型的种种学说。图6-1显

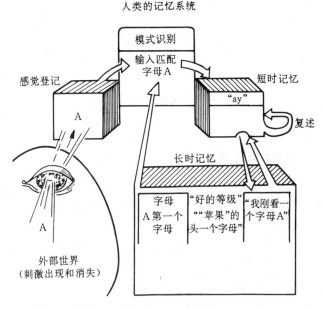

图6-1　3种记忆存储系统模型

示,外界信息通过感觉器官时,按输入的原样,保持一个极短的时间,这就是感觉登记或感觉记忆系统。信息在这里保持1秒钟左右,其中一部分信息受到特别注意或模式识别则进入短时记忆系统;若信息极为强烈深刻,也可一次性印入长时记忆系统。那些没受到注意的信息很快变弱消失或被擦拭掉。短时记忆的信息既有来自感觉记忆的,也有来自长时记忆的。因为当人们需要某些知识、规则时,便从长时记忆中提取,提取出的信息只有回溯到短时记忆,才能重新被意识到和备用。短时记忆的信息保持时间不超过1分钟,受到干扰就会消失。若信息得到及时复述,可使之清晰稳定下来,在适当的时候就会转入长时记忆系统中,得到长久保存。从系统论的观点看,感觉记忆、短时记忆和长时记忆乃是统一的记

忆系统中的3个不同的信息加工阶段,它们之间不是非此即彼的记忆种类。它们之间相互影响、相互作用又相互联系,在人们的积极主动的记忆活动中,这3个系统密切配合对信息的加工和传输。关于记忆系统的信息加工理论,是本章的主要内容,我们将分节详细讨论。

第二节 感觉记忆

一、感觉记忆的概念

感觉记忆也叫感觉登记或瞬时记忆。是指外界刺激以极短的时间一次呈现后,一定数量的信息在感觉通道内迅速被登记并保留一瞬间的记忆。它是人类记忆信息加工的第一阶段。进入感觉器官的信息,完全按输入的原样,首先被登记在感觉记忆中。

二、感觉记忆的种类

各种感官通道都存在对相应刺激的感觉登记,即感觉记忆。人们研究得较多的是图像记忆和声像记忆。

（一）图像记忆

图像记忆又叫视觉登记或图像储存,是最常见的一种感觉记忆。当作用于视觉器官的图像刺激迅速移去后,图像随即在视觉通道内被登记,并保持一瞬间,这类记忆叫作图像记忆。

1960年斯波林用来证实感觉记忆存在的实验就是图像记忆实验。以往对记忆保存量的实验研究都是使用全部报告法,即用速示器在短时间内向被试呈现数字或字母卡,刺激终止后,让被试把每次所看到的数字或字母尽可能多地报告出来。然而被试所能记准并报告出来的数量并不随卡片上呈现的数量的增加而增多,当卡片上呈现的只有4—5个数字或字母时,被试能够全部报告出来;若呈现6个以上,被试也只能从中报告出4—5个,但被试却声称自己看到的要比能报告的多。用这种传统的研究方法无法证实这一点,于是斯波林创造了一种新的方法——部分报告法。他改变了实验程序,巧妙地使被试的报告与他们所看到的加以区分,从而查明被试究竟是没有看清卡片上的字母还是看后又忘了。他编制了许多不同的字母卡,每张 12 个字母,分成 3 行,每行 4 个字母,见表 6-1。事先告诉被试,每张字母卡以 50 毫秒时间呈现,当终止

表 6-1 斯波林部分报告法的实验程序

字母卡(呈现 50 毫秒)	字母呈现后立即出现音调中的一个	被试根据音调指示报告字母
A D J E	高音调	第一行
X P S B	中音调	第二行
M L T G	低音调	第三行

时,给出高、中、低 3 种音调中的一个,高音出现立即报告第一行字母,中音出现报告第二行,低音出现报告第三行,声音信号的出现是随机的。实验结果发现,被试能准确地报告出任何一个指定行字母中的 3 个。被试并不知道要求他报告的是哪一行,实际上,他们头脑中必须保持全部 3 行字母,由此推算,他们脑中保持每张卡片的字母数应有 9 个之多,说明他们图像记忆的容量为 9 个以上项目。这与前人用全部报告法所测的瞬间只能辨认 4—5 个字母的结论有很大差距。斯波林认为,以往关于注意或记忆的广度是 4—5 个项目的说法,并没有反映最初信息储存的容量,而只是在映像消退之前能够提取出来的、转入到下一个记忆系统的项目数。为了搞清图像记忆保持的时间,斯波林进行了另一个实验。仍采用部分报告法,程序与前一个实验略有不同,每张字母卡以 50 毫秒呈现后,声音信号并不立即出现,而是延迟在 10—1000 毫秒不等的时间后出现,要求被试根据信号音的指示报告出某一行的字母。结果表明,回忆的成绩随信号音延迟出现的时间的推移而下降,当延迟 1 秒钟后,回忆成绩与全部报告法所得结果相同。这一实验证实了视

觉刺激消失后,图像信息在头脑中的保持随信号音的延缓出现而衰退,大约保持1秒钟左右。也说明在记忆系统中不仅有以小时、日、年计的长时记忆,也有以分计的短时记忆,还有以秒计的感觉记忆。

图像记忆有以下性质:(1)图像记忆中所储存的信息大于被提取利用的信息。(2)信息保持的时间很短约0.25—1秒,超过1秒,信息会由强变弱并自动消失。(3)图像记忆受到干扰或擦拭作用后,信息很快丧失而且不可恢复。图像记忆为大脑从输入的信息中选取必要的信息提供了时间,没有图像记忆就无法进行模式识别,不能认知视觉刺激的意义。图像记忆常被当作感觉记忆的典型。

(二) 声象记忆

目前能用实验证实感觉记忆存在的,除图像记忆外,还有声象记忆。

声象记忆又叫听觉登记。指听觉系统对刺激信息的瞬间保持。最早进行声象记忆实验研究的是美国学者莫里等人(Moray, Bates & Barnett,1965),他们模仿斯波林的部分报告法实验,设计了一个"四耳人实验"。1972年达尔文(Darwin, Turvey & Crowder)进一步改进了实验方法,使之更简便易行,更接近斯波林的实验。实验首先让被试带上具有双声道的立体声耳机,然后同时向双耳分别输送由字母和数字组编的声音刺激,例如,给左耳输入的是"B"和"5",同时给右耳输入的是"M"和"5",被试主观体验是从左耳听到B,右耳听到M,而数字"5"似乎来自头部正中(其实是从双耳来的)。这样就出现"三耳人",很像斯波林的3行字母。如图6-2所示,实验所用的声音刺激类似下述项目组成的3个短表。实验也采用全部报告法和部分报告法。应用部分报告法时,在被试面前的屏幕上打出一个光条,这光条可在屏幕的左、中、右不同位置出现,被试见到左光条报告左声道的项目;看到右光条报告右声道项目。看见中光条报告全声道项目。呈现声音刺激的时间为1秒,当

左耳	双耳	右耳
B	5	M
2	T	4
P	U	S

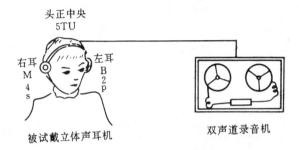

图 6-2 达尔文等人的双耳分听声象记忆实验程序

光条线索延迟 4 秒出现,被试报告的项目为 4.25 个,相当于采用全部报告法所测得的记忆广度。若声音刺激呈现后,延迟 2 秒给出光条信号,这时部分报告法所回忆的项目优于全部报告法。可见声象记忆的保持时间大约为 2 秒,比图像记忆保持的时间稍长,但保持的项目仅有 5 个,比图像记忆的容量小,这可能与声音刺激呈现的方式及相对较慢的速度有关,归根结底,可能与听觉系统的加工方式和特性有关。

声象记忆与人的生活、学习和工作有密切关系,如果没有声象记忆,人们就无法辨别各种声音信号,也无法听懂人的话语。因为人说话总是一个音一个音地发出,如果不能把听到的每一个音暂时登记下来形成声象,也就不能把一串声音连贯起来,也就不能理解它的意义。

上述图像记忆和声象记忆的实验均证明感觉记忆的存在,感觉记忆是按感觉信息原有的形式来储存的,它们是外界刺激的真实的模写或复本;尽管感觉记忆的保持时间很短暂,但它却为进一步加工信息提供了材料和时间。

三、感觉记忆的特点及功能

(一) 具有鲜明的形象性

感觉记忆中的信息是未经任何心理加工的,以感觉痕迹的形式被登记下来,完全按刺激的物理特征编码,并按感知的顺序被登记,因此具有鲜明的形象性。各种感觉的后象就是这种感觉记忆的不同表现。

(二) 感觉记忆中的信息保持时间极短

外界信息在感觉记忆中的保持是很短暂的,图像记忆保持的时间约 0.25—1 秒,声象记忆虽超过 1 秒,但也不长于 4 秒,说明信息消失的速度很快,这一特点对信息加工来说极为重要。因为外界信息处于迅速变化状态,感官内登记的信息若不尽快地被选用或抹掉,就会同新输入的信息混杂,从而丧失对最初信息的识别。可见信息的瞬间登记和急速消失是使感觉记忆保持高度效能的条件。虽然信息在感觉记忆阶段停留的时间极短,但足以使人的认知系统对它们进行各项操作和加工了。

(三) 记忆容量较大

各种感觉记忆中,信息的储存量都大于可被利用的信息量,几乎进入感官的所有信息都能被登记。记忆容量的大小由感受器的解剖生理特点所决定,一般认为图像记忆的容量为 9—20 个比特(bit)。

(四) 感觉记忆痕迹容易衰退,信息的传输与衰变取决于注意

感觉记忆中的信息都是未经心理加工的信息,是尚未受到意义分析的信息,被登记的信息只有受到特别注意或模式识别,才能转入短时记忆,并在那里赋予它以意义,否则就会很快衰退而消失。

感觉记忆的逻辑功能在于,为大脑提供对输入的信息进行选取和识别的时间,这种记忆好比是整个记忆系统的"接待室",从感官输入的所有信息都要在这里登记并接受处理。

第三节 短时记忆

一、短时记忆的概念

短时记忆又称操作记忆或工作记忆。是指信息一次呈现后,保持时间在1分钟之内的记忆。就其功能来说,短时记忆与感觉记忆不同,感觉记忆中的信息是不被意识并且也是未被加工的,而短时记忆是操作性的、是正在工作的、活动着的记忆。人们短时记忆某事物,是为了对该事物进行某种操作,操作过后即行遗忘;如果有长期保持的必要,就须在这一系统内进行加工编码,然后才能被储存在长时记忆中。

二、短时记忆存在的根据

19世纪末,美国心理学家威廉、詹姆士于1890年提出了记忆分初级和次级的二重学说,初级记忆指短时记忆,次级记忆指长时记忆。然而,短时记忆是否构成一个独立的记忆结构,在很长的一段时间内没有得到客观证据的支持,直到20世纪50年代才陆续从实验及临床事例中得到证实。1962年加拿大学者墨多克(Murdock)向被试呈现一系列无关联的字词,如"肥皂、氧、枫树、蜘蛛、雏菊、啤酒、舞蹈、雪茄烟、火星、山、炸弹、手指、椅子、木偶"等,以每秒出现1个的速度呈现完毕,让被试以任意顺序自由回忆,结果发现,回忆的效果与字词在原呈现系列中所处的位置有关,在系列的开始部分和末尾部分的单词均比中间部分的单词更容易回忆。心理学把这种现象称为系列位置效应。根据实验结果所画出的曲线叫作系列位置效应曲线(见图6-3)。对词表开始部分的单词记

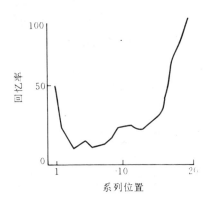

图 6-3 记忆的首因效应与近因效应

忆的效果优于中间部分,回忆率高,这种现象称为首位效应或首因效应。词表末尾部分的单词比中间部分的单词更易于回忆,再现率更高,这一现象称为新近效应或近因效应。持两重记忆理论的心理学家认为,词表系列开始部分因有较多的复述机会而进入长时记忆系统,回忆时是从长时记忆中提取的。而末尾部分因刚刚学过还来不及复述,是进入短时记忆中的,仍保持在人的当前的意识中,因此更易于再现。值得注意的是,近因效应所涉及的单词末尾部分的单词数目恰与短时记忆的有限容量相吻合。由此可见,短时记忆的存在是不容置疑的。这种分析有什么根据呢?通过改变首位效应与新近效应产生的条件的实验可以进一步得到证实。其中一个实验是,让两组被试学习同一套材料,以每秒呈现 1 个单词的速度给第一组被试,而给第二组被试以每个单词呈现 2 秒的速度进行,其结果,得到明显不同的首位效应。第一组回忆的成绩低于第二组回忆的成绩,这种影响仅出现在首位效应而不引起新近效应的变化。这说明呈现速度减慢使得开始部分的项目有更多的时间通过复述而转入长时记忆系统,回忆时从长时记忆提取。另一实验是,给被试听完 15 个单词之后,不要求他们立即回忆,而是插入 30 秒心算题的作业,其目的是防止复述。结果表明,延缓回忆对首位效应没有影响,却消除了新近效应,使得词单末尾部分的单词与中间部分的单词的回忆率接近一致。上述两种实验结果对记忆的二重学说均给予了有力的支持。

此外,从临床事例中也可以看出,脑震荡患者对受伤前几分钟发生的事件、情景、原因一概记不得,而对往事却记得很清楚,说明他的长时记忆依然保持,损伤的仅是短时记忆。又如,神经心理学家 B. 米尔诺(B. Milner)1966 年报告了一个代号 H. M 的患者的情况,她患有癫痫病,医生为她作切除海马部位的手术,术后病情大有好转,可是记忆却出现了反常。患者对手术前的往事记忆犹新,只是对刚刚经历过的事情没有记忆。手术破坏了她脑内由短时记忆向长时记忆传输信息的结构。上述事例证明,短时记忆的信息与长时记忆的信息并不储存在同一个记忆库中,短时记忆的仓库是个临时性的,它的已有信息若不及时转入长时记忆库,就会被擦拭。这里举这么多实例,是为了说明短时记忆是一个独立的记忆系统,在传统心理学中没有受到应有的重视,实际上它又是非常重要的一种记忆系统。

三、短时记忆的特点

(一)信息保持的时间很短

有人把短时记忆比作电话号码式记忆,意思是说,人们为了打电话,先查找号码,查到后立刻拨号,通完了话,号码也就随即忘掉,号码在短时记忆中就保持这样短的时间。1959 年美国学者彼得森夫妇(Peterson and Peterson)做了有关的实验。他们编制了由 3 个辅音组成的字母表,如 GKB,PST,RUD 等,每次给被试听 3 个辅音字母后,立即让他们从某一个三位数开始作连续减 3 的运算,还要把结果报告出来,如从 276 开始连续减 3,读出 273,270、267…,直到主试发出开始回忆字母的信号。进行心算的目的是为了防止被试默默复述。从字母呈现到开始回忆经过不同的时间间隔,分别是 3 秒、6 秒、9 秒、12 秒、15 秒和 18 秒。事先被试并不知道要进行多长时间的运算,这实际上是一个不同时距的延缓回忆的测验。实验结果表明,当延缓 3 秒再进行回忆时,已出现了明显的遗忘,正确回忆率仅达 80%,随着间隔时间的延长,正确回忆率继续下降,当延长到 18 秒时,被试正确回忆率仅为 10%,超过 18 秒,正确回忆率即不再继续下降,维持在 10%的接近值上。这说明在无复述条件下,信息在短时记忆中保持的时间很短,约 5—20 秒,最长不超过 1 分钟,得不到复述,将迅速遗忘。

(二) 记忆容量有限,一般为 7±2

短时记忆的容量又叫记忆广度。是指信息一次呈现后,被试能回忆的最大数量。典型的实验采用 3 至 12 位随机排列的数字表,主试依次读,每读完一个序列,被试跟着正确地进行复述,直到不再能准确地复述为止,其记忆容量就是他所能跟着正确地复述的那个最大位数,一般为 7±2。近期研究发现,记忆广度与识记材料的性质及人们对材料的编码加工程度有关。我国学者测定的短时记忆广度是:无关联的汉字一次能记住 6 个,十进位数字是 7 个,线条排列是 5 个。若识记的材料是有意义、有联系,又为人们所熟悉,那么记忆广度还可增加。

1956 年美国心理学家 G. 米勒,发表了一篇题为"神奇数 7 加减 2:我们加工信息的能力的某种限制"的论文,文中明确提出短时记忆的容量为 7±2,他从信息加工的观点出发认为,倘若人在主观上对材料加以组织、再编码,记忆的容量还可以扩大。他提出了组块(chunking)概念,所谓组块是指将若干较小单位联合成熟悉的、较大的单位的信息加工,也指这样组成的单位。他认为短时记忆容量不是以信息论中所采用的比特(bit)为单位,而是以组块为单位。一个块可以是一个数字、一个字母,也可以是一个单词、词组,还可以是一个短语。总之,是一个有一定的可变度的客体,它所包含的信息可多可少,通常受主体原有知识经验的影响。例如,18 个二进制数字序列 101000100111001110 如果将两个二进制数编为一个十进制的数,如 10 编为 2,00 编为 0,01 编为 1,很快便把这 18 个数再编码为十进制的 9 个块,即 220213032,若按 4∶1,每 4 个二进制的数编为 1 个十进制的数,1010 编为 10,0010 编为 2,0111 编为 7,0011 编为 3,那么上述 18 个数就编成 4—5 块,都能处于短时记忆容量之中。对于不熟悉二进制与十进制互换的人来说,同时记住这 18 个数是不可能的。组块化过程可从两方面进行:一是把时间和空间非常接近的单个项目组合起来,使之成为一个较大的块;二是利用一定的知识经验把单个项目组成有意义的块。要想扩大短时记忆的容量就必须对材料进行加工和组块。

(三) 短时记忆的信息可被意识到

信息在感觉通道内是被自动地登记下来的,内容不易为人们所意识。只有对感觉信息给以格外地注意或进行模式识别,并赋予一定意义时,才能被意识到,此时信息已转入短时记忆,正处在人们当前的意识中。长时记忆是备用性的、静态的记忆,储存在长时记忆中的内容,如果不是有意地回忆,也不能被人意识到。

(四) 短时记忆的信息通过复述可转入长时记忆系统

短时记忆中的信息保持的时间既短又易受干扰,只要插入新的识记活动,阻止复述,信息很快会消失,而且不能恢复。如果通过内部言语形式默默地复述,可以使即将消失的微弱信息重新强化,变得清晰、稳定,再经精细复述可转入长时记忆中加以保持。那些未经复述的信息或超容量的信息则随时间的流逝而自然衰退被遗忘。可见,复述是使短时记忆的信息转入长时记忆的关键。

有人认为短时记忆是感觉记忆与长时记忆之间的缓冲器。信息进入长时记忆需要一定的时间,在未进入之前,被感觉登记下来的部分信息先在短时记忆中储存,然后通过复述再转入长时记忆系统。

短时记忆在现代化工业和军事通讯工程中有着重要的作用。例如,在自动化控制系统中,人们需要按仪表显示的数据进行操作和控制,因此,必须暂时记住仪表显示的数据(短时记忆)。操作之后，数据没有保持的必要，则被迅速忘记，这是短时记忆在人机系统中的运用。日常生活中，人们也离不开短时记忆，打字员从看稿到打字，翻译人员从听到译，学生上课从听到记笔记，都是靠短时记忆的功能进行操作的。

四、短时记忆的编码、提取和遗忘

（一）短时记忆多数是言语听觉编码

信息以什么形式保持下来，涉及编码的问题。编码就是对信息进行转换，使之适合于记忆存储，经过编码所产生的具体信息形式称为代码（code）。60年代以来，大量实验证实，短时记忆主要是采用言语听觉编码，少量的是视觉或语义编码。1964年康拉德进行了一项实验研究。他选用了两组音近易混的字母 BCPTV 和 FMNSX 为实验材料，用速示器以每个0.75秒的速度逐一随机地向被试呈现，每呈现完6个字母就要求被试凭回忆默写出来，记不清时允许猜写，但不许不写。从被试回忆的结果可以看出，尽管字母是以视觉方式呈现的，但回忆中写错字母之处80％出在音近字母之间，如B和P，S和X，很少在形状相似的字母之间，如F和E。布朗和彼得森的实验也有这种倾向。康拉德和赫尔改用听觉方式向被试呈现声音相近的字母，如 EGCZBD 和不相近的字母系列 FGOAYQR，实验结果出现了与上述视觉呈现条件下相当一致的情况，等级相关为0.64。事实表明，短时记忆确实是以听觉方式对刺激信息进行编码的，或者说，以听觉编码占优势。

还有实验证明，在短时记忆中也有少量的视觉或语义编码。如聋哑人在他们的短时记忆中，回忆时出现混淆的主要是视觉性的或者是意义性的。

由于字母、字词以视觉方式呈现，阅读时必借助内部言语。因此可以设想，前述某些声音混淆现象也可能是发音的混淆，目前还无法将声音混淆与发音混淆区分开，但可以认为，听觉代码或声音代码也许与口语代码相并存或交织在一起。大多数心理学家常把听觉的(auditory)、口语的(verbal)、言语的(linguistic)代码联合起来,称之为 AVL 单元。用 AVL 单元说明短时记忆的编码与代码是比较合适的。

(二)信息提取的检索

短时记忆中的信息由于正处在我们当前的意识中,由于工作或操作的需要可以立即被提取出来。这使人感到,似乎短时记忆信息提取的机制很简单,但后来的研究表明,事实并非如此。从短时记忆中提取信息时究竟是同步平行检索,还是逐项依次检索,1970年斯特伯格做了如下的实验。

斯特伯格(S. Sternberg)开创了对短时记忆信息提取的研究,他的研究被看作经典性的,他的观点和方法有着广泛的影响。他向被试的视觉呈现不同系列的数字,数字系列长度都在记忆容量范围之内,然后随机地再呈现一个数字。被试的任务是判定这个数是否是刚才识记过的。被试的反应不用口,而是用按电钮,要求被试尽快作出准确回答,实验记录被试从检验项目出现到作出回答之间的反应时,以此为指标。每次实验所识记的项目和检验的项目都要更换,而且识记项目的数目多少不等,检验项目中的数字有一半是识记项目中出现的数,一半在识记项目中没出现的。实验结果是,提取信息的时间随项目的增加而增长,成线性关系。所以,斯特伯格认为,短时记忆对信息的提取是按顺序系列检索,而不是平行同步检索。但后来的研究表明,顺序系列检索和平行同步检索都是短时记忆中信息提取的途径。斯特伯格本实验的主要功绩在于他将简单心理变量(反应时)引入复杂的高级心理研究中。

(三)短时记忆中的遗忘

信息进入短时记忆时,它的强度最大,易被我们所意识,但得不到复述时,其强度会随时间推移而衰减,很快导致遗忘。造成遗忘的原因有两种:

一种是痕迹消退说。这一假说认为,记忆痕迹得不到复述强化,其强度随时间的流逝而减弱,导致自然衰退。也可能是被某种目前还不清楚的生理过程所浸蚀,像海滩上的脚印被海浪冲刷掉一样。

另一种是干扰说。这一假说认为,储存在短时记忆中的信息受其他信息的干扰而导致遗忘,尤其是新进入的较强的信息把原有的较弱的信息排挤掉而造成遗忘。为了验证上述理论,沃(N.C. Waugh)和诺尔曼(D.A.Norman)设计了一个巧妙的实验,实验程序是向被试呈现一系列数字共 16 个,最后一个数字出现时伴随一个高频纯音,表示它是一个探测数字,它在系列数字中已出现过一次,被试一旦听到声音就找出它在前面出现的位置,并把紧跟其后的那个数字报告出来。例如,呈现的数字系列是 5824617930428516[※]。其中带"※"号的 6 就是探测数字,6 在系列的第五个位置,其后的数字是 1,被试报告出 1 就算回答正确。从第五个位置上的 6 到最后的 6[※],中间间隔了 11 个数字,呈现这 11 个数字所需的时间被称为间隔时间。

根据记忆消退说,保持的信息将随时间间隔的延长而减少,而根据干扰说,保持的信息随插入的数字的增加而减少。为了检验哪种假说更有理,诺尔曼等人采用了两种数字呈现速度:快速呈现为每秒 4 个数字,慢速呈现为每秒 1 个数字,从 6 到 6[※]的间隔数字保持不变,只改变间隔时间。同样也可以使间隔时间不变,只改变间隔数字。其结果无论快速还是慢速呈现数字,正确回忆率都随间隔数字的增加而减少,正确回忆率不受数字呈现速度快慢的影响,显然这一实验结果是支持干扰说的,证明短时记忆遗忘的主要原因是干扰而不是记忆痕迹的衰退。

第四节 长时记忆

一、长时记忆的特点

长时记忆是指学习的材料,经过复习或精细复述之后,在头脑中长久保持的记忆。

长时记忆的特点

(一)记忆容量无限

长时记忆是一个真正的信息库,记忆容量似乎没有限度,它可以储存一个人关于世界的一切知识,为他的所有活动提供必要的知识基础。人们从来不觉得过去记得太多,现在一点也记不进去。长时记忆的容量究竟有多大,有人认为是5万至10万个组块,也有人认为是10^{15}比特,总之,它有巨大的容量。长时记忆将现在的信息保持下来供将来使用,或将过去储存的信息提取出来用于现在。它把人的活动的过去、现在和未来联系起来。它的信息主要来自对短时记忆的内容的复述,也有一些是在感知中印象深刻的内容一次性印入的,特别是那些激动人心引起强烈情绪体验的内容可直接进入长时记忆系统被储存起来。

(二)信息保持的时间很长

长时记忆中的信息保持时间在1分钟以上,甚至数年乃至终生,是一种长久性的存储。

二、长时记忆的编码

(一)长时记忆的习得

识记是长时记忆习得信息的主要方式。常言说,欲忆必先记,只有对外界信息的感知或反复感知、思考、体验和操作,进行充分的和有一定深度的心理加工,才能在头脑中长时间地保持下来。依据主体有无明确的识记意图和目的,是否付出意志的努力,识记分为无意识记和有意识记。

1. 无意识记与有意识记

无意识记又称不随意识记,是指主体事先没有识记的意图和目的,无需付出特别的努力,更不需采用任何识记策略和手段,信息完全是自然而然地被纳入长时记忆库中的。

无意识记与人的职业、兴趣、动机和需要有密切的关系,凡是对人有重大意义的、使人感兴趣的、能激发人的情感的事件,常常无意中被记住。在日常生活中,人们通过无意识记潜移默化地接受了许多知识,积累起许多经验。但无意识记带有很大的偶然性和选择性,所识记的内容带有随机性,因此,单凭无意识记,无法使人获得系统的科学知识。由于无意识记可以减轻人的脑力劳动,又可记住许多有用的东西,因此是值得大力研究和开发的识记。

有意识记也叫随意识记,是指有预定识记目的、运用一定策略和方法,经过特殊的努力而进行的识记。

有意识记的目的明确,任务具体,方法灵活,并伴随积极的思维活动和意志努力,因此它是一种主动而又自觉进行的识记活动。人们掌握系统的科学知识和技能,主要靠有意识记,在学习、工作中,有意识记占居主导地位。

2. 机械识记与意义识记

根据所要识记的材料本身有无意义,或学习者是否了解其意义,识记又可分为机械识记和意义识记。

机械识记是指对没有意义的材料或对事物还没有理解的情况下,仅仅依据事物的外部联系,采用机械重复的方式进行的识记。例如,记人名、地名、电话号码、商品型号、历史年代等等。材料本身没有什么内在联系,只能按外在的时空顺序努力强记。有些材料本身也有一定意义,但限于学习者的知识经验水平还难于理解其意义,在这种情况下也只得采用机械识记。

机械识记的优点是保证识记材料的准确性,缺点是花费的时间多,消耗的能量大,由于对材料很少进行智力加工,因此总的效果不如意义识记。尽管如此,这种识记仍是不可缺少的。因现实生活中,总有一些缺乏意义的材料需要我们记住它。

意义识记是指在对识记对象理解的基础上,依据事物的内在联系,并运用已有的知识经验对识记材料进行智力加工所进行的识记。意义识记的先决条件是理解,理解是通过思维进行的,如了解一个词的含义,明确一个科学概念,弄懂公式的由来和推导,把握课文的中心思想等,都属于理解。只有领会材料本身的意义,并把它同已有的知识经验联系起来,纳入已有的知识系统,才能把它保留在记忆中。这种识记的优点是容易记住,保持时间长久,易于提取。缺点是记得不一定十分精确,然而,在识记的全面性、速度和牢固性等方面,意义识记均优于机械识记。

意义识记与机械识记的性质有所不同,但二者不是对立和排斥的,而是相互依存、相互补充的。意义识记要靠机械识记的补充,以达到对材料识记得精确和熟记的程度;机械识记也需要意义识记的帮助和指导,为了更有效地识记那些缺乏内在联系的材料,可以人为地赋予这类材料一定的联系,使之意义化,以便增强识记效果。例如,记某座山的高度12365英尺,可记成一年的月份和天数,爱因斯坦记他的女友的电话"24361"时,就用"两打加19的平方"的意义化方式识记。可见无论识记什么样的材料都需要进行编码和智力加工,这样才有益于长时间储存。

(二) 对识记材料的组织加工

所谓组织加工就是将材料加以整合,把新材料纳入已有的知识结构之中或把材料作为合并单元而组合为某个新的知识框架,这种过程称为组织加工。对识记材料可以用多种方式组织加工,下面介绍几种加工方式。

1. 表象和语义的双重编码说

1975年美国心理学家佩沃(Paivio)提出长时记忆中的双重编码说。他认为识记一件具体事物,可出现表象和语义的双重编码。比如,一块手表,我们既可以用一块有特定形状的手表的心理图像去表征它,又可以用更抽象、更概括的意义来描述它——"手表是一种计时工具"。前者是表象编码,后者是语义编码。人们记一件具体事物时,除了记起它的视觉图像外,总是从中汲取其意义。这充分证明双重编码是客观存在的。表象和语义是既相平行又相联系的认知系统,它们可以分别由有关刺激所激活,然而两类信息又可以互相转换。不过识记那些抽象的概念、思想,就很难用表象编码去表征它,如"公平"、"真理"等,只能用语义编码、理解并分析其意义,领会其实质才便于记忆。

信息由短时记忆转入长时记忆时是如何被加工的,采用什么方式编码,这与材料本身的性质及主体的个性特点有很大关系。

就语言材料而言,更多的是采用语义编码。例如,看一篇文章或听一个报告,最终保留下来的是它的意义,而不是逐字逐句地加以储存。对一些离散的语言材料,人们也是以自然语言作为长时记忆编码的中介,在识记材料之间建立某种意义联系,然后加以记忆。例如,识记"女孩"、"小鸟"、"森林"、"唱歌"4个词时,可用自然语言把这些离散的词重新加工为"一个女孩在森林里听小鸟唱歌",有了意义,很容易记忆。它相当于短时记忆中的组块现象,但长时记忆中的这种信息加工叫作"组织"而不用"组块"表示。

2. 以自然语言为媒介的组织加工

学习外语单词时,根据发音和词义,可先从我们的自然语言中找出与之相似的词作为媒介,进行语义编码,回忆时先提取中介词,然后解码(decode),就可把原单词再现出来。例如,在无意义音节的识记中,把它们与相似的词联系起来,以词义为中介,将便于记忆。现在要求记住:Jon tol tat yur hir lok vey nic 8组无意义音节,如果把它们与接近的词语联系起来,像是 John told that your hair looked very nice,而且可以把它们作为一个句子来识记,"约翰告知你的发型看起来很美"。这样以自然语言为中介对识记材料进行组织加工,有助于长久储存。

在对偶联合的识记材料中,可以利用短语或句子为中介进行组织加工。例如,记忆"小孩——鱼"这对项目时,要求看见"小孩"一词(刺激项),说出"鱼"(反应项)。可以把两个项目用一句话联系起来作为中介(小孩钓鱼),看到刺激项小孩,想起钓鱼,反应项"鱼"自然被回忆出来。

3. 按语义归类的组织加工

当识记一系列概念时,人们不是按它呈现的顺序去记忆,而是先进行语义归类,把同一类概念倾向于群集回忆。在自由回忆的实验时可看出这种加工倾向。例如,把24对联系紧密的单词(如医生与教师,桌子与椅子,马与羊等)拆开变成48个单词,按随机方式混合向被试一个个地呈现,允许他们自由回忆。结果发现,被试仍倾向于把语义联系紧密的单词归到一起进行再现。尽管桌子和椅子两个词之间由17个单词隔开,但回忆时仍把它们组织到一起。单词之间语义联系越紧密,正确回忆的百分数越高。说明知识系统性对信息的组织加工起重要作用。

4. 主观组织

对本来没有什么意义联系的材料,人为地加以组织,回忆时,使被加工的材料以群集方式再现,这种加工称为主观组织。1962年E.图尔文在实验中,向被试呈现了16个无关联的单词,如音乐、兵营、发现、冰山、办公室、山谷、顽皮、女孩、发行量、丛林、谜语、叛徒、咸水湖、格言、润发油、步行者。这16个单词被排列出16个不同顺序,每一顺序向被试呈现一次,每秒呈现一个单词。如此反复多次,让被试按自己喜欢的顺序再现。结果发现,被试在连续的各次实验中,有以相同的顺序再现单词的倾向,他们把某些词组织在一起的情况越多,说明其主观组织的程度越高。

5. 以视觉表象为中介的组织加工

1972年鲍尔(Bower)进行了对偶联合的学习实验,他要求一组被试看到对偶词时尽量形成视觉表象,而对另一组被试不给这种提示。其结果,第一组的正确回忆量高于第二组的1.5倍。例如,识记"香烟——狗、帽子、自行车、警察、指挥棒"等一串词时,被试加工出这样一幅视觉意象：一个警察把一个戴着帽子、叼着香烟、骑在自行车上的狗用指挥棒拦住。这样，当香烟刺激项一出现，被试就可以从视觉表象的画面上想起其他5个词。可见，以视觉表象为中介的加工组织也是有效记忆的一种编码。

以上介绍的几种长时记忆的组织加工，是对信息加以组织的技巧，称为记忆术。记忆术的基本原则包括两个方面的机制：一是学习者对识记的积极主动性；二是把新信息同熟悉的已编码的信息联系起来，从而便于记忆。

（三）影响识记效果的因素

识记是获得知识、积累经验的必由之路，要提高记忆效率，首先要有良好的识记。只要讲究方法，尊重识记的规律，是可以达到事半功倍的效果的，识记的效果取决于主客观因素。

就主体而言，首先是否有明确的识记目的和任务，是否有强烈的学习愿望和纯正的动机，是影响识记效果的决定性因素。其次，识记中对材料理解得越透，记忆的效果越好。因此，加强对识记材料的理解是使材料长久保持的关键。要做到这一点，首先对本来有意义联系的材料，尽量用已有的知识经验去理解，采用意义识记。其次是赋予无意义联系的材料以人为的意义，即把无意义联系材料意义化，进行主观组织、再编码，这样会有助于储存和保持。

总之，凡是把识记的对象变成智慧操作的对象，记忆效果就会明显地提高。苏联心理学家查包洛赛兹和西拉延科所做的实验，证实了这一点。他们把被试分成两组，第一组的任务是画一个装配好的圆规，第二组是把同样的折散了的圆规组装起来。任务完成后，叫两组被试尽量准确地画出他们所用的圆规。结果第二组画得比第一组更准确。这是因为需要识记的材料成为活动的直接对象，在进行智慧操作的活动中，能更好地定向、清晰地感知、深刻地理解，并易于引起兴趣和专注。在教学中，让学生做些模型、小实验，进行模拟等活动都有助于巩固所学的知识。

就客体而言，材料的数量、性质和内容均影响识记的效果。一般来说,要达到同样的识记水平,材料越多,识记所用的平均时间也就越多。因此,在一定的时间内识记的数量不宜过多。

识记的材料有的是直观形象的,有的是抽象的文字材料,究竟哪种性质的材料识记效果好,因人而异。一般来说,成人对文字材料识记较好,儿童对直观形象材料的识记优于文字材料。

就识记方式而言,多种记忆类型的协同记忆以及多种感官的协同识记,比单一类型或单一种感官的识记效果好。有人做过一个实验,让第一组被试只看某一识记材料,第二组只听同一内容,第三组既看又听。结果发现,视觉识记组可记住内容的70%,听觉识记组记住60%,视听组可记住80.3%。事实表明,多种感官在识记活动中同时发挥作用,可取得良好的识记效果。在学习外语时,眼看、耳听、口说、手写同时发挥作用,其记忆效果大大优于单一感官的识记效果。

巧妙地使用记忆术也是改善记忆,提高识记效果的有效措施。

三、长时记忆的储存

(一)信息储存的动态变化

保持指已经识记过的信息在头脑中存储和巩固的过程。保持不仅是记忆的重要标志,而且也是回忆和再认的重要条件。

信息经过编码加工之后,在头脑中储存,这种储存虽然是有秩序、分层次的,但不能理解为像文件存放在保险柜里那样一成不变,保持不是一种消极状态,信息在记忆中的保持是一个潜在的动态过程,随时间的推移以及后来经验的影响,在质和量上均会发生变化。

在质的方面的变化,显示出以下特点:(1)记忆的内容比原来识记的内容更简略、更概括,一些不太重要的细节趋于消失,而主要内容及显著特征被保持;(2)保持的内容比原识记的内容更详细、更具体、更完整、更合理;(3)使原识记内容中的某些特点更加突出、夸张或歪曲,变得更生动、离奇、更具有特色。英国心理学家巴特莱特(Bartlett,1932)作过一个实验,他让被试看一个图(图6-4右),隔半小时后要他凭回忆画出来,然后把他所画的给第二个被试看,隔半小时后要求第二个被试凭记忆把图画出,依次做下去,直到第18个被试。图6-4右中的1,2,3,8,9,10,15,18就是被试所画出的图形。从第一个被试识记的枭鸟,经过18个的记忆改造,最后变成了一只猫的形象,这样大的差距说明信息在头脑中的储存不是静态,而是会发生变化的。

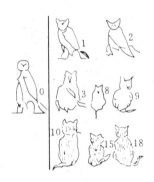

图6-4 记忆过程中图形的变化

卡迈克尔(L. Carmichael)等人作了一个被当作经典性的实验,他们让被试在短时间内观看图6-5中间的一系列刺激图形,第一组被试在看图的同时还听到左边一排命名的名称;第二组听到的是右边一排的名称。图形呈现完毕,让两组被试画出他们所看到的图形。结果有大约3/4的被试所画的图形更像他们所听的名称图形,这一实验证明了定势对保持的影响。不仅形象记忆内容在保持的过程中有可能被改造甚至歪曲,文字材料的保持也是如此。巴特莱特在另一个实验中,让许多被试阅读一篇"魔鬼的战争"的故事,过了一段时间,让他们复述,结果发现,经常阅读鬼怪故事的被试在回忆中增添了许多关于鬼的内容和细节,而受过逻辑学训练的被试在回忆中则大量删去鬼的描述,使故事变得更合乎逻辑。从

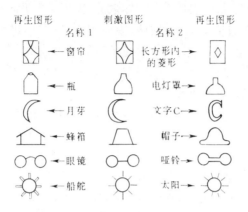

图 6-5 再现图形受定势词的影响

识记的内容与回忆的内容之间的差异,可以看出,信息在头脑中的保持不是静止的、凝固的,而是一个重建过程。识记内容在保持的过程中受到思维的"剪辑"加工,或者使之更加简略概括,或者更加完整合理,或者被想象所补充而更加详细生动,或者被夸张突出。

在量的方面的变化,显示出两种倾向:一种是记忆回涨现象,即记忆的恢复现象。1913 年巴拉德(P. B. Ballard)在一个实验中,以 12 岁左右的学生作被试,让他们用 15 分钟识记一首诗,学习后立即测其保持量,并把回忆的平均数定为 100%,此后在第一、二、三、四、五、六天,又进行保持量的测量,发现识记后立即回忆的成绩不如过两三天后回忆的成绩。这种现象在许多人的研究中均得到证实。儿童较成人普遍,学习较难的材料比学习容易的材料更为显著。记忆恢复的内容大部分是处于学习材料的中间部分,其原因可能是由于识记复杂材料的过程中产生了抑制的积累作用,影响立即回忆的成绩,经过充分休息后,抑制得到解除,因此回忆成绩有所回涨。但也有人认为,记忆恢复现象可在识记后数日出现,抑制积累作用早已解除,不会持续那么长的时间,因此,认为上述解释仍有不完善之处。再一种解释认为,儿童学习复杂而又有趣的材料时,对这些材料的保持是比较零散的,需要一段巩固和发展的过程,经过一段时间的思考、回味,因而加强了记忆,出现了记忆回涨。另一种倾向是,识记的保持量随时间的推移而日趋减少,有一部分回忆不起来或回忆发生了错误,这种现象就是遗忘。

(二) **保持量的测量**

常用的测量保持量的方法有回忆法、再认法、再学法和重构法。

1. 回忆法

原来识记的材料不在面前,让被试把它们默写出来或复述出来。保持量的计算是以正确回忆项目的百分数为指标。算式如下:

$$保持量 = \frac{正确回忆的项目量}{原来识记的项目量} \times 100\%$$

倘若识记不是以全部记住为标准,那么计算回忆的成绩时,应以识记时所达到的标准为基础。

2. 再认法

把识记过的材料和没有识记过的材料混在一起(新旧项目的数量相等),然后向被试一一呈现,由被试报告每个项目是否识记过。保持量按如下经验公式计算:

$$保持量 = \frac{认对数 - 认错数}{呈现材料的总数} \times 100\%$$

3. 再学法(或节省法)

当被试不再能把原来熟记的材料完全无误地回忆出来时,就要求被试把原来识记过的材料重学或再记,直至达到原来学会的标准。然后根据初学和再学所用的次数或时间来计算保持量,即以再学比初学所节省的次数或时间来计算保持量。计算公式如下:

$$保持量 = \frac{初学的次数或时间 - 再学的次数或时间}{初学的次数或时间} \times 100\%$$

4. 重构法(或重建法)

要求被试再现学习过的刺激次序。给被试呈现按一定顺序排列的若干刺激,呈现后把这些刺激打乱,然后呈现在被试面前,让他们按原来次序重建,重构的成绩主要是以做对的顺序数记分。

(三)双重存储系统

信息在头脑中呈现的方式叫作表征,表征既是对客观事物的加工过程,又是被加工的对象。信息在长时记忆中是以什么方式储存呢?佩沃认为既然存在信息的双重编码,也一定存在双重储存系统。究竟什么是双重储存系统呢?他设计了一个实验,实验材料是

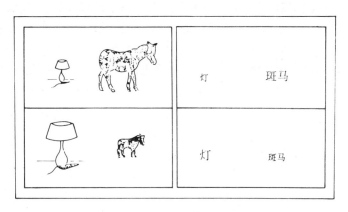

图 6-6 两个图对卡片和与之对应的词卡片
上面的图对与现实中的实物是一致的,
下面的图对与现实中的实物是不一致的。

两张图画和与之对应的两张字词卡,见图 6-6。上面的画是小台灯与大斑马,右边的词卡字体大小与图对是对应的。下面的画则是大台灯与小斑马,词卡字体大小也是与之对应的。佩沃分别把这些卡片给被试看,并要求他们立刻判定现实中谁大谁小,记录其反应时。佩沃假设:如果长时记忆中只含有语义编码的信息,被试对图画作出的判定可能会慢于字词卡,因在作出判定之前,需要将图画转换为语词,就不如直接对语词作出的反应。如果长时记忆中也存在表象编码的信息,那么被试对画面的判定反应就不会慢于字词卡,因视觉表象可以直接从记忆中提取,无须转换。他又进一步推

论,如果长时记忆中所包含的视觉表象与实验出示的图对不一致,会引起心理冲突,并导致反应时慢于与现实相一致的图对,字词卡却不会引起这些冲突,因字词按语义编码后不具有时空特点,字体大小对语义信息的储存没什么影响。实验结果是:(1)被试对图对作出判定的反应时快于字词,说明长时记忆中确实包含表象和语义双重编码的信息。(2)被试对与现实相一致的图对的判定反应时快于不一致图对,证实表象编码具有时空特点。因被试一旦发现图对中对象的大小与现实中对象的大小不一致,引起心理冲突,自然延缓判定的反应时。(3)被试对字词卡的反应时无差别,说明语义编码的信息无时空特点。至于为什么会出现对图对的判定反应时快于字词,这是因为判定时,语言信息必须转换为表象再行判定,因此反应时较慢。这一实验有力地证明了长时记忆中既存在双重编码,又存在双重储存系统。

(四) 语义储存的层次网络模型

科林斯和奎利恩(Collins and Quillian,1969)提出了一个语

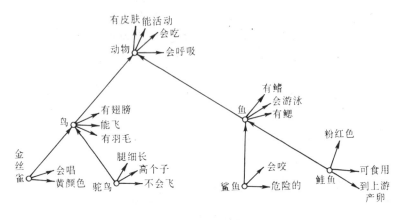

图 6-7 层次网络模型

(Collins 和 Quillian,1969)

义记忆储存的网络模型(图6-7)。在这个模型中,语义记忆的基本单元是概念,每个概念具有一定的特征。他们把上下级及同级水平的概念按层次组织成一个网络,网络中有节点、线段及连线。节点代表概念(命题或组块),每个节点上的小线段表示该概念的有关特征或属性,从节点向上的连线表示与上一级概念的联系及归属,如"金丝雀"属于"鸟",而"鸟"又属于"动物"。概念的特征是分级储存在记忆中的,如"会吃东西"、"会呼吸"的属性只附在动物这个节点上,而不附在较低的节点"鸟"或"鱼"上;同理,鸟这个节点仅储存它所独有的特征或属性,而不储存所有动物的共同属性。这种处理符合认知经济原则。这个模型最初用于计算机理解汉语的系统,后用于人的记忆。

如何验证人的语义记忆是按层次网络储存信息的呢?通过向被试提一些属于概念隶属的问题(金丝雀是动物吗?)或概念属性的问题(金丝雀会呼吸吗?金丝雀会唱歌吗?金丝雀有鳃吗?)看被试作出反应的时间长短便可知道概念间层次关系的实际存储情况。例如,对"金丝雀会唱歌吗?"就比"金丝雀有翅膀吗?"反应要快些。实验结果表明,反应时随属性所处节点的水平的增加而增长。每升高一级水平,反应时要增加75毫秒。"会唱歌"这一属性本来就储存在金丝雀这个节点上,"有翅膀"的属性储存在高一级水平的节点上,而"会吃食"的属性储存在比金丝雀高两级水平的节点上,被试判断这些属性的反应时的长短说明,属性分层次网络储存的可能性是存在的(见图6-8)。

长时记忆中信息储存的形式,除形象和语义双重储存系统外,还有以情绪、情景为内容的储存。就语义储存形式而言,除层次网络模型外,还有集合论模型、特征比较模型、人的联想记忆模型(简称HAM模型)等,这些内容在认知心理学中会有详细论述,本章不多赘述。

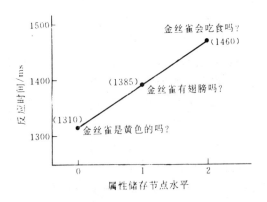

图 6-8 提取不同属次上的信息的反应时

四、长时记忆的提取

提取属于信息的输出过程。长时记忆信息的提取有两种形式，即再认和回忆。再认是指过去识记过的材料再次出现，有熟悉之感，可以识别和确认。回忆是指过去识记过的材料在头脑中的重新复现。这两种形式对信息的提取都需要一定的线索，还要采取一定的策略，选择一定的中介。关于如何提取信息，目前有两种看法，一种理论认为，信息的提取是根据信息的意义、系统等来搜寻记忆痕迹，使痕迹活跃起来，可回忆出有关的项目。另一种理论认为，记忆是一种主动的过程，存储起来的是一些元素或成分，回忆则是把过去的认知成分汇集成完整的事物。这两种理论各自适合于不同的编码形式。搜寻理论可能适合于表象储存，重建理论适合于语义储存。提取的效果一方面依赖于储存；另一方面依赖于线索。倘若储存本身是有组织的、有条理的，是有层次结构的，提取时只要使层次网络中的某些节点激活，使与这些节点有关的信息处于启动状态，回忆就会很容易进行。若储存是杂乱无章的，提取就不会顺利。线索在提取中起着重要的作用，线索的数量多、质量高，提取就容易。线索的质量是指线索中的信息与记忆痕迹中的信息匹配联系的紧密与否。一般来说,再认比回忆容易提取信息,这是因为再认时有关线索就是再认的感性依托,有较多的线索给以提示,可帮助尽快地确认。

(一) 再认与回忆

再认指经验过的事物再度出现,有熟悉之感并能被识别和确认的过程。人在识别某一对象时,一方面要对它进行知觉分析,同时还要从长时记忆储存的信息中提取有关的信息(模式)与之对照比较,经过多层次的连续检验,最后才能完成确认。当再认发生困难时,就要努力寻找各种有关的线索,力图恢复过去已经建立的联系。可见,再认也不是一个简单的过程,它包含有知觉、回忆、联想、比较、验证等一系列的认知活动。

再认的速度和准确性主要取决于对事物识记的巩固程度和精确程度。熟记了的事物一出现,几乎可以无意识地、自动化地、在极短的时间内作出识别。在日常生活中,错误地再认时有发生,其原因是多方面的。一种是由于识记得不巩固、不精确,原有的联系消失或受干扰,一旦识记过的事物再度出现,不能激活原有的记忆痕迹,仅有熟悉之感而无法从整体上加上正确的再认。或者对有关信息(模式)的提取发生了错误,导致错认。另一种是由于联系的泛化,导致错误的再认。例如,错把一个陌生人当作一个熟人相认,这是因为他的许多特征与熟人相似,这些特征在头脑中产生了泛化,因此导致了"张冠李戴"。在学习识别汉字时,常常会出现认错、写错的现象。如像戍、戌、戎,这几个字很相似,稍不细心知觉,又没有精确将它们加以分化,时间久了,头脑中的痕迹不清晰,极容易发生混淆,因此常常认错。此外,病理性障碍也会发生不识物症或不识人症。

再认同"模式识别"直接关联,目前模式识别已成为人工智能的核心问题加以研究,因此再认有时被放入知觉范畴中去研究。

回忆是指过去经验的事物不在面前,可以重新回想起来,这一过程称为回忆。

回忆分为有意回忆和无意回忆。前者是有预定的回忆意图和目的,在回忆任务的推动下,自觉主动地进行的回忆。后者是没有明确的回忆目的和意图,也不需要努力地搜索,完全是自然而然地想起某些旧经验。一件事偶然涌上心头,浮想联翩或触景生情,漫无目的地,不由自主地引起种种回忆。这种回忆的内容往往是不连贯、不系统的。

(二) 提取的种类

无论再认还是回忆,若不依赖任何中介和提示线索,直接把有关信息从长时记忆库中抽取出来,对信息的检索几乎是自动化的,甚至没有意识到这一程序,这种提取称为直接搜寻。例如,当你的一位朋友在电视屏幕上一出现,你能立刻把他再认出来,这是通过直接搜寻达到再认的,这种再认又称为直接再认。若问你今年暑假同谁结伴旅游,你会说出张三、李四等一些人的名字。这种回忆称为直接回忆,而这种提取就是直接搜寻。有时我们的再认和回忆需要一些提示线索或中介性的联想才能达到再认或回忆。例如,若问1992年的10月31日上午你在干什么?对这个问题很难立刻回忆出来,往往要借助日记、备忘录或其他一些中介物,对问题进行某种预加工,以便确定回忆方向,把回忆的范围逐渐缩小,此外还要提出一些假设,对假设要逐一验证,排除无效的回忆线索,凭借联想搜寻新的线索,直至完成回忆任务,提取出必要的信息,这种回忆称为间接回忆。直接回忆与间接回忆不是绝对对立的,在一定条件下可以相互转化。本来可直接回忆的内容,由于荒疏、印象淡漠,再回忆时要凭借联想搜寻,进行追忆。反之,间接回忆的内容由于联系的巩固和熟练,回忆时可不加思索迅速在头脑中重现。联想在回忆中起着重要的作用。

所谓联想就是由一种事物想到另一事物的心理活动。当具有某种联系的事物反映到人的头脑中,并在大脑皮层建立起暂时神经联系,只要一事物出现,就会引起对另一事物的联想。回忆常常以联想搜寻的形式进行。常见的联想有以下几种。

1. 接近联想

在时空上比较接近的事物,容易在人们的经验中形成联系,只要其中一事物出现,就会引起对另一事物的联想。提起北大想起清华,这是因为两校相邻,空间接近之故。看到闪电想起雷鸣暴风雨,这是由于两种现象是相继出现,在时间上是接近的。

2. 相似联想

由一件事物的感知引起与它在性质上相似事物的回忆,称为相似联想。文学中的比喻常常借用相似联想,作诗托物寄意也是靠相似联想。

3. 对比联想

由某一事物的感知或回忆引起同它具有相反特征或相排斥的事物的回忆,称为对比联想。例如,由美想到丑,由草原想到沙漠,由黑暗想到光明等。

4. 关系联想

由事物的多种关系而建立起来的联想。如部分与整体、种属关系、因果关系等所形成的联想均属关系联想。

在识记时,有意识地在事物之间多建立联系,形成各种联想,有助于回忆,联想越丰富,回忆越容易。

联想在其他心理活动中也具有重要的作用,在创造性思维活动中,凭借联想可提供解决问题的资料、原则。举一反三的联想可开发人们的求异性思维,使思维流畅、变通,有助于问题的解决。在想象活动中,借助联想可唤起人们更丰富的想象,由联想而进入发明创造活动。在情绪的研究中,利用自由联想的方法还可探索人的心理状态。

(三) 影响提取的因素

从长时记忆中提取出信息会受到许多因素的影响,其中既有积极的因素,也有消极的因素。

1. 对信息合理组织能改善提取

从容量巨大的长时记忆库中检索提取信息,就像到一个藏书极多的图书馆查找某一本书一样,能否顺利地找到那本书,与对书的归类编目存放有关。同理,人们对信息进行合理的组织或使它们处于一定的前后关系中可以增加线索,促进提取。

包尔等人(Bower,1969)做了一个实验,要求被试记4张词表。对一些被试给他提供的词表是按照树状层次组织起来的,如图6-9所示。对另一些被试所提供的词表上的词是随机排列的。识记后进行回忆的测验,其结果表明,被试对有层次组织的词回忆的正确率达65%,而对随机排列的词回忆只有19%是正确的。这个实验证明了高度组织起来的材料,按层次网络储存的材料有助于提取。这是由于材料的组织为提取时的搜寻过程提供了有利的线索。

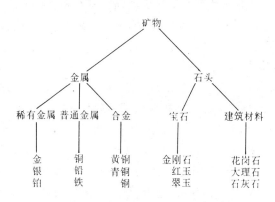

图6-9 改进提取的层次组织

而对随机排列词表的词的搜寻,犹如走迷宫,常常在某些词上打圈子,影响顺利地提取。这说明合理地组织材料,按组织系统储存,可保证提取活动准确和高效率的进行。

2. 使信息储存处于编码时的前后关系中有助于提取

由于事物总是处在一定的环境情景中的,我们识记时,这种场合因素微妙地伴随着人对事物的识忆,当再认或回忆的场合与识记的场合越相似,就越有利于对信息的提取。也就是说,信息处于编码时的前后(或上下文)关系中,这种场合本身就是最有力的提取线索。特别是在提取复杂材料时,与材料有关的上下文线索将有助于材料的迅速恢复。

3. 干扰对提取的影响

生活中常会遇到一个记忆线索与几个有关事物相联系的情况,其中与一个线索联系较牢固的项目往往会干扰与同一线索联系较弱的项目的提取。例如,一个篮球运动员改踢足球,开始他总不能得心应手,其原因是,打篮球的规则与技巧已经很熟,甚至习惯化了,改踢足球后,原来形成的技能总会干扰对踢足球运动信息的提取,多次出现犯规行为。

与同一线索联系的项目越多,通过该线索提取目标项目就越困难。如果将与同一线索相联系的各个项目进行意义加工和组织,就会减少彼此的干扰。

此外,消极情绪也会妨碍对信息的提取。例如,考试时,一旦遇到一个难题答不出来,便产生紧张和焦虑情绪,引起种种担忧心理,在这种心境状态下反而会更加干扰对回答问题有关的信息,造成回忆的困难。

五、长时记忆的遗忘

遗忘是指识记过的内容既不能回忆也不能再认或发生错误的回忆和再认。遗忘是保持的对立面,保持的丧失就意味着遗忘的出现。如果识记过的内容,不经复习,保存量随时间的推移日趋下降,这就是遗忘。用信息加工的观点来说,遗忘就是信息提取不出来或提取出现错误。

根据遗忘的程度和性质的不同,可分为部分遗忘和完全遗忘;暂时遗忘和永久遗忘。

如果识记过的内容在头脑中留下了大部分,只其中一部分不能回忆或再认,属于部分遗忘。如果事过境迁全部回忆不起来,属于完全遗忘。若已转入长时记忆的内容一时不能被提取,但在适宜条件下还可恢复,属于暂时遗忘。例如,提笔忘字;熟人相见叫不出对方的名字;话到嘴边说不出来(称 tip—of—the—tongue 现象,简称 TOT);考试时,回忆不出有关的知识,一出考场立刻想起等都属暂时遗忘。若识记过的内容,不经重新学习,记忆绝不可能再行恢复,属于永久遗忘。

遗忘是人的正常的生理和心理现象,对于那些不必要的、应淘汰的信息的遗忘,是有积极意义的,既可减轻我们的脑力负担,又可不为杂事所萦绕,可见遗忘也是巩固记忆的一个条件。但对必须保持的信息的遗忘,是消极的,为此,心理学应该研究遗忘的规律,以便找出克服遗忘的办法。

(一)艾宾浩斯对记忆与遗忘的研究

德国心理学家 H. 艾宾浩斯(H. Ebbinghaus 1850—1909)是对记忆和遗忘现象进行实验研究的创始人。他在实验中选用的材料和方法都具有特色。他自己充任主试和被试,独自进行实验,持续数年之久。他制作了大量的无意义音节字表作为记忆实验的材料,这种无意义音节是由两个辅音和一个元音组成,如 TAJ,YIC,HUZ,CEX,GAW 等,以在德语字典中查不到为准,因此称为无意义音节。以无意义音节为实验材料,目的是避免受旧有知识经验的影响。无意义音节虽然本身没有含义,但它可以引起被试的联想,为了使记忆的难度尽量一致,要选用联想值较低的无意义音节作为实验材料。使用这类性质相似的实验材料,便于改变和确定数量。实验采用重学法(又称节省法)检查识记效果。艾氏每次识记 8 组,每组 13 个无意义的音节字表,学到连续两次无误地背诵为止。隔了不同的时间进行回忆,发现有些音节忘了,于是重学,再达到恰能背诵为止,以重学比初学节省诵读的时间的百分数作为保存量的指标。其实验结果如表 6-2。艾宾浩斯根据实验结果得出下列公式:

或

$$b = \frac{100K}{(\log t)^C + K}$$

$$\frac{b}{V} = \frac{K}{(\log t)^C}$$

表 6-2 不同时间间隔的保持成绩

时距/小时	重学节省/(%)(保存量)	遗忘数量/(%)
0.33	58.2	41.8
1	44.2	55.8
8.8	35.8	64.2
24	33.7	66.3
48	27.8	72.2
6×24	25.4	74.6
31×24	21.1	78.9

b=保存量,t=时距(分钟),$V=100-b$=遗忘量,C 和 K 是常数(近似估计值 $K=1.84, C=1.25$)。后来学者们将此实验结果绘成

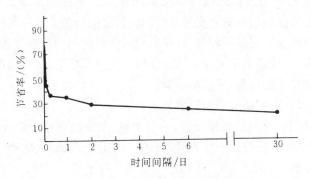

图 6-10 艾宾浩斯的保持曲线

曲线图(图 6-10)。这就是百年来一直被广泛引用的经典的保持曲

217

线。后来,许多人用不同的识记材料,不同的检查保存量的方法,在大量的被试中进行实验。1922年我国著名心理学家陆志伟让20名被试,识记12个无意义音节,学到刚好能一次无误地背诵为止,然后在不同的时间间隔内,用再认、重学、默写、提示5种方法检查其保存量。结果发现,除用再认法检查的保存量一直下降很慢外,

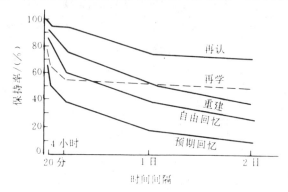

图 6-11　用不同测量方法得出的保持曲线
(陆志韦,1922)

其余 4 种方法所得结果均与艾宾浩斯遗忘曲线基本一致(图 6-11)。遗忘曲线表明遗忘变量与时间变量之间的关系。从曲线中可以看出遗忘发展是不均衡的。在识记后的短时间内遗忘得比较快、比较多,以后逐渐缓慢,到了相当时间,几乎不再遗忘。可以说遗忘的规律是先快后慢,呈负加速型。

(二) 影响遗忘产生的因素

就识记材料的性质而言,一般来说,熟练的动作遗忘得最慢。贝尔发现,一项技能一年后只遗忘 29%。也就是说,人的动作记忆保持得最好。其次,熟记了的形象材料也容易长久保持。有意义的文字材料,特别是诗歌要比无意义的材料保持得多,遗忘得慢。

就识记材料的数量而言,识记材料的数量越大,识记后遗忘得越多。有实验证明,识记 5 个材料的保持率为 100%,10 个材料的

保持率为70%，100个材料的保持率为25%。即使是有意义的材料，当识记数量增加到一定程度，遗忘速率接近于无意义材料的遗忘曲线（索柯洛夫的实验）。

就材料的意义而言，凡不引起被试兴趣，不符合被试需要，对被试的生活不占重要地位的材料，往往遗忘得快，而有意义的材料就遗忘得慢。

学习程度对遗忘也有较大的影响，一般说来，学习程度越高，遗忘越少。过度学习达150%，保持的效果最佳。所谓过度学习是指学习的巩固程度超过刚能背诵的程度。比如，学习一个材料，20遍后恰能一次正确无误地背诵，此时，称这20遍的学习程度为100%，倘若再继续学习10遍，就是过度学习了，其学习程度为150%。又比如，学一个材料30分钟后恰能一次正确背诵，再用15分钟进行过度学习，其学习程度为150%。根据我国心理学家的实验表明，33%的学习程度，遗忘为57.3%；100%的学习，遗忘为35.2%；150%的学习，遗忘为18.1%。超过150%的学习，记忆效果不再继续上升，可能是因兴趣减退或疲劳等原因。150%为过度学习的限度，低于或超过这个限度，记忆的效果都将下降。

(三) 关于遗忘的学说

对遗忘的原因，有种种解释，但影响较大的有两种学说，一种是痕迹衰退说；另一种是干扰抑制说。

痕迹衰退说认为，遗忘是由于记忆痕迹得不到强化而逐渐减弱以致最后消退的结果。有人从条件反射的观点出发加以说明，认为记忆就是在大脑皮层中建立暂时神经联系的过程。联系形成后在神经组织中留下一定的痕迹，痕迹的保持就是记忆。在有关刺激的作用下，痕迹被激活，联系得以恢复，旧有的经验便通过回忆或再认的方式表现出来。那些得不到强化的痕迹，随时间的流逝，逐渐衰退造成遗忘。这种解释尽管还不能用精确的实验来证明，但由于它接近常识颇为人们所接受，也难以驳倒。另一种解释认为，记忆痕迹由于受到脑中代谢物质的消磨而逐渐衰退。就像一些物理的、化学的痕迹也会随时间的推移而衰退甚至消失一样。痕迹衰退说似乎有一定道理,但都缺乏有力的证据。

干扰说认为,遗忘既不是由于痕迹的破坏也不是痕迹的消退,而是由于在学习和回忆之间受到其他刺激的干扰的结果,一旦排除了干扰,记忆就可恢复。为这一假说提供最有力的证据就是前摄抑制和倒摄抑制。实验证明干扰是造成遗忘的重要原因。

关于干扰说最早的实验研究是由詹金斯和达伦巴克(Jenkings and Dallenbach,1924)进行的。他们先让被试学习一些无意义音节字表,然后让一组被试去睡觉,另一组被试进行一般的活动。分别在一、二、四、八个小时之后,让被试回忆所学的字表的内容。结果表明,睡眠组比活动组的回忆成绩好。同时也进一步说明,清醒时的遗忘不是由于随时间的流逝而自然衰退,而是由于大脑活动的继续进行。对信息的保持起干扰作用的有两类:一类是在学习之前进行的活动;另一类是在学习之后进行的活动。前者称为前摄干扰(或前摄抑制),后者称为倒摄干扰(或倒摄抑制)。

前摄抑制是指先前的学习与记忆对后继的学习与记忆的干扰作用。实验是按表6-3程序进行的。

表6-3 前摄抑制实验设计程序

实 验 组	控 制 组
学习A材料	休 息
学习B材料	学习B材料
回忆B材料	回忆B材料

实验结果控制组的回忆成绩优于实验组的成绩,由此可以断定实验组由于学习了A材料反而对识记或回忆B材料产生了干扰作用,因此导致成绩低于控制组。安德武德(Underwood)的实验发现,在学习无意义音节字表前有大量练习的人,24小时后检查,只记住所学会的字表的25%;而以前没有过这种练习的人,则能记

住同一字表的 70%。说明先前的活动对当前的学习产生了强烈的干扰。前摄抑制作用的程度随先前学习材料的数量增加而增加。斯拉墨卡(Slamecka)对学习有联贯意义的散文材料时前摄抑制的影响进行了实验,结果表明,先前学习的次数越多,数量越增加,前摄干扰作用也越大。此外,先后所学习的材料内容越相似,干扰越大。

倒摄抑制是指后继的学习与记忆对先前学习材料的保持与回忆的干扰作用。实验按表 6-4 的程序进行。实验结果仍然是控制组回忆的成绩优于实验组。因此可断定实验组在学完 A 材料后插入了学习 B 材料的活动而干扰或抑制了对 A 材料的记忆。倒摄抑制的强度受前后所学的两种材料的性质、难度、学习时间的制约。如果前后所学材料相同,后继学习则是复习。前后所学材料完全不同,倒摄抑制作用较小,如果前后所学材料既相似又不相同,容易混淆,其倒摄抑制作用最大。先学习的材料巩固程度越好,受倒摄抑制的干扰越小。一个系列材料或一篇文章,往往首尾部分记得好,而中间部分容易遗忘,这是因为起首部分无前摄抑制影响,末尾部分没有倒摄抑制影响,中间部分要受前摄和倒摄双重抑制的干扰。根据前摄与倒摄抑制的规律,只要合理地安排内容,适当分配学习与休息时间,可以使抑制作用减小到最低限度。

表 6-4 倒摄抑制实验设计程序

实验组	控制组
学习 A 材料	学习 A 材料
学习 B 材料	休　息
回忆 A 材料	回忆 A 材料

(四)克服遗忘加强复习

我们学过的知识,如果不经过复习,是不可能永久、完全保持在记忆中的。有记有忘,这是必然的规律。

克服遗忘最好的办法是加强复习。只听讲不复习是任何课程

也学不好的。复习是记忆之母,怎样复习才能达到巩固识记材料的最好效果呢?根据遗忘发展的规律,心理学总结出以下的学习方法:

1. 及时复习

遗忘进程先快后慢的规律告诉我们,遗忘最严重的时刻是在识记刚刚达到记住的最初时刻,这是因为,新学过的材料在头脑中建立的联系还不巩固,痕迹很容易自然衰退,不及时复习,仅几个小时就可能有 64.2% 的遗忘,1 天之后遗忘率达 66.3%。前苏联教育家乌申斯基说过,记忆就像建筑物,不要等快倒塌时再去修复,否则,那就等于重建,这说明及时复习是极为必要的。复习的作用在于强化联系,如果说识记是利用已有知识对新输入的信息进行加工编码的过程,那么复习就是不断地进行再编码,增加对信息加工的深度,提高对信息编码的水平,提高编码适宜性的过程。复习贵在及时,使即将消失的、微弱的痕迹重新强化,变得清晰,并在头脑中进一步巩固。复习还能促进理解,使所学过的内容更加条理化、系统化、更便于精确记忆。及时复习就是要在新学过的材料尚未遗忘之前,趁热打铁,使之巩固,然后纳入个人的认知结构中去长久保存。

2. 复习多样化

复习并不意味着单纯地、机械地重复所学的材料,复习方法的单调既容易使人感到枯燥乏味,又容易产生厌倦、疲劳。多样化的复习,可使人感到新颖、容易激发智力活动,使所要复习的材料与有关知识之间建立新的联系,就能更牢固、更灵活地掌握。

3. 合理地分配复习时间

复习的效果不是单纯地决定于复习的次数,复习具有累积效果,刚学过的知识不但要及时复习,而且也应适当地增加复习的时间,随着记忆巩固程度的提高,复习的次数和时间可逐渐减少,间隔时间也可以逐渐加长。连续地进行复习称为集中复习,而有一定的间隔时间的复习称为分配复习。一般来说,分配复习优于集中复习,这是因为集中复习时大脑神经过程容易产生抑制的积累,而分配复习有较多时间间隔使抑制消除,并且有利于联系的巩固。但这不是绝对的,只要平时坚持分配复习,到必要时,采用集中复习,考试的效果就会较好。那种平时不复习,考试前临阵磨枪,是达不到巩固知识的效果。

推 荐 读 物

[1] 黄希庭著《心理学导论》,第9章,人民教育出版社,1991年。

[2] 方俊明著《认知心理学与人格教育》,第5、6章。陕西师范大学出版社,1990年。

[3] 林赛等著,孙晔等译《人的信息加工》,第8、9章,科学出版社,1987年。

[4] 劳弗图斯等著、李洪元等译《人类的记忆——认知心理学入门》,青海出版社,1987年。

[5] Gleitman H., Psychology, chapter 8. New York: Norton and Company,1981.

第七章 学　　习

第一节 概　　述

一、学习与行为

学习(learning)是人类生活中的永恒主题,每个人从出生以后都在不断地学习,从咿呀学语到掌握各门深奥的科学知识,从蹒跚学步到掌握各种复杂的运动技能,学习贯穿于人类生活的始终,因而学习行为一直是心理学研究的重要内容。那么,究竟哪些行为属于学习行为？心理学研究的学习行为是否仅限于人类的知识学习和技能学习呢？这是首先需要弄清楚的问题。

人和动物的行为有两类:一类是本能行为(instinctive behavior);一类是习得行为(learned behavior)。本能行为是通过遗传而获得的种族经验,是生来就有的。例如,鸭子会游水,母鸡会孵蛋,婴儿会吸奶,这些行为都是不学而会的,因此是本能行为。本能行为是人和动物生存所必需的,但它的适应性非常有限。如果我们把母鸡正在孵的鸡蛋换成鸭蛋或大得多的鹅蛋,小得多的鹌鹑蛋,甚至马铃薯,母鸡仍旧会照孵不误。蜜蜂酿蜜也同样,如果我们把蜂房弄漏的话,蜜蜂仍会把酿造的蜜放入漏蜂房。可见,本能行为是非常刻板的,当外界环境发生变化时,仅靠本能行为就难以同环境取得平衡了。人和动物还有一类行为是习得行为,即在后天环境中通过学习而获得的个体经验。例如,狮子滚绣球,老鼠走迷津,熊猫骑自行车,鸽子打乒乓球等等,这些动物的行为都是经过学习而获得的。在人类,习得行为更加常见。人的语言的习得,知识技能的

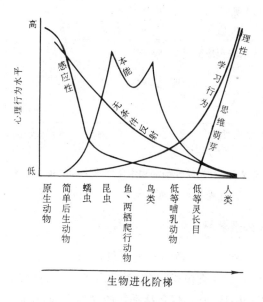

图 7-1　生物进化中心理行为发展的示意图

掌握,生活习惯的养成,宗教信仰、价值观念的获得,甚至人的情感、态度和个性,无一不受后天学习的影响。习得行为既然是通过学习得到的,它同样也可以通过学习而加以改变。正因为如此,习得行为比本能行为更灵活、具有更大的适应性,它能使我们摆脱遗传基因的严格限制,适应复杂多变的外界环境。动物的种系发展水平越低级,生活方式越简单,本能行为及成熟在其发展中的作用就越大,习得行为与学习的作用就越小。相反,动物的种系发展水平越高级,生活方式越复杂,本能行为及成熟在其发展中的作用就越小,而习得行为与学习的作用则越大,见图 7-1 和图 7-2。

人类处于生命发展的最高阶段,其本能行为已经极其有限,人类的行为绝大部分是学习的结果。学习使人类具有了塑造自身和周围环境的巨大潜力,这种潜力为我们同环境保持动态平衡提供了可能。心理学所研究的学习行为指的正是人和动物通过学习而获得的一切习得行为。

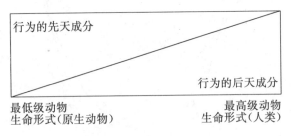

图 7-2　行为成分与动物生命水平之间的相互关系

二、什么是学习

学习是一种十分复杂的心理现象,它不仅与感知觉、注意、记忆、思维等认知过程直接相联系,而且还涉及到人的情绪、动机、个性和社会化等问题。它不仅包括动物的学习行为,还包括人类日常生活经验获得的学习以及对科学知识技能的学习。

学习的概念有广义和狭义之分。从广义上讲,学习是人和动物在生活过程中,凭借经验而产生的行为或行为潜能的比较持久的变化。如何理解这一定义呢?

首先,学习是一个中间变量,它介乎经验与行为之间,学习者必须凭借反复经验,才能有行为或行为潜能的持久变化,从练习到行为改变的函数关系,我们可以推知学习的存在。当人们表现出一种新的技能,如游泳、驾车、打字、编织等,我们即可推知,学习已经发生了。有时,人们通过学习获得的是一些一般性的知识,比如对现代艺术的鉴赏或对西方宗教的领会,这类学习往往不会在人们的日常行为中直接表现出来,但它们却影响着人们在将来对待某些事物的态度和价值观念,即它们改变的是人的行为潜能。固然,行为或行为潜能的变化可以通过外显的操作表现出来,但有时操作并不能反映出学习的全部内容。学生的考试成绩不好,不一定是学习没有发生,也可能是学生的考试动机过强或过弱所致。因此,学习并不等于操作。

第二,学习所引起的行为或行为潜能的变化是相对比较持久的。药物、疲劳、疾病等因素均能引起行为或行为潜能的变化,如运动员服用兴奋剂而提高了比赛成绩,工作人员因疲劳而降低了工作效率等等。但是这些变化都是非常短暂的,一段时间以后便都消失了。而学习则不然;我们学会游泳、滑冰、骑车,这些技能几乎终生不忘。知识观念的学习虽然有时也会发生遗忘或被以后的学习内容所取代,但相对于那些暂时性变化来说,它们的保持时间也还是比较持久的。

第三,学习是由反复经验而产生的。我们知道,个体的成熟乃至衰老也会使其行为产生持久的改变,如青春期的少年的嗓音变化,这种变化是由于身体的生理发育而引起的,是成熟的结果,与经验无关,因而不能称之为学习。经验产生学习大致有两种类型:一种是由有计划的练习或训练而产生学习,如学生在学校中的学习;另一种则是由偶然的生活经历而产生学习,如路遇交通事故而体会到遵守交通法规的重要性等等。学习虽然是由于经验而产生的,但学习也离不开个体的成熟,只有当个体具有一定的成熟准备时,经验才会发生作用。

我国古代教育家孔子说过,"学而时习之,不亦说乎"(《论语·学而》),又说"学而不思则罔,思而不学则殆"(《为政》)。这些话在一定程度上揭示了学习与练习、学习与情绪、学习与思维的关系。中国古文字的制字,例如斅字,也有这层意思。初习谓之学,复习谓之修。说文解字中,把学与效等同,上所施,下所效也。斅又当觉悟讲,学然后知不足,知不足然后能自反也。学与习是密不可分的,婴儿从不会叫妈妈到学会叫妈妈,这是一种学习,这是在反复练习中学会的,学会以后再重复、反复叫妈妈,这种活动没有什么变化就不再体现学习了。

上述分析说明,广义的学习是动物和人所共有的心理现象。学习不是本能活动,而是后天习得性活动,是由经验或实践引起的,而不是由于成熟、损伤、药物等引起的。任何水平的学习都将引起适应性的行为变化,不仅有外显行为的变化,也有潜在的个体内部经验改组和重建的变化,这些变化是相对持久的。不能把个体一切变化都归之为学习,那些由于疲劳、成熟、机体损伤以及其他生理变化所导致的行为变化,均不属于学习,只有通过反复练习、训练使个体行为或行为潜能发生相对持久的变化才能称之为学习。

由于人的学习与动物的学习有相似之处,因此,长期以来,心理学家把从动物学习的实验中找出的一些规律用以解释人的学习过程。例如,人在解决问题或遇到困难情境时,也要一次次"尝试错误",最后才找出解决问题的办法,学到某些技能和本领。有时百思不解,偶然也会突然领悟,发现问题的关键,使问题迎刃而解。但是,人类的学习和动物的学习相比,不仅在量上有巨大的差别,而且在质上的差别尤其显著。人类的学习是在生活实践中,在与其他人交往中,通过语言的中介作用进行的。人类的学习又是有目的的、自觉的、积极主动的过程。我国著名心理学家潘菽在他主编的《教育心理学》(1985)一书中,对人类的学习下了这样的定义:"人的学习是在社会生活实践中,以语言为中介,自觉地、积极主动地掌握社会的和个体的经验的过程"。学生的学习又是人类学习中的一种特殊形式,属于狭义的学习。学生的学习过程是在各类学校的环境中进行的,是一种特殊的认识活动,是按照教育目标的要求,在教师的指导下,有目的、有计划、有组织地进行的,是在比较短的时间内接受前人所积累的文化、科学知识和经验,并以此来充实自己。学生的学习不但要掌握知识经验和技能,还要发展智能,修养品德以及促进健康人格的发展。无论哪种形式的学习,都要从学习者在经验(指练习、训练或指导)的影响下,所引起的外显行为或行为潜能的相对持久的变化上来把握。

构成学习活动的要素主要是:(1)学习者。动物和人都能进行学习,它们是学习活动的主体。对于人来说,人有感官可以接受外界刺激或信息,中枢神经系统又可把从感官获得的信息进行编码、储存、加工,以便成为有用的经验。人有效应器官,能将所习得的知识、技能在行为反应中表现出来,这一切是学习活动的前提。(2)刺激情境。对人的感官施加影响的事件统称之为刺激情境。作用于学习者的刺激既有外部的,也有来自内部的,它们是产生学习活动的动因。(3)反应。先由刺激作用随后由神经活动引起的行为或动作称之为反应。上述三要素是任何学习活动所不可缺少的。我们正是通过可观察的刺激事件所导致的学习者的一系列可观察的行为反应,推知学习活动进行的情况。

三、学习的分类

学习是一种极其复杂的过程,尤其是人类的学习涉及的范围相当广泛,学习形式又是多种多样,对这样复杂的学习活动进行科学的分类是有一定困难的,许多心理学家试图对学习进行分类,由于各自的标准不同,依据不同,因此,至今尚未形成统一的学习分类。

心理学在传统上把学习划分为记忆学习、思维学习、技能学习和态度学习4类。

我国学者倾向把学生的学习分为知识的学习、动作技能的学习、心智技能的学习和社会生活规范的学习等4类。前3类重点在于形成学生的各种能力和才干,最后一类在于形成学生的道德信念和良好的道德品质及道德行为。这种分类比较符合我国培养学生德、智、体全面发展的要求。

苏联心理学家彼得罗夫斯基主张把学习分为两大类:一类是反射学习,指的是对一定刺激和一定反应的学习,这类学习是动物和人类所共有的,它包含着感觉的学习,运动的学习以及感觉运动的学习。另一类是认知学习,指的是掌握一定的知识、技能和行为举止的学习,是人类所特有的。其中又包含着实际的学习(实际知识和实际操作的学习)和理智的学习(即概念学习、思维学习和理智技能学习)。这种分类考虑了人和动物学习的本质区别,在人类学习方面,不仅照顾到内容、性质,还注意到学习水平的差别。在西方心理学中,影响较大的是加涅(R. M. Gagne)和奥苏伯尔等的学习分类,在此作重点介绍。

(一) 加涅的学习分类

加涅根据产生学习的情境由简单到复杂,由低级到高级,把学习分成 8 类,顺次排成一个层级。它们是:

1. 信号学习(signal learning)

这类学习,主要是建立在经典条件反射基础上的对信号刺激所作出的特定反应的学习,它是形成行为的最小单位,也是最基本的学习,包括不随意反应和情绪反应等。

2. 刺激——反应学习(stimulus——response learning)

这类学习比前一类复杂,它同引起骨骼肌肉等的运动有关,是建立在操作性条件反射基础上的学习。

3. 连锁学习(chaining)

这类学习是建立在一系列刺激反应动作联合基础上的学习,各种技能的形成,都离不开这类学习。例如,体育运动跳马,从助跑、踏板、腾翻到落地,就是一系列的刺激反应动作的结合和连锁化。

4. 语言的联合(verbal association)

与第三类的连锁学习一样,只不过它是言语单位的连接,即言语连锁化,是一系列连续性的词语联结。

5. 多样辨别学习(multiple discrimination)

是对多种刺激的异同进行辨别的学习,不但要辨别多种刺激的异同,而且要作出分化的反应。

6. 概念学习(concept learning)

在同多样辨别学习一样的学习情境中,对具有共同属性的多个刺激作同一的反应,换句话说,就是对事物的抽象特征的反应。例如,将猫、狗、猪、羊同花、草、树、山等刺激加以区别,并把它们用动物这个概念加以抽象,这就是概念学习。

7. 原理学习(principle learning)

所谓原理(或称法则)是指两个以上概念之间的关系。实际上,这是对多个概念的联合学习。例如,功＝力×距离 这一原理,涉及力和距离与功之间的关系,首先通过概念学习弄清什么是力和距离的概念,然后弄清力与功是什么关系,距离与功又是什么关系,最后功＝力×距离 这一原理也就能理解了。

8. 解决问题学习(problem solving)

在各种条件下,运用原理解决问题,从而达到最终的目的的学习。当碰到问题情境时,若能搬用先前学过的原理来处理,就学会了解决简单的问题。若无法搬用先前所学过的原理来处理,而要组合若干原理从而发现新的原理来处理,就学会了解决复杂的问题。总之,需要凭借解决问题,将新的原理作为知识来指导学习,在这中间克服思维定势,选取有效策略等,与此同时发展了与学习有关的能力,这种学习叫作解决问题学习。

1971年,加涅将这8类学习简化为6类:(1)连锁学习,(2)辨别学习,(3)具体概念学习,(4)定义概念的学习,(5)规则的学习,(6)高级规则的学习。加涅的学习分类其出发点是,从低级的学习向高级的学习发展;高级的学习要以较低级的学习为基础,如果低级的学习不充分,基础没打好,高级的学习就会出现问题。

1977年,加涅对上述6类的学习提出了5种结果,它们是:(1)智慧技能,表现为使用符号与环境相互作用的能力,也就是在头脑内部借助于言语,以简缩形式对事物的映象进行认知加工活动的方式。它是观念性的、内潜性的、简缩性的。例如,进行演算的技能和写作构思的技能等均属智慧技能。(2)认知策略,表现为通过概括化过程而发展起来的更为特殊的、习得的智慧技能,包括指导自己的注意、学习、记忆和思维等的能力。(3)言语信息,表现为学会陈述观念的能力。(4)动作技能,表现为平稳而流畅、精确而适时的动作操作能力。(5)态度,表现为影响着个体对物、对人或对某些事件的选择的倾向。加涅认为这5种结果是上述各类学习的结果,它们不存在等级关系。

(二) 奥苏伯尔的学习分类

1978年美国教育心理学家奥苏伯尔(D. P. Ausubel)根据学习进行的方式,把学习分为接受学习与发现学习;又根据学习材料与学习者原有知识结构的关系,把学习主要分为机械学习与意义学习。

1. 意义学习

所谓意义学习,就是通过符号、文字使学习者在头脑中获得相应的认知内容的学习。用奥苏伯尔的话说,意义学习就是将符号所代表的新知识与学习者认知结构中已有的适当观念建立非人为的和实质性的联系。

所谓实质性的联系是指表达的语词虽然不同,但却是等值的,也就是说这种联系是非字面的联系。例如,学习"等边三角形"这个新命题,应该把握"三条边相等的三角形"。学习者认知结构中已有关于三角形的表象及等边的概念,也观察过等边三角形构成的实物或图形,当他们学习这一新命题时,很自然地与他们原有认知结构中相应的表象、观念建立起联系。联系一旦建立,能用自己的话把这个新命题表述出来,即"任何三角形只要它们的三条边相等,它们就是等边三角形",或"等边三角形有三条等边"等等。表达的语词虽然不同,但概念的关键特征没变,它们引起的心理内容没变,这样就可以说,新知识与原有认知结构中的相应观念之间建立了实质性的联系。"新知识"是相对于学习者来说的,指个体新的认识。"认知结构"指个体观念的全部内容和组织,或是个体在某一领域的观念的内容和组织,它不包括先验的东西。

所谓非人为性联系是指有内在联系而不是任意的联想或联系,指新知识与原有认知结构中有关的观念建立在某种合理的或逻辑基础上的联系。例如,等边三角形的概念与学习者原有认知结构中已有的三角形的概念的联系是特殊与一般的关系。再如,学习者原有认知结构中已掌握了四边形的4个内角之和等于360°,现在学习新命题"三角形内角之和等于180°,他们可以推导出任何四边形都可以分成两个三角形,四边形内角之和为360°,那么,三角形内角之和当然等于180°。这种联系是部分与整体的联系,凡类似这种联系,都是非人为性的联系。

人为性的联系,通常指学习无意义音节或对偶联词等。因为这些材料不可能与人的认知结构中任何已有观念建立实质性联系,必须人为地赋予它们某种意义,这种意义与人的认知结构中的观念没有任何合乎逻辑的基础,可以因人而异,这样的学习就不是意义学习,而是机械学习。

(1) 意义学习的主客观条件:意义学习的产生既受学习材料本身性质的影响,也受学习者自身因素的影响,前者为影响意义学习的外部条件(客观条件),后者为影响意义学习的内部条件(主观条件)。

从客观条件来看,意义学习的材料本身必须满足能与认知结构中有关知识建立实质性和非人为性联系的要求,也就是说,材料必须具有逻辑意义,学习者的心理上是可以理解的,是在其学习能力范围之内的。这里所说的逻辑意义仍然指的是心理学标准。因为逻辑上有意义的材料,并不一定完全符合客观实际。一般来说,学生所学的教科书或教材,是人类认识世界的概括,都是有逻辑意义的。凡有逻辑意义的能被学习者理解,并与学习者的能力相适应的材料就具备了意义学习的客观条件。

从主观条件来看,首先,学习者必须具有积极主动地将符号所代表的新知识与认知结构中的适当知识加以联系的倾向性(心向)。其次,学习者认知结构中必须具有适当的知识,以便与新知识进行联系。如果学习材料本身有逻辑意义,而学习者认知结构中又具备了适当的知识基础,那么,这种学习材料对学习者来说就构成了潜在的意义,即学习材料有了和学习者认知结构中的适当观念建立联系的可能性。没有潜在意义是难以进行意义学习的。最后,学习者必须积极主动地使这种具有潜在意义的新知识与认知结构中的有关旧知识发生相互作用,使认知结构或旧知识得到改善,新知识就获得了实际意义,即心理意义。意义学习的目的,就是使符号代表的新知识获得心理意义。上述条件缺一不可,否则就不能构成有意义的学习。

(2) 意义学习的类型:奥苏伯尔根据学习内容的复杂程度,把意义学习分为3种类型:代表学习、概念学习和命题学习。

所谓代表学习是指学习单个符号或一组符号的意义,又称词汇学习,它是意义学习中的初级形式。在任何语言中,单词、词汇可以代表物理世界、社会世界、观念世界中的对象、情境、概念或其他符号,这种代表关系是约定俗成的,但对初学者来说,这些词代表什么,则一无所知,必须通过意义学习才能逐渐掌握。代表学习包含着认知结构中使新的符号和这些符号所代表的事物建立等值关系,例如,学习"书"这个词,起初的心理内容为一本特殊的自己常见的书的表象,以后为许多各式各样书的一般表象,最后为书的本质特征——书是传播知识的工具,即为概念。可见词汇学习过程反映了一个有意义的学习的认知过程。

概念学习是比较高级的形式,实质上是指掌握同类事物的共同的关键特征的学习。同类事物共同的关键特征,可以由学习者从大量同类事物的不同事例中独立发现,这种获得概念的形式叫作概念的形成。也可以用定义的方式向学习者呈现,学习者利用自己认知结构中原有的概念来理解它,这种获得概念的形式叫作概念的同化。学生学习概念往往是通过这两种方式来实现的,这也就是发现学习和接受学习。

概念学习以代表学习为前提,同时它又是命题学习的基础,因此,它是意义学习的核心。

命题学习是指学习由若干概念组成的句子的复合意义。命题可分为两类,一类是非概括性命题,只表示两个以上的特殊事物之间的关系,例如,"北京是中国的首都",这个命题只陈述一个具体事实，表明二者之间的关系，所以是非概括性命题，对这类命题的学习较为简单。如果命题表示的是若干事物或属性之间的关系，这类命题就是概括性命题，例如，"凡金属均遇热膨胀、遇冷收缩"这个命题虽然也是陈述了一种物理现象的事实，但它却概括了各种金属物质的温度与体积的因果关系。对上述两类命题的学习，学习者首先要了解命题中的有关概念的意义，然后使所学命题与原有认知结构中的适当概念或观念建立实质性和非人为性的联系。在这里，原有认知结构中的适当观念或概念在命题学习中起了"固定点"的作用。新命题与起固定点作用的观念大致可构成3种关系。其一，原有观念为上位的，而新命题中的观念为下位的，原有观念在包摄和概括水平上都高于新命题中的观念，新旧知识之间构成了"类属关系"又称"下位关系"，这种学习便称为下位学习。当新知识只作为旧知识中的一种特例，或作为原有命题的证据，它可以直接从认知结构中原有的具有更高概括性或包摄性的旧知识中推演出来。例如，学过正方形、长方形、三角形之后，已形成了轴对称图形的概念，这是上位观念。再学习圆形时，发现圆形也具有轴对称图形的一切特征，于是把"圆也是轴对称图形"这一新命题纳入原有轴对称图形的观念中，这种类属过程的结果，不仅使新命题获得了意义，而且使原有的旧知识得到充实、深化、扩展和精确化。其二，原有知识中的适当概念或观念是下位的，而新学习的观念是上位的，这种学习称为上位学习或总括学习。例如，学习者已学过感觉、知觉、表象、记忆、思维等心理现象，再学"认知过程"这个总括性概念时，新概念不仅总括了原有的一些概念，而且又获得了新的意义。其三，原有观念与新观念是并列的关系，通过并列结合使新知识与原有知识有一般性的吻合，由于它们都有潜在意义，因此可以被原有的知识同化而产生意义。让我们暂时称它为类列学习。例如，已了解热量与体积、质量与能量、遗传与变异、需求与价值等等关系，现在学习听觉响度与声强的关系。虽然新旧知识既不能从属，也不能总括，但它们之间仍有某些共同的关键特征。即后一变量随前一变量的变化而变化,根据这些共同特征,学习者就能理解新命题,并使它具有了意义。这类学习由于缺乏最适当的起固定点作用的观念,因此学起来一般比较困难。

总之,奥苏伯尔特别强调意义学习的内部心理过程及机制,无论类属学习、总括学习还是并列结合学习,都必须通过新旧知识的相互作用,其结果是新旧意义的同化,新知识获得了心理意义,旧有知识也发生了质和量的变化,重新形成一种新的认知图景。

2. 机械学习

(1) 机械学习的性质:机械学习是符号所代表的新知识与学习者认知结构中已有的知识建立非实质性和人为性的联系。学习者并未理解符号所代表的知识,只是依据字面上的联系,记住某些符号的词句或组合,是一种生吞活剥式的学习,或死记硬背式的学习。

(2) 造成机械学习的原因:从客观条件来看,机械学习与学习材料的意义性有关。学习材料的意义性既指材料本身的逻辑意义,也指它对学习者的潜在意义。例如,初学英语,对一些无规则动词的过去式及过去分词,只能进行机械学习。此外学习内容的深度和广度与学习者的认识能力的符合程度有关,两者符合度越小,意义性也越小,学习者越倾向进行机械学习。

从主观条件来看,学习者认知结构中缺乏相应的与新知识进行联系的知识,即使是有逻辑意义的材料,对学习者也构不成潜在意义,不能进行同化,只能靠人为的机械联想、外在强化来学习,这样就导致了机械学习。其次,缺乏意义学习的心向,缺乏主动地将符号所代表的新知识与认知结构中原有的适当的知识加以联系的倾向性,不善思考,不求甚解,缺乏使新旧知识结合起来并使之相互作用的积极性,即便学习材料对学习者具有潜在意义性,也无法使它变为心理意义,新知识不能获得实际意义而旧知识也没得到改造,这必然导致机械学习。

3. 接受学习

(1) 接受学习的性质:接受学习是在教师指导下,学习者接受事物意义的学习。接受学习也是概念同化过程,是课堂学习的主要形式。

接受学习适合于年龄较大,有较丰富的知识和经验的人。在接受学习中,所要学习的内容大多是现成的、已有定论的、科学的基础知识,包括一些抽象的概念、命题、规则等,通过教科书或老师的讲述,用定义的方式,直接向学习者呈现,这时不可能发现什么新知识,学习者只能接受这些已有的知识,掌握它的意义。学习者接受知识的心理过程表现为:首先在认知结构中找到能同化新知识的有关观念;然后找到新知识与起固定点作用的观念的相同点,最后找到新旧知识的不同点,使新概念与原有概念之间有清晰的区别,在积极的思维活动中,使新旧学习内容有机地结合起来,通过内化、融会贯通,使知识不断系统化。

(2) 接受学习的利弊:接受学习是学习者掌握人类文化遗产及先进的科学技术知识的主要途径。只要在教师的讲授和指导下,学习者可以尽快在较短时间内掌握大量的间接知识。接受学习所获得的知识是系统的、完整的、精确的,而且便于储存和巩固。它对发展学习者的抽象理解能力是有益的。接受学习并非是被动的、"填鸭式"的。它也是一个积极主动的思维过程,当然其积极主动的程度因人而异,这取决于学习者的需要和能力等因素。对于认知发展到相当成熟的人来说,接受学习所获得的知识,可以直接用于处理和解决实际问题中去。而对于认知发展水平较低者来说,用纯言语讲授或定义式呈现,难以使其真正理解抽象概念的意义。

4. 发现学习

(1) 发现学习的性质:发现学习是教师启发学习者独立发现事物意义的学习。发现不限于那种寻求人类尚未知晓的事物,正确地说,发现包括着用自己的头脑,改组材料,亲自获得知识的一切形式。发现学习适合于学前儿童和小学低年级学生,因为他们还缺少大量知识的基础,在他们的认知结构中还没有可利用的比较复杂的和高级的抽象概念以及能同化新知识的抽象形式,他们的学习仅处于概念形成阶段。发现学习是他们获得初级概念、具体事物的知识的典型手段。发现学习也适用于年长的学习者学习新学科或新材料的早期阶段,特别适合于学习某种专门学科的科学方法。

(2) 发现学习的利弊:在发现学习中,所要学的内容并未直接告诉学习者,仅是用启发的方式,向学习者呈现有关知识的正反例证,学习者必须通过独立思考,从这些例证中发现概念的关键特征或找出其规则。在学习中他们要进行一系列的智慧操作。例如,教小学三年级学生掌握"质数"概念时,教师给出一系列质数的正反例。

$2=2\times 1$,　2 是质数
$3=3\times 1$,　3 是质数,
$4=4\times 1=2\times 2$,　4 是合数
$5=5\times 1$,　5 是质数　　　　　　　　老师评定"正确"
$6=6\times 1=2\times 3$,　6 是合数
$7=7\times 1$,　7 是质数
$8=8\times 1$,　8 是质数　　老师评定"错了"
$9=9\times 1$,　9 是合数
$10=10\times 1=5\times 2$,　10 是合数
$11=11\times 1$,　11 是质数
$12=12\times 1=3\times 4=2\times 6$,　12 是合数　老师评定"正确"
$13=13\times 1$,　13 是质数
$14=14\times 1$,　14 是合数
$15=15\times 1$,　15 是合数

学生从正反例中推测出,一个数的等号后面没有其他等号的数可能为质数,因此,认为 8 是质数,说明他还没有真正发现质数的本质特征,通过继续对正反例的特征的辨别,提出假设并加以验证,回答对了,老师评定为正确,回答不对,老师评定"错了",通过这种强化,学生又重新提出假设,进行验证,最后真正发现了什么是质数的本质特征,并能用语言加以归纳概括,即一数除了能被 1 或它

本身整除之外不能被其他数除尽的数"。这时质数的概念就算形成了。作为概念的形成，包括有序的8个心理过程：辨别、抽象、假设、验证、选择、整合、分化、表述。

再如，小学五年级学生在学习计算圆的面积之前，先要掌握圆周率 $\pi = \dfrac{c}{d}$ 的规则，教师向学生提供一些有利于发现规则的线索并不直接告知其规则，取出大小不等的圆形物体，让学生测量它们的周长和半径，然后让他们一一用周长除以半径，比较其结果，学生会发现 π 是个常数。掌握了什么是圆周率，求圆的面积的问题就迎刃而解了。

发现学习首先要将提供的材料或既定的信息序列进行重新组织或转换，使之与已有的认知结构统一，并发现其中的隐蔽关系。然后，将它们整合并纳入认知结构之中，将发现的内容加以内化，从而获得新的意义。发现学习有利于激发学习者的好奇心及探索未知事物的兴趣，调动学习者的内部动机和学习的积极性，最大限度地为学习者提供自由回旋的余地，使其自然成熟并得到发展。发现学习有利于学习者批判性、创造性思维的发挥。发现学习是极为生动活泼的学习，它有利于学会发现的技巧和学习迁移的能力。但发现学习也是有限制的，它受学习材料、学习者发现水平和教师教学技巧及心理品质的制约。发现学习应根据教材性质和学习者的特点来灵活安排，扬长避短，可达到良好的教学效果，如果忽略这些，一味地无限制地推广发现学习，反而会弄巧成拙。

四、有关学习的理论

心理学中有关学习的理论很多。总的来说可分为两大类：一类是以巴甫洛夫、桑代克、斯金纳等为主要代表的联结理论（connectionism）；另一类是以格式塔派、托尔曼、勒温、布鲁纳、皮亚杰等为主要代表的认知理论（cognitive theory）。

联结理论继承了英国联想主义的心理学观点，认为心理可以分解为元素,复杂行为是建立在条件联系上的复合反应,因此,联结理论可称为刺激-反应(S-R)理论,属于行为主义学派的学习观。

认知理论则把"完形"、"图式"作为学习的单元,强调心理和学习中的整体性原则,重视学习中的认知机制所起的作用,可概括为信号—意义(S-S)理论,即信息经过知觉的再组织过程获得意义就是学习。

本章将对这两大学派中的主要学说进行概述。

第二节 学习的联结理论

一、巴甫洛夫的条件反射学说

巴甫洛夫(Ivan Pavlov,1849—1936)是俄国生理学家,他于19世纪末到本世纪初对动物行为进行了开创性的研究,因而获得了1904年诺贝尔生理科学奖。巴甫洛夫以狗为实验对象,他在研究中发现,当实验助手将食物放入实验动物口中后,狗的唾液分泌量开始增加,这是自然的生理现象。但巴甫洛夫发现,狗在吃到食物以前,其唾液分泌量就开始增加了。最初,狗是在看到食物的时候,唾液分泌量增加,后来则发展到未见食物,只见到送食物的助手,甚至只听到助手走来的脚步声时,唾液分泌量便开始增加。巴甫洛夫将这种唾液分泌现象称为"心理的分泌"(psychic secretions),并由此开始了其著名的条件作用研究。为了与后来发展起来的操作条件作用(operational conditioning)相区分,巴甫洛夫的条件作用称为经典条件作用(classical conditioning)。

(一)经典条件作用实验范型

狗的唾液分泌行为是一种反射性行为,它是由对狗具有生物意义的特定刺激而自动引发的,是一种不学就会的非习得反应。而在巴甫洛夫观察到的"心理的分泌"现象中,狗却学会了对一些中性刺激(对其不具有生物意义的刺激,如助手的形象、助手的脚步声)作出这种反射性反应。巴甫洛夫认为这是一种条件性的作用(conditioning)。

巴甫洛夫将狗置于经过严格控制的隔音实验室内。食物通过遥控装置可以送到狗面前的食物盘中。狗的唾液分泌量通过仪器可以随时测量并记录。实验开始后,首先向狗呈现铃声刺激,铃响半分钟后便给予食物,于是可观察并记录到狗的唾液分泌反应。当铃声与食物反复配对呈现多次以后,仅呈现铃声时,狗也会作出唾液分泌反应,这就是条件反射的建立(图7-3)。

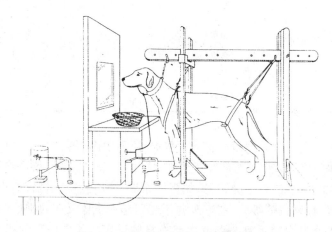

图7-3 经典条件作用的实验装置

由经典条件作用实验可以得出经典条件作用范型(表7-1)。在条件作用发生之前,刺激与反应之间存在着一种自然的关系:食物(US)可以诱发狗的唾液分泌反应,这时食物叫作无条件刺激(US),诱发的唾液分泌反应称为无条件反应(UR);铃声可以诱发狗的定向反应,即对新异刺激表现出的一种一般性注意反应,但却不能诱发狗的唾液分泌,这时铃声叫作中性刺激(NS)。在实验过程中,由于每次铃响之后都紧跟着呈现食物,因而狗每次都有唾液分泌。在铃声与食物经过多次匹配之后,单独呈现铃声时,狗也出现了唾液分泌。这就是说,经过条件联系的建立,中性刺激铃声具有了诱发原来仅受食物制约的唾液分泌反应的某些力量。由于发生了学习,因此最初的中性刺激现在叫作条件刺激(CS),单独呈现条件刺激所引起的反应则叫作条件反应(CR)。

表 7-1 经典条件作用范型

条件作用之前	NS（铃声） US（食物）	⟶ UR（定向反应） ⟶ UR（唾液分泌）
条件作用期间	NS（铃声） US（食物）	⟶ UR（唾液分泌）
条件作用之后	CS（铃声）	⟶ CR（唾液分泌）

经典条件作用范型揭示了联合学习的根本特性,它阐明了有机体是怎样认识配对的刺激事件之间的关系的。经典条件作用学习在日常生活中十分常见,如望梅止渴、谈虎色变、怕猫、怕狗、怕牙医、怕强盗等等,一些本来并不能引起有机体反应的中性刺激,由于在过去曾反复与能够引起有机体反应的无条件刺激相伴出现,因而变成了预示无条件刺激到来的信号,所以也能引起有机体的反应。

（二）经典条件作用的规律

1. 获得

CS 反复与 US 相匹配,从而使被试学会对 CS 作出 CR 的过程叫作条件作用的获得。

在条件作用的获得过程中,CS 与 US 之间的时间间隔十分重要,二者只有在时间上非常接近,才能被知觉为是相互关联的。经典条件作用共有 4 种时间模式（图 7-4）：(1)延迟性前置条件作用——CS先于US出现并延续到US开始;(2)痕迹前置条件作用——CS先于US出现但并不持续到US开始,而CS的记忆痕迹则持续到US开始;(3)同时性条件作用——CS与US同时呈现并同时撤除;(4)后置条件作用——CS出现在US之后。在上述4种时间模式中,CS先于US出现的前置条件作用即(1)和(2)是最为常见的,效果也最好;同时性条件作用其次,而在后置条件作用中,CS并不能预言US的到来,因而不具有信号价值。

除时间因素以外,刺激的强度也是影响条件作用获得的重要因素。当某一中性刺激在背景中较其他中性刺激更为突出、更加引人注目时,对这一中性刺激的条件作用就比其他中性刺激更容易形成。通常,一个熟悉情境中的强烈的、新异的刺激与一个陌生情境中的强烈的、熟悉的刺激都能产生很好的条件作用。

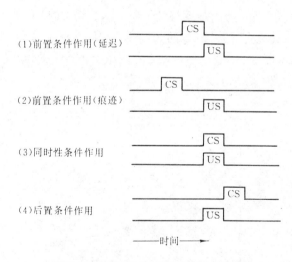

图7-4 经典条件作用的四种时间模式

2. 消退与自发恢复

当CS出现之后不再呈现US时,对CS作出的CR则会变得越来越弱,最后便消失了,这种现象称为条件作用的消退。但是,这种消退现象只是暂时的,休息一段时间以后,当CS再次单独出现时,CR又会以很微弱的形式重新出现。这种已经明显消退了的CR在没有进行两个刺激(CS与US)的重新匹配而重新出现的现象叫作自发恢复。当然,随着进一步的消退训练,这种自发恢复了的CR又会迅速变弱。然而,要完全消除一个已经形成的CR则比获得这个反应要困难得多。

3. 刺激泛化与刺激分化

人和动物一旦学会对某一特定的CS作出CR以后,其他与该特定CS相类似的刺激也能诱发其CR。例如,如果实验动物学会了对一个高音分泌唾液的话,那么,一个稍低一点的音调也会诱发它的唾液分泌反应。曾经被一条大狗咬过的孩子,看见非常小的狗也可能产生恐惧。这种CR自动扩展到CS以外的其他刺激上的现象叫作刺激泛化。新的刺激与CS越相似,其诱发的CR就越强烈。如果我们把新的刺激与CS的相似性有规则地逐步缩小并测量其诱发的CR的强度,我们便可以看到刺激泛化的梯度(如图7-5)。

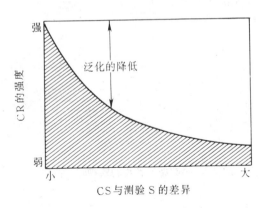

图 7-5　刺激泛化的梯度

在自然生活情境中,刺激很少每次都以完全相同的形式出现,这就需要借助于刺激泛化将学习范围扩展到原初的特定刺激以外。事实上我们的学习也正是如此,学会了英语后再学习德语就比不懂英语的外国人容易,这就是因为英语的某些成分对学德语起了泛化的作用。但是,刺激泛化虽然对扩大学习范围来说非常重要,但有时它也会带来许多麻烦。因为引起泛化的刺激对引起的泛化反应来说,有时是不准确或不精确的。因此,在许多时候,我们需要把一些类似的刺激区分开,也就是需要刺激分化。

所谓刺激分化指的是通过选择性强化和消退使有机体学会对CS和与CS相类似的刺激作出不同反应的一种条件作用过程。在巴甫洛夫的实验研究中,为了使狗能够区分开圆形和椭圆形光圈,实验者采取分化训练程序,即只在圆形光圈出现时才给予US进行强化,而在呈现椭圆形光圈时则不给予强化。经过一段时间的训练以后,狗便可以学会只对圆形光圈作出唾液分泌反应而不理会椭圆形光圈。

刺激泛化和刺激分化是互补的过程,泛化是对事物的相似性的反应,而分化则是对事物的差异的反应。泛化能使我们的学习从一种情境迁移到另一种情境,而分化则能使我们对不同的情境作出不同的恰当反应,从而避免盲目泛化。

4. 厌恶性条件作用

在经典条件作用实验中,以引起个体痛苦或使个体厌恶的刺激(如电击、噪音等)作为US来建立条件反应,结果发现它们也能控制个体的行为。像这种以对有机体具有消极价值的刺激作为US而进行的条件作用,称为厌恶性条件作用。例如,电击是一个US,它能引起实验动物大腿肌肉的收缩反应,如果在每次电击大腿之前,都先呈现一个铃声刺激,反复几次以后,单独呈现铃声时,有机体也会出现肌肉收缩反应。

在对厌恶条件作用的研究中,人们发现了一个重要现象,即:伴随着厌恶刺激,有机体形成的不仅仅是对CS作出特定的条件性肌肉反应,而且形成了一种一般性恐惧反应。以人类为被试对条件性恐惧进行的一项早期的研究是由华生和雷纳(R. Rayner)对一个名叫艾伯特的婴儿进行的。艾伯特原来并不害怕小白鼠,曾与小白鼠一块儿玩过许多次。但在实验中,每当小白鼠出现后,艾伯特正欲伸手触摸小白鼠时,实验者便在艾伯特身后发出一个敲击声,艾伯特受到惊吓,不敢再摸小白鼠。这种实验程序重复了几次以后,艾伯特在再看见小白鼠时,便开始哭叫并迅速躲避。艾伯特习得的这种恐惧反应后来泛化到了小白兔、白围巾等其他物体上。华生的实验证实了一个重要的假设,即恐惧是通过条件作用形成的。这一结论具有重要的意义:既然恐惧是通过学习获得的,那么它就可以通过另一种学习来消除。后来的研究者对此作了进一步的探讨,从而提出了许多有效的治疗技术。

5. 二级条件作用

在条件作用形成以后,CS 可以像 US 一样诱发出有机体的反应,从这种意义上说,CS 似乎成了一种"替代性"的 US。那么,这种已经条件化了的 CS 能否用来代替 US,从而使另外一个 NS 条件化呢?巴甫洛夫对此进行了研究:首先将灯光(CS_1)与食物(US)反复匹配,形成对灯光的唾液分泌反应(CR)。然后,将铃声(CS_2)与灯光(CS_1)反复匹配而无食物(US)呈现。最后,单独呈现铃声(CS_2)。结果发现实验动物也产生了唾液分泌反应(CR)。这种由一个已经条件化了的刺激来使另外一个中性刺激条件化的过程,叫做二级条件作用。

在二级条件作用中,条件作用的发生不再需要具有生物力量的 US 的帮助,因而它极大地拓宽了经典条件作用的领域。二级条件作用可以帮助我们理解许多复杂的人类行为。在日常生活中,人们的很多行为往往都不是由 US 直接引起的,而是通过初级条件作用和二级条件作用,由与 US 有着直接或间接联系的 CS 所引起的。以广告为例,一些广告上的产品本来并不能引起人们的注意,但是,由于广告设计者将这些产品与一些诱人的刺激形象以及一些赞赏性的语言匹配在一起,因而引起了人们对它们的好感与青睐。我们对许多事物的态度也都是这样在无意中形成的。

经典条件作用使有机体学会了对单独出现的特定刺激作出反射性反应。它解释了有机体是如何学会在两个刺激之间进行联系,从而使一个刺激取代另一个刺激并与 CR 建立起联结的。但是在经典条件作用中,有机体所作出的反应都是由刺激诱发出的不由自主的反应,是无意识地作出的,不受意识支配,而诱发有机体反应的刺激则是由环境安排的,它们是否出现以及何时出现都不受有机体的控制。因而,经典条件作用无法解释有机体为了得到某种结果而主动作出某种随意反应的学习现象,如:小孩为了得到母亲的表扬而主动做家务,工人为了得到加班费而主动加班,等等。下面将讨论的操作性条件作用则解释了这类学习。

二、桑代克的尝试-错误学习

桑代克(E. L. Thorndike,1874—1949)是美国著名的心理学家,他于1896年开始从事动物学习实验,从而开创了对动物的随意行为进行实验研究的先河。桑代克的"迷笼实验"最为经典,他将饥饿的猫置于特别设计的迷笼中(见图7-6),笼外放有食物,使猫可望而不可及。只有当猫触动迷笼的机关时,笼门才会自动打开,于是猫可出笼得食。桑代克通过系统观察发现:猫在初进迷笼时乱抓乱撞,在紊乱的活动中,偶然触动了机关,从而吃到了食物。在以后的重复实验中,猫在笼中的紊乱动作随着练习次数的增加而逐渐减少,最后,猫可以一进迷笼就触动机关,出笼得食。

根据迷笼实验结果,桑代克建立了他的学习理论。桑代克的学习理论主要有两大要点:第一,学习的实质是通过尝试与错误(trial and error)从而在一定的情境和一定的反应之间建立起联结。迷笼中的猫本可以自由地作出许多不同的反应,但经过反复尝试,那些错误而无效的动作逐渐被淘汰,而正确且有效的动作则被保留下来。这就是桑代克提出的著名的"尝试-错误"理论。在多次尝试-

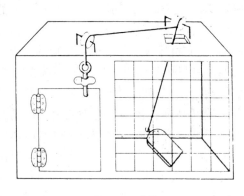

图 7-6 迷笼

错误中猫便学会了从多种反应中选择其一与特定的情境建立联结。第二，在尝试-错误学习过程中，某一反应之所以能够与特定的情境建立联结是因为该反应(触动机关)之后能够获得满意的效果(出笼得食)，此即桑代克的效果律。桑代克原来提出的学习规律为：练习律、效果律以及稍后补充的准备律。练习律指，在其他条件相等的条件下，经过练习的联结得以保存，未经练习的联结则会减弱或消失。准备律指，个体准备进行这一刺激与反应之间的传导，传导就会导致满足；而不准备进行这样的传导，传导则会导致烦恼。后来他发现，(1)练习本身并不促进学习，只有在伴随奖赏或知道结果的情况下才有利于学习。(2)惩罚并不会使学到的东西消失，只是抑制了这些反应的出现，当不再给予惩罚时，这些反应还会出现。因此，只有把练习律与效果律结合起来才能起作用，并认练习律是效果律起作用的条件之一。(3)准备律中使用的"满足"、"烦恼"，实质上也是从属于效果律的。对于联结来说，若反应之后得到了满足，则联结的力量便增强；若反应之后得到了烦恼，则联结的力量便减弱。从以上这3点可以看出，桑代克的效果律是学习的主要规律，练习和个体的准备状态均从属于联结的最后效果。

三、斯金纳的操作性条件作用

桑代克的尝试-错误学习与效果律理论盛行于本世纪初,到30年代以后,美国心理学家斯金纳改进了桑代克的实验设计,并以白鼠和鸽子等动物为被试进行了精密的实验研究,从而提出了操作性条件作用理论。

斯金纳在桑代克的迷笼基础上创设了斯金纳箱(见图7-7)。箱内有一个伸出的杠杆,下面有一个食物盘,只要箱内的动物按压杠杆,就会有一粒食丸滚到食物盘内,动物即可得食。斯金纳将饥饿的白鼠关在箱内,白鼠便在箱内不安地乱跑,活动中偶然压到了杠杆,则一粒食丸滚到食物盘内,白鼠吃掉了食丸。以后白鼠再次按压杠杆,又可得食。由于食物强化了白鼠按压杠杆的行为,因此白鼠在后来按压杠杆的速率迅速上升。

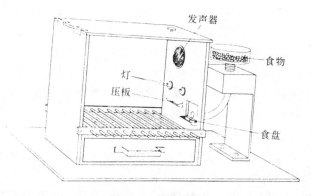

图 7-7 斯金纳箱

斯金纳通过研究发现,有机体作出的反应与其随后出现的刺激条件之间的关系对行为起着控制作用,它能影响以后反应发生的概率。由此,斯金纳建立了他的操作性条件作用理论:学习是一种反应概率上的变化,而强化是增强反应概率的手段。如果一个操作(自发反应)出现以后,有强化刺激尾随,则该操作的概率就增加;已经通过条件作用强化了的操作,如果出现后不再有强化刺激尾随,则该操作的概率就减弱,甚至消失。

斯金纳的实验虽然与桑代克的迷笼实验一样,旨在探讨个体在有限度的自由活动的环境中,如何在其已有反应中,学会运用其中的某一反应,去达到某种目的。但是,斯金纳的操作性条件作用理论则抛弃了桑代克的效果律。在斯金纳看来,任何解释性理论都是完全不必要的,因为它并不能告诉我们怎样操纵环境才能控制行为,我们所需要的是系统地描述有机体的行为与其所处的环境条件之间的可预言的关系。斯金纳及其后来的研究者们通过控制行为与其结果之间的各种相倚关系,对操作性条件作用作了进一步的系统研究,从而完善了操作性条件作用原理。

（一）操作性条件作用的基本概念

斯金纳认为,人和动物的行为有两类:应答性行为和操作性行为。应答性行为是由特定刺激所引起的,是不随意的反射性反应,又称引发反应。而操作性行为则不与任何特定刺激相联系,是有机体自发作出的随意反应,又称为自发反应。应答性行为是经典条件作用的研究对象,而操作性行为则是操作性条件作用的研究对象。在日常生活中,人的行为大部分都是操作性行为,因此,对操作性行为的研究更能揭示人在实际生活中的学习规律。

强化也是一种操作,强化的作用在于改变同类反应在将来发生的概率,而强化物则是一些刺激物,它们的呈现或撤除能够增加反应发生的概率。

强化有阳性强化（积极强化、正强化）与阴性强化（消极强化、负强化）之分。在操作性条件作用中,无论是阳性强化,还是阴性强化,都能增加以后发生反应的概率。

在操作性条件作用中,通过对强化物的控制,有机体不仅可以学会做什么、不做什么,而且还可以学会在什么时候去做、什么时候不做。这意味着有机体可以对强化物的意义作出区分,这意味着有机体可以对刺激信号的意义作出区分。那些与强化物建立过联系的刺激称作辨别刺激。

辨别刺激与经典条件作用中的 CS 有所不同。CS 能够引发有机体的行为(CR),而辨别刺激并不能引发有机体的行为,它只是预示行为反应之后是否出现强化物的一种信号,有机体的行为仍然是主动作出的自发反应,它靠行为出现后的结果(有无强化物)来维持。

(二) 操作性条件作用的 4 种类型

操作性条件作用范型由 3 个部分组成:辨别刺激——提供行为结果的信息;操作性行为——有机体的自发反应;强化物——继行为出现之后并与行为相倚。根据这 3 个部分组合的不同特点,操作性条件作用可分为 4 种类型:

1. 奖赏

有机体自发作出某种反应,从而得到了阳性强化物,那么,此类反应发生的概率便增加。这一现象表明了积极强化在塑造行为中的重要作用。在日常生活中,人们常在自觉或不自觉地运用奖励对他人的行为进行积极强化。例如,教师对上课守纪律的学生进行表扬,家长对考试成绩好的孩子给予物质奖励,公司老板为努力工作的雇员增加薪水等等。奖励虽然是塑造行为的有效手段,但是奖励的运用必须得当,否则便会强化不良行为。这一点在教育中尤为重要。

2. 逃避条件作用与回避条件作用

当厌恶刺激或不愉快情境出现时,有机体作出某种反应,从而逃避了厌恶刺激或不愉快情境,则该反应在以后的类似情境中发生的概率便增加。这类条件作用称为逃避条件作用。逃避条件作用是一种消极强化的条件作用类型,它揭示了有机体是如何学会摆脱痛苦的。在日常生活中,逃避条件作用也仍不乏其例。如看见路上的垃圾后绕道走开,感觉屋内人声嘈杂时暂时离屋,等等。在许多情境下,逃避条件作用所维持的行为往往都是不满意行为。

然而,当预示厌恶刺激或不愉快情境即将出现的刺激信号呈现时,有机体自发地作出某种反应,从而避免了厌恶刺激或不愉快情境的出现,则该反应在以后的类似情境中发生的概率便增加。这类条件作用则称为回避条件作用。回避条件作用是在逃避条件作用的基础上建立的,是个体在经历过厌恶刺激或不愉快情境的痛苦之后,学会了对预示厌恶刺激或不愉快情境的信号作出反应,从而免受痛苦。如过马路时听到汽车喇叭声后迅速躲避,违章骑车遇到警察时交纳罚金,等等。回避条件作用与逃避条件作用都是消极强化的条件作用类型,但二者又有着明显的不同。在逃避条件作用中,厌恶刺激或不愉快的情境在有机体作出反应之前就已经出现了,而在回避条件作用中,厌恶刺激或不愉快的情境因有机体事先作出的反应而得以避免,正因为如此,采用回避条件作用来维持行为比采用逃避条件作用更主动,更经常。

3. 消退

有机体作出以前曾被强化过的反应,如果这一反应之后不再有强化物相伴,那么,此类反应在将来发生的概率便降低,称为消退。在操作性条件作用中,无论是积极强化的奖赏,还是消极强化的逃避与回避条件作用,其作用都在于增加某种反应在将来发生的概率,以达到塑造行为的目的,而消退则不然。消退是一种无强化的过程,其作用在于降低某种反应在将来发生的概率,以达到消除某种行为的目的。因此,消退是减少不良行为、消除坏习惯的有效方法。但用得不当往往起着消蚀人的积极性的作用。

4. 惩罚

当有机体作出某种反应以后,呈现一个厌恶刺激或不愉快刺激,以期消除或抑制此类反应的过程,称作惩罚。惩罚与消极强化有所不同,消极强化是通过讨厌刺激的排除来增加反应在将来发生的概率,而惩罚则欲通过厌恶刺激的呈现来降低反应在将来发生的概率。但是,以不愉快刺激对动物的实验表明,惩罚对于消除行为来说并不一定十分有效。讨厌刺激停止作用以后,原先建立的反应会逐渐恢复。因此,惩罚并不能使行为发生永久性的改变,它只能暂时抑制行为,而不能根除行为。因而,惩罚的运用必须慎重,惩罚一种不良行为应与强化一种良好行为结合起来,方能取得预期的效果。

(三) 经典条件作用与操作性条件作用的比较

经典条件作用与操作性条件作用是联结理论解释一切学习现象的两个普遍适用的学习原理,两者影响着人和动物的两种不同类型的行为。经典条件作用与操作性条件作用既有类似之处,也有各自不同的特点,二者的比较见表 7-2。

表 7-2 经典条件作用与操作性条件作用的比较

	经典条件作用	操作性条件作用
强化程序	UCS 伴随着 CS 先于 CR 出现	R 先于积极强化物的呈现或消极强化物的撤除
消退程序	CS 出现时,不再有 UCS 相伴随	先前曾被强化过的 R 出现后,不再被强化
刺激的作用	特定 S 产生 R	无特定刺激产生 R
反应的特点	反应是诱发的	反应是自发的
观察到的变化	先前的 CS 诱发 CR 的有效性发生变化	反应的速度、力量、频率发生变化
涉及的神经系统	通常是自主神经系统	通常是躯体神经系统
习得的行为	应答性行为	操作性行为(工具性行为)

四、联结理论的发展和影响

联结理论的建立与行为主义发展处于相同年代,从而深受行为主义的影响。例如桑代克的尝试-错误理论就是建立在刺激和反应之间的联结之上的,这乃是行为主义的基本模式。桑代克也认为,心理学应该研究人的行为,而不是心理成分或意识经验,这一主导思想与行为主义理论完全一致。

联结理论对当时以及现在的学习研究有深远的影响。其影响涉及学校教学理论和方法的改变以及人的一般行为的塑造上。

(一) 程序教学(programmed instruction)

程序教学是用书面教材或用仪器呈现的教材进行自学的一种方法,是根据斯金纳的操作条件作用原理设计的。它把一门课程学习的总目标分为几个单元,再把每个单元分成许多小步骤,学习者在学完每一步的课业后,就会知道自己的学习结果,即得到强化,再按顺序进入下一步骤的学习,直到学完一个个单元。学习中,学生可按自己的能力和学习进度,逐步达到总目标。

程序教学的程序可分为两类:(1)线性程序。通过许多极小的步骤循序渐进地学,一步步地巩固,可以不出现错误。(2)分支程序。教材的每一步骤都有几种可能的答案供学生选择。选择了正确答案就进入下一步学习;选择了错误答案,教材就指引学生转向改正错误的学习步骤。学生在改正了错误以后,再进入与之相联的下一步学习。可见,无论是线性程序还是分支程序,程序教学均系按照操作条件作用的奖赏、强化、惩罚等原理编制的,符合一般的学习规律。

(二) 生物反馈(bio-feedback)

自从以实验法对学习进行研究以来,心理学家们一直相信,受自主神经系统支配的应答反应,如心跳、呼吸、血压、胃肠收缩等内部过程是不受意识控制的,它们只能按经典条件作用规律来习得。但是到了60年代晚期,美国的生理心理学家们发现,应答反应也能按操作性条件作用规律来学习,这就是生物反馈训练。

米勒(N. Miller,1968)报告了对人类被试进行生物反馈训练的成功经验。他们的具体做法是:利用专门的仪器记录人的内部生理过程,通过显示系统将这些过程的变化转变为信号或读数,让本人看到、听到或感到它们的改变。通过操作条件作用的机制,连续对内部生理过程的正确反应进行强化,这样,被试虽然不能意识到这些内部过程,但能学会控制它们。如果病人得到生物反馈的训练,学会调节不正常的生理活动,就能在一定程度上改善某些症状。生物反馈技术目前已广泛地用于临床治疗心脏病、高血压、偏头痛等心身疾病以及调节体内平衡诸多领域,取得了一定的治疗效果。

（三）**行为塑造与行为矫正**(behavioral shaping and modification)

在操作性条件作用的范例中,不但能通过强化来控制行为,还可通过操作性训练来塑造行为。例如,训练狗用鼻子去按响蜂鸣器的行为,就要有一个塑造的过程。首先要训练与所要塑造的相接近的行为,即在它走近蜂鸣器时给予食物强化,再逐步训练它越来越靠近蜂鸣器的行为,进行逐步强化,直至达到预期目的。塑造是训练和豢养动物的常用技术。以同样的逐步强化的原理也可以塑造小孩和精神疾病患者所应有的行为。

通过逐步强化可以塑造所期望的行为,通过消退则可以消除不期望的行为。即通过不给予强化来减少某类行为出现的可能性。例如,小孩常常有些无理的哭闹是学习的结果,他们以哭闹的方法来收到预期的目的,如要买玩具、要吃冷饮等等。为矫正这种行为就不应再给以强化,因为父母的无端让步实际上起着强化不正确行为的作用。不去强化而去淡化,既可消除不正确行为,又不会带来诸如惩罚等导致的感情受挫伤的副作用。

第三节 学习的认知理论

自古以来,对人类学习的解释就有两大理论取向:经验主义者将学习视为个体受环境条件支配而被动形成的行为改变;理性主义者则将学习视为个体对环境事物认识后的主动选择。哲学上的经验主义与理性主义,后来分别演变成了心理学上的行为主义与认知心理学。

行为主义者认为,一切学习都是通过经典条件作用与操作性条件作用,从而在S-R之间建立直接联结的过程。强化在S-R联结的建立中起着重要作用。在S-R联结之中,个体学到的是习惯。习惯是反复练习与强化的结果。习惯一旦形成,就会有自动化的倾向:只要原来的或类似的刺激情境出现,学得的习惯性反应就会自动出现。诚然,在人们的日常生活中,许多简单行为的学习确实如此。例如,人们走路的姿态、说话的腔调以及书写的字体等等,都是人们习得的习惯。但是,对于复杂行为而言,仅用S-R联结与习惯的形成来作出解释则未免过于简单化。小学生在学习解答应用题时,并不是简单地通过练习与机械记忆,在问题情境与算法之间建立直接联系,并养成运用某种算法的习惯,而是需要对整个问题情境进行知觉与理解,领悟其中的各种条件之间的关系以及条件与问题之间的关系,方能确定算法。可见,主体的认知过程在复杂学习中起着主要的作用。

持认知观点的心理学家正是从主体的认知过程着眼,进行了一系列实验研究,从而对学习作出了与行为主义者不同的解释。按照认知观点,学习并不是在外部环境的支配下被动地形成S-R联结,而是主动地在头脑内部构造完形、形成认知结构;学习并不是通过练习与强化形成反应习惯,而是通过顿悟与理解获得期待;有机体当前的学习依赖于他从记忆中抽取的认知结构和当前的刺激情境,学习受主体的预期所引导,而不是受习惯所支配。上述认知解释对于简单学习而言,似乎过于烦琐,但在分析复杂学习时,则具有较大的理论指导意义。

一、顿悟学习

格式塔心理学家柯勒曾在1913—1917年间,对黑猩猩的问题解决行为进行了一系列的实验研究,从而提出了与当时盛行的桑代克的联结主义学习理论相对立的第一个认知学习理论——学习的完形学说(Gestalt learning theory)。

柯勒的学习研究是用黑猩猩进行的问题解决实验。他们在一系列实验中,在黑猩猩的笼内放有箱子,笼顶悬挂食物(香蕉),简单的问题情境只需要黑猩猩运用一个箱子便可够到香蕉,复杂的问题情境则需要黑猩猩将几个箱子叠起,方可够到香蕉。在另一系列实验中,笼外放有食物,食物与笼子之间放有木棒。对于简单的棒子问题,黑猩猩只要使用一根木棒便可获取食物,复杂的棒子问题则需要黑猩猩将两根木棒接在一起(一根木棒可以插入另一根木棒),方能获取食物。柯勒通过观察黑猩猩解决上述问题时的行为发现,黑猩猩在面对问题情境时,在初次拿取食物的行动不成功之后,并未表现出盲目的尝试-错误的紊乱动作,而是坐下来观察整个问题的情境,后来突然显出了领悟的样子,并随即采取行动,顺利地解决了问题。

柯勒由此指出,"真正的解决行为,通常采取畅快的、一下子解决的过程,具有与前面发生的行为截然区分开来而突然出现的特色"。这就是柯勒指明的顿悟(insight)。

根据顿悟学习的研究,柯勒创立了完形学说。完形学说关于学习主要有两个要点:

(一) 学习是通过顿悟过程实现的

顿悟往往出现在若干尝试与错误的学习之后,不是桑代克所说的那种盲目的、胡乱的冲撞,而是类似于"验证假说"的一种有目的的程序。动物似乎在试验一些"假说",然后抛弃一些错误的"假说"。建立和验证"假说"必须依赖以往的有关经验,包括对情境的全局进行知觉,和构成情境中各成分之间的各种关系。黑猩猩只有在清楚地认识到了这些成分之间的关系之后,顿悟才能出现。换言之,顿悟是对目标和达到目标的手段、途径之间的关系的理解。关系的掌握就是理解的过程。

(二) 学习的实质是在主体内部构造完形

完形是一种心理结构,它是在机能上相互联系和相互作用的整体。人的每种经验都是一个整体,不能从其组成部分简单地加以说明;总体不是部分的简单相加,整体总是多于各个部分的总和。

在学习中,对情境或客观条件的各个部分之间的关系的理解不是一种渐进的过程,而是突然的领悟,也就是顿悟。顿悟过程即完形的构造过程。

完形学说是关于学习的最早的一个认知理论。它肯定了主体的能动作用,强调心理具有一种组织的功能,把学习视为个体主动构造完形的过程,强调观察、顿悟和理解等认知功能在学习中的重要作用。这对反对当时联结论的机械性和片面性具有重要意义。

柯勒的顿悟学习与桑代克的尝试-错误学习针锋相对。事实上,两种学说并不必然互相排斥和绝对对立。尝试与错误往往是顿悟的前奏,顿悟则是练习到某种程度时出现的结果。学生在掌握任何一个数学公式的过程,有一个常常发生的规律性现象:在老师讲解的前提下,学生首先通过计算的反复练习——做习题,掌握了公式所陈述的各部分之间的关系,最终才能领悟到公式的真正含义。在此后的做题中,对公式的运用才能自如,也就是达到了真正的理解。由此可见,尝试-错误和顿悟在人类学习中均极为常见,它们是两种不同方式、不同阶段或不同水平的学习类型。一般说来,简单的、主体已有经验可循的问题解决,往往不需要进行反复的尝试-错误;而对于复杂的、创造性的问题解决,大多需要经过尝试-错误的过程,方能产生顿悟。

二、方位学习

继柯勒的顿悟学习实验以后,美国心理学家托尔曼(E. C. Tolman,1886—1959)等人又以方位学习实验,反驳了 S-R 联结理论,从而证实并发展了学习的认知观点。

托尔曼等人的方位学习实验以三路迷津学习最为著名。该实验以白鼠为对象,研究其在三路迷津(图 7-8)中的取食行为。实验分预备练习与正式实验两个阶段。在预备阶段,先让白鼠有机会走过迷津中的每一条通路,使其熟悉迷津的整个环境,并确定其自起点到达食物箱时对 3 条通路的偏好程度。结果发现,白鼠对第一条通路偏好最高。预备实验结束以后,进行正式实验。首先,在 A 处将第一通路阻塞,结果发现,白鼠从 A 处迅速退回,改选第二通路。此后,再在 B 处将第二通路阻塞,此时,白鼠才改选最远、练习最少的第三条通路,三路迷津的正式实验是以随机的方式在 A 处或 B 处设置阻塞,并随时观察白鼠如何应付问题。结果发现,白鼠能够根据受阻情境,在迷津中随机应变,选择最佳的取食路径。

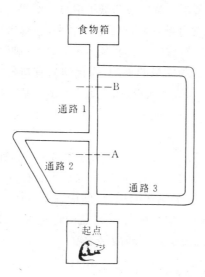

图 7-8　三路迷津示意图

根据上述实验结果,托尔曼指出,白鼠在迷津中,经过到处游走之后,已经学到整个迷津的认知地图,即关于整个迷津环境的内部表征,而不是学到一些简单的 S-R 配对。白鼠在迷津中的行为是根据其获得的认知地图,而不是过去的习惯作出的。行为由个体对目标的期待来引导,而不是由行为结果的强化所决定。

关于期待的存在,已在廷克保(Q. Tink-lepaugh)于 1928 年所做的替换实验中得到了证实。廷克保的实验以猴子为被试,训练其完成延迟反应任务。实验者在距坐在椅子上的猴子 8 尺远的地方,当面将食物放入有盖子的两个锡制杯子之一,然后用一块木板挡住猴子的视线。过一段时间以后,再命令猴子过来取食。结果发现,猴子具有十分良好的延迟反应,能够准确地冲向装有食物的杯子并伸手取食。准备性实验以猴子最爱吃的香蕉和较爱吃的莴苣作为食物奖励,二者都能使猴子准确地完成延迟反应。在关键性替换实验中,实验者在把香蕉当面放入一个杯子以后,又在挡板后面将香蕉取出,换为莴苣。然后命令猴子取食。结果发现,猴子在冲过去取食时,手还没有触及莴苣便落了下来,显露出惊讶的表情,并向四周环顾搜索,然后冲实验者高声尖叫,大发脾气,拒绝取食。可见,个体具有对行为结果的预期,强化物只有与预期相符,才能控制行为。学习乃期待的获得,而不是习惯的形成。

期待(expectancy)是托尔曼学习理论中的核心概念,它有"预先认知"的含义,是一种通过学习而形成的认知观念。例如,对"符号——格式塔"的期待,就是对达到目标的途径的标志的认知。在托尔曼看来,学习就是对行为的目标、取得目标的手段、达到目标的途径和获得目标的结果的期待,期待完全是认知性的,因此,他的学习理论也被称为"期待说"。对这一理论给予最有力支持的动物学习实验就是:方位学习和潜伏学习。

三、潜伏学习

按照操作性条件作用原理,强化是产生学习的必要条件。一个行为反应出现以后,如果随即得到积极强化或消极强化,那么学习便会发生。然而,在自然情境中,个体表现出某种行为以后,常常是既无积极强化,亦无消极强化,那么此时,学习有没有发生呢?

托尔曼与霍齐克(C. Honzik)曾于1930年对此进行了一项经典的实验研究。他们让3组老鼠在一种有14个选择点的复杂迷宫中每天走一次。A组为奖励组——白鼠每次到达目标箱时都有食物强化;B组为无奖励组——白鼠每次到达目标箱时均无食物强化;C组为无奖→有奖组——白鼠在前10天到达目标箱时均无食物强化,从第 11 天起,每次到达目标箱后都有食物强化。实验结果如图 7-9 所示。

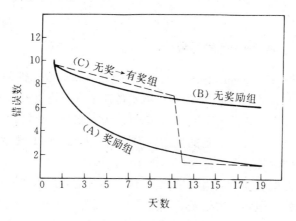

图 7-9 白鼠的潜伏学习

由实验结果来看,随着练习次数的增加,白鼠在到达目标箱前所犯的错误(进入盲巷)次数都逐渐减少,只是有强化的 A 组比没有强化的 B 组和 C 组学得更快一些。但令人惊异的是,当 C 组的白鼠在第 11 天得到食物强化后,它的错误骤然减少,成绩迅速赶上了强化组,甚至比强化组还略胜一筹。可见,C 组的白鼠在没有得到食物强化的前 10 天内,已经学到了迷津的某些空间方位,获得了关于死路、错误路线及通向目标路线的信息。只是学到的内容隐而不显,当获得强化以后,方由外显行为表现出来。这种没有行为表现的学习,称作潜伏学习,有时也称作偶然学习。

潜伏学习实验表明,强化并不是产生学习的必要条件,学习完全可以在无强化的情况下发生。同时,潜伏学习实验也支持了托尔曼的认知地图论,即现在的认知结构的概念。它说明,学习与操作有所不同。事实上,学习所获得的知识,在被用于达到某种目标以前,通常是潜伏在学习者的记忆之中,只有当目的物出现时,潜伏学习才通过操作表现出来。潜伏学习不仅在动物学习中普遍存在,即便在人类的学习中也是大量存在的。激发学习者潜伏学习的积极性和认知探究倾向是调动学习者学习热情、提高学习效率的有效方法。

四、"场"理论的学习观

勒温(K. Lewen,1890—1947)在他系统地研究个性的场理论中涉及人的学习问题。场理论与格式塔理论有着相似的理论基础。格式塔认为心理是一个完形,而勒温认为人就是一个场。这个场包括着人(P)和他的"心理的生活空间"(E)。人和他的心理生活空间的相互作用决定人的行为(B),即 $B=f(PE)$。

勒温把场理论运用到学习上,认为学习是知识的掌握和扩大,而知识的掌握和扩大就是心理生活空间的构建和分化。学习就是由已知道的扩充到另外的所要知道的,就是由给定的条件达到新的目标。因此,学习就是场的认知结构的变化。例如不同人的经验和兴趣不同,也就是他们之间的心理生活空间的构建不同,他们的学习进程和效果可能会有差异。

勒温运用场理论建立的个性学说,也称为"拓扑心理学"或"心理动力学"。

五、"图式"论

图式(schemata)是皮亚杰确定的心理单元,是婴儿动作的内化所形成的最初的心理结构。随着儿童的成长,原有的图式可得到扩大或改造,并形成新的图式。皮亚杰认为儿童心理发展的核心特征之一就是图式——认知结构的发展。成长中的儿童把新经验结合到原有的图式中,这个过程叫同化(assimilation);当儿童遇到新的经验不能纳入原有的图式时,原有的概念就会得到改变,这个过程叫顺应(adaptation)。由于同化和顺应的结果,儿童的认识与外界趋于一致,叫做平衡(equilibrium)。平衡的结果就产生新的图式。即新的认知结构代替了原有的认知结构,或在原有的认知结构上,增加新的认知结构。随着图式更新的循环过程,人的心理图式发展得越来越复杂,越来越综合。这就是儿童的学习过程。

在认知心理学中,图式概念有了很大变化,并推广到解释人的高级心理活动中。认知心理学把图式看作知识表征的结构。例如,图式是表征储存在记忆中的一般概念的数据结构,这种结构具有网络形式,记忆中储存的一般概念的各个成分互相联系,它们是图式的各种变量,可用于构建在各种情境下需要的概念。图式还具有等级结构,高一级的图式可包括低一级的图式,即由子图式的网络来构成。图式也是一种运算装置,它可以对加工的资料进行匹配和评价,以求得对运算给定的条件或情境的理解。由此可见,现代图式概念是解释学习中的高级心理活动,如知觉、记忆和思维中的一个基本范畴(图 7-10)。

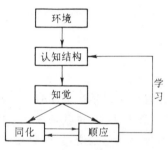

图 7-10 皮亚杰的认识理论

六、"结构-发现"式学习

布鲁纳(Jeorome Bruner,1915—)反对以强化为主的程序教学,认为引导学生一步一步地学习句子、公式、定理等材料,只能导致学生孤立地记住它们,而不能保证学生在另一种情境中运用这些知识。布鲁纳主张,学习的目的在于掌握知识的结构,只有掌握了知识结构,理解和运用才能更深刻和广泛。

布鲁纳把认知发展分为 3 个阶段:(1)动作性再现表象阶段;

(2)映象性再现表象阶段;(3)符号性再现表象阶段。这3个阶段依次相当于皮亚杰的(1)感觉运动阶段;(2)前运算阶段;(3)具体运算和形式运算阶段。布鲁纳认为处于不同发展阶段的个体,其学习具有不同的特点。

布鲁纳在学习方面的重大贡献在于他竭力提倡发现式学习。发现式学习意指启发学生在学习过程中主动探索的思维方式。他认为发现式学习更能激发和培养个人主动探索知识结构的精神,注重学习的过程而不仅仅是学习的结果,重视获得知识的方法而不只是知识本身,看重个人内部的学习愿望和策略,而不是外部的奖赏和强化。

发现式学习能增强学生的自信与兴趣,激发学生自我探索的精神,对学习有莫大的益处。但是如果教师的指导不及时,在掌握知识的系统性上容易产生疏漏。也就是说,过于看重学习个体,容易忽视集体学习的效果和教师的主导作用。

七、观察学习

按照条件作用理论,学习是在个体的行为表现基础上,经由奖励或惩罚等外在控制而产生的,也就是说,学习是通过直接经验而获得的。这种观点对动物学习来说,也许成立;但对人类学习而言,则未必成立。因为人的许多知识、技能、观念等的学习都来自间接经验。人们可以通过观察他人的行为及行为的后果而间接地产生学习,这种学习即社会学习理论所研究的观察学习。

观察学习是人们通过观察他人的行为(这种行为恰好是学习者所要模仿的行为),获得示范行为的象征性表象,以此引导学习者作出与之相似的行为的过程。观察学习包括4个相互联系的子过程,即注意过程、保持过程、运动再生过程和动机过程。

注意过程是观察学习的首要条件,如果人们对示范行为的重要特征不注意,就无法通过观察进行学习。影响注意过程的因素有两种:一种是示范行为本身的特点,包括行为的复杂性、普遍性和机能的价值等。另一种是观察者本身的特点,包括感知能力、唤醒水平、知觉定势和强化的经验等。

如果人们只注意观察他人的示范行为而不能把这种示范以表象及言语编码形式保持下来也无法模仿,可见,保持过程是观察学习的关键。只有保持了,日后才能根据言语符号唤起表象,并指导模仿行动。

第三个子过程是运动再生过程,也就是把符号的表象转换成适当的行为的过程。这一过程比较复杂,包括对反应的认知组织、反应起动、自我反应监察及正确的反馈。

第四个子过程是动机过程。动机过程包括外部强化、替代强化和自我强化。所谓替代强化是指观察者在学习的过程中,不必直接受到外在强化,只要看到模仿对象的行为受到强化,就等于受到间接强化,对观察学习仍能起到动机激励作用。也就是说,观察者在模仿榜样的行为时,是以榜样作出的反应所受到的强化为动力。自我强化是指人们能够自发地预测自己行为的结果,并依靠信息反馈进行自我评价和调节。社会学习理论特别强调替代强化及自我强化的作用,这无疑是强调学习中的认知性和学习者的主观能动性。

社会学习理论的倡导者班都拉(Albert Bandura)曾对观察学习进行了一项实验研究。该研究以3组儿童为被试,使其分别观看同一题材但却具有不同结局的电影故事。每个故事的前半段,都是看到一个成人,对一个充满空气的橡皮人拳打脚踢;但后半段则有3种结局分别由3组儿童观看:一种是成人受到惩罚,一种是成人受到奖励,第3种是没有结局。两段故事看过以后,3组儿童分别都被给予橡皮假人玩具,任凭他们自行处理。结果发现,三组儿童都对橡皮假人玩具表现出了不同程度的攻击性行为,那些看过成人受罚的儿童表现出的攻击性行为最少,而看过成人受奖的儿童表现出的攻击性行为则最多。由此,班都拉指出,通过对榜样的行为进行观察与模仿可以导致学习;无论榜样的行为是否受到奖赏,观察学习都会发生;观察学习的内容不一定都通过外显行为表现出来,模仿既可以表现在行为上,也可以仅停留在头脑内部。可见,社会学习理论所强调的观察学习带有认知的性质。

观察学习在人类学习中具有重要的作用。观察学习不但可以使我们超越经由赏罚控制来学习直接经验的限制,而且可以使我们超越事先设计的学习情境的限制,随时随地进行学习。人的许多社会性行为都是通过观察学习而获得的,所以,观察学习是社会学习的基础。

第四节 学习理论的对立与融合

自从科学心理学诞生以来,对学习的理论性解释,主要为上述两大派别:行为主义和认知理论。行为主义学习理论是在经典条件作用与操作性条件作用的基础上建立的,主要以桑代克的联结试误说、华生的刺激—反应说,以及斯金纳的操作性条件作用理论为代表;而认知学习理论则建立在各种认知学习的基础上,主要以格式塔心理学的完形说、托尔曼的认知—目的说、布鲁纳的认知—发现说为代表。行为主义学习理论与认知学习理论在对学习的关键问题的解释上持完全对立的观点,两派的比较见表7-3。

行为主义学习理论自本世纪初诞生以来,经过斯金纳的进一步丰富和发展,对行为矫正、心理治疗、技能培训、程序教学与计算机辅助教学等许多领域产生了很大的影响。在70年代以前,行为主义学习理论在美国心理学界一直占据统治地位。而认知学习理论自20年代由德国传入美国以后,则一直发展缓慢。直到50年代以后,随着信息论、计算机科学和心理语言学的发展,认知学习理论才迅速发展壮大,并对教育领域产生了越来越大的影响。到80年代,认知学习理论的影响已有超过行为主义学习理论之势。目前,二派对立的局面已有所缓和,其界线在逐步消失,双方越来越多地使用共同语言,出现了一种互相吸取、逐渐融合的趋势。

学习是一种非常复杂的心理现象,因此很难用一种理论来解释所有不同的学习行为。无论是行为主义学习理论,还是认知学习理论,都只能对部分学习现象作出合理的解释。因此,现代学习理论的发展已抛开了原来的大型的、综合性的学习理论建设,而转向于从影响学习的各种因素出发,对一些突出的学习现象进行深入的实验分析与理论分析,从而建立了许多小型学习理论,如社会学习理论、现代图式理论等等,以分别解释各种不同类型的学习。

表7-3 行为主义学习理论与认知学习理论的比较

	行为主义学习理论	认知学习理论
学习的定义	强调通过练习、强化建立 S-R 联结	强调通过顿悟、理解形成认知结构
学习的内容	强调习惯的形成	强调认知结构和期待的改变
学习的测量	以行为速率的改变来测量	以行为模式和行为类型来衡量
学习模式	渐进过程	突变过程
学习的决定因素	强调环境的决定作用	强调遗传和环境的交互作用

推 荐 读 物

[1] 邵瑞珍主编《教育心理学》,上海教育出版社,1988年。
[2] 欣茨曼著、韩进之等译《学习与记忆心理学》,1986年。
[3] 希尔加德等著,周先庚等译《心理学导论》,第7章,北京大学出版社,1987年。
[4] Gleitman H., Psychology, chapter 4,5, New York: Norton and Company, 1981.
[5] Zimbardo P., Psychology and Life, chapter 7, Illinois: Scott, Forseman and Company, 1985.

第八章 言　　语

第一节　语言和言语概述

一、语言的基本特性

语言是以语音为载体、以词为基本单位、以语法为构建规则的符号系统。

人类社会在漫长的社会生产和文化建树中,为了生活所需,对繁琐复杂的事物创建了各种各样的符号系统。这些符号系统代表着事物的特定性质和关系。例如数学,为了便于计算,创立了以数字为表现形式的符号系统,代表着事物的数量关系。又如旗语,为满足海上航行通讯的需要,建立了特定的以舰旗方位组合形式为符号的系统;军号,作为部队集合、冲锋的信号,建立了以乐音组合形式为符号的系统。这些符号系统是约定俗成的,是在人们的经验中共同约定并共同遵守的。符号起信号的作用,它以简洁的形式传递信息。数字也是一种信息,是传递数量关系的信息。

语言作为一种特殊的符号,不是在人类的某一特定社会和某一特定时期内有意识地创造出来的。它是在人类社会产生和发展的漫长历史进程中逐渐形成的。人类社会对语言进行了精确化的持续创造过程,如文字的形成以及随着文字形成的进一步语词精确化或语法修饰的演变,都是随社会生产和文化的发展而来的。

(一) 语言是人类的共同特征

语言是人类所具有的共同特征,是人类与动物相区别的重要标志。语言,以特定的符号系统负载的语言这一概念,从狭义的意义上说,是人类所特有的。在人类的演化过程中,随着生产和群居的需要而产生。因此,语言同工具的制造和运用,同社会和意识的形成一起,成为与动物相区别的人类的标志。因此,语言为人类所独具,同时也是人类的共同特征。世界上无论文化人或前文化人,都有自己本民族的出声语言。

动物和人在进化上是有连续性的。其连续性是多方面的。例如群居和通讯在某些物种中存在,其中语言是一个重要方面。动物以声音进行通讯交往,不同的声音预示着一定的含义,这些声音即起着信号传递的作用。但是,任何动物都没有分音节、有语法结构、形成短语和句子的有声语言。高等脊椎动物甚至能掌握间接符号,如鸽子能认识不同的几何图形,哺乳类家畜能懂人类的语调,类人猿能学会上百个手势符号来表达意愿和执行命令,但它们却没有由音节组成、有语法结构的有声语言,更不要说文字形式的语言了。

因此,我们在如下的意义上说语言是人类的共同特征:首先,全人类共有 5,500 种不同的语言,这些语言在不同民族、地域间几乎是不能相通的。然而这些语种都是由语音、词、短语和句子所组成。由于不同民族、地域之间的生产方式、科学和文化发展的巨大差别,不同语种的语言精确化水平是不同的,有些语种的语言结构并不严密,不精确,但它们基本上都属于有一定规范的符号系统。

其次,人类语言发生在人际相互交往之中,是人们之间进行通讯联系的手段。通过语言交际把人们联系起来,语言成为人类组成社会、共同进行生产协作的必不可少的凭借。世界上各种语言之间虽然互不相通,但由于语言的一般规范和规则,使人通过学习可以相互掌握。现代社会文化和交通的发展,为不同语言之间的相通提供了便利的条件。就此而言,类人猿的手势语也是习得的,是通过训练获得的。这表明类人猿有很发达的认知能力。但是,它们仍然不能学会出声的或手势的语言的应答交往。因此,全部关于动物的信号通讯行为,都是在前人类的意义上而言的,与人类的规范化语言有本质的不同。

(二) 语言的功能

语言是人类和人类社会形成和发展的重要标志。它的基本功能可分为下列3方面：

1. 语言是保存和传授社会历史经验的手段

人类个体的认识和实践，都是以前人的经验为基础的。人类的知识能够保存积累下来，传授给后代，就是因为人掌握了语言这个工具。如果没有这个工具，前人的认识和知识就会随着个体的死亡而消失，每个个体都必须从头开始认识世界。这样，社会就根本不能发展。人类知识经验的传授，有些是口头上代代相传而积累下来，但更主要的是在文字产生以后，通过文字记载下来的。文字记载了几乎整个人类历史的知识经验，它比个体本身的经验丰富得无可比拟，可见通过读书获取知识是何等重要。

2. 语言是人们之间进行交际和交流思想的工具

人们利用语言互相传递信息，达到相互了解的目的，语言乃成为把人们联系在一起的社会联结的纽带。早从人类社会的产生，迟至今日的社会生活，举凡生产组织、政治协商、知识传授、人际交往，无不通过语言交际来进行。不仅如此，语言交际还是一种艺术，其效能可导致诸如家庭和睦、人际和谐、集体团结的目的。

3. 语言是人类进行思维的武器

无论是具体思维抑或抽象思维，只要在个体掌握了语言之后，都是靠概念进行的，而词则是概念的承担者。抽象概念完全存在于词之中；具体思维中虽有较多的形象成分，但在思维活动中，仍然以概念为支柱。人的思维表现为提出问题、解决问题和陈述所思考的问题和过程，思维活动中的分析、比较、判断和推理，都离不开语言这个工具。因此，语言是思维的"物质外壳"，没有掌握语言的个体，失去了凭借，思维是不能进行的。关于个体言语缺陷与思维的关系，本章在后面将进一步阐述。

(三) 语言作为物质刺激的特殊性

在人际交往中,语言作为一种刺激物,与其他物质刺激有很大的不同。至少有两方面的特点:

1. **语词是一种抽象符号**

语词之所以能够表述现实中的各种事物,是因为它固着了客观事物的含义。任何词均标示着事物的名称或属性、事物的状态或行为。词与其相对应的固着关系必须是相对稳定的,从而才能为人们所共同理解和运用于思想交流。

语词符号同事物之间看不出有什么必然的联系。例如,汉语把用文字记载知识经验的东西用"书"这个词来标示。但无论"书"的发音和字形同书这一事物之间都没有内在的关系。英语中"书"用"book"来标示,俄语中用"кнuга"来标示。可见,这种固着关系是在人类社会实践中形成的。词仅仅是代表各种各样事物的符号。

2. **语词是对现实事物的概括**

语词不仅标示个别事物,还可以标示一类事物。当我们说"表情是情绪的外显行为"时,"表情"一词概括着喜、怒、悲、惧各种各样的表情;"表情是情绪的外显行为"这一陈述,概括着无数的、无论是现实生活中的,抑或是舞台上、或各种艺术形式中的情绪行为。

语言的概括性质是它的根本特征。语言的概括性囊括了现实事物无限丰富的内容。由于概括,复杂纷繁的事物及其各种特征被分类和抽象而形成表现形式极为简练的概念。人们通过概念进行抽象思维,通过语言文字的陈述掌握间接知识,通过语言交流达到互相理解。语词刺激所蕴含的内容有了极大的丰富,才使人类的智慧达到高度的水平;才使人类的社会历史知识得到积累,从而人类文化得到发展。

(四) **语言和言语**(language and speech)

言语是同语言不同而又有着紧密联系的概念。一个人利用某种语言(如汉语)来表述自己的思想或与其他人进行交际的过程,称为言语。例如,人们相互之间的交谈、讲演、指示和写作等,都是各种形式不同的言语活动。言语和语言有如下两点主要区别：

1. 语言是一种社会现象，言语是人的心理现象

语言是社会现象，它是随着人类社会的产生而产生，随着人类社会的发展而发展的。因此，语言是人类社会历史发展的产物。而言语是心理现象，是人运用语言材料（词）和语言规则（语法）进行思维和交际的心理过程。因此，言语是人脑的功能。人只有在大脑两半球皮质形成词和词的条件联系的系统，即第二信号系统的条件下，才能进行言语活动。可以说，言语活动是随着一个人的第二信号系统的产生而产生，随着第二信号系统的发展而发展的。个体死亡也就失去了言语活动，但是，他生前进行言语活动时使用的那种语言，是不会因此而受什么影响的。

2. 语言是交际的工具，言语是交际的过程

一方面，语言对社会成员来说是共同的东西，同一民族的不同成员可以使用同一种语言作为工具，进行不同方式的言语活动，交流不同的思想。另一方面，掌握几种语言的人，可以使用不同的语言工具，进行言语交际，即进行同一的交流活动。这就是说，同一种语言可以服务于不同的人进行言语活动，而同一个人又可以利用不同的语言进行言语活动。因此，两者不是同一概念。

然而，语言和言语又是密不可分的。一方面，语言的形成和发展虽然是在人类演化过程中逐渐实现和完善着，但是，它是不能脱离人的具体的言语交流活动的。并且只有通过人的言语活动，才能发挥它的交际工具的作用。如果某种语言不再被人们用来进行交流活动，它最终必然从社会中消失。另一方面，言语活动又受个人对语言的掌握所制约。言语活动是依靠语言材料和语言规则来进行的；个人的言语能力，受其对语言掌握的程度所制约。因此，言语活动也离不开语言。

语言和言语不可截然分开，因此，在语言学和心理学之间产生了联系和交叉的现象。语言学研究语言现象，研究语言的结构与规则等。心理学研究言语活动规律，研究个体获得和运用语言的过

程、个体言语活动机制、个体对语言的感知和理解以及言语活动和其他心理过程的关系等。为此,心理学不能不涉及某些语言学的问题;而现代语言学也开始关心人对语言的掌握等问题。于是,形成了心理语言学(Psycho-Linguistics)这门新的交叉学科,体现了语言现象和心理现象的密切联系。

二、言语活动的特性

语言和言语是不同的概念,语言学和心理学有不同的研究对象,虽然二者之间有密切的联系,但又有本质的不同。因此,有必要从它们之间的异同联系中进一步阐述言语活动的特性。

(一) 言语活动经常具有创新性

言语活动经常是十分生动和多样化的创造过程。民族语言一经产生,语词、语法一旦建立,就相对稳定,成为简约的规则。因此语言的变迁是十分缓慢的历史现象。言语活动则不同,言语活动组织和表达人的思想,并不是呆板地实现语法的活动。它就像人掌握了数学规则,就可以进行无限多样的演算一样,具有很大的多变性和创新性。

人在按照语法进行言语活动中,每次均有很大的情境性和个体性。人在现实生活中运用语法,含有极其多样的内容。在不同的场合,有不同的需要,所表达的内容、方式和风格,没有死板的固定模式。例如,母亲和孩子在一起看见一只小兔,母亲说,"那是一只小兔"。但依情境和双方的应答,母亲说的还可能是:"那儿有一只小兔","那可能不是一只小兔","我想那不是一只小兔"等等。言语活动的生动性在文学作品中和舞台上表现得十分明显,其实,在现实口语交际、讲演和授课中,也是一样。

(二) 言语活动严密地按照语言规则进行

言语活动不是呆板地重复和套用语法,但是,人绝不是任意地、用偶然拾取的方法去表达思想的。言语活动受语言规则的制约,表明言语活动是十分复杂的心理活动过程。如果一个句子不是严密组织的,也就是不合乎语法的,就达不到表达思想的目的。

例如,在一项研究中,让被试在一个以噪声为背景作为干扰的条件下,去回忆呈现给他们的句子并写出来。给出的是 4 个句子:

(1) 愤怒的人们投入了激烈的战斗(语法、含义都正确)。
(2) 投入了愤怒的战斗激烈的人们(含义清楚、句法错误)。
(3) 愤怒的石头进入了安静的睡眠(句法正确、含义不正确)。
(4) 进入了愤怒的睡眠安静的石头(句法、含义都错误)。

实验结果:最易于记忆和回忆的是第一句,其次是第二、第三句,最难以记忆和回忆的是第四句。

含义清楚的句子容易理解和记忆是不奇怪的,重要之点在于,合乎句法结构而含义不清的句子(第三句)得到了同第一句近似的结果,也就是,即使含义不清但合乎语法的句子,比含义和语法都错误的句子(第四句)更容易辨认和记忆。

这个实验证明,语言规则的掌握和运用不仅是一个学习问题,而且是人的心理功能的一部分。语法规则被人所掌握,是一种有组织的心理功能。语言规则在个体学习掌握时,具有一种"组成"效应,这一组成效应使人能够理解合乎语法的句子。

人不能在记忆中储存全部句子;只要合乎语法,人就能组织和辨认许多新句子。这说明,个体获得的言语能力远比在记忆中储存的句子所涉及的东西多得多。人学习的是语言的组织规则,这些规则使人可以了解原来未掌握的新句子和新事物。所以,言语活动是一种既受规则制约又无限多样的心理模式;它是系统化、组织化的,提供在新情况下被应用于思维和交际的可能性。

(三) 言语活动的核心特性是富于含义

言语活动中应用的词和句子均包含着有意义的思想。它们可以表述某物体(书),某事情(学习),某动作(跑),某性质(美丽的)、某关系(上、下、远、近),或某抽象物(公正、价值)。言语活动以其物质外壳——语音、字形所携带,但它不是以这种物质形式起作用,而是以其心理内容——事物的含义起作用;言语活动的核心是传递这些心理内容——思想的。

言语活动的含义来自外部世界,其内容固着外部事物的含义。如果一句话不具有其所固着的事物作为参照,言语的表述就毫无价值。例如,一个小孩指着一个物体说,"这是一个大箱子"。这句话的语法是无可挑剔的,句子含义也清楚,但他指的是一条犀牛。这句话不具有固着物的参照性,就不能起到陈述和交流的目的。

联想主义把言语活动比作外界事物同言语反应之间的联系,因此,看见桌子说"这是桌子";也就是看和说之间的联系或说和听之间的联系。实际上,事物固着在言语中的参照性是极为复杂的。一个句子所表达的含义可以包容具有广泛参照意义的客观对象。例如下列句子:"通常我们所看到的并不符合公共道德标准"。这个句子可以反映各种各样的不符合公共道德标准的情况或事件。因此,言语活动可包容无限丰富的内容。它不只包含记忆中的材料,还可因人的思维能够"超脱现实"而无限丰富。

(四) 言语活动在人际间进行

言语活动总是在人际间进行的,并在交谈中起交流思想的作用。交谈是直接对话;作家通过作品,科学家通过著述,是间接交流。无论直接对话或间接交流,为达到沟通思想的目的,是否双方都懂一种共同语言就够了呢?

为使交流思想真正成为可能,为使言语交谈成为交流思想的有效活动,仅仅表达和陈述事实是不够的。为了达到交谈双方互相了解的目的,首先对对方要有基本的了解,针对所要交谈的主题,对对方的基本背景要有总体印象和概略认识,还要明确交谈的目的和对对方的要求。例如,某方面专家讲演,要了解听众的大概的专业知识水平;某级领导作报告,要明确想从下属得到什么样的反应和共鸣。即使在个人之间的一般交谈或礼节性交际,也应有一般的背景了解和交流目的。交谈双方要有感情上的相通,这既是交流的目的,也是交谈的前提。为什么有时人在交谈中产生误解呢?就是由于对对方的实际背景和思想背景了解不够,也是双方在感情上没有相通的前提所导致的。

其次,交谈双方要互相协调和彼此适应。双方均需有一种应变能力去协调谈话的方式和用语选择。例如,在谈话方式和用语选择上,对小孩说话与对成人说话有所不同;对外国人和对本国人说话也有所不同。即使一个 4 岁小孩对一个 2 岁小孩说话时,她也会简化用语以适应小小孩的理解,她已经具有监视和调节自己言语的能力。

交谈以达到互相理解为继续谈下去的基础。交流思想要有来有往,有衔接点和互相对应。这需要双方主动协调与适应。否则,无论是专业上的交流,思想上的沟通,甚至政治性谈判,都会遇到无法继续下去的障碍而使交谈中断。

因此,为达到交流思想的目的,言语交际的进行是有条件的。它要求:(1)了解对方;(2)感情相通;(3)陈述事实。语言是交际的工具。言语交流服务于传递信息,传播知识;还服务于沟通思想,疏导感情,并促进社会联结,活跃社会生活。这是由言语活动的性质决定的。

三、言语获得(linguistic aquisition)理论

关于个体如何获得言语能力这个复杂的问题,有多种不同的理论,大体上可分为两类。一类强调后天的学习是个体掌握语言的决定因素;另一类则着重于强调个体获得语言的先天性因素。

(一)强调后天学习因素的学说

这类学说的共同特点是强调后天学习的决定作用,认为言语获得是后天模仿、学习强化和纠正的结果。

学习强化理论是以巴甫洛夫条件反射学说为基础的。它认为儿童言语的形成和发展,归根结底是条件联系系统的形成和发展。其中包括词与相应参照物之间建立的联系,也包括语言各成分之间建立的联系。这些联系都是在成人的影响下经过学习与强化逐渐建立起来的。

早期联想主义,包括现代行为主义学者斯金纳认为,原则上,言语活动同人类掌握的其他学习作业的技能一样,都是在联想的基础上建立的联想网(associate network)。言语活动就是声音和形象之间的联系。如看见小狗和听见说出"小狗"的声音之间的联系;或刺激与反应之间的联系,如一方说"谢谢",对方回答"不客气"。这一观点认为,"言语能力不过是一种由联想形成的技能习惯,是一组耳朵和嘴巴的联合动作"。因此,言语能力是从练习和记忆中获得的,是学习强化的结果。什么是强化呢?斯金纳认为,当儿童学话时受到称赞,这就是强化。成人常常称赞小孩说话,于是他们的口语得到发展。

在学习强化理论的指导下,进行过许多研究,有很多关于儿童言语能力形成的研究成果。例如,1—2岁幼儿在建立实物与代表实物的语音之间的联系时,在开始阶段,语音符号的使用并不一定与特定的物建立联系,而更可能是与物所在的整个情境建立联系。这时语音的固着参照物不是哪个特定的对象,而是整个的情境。例如,对 $1\frac{1}{2}$ 岁幼儿,成人在给他一个玩具或食物后教他说"谢谢"。小孩在说"谢谢"后时常受到称赞。于是,有时他自发地说出"谢谢"。但是成人发现,在小孩分给别人一件玩具或食物后,他也说"谢谢"。这是一种言语参照不分化现象——他使用"谢谢"这个词是以人们之间这类交往的整个情境为参照的。

又例如,1—2岁幼儿对物体个别特征的语词获得也有一个泛化阶段。这时幼儿理解和说的词不一定代表某一特定物体。比如,毛绒绒的外部知觉是玩具"小熊"的语音参照物。在1.5岁幼儿面前摆放几件毛绒绒的和光滑的玩具并说:"把小熊给我"。幼儿就会拿任何一个毛绒绒的玩具给你;而给你的也可能是一只毛绒绒的手套!这说明,早期幼儿言语获得是在直观感知水平上,还没有把词与参照物的指定特性建立确切联系的能力。这时出现了言语的超概括化(overgeneralization)现象。例如,1岁10个月幼儿常由奶奶陪伴送妈妈上班,于是她对母亲离开说"上班",汽车开走说"上班",小鸟飞走也说"上班"。只有当幼儿把物的各种特征逐渐分化出来,区分了"小鸟飞","汽车跑","妈妈上班";而且建立起"小鸟飞","鸽子飞","飞机飞"的概括时,"鸟—飞"、"车—跑"的表述才成为词与词之间的联系。这时的物就不再是仅代表幼儿所掌握的物的某一具体特征,而是成为由词所标志的概念了。

上述这类强调后天学习强化的理论,对于解释复杂的言语获得规律,是不够的和有缺陷的。关于强化和纠正,事实上,在婴幼儿学习口语时,成人并不去强化或纠正他们的语法。与此相反的是,孩子说"我画了一个大马",或指着墙上他画的大马说"××画大马",他很高兴。但得到的却不是强化或称赞,而是斥责,因为他把墙涂脏了。当孩子说出错误的语法,如"饼干吃",母亲却大为高兴和称赞,因为他会说话了。

关于模仿,婴儿学话时,他们发出的音节并非他们听到的。母亲不断地对她的小宝宝说许多甜蜜的话语,可是婴儿的回答却是"啊"、"哦"以及"ma-ma"、"da-da"、"ga-ga"。确实,婴儿时期已有很多模仿行为,但模仿语声多的孩子并不比模仿少的孩子学说话快。

总之,无论怎样强化和纠正、练习和模仿,儿童言语获得有其自身的规律和模式。儿童在3—4岁已掌握了本民族口语,会说出许多形形色色的句子。那么,为什么2—3岁幼儿的生活自理能力尚且很低,竟能学会如此复杂的言语技能,学习强化理论不能解释这种现象。

(二) 强调先天性因素的学说

当代心理语言学家乔姆斯基(N. Chomsky)提出,语言学不仅要说明语言的表面结构,而且应当解释人是怎么会说话的,从而他把语言学和心理学联系了起来。

乔姆斯基创建的理论认为,个体言语的获得,主要是由个体的先天因素决定的。他提出了一个言语能力获得的公式:

最初的语言材料——LAD——语法能力

乔姆斯基认为,儿童生来具有一种对言语符号加工的现成装置,叫作"言语获得装置"(Language Aquisition Device,简称 LAD)。他解释说:"言语获得装置以讲话的形式从其他人那里接受最初的语言资料,然后通过复杂而几乎还未探明的智力工具,由 LAD 构成了输入语言的语法。语法肯定不是在输入时给予的,也不能容易地通过任何想象的办法从输出中产生。显然,儿童单独地具有充分的天赋去解决这种智力任务"(1976)。从而这个学派认为,正因为儿童有这个 LAD 的存在,才能说明为什么儿童虽只听到少量的句子,却竟能创造出并能理解大量未曾听到过的新句子。

乔姆斯基理论揭示了某些言语获得的内在规律。他明确地指出,每个句子都具有两个层次的结构:表层结构和深层结构。表层结构是直接感知句子外部形式——语音、语法关系——的结构;深层结构是理解句子意义的结构。两种结构可以互相转换。根据转换规则,儿童说话时,能从深层结构生成无数具有表层结构的句子;听话时,又可把感知的表层结构转换为深层结构,从而理解句子的意义。

乔姆斯基认为,LAD 是一种尚未揭示的神经生理学的先天智力结构,是儿童智力结构的某种内在特性。并且认定,这些特性不是由学习和个体经验而来的。他明白地说:"这些语言的普遍特性,几乎可以被假定为内在的智力才能,而不是学习的结果"(1976)。

乔姆斯基理论带有很大的假设性,尚缺乏充分的论证。但强调言语获得中的神经生物学基础,则是应当肯定的。不过,忽视后天语言环境的作用,不能不认为是这一理论的重大缺陷。

第二节 言语活动的生理基础

一、言语的发音机制

语音与自然界的其他声音一样,是由物体的振动而产生的。这个物体就是人的发音器官。它包括 3 部分(图 8-1)。

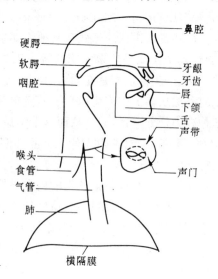

图 8-1　发音器官各部位模式图
关闭——实线,张开——虚线。

(一) 呼吸器官

呼吸器官是发音器官的重要组成部分。人发出声音的原动力是呼吸时在呼吸道中所通过的气流。制约呼吸的器官主要在肺脏,肺脏是空气的存贮器。由于肺脏的扩张与收缩,牵动肋骨与横隔膜的运动而使胸腔扩大与缩小,这在空间上保证了肺脏的扩张与收缩。肺脏扩张,空气从外界经口腔、鼻腔、咽喉、气管、支气管进入肺部;肺脏收缩,气流从肺沿气管、咽喉和口腔、鼻腔呼出体外。声音是在气流出入上述管道的某些部位时发生撞击或摩擦而产生的。在说话时,语声一般是在气流呼出的时候发生,而说话的短暂间歇,则是吸入空气的过程。

(二) 喉头和声带

人发出声音和语音的主要器官是声带,声带位于喉头之中,也就是在喉、咽结合处的管道中心。喉头上接咽腔,下连气管,声带正处在从咽腔到气管和食道分界的最上端。喉头是由几块软骨构成的一个通道。声带由两片平滑肌粘膜所组成,附着在喉头软骨组织上。喉头软骨组织和声带的活动可形成一个空腔,气流从此处经过。

声带是主要的发声体。两片声带之间有一个狭窄的间隙,叫作声门。喉头的软骨组织在气流通过时,由于肌肉的牵拉而活动,从而使两片声带之间的间隙有时张开、有时闭合,这种牵动使声带的肌肉组织时松时紧,于是引起声带的颤动而发出声音。

(三)口腔、鼻腔和咽腔

人的口腔、鼻腔和咽腔是一个共鸣器,相当于某些乐器上的音箱。通过声带的颤动所发生的声音与这几个空腔中的空气相遇而发生共鸣,声音就被加强和放大,这就是可以被人听到的声音或语声。由于口腔中还有舌、小舌和软颚等组织,这些部位都可以自由活动,因此,共鸣器的形状和容量可以改变,致使发出的声音有所不同。

语音具有音高、音强和音色3种因素。音调的高低与声带振动的频率有关,同时还决定于声带的结构性质,如声带的长短、薄厚和张力大小。音强决定于经过气流压力的大小。音色是由混入基音的泛音所决定。泛音系指与基音频率成倍数的声音。如基音频率为100次/秒,泛音可为200,300,400……次/秒等。人发出的声音有不同的音色。泛音的形成与共鸣器的构造和活动有关。当声音经过共鸣器时,不但增加了声音的响度,而且由于共鸣器各部位位置的相对改变而影响泛音的形成和不同音色的形成。声带的颤动本身发出的声音响度很低,因而声带并不决定发出声音的音色。

二、言语活动的中枢机制

在人类进化过程中,语言的发展同大脑皮质的进化是同步的。人类言语是大脑皮质的机能,它有着十分复杂的脑机制。正像在本书第二章中所叙述的,人类高级心理功能是在整个皮质各部位的联合活动中实现的。因此,言语活动各个环节也是皮质许多部位协同活动的结果。但是,皮质的不同区域有相对的机能分工。参与言语活动的大脑皮质部位,主要涉及3个区域:左额叶的布洛卡区——言语运动中枢;颞上回的威尔尼克区——言语听觉中枢;顶枕叶的角回——言语视觉中枢(图8-2)。

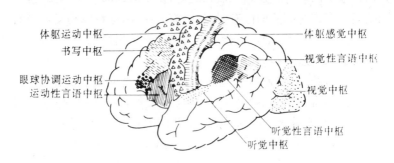

图 8-2 大脑皮层言语区各部分示意图

(一) 言语运动中枢

1860年法国医生布洛卡从两名患有言语运动障碍的病人死后尸体解剖中,发现其大脑左半球额下回、靠近外侧裂的一个区域发生了病变。以后,经过更多的类似发现,这个脑区被确定为言语运动中枢,并命名为布洛卡区。

布洛卡区病变引起运动性失语症,或称表达性失语症。患有这种失语症的病人,在阅读、理解和书写上均不受影响,但按病变的区域和程度的不同,言语障碍有不同的表现。其中主要的表现为发音困难,表达迟钝和语句不完整。这类语句不完整的缺陷,有的病人表现为语法缺陷,词类不全,断断续续;有人则表现为语词重复,不能说出流畅、连贯的语言。

言语运动或表达,同身体其他部位的运动一样,是受皮层运动区支配的。有研究表明,布洛卡区具有编制发音程序的功能,这种程序通过皮层运动区支配发音器官各部位来实现言语活动。布洛卡区受损伤所引起的言语障碍,不再能刺激发音器官各部位的协调运动。

言语活动是随意运动,与前额叶皮质的机能有着密切的联系。前额叶是支配人的高级思维的关键部位,因此,与形成言语活动的动机与愿望有关。前额叶皮质受损伤,病人失去说话的愿望,出现主动性言语障碍,但保留着执行性操作的能力。他们不主动说话,对话中很少回答,或只是被动地模仿和重复,不能主动地选择问句中没有的词。因此,如果产生包括布洛卡区在内的额叶大面积损伤,不但丧失言语愿望,而且丧失言语表达,终将导致最严重的运动性失语症。

(二) 言语听觉中枢

1874年德国学者威尔尼克(C. Wernicke)发现了与言语听觉有关的脑区,并由此命名该区为威尔尼克区。威尔尼克区位于大脑左半球顶-枕-颞交界处的颞上回,它的主要功能与分辨语音、形成语义,即与接受性或印入性言语能力关系紧密。

对语音的分辨是左半球颞叶皮质次级区的功能,这个级区受损伤,引起语音不识症,即感觉性失语症和听觉记忆的丧失。但在颞上回此部位的三级区受损伤,失去的则是对语义的理解。尤其在损伤部位涉及与颞叶接近的顶-枕部时,不能构成言语的"语义图式",从而失去对语法结构的理解。

言语理解与言语表达有一定的联系。遭受言语理解障碍的病人在表达时也有一定的困难。因此,威尔尼克区受损伤也影响言语的表达。当切断联系威尔尼克区和布洛卡区之间的神经纤维——弓形束时,病人发音清晰、表达流畅,但由于没有来自威尔尼克区的信息,表达的语义也有一定的缺陷。

(三) 言语视觉中枢

在顶-枕叶交界处、威尔尼克区上方这一脑区称为角回。角回与言语视觉功能密切相关。在这一区域,言语视觉与言语听觉有联系通路,书面言语与口语可互相转换。当看到一个字词时,字词的视觉信号在角回转译成词的声音形式;由威尔尼克区接受的语言模式也到达角回转译为视觉模式。因此,当角回受损伤时,病人能说话,对口语也能理解;病人能看到字形,却不能理解字词的含义,从而产生的是阅读障碍,称为视觉性失语症。

上述言语活动的 3 个中枢部位受损伤时所引起的主要障碍,只有额叶损伤的影响不是特异性的。这是因为额叶的主要作用在于目的与动机等高级功能的形成,其言语功能也主要与言语动机和愿望的形成相联系,从而额叶不是言语活动的专门器官。其他言语中枢,如布洛卡区、威尔尼克区和角回,则大多是特异性的。这些部位受损伤所引起的言语障碍说明,言语活动对于这些脑的部位有着明显的依赖性。

(四) 大脑两半球言语功能的单侧优势

上述言语障碍病人的脑损伤或脑病变,多发生在左半球的某些区域。从而使人确认,言语活动是左半球的功能。近二、三十年来关于"割裂脑"的研究(参阅本书第二章)进一步证实了大脑两半球的功能是有差异的;指明了对右利手者来说,左半球为言语优势半球;右半球为空间关系优势半球。主要的证据来自对割断联结两个半球的胼胝体(保留着视交叉完好)的病人的实验研究。最早从事这一研究者斯佩里(R. Spery,1960)发现,当把字词刺激呈现给病人的右视野,视觉信息投射到左半球时,病人能正确地读出,如"钥匙"。如果"钥匙"的词刺激呈现于左视野,信息投射到右半球,病人就读不出来。但是病人用左手从隔挡视线的屏幕后的几个物体(包括钥匙)中能取出一把钥匙。这说明病人的左半球得到了字词信息,只是说不出来。当把"帽带"(hatband)两个词分别呈现给左、右视野,从而使 hat 投射到右半球,band 投射到左半球,病人不能说出 hat,而只能说出 band,这时他说出的 band,可能是"乐队"或"波段",而不能与帽子联系,说出"帽带"。这些实验均证实了言语活动主要是左半球的功能。

但是，还有一些研究证明了右半球也有部分言语功能。例如，给病人双视野同时呈现一个物体名称单，如书、杯、刀、笔等。然后取掉物体名称，而只在左视野留一个"书"字，让病人写出他看见的词，他会用左手写出"书"字。但问他写的是什么，却回答不出，而是从记忆中搜索先前看见过的物体单中的词，比如"刀"、"杯"等。这说明，投射到右半球的言语书写刺激被视觉所接收，能写出来，但不能说出，显示为右半球有部分言语功能。

综上所述，从现有的研究成果中，可以确认大脑左半球的言语功能优势。脑的不同区域在言语活动的不同形式中也有一定的专门化分工。但是，言语和思维一起是脑的高级功能，其机制是十分复杂的。例如，布洛卡区在口语表达上是非常专门化的区域，但在顶-枕叶的专门化程度如何，还可进一步证实；在左半球损伤或病变后，右半球可能起到部分的补偿作用，这也需从损伤或病变的区域和程度上予以精确地标定。

第三节　言语活动的组织

一、语言的等级结构

言语是人们使用语言进行交际的过程。为了使双方达到交流思想的目的，说者必须把要表达的思想（语义）转换为声音（语音）；听者又必须把听到的语音转换为语义，才能使双方的交流互相理解。为了达到这一目的，交流的双方必须遵照共同的规则，也就是必须遵守人们所共同掌握的语言规则。语言有高度组织的结构和严密的规则，言语活动是遵照语言的结构和规则所组成的心理活动序列。语言的结构和规则是实现言语交际、使人们达到互相了解的目的的保证。

语言的组织可比作一个有等级的结构。在这个结构的最低层，是组成语言的最小单位——语音，称为音素。最高层是句子，它包含着言语活动的意义,也就是表达的思想。在音素和句子之间,还有词素、字词和短语几个等级,每个等级都是一个有着严密组织的结构(图 8-3)。人们每天的言语活动都在应用这些结构,除去研究语言的学者、教授语言的老师,或人们在写作修饰中之外,在一般的言语交际中,人们均很少去注意和努力遵守语言规则。

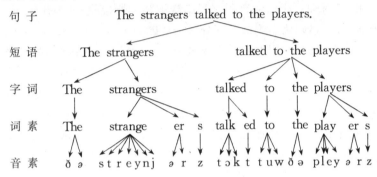

图 8-3 语言的等级结构

二、音素(phoneme)

(一) 音素——语言的声音单位

当人在说话时,一股气流从肺脏通过气管和口腔呼出,发音器官的各个部位很快地发生一系列有间隔的运动,运动序列每个单元之不同,就产生一系列不同的声音,即语音。语音是构成不同语言序列的知觉单位,不同的音素是有清晰的区别的,它们的区别对人知觉语音十分重要。

语音构成一个序列。尤其在拼音文字的方言中,一个字词或词素是由一个语音序列构成的。例如,talked 这个词,是由 təkt 3 个音素组成的。一般情况下,一个语音只是发音的最小单位,这些小单位不携带意义。但是在汉语中,许多词是由单音素组成的,语音和这些词似乎是处于同一层次上的结构。当语音成为一个词素的时候,单音素也常常可以携带意义。例如图 8-4 中的"围"、"绕"、"飞"、"舞"等。

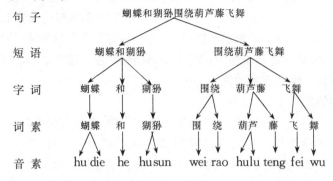

图 8-4 语言等级结构的汉语形式

在拼音的方言中,字词的音素序列之间,也就是在字词的连续语音之间,没有间歇,也没有停顿的标记。这种现象一般来说对理解没有什么影响,就是因为构成字词的那些单个音素不携带意义。但是,发出的语音必须被人清晰地感知到,才能为对词的理解提供知觉基础。

(二)影响语音知觉的因素

首先,语音知觉受发出声音的可区分度的影响。任何一种语言都是由某些特定的声音所组成的,每种语言所使用的语音也不完全相同。这是由于固定在某种语言中的音素有所不同,而不同的音素是由于不同的发音方式作用于发音器官不同部位所引起的差异决定的。一般来说,语音可分为元音、浊辅音与清辅音。它们之间的区别决定于:(1)发音时气流通过声道是否受阻;(2)声带是否被振动;(3)声音碰撞发音体的位置之不同,从而确定每个音素有固定的发音特征。例如,发出的是嘘声还是嘶声,是清声抑或浊声,语声是通过口或鼻、通过口腔的前或后、中央或四周等发音体位置上的不同,就形成了某些音素的发音特征相近似,而另一些则差异较大。例如b与p,g与k的发音特征相近,而p与z,m与j之间区别较大。凡发音特征相近的音在感知时就容易被混淆,而区别大的音就不容易混淆。例如bull与pull,gill与kill就容易混淆,而pink与zinc,jade与made则不易混淆。b与p,g与k分别只有清、浊之间的不同,其余特征均相似;而j与m只有清、浊一项相似,其余特征均不同。因此音素的固定特征在说出的语音系列中的清晰度*是不同的。

其次,语音感知受说话者语音强度的影响。当发音强度在5分贝(db,响度单位)时,可觉察声音,但不能辨别语音;响度在20—30分贝之间,清晰度可达50%;70分贝时,清晰度可接近100%。一般说来,响度在50—140分贝之间时,并不引起语音感知的很大变化,但是,响度到达130分贝时引起听者的不适感;140分贝时引起疼痛感(图8-5)。

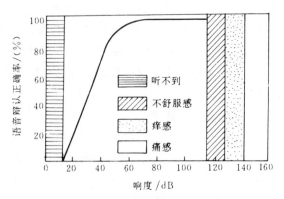

图8-5 语音强度与语音感知的关系

再次,语音感知受混进干扰声音的影响。干扰声音对语音的掩蔽影响决定于二者响度的比率。当语音比干扰音的强度大100倍时,干扰音将不起任何干扰作用;当语音与干扰音强度相等时,清

---
* 清晰度是语音感知效果的指标。它指听者感知说者说出数量的百分率。

晰度为50%。但是,在日常生活中因语言环境的作用,情境对交谈的参照性和交谈中前言后语的影响,语音有时虽低于干扰音,人仍可听懂语音(图8-6)。

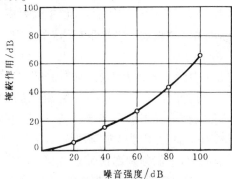

图8-6 干扰音对语音的掩蔽作用

三、词素和词(morpheme and word)

(一) 词素和词——语言的意义单位

语言阶梯的第二个水平是在音素序列中联合而成的词素。词素含有意义,是语言中携带意义的最小单位。词素是构成词的成分或材料。词是构成句子的基本单元。换言之,词是由词素组成的,词比词素在语言阶梯上处于更高一级的水平上。

词由词素所组成,有的一个词素就是一个词,有的要几个词素才能构成一个词。例如,strange 是一个词,词当然含有意义:新奇、陌生。而 strangers 也是一个词,其含义是多个陌生人,它是由3个词素所组成的:strang-er-s。strange 代表陌生,er 代表人,s 代表多数。但却不是每个词素均能成为一个词,如 er 或 s 本身都不是词。

在汉语中,字词的构成与拼音文字不同,汉语中的字是构成词的成分。大多数的词是由两个字所组成,也有的词是由1个字或3个字组成的。那么,汉语中的字是不是等同于词素呢?有的字含有意义,它就是一个词素,如"书";有的字单独不含有意义,如"玻"、

"璃",这两个字分开来时就不含有意义,从而它们就未构成词素。因此,构成词的词素可以是一个字,也可以是两个字,如"玻璃"就是两个字组成的词素。进而言之,一个词可以由一个词素所组成,也可以由多个词素所组成。然而,汉语中只要成为词素的,也就可以是一个词了。如"玻璃"在"玻璃杯"这个词中是一个词素,而"玻璃"就是一个词了。

从图8-4中可了解如上陈述。如"蝴蝶"、"猢狲"各是由两个字组成的词,它们各含有一个由两个字组成的词素,因为"蝴"和"蝶"、"猢"和"狲"分开来就不携带意义。但是,"围绕"、"飞舞"这两个词各含有两个词素,因为"围"和"绕"、"飞"和"舞"分开来,每个字都是一个词素,它们分别都携带意义。而"葫芦藤"这个词含有两个词素:"葫芦"和"藤"。因为"葫芦"两个字合起来才携带意义。

词素模式在语言中是被严格地规范化了的,绝不能任意改动。无论在口语中或在书面言语中均如此。例如,"representationalism"是由 re-present-ation-al-ism5个词素组成的,这一词的词素组合模式是有严格规范化了的规律的,任意更改其排列次序,将导致面目全非而不再能表达其含义。

汉语中词素的规范化,主要体现在词的偏旁部首上。"蝴蝶"、"猢狲"和"葫芦藤"3个词所用的"胡"字上,有不同的偏旁部首。这些不同的偏旁部首是不能混淆和互相代替的。

从中文字的偏旁部首中可以看出它们所携带的意义。蝴蝶是昆虫,故为虫字旁,猢狲是动物,采用犬字旁,葫芦藤是植物,采用草字首,这3种偏旁部首均含有意义。同时,为了以词标示这3种物时使用含有一定意义的偏旁部首,才产生了"蝴蝶"、"猢狲"、"葫芦"这些偏旁部首不同的词。由于这些词是双字词,在每个词的两个字分开的时候,虽然各自带有一定含义的偏旁部首,却成为不含意义的字了。从而分开来的"蝴"、"蝶"、"猢"、"狲"、"葫"、"芦",都不能认为是携带意义的词素。

(二) 词的辨认

词是音、形、义的统一体。音、形是词的物质载体,义是词所参照的事物或状态;词还是句子的组成成分。在言语的视觉形式中,字形是提供言语信息的首要来源,字形在书写和认读中是基本的、起作用的客体。同时,在书写和认读中,一般均有言语的声音形式伴随出现;言语的声音形式可能是发出声音的,也可能是"默默无声"的。此外,人对字词的熟悉程度、笔划数量(字母数量)以及词在认读材料中的位置(与上下文的意义联系)等,对词的知觉辨认均有影响。

关于词的知觉辨认主要是指对字形的辨认。字形辨认服从于知觉整体性原则。对拼音文字的字形辨认研究表明,只要组成词的外形轮廓的字母保留,即词的起首字母、结尾字母和中间几部分仍然保留,即使某些字母脱落,也并不妨碍辨认效果。在许多词中,由于拼写规则的某些结构化,辨认中捕捉一个词的整体就显得更容易些。例如,字首为 pre-、con-、ex-,字尾为-tion、-ary,中间为-ough-等结构,几个字母连在一起作为一个认知单元,有利于知觉辨认。尤其在一些词中,由于词素结构的作用,也有助于从整体上辨认,如-ing,-ship 等词尾所携带的意义,从理解上增强辨认效果。

对汉字的感知也服从于知觉整体性原则。对字形的辨认主要依据字形轮廓和字形结构特点。因此,个别笔划的脱落或畸变有时对辨认没有什么影响。周先庚早在 30 年代研究了半字对汉字辨认的影响。结果表明,被试由半字写出整字的平均正确率为 60%,保留汉字上半部比保留下半部更有利于汉字的辨认。周先庚认为,这种差别可能是由于汉字的偏旁部首多在字的上部和左边,而写字时也总是先左上、后右下的。曾性初等使用 3 种省略法(省前、略后、保框)对语句中的汉字进行了辨认分析。他们的部分结果显示,3 种省略方式间存在着显著差异:保框式省略,辨效果最好,略后式稍差,省前式最差。这说明,保留字的整体轮廓有利于字形辨认,字形偏旁部首结构的规律对知觉辨认也有影响。

(三) 词的含义

言语活动的关键作用是富于含义,词素和词是携带意义的单元。那么,词的含义指的是什么,它由什么所构成?

词的含义是来自词的参照对象所具有的特征和原型的概括。由于客观事物和现象的多样性,不同的词所参照的对象有性质上的差异,从而词的含义的性质也有所不同,并形成对词的含义的不同理论。

首先,词的含义是指它所代表的世界上的东西,因此,词就是客观物体的名称;词的含义就是对物体的直接参照。这种认为词的含义的参照性(referential)理论,只能囊括具体的物的那些词。

其次,词的含义是指它所参照物的心理映象。例如,"三角形"的含义就是三角形的心理图片。但是,词的含义经常比任何心理映象更加概括和抽象。作为三角形的词是表示"两度空间中三边夹角之和等于180°"的思想陈述,而不仅是一个映象。心理映象只是具体参照物在心理上的反映,它只是三角形这个词的一个例证。因此,映象理论实际上是参照理论的变式。

第三,词的含义是指词所具有的特征(feature)。每个词都包含着它所代表的物的多方面的属性;特征理论认为,把标示某个词的各种必要的和足够的属性结合起来,就构成了这个词的的含义。例如,Bachelar(单身汉)这个词包括着"人类"、"未婚"、"成年"、"男性"几种必要的特征,缺少任何一个特征就不能标示这个词,同时这些特征已足够标示这个词,不必再增加什么。据此,每个词都是一个"词义特征群"或"词义属性束",把这些特征或属性结合起来就揭示了这个词的含义。

第四,词的含义的原型(prototype)理论。一个词可能包含着许多特征或属性,这些特征或属性有些可能是必要的,有些则可能是不必要的。例如,人们一般交际可以采用科学概念,也常常使用前科学的日常概念。"鸟"这个词常常被人作为日常概念来使用,把它描述为"羽毛"、"短腿"、"会飞"、"鸣叫"等特征。但这些特征并不一定是"鸟"的必要属性,如驼鸟就不会飞、天鹅的腿很长等等。因此上述鸟的4种特征并非每一个都是必要的。由此可见,用特征论来解释词的含义也是不完全的。

原型理论认为,词的含义是由许多特征的整体来说明,而不是由所谓必要的和足够的特征来标示。决定其整体性质的是参照物的原型。例如,提到"鸟",人们想的是麻雀或老鸦,而不是驼鸟或企鹅。即麻雀和老鸦更符合鸟的原型。例如,"祖母"这个词代表父亲的母亲这样的人。作为原型这就足以标示这个词了,然而祖母还可能有些明显的特征,如"年老"、"白发"、"慈祥"和"照顾孙子",但这些特征却不必然是必要的。

四、短语和句子(phrase and sentence)

(一) 短语和句子

短语和句子是由词所组成的语言序列。它们处于语言阶梯的最高级水平上。

人们用语言表达思想,陈述关于一定事物的某一主题,展示自己的看法和观点。语言的这一职能是通过由词组成的语言序列——短语和句子实现的。具体事物的含义经常包含在词中,但表达思想、陈述观念和观点却不是词的任意堆砌所能奏效的。短语和句子的词序排列同词的组成一样,也有严格的组合规则。人们在进行言语交际时,只有共同掌握和使用言语序列的统一规则,也就是共同遵守民族语言统一的语法和句法,才能达到疏通信息和互相了解的目的。

语言结构的等级阶梯从低水平到高水平,具有越来越多的数目。一般语种中,音素只有几十个,词素约为5万个,字词约为20万左右,而句子是无数的。那么,人类的思维如何能处理这么巨大数目的项目呢?只能有一个回答,那就是:人所学会的不是一个个的句子,而是去掌握组织句子的一般原则。语言结构阶梯上的每一水平都是有规则地组成的,没有这些规则,千百万人就不可能掌握、表达和理解语言,思想交流即将是不可能的。

至于短语在言语活动中的职能,为了有助于解决句子中词序系列导致在感知和理解上的困难,人经常以短语作为感知和理解的单位。因此,短语结构成为句法结构的组成部分。在口语中(在书面言语中也同样),人们倾向于以短语为感知单位,在构成句子的短语之间留出一点间歇,或者,说话者虽然未显示出这种间歇,听话者却把短语作为感知单位,从而有助于对句子的理解。这种短语之间的间歇被称为"心理上的逗点"。例如,在一个实验中让被试听下列句子:

That he was happy was evident from the way he smiled.
(从他笑的样子看来,他的快乐是明显的。)

实验者在向被试说出这个句子时,在不同的时候发出"卡嗒"声。要求被试写出上述句子,并标示出"卡嗒"声是何时发生的。结果显示,多数被试以为"卡嗒"声出现在短语分界处。这证明,人在听话时并不是把每个词作为知觉单位,而是把短语作为知觉单位,从而有助于理解的。

在另一个实验中,要求被试在记住一个句子之后,给被试呈现该句中的一个单词,要被试立即说出句子中紧跟在这个单词后面的那个词。结果显示,跟着说出句子中各个词的反应时间有明显的差别,反应时间最长的发生在短语结构的分界处(图 8-7)。这有助于证明,在信息的记忆存储中也是按短语结构进行的。

(二) 句子结构

言语活动是一个序列。思想的陈述不是由个别的词所能完成的。首先,人不能用一个词表示"学习",用另一个词表示"他学习",用再一个词表示"我们大家都在大学里学习"。如果能够这样,表达思想的一连串词序就可以省略了。但事实并不是如此,思想陈述的可能性不是单词所能奏效的。其次,言语过程也不能把词序任意堆砌或任意串连起来,如果能够这样,语法也就不需要了。例如,假设有这样一串词:"丁肇中天才物理学研究没贡献",这串词能够揭示

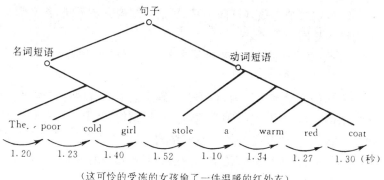

(这可怜的受冻的女孩偷了一件温暖的红外衣)

图 8-7 以短语为感知单位的反应潜伏期

其含义吗？也许我们能把这串词理解为:"丁肇中这位天才在物理学研究中没有贡献",或"丁肇中说天才在物理学研究中没什么贡献"。(这句话取材于《课外校外教育》2,1993年)。人可以问,上述词串不是可以理解吗！其实,当你无论按第一句或第二句理解它时,已经是经过言语加工了,也就是把词串组成了短语和句子,把它放置在规范语法的模式之中了。这两个句子的短语结构为:

"(丁肇中这位天才)(在物理学研究中没什么贡献)"。

"(丁肇中说)(天才)(在物理学研究中没什么贡献)"。

由此可见,人们掌握的词是有限的,然而以有限的词可以组成无数的句子。使用同样的词所组成的句子含义可以不同,这取决于句法结构,也就是短语结构。例如:

"She saw a man(eating fish)".(她看见一个人吃鱼).

"She saw a (man-eating fish)".(她看见一条吃人的鱼).

每个句子都有一定的短语结构。一个句子的含义,依赖于短语的组成方式。短语的结构有了改变,句子的含义就随之改变。例如:

"(男孩)(打碎了)(玻璃)"。如果把短语的位置转换:

"(玻璃)(打碎了)(男孩)"。则含义全非。但是如果把短语改换为:

"(玻璃)(被男孩)(打碎了)"。短语的结构完全不同,含义却与原句说的是同一件事。

那么,短语结构的改变可导致句子含义的变化,应如何解释呢?

心理语言学理论认为,句子在心理上的表现有两种结构,一种为短语的表层结构,另一种为短语的深层结构。表层结构是句子的语法结构,深层结构是句子的意义结构。表层结构与深层结构在心理上的转换,是人们在言语交流中达到互相理解的基础,模式为:

(三) 表层结构(surface structure)

表层结构是句子的说出或书写的外部语法形式。请看下述句子的两种表层结构。

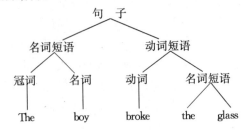

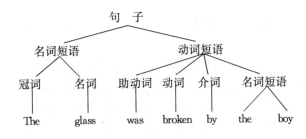

以上树形图表明,两个句子的表层结构十分不同,表达的虽是同一件事,但表达的方式之不同完全由句法的短语安排所决定,即在陈述上句中的事实时,是强调男孩还是强调玻璃,完全由规范化了的短语结构所决定。

当人说出或感知句子时,在心理上给予或揭示的句子表层结构的意义在于:(1)表层结构制约着人的言语活动,说话者和听话者都必须遵守。(2)表层结构所表现的句法、词法模式,有助于人去理解和辨认句子。例如下面有两个句子:

(1) The yig wuri vum rix hum in jay miv.

(2) The yigs wuri vumly rixing hums in jayest miv.

表面上看,第二句比第一句更难把握,因为它更长些,但事实上正好相反。这是因为把 s,ly,ing,est 等英语词尾加上去之后,这些词尾让人用短语结构去组织句子项目的序列,把句子序列纳入了句法规则。这些词尾提供了进行表层分析的线索,而短语是储存言语信息的有效组件,从而使人更容易掌握。上述句子正像是这样的一句话:

(3) The boys were happily singing songs in mellowest tone.

(四) 深层结构(underlying structure)

深层结构是句子的意义结构。一个句子由短语表层结构所赋予的含义,由深层结构揭示出来。句子的深层结构包括两个因素:主题(proposition)和态度(attitude)。主题指句子所蕴含的基本思想,它所陈述的关于某个事物的基本内容。在同一主题下,句子可能陈述不同的态度,这时句子就具有不同的含义。现仍以前述句子为例:

(1)"男孩打碎了玻璃"。这个句子陈述的是关于男孩打碎玻璃这件事,这就是主题。但这一主题可以有不同的态度;这个句子是一个肯定句。

(2)"男孩没有打碎玻璃"。　　(否定句)

(3)"玻璃是男孩打碎的吗"？ （询问句）
(4)"玻璃被男孩打碎了"。 （被动语态句,强调玻璃）

上述4个句子具有同一主题,但4个句子的含义是不同的,其差异在于对主题所采取的态度不同。因此,句子的主题相同而态度不同时,句子的含义也就有所差异。由此可见,决定句子含义的关键在于深层结构中对主题和态度的分析。深层结构把主题与态度结合在一起,以表层结构的形式表现出来。

言语活动中,在心理上揭示深层结构的意义在于：人们在言语交际中,首先把握的是句子的深层结构,而不是表层结构。人经常注意的是句子表达的思想——主题和态度,而并不去注意语法。

在一个实验里,给被试述说一段故事,然后呈现故事中的1个句子及其3句变式,让被试指出哪个句子在故事中出现过。故事如下：

"爱因斯坦为战争而忧心忡忡,他想,人类为什么要打仗呢？是不是人类有好斗的本性呢？于是,爱因斯坦给伟大的心理分析学家弗洛伊德写了一封关于这件事的信。后来他得到了弗洛伊德的回答。弗洛伊德说,人类本性中有一种叫作 aggression 的东西,它使人倾向于行动或活动。这就是弗洛伊德的回答"。

(1)"爱因斯坦写了一封关于这件事的信给伟大的心理分析学家弗洛伊德。" （词序改变）
(2)"伟大的心理分析学家弗洛伊德写给爱因斯坦一封关于这件事的信"。 （错句）
(3)爱因斯坦给伟大的心理分析学家弗洛伊德写了一封关于这件事的信"。 （原句）
(4)关于这件事的一封信是爱因斯坦写给伟大的心理分析学家弗洛伊德的"。 （被动语态句）

实验结果：被试无区别地反应(1),(3),(4)句在故事里出现过,(2)句在故事里没出现过。这是因为,(1),(3),(4)句包含着同一主题,(2)句含有不同的主题。由此可见,人们首先注意的是句子的主题,而没有去注意词序安排的差别和主动、被动语态之间的差别,也就是没有去注意表层结构。

总之,人的言语活动和言语交际是由言语的表层结构与深层结构的联合所完成的。表层结构规范了人的言语活动的框架或基本模式,全部使用语言进行交际的人均必须遵守;深层结构从主题和态度两方面结合起来为句子赋予意义。

那么,人在感知句子的表层结构时,是如何通向深层结构的呢?通向深层结构的途径具有表面的、公开的形式,可有如下几种方法:

首先,表层结构有着某些揭示深层含义的内隐线索。例如,被动语态的短语形式就是深层结构可依据的线索。英语中"……is verb-ed by……"的句法即可被人所捕捉并理解。

其次,对复合句的理解,人在确定主题时把复合句分成主题块。例如:"男孩打碎了玻璃并划破了手指"。这个句子可被听者分为两个主题,从而有助于理解。

第三,利用确定第一个名词短语去确定整个句子的含义。例如:

(1) "The dog is chasing the cat".
(2) "The cat is chasing the dog".
(3) "The cat is chased by the dog".

对这3个句子的理解,首先确定第一名词短语,其次确定语态,句子的意义就能正确地被揭示。

第四,利用直接的意义分析去确定深层含义。例如:

(1) "The girl is watering the flowers".
(2) "The flowers are watered by the girl".
(3) "The flowers are watering the girl".

花不会去浇女孩,这是一个错句。实际上直接意义分析也是建立在表层分析之上的。第(2),(3)句的第一名词短语是相同的,只有分析了它们的语态后才能知道含义是否合理。

由此可见,言语理解是通过深层结构的主题与态度判定获得的,同时,深层意义的揭示是从表层的分析得来的。在言语活动中,句子的表层结构与深层结构处于连续不断的相互转换之中。这一点在书面言语中可能被人意识得比较明显,其实在任何言语形式中都是一样的。

由于言语活动中句子的两种结构的相互联系和转换,对句子的理解有时会产生模棱两可的情况。例如:

(1) "They(are flying)planes"。(他们正在驾驶飞机)

(2) "They are (flying planes)"。(它们是正在航行的飞机)
这两个句子由于表层结构的不同,产生了不同的主题,从而意义完全不同。这是由表层结构不同引起的模棱两可句。

"(Smoking volcanoes)can be dangerous."
这个句子从一个表层结构产生了两种不同的理解。一个含义是:"冒烟的火山是危险的";另一个含义是:"抽烟是危险的"。这时产生的深层意义上的两种理解,即深层结构的模棱两可。这时要确切地理解句子,只能从话题的前言后语或文章的上下文中去找线索。

第四节 言语获得规律

一、个体言语获得概略图景

从个体言语能力发展的泛人类程序化来看,人类婴儿具有言语获得的先天基础。然而,人类婴儿在离开母体时,脑组织还没有发育成熟,特别是大脑皮质的层次结构及神经细胞的生长还未完成;神经轴索的髓鞘化和皮质沟回的分化,是在婴儿出生后一年里甚至更长的时间中逐渐生成的。新生儿发育的这一基本情况,决定了他们的独立生存能力和言语能力是在出生后逐渐习得的。脑组织的发育成熟和后天的语言环境,对个体言语获得起决定性作用。

(一) 前言语活动的发音阶段

由于呼吸作用于发音器官的关系,新生儿时期能发出"ai"、"ou"、"gu"等声音,2—3个月婴儿即开始"咿呀学语",发出"ga"、"bu"等清晰的音节。这些断续的、经常出现的发音代表着婴儿的某种机体状态、感觉状态和情绪状态,反映婴儿是否饱足与舒适,愉快或痛苦。但是还不具有言语活动的对事物的参照意义,发出的声音还不是词。因此,婴儿前言语阶段发音的意义,首先在于,婴儿的发音是向外界发出的信号,它们基本上表达着婴儿机体的良好、舒适和愉快等积极状态,而饥饿、疼痛、渴望成人等不良状态,经常是以啼哭而不是以"呀呀作语"的形式表现出来,因此,婴儿早期发音具有直接的生存适应价值。

其次,前言语阶段发音是言语发展的前提和组织者。"咿呀学语"是在婴儿与成人之间日益频繁的交往和互相呼应中发生的;当成人同婴儿说话的时候,婴儿就更喜欢发出声音。他们以发出语声的方式同成人在感情和行为上发生联系。

一岁以内的婴儿还没有掌握语言,还没有言语活动。但婴儿同成人之间的接触、爱抚、互相观望和呀呀作语是随之而来的言语发展的先兆和组织者。婴儿与成人之间的这种前言语交际导致一种独特的情境,即婴儿与成人经常在同一件事情上互相参照。如指向同一物品、作出同一动作或观看同一对象。这些以声音或动作把成人与婴儿联系起来,使亲-子双方经常处于共同的指向和共同的体验的境界中,就是婴儿言语发展的前提。

(二) 言语的早期发展

婴儿在10—20个月之间开始学话。最初他们只能说出一个词,包括名词、形容词和动词,而完全不会出现助动词、副词和介词,这时期称为单字句阶段。

早期单字句的词义是什么? 按照这些词出现的情况,有人认为,单字句代表物体和物体的作用,例如,"球",意味着球在地上滚(功能性含义);或代表相似物,例如圆的东西都是"球"(特征性含义);还可以代表物体所在的整个情境,如放球的器具、给球的人都是"球"(情境性含义)。所有这些情况均可在单字句时期出现。

单字句是否有深层结构的含义?是否有主题与态度?有人认为,当幼儿看见小猫吃东西时说"吃",似乎在表达一种评论、态度、请求或命令。这样的理解是由于,幼儿的单字句的出现是同某种情境结合在一起的。例如,"吃"的出现是表示"小猫在吃"、"小猫快吃吧"、"小猫不要吃我"等多种可能。

幼儿早期言语的发展在全人类各民族、各地区之间表现出相似的水平和模式。其规律为,一岁以内婴儿不具有言语活动;1—1.5岁出现单字句;2岁出现真正的句子,从此脱离婴儿状态而进入幼儿发展阶段。

两岁幼儿已学会使用100个甚至几百个词。经常出现的是两个字,如"吃糖"、"喝水"、"妈妈抱"。称为"双字句"阶段。

早期的句子似乎是以主题和主题的作用组织的。基本上符合"行动者—行动—被作用者"(主语—谓语—宾语)结构。但最先以两个字来表示。例如,"扔球"或"妈妈扔",而不是完整句"妈妈扔球"。然而,两字句似乎表示幼儿已掌握了某些语法和某些语义。

两字句阶段言语掌握的特征表现为,对于同样的句子,理解成人说出的比自己说出要早。幼儿尚在用两个字表示完整的简单句时——例如"妈妈扔"——,却早已能听懂妈妈说"小明把球扔给妈妈"这样的句子,并能照着去做。这说明,幼儿基本上已经掌握了主题,但还不能充分地表达出来。这可能是因为,脑组织专门化的各个不同区域的成熟和功能的熟练有所不同;也可能是因为幼儿的记忆力还不能有效地提取所要表达的字词串。

幼儿在3岁时已基本上掌握了本民族口语。但这只表现在语言的基础方面,即符合语法和语义的简单句子中。至于语言的精确化则是长期的学习任务。有这样一项实验,让3—5岁幼儿取玩具狼和长颈鹿表示"狼踢长颈鹿",他们会照着指示去作。但是让幼儿表示"狼被长颈鹿踢"时,他们仍然用狼去踢长颈鹿。这是第一名词短语的超概括化,狼出现在第一名词短语的位置上;从而把两个不同的句子理解为同一主题。语言的精确化主要是后天习得的,因此,不同的语种有不同的精确化规范。

二、个体言语获得基本规律

在具有正常发育的脑和言语器官以及正常的人际交往环境的前提下,婴幼儿言语获得过程在全人类显示了类似的规律性。从生活在异常情况下儿童言语获得的资料中对揭示其规律提供了很大启发,归纳起来可得如下要点:

(一) 言语获得要具有正常发育的大脑

对野生儿童的观察使人确信,婴幼儿言语获得的最基本要素是具有正常发育的大脑和正常的生活条件及语言环境。1958年,布朗(R. Brown)报告过生长在动物养育条件下的弃儿的例子。

1920年在印度发现一个狼母亲养育了4个孩子,两个是狼,两个是人。发现她们的时候大约一个为8岁、一个为一岁半。大孩叫Kamala,小孩叫Amala。她们用四肢爬行,膝上有硬皮,牙齿尖锐,用鼻子嗅食物,嘴巴接触盘子吃东西,用舌头喝水,喜吃生肉,晚上到处搜索和嗥叫,夜晚倦曲着睡在地上。Amala被发现后一年内死亡,Kamala活到18岁。在此期间,Kamala学会了直立行走、穿衣服,甚至学会了说几个字,但并没有获得正常的言语能力。

世界上发现过大约30个这样的野生儿童,对他们施以语言训练的结果是类似的;他们都没有学会或恢复言语能力。

布朗认为,上述现象是先天和环境双方影响的结果,在生活护理和营养严重被剥夺的情况下,他们的身体和心理健康受到极度损害,以致潜存着言语先天预成机构的大脑组织没有得到正常发育的机会。这是阻碍言语能力获得的根本原因。

(二) 言语获得要具有正常的语言环境

在人际交往环境中,哪些因素是言语学习的基础?一般来说,最重要的因素是口语交际,是语音信息的传递。因为言语学习最先获得的是听-说联系。单纯由于听觉器官损伤而导致聋哑的人不能获得正常口语就是明显的例证。聋哑家庭的子女，即使听觉器官不受损伤，在无声环境里也不能掌握口语能力。但是我们却不能认为聋哑人没有语言和没有语言环境。他们在必须表达自身状态、愿望、要求和命令的过程中，获得了用手势交流思想的能力。手势语是他们的第一语言。通过手势语，许多聋哑人学会了读和写，但是比较困难，好像是学外语似的，不能像正常人那样熟练。

手势语是不是真正的语言？研究证明，手势语的结构与获得过程同口语是类似的。手势的不同动作与口语中口腔、唇、舌的动作，在构成词中具有同样的作用。手势具有词义；按手势词组成句子。这些能力的获得过程与可听儿童学习口语所经历的过程一样，开始为单字句、双字句，然后才是完整句。由此可证明，手势语也是语言。言语学习并不必须依赖听-说渠道。当听-说渠道受到阻碍，即正常的交际方式受到阻碍时，依赖手势形成了一种代替的语言系统，它们具有同样的内容和结构。由此可见，语言是一种不可抑制的人类特性。然而，聋哑儿童学习手势语以及聋哑人际间的手势语交流，就是在这种极为特殊的语言环境中进行的。缺了这种环境，手势语学习则成为不可能。

（三）言语获得的关键期(critical period)**和言语的基础与精确化**(language basics and elaborations)

上述 Kamala 虽然回到正常语言环境里长达 10 年之久，却并没有恢复正常的言语能力。在这个例子上，由于她所遭受的生理、心理损伤，其结果是可想而知的。然而，在确认某些儿童具有正常的大脑，但是在人为的隔离环境中，缺乏正常的言语交际和心理上受到一定的损伤的情况下，他们的言语获得显示了另一些规律。

首要是，言语获得有一个适宜的年龄阶段，称为关键期。研究认为，儿童言语获得的关键期一般为 1—12 岁，其中 1—4 岁最为关键。在美国发现了这样的例子：Isabella 生活在人为的隔离环境里，她从小被聋哑母亲剥夺了与人接触的全部机会，父母脾气暴燥,无人与她谈话。Isalella 6 岁时被发现,不会说话,智力水平相当于 2 岁。经过一年的语言训练,她学会了说话,智力发育达到正常。这是一个言语恢复很成功的例子。

但是,14 岁时被发现的 Genie 并没有得到相应的训练结果。Genie 从 20 个月起被捆在椅子上,时常挨打。她不会说话,只会嗥叫。经过训练,她学会了不少词,并能表达有主题的句子。但是她的表达远比更小的儿童差,她不会用冠词、代名词、助动词等,表明她具有了语言的基础,但缺乏语言的精确化。

事实证明,Genie 没有得到 Isabella 同样的进步,是因为接受训练时年龄的不同。许多研究证明了,超过了关键期,虽有正常的语言环境和正常的脑,仍然很难学到精确化的语言。

关于言语的基础和精确化问题,从上述异常情况中受到了研究者的注意。为了进一步探索这个问题,如果能观察到生活在正常生活环境、排除心理伤害,但又缺乏言语交往条件的儿童,将是十分有益的。但这几乎是不可能的。

格莱特曼(H. Gleitman)等发现了 6 个聋儿,他们未得到过任何语言训练,没学过手势语,也没受过异常环境的摧残,生活在正常的家庭关系中。

对他们的观察发现,他们自发地应用了一些自己发明的表示意愿的方法。开始用一个指点动作——像是一个符号——表示一个愿望,正如单字句那样;以后用手指口表示要吃,摇双臂表示鸟;再以后用姿势表示两个符号或三个符号的句子。对这 6 个儿童的观察表明,在没有成人教的情况下,自生言语发展的初期阶段,表现了与正常儿童发展的相同过程。他们用自生符号表示句子。但是,到了 4—5 岁以后,他们再也没有显示出进一步的发展。语言的精确化在自发状态下得不到发展。

这是一个重要的发现,它表明,言语获得包括基础的部分和精确化的部分。语言的基础部分系指词或符号的应用和组织简单句,只要有正常发育的脑,而没有教育和没有模式示范的情况下也可以发生。然而语言的精确化部分,包括组织完善句、复合句,使用除名词、动词、形容词以外的各种词类,则不能自发地产生,而是依赖于完善的口语交际和教学过程。这些发现说明,言语获得是人类心理固有的特性,语言在人类形成的漫长过程中产生,并固定在神经组织中,成为一种先天预成模式化了的内在潜势。这主要表现在言语的基础方面。

(四) 言语获得与教育和文化背景的影响

从智力迟钝儿童言语学习中,可进一步说明语言基础部分和精确化部分获得的不同。对智力迟钝(mental retardation)儿童的研究表明,在地理环境闭塞和文化落后地区发现,这些儿童的脑的发育,没有受过任何损伤。他们的智商低于35,是由于环境和营养不够造成的。多数这样的儿童的言语得到一定的发展,但是他们的言语水平比正常人差得多。对智力迟钝儿童的调查表明,他们能学和先学那些在正常儿童也先学的东西,他们像3岁正常儿童或像Genie那样,能够把词组成单一主题的简单句,但不能把两个主题并在一个句子里,不会表达稍微复杂的思想,对难以表达的意思,他们倾向于不去学习。在他们之中,缺陷程度越大或与正常人智力功能的差别越大,他们之间言语成就的差别就越不明显,即他们一致地有同样的语言基础而缺乏语言的精确化。这种情况再一次说明了语言基础是一种预成程序化的心理技能,它似乎不可抑制地在哪怕是隔离儿童和智力迟钝儿童中萌生;但是由于缺乏正常的人类社会文化背景和教育教学条件、智力和正常语言环境,他们终于不能获得表达事物复杂关系和逻辑严密的言语能力。由此推论,在正常儿童中,精确化的言语能力是在一定的社会文化背景下,通过教育与教学过程获得的。

推 荐 读 物

[1] 曹日昌主编《普通心理学》,(合订本)第9章,人民教育出版社,1987年。
[2] 彭聃龄主编《普通心理学》,第11章,北京师范大学出版社,1988年。

[3] Gleitman H. , Psychology, ch. 10, Norton &. Company, 1981.
[4] Dale P. , Language Development, The Dryden Press Inc. Illinois, 1972.

第九章 思 维

第一节 概 述

思维(thinking)作为名词,是"想"这一动作的名称;作为动名词是指想的过程。

"我想……",想是一个动作;想的过程,就是思维、思维过程或思考过程(thinking processes)。想的内容,就是思想(thought)。

日常生活中,"想"字用得很广,例如:

"让我想想她的名字叫……"——回忆的意思;

"我想我能办到"——认为、相信的意思;

"你好好想想!"——劝勉、督促之意。

在心理学中,思维是在特定的科学含义上应用这个词,指的是人脑的一种反映形式,一种加工过程。

一、思维的元素

思维的元素(elements)指思维是由什么构成的,它的基本组成单元是什么。这是人类文化史自古以来探索的重要问题之一。

(一) 思维元素是一种精神意向(mental image)

在早期哲学和传统心理学探讨中,对思维的看法带有模糊不清的灵魂色彩,把思维看作心灵主义的超感觉现象。例如,柏拉图认为观念是天赋的;康德认为思想范畴是先验的;柏克莱则主张,思想最终为精神映象所组成,它通过联想而达到意识。按照这些观点,思维是一个看不见、摸不着的内隐精神现象;思维好像是万花筒似的一张张连接起来的精神图片。

诚然，映象是存在着的，"精神图片"也是现实的反映，在思维中经常出现。但映象不是思维的本质成分，不是构成思维的最后材料，以上的这种描述并没有触及思维的本质。

（二）思维元素是运动活动(motor action)

行为主义者华生主张心理学是研究有机体"做什么"的科学。他认为思维与其他行为一样，也是身体的动作反应。只是构成思维的肌肉运动更精细、更难观察到。他注意到内隐言语（implicit speech）是人们思考的基础；思维在很大程度上是对自己的无声说话。

后人为证明华生的观点，用记录喉头肌肉收缩引起的电变化来测量眼睛看不到的肌肉运动。当人们在思考解题时，可记录到言语器官部位的肌肉运动有同步反应。

华生不仅认为思维与行为同步发生，而且认为二者是等同的，思维就是行为。许多研究驳斥了这种观点。例如，为被试施用箭毒（麻醉剂）麻痹了全部骨髓肌运动，用人工呼吸维持被试的生命，同时向他提出问题。等麻痹消失后，被试可回答向他的提问。被试报告说，在肌肉运动全部消失的情况下，对思维和意识并无干扰。

由此可见，思维的定位不在肌肉里。但这不意味着思维与动作无关。早期儿童在把弄、玩耍等动作活动中实现他简单的目的，随年龄增长，这类动作思维逐渐隐蔽而在大脑内部进行。

以上两种观点看来十分对立，但它们有一个共同点，即思维，相对而言，是外周的心理活动的苏醒：感觉映象或动作的复活。但这些观点却不能反映思维的本质。

（三）思维元素是概念

思维比感觉映象和肌肉运动更多地涉及脑的中枢过程，是大脑高级部位的机能活动。思维可能被出声言语、内隐动作或感觉映象所伴随，但这些都不是思维，思维有更抽象的心理结构。

概念和命题表征思维的中枢过程。概念（concept）是以词标志的同类事物的归类。概念有不同的等级，不同的概念可分别容纳十分具体的和十分抽象的事物。最初级的概念常常是某物的名称,但是,即使是初级的概括的名称也不等同于具体物的映象;而高度抽象的概念则更难以用映象来表征。例如,"价值观"这个概念能用什么心理图片来标志呢?

命题(proposition)是以概念连接起来构成的一种陈述或一个判断。概念联系起来就构成了思想。例如,"狗"和"猫"都是具体概念,"狗咬猫"是一个命题、一种陈述,它表达的不再只是狗、猫,而是一件新事物、一种新情况,成为一个命题。这说明,命题、思想不是由个别映象构成的。命题既已形成,就构成了超出具体映象、具体概念的新的确切含义。

思维具有更抽象的心理结构,那么,这个心理结构是什么呢?心理学家为此建立了不同的理论。

二、思维的探讨途径

(一) 联想主义观点

什么叫联想,传统联想主义者认为,一个刺激引起一个反应就是一个心理事件。一个个心理事件联结起来就是联想,思想是沿着联想的链索形成的。心理事件以接近、相似和对比的性质联系起来就是思维。条件联系和操作条件作用学说是从生理心理学方面解释联想主义的;桑代克的尝试-错误学说是从情境与反应之间的联系来解释思维。因此,这一学派认为,联想,尝试-错误是思维的机制。

(二) 整体性观点

格式塔理论主要建立在对知觉的研究上,柯勒对猿猴的研究涉及思维。柯勒认为,猿猴在取得香蕉的解决问题过程中,是通过改变某些情境中的条件得到的。柯勒把情境(食物、工具)看作是在一定紧张状态下的"场",当情境被动物正确地知觉时,这个"场"就是动态的和能够重新组织的。动物面对情境徘徊、默想,一旦情境的整体——这个"场"被动物所知觉,产生了顿悟,问题就得到了解决。柯勒认为这就是思维。

（三）信息加工观点

计算机科学的发展为研究人类思维开辟了一条新途径。以计算机的操作来模拟人类思维之所以成为可能，是基于计算机和人类大脑一样，都是信息的加工系统。

在本世纪 70 年代，研究得出了这样的结果：利用人在解决问题时以"出声思考"作为编制计算机解决问题程序的指导，按这个程序通过机器操作所得的结果与人通过思维对问题的解决进行比较，如果二者相符合，这个程序就提供了解决这个问题的解释。这就是说，机器执行程序的操作同人类智力的操作有显著的相似性。人类思维运用外界信息和记忆存储的信息以及已建立的规则去分类、比较和组织信息，机器也是如此。这样，我们所无法看到的脑内的思维过程，现在试图以机器的操作去模拟它和揭示它。

但是，若求得机器操作与人类思维完全符合，现在还差得很远。首先，机器的硬件与人的神经系统的类似是表面的。机器只能完成在软件中已规定了的程序加工，而脑的功能却复杂得多，它有动机、情绪与人格特性等非智力系统，它有代偿功能；其次，目前用出声思考来编制思维程序，但是人类思维过程并非都通过可意识到的语言，这就限制了机器对人的思维的模拟。

三、思维的定义

无论从种系演化或个体发展看，在先发生的是感知觉活动，而后才是思维的产生。而且，它们随时都是相互作用着的。它们的不同在于，感觉知觉是人脑对现实事物的直接的、感性的反映，思维是人脑对现实事物间接的和概括的加工形式，它以内隐的或外显的动作或言语形式表现出来。思维有十分复杂的脑机制，它在脑内对客观事件的关系与联系进行多层加工，揭露事物的内在联系和本质特征，是认识的高级形式。

（一）间接性

间接性是通过其他事物为媒介来反映外界事物。例如,早晨看见屋顶潮湿,推知夜里下过雨。夜里下雨是通过屋顶潮湿为媒介推断出来的。这就是间接的反映。医生通过患者的临床症状诊断疾病;经济学家通过金融、物价、失业率判断社会经济运行情况。医生没有直接看到病毒对人体的侵袭,却能通过体温、血液成分和体征变化的程度来诊断患者得了这样的病或那样的病。决策者不能事事躬亲,却能通过物价和失业率来体察民情和预测社会稳定性。无论自然现象或社会现象;无论生活琐事或社会大事,直接感知经验是必要的,但却不足以为人类认知提供足够的信息。思维活动把不同的事物或现象、本来无直接关系的事物或现象联系起来,人才可能超越感知觉提供的信息,去揭露事物或现象的本质和规律性。

(二) **概括性**

概括性是通过建立事物之间的联系,把一类事物的共同特征抽取出来,加以概括,得出概括性的认识。例如,许多物体以数量表征其存在形式,如3个苹果,4个梨,5本书,2支笔。各种各样的物体是不同的,但数量是它们可具有的共同特征。思维活动从极多的物体中抽取它们的数量,概括为"数",并以数字标示出来。因此"数"是数量的概括。思维的概括性使人的认识摆脱了具体事物的局限性和对具体事物的直接依赖性,并在思维的概括活动中形成概念和命题,这就无限地扩大了人的认识范围和加深了人对世界事物的了解。例如,"数目"(3或5,7或8)和"数"就是各种数目的概念,"数学是研究数量关系变化的科学"则是陈述数学现象的命题。

感性反映形式中也有概括性。例如,把某种色香味形状结合起来,知觉为苹果;各种树的映象在头脑中概括出一般的树,这是表象,它们具有初级的概括性质。但是,感性反映形式中的概括性并不能表明事物的本质特征。但当苹果和树作为概念出现时,苹果不再以它的知觉形式出现,树的表象也不以其表象的形式来表征,而是作为思维的结果。这时才能反映它们的本质特征。

语言是思维的物质载体,人类思维是借助于语言进行的,正是由于语言的无限丰富的内容,才使思维的概括活动成为可能。概念是用词来表述的,概念也是在思维活动中经概括而形成;概念间的联系构成命题,命题也是在思维过程中形成的。因此,在现实生活中,人的经常的思维活动是以概念陈述命题的形式而起作用的。

　　思维的概括性、概念和命题可发生在多级水平上。例如,"丁香树美化了校园"、"胃溃疡引起了胃出血,"这两个命题使用了好多个概念,并陈述了某些客观规律,但所概括的可能是它们的一般特征;然而如果说,"森林是保护生态平衡的重要因素"、"疾病可导致死亡",这两个命题所概括的就更接近事物的本质特征和科学规律了。

(三) 思维超出感性认识的界限

　　思维的间接性和概括性使它超出了感性认识的界限,通过思维,人可以掌握直接感知领域以外的东西,也可以预见事物的变化发展进程。像天体宇宙这样的宏观世界和基本粒子这样的微观世界,只有通过思维才能认识其活动规律。例如,人不能直接感知每秒 30 万公里的光速,但通过思维可以理解它,并在概念中把握它。

　　但是思维并不能脱离感性认识,它是在感性材料的基础上产生的。例如,人对光速每秒 30 万公里的把握是在人对在地球上一公里的车速的感性知觉的基础上产生的。

(四) 思维具有超脱现实的性质

　　思维不仅可以把握现存事物的本质属性和规律,而且可以在想象中建立现实中不存在的事物及其联系和规律。这正是创造和创作的来源。然而,这并不意味着思维可以与人的实践截然分开。思维是在实践和感性认识中发生、发展的。人通过思维获深的认识也要经受实践的检验。超脱现实的幻想、假设、预期和创造是否能够成为现实,取决于思维判断是否符合实际。因此,人一方面在实践中产生认识;另一方面,又把认识的结果应用到实践中去,在再实践中,再提高认识。由于思维与实践的密切联系,思维虽然具有超脱现实的性质,但并不意味着人的思维必然陷入空想之中,思维仍然具有现实性。

四、思维过程

思维是人类的高级心理活动,是复杂的信息加工过程。计算机和人脑对信息的编码和译码、存储和提取的驱动过程的基本形式包括分析、综合、抽象、概括、比较、系统化和具体化等过程,它们是思维的基本过程,是智力操作的基本形式。

(一) 分析与综合

分析(analysis)是在观念里把事物整体分解为部分,把整体包含的各个部分、各种属性分离开来的过程。综合(synthesis)是在观念里把事物的各个部分、各种属性结合起来、形成整体的过程。例如,化学的化合与分解、数学的微分与积分等过程,在观念里就是思维的分析与综合。人的认识、思考和解决问题往往是从分析开始的。在简单的认识里,分析综合是认识的开端。小孩把泥团掰成小块就是分析,把几块积木摞在一起成一个"塔",就是综合。美国老人玩拼图以消磨时光,也是综合。这种通过简单的分析、综合完成的活动,是最简单的思维形式。复杂的分析、综合表明,分析是从整体各部分、各属性的联系中进行分析的,综合是对各部分、各属性的联合,是通过分析才达到的。分析与综合是思维活动不可分割的两个方面。

(二) 抽象与概括

抽象(abstraction)是在观念里把事物的共同属性、本质特征抽取出来、舍弃其有所不同的、非本质特征的过程。把抽象出的共同的、本质特征结合在一起就是概括的过程,概括(generalization)得出概念,概念是以词来标示的。

概括是以比较(comparison)为前提的。比较确定事物诸特征之异同及其关系。比较以分析为前提,只有被分解开来的特征才能被比较;比较中要确定不同特征的关系,又是在综合中进行。因此,分析、综合是联想,比较则是对联想的进一步加工。

小孩不去比较圆圈的大小,就不能在锥形柱上搭成"塔"。经过比较,他们知道了"大圆圈放下边,小圆圈放上边,才能搭成塔"。这是在比较中得到的概括。小孩能"做"到这一点,是在行动中的概括;小孩能"说"出这一点,是在概念和命题水平上的概括。

概括有不同的等级水平。初级概括是在知觉、表象基础上进行的,它只能抽取事物的外部共同特征,作出形象的概括。例如,"树"是从一般表象得出的具体概念。高级概括以抽取事物的本质特征为前提。被抽取的特征本身就已经是以概括的形式被思考着。例如,"心理的东西是观念"的这一命题是从许多现象中抽取的感觉、知觉、表象等心理现象中概括的,而这些感觉、知觉等心理现象,这时早已作为概括化了的概念来使用,才能得出上述概括的规律。科学概念和规律是高级抽象概括的产物。在高水平概括基础上所作的分类和归类的过程叫作系统化,通过这个过程能得到系统化的知识。应用概念和命题去解释具体事物的过程叫作具体化;以举例和图解去说明原理,就是具体化的表征。

五、思维的种类

根据思维活动凭借物的不同,可将思维分为如下 3 种形式:

1. 动作思维

这是以实际动作为支柱的思维过程。两岁前婴儿尚未掌握语言,他们通过把弄物体,在实际操作中认识物体属性。动作停止,思维也就停止,被称为动作思维或手的思维。因此,动作思维的概念主要用于早期婴幼儿。

2. 形象思维

这是以直观形象和表象为支柱的思维过程。形象思维主要表现在学龄前儿童中,游戏是最好的例证。儿童模仿成人的活动,组织角色游戏,是由于他们的头脑中所储存和加工的材料多系感性情景。他们所掌握的概念也处于感性水平。艺术家的思维属于形象思维,他们在创作和构思过程中,很大程度上是以形象材料进行。例如,画家运用线条、阴影、空间、色彩等构造画面,音乐家以乐音的弦律、节奏、速度、力度等表达辉煌、幽静或庄严。但是成人的形象思维与幼儿有本质的不同。正如我们将在下一节中阐述的,词在成人的形象思维中起监视、支配的作用。例如,达·芬奇的"蒙娜丽莎"那端庄、温柔的微笑,都有一个鲜明的主题,被称为"永恒的微笑。"画家的创作主题随时在指引着他的形象构思。

3. 词的思维

逻辑思维,也称作推理思维,是运用抽象概念进行判断、推理,得出命题和规律。逻辑思维是用语言进行的,词负载着思维的过程,词把思维中概括出来的事物的共同特征和本质特征确定和巩固下来。如果没有可以标志一般的东西的载体,任何思维的概括都是不可能的。科学思维和科学规律的概括是最好的例证。因此,人类思维的本质特征在于它是以词为中介的对现实的反映,是多层次概括的信息处理过程。这就是人类思维与动物思维的根本区别,也是人类思维具有创造性、预见性和超越现实能力的根本原因。

但是,词的思维随时都可能有必要的形象材料相伴随并起着支柱的作用,甚至还需要动作的支持。例如飞机设计中利用鸟类飞翔的形象,技术师在运动操作中排除机械故障等,均说明在词的思维中形象和动作所起的作用。因此,一般来说,上述3种思维是互相联系着的。个体思维有一个从动作思维向形象思维、逻辑思维发展的过程,而成人思维根据所凭借的任务,思维的进行可以以某种形式为主,但往往并不运用单一思维形式。

根据思维的表达形式,可分为通讯思维和无声思维两种形式:

1. 通讯思维

这是以外部语言,即通过讲述或书写进行思考和表达的思维过程。为了使他人了解自己的思想，达到通讯交流的目的，必须把压缩的和简约的、自己能明白的思想，向充分展开的、具有规范语法结构的、能为他人所理解的形式转化。因此，外部言语的确切含义和严格的语法结构有助于把所思考的和所要表达的思想展开。由于外部语言的严格语法规范和以声音或书写形式向主体的反馈作用，思维过程会更加明确和透彻，思考的问题将得到开展和深化。这就是为什么人有时在苦苦思索弄不明白的问题，而一旦与人谈谈，就会豁然明朗起来。也就是说，通讯思维受语言逻辑的严格制约，语言的结构对思维起着控制、编辑和组织的作用。

通讯思维中的书写形式与讲述形式对语言逻辑的要求有所不同。人们在对话通讯中，思维的展开受交谈情境的制约，交谈双方要有问有答、互相衔接与呼应，似乎是一种反应性的思想交流，从而对语言逻辑的要求，相对于书写通讯来说，不那么严格。书写通讯不但要求语法的严格规范，而且在思维表述的条理和论证上要求逻辑的严格规范。在提出问题、作出假设上要有论证、有分析、有例证、有结论，并要求概念确切、陈述层次分明、命题准确。书写过程是思维的精练和修饰过程。

2. **无声思维**

这是以内部语言进行的自己默默思考的思维过程。俄国心理学家维果斯基(П. вызомский, 1939)提出以内隐言语进行的无声思维有下列特点：(1)内隐言语是片断的、不连贯与不完整的；(2)思考过程中所运用的事实及其关系假定为"自明的"、"定论的"和"已知的"；(3)从而较少受语法的限制。事实确系如此，在无声思维中，语言规范的作用被压缩，明确的语法和确切的词在决定思想的进程上所起的作用不如在通讯思维中那样明显，推理中可以略去许多步骤，逻辑的要求也不那么严格。

根据思维活动面对的任务和目的，可分为指导性思维和创造性思维两种形式：

1. **指导性思维**

是指在一定的任务或要解决的问题面前,思维过程的进行被所要达到的目的和所要解决的问题所指导。例如,解数学题的每一步骤,都是为达到题目最后的要求所指导着,下棋的每一步骤是为最后击败对方所主导着。这种由一定任务所指导而进行的思维过程,称为指导性思维(directed thinking)。

指导性思维的进行有特殊规律。思维活动的每一步均被主体审视,考查对所要达到的目的是否有所推进。如果有所推进,思维活动将继续进行下一步,否则将退回到原处,寻找新的思路,这样一步步地实现目的。指导性思维中,包含着辐合思维和发散思维。辐合思维(convergent thinking)是按照已知信息和熟悉的规则进行的思维。它是指导性思维所必然采用的思维方式。例如利用已掌握的公式和原理去解题;使用已掌握的棋谱步式去迎战对手。发散思维(divergent thinking)则是沿着不同的方向对已有的信息重新进行组织,探求新的答案的思维方式。在实现目的和解决问题中,已有的信息存储模式不一定够用,需要在发散思维中找出解决问题的新途径。指导性思维是一种综合性思维过程,它不但包括辐合思维和发散思维,而且从根本上说,它也是推理思维,问题解决过程中包含着运用概念,组成命题,进行判断和推理的过程。

2. 创造性思维

是多种思维形式的综合活动,也包括辐合思维与发散思维。在创造性思维中,有可能运用更多的发散思维。创造和创作是创新的过程,它在已有的信息模式的基础上,会提出更多的假设和尝试,需要更多的理论指导和感性支柱以及实际活动的验证。

第二节 表象和想象

一、表象

表象(representation)是客观对象不在主体面前呈现时,在观念中所保持的客观对象的形象和客体形象在观念中复现的过程。表象有如下特征：

（一）直观性

表象是在知觉的基础上产生的，构成表象的材料均来自过去知觉过的内容。因此表象是直观的感性反映。但表象又与知觉不同，它只是知觉的概略再现。与知觉比较，表象有下列特点：(1)表象不如知觉完整，不能反映客体的详尽特征，它甚至是残缺的、片断的；(2)表象不如知觉稳定，是变换的、流动的；(3)表象不如知觉鲜明，是比较模糊的、暗淡的，它反映的仅是客体的大体轮廓和一些主要特征。然而在某些条件下，表象也可以呈现知觉的细节，它的基本特征是直觉性。例如，在儿童中可发生一种"遗觉象"(eidetic image)现象。向儿童呈现一张内容复杂的画片，几十秒钟后把画片移开，使其目光投向一灰色屏幕上，他就会"看见"同样一张清晰的图画。这些儿童根据当时产生的映像可准确地描述图画中的细

图 9-1 遗觉象的实验材料

节，同时他们也清楚地觉得画片并不在眼前。图 9-1 呈示的图片，在实验中被试报告说，他"看见"一条"卷尾鳄鱼"，一个"看得出嘴、眼的小孩"，"右边有一棵大树"，"后面有一棵小棕榈树，""小孩和

鳄鱼最清楚"。数出鳄鱼下颌有18棵牙齿。"我完全看不见鳄鱼的脚,它们都没在水里,我看见它的两条前腿和一条后腿,后面的两棵树有同一树干"。(还谈到别的细节)(H. Kluver,1926)。遗觉象是部分学龄儿童特有的反映现象,一般到青年期就消失了。

在表象的分类上,反映某一具体客体的形象,称为个别表象或单一表象,上述遗觉象就属于个别表象。反映关于一类对象共同的特征称为一般表象。一般表象更具上述与知觉相区别的那些特点。

(二) 概括性

一般来说,表象是多次知觉概括的结果,它有感知的原型,却不限于某个原型。因此表象具有概括性,是对某一类对象的表面感性形象的概括性反映,这种概括常常表征为对象的轮廓而不是细节。

表象的概括性有一定的限度。对于复杂的事物和关系,表象是难以囊括的。例如,上述产生遗觉象的图片,如果是表征一个故事的片断,那么,关于整个故事的前因后果,人物关系相互作用的来龙去脉,则不可能在表象中完整地呈现。各个关于故事的表象不过是表达故事片断的例证,要表达故事情节和含义,则要靠语言描述中所运用的概念和命题。对连环画的理解是靠语言把一页页画面连贯起来;漫画的深层含义也是由词的概括来显示的。

因此,表象是感知与思维之间的一种过渡反映形式,是二者之间的中介反映阶段。作为反映形式,表象既接近知觉,又高于知觉,因为它可以离开具体对象而产生;表象既具有概括性,又低于词的概括水平,它为词的思维提供感性材料。从个体心理发展来看,表象的发生处于知觉和思维之间。

(三) 表象在多种感觉道上发生

表象可以是各种感觉的映象。有视觉的、听觉的以及嗅、味觉和触、动觉的表象等等。请读下面的故事,头脑中会出现各种感觉的表象,如同身临其境一般:

"一天早上,正好在日出的时候,一个和尚开始爬山。一条一、二尺宽的狭窄的小路崎岖蜿蜒而上,一直通向山顶的寺庙。小路有的地方是石头铺的,有的地方是土路,有的地方平坦,有的地方凹凸不平。和尚口中叨念着经文,手摸着挂在腕上的一串念珠,一路盘旋而上。沿途还停下来歇息了几次,山路旁不时有松鼠和野兔向他拱手点头,树上有各种小鸟向他鸣叫。远处寺庙的钟声呼唤着他。但是他走得很慢,在太阳快落山的时候到达了山顶的寺庙。第二天,他又沿着这同一条路从寺庙下山。下山要比上山走得快,沿途也歇息了好几次。在半山腰有一个宽敞的地方,那里有平展光滑的大理石石凳,在中午12点,正是阳光直射、天气晴朗而暖和的时候,这个和尚上山、下山两次旅程都正好到达那里。"

阅读这个故事,言语描述使你进行了一次综合各种知觉表象的形象追踪。

表象类型在一般人中均会发生,但也可因人而异。由于视觉的重要性,大多数人都有比较鲜明的和经常发生的视觉表象。很多事例说明,科学家和艺术家通过视觉的形象思维能完成富有创造性的工作。甚至在数学、物理学研究中都相当有效。

爱因斯坦在给哈达马德的信中说道:"在我的思维机构中,书面的或口头的文字似乎不起任何作用。作为思维元素的心理的东西是一些记号和有一定明晰程度的表象,它们可以由我'随意地'再生与组合……这种组合活动似乎是创造性思维的主要形式,它进行在可以传达给别人的、由文字或别的记号建立起来的任何逻辑结构之前。上述的这些元素就我来说是视觉的,有时也有听觉的"。

视觉表象也给美术家、作家带来创造力。柯勒律治的名著诗篇《可汗王》是一篇完整的以视觉表象呈现的佳作。

元朝马致远的词:

枯藤老树昏鸦
小桥流水人家
古道西风瘦马
夕阳西下
断肠人在天涯

它以鲜明的艺术形象形式在人的心目中引起一幅凄凉景象。艺术家往往具有视觉表象的优势。

声音表象对言语听觉和音乐听觉智能的形成起重要作用,运动表象对各种运动动作和运动技能的形成极为重要;而对于某些乐器的操作,例如钢琴以及提琴等弦乐器,则既需要听觉表象,又需要动觉表象的优势。

(四) 表象在思维中的作用

表象不仅是一个个的映象,而且是一种操作,即心理操作可以以表象的形式进行,即形象思维活动。从这个意义上说,表象的心理操作、形象思维与概念思维可处于不同的相互作用中。

1. **表象思维(形象思维)**

就是凭借表象进行的思维操作。"心理旋转"研究是一项有说服力的证据。在一项心理旋转的实验(R. Shepard,1973)中,每次给被试呈现一个旋转角度不同的字母 R,呈现的字母有时是正写的(R),有时是反写的(Я)(图 9-2)。被试的任务是判断字母是正写的还是反写的。结果表明,从垂直方向旋转的角度越大,作出判断所需的时间越长(图 9-3)。对这一结果解释为:被试首先必须把呈现的字母在头脑中进行旋转,直到它处于垂直位置,然后才能作出判断。反应时所反映的进行心理旋转——表象操作所用的时间上的差异,证明了形象思维——表象操作的存在。实际上,企图用其他方法,如通过用命题去描述字母的位置,是困难的。

2. **表象与词在心理操作中双重编码**

在更多的情况下,信息在脑中可以以词进行编码,也可以图像

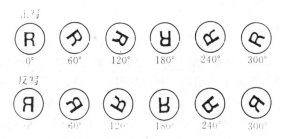

图 9-2 视觉表象思维中的心理旋转研究

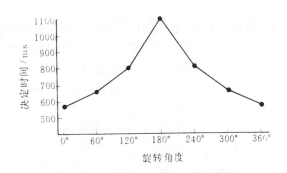

图 9-3 心理旋转研究中的判定时间

字母旋转状态下判定是正写或反写所需要的时间。

进行编码。在一定条件下,图像和词是可以互译的。具体的图像可以通过语言提取、描述和组织,例如,电影剧本作者通常进行的,最后通过语言存储起来,这就是剧本;同时,导演按照剧本再生图像,这就是表演,也就是通过语言使图像恢复。

3. 表象是词的思维操作的支柱

词的思维操作所需表象的参与和支持,甚至表象操作在思维操作中是否出现,可因思维任务之不同而异。例如,几何学在运算中,很大程度上依赖图像操作的支持,图形操作是几何运算的必要支柱。但是,代数学、方程式,只用符号概念按照公式进行演算,完全排除了形象操作。

二、想象

想象(imagination)是人脑对已有表象进行加工改造而形成新形象的过程,是思维活动的一种特殊形式。例如,人可以通过别人的描述,想象出自己从未见过的远洋或大陆、月亮或火星上的形象,也可以在脑中创造出现实中不存在的事物形象,如神话故事中的"米老鼠"和"唐老鸭"、"孙悟空"和"猪八戒"等形象。作曲家创作的新乐章,工程师创造的新机器等,也都是以在头脑中构成新形象为前提的。

想象是新形象的创造,想象的内容往往出现在现实以前,或是现实中不可能出现的东西。因此,想象在一定程度上是超现实的。然而,任何想象都不是凭空捏造的。想象和感知、表象一样,也来源于现实。想象在记忆表象的基础上产生,构成想象的材料均来自记忆表象,想象是记忆表象的进一步加工。天生聋哑人不会产生动听的音乐想象,先天盲人不会产生美丽的色彩想象,是因为他们没有这些方面的表象作为想象加工的材料。

想象是一种意象性的反映,它在某种程度上超脱现实,因此,可有意地或在无意间发生。据此,想象可分为随意想象或不随意想象。

(一) 不随意想象

不随意想象是没有预定目的、不由自主地产生的想象。例如,把天空飘浮的白云、高空耸立的山峰不由自主地想象为某类物的形象,或随着他人的描述而想象事件的情景。

梦是无意想象的一个极端的例子。梦是无意识进行的,梦的内容有时十分荒诞,但它的构成成分仍然是已有表象的分解与组合,它们经过改造和加工,从而形成常常是很离奇的梦境。

幻觉(hallucination)是一种异常精神状态下产生的不随意想象。另外有些麻醉剂,如致幻剂 LSD,注射它,也能引起幻觉。

梦和幻觉均属特殊情况下产生的不随意想象。但这绝不意味着不随意想象经常在这种特殊的、甚至是不正常的情况下产生。事实上，正常生活情况下，无意想象是经常发生的。人们随着意境的出现，可以产生无限暇想，它们既可能荒诞无稽，又可能蕴含新意。所谓"浮想连翩"常常是诗人、作家、艺术家进入的意境。他们在这种心理状态下蕴育、启蒙，这些会成为创作的前奏。

(二) 随意想象

随意想象是按一定目的、自觉地进行的想象。根据想象的创新程度和形成过程的不同，可分为再造想象和创造想象；幻想是想象的一种特殊形式。

1. 再造想象

再造想象是根据语词的描述或图形的示意，在头脑中形成与之相符合或相仿的新形象的过程。通过他人的语词描述，人可以在头脑里"再造"从未见过的现代化繁华的大都会或落后的穷乡僻壤，从未经历过的战争中的烧杀抢掠，从未亲临的混沌的太空等景象。技师、建筑师和工人在制作和建造之前，首先在脑中按照图纸想象出制造物和建筑物的形象结构。"放大样"（模型）就是想象的产物。

任何再造想象的形成均要求具有有关充分的记忆表象和言语思维的组织作用。缺乏有关表象去填充给出任务的语言描述，无从用表象去"理解"语言指导，想象就不可能产生；图纸是以图式或线条、标点的形式展示的，建筑师和工人之所以能根据图纸建造出桥梁或大厦、工厂或住宅，是因为他们在经验中具有丰富的有关表象。但想象绝不是表象的堆砌。按照任务，言语思维对表象活动起着组织、支配、规划的作用。因此，随意想象是在词的指导下进行的形象思维过程。

2. 创造想象

创造想象是不依据现成的描述而独立地创造新形象的过程。因此具有独创性和新颖性的特点。艺术家的新作品，设计师的新设计,都是创造想象的产物。试想,一块璞玉、一桩树根、一根象牙,经过雕刻家的手,雕琢成千姿百态的艺术精品;一片荒地,经过设计师的构想,建起高低错落有致、鳞次栉比的高楼群,在艺术家和设计师的头脑里进行着怎样的构思?

与再造想象活动一样,创造想象的加工过程也是词的思维和形象思维的相互作用,是语词思维指导下的形象思维过程。创造想象活动中包含着原型启发、典型抽取和灵感升华3种思维的特殊形态。

(1) 原型启发是创造想象产生的契机。人在现实任务面前,需要发挥想象力进行创造性劳动时,思维进入积极的准备状态和活跃状态。思维的一切形式,诸如分析、比较、抽象、记忆搜索和提取、形象成分和抽象成分的激活等,均可按需要随时由意识监督和指导下进入加工系统。原型启发就是在复杂的创造想象过程中出现的一种加工方式。根据任务的需要,创造者思索和寻找解决问题的途径和方法。这时,某些事物或表象对要解决的问题具有启示的作用,这样的事物或表象就成为创造发明的原型。例如,木工巨匠鲁班在被丝茅草割破手的原型中获得启示而发明了锯子;阿基米德从洗澡时水溢出盆外的现象中得到启示而发现了浮力的原理。原型的启发作用在于,原型的特征与要创造的东西有相似之处,原型的特征在创造者的头脑中揭示了要解决的问题的症结所在,原型促进了发明者的积极思考。原型启发往往是以现实事物中原型的发现作为例子来说明它的启发作用,其实,人的头脑中储存的知识和表象,都会成为原型。因此,知识经验的积累是创造性活动的基础。

(2) 典型抽取是创造想象过程的主要环节。创造想象过程是创造新形象的过程,从这个意义上说,每个新的创造物都是一个典型,典型既具有代表性,又具有创新性。新形象或新物件的创造过程的主要环节,就是典型的抽取过程。以文学创作为例,任何新的人物形象都是在作家从大量的现实人物特征中进行反复的分析、比较、抽象、概括中获得的。创作想象要经过多重加工,高度概括,其中最主要的是抽取典型特征的过程,把最有代表性的特点分离和抽取出来,概括到某一对象身上,从而得到的就是一个既具有代表性,又具有创新性的典型形象。

典型的概念经常用于文学艺术创作,而极少用于发明创造中。其实,设计一架新的飞机就是各式飞机中的一个新的典型;如果飞机的原型是鸟,那么,飞机不就是飞行物中的一个典型吗!

(3)灵感升华是创造想象活动接近突破阶段时出现的顿悟。创造想象活动中,新形象或新物件的产生往往带有突然性。这种突然出现的新意念状态,称为灵感(inspiration)。灵感是创造者经过长期的努力,付出巨大的思想劳动,有时还伴有艰苦的实践,经过反复的酝酿和构思才出现的。灵感的产生是人的全部精神力量和高度的积极性集中的结果,是在人的注意和兴趣全神贯注、思维活动排除一切干扰,情绪状态为思考提供最佳背景(中度激活)的情况下出现的。这时人的思维处于升华状态,顿悟在这时可突然发生。

(三)幻想也是一种想象

幻想是基于人具有某些向往和追求时出现的。例如,有人向往遨游太空,有人期盼世界大同;有人愿望成为一个律师,有人愿意作一个医生;有人向往拥有金钱,有人企图得到权力。任何企盼都可使人在脑中产生与之有关的暇想。幻想如果按现实的发展规律,并力图使之付诸实现的,可构成人的理想,而那些根本不可能实现的,则称为空想。

幻想与再造想象不同,它不一定要通过他人的语言或符号描述而引起,因而有很大的独创成分;然而幻想又与一般的创造想象有差别。幻想不具有创造想象过程中那么艰苦的精神劳动。创造想象与创造活动联系着,而幻想根本不必付诸行动。

第三节 概　　念

一、概念的性质

概念是人脑对客观事物的一般特征和本质特征的反映形式，是推理思维对外来信息进行加工的基本单元。

客观事物具有许多属性和特征以及它们之间的关系和联系。例如形状、大小、颜色，美丑、善恶、好坏，上下、左右、融合-排斥，和谐-矛盾等等。事物的这些属性或特征，有的表示它们的感性属性，有的标示它们的抽象属性，例如物体的大小、颜色是感性属性，美丑、善恶则是抽象属性；有的表示它们的一般特征，有的则表示本质特征，例如，某些物体的颜色可以成为它们的共同特征，比如它们都是红色或绿色，这是一般特征，而某些物体的"可食性"和"毒性"则表示它们的本质特征。所谓本质是指事物的内在联系，表示事物的根本含义。食物不仅包含具体的粮油蔬菜，还代表"人赖以为生的物质"的这一含义。

事物的一般属性或本质属性是从同一类事物中抽取出来概括而成的。当对某类事物的抽象概括达到一定程度时，就需要有一种能够代表和标志这一般性的(而不是一个个具体的)东西，即符号。我们在这里指的符号就是词。因此，当事物的一般特征和本质属性的抽象和概括达到用词的形式标志它们时，这个词就是概念。所以，概念是以词标志的事物的一般和本质特性的符号。概念是思维活动中抽象、概括的结果，是思维的产物。然而，概念一旦形成，就成为思维活动得以凭借的单元；人类思维活动主要以概念进行的。

二、概念的等级

(一) 概念等级的含义

概念具有不同程度的抽象的水平和概括的范围，从而形成了概念的等级。例如,"鸟"是一个概念。其本质属性为:飞行、卵生、温血。"爬虫"是另一个概念,它的本质属性为:爬行、卵生、冷血。鸟类和爬行类又均属于"脊椎动物。"作为脊椎动物,它们有共同的本质属性,因此,它们是脊椎动物的子集。脊椎动物则具有包容鸟类和爬行类的更为概括的本质属性。然而脊椎动物与无脊椎动物又各有它们不同的本质属性,而它们都是"动物"这一范畴的子集。现在让我们看,在鸟类和爬行类中有许多不同的鸟和爬行动物,它们各具有鸟类或爬行类的本质特征,所以,知更鸟、啄木鸟是鸟的子集,鳄鱼和乌龟是爬行动物的子集。但是不同的鸟和不同的爬行动物又各有不同的特征,它们又有各自的本质属性,例如,鸡是鸟,但它不会飞,又属于家禽一类范畴;蛇是爬行类动物,但它没有硬甲和腿,又与乌龟和鳄鱼不同(图 9-4)。

图 9-4 是一个概念等级示范图。但作为动物学的科学分类来说,这个图是不精确,也是不全面的。因此,这个图不能作为科学分类来使用,而只是用来表示"动物"、"脊椎动物"、"鸟类"、"知更鸟"等概念属于不同的等级的一个例证。图 9-4 表示,更一般的、抽象的概念在顶部,较具体的概念在底部。实线表示概念之间的直接联系。研究表明,概念之间的联系的间隔越多,确定它们之间的等级关系所需的时间也就越长。例如,判断"知更鸟是动物"这句话是否正确所花的时间,比判断"知更鸟是鸟"所花的时间要长。这是因为,如图 9-4 所示,知更鸟与鸟之间只有一层联系,而知更鸟与动物之间有 4 层联系。这说明,多层联系比一层联系在人脑内的加工通路更复杂,多层次的联系要经过多层次的概括和多层次的加工。科学概念及其体系是在学习中获得的,在学习中,人通过概念分类和归类,掌握概念体系,在头脑中把它们作为概念图式储存起来。对学过生物学的中学生来说,理解"知更鸟是动物",或"鸡是鸟"比儿童要容易得多,这是因为学过生物学在学生头脑里已建立了有关动物的范畴归类。

(二) 概念的典型性

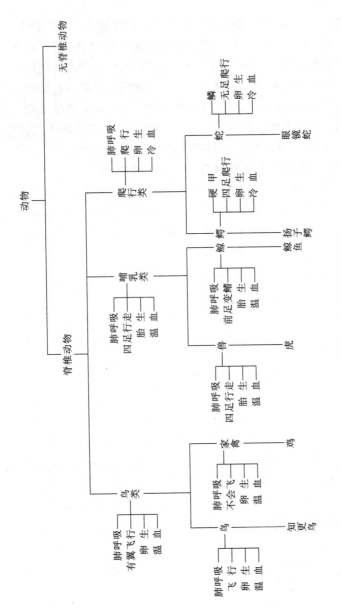

图9-4 概念的等级举例

概念在科学体系中所处的位置越高,就越脱离其具体特征而反映其本质。因此,概念中概括同类事物的共同或本质特征而舍弃其次要的非本质属性。这导致在同一概念中可容纳多种在具体特征上不同的对象,从而使有的对象可以是这一概念的典型例证,而另一个就不能不是这一概念的典型例证。例如,对鸟类来说,知更鸟、百灵鸟比鸡更典型;对哺乳类来说,啮齿类比鲸类更典型。因此,一个概念在比它更高级的概念范畴里,可以是典型的,也可以是不典型的。这表明那些反映不典型的特征可能是次要的特征。如爬行类有足或无足,可能就不是爬行类的本质特征。但那些反映不典型的特征也可能并非次要而是本质特征,如鲸类在水中生活,是鲸类的本质特征,但它作为哺乳类却不是典型的代表。

三、概念的形成与掌握

概念是在人类社会历史发展的过程中形成的。随着人类劳动实践和社会经验的积累,在人际交往使用符号通讯的基础上,并随着科学与文化的发展和人类思维发展的基础上,概念作为社会意识而产生。对于概念的历史发展,称为概念的形成。例如,在原始社会,人们以物体的具体数量标志"数",一定的数量等同于一定量的具体实物。数概念是在长期的生产和交换的历史演变中形成的。随着生产和科学的发展和知识文化的进步,概念的内涵在不断地得到发展、修正和丰富。

人类个体通过语言工具,从成人那里继承由概念所负载的人类历史的知识和经验。个体学会这些历史成果的过程,称为概念的掌握。个体掌握概念的过程,粗略地可分为下列3级水平:

(一) 对直接印象的概括是最初级的概括

这时用词所标志的,是事物或情境的直接印象。一个生动的例子表明,当小孩做错一件事,妈妈生气地斥责他:"你是故意这么做"!问小孩,妈妈责备你是什么意思时,小孩回答:"她说故意就是她正在瞪着我"。这表明,小孩不懂"故意"的含义,他对"故意"的理解受情境的直接印象的制约。

(二) 对事物具体特征的概括是幼儿概念掌握的特点

幼儿受形象思维水平的制约,所使用的概念代表的是事物的外部的、具体的特征。例如,幼儿认为"鸟是会飞的动物"。由此把蝙蝠归入鸟类,而不同意鸡也是鸟。一般来说,具体概念多属于前科学概念,来自日常经验。

(三) 对事物的一般特征的概括是介于对事物的外部特征和抽象属性之间的一级概括

"计算机是用电子元件组成的",这是一个一般概念,它概括了同类机器的共同特征,然而这个特征对计算机来说,并不是最本质的。只有当掌握"计算机是信息加工系统"时,才摆脱了事物的具体特征,抽取了它的最本质的属性,才掌握了关于计算机的抽象概念。

一般概念和抽象概念的掌握,一般来说是来自教学,称为科学概念。科学概念的掌握要经过推理思维的复杂过程。下述实验将揭示概念掌握的思维过程:

向被试呈现18张卡片,每张卡片上都有一个几何图形,图形有在卡片上的位置、形状、大小之分。位置分为左、中、右。形状分为方、圆、三角。大小分为大、小。这些特征共分3维,8属性,即18个样本。

实验设计:要求被试由上述3维8属性中确认一个概念。这个概念叫TEP。TEP由这18张卡片中的"形状"、"大小"、"位置"等8属性的某几个所构成。这个将被确定的概念,让被试作出假设,并通过主试给予的线索——被试判断后主试的肯定或否定的反馈——验证假设。经过反复验证,被试能得出主试原先确定的那个概念。

例如,被主试确定的概念可以是:"左、大、方形"或"中间、小、三角",等等。

实验开始:主试向被试呈现3号卡片,并告知:"这张卡片是要你确定的概念的例证,是属于这一概念的成员"。于是被试进行了作出假设和检验假设的过程。见图 9-5,表 9-1。

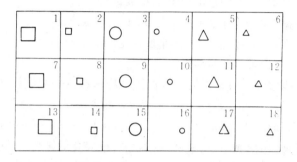

图 9-5　概念学习的实验材料

表 9-1　确定概念 TEP 的假设-检验的过程

卡片选择	主试反馈	被 试 推 论
主试呈现: #3(圆、大、左)	是	"由于#3是肯定的,所以'圆、大、左'都可能是 TEP 的属性的组成部分。"
Ⅰ.被试选择: #1(方、大、左)	否	"#1不是 TEP 的例证。#1 与#3 大小、位置相同,只有形状不同,所以相同的不是 TEP 的例证所具有的特征,不相同的形状则一定是所要求的 TEP 的例证。因此,圆形是 TEP 的组成部分。"
Ⅱ.被试选择: #9(圆、大、中)	是	"#9 与#3 比较,形状、大小均相同,只有位置不同。它又是肯定性例证,因此,位置不是 TEP 的组成部分。"
Ⅲ.被试选择: #4(圆、小、左)	否	"这是一个否定的例证,与之不同的特征是 TEP 的组成部分,与#3 比较,只有大小不同。因此,大小是 TEP 的组成部分。"

按照上表已知:圆、大、左都可能是 TEP 的组成部分。
搜索Ⅰ:从#1搜索 TEP 的组成部分:方、大、左。
检验假设Ⅰ:肯定了形状是 TEP 的组成部分。

333

搜索Ⅱ：从#9搜索 TEP 的组成部分：圆、大、中。
检验假设Ⅱ：否定了位置是 TEP 的组成部分。
搜索Ⅲ：从#4搜索 TEP 的组成部分：圆、小、左。
检验假设Ⅲ：肯定了大小是 TEP 的组成部分。
结论：TEP 是由形状、大小所规定的。
　　TEP＝大的圆形。

上述实验代表了对概念掌握的一种解释，称为"假设-检验"理论（Bourne，1966）。这一理论认为，对概念的掌握，必须了解某些有关概念的线索，根据已得的线索可以解释情境。据此作出假设，进行推理，作出判断，再与假设相对照，把握有关属性，排除无关属性。通过检验假设，可得到对概念的正确理解。这种掌握科学概念的途径是人们经常使用的。例如在疾病诊断中，由于同样症状可在不同的疾病中出现，疾病症状的组合，在不同疾病中既有相同的症状，也有不同的症状，诊断中医生必须在确认本病人具有几种不同的疾病均可出现的相同症状的前提下，排除那些与本病人不存在的症状相联系的那些疾病，才能作出明确诊断。例如，营养性贫血与血癌均有血红细胞下降的症状。这时只有在排除了该患者不存在血红细胞癌变的症状的情况下，才能确诊为营养性贫血。在复杂的现象中，要经过多次提出假设、检验假设的过程，才能得出明确的认识。

运用假设-检验理论，有下列3个要点：

（1）规定某概念的必要属性越多，所需进行的假设-检验的步骤也越多。

（2）每次假设中规定一个未知因素，再每次变换一个因素，逐个地加以检验。这是一种保守的方法，但能得到按步就班、毫无疏漏的保证，称为"保守-集中"策略。但也可以每次确定两个未知因素。这是一种冒险的方法，称为"冒险-集中"策略。运用冒险策略，如果一下就得到"肯定的例证"，就将比保守方法更快地掌握概念。但如果得到的是"否定的例证"，则要花更多的时间去搜索。

（3）采用假设-检验方法有可能受人思想倾向的影响，导致假设检验中发生偏向。这种偏向往往表现为人们企图从正面来证实自己的假设，而不从反面去否定自己的假设。例如，假设某人是内倾性格，于是易于对他提出这样的问题："你喜单独一个人散步吗"？"你常在图书馆度过很长的时间吗"？对问题肯定的回答就证实了自己的假设。人们不喜欢问这样的问题："你喜欢参加社交活动吗"？肯定的回答将否定自己的假设。

四、概念的运用与理解

概念的运用是把已经概括了的一般的东西，应用到个别的特殊的场合。但通常这不是一个简单的逆转过程。因为新出现的事件不一定与某一概念完全对应，新事物的各种特征不一定与某一概念的本质特征相吻合。例如，"平行四边形的面积等于底与高的乘积"。这是说明平行四边形这一概念的本质特征。学生习惯于以下列 A 图来掌握这一概念的本质特征，而当遇到 B 图这一新情况去解该平行四边形的面积时，有的学生再次用画虚线来表示底与高，这时学生就茫然不知所措了。

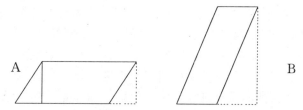

这个例子表明，对概念的运用，要求人不但要掌握概念的内涵所包容的东西，还要求人把握有关概念相临近的、相对立的、相反的有关知识。过于单调的经验往往使概念在应用时发生困难。而丰富的经验与知识则使人能从更广泛的角度把概念应用到新的情境中去。知识经验越丰富，对概念之间的联系、概念的系统化程度越广，运用一般概念去解释新的具体情况就更准确。上述例子表

明,由于学生对概念的掌握过于呆板和狭窄,缺乏事物在变化了的情况下应用概念的应变能力。

概念的运用对掌握和理解有重要作用。实际地运用概念是概念的具体化,而概念每一次的具体化,都会使概念进一步丰富和深化,使人对概念有更全面、更深刻的理解和掌握,把新知识纳入已有的概念系统。

对概念的理解要用命题来表述;同时命题又是由一系列概念联系起来构成的。由概念形成的命题以及由命题表述的概念,都是被严格地规定了的。正是由于概念和命题的这一性质,决定了只有词的思维才能担负起使人认识客观现实、掌握自然界与社会的规律性的任务。

第四节 问题解决的思维过程

一、问题解决的性质

人们经常会遇到问题需要去解决。例如,解数学题,实验假设的检验与修正,机器故障的检修,刑事案件的侦破等,都是需要解决的问题。问题解决的过程依问题的复杂程度,要经过反复的思考和实际的检验。在每次行动之前,都要在思考中寻求解决问题的途径,然后在行动中检验解决的情况和程度,直到问题得到解决为止。本节要阐述的就是问题解决(problem solving)中的思维规律。

(一) 问题解决是指导性思维

问题解决中,思维过程始终指向着一定的目标,由要解决的问题以及由此问题所设定的目标所支配和指导着。例如,下棋的每一步骤均被最后取胜的目标所主导;医生的诊断和治疗由患者痊愈和康复的目标所支配。这种由一定的任务所指导着而进行的内部操作过程,即为指导性思维。

问题解决是按照指导性思维的特有规律进行的。指导性思维并不脱离以上各节所揭示的推理思维的一般规律,它仍然是在分析综合、抽象概括过程中,在运用概念、形成命题、作出判断和推理、进行假设和验证的一系列思维操作中进行的。但它又不同于一般的逻辑推理。

(二) 指导性思维是一个有着严密组织的心理序列

这个心理序列,也就是问题解决的过程,受所设定的目的的指导。例如,9:15必须到达飞机场——这就是目的;为达到此目的,如何选择行车路线——这就是问题。于是在司机的头脑中产生一个思维序列(图9-6):

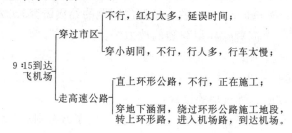

图 9-6 问题解决的心理序列举例

从上例可以看出,很多问题的解决都是遵循着下列的思维策略进行的:

(1) 目的决定思维的全部步骤,并评价每一步骤对达到最后目的的价值。也就是说,思维的每一步骤不是决定于前一步骤,而是决定于是否有利于达到目的的检验。

(2) 问题提出后,在思维中形成一个心理图式(mental schemata)。这个图式包括问题和目的,并用解决过程的各个步骤去填充,而且,这些步骤可以被改变和更换。

(3) 问题解决的心理序列似乎像一个思维的连锁,但是这个连锁绝不是由自由联想构成的。自由联想将使人的思想连锁漂流在不相干的汪洋大海之中。假设司机的思路以下列方式进行:

9:15 到达机场——→手表不准,坏了——→修理——→去修表店

──→去商业街──→来了新产品──→最好买一件礼品──→小王最近结婚──→他的女友尚在外地未归──→婚期要拖延──→小王闹情绪……

请看,这样的自由联想对按时到达机场的任务毫不相干。

从上述问题解决中形成的心理序列可比作一个**阶梯组织**(hierarchical organization)。这个阶梯组织似乎在解决问题的功能上分出层次,先从解决的一般原则开始,逐步深入和具体化。这种观点是否为一般规律还有待验证,但可以认为,这种类似的层次划分和步步深入的程序,在许多情况下都是适用的。请看下例:格式塔学派邓克尔(K. Duncker, 1945)的一项解决问题的经典研究,向大学生被试提出一个问题:"在用强烈的放射线治疗胃部肿瘤时,如何避免破坏肿瘤周围的健康组织"。实验记录了被试出声思考的解决办法(见图9-7)。从一个被试思考过程的心理图式中可划分出在他头脑中形成的思维阶梯的层次:

(1) 一般范围——解决问题的一般方案。这个方案划定要解决问题的一般范围,指出解决的一般方法或方向。例如"必须找到一种方法使放射线不与健康组织接触。"

(2) 功能性解决——上述解决问题的一般范围指出了思维的方向,并确实导致几种原则上的解决途径,导致实现一般范围的可能方法。如:"找出一条达到胃的通道","把肿瘤移到表面上来"等。

(3) 具体化解决——功能性解决的每一种方法都可能暗示一种具体化的办法。如"利用食管道","插进套管"等。在解决方法具体化中,如果一种办法行不通,思路就会回到功能性解决上去,寻找另一个具体化的方法。直到问题最后得到解决为止。

(三) 思维阶梯组织中的自动化与组块过程

思维的心理序列或图式中有很多自动化的成分,尤其在具体化步骤中的一些环节或细节是可以自动化的。例如,有经验的医生对于放射线的使用技术,司机对行车路线的熟悉程度,下棋能手头脑中的棋谱等,与技能的掌握一样,技能的许多环节是可以达到自

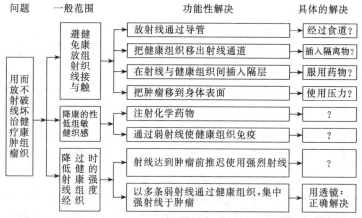

图9-7 邓克尔有一个实验举例：问题解决时的心理图式——思维阶梯组织

动化程度的,只不过技能的自动化是在外部动作中体现,而问题解决中心理序列的自动化是在思维的内部操作中体现的。

心理序列的自动化现象体现为组块过程(chunking process)。技能的自动化是把一些技能中的一系列连续的动作组成为一个操作的单元,对这一系列动作的实现不需要一个个地由意识随意地去支配;思维的心理序列的自动化是把思维操作的小单元联系起来成为大单元,在思维加工中,在那些联系起来的小单元之间,不需要插入意识监测,思维活动即可以用大单元来进行。

下例说明在心理操作中的组块过程：

"为什么任何6位数字的前3个和后3个相同时,均可被13除尽"？被试通过思维的阶梯组织来解决这个问题。

(1)"276276"。"找出一个可被13除尽的一般形式"。

(2)选用"abcabc"作为任何前3个与后3个相同的数字的模式：

例如：276276＝abcabc

abcabc ＝1000abc＋abc

$= 1001abc$

$1001 = 77 \times 13$,所以 1001 可被 13 除尽;$1001 \times abc$ 也可以被 13 除尽。则 $abc \times abc$ 也可以被 13 除尽,所以任何前 3 个数与后 3 个数相同的 6 位数均可被 13 除尽。

作为一个初次遇到这个问题的人来说,他只能按照上述步骤去解决;然而,对于一个数学家来说,abcabc 可被 13 除尽的命题,在他的头脑中早已经过多次运算而成为一个"块"了。从而他在其他更复杂的运算过程中,就可把这个命题作为一个思考的单元来对待而不必重复运算。因此,思维加工中的组块过程和部分环节自动化的实现,是在经验中形成的。在解决问题中,专家与生手、师傅与学徒的区别就在于在他们头脑里组块之不同。在一个随机乱摆的残局上,让棋手和生手观看棋局 15 秒后,让他们回忆这个棋局。结果表明,专家能回忆出 5—7 个"块",——棋局的大单元组合;生手只能回忆起 5—7 个棋子。这个结果并不是由于专家有过人的记忆力,而是因为他对棋谱十分熟悉,他可以把这个棋谱的每个块而不是把每个棋子作为一个单元来捕捉。按照短时记忆的规律,专家和生手都可以记住 5—7 个单元,但结果却十分不同。

在问题解决中,专家比学徒显得更有能力,就是因为,专家以更大的思想单元去思考,省去了对许多细小问题的重复加工。于是他的思维操作可循着另外的途径从更多的方面,寻找更多的方法,去解决更新、更多的问题。

二、问题解决的认知分析

问题解决是一个组织严密的心理序列,这个序列可构成一个阶梯组织。现在让我们进一步分析这个心理序列的认知过程。现代认知心理学把问题解决看为"输入—加工—输出"的过程,认为人不是被动地接受外界刺激,并对之作出反应,而是主动地寻求信息,对输入的信息以一定的策略进行加工处理,并经过决策过程再输出去。信息加工过程就是寻找操作序列以达到目的的过程。

(一) 手段-目的分析

手段-目的分析的过程就是信息加工中心理序列形成的过程，就是思维中展现的问题解决的过程。为了使提出的问题与要达到的目标相接近，要有一个心理操作的过程和步骤。每一步骤可能是确立的小目标，每达到一个小目标都要与总目标相比较，比较其在达到总目标过程中的作用。直到问题得到解决。这就是手段-目的分析。

从提出问题开始，经过中间的步骤，到实现目标，这个过程可分为3种状态。开始阶段称为初始状态，达到目标时为目标状态，中间经过的各个步骤为中间状态。这些状态均为人的认识状态。

在手段-目的分析中，思维的每一步操作就是把当时的认识状态逐一地与目标状态相比较，中间状态每前进一步均推动着问题的解决。手段-目的分析在解决问题中的一般图式为：

(1) 确定问题的初始状态和目标状态；

(2) 把问题的总目标分解为一系列小目标，每个小目标就是一个中间状态；

(3) 问题解决的过程是从一个认识状态推进到下一个认识状态，每一个新的认识状态都从所采取的新手段中带来一些新的信息；

(4) 一个手段获得成功，达到一个小目标，就推进到下一个新的认识状态，继续为达到下一个目标选择手段；

(5) 如果这个手段行不通，就退回到原来的认识状态，重新选择手段。直到通过一个个小目标，最终达到总目的。

下列"河内塔"问题要求把一叠圆盘从 A 柱移到 C 柱上，B 柱供给过渡使用。规则是：每次只能移动最上面的一个圆盘，大盘不许压在小盘上。图 9-8 表明了解决这个问题的初始状态以及多个中间状态，显示了用手段-目的分析方法解决问题的一般过程。

(二) 搜索策略

上述手段-目的分析展示了问题解决思维序列的一般过程。现

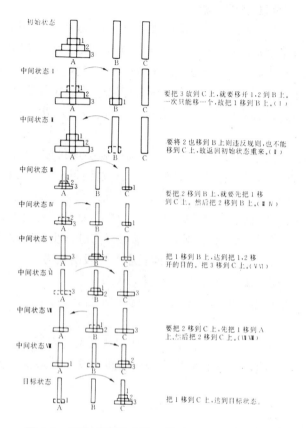

图 9-8　手段-目标分析的一般过程——"河内塔"例

在让我们进一步解释它所采取的搜索策略。

1. 正向探索和逆向行动

正向探索是首先试用某种方法,看其是否有所进展,如果得到了某些新的信息,就从这一步骤继续下去。其特点是用简单的、直接的步骤,从开始进行直到问题获得解决。对于简单的问题采用正向探索容易得到解决,然而对于复杂的问题则难以奏效。

逆向行动与正向探索不同，它不是选取问题的某一点顺序而下，而是着眼于寻找所期望的解决办法，或首先寻找解决这个问题的先行步骤。这一步确定之后，再向紧挨着的前面一步进行，最后退到问题提出的起点。逆向行动经常使用手段-目的分析，每确定一个小目标，并尝试去解决，并把小目标与前一个认识状态相比较。就像人们在查看地图，比如，从北京到昆明，对一个对中国地理茫然不解的人来说，该如何走呢？他可能先找到武汉——从武汉到广州——不对了，又回到武汉——贵阳——昆明；好，那么，从武汉退行到徐州——郑州——又不对了，从武汉可直抵石家庄——北京。假设的这一行程就是一个逆向行动的例子，决策的每一步都要进行手段-目的分析。

2. 选择算子

在确定问题解决的策略中，重要的是选择解决问题所采用的手段，这就是选择算子(operator)。算子亦称操作者，系指在思维中用以指导进行操作的计划和方法。

算子可分为两类，一为规则算法，二为启发法或称直接推断法。

规则算法(algorithms)是按照现成的规则去做，问题便能自然而然地导致正确的解决。例如按照数学规则进行演算，无论是正向或逆向探索，问题一定会得到解决。但是由于全部操作必须一步一步地按规则进行，问题的解决往往很慢。例如猜字谜，给出"-c--bi-"，指明为"Sharp tongned"的同义词，请猜出这个字。运用规则算法需要把全部字母一个个地尝试填入空格，用字典检验每一次的结果，最终可发现这个词为"acerbic"（苛薄的），但必须经过460,000次尝试才有可能查出。但实际上人不会去这样尝试，而是去推测，这就是启发法。

启发法(heuristics)在很大程度上是靠经验去寻找解决问题的方法或原则。所谓经验就是把以前解决某些问题时采用过的有效方法引用到新的场合。例如在智力测验中，由于要求解答的速度,人们往往采用启发法而不用规则算法。假设$(899 \times 21) - [(899 \times 7) + (899 \times 14)] = ?$的题目可一目了然而不需要一步步地计算。医生诊断疾病也并不每一次系统地一步步尝试去检查,而是首先确定一个预期最接近问题的起点,按逆向行动推进诊断的过程。

下面举一个采用启发法解决难题的例子,问题是:

"如果在你解决这一个之前你所解决的难题,难于在你解决这一个之前你所解决的难题之后你所解决的难题,那么在你解决这一个之前你所解决的难题难于这一个吗?"

首先确定这个句子中包含着许多复杂的短语,于是采取了"用字母代替短语"的启发式算子。

(1) 把"这一个"设定为 A;

(2) 把"在你解决 A 之前你所解决的难题"设为 B。

结果问题简化为:"如果难题 B 难于难题 A,那么难题 B 难于难题 A 吗"?回答:"是"。

现实的问题解决中,正向探索和逆向行动的策略是经常依情境而交替使用的。采用什么算子也依情况而定。启发法在解决难题中显示了规则算法的缺陷,但是启发法的每次操作并不一定保证得到成功。关键在于确定解决问题的方案和选择的解决途径的实际效果。启发法的采用不要求消耗很大的心理能量,但却显示了人类思维所具有的特点,反映了人类的高级智慧。

三、问题解决中的心理障碍

(一) 出声思考的局限性

认知心理学家利用人的出声思考相当成功地发现了在解决问题中思维过程的一些规律。但是也发现了出声思考有一定的局限性。实验研究中,尽管鼓励被试尽可能详细地通过口头言语把他们解决问题的思考过程全部表达出来,但是难以做到。甚至被试所采用的某些策略也并没有全部说出。从出声思考中得到的,只是被试思考中实实在在的内容和过程的一部分。看来人们的思维操作只有一部分能受到外部的检验,被丢弃的部分对解决问题是否起作用以及起多么大的作用,却不得而知。这个问题将在下一节再作介绍。

下面举一个实验为例:在房间里,从房顶上悬挂两条绳,两条绳的距离要使一个人站在两绳之间伸开双臂只能够到其中一条,而在不移动脚步时不能够到另一条。让被试想出办法如何在不移动脚步的情况下,双手能够到这两条悬挂着的绳。

实验组受到主试的暗示后解决问题比控制组要快。然而实验组受到暗示有两种情况,一部分被试受暗示后,采取了一系列行动使绳子摆动起来,使问题得到解决;另一部分被试也解决了问题,但他们说,"我想到了解决的办法,但不知是怎么想起的"。他们的操作结果都比控制组快,说明他们实际上利用了暗示。实验表明,暗示在导致问题解决上起了很大的作用,尽管一部分被试并没有清楚地意识到暗示的内容。从而证明了,如果人没意识到他解决问题的步骤和过程,就不可能说出来,这意味着出声思维会遗漏部分内容,因而对于检验思维操作的过程来说是不完整的;并使人认识到,在问题解决的过程中,不能完全依靠出现在意识中的构想和设计,问题解决的思维活动还有另外的机制。我们将在下一节进一步介绍。

(二) 短时记忆的局限性

如果面对一个需要解决的问题而对此缺乏经验时,那么企图对这个问题作出思想上的预见的能力是很低的。可用下列游戏来说明这个问题。请设想人人都熟悉的"三子棋"。这个游戏共有9个空格,对弈双方的任何一方只要占领连着的3个空格即为优胜。这个游戏全部只有11个棋谱,只要玩过几次,这11种可能性就会很容易地保存在长时记忆里。但是假如没有经验,只靠短时记忆就没有可能在对弈中利用这11种可能性,从而一定会被击败。例如,只要稍有经验,就知道甲方第一步只要把×划在中央格,就在很大程度上能取胜;乙方第一步必须占领一个角的方格,否则将必定失败等等。

这是由于,人在正进行的工作中使用的是工作记忆,工作记忆就是短时记忆。它的特点是服务于当前进行的思维操作,从感觉输入和长时记忆中提取当时操作所需的信息。提取这些信息的活动就是工作记忆。然而,工作记忆的容量极其有限,它不能在同一时刻呈现所有需要的信息,因而使人对下一步的预料能力受到局限。例如,下棋时每走一步都要求对下面作出预料,如果没有先前经验存贮的长时记忆为依据,就不可能预料由这一步引起的全部可能性。

弥补短时记忆的缺陷的方法,一方面靠外部的帮助,比如作出图略,标示数字或符号,提供短时记忆在当前情况下来不及提取的信息。另一方面就是靠长时记忆的帮助。各行业有经验的专家们进行到1千至5千小时的实际练习,比如游泳、弹琴或一门知识的实践,他们就能得到大量的有组织的知识。这些知识以组块的形式在长时记忆里存贮,在思维中又以块的形式提取和操作,相对扩大了短时记忆的容量。使用这些大单元进行操作,不但可以节省大量的心理能量,而且显示他们在选择算子作出决策时的预料能力。

(三) 心理定势的干扰

说明定势现象最好的例证就是"双面人",比如"老妇-少女"两可图,或"鸭-兔"两可图。由于定势的刻板性,使人不但在知觉,而且在思维操作中起干扰作用。

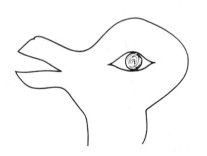

下面举出卢钦斯(Luchins)的量水实验来说明定势在思维中可能起的阻碍作用。

问题:有A,B,C 3个容器,分别可量21,127,3升水。要求用这 3 个容器量出 100 升水。答案为 127－21－(3×2)＝100。接着又进行了类似的测量,形成了 B－A－2C 的定势(图 9-9)。当被试形成了 B－A－2C 的定势之后,很容易用同样的方式去解决类似的问题。

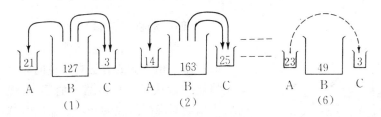

图 9-9 "量水"实验举例

"九点"图要求:连续画出 4 条直线通过 9 个点,每个点只通过一次。被试往往要花费很多时间企图在 9 个点形成的方框内得到答案。这些例子说明,定势的刻板性强烈地限制了被试根据实际情况灵活地解决问题。定势一旦形成,就不容易打破。它束缚了那些并不十分困难就能找到的交替转换办法,影响问题解决的效率。

表 9-2 "量水"实验程序

问题	A	B	C	求 D	习惯解决	注
1	21	127	3	100	D＝B－A－2C	
2	14	163	25	99	⋮	
3	18	43	10	5	⋮	
4	9	42	6	21	⋮	
5	20	59	4	31	⋮	
6	23	49	3	20	⋮	D＝A－C
7	15	39	3	18	⋮	D＝A＋C
8	28	76	3	25	⋮	D＝A－C

"量水"实验的部分结果

组　别	人数	灵活地直接解决(%)	定势习惯解决(%)	其他
实验组(1—8题)	79	17	81	2
控制组(1,7,8题)	57	100	0	

（四）动机的影响

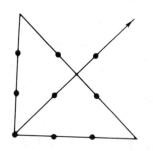

动机和情绪状态会影响问题解决的效果。用实验的方法在解决问题的情境中造成紧张和情绪上的压力,观察情绪对问题解决的影响。孟昭兰等(1984,1986,1989)的研究表明,对婴儿人工诱发痛苦等消极情绪下,被试在问题解决的任务面前凝视呆坐,动机低落。消沉的情绪背景不足以激活脑的活动水平,从而无助于智力加工。然而诱发中等激活水平的愉快状态时,则为智力操作提供最佳情绪背景,从而证明适度的紧张状态对智力活动是十分必要的。在另外的实验中,被试在问题解决中受到挫折时引起过度紧张和压力状态,则导致思维加工能力受阻。黑猩猩的实验也表明,在不同程度的食物剥夺情况下,面对只能迂回取到食物的黑猩猩,在取食动机很弱时,它表现为被无关刺激所干扰,作出许多无目的的动作和注意力被分散；而在取食动机很强时,它急于取到食物,注意过度集中于目的物,忽略了情境中其他对于解决问题的重要线索。在这两种动机的情况下,均不利于智力加工的顺利进行。

第五节　思维的机制

思维是人脑的高级心理功能,是大脑皮质对外来信息的加工整合活动。神经生理解剖学和病理生理心理学等学科的研究成果均涉及思维的机制。例如,我们知道,大脑额叶皮质及其与整个皮质的联合活动是心理的高级功能机制的一部分(见第二章)。但是所有已知的生理学知识对于思维的操作规律却远未涉及。

计算机的工作原理对于了解人类思维有很大的借鉴作用。这是因为,计算机和人脑都是信息加工系统。但是,计算机毕竟不是人脑,在它们之间不能作简单的比较。本节的阐述是基于这样的思想:信息加工的原理可用于解释任何接收、处理和传递信息的系统,人脑和计算机可能有着共同的规律。

计算机与人脑的不同在于:计算机只能解决那些严格规定了的问题。在软件里已十分完全地规定了明确的方法和步骤,去确定对问题的解决是否正确,它准确无误地完成它的任务。但是,人在现实中的许多问题并没有那么明确地被规定下来。例如,为写一篇鼓舞斗志、激奋人心的文章,人脑的构思可能完成,而计算机的操作会使人感到它的语言是多么机械、呆板。机器工作的方案一旦被确定,它就会不停地进行下去,它不会偷懒,也不会闹情绪,更不会遗忘。而人脑有代偿功能,工作的弹性很大;人有情绪和动机,会出现厌烦和分心,会把思考的问题放下去干别的事,而再次继续考虑这一问题时,新的想法会突然而至。总之,计算机的创造思维和智能无论如何都是被规定了的;真正的创造性是人脑的思维功能。

尽管如此,仍可从计算机的操作原理来分析可能涉及的心理机制。

一、简单的信息加工系统

简单的信息加工系统有 3 个重要的组成部分:**存储器**、**加工器**和**输入-输出机制**(图 9-10)。

(一) **存储器**(记忆)

是保存信息的场所。信息来自环境,存储器也可来自加工过程中。加工过程把信息作为指令来使用,指令的序列就是程序。例如,$5 \times 3 = ?$ 这是指令;$5,3,\times$ 都是信息;$3 \times 5 = 15$,超 10 进 1,就是程序。指令指导着加工器的操作。

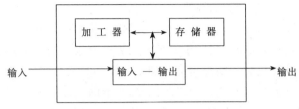

图 9-10　简单的信息加工系统

（二）加工器

是信息加工系统的操作部分，是操作的执行者。加工器按照指令和程序进行操作。信息存储在记忆中是静止的，只有在加工过程中，信息才从记忆中提取，在对它加以解释和使用时才具有意义。因此，一个信息在不同的指令下可以有不同的意义；指令和程序也可因加工中对它的不同解释而具有不同的意义。

（三）输入-输出系统

来自环境的信息通过输入系统进入机器，按照指令进行加工，加工完毕沿着输出系统传递出去。信息也可以从记忆中提取或从环境中再次输入。

简单的信息加工过程在人的日常经历中是时常发生的。从思维的机制来看，这其中存在着一个思维（加工）和记忆（存储与提取）之间的转换、交替关系。这种关系有什么规律可循呢？一般规律是，在进行加工的量很大时，要求记忆提供的信息将是少量的；而在加工的量很小时，则要求大量的记忆信息。这是生活中时常遇到的现象。试以"日期转换"测验为例：

采用英语的星期一到星期日的名称代表1—7。要求计算把表示某日的两个日期相加等于星期几。如 Monday＋Tuesday＝Wednesday，即 1＋2＝3。又如，Wednesday＋Satuaday＝Tuesday，是因为 3＋6＝9，9－7＝2。那么，这种转换存在着几种方法呢？

1. 转换法

例如，星期 A 加星期 B 等于几？需要把指令构成一个程序，通过对程序的加工进行转换。首先把星期 A 转换成数字,把两个数字相加后的得数转换为星期的名称。相加数超过 7 时要减去 7。这个过程中的加、减、比较、转换都是早学会的,它利用了简单的记忆,而需要最多的是运算加工的过程。

2. 查表法

把星期名称列表,主要的要求是记住这个表,而全部的加工只是把横栏和纵栏的名称对应相加就得出要求的日期(见下表)。

	Mon.	Tues.	Wed.	Thur.	Fri.	Sat.	Sun.
Mon.	Tue.	Wed.	Thur.	Fri.	Sat.	Sun.	Mon.
Tues.		Thur.	Fri.	Sat.	Sun.	Mon.	Tues.
Wed.			Sat.	Sun.	Mon.	Tues.	Wed.
Thur.				Mon.	Tues.	Wed.	Thur.
Fri.					Wed.	Thur.	Fri.
Sat.						Fri.	Sat.
Sun.							Sun.

3. 规则法

查表法要求记住一个很大的表,有很大的学习量。找到它们的规则,学习量就会减少。例如,任何日期加 Sunday,就如同加零一样,日期不变,加 Monday,则从原数加 1。这样就得到一个规则:

x 为任意数

$Sunday + x = x$

$Monday + x = x + 1$

$Tuesday + x = x + 2$

$Wednesday + x = x + 3$

$Thursday + x = x - 3$

$Friday + x = x - 2$

$Saturday + x = x - 1$

记住一个规则比记住一个大图表要求更少的心理能量,也不要求转换法那么多的加工。

由此可见,3 种方法运用的加工方法是不同的。人在经常遇到的任务中,所要求的记忆和思维加工的关系是不同的。

	加工量	短时记忆	学习量
转换法	大	中	小
查表法	小	小	大
规则法	中	中	中

通过上例分析,展现了思维加工、短时记忆和长时记忆三者的联系。它们经常在人的智力活动中出现。但依任务而言,选用哪种策略的效果则将是不同的。对某些任务如果只进行一、二次,就不应花费很多时间去背诵有关的条例表格;如果经常进行这一活动,采用查表法最为方便;如果介于两种情况之间,最优办法是花费一定的时间去找出它的规则,这既可避免大量的加工,也可节省为大量记忆所需的心理能量。这些分析表明,对于某种工作或任务,如果在长时记忆中存储的信息很少,那么就会要求很大的学习量或大量的思维加工;而当存储的信息(经验)足够时,可较方便地从记忆中提取资料,需要的加工就相对减少,这样的任务就比较容易完成。而对确实不需进行机械记忆的事物,就应注意节省心理能量的消耗。

二、监督加工器

对于说明人类思维,简单的信息加工系统是过于简单了。简单加工器在同一时间内只能做一件事,而人类思维在同一时间内可做几件事。例如走路时谈话,吃饭时思考,绘画时唱歌。但有些工作又是不能同时进行的,例如一边同人说话,一边听另一人说话,这类听和说是不能同时进行的。同时做两件事的方法是:一为时间分配;一为多重加工。

(一)时间分配

人每天都在开始做某件事,中止做某件事,又重新开始做……

等等。这就是人在进行时间分配。例如,课堂上如果老师讲得很慢或过多重复,学生就会利用一些时间间隙去做别的事。可是老师若讲得很快而学生去做别的事,就会丢掉老师讲的东西。那么,利用时间分配去做更多的事的机制是什么呢?

计算机的加工过程可出现间歇。这时加工器是空载的,它在等待新的信息到来。这时在加工器的空载间隙可以加入另外的信息,并且在间歇之后可以回到原来进行的事情上去。那么,把在前和其后的事联系起来的关键在于,先前进行操作的信息在间歇期间必须保存在短时记忆里,再去做别的事,否则就不能从中止处继续操作。间歇的时间要以短时记忆为限,在短时记忆能保持的时间范围内,间歇之后重新开始时就能准确地同原来中断的信息相衔接。

(二) 多重加工

时间分配是同时做几件事的一种特殊方式。更经常的方法是多重加工。

计算机或人脑有两个或两个以上并列而分开来的加工器,各个加工器独立工作,互不干扰。走路和说话、吃饭和思考、绘画和唱歌的控制系统就是并列而分开的;而听话和说话是由同一个加工器所操纵,除非进行时间分配,否则一个加工器不能同时做两件工作。

并列的加工器之间是可能发生冲突的。比如一个加工器的操作正好与另一个加工器的操作相反,就可能发生冲突。这个问题是如何解决的呢?计算机有支配、管理各个并列加工器之上的监督加工器的装置(图 9-11),人脑也有这样的功能。

监督加工器监测、评价每一个并列加工器的操作,调节它们之间的冲突。它对并列加工器的个别指令的具体细节不予理会,只在必要时了解和控制一般加工器,决定发动或停止它们之中的任何一个。监督加工器也接受新的信息和从记忆中提取信息,它与输入-输出系统也有直接的联系。

每个加工器有 3 种控制系统:程序控制系统,资料-推动控制系统和概念-推动控制系统。

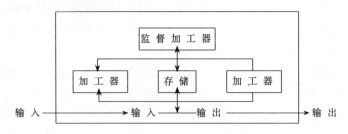

图 9-11　具有监督加工器的信息加工系统

1. 程序控制

是对实际操作程序的控制,它保证指令按照序列一个个地呈现,进入加工操作,它的控制作用十分严格。

2. 资料-推动控制系统

对输入的信息作初步分析,进行识别和解释。

3. 概念-推动控制系统

对经过初步分析的信息进行评价和比较,从记忆系统提取存储的信息或程序作出衡量,控制输出系统的工作。

监督加工器的操作是概念推动的控制。它通常指引那些进行评价、比较,作出决策的程序,按设定的目标引导或改变一般加工器的操作,监督它们的进行,并指引输出系统。

三、监督加工器与人的意识

人的意识活动与监督加工器的操作十分类似。人类大脑的高级中枢可控制和调节诸如视觉、听觉、运动觉等中枢的操作,人脑的最高功能就是意识活动。

人的意识活动是以言语思维的形式表征的。未在意识中出现的过程不能以言语活动的形式反映出来。上节已经提出,显示在问题解决过程中的出声思考并没有把思维过程完全表露出来。这就涉及到思维中意识与意识下活动的问题。

正常运行的加工器由监督加工器控制全局,它相当于意识清醒状态下人脑的活动。现在让我们设想把这个监督加工器关闭,人就进入了一种很不同的状态。诸如睡眠状态、麻醉状态或疲劳状态等。

以冥想为例,有如气功中的入静状态或瑜伽的冥想状态,人随着呼吸的起伏默默地数数,让意识去做一些重复性的不重要的事,把注意力吸引到机械性的活动上去。机械的、简单的活动占据着它,又减弱它的监督和指导作用。这就是把监督加工器差不多关闭了。这时其他一般加工器还可照常操作,或者也可以相对减弱,而监督加工器可按计划必要时随时启动,对一般加工器的操作进行监督。

心理学研究早已证明,人的意识具有多种不同的状态(见第五章)。不同的意识状态对心理操作均产生影响。下意识中进行的心理操作有人把它称为内觉(endoception)。

内觉被描述为一种非言语的、无意识或下意识的阈限下体验。"一种不能准确地加以分析的体验"(Marbe,1901),它"无形象意识的实际呈现"(Ach,1935)。"某些思维形式完全没有形象,是意向(intention),而不是意象(imagery),是心理生活的基础"(Binet)。

内觉也有过去知觉和记忆的基础。它是过去反映在当前处于一种原始的组织状态;它受抑制而未达到意识,但继续产生着影响。其特征为:(1)不能被意识到,也不能导致直接行动,不能转化为语词的方式表达出来,而停留在前语词水平。(2)含有感情成分,但不能发展为明确的情绪感受。(3)不能与人分享,不能传达给他人。

内觉是通向创造性的出发点。内觉体验的结果可能转变为多种形式:(1)符号——语词;(2)形象;(3)动作;(4)确定的感情;(5)梦、幻想或暇想。在创造活动中,内觉转换为语词或形象(音调或色彩等)形式时,常常是通过直觉或灵感的阶段。所谓直觉,似乎是无需准备就显示出来的认知状态。灵感,是突然出现的领悟状态。从内觉到直觉、灵感状态,中间经过继续进行加工,沿着记忆信息激活某些联结点或通路。这时不存在意识中的比较和评定,没有逻辑和规则,然而它检索信息,提取线索,而且可能是在相关而广泛的范围里进行着。

因此,内觉是在下意识中进行的一种心理操作形式。心理学家对它的认识还不很清楚。人在创造过程中碰壁、遇到难题而暂时中断,这时关闭了意识的"闸门",也就是关闭了监督加工器。可是在另一个什么时候,原来的难题突然引出新思路、新线索,甚至得到了创造性的问题解决。

由此可见,下意识状态导致的直觉和灵感是在下意识内觉过程中进行的,并首先在意识的思维加工中做了大量的准备工作的。例如,研究解决问题的方案,制定策略和方法与步骤,排列各种可能性进行比较和认定。并把这个全过程的认识状态均存储在记忆中。它们均已被详尽地思考过,均已被处于良好的、最优的意识状态中审查过。其次,上述被激活的状态被中断和"关闭"后并未"熄火",它继续在记忆中搜索,进行着某种组合和加工。这种在下意识中持续进行思维操作,持续维持优越激活水平的要求如下:

(1) 意识中思维加工的最初努力和准备,要达到必要的工作总量。

(2) 在监督加工器关闭期间所做的其他工作所需用的心理能量要相对减缩,避免在这时又开始一项新的计划和决策。

下意识活动是模糊的、低强度的、主观不能觉察的阈下体验。全部内觉——下意识活动的特点除上述之外还要归结为:

(1) 下意识活动不能有条理地作出理智的、逻辑的决策。在它对已有的认识加以进一步的配置和搜索后,对问题作出最后的解决仍然需要在意识中完成。

(2) 下意识活动是创造性思维所必需的。它在思维中的操作和酝酿能转化为意识,转化开始时,是以直觉和灵感的形式表现出来,其后才是在通常的意识活动中进行概念的推理和命题,总结和系统化、规律化。

推 荐 读 物

[1] 克雷奇等著,周先庚等译《心理学纲要》,第七章,文化教育出版社,1981年。
[2] 希尔加德等著,周先庚等译《心理学导论》,第九章,北京大学出版社,1987年。
[3] 林赛等著,孙晔等译《人的信息加工》,第14、15、17章,科学出版社,1987年。
[4] Gleitman H., Psychology, ch. 9, Norton & Company, 1981.
[5] Zimbardo P., Psychology and Life, chapter10, Illinois: Scott, Foreseman and Company, 1985.

第十章 动　　机

第一节 概　　述

一、什么是动机

在日常生活中,人的各种活动都是受动机支配的,人们常常使用"动机"一词来指行为的原因。"他这样做是出于什么动机",亦即"他为什么这样做"。

在心理学上,动机(motivation)指发动、指引和维持躯体和心理活动的内部过程。在具有特定目标的活动中,动机涉及这种活动的全部内在机制,包括能量的激活、使活动指向一定的目标以及维持有组织的反应模式,直到活动的完成。

"动机"一词的最初使用是在20世纪初。古代和近代的哲学家们认为人是理性动物,人的理智能自由地选择行为方向和决定行为过程,因此人应对自己的行为负责。17世纪的一些哲学家(如霍布士、洛克和休谟)提出了另外的看法,他们认为某些行为发生的原因是我们不能支配的内部和外部力量。例如,霍布士认为一切行为的根本原因都在于追求快乐、逃避痛苦,这种思想后来演变成为心理享乐主义,对一些动机理论深具影响。

"动机"这一概念是由伍德沃斯(R. Woodworth)于1918年率先引入心理学的,他把动机视为决定行为的内在动力。伍德沃斯认为,在指向特定目标的活动中,最初的刺激激发有机体释放一种能量,这就是驱力;这种能量是未分化的,不具方向性,活动的目标由其他心理机制(如知觉、学习过程)来决定。这种观点后来导致一个普遍争议的问题,那就是动机是否具有目的性？许多心理学家认为,动机既发动行为,又确定行为方向；另有些心理学家则认为动机只能为行为提供能量,却并不决定行为的目的或方向。在这个问题上,心理享乐主义为动机的目的论提供了支持。一些从事学习心理学研究的心理学家,如霍尔(C. Hull)和米勒(N. Miller),也从享乐主义观点出发论述了学习和动机的关系。他们认为,学习作为一种行为过程,是由机体内部追求享乐的力量所发动和维持的,没有动机的机体是消极被动的,不会去行动,不会去探索环境,因而也不会去学习行为的结果。正是由于动机的存在,强化物才会有效,伴随强化物的反应才会被动物习得。

二、有关动机概念的几个术语

在许多心理学文献中,动机概念与其他一些术语常常混用,这些术语包括本能(instinct)、需要(need)、驱力(drive)、诱因(incentive)。下面对这几个术语的含义作一简要说明：

(一) 本能

所谓本能,是指一种先天的生物力量,它预先确定有机体(包括动物和人)的一些行为倾向或行为方式。

例如,鲑是一种生存在海洋中的鱼,雌鲑和雄鲑逆流行程数千里到某个特定水域交配、产卵,然后死去。小鲑游回到海洋中生活,经过若干年成熟以后,又回到自己的诞生地去产卵和交配。又如,蜘蛛结网是人们熟知的现象,有趣的是蜘蛛能吐出两种不同的丝,粘丝结网,用来捕食；干丝结网,供自己安全行走。无论是鲑繁衍后代的特定模式,还是蜘蛛结网的神奇本领,都是先天的、不学而会的。这种先天的本能行为模式在种系的每一个体达到特定的发展阶段时,被足够的刺激条件所激发而以同样的形式表现出来；本能行为一旦被引发出来后,便不再依赖外界刺激而完全自发地完成。

传统的看法认为,只有动物为本能所驱使；人是理性动物,其行为的动因完全出于理智。然而,达尔文的进化论揭示了从低等动物到人类在种系发展上的延续性,从而打破了传统的看法,使得本能概念也被用来解释人类行为。我们可以观察到,人类新生儿在出生后即有一些先天的反射行为。例如,把新生儿以俯卧姿势放入水中,他便会作出不随意的、协调的游泳动作,有的孩子非常小就能很好地游泳,正是由于这种先天的反射动作得到强化而成为一项技能。又如,用乳头接触新生儿面颊,会发现婴儿转头张嘴去寻找和捕捉,嘴接触到乳头后便开始吮吸。这一行为模式是先天的、自动化的,甚至在睡眠时也能发生。但是,一般来说,在种系发生阶梯上越高级的动物,其种属特有的行为模式就越少,而依赖于学习的行为种类就越多。

(二) 需要和驱力

需要和驱力概念的基础是体内平衡原理。有机体的生存必须保持体内物质和能量的动态平衡,当某种物质或能量代谢失去平衡时,就产生某种需要,这种需要使有机体被唤醒(驱力被激活),促使有机体从事某种目的在于满足需要的行为,以恢复体内平衡。

所以,"需要"是有机体内部的一种不平衡状态,而"驱力"是来源于这种生物需要的唤醒状态,这种唤醒状态驱动有机体去追求需要的满足。例如,血液中水分的缺乏会产生对水的需要,从而引起唤醒或紧张的驱力状态,促使有机体通过从事某种行为(喝水)来满足需要。可见,"需要"和"驱力"常常是平行的,但是这两个概念并不完全等同。长时间禁食的人报告说,他们的饥饿感时有时无,这说明尽管生物需要一直很强烈,驱力却可能忽强忽弱。

许多生理的不平衡是可以自动校正的。例如,健康的个体能够保持体温在几度之内波动,这是由于体内有着自动控制体温的机制。在寒冷条件下,身体表面的血管自动收缩,以保持血液的温度,并通过身体颤抖产生热量。在炎热条件下,外周血管舒张,以使热量扩散,并通过出汗起降温作用。在这些条件下,需要引起有机体的自动调节机制的活动,并未成为行为的动机;但是当自动化的机制不足以维持平衡状态时,有机体便被唤醒,也就是驱力被激活,并通过采取行动来恢复平衡。

(三) 诱因

所谓诱因,是指能激起有机体的定向行为,并能满足某种需要的外部条件或刺激物。日常经验告诉我们,有机体不仅仅由于内部力量的驱使而行动,外部刺激(总称为诱因)在唤起行为中也起着重要的作用。例如,食物的色泽、芳香是饥饿觅食的诱因,而食品橱窗里一块看上去美味的糕点可以唤起一个不饿的人的食欲驱力。由此可见,在体内平衡得以维持的情况下,外界诱因仍然可以起到动机作用。

诱因可分为正诱因和负诱因,正诱因使人产生积极的行为,即趋向或接近某一目标;而负诱因使人产生消极的行为,即离开或回避某一目标。诱因具有两种功能:它唤醒有机体;并指导行为朝向或离开诱因本身。

三、动机概念在研究中的运用

我们已经知道,动机涉及活动的所有内在机制,因此只有了解一个人的动机,才能比较准确地解释他的行为。行为主义只重视外界刺激对行为的制约作用,而忽视或否定研究动机的重要性,这就无法正确解释、预测和控制人的行为。随着行为主义思潮的衰落,许多心理学家都越来越重视对动机的研究。

动机概念对于解释行为差异是极为有用的。以认知操作为例,如果在同样的操作条件下,人们操作水平的差异无法归因于训练程度、强化经验、能力、技术、情境因素或偶然因素的影响时,就可以从动机的强度来解释,正是动机水平的差异导致了操作成绩的优劣。

然而,动机是不可见的,它是联结刺激和反应(行为)的中介变量。因此必须从可见的变量(行为)入手来确认动机这一内在变量。为了使动机研究具有科学的应用价值,必须将动机概念与可测量的外显行为指标和研究者可操纵的外部刺激条件这两种因素联系起来,只有这样,才能考察动机的确定效应,也只有这样,才能发现刺激条件的变化、作为中介变量的动机的变化以及行为的变化这三者彼此之间的关系。

(一) 动机的行为指标

本世纪 20 年代,美国哥伦比亚大学的几位心理学家通过一项实验比较了几种驱力的相对强度。实验装置是一种障碍箱,箱内由接通电流的格栅把大鼠与它想要得到的目标物隔离开来,这些目标物包括食物、水、异性以及幼鼠。大鼠为了趋近目标物而撞击格栅,每撞一次就承受一次电击。以大鼠在一定时间内撞击带电格栅的次数作为驱力强度的行为指标,实验结果如图 10-1 所示:

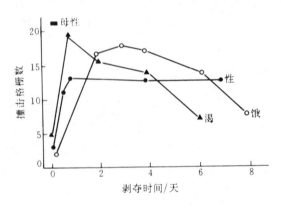

图 10-1 大鼠的几种驱力强度与需要剥夺时间的关系

从图中看到,渴和饿的动机强度在需要剥夺后很快达到最高水平,然后随着生理剥夺的延续,动机反而呈现出减弱的趋势,在图中表现为倒 U 型曲线。对许多种动机的研究所得到的结果都符合这种倒 U 型模式。

然而,性驱力和母性驱力的结果却与上述情况不同。遭受性剥夺的大鼠在头几小时就达到最高动机水平然后维持不变;与幼鼠分离的母性大鼠表现出最强烈的动机,其撞击格栅的频率最高。这表明在某些动物身上确有着强烈的母性驱力。

在上述实验中,作为动机行为指标的是活动水平(在一定时间内撞击带电格栅的次数)。此外,可用于测量动机强度的还有下列行为指标:在训练水平恒定条件下的学习速度、最终达到的操作水平、反应被消除的困难程度、对其他活动的干扰程度、对特定目标或活动的偏好程度以及一些有关维持生存的行为指标(如饮食的数量或速度)。上述所有变量都是可见和可测量的外显行为指标,因此均可用于作为动机的操作定义。

对于人类被试来说,动机还可用其他方法测量,例如用问卷调查法,让被试填写对自己需要、愿望、焦虑等的评估,将测查分数作为动机的指标。当然,问卷调查法用于研究动机有着明显的缺陷,因为被试可能隐瞒对自己不利的动机而使测查分数不能反映真实情况;另外,动机可处于不同的意识水平,被试只能报告意识水平的动机,对于下意识的动机却无法用问卷测查出来。所以,问卷调查法是带有一定主观性的,但它对了解一个人的动机仍然能提供有价值的参考资料。有时,问卷调查法可与实验法配合使用,将问卷测查分数与行为指标的测量结果作相关分析。

(二) 对动机的操作

为了了解动机的变化将怎样改变行为,需要通过实验设计来对动机条件进行操作,包括引发动机、增强动机或减弱动机。普遍使用的两种方法是剥夺和刺激。

剥夺指的是拒绝给予生物维持生存所需要的物质,如食物、水;对于人类被试来说,还包括对被试所需要的心理条件的剥夺。例如,使人与同类隔离,彻底剥夺其与他人交往的机会,这是对人的社会性剥夺。对狱中罪犯的一种极端的惩罚形式就是单独禁闭,这是一种令人极其难以忍受的情境,会使人产生摆脱这种状况的强烈动机。

刺激的方法多种多样,可以向被试呈现导致逃避反应的厌恶性刺激,如震动、噪音、热刺激或冷刺激;可以对大脑快乐中枢埋藏电极,让被试通过自我刺激获得快乐;还可以向被试呈现障碍物、竞争情境和无法解答的难题作为引发动机的刺激条件。此外,诱因的呈现可激发动机,称为诱因动机。例如,在比赛前,向参赛者提示奖赏,将起到一定的激励作用。

值得一提的是,新异环境的呈现可导致探索动机。对许多种动物来说,探索和好奇是最强烈的动机之一,这是一种指向特定行为的内在的、预先程序化的行为倾向,它本身不会导致行为,但与外界刺激交互作用便导致行为的产生。在前面介绍的"格栅实验"中,发现了一种未曾预料的有趣现象。没有被剥夺任何生物需要的大鼠也有数次撞击格栅的行为,而且,即使格栅另一侧没有任何东西,大鼠也撞击格栅,仅仅是为了获得探索格栅另一侧新异环境的机会。在另一项实验中,通过剥夺食物或水使大鼠产生生物需要,然后将之放到有着大量食物或水的新异环境中,结果发现大鼠首先表现出探索环境的行为,然后才去满足饥饿或渴的生理需要,这表明探索动机是不受体内平衡机制所制约的。

四、动机与意志的关系

动机指的是行为的内在动因,意志作为意识的能动方面,也是通过行为表现出来的。在心理学上,"动机"与"意志"这两个概念既互相区别,又彼此关联。

意志是有意识地支配、调节行动,通过克服困难,以实现预定目的的心理过程。意志通过行为表现出来,受意志支配的行为称为意志行为。

意志行为有很大的动机成分。意志行为的动机,就是为了有意识地去克服困难,达到预定的目的。意志行为是有意识的、自觉的、有目的的行为,正是由于有明确的目的,人才能发动有机体作出符合目的的行为,并且制止其他不符合目的的行为。另外,意志行为是与克服困难相联系的。每个人都会走路,他们很容易完成这一随意性动作,这不是意志行为;而一个因腿部重伤长期卧床而重新恢复走路的人,每迈一步都要遇到意想不到的困难,这时学会行走就成为一种意志行为了。所以说,意志这个概念强调的是目的性、意识性和克服困难。而动机除了可以具有有意识的目的性,除了可以达到足以克服困难的强度外,也可以是无意识的、没有困难感的。例如,饿了吃饭,渴了饮水,这些动机行为并不需要我们加以特别的注意,也不需要克服困难才能实现。

一般说来,只有当产生了动机,同时实现动机的行为遇到困难时,才体现出意志一词所指的含义。动机行为可能遇到的困难有两种,一种是内部困难,例如,当具有多重需要却无法同时满足,或者当具有两种对立的动机需要时,选择和确定行为的目的并坚持下去就需要意志的努力;另一种困难是外部困难,指客观条件的障碍,如工作或生活环境比较艰苦、存在外在的干扰和破坏等。人的意志既表现在对内部困难的斗争中,也表现在战胜外部困难的努力中。

进一步讲,意志概念主要指心理或社会性动机需要的实施与满足过程,动机则包括本能、驱力、心理或社会性需要,其中实现本能、减弱驱力而恢复体内平衡,基本上不需要有意识地去克服困难,因而不体现意志的内涵。

第二节 动机理论

究竟是什么力量驱动着行为?动机又是怎样发挥作用的?对此,许多心理学家尝试从各自的角度去作出解答,从而形成了多种动机理论。这些理论分歧的焦点在于:动机是怎样产生的?环境因素对动机的产生起什么作用?动机仅仅是种系的特征还是与个体的个性有关?有些理论单独针对动物或针对人类,有些理论则普遍适用于人类与动物。在此,主要介绍几种有关人类动机的理论。

一、本能说

在对行为动因的探讨中,最早期的学说来自本能这一概念。按照本能说的观点,有机体生来具有特定的、预先程序化的行为倾向,这种行为倾向对其生存至关重要,并以适当的途径确定行为方向,为行为提供能量。有些本能论者视这种生物力量为机械的,它发动行为却不具目的性,也不受个体控制;另一些本能论者则认为本能包括有机体对行为方向的选择。

自从达尔文(1859年)的进化论揭示了从低等动物到人类在种系发展上的延续性,从而打破人是理性动物的传统看法后,许多心理学家也从本能的角度来解释人类行为。美国心理学家詹姆斯提出人类较低等动物依赖更多种本能来指引行为,除了与动物共有的生物本能以外,人类还具有许多社会本能,例如同情、诚实、社交、爱等等。詹姆斯认为人和动物的本能都具有目的性。

另一位美国心理学家麦独孤(W. McDougall)则系统地阐述了他的本能说。麦独孤本能论的基本点是,他将本能这一概念加以扩展,用它来解释所有的人类行为。其次,他认为这些本能是先天的或遗传的行为倾向。无论个人和团体的行为都发自这种本能倾向,它们是一切思想和行为的基本源泉和动力。第三,个人与民族的性格与意志也都是由本能的逐渐发展而形成的。麦独孤起初提出人类具有以下几种本能:逃避、拒绝、好奇心、好斗、获取、自信、生殖、合群性、自卑、建设,后来又补充扩展为18种本能,并提出本能具有3种成分:能量成分、行动成分和目标指向成分。

弗洛伊德也将人类行为的根本原因归结为先天力量,并对本能持有独到的观点。首先,他认为本能不具备有意识的目的,也没有预先确定的方向,许多满足本能的方式是可以习得的。其次,他提出本能冲动是为满足躯体需要而存在的,它产生一种紧张状态(或心理能量),驱使人采取行动,通过消除紧张来获得满足。第三,虽然本能基本上在意识层面以下发生作用,但它以各种方式影响人的行为和有意识的思想、体验,并经常使人处于与社会要求的冲突之中。

弗洛伊德认为人类天性中最基本的方面就是生本能与死本能的冲突。生本能的作用在于维持生存和促使个体的生殖繁衍,它表现为无所不在的性行为或性欲望;死本能促使个体通过疾病老化而最终死亡。当死本能指向内部时,导致自我破坏行为;当死本能指向外部时,导致攻击行为。生本能和死本能是决定人类行为的两种基本能量。

到本世纪 20 年代,用本能来解释所有人类行为的理论已逐渐走入困境。许多研究者指出,本能说并未从行为的过程、机制或结构来解释行为,它并未真正地解释行为,而仅仅是在为行为贴标签。例如以"攻击本能"来解释攻击行为,而攻击行为又被作为"攻击本能"存在的证据,这样就陷入了循环论证。此外,本能说过分强调固定的先天的行为机制,而许多行为确实可以通过学习来加以改造。有两位跨文化人类学家本尼迪克特(R. Benedict)和米德(M. Mead)发现,不同文化中的人群有大量的行为差异,许多曾被认为是普遍代表"人类天性"的行为模式实际上是可变的,它们反映着独特的文化与价值观的差异。行为主义的实验研究也对本能说提出了致命的挑战。从华生开始,行为主义者用实验演示,许多行为是习得的,而不是天生的,环境因素对于行为具有决定作用。于是,对行为的环境决定因素的精确分析逐渐取代了天生的"本能"这一概念。现今,关于行为动因已达成一个普遍的共识,那就是人类行为通常是由内部因素(作为生物机体的特性)与外部因素(通过学习可能发生的变化)二者的交互作用所共同决定的。

二、驱力理论

(一) 驱力理论的主要观点

驱力理论是由霍尔提出的,该理论在四、五十年代得到许多行为主义者的赞同。其主要观点是:某种生物需要触发一种强烈的唤醒状态,这就是驱力(D),这种未分化的驱力状态为随机活动提供能量;当某种随机活动达到消除驱力紧张的目标,机体便停止随机活动。消除紧张作为一种强化,增强了目标刺激(S)和有效反应(R)之间的联系。

由此看来,霍尔虽也像弗洛伊德那样强调紧张在动机中的作用以及消除紧张作为一种强化物,但他认为人类行为主要不是由内部生物力量所驱动,而更多的是被从经验中建立起来的习惯所支配的。通过经验及时间的积累,一种习得的习惯,也就是一种刺激与反应之间习得的联系得以建立。所以霍尔强调的是经验,是学习,他认为学习对于成功地适应环境是至关重要的。驱力为行为提供能量,而学习中建立的习惯决定着行为的方向。

驱力理论认为,驱力可来自内部刺激,也可来自外部刺激,并由此区分了两种驱力。由内部生物需要引发的驱力叫原始驱力(primary drives),是不需要习得的;通过条件作用而获得的驱力叫获得驱力(acquired drives)。当中性刺激多次伴随强化物(使生物需要得到满足的事物)同时出现时,便获得了动机力量。持驱力理论的学者认为,人类的大多数动机(例如寻求父母赞同、希望与他人交往等等)都是获得驱力,是通过与原始驱力的习得联系而形成的。

(二) 恐惧——一种典型的获得驱力

驱力理论认为,恐惧不仅是对危险情境的情绪反应,而且是一种强有力的获得驱力,并以此作为解释所有心理动机产生和作用的范型。

米勒的一项经典实验演示了恐惧作为获得驱力的形成和作用。实验装置是一个梭箱,中间有一扇门,将梭箱分为两侧,箱底由金属格栅构成,可接通电流对箱内动物施加电击。控制梭箱两侧的照明条件,使一侧明亮,另一侧阴暗。大鼠在亮侧会受到电击,而在暗侧不受电击。结果发现,大鼠很快学会从亮侧跳过中门到暗侧去逃避电击。后来当大鼠在亮侧未受到电击时,它仍然跳到暗侧去;

如果中门关闭着,大鼠会很快学会按压杠杆把门打开并逃到暗侧去。这项实验说明,实验装置的外部线索(照明)能够引发获得恐惧,像正在经受电击一样驱动大鼠的逃避行为;并且,这种获得恐惧为大鼠学习新的反应模式(按压杠杆把门打开)提供了必要的动机。

获得恐惧是一种十分重要的获得动机,因为恐惧很容易与任何使个体经历过痛苦或不幸的情境相联系,并且恐惧极难消除。获得恐惧作为一种驱力,可以激发多种反应,一旦某种行为有效地减除了恐惧而得到强化,这种行为便被个体所习得。

(三) 诱因与最佳唤醒

驱力理论是建立在体内平衡原理基础之上的。当有机体的物质和能量失衡产生生理需要时,驱力促使有机体采取行动来满足需要,消除驱力所导致的紧张。但是,驱力理论似乎不足以解释在不具生理需要情况下的某些行为,这就是诱因的作用和最佳唤醒现象。

1. 诱因

机体不仅能被内部刺激所激发,而且能被外部环境刺激所引起。外界刺激常常能使人趋近或逃避某种事物,不管当时内部状态如何。例如,在不存在饿、渴等驱力的情况下,闻见食物香味、听到电视上对美味的描述,都可能导致吃、喝行为。由此可见,有着预期奖赏作用的外界刺激便是诱因。研究表明,不仅在过去经验中曾与驱力紧张的下降发生过联系的外部线索能驱动行为,即使不具备生物意义的外界刺激也能起到诱因的作用。例如,糖精既不能解除饥饿也没有生物价值,但由于它的甜味,便能成为许多种动物学习和操作的强化物,糖精就成为引起某种行为的诱因。

霍尔驱力理论的后继者洛根(Logan)提出,动机式的唤醒涉及外界环境诱因对行为的"牵拉"(pull)和内部心理、生理条件对行为的"推动"(push)这两者的交互作用。波利(Powley)的一项研究表明,诸如分泌唾液、胃液、胰酶、胰岛素等预备反应(preparatory responses)是由食物的感觉属性(如外观、气味、味道)所引发的；这些反应的强度与食物看起来是否美味可口有直接的关系,亦即与食物的诱因价值而不是生物价值相关。

2. 最佳唤醒

依照驱力理论,所有的行为都旨在消除紧张,但是人类某些追求刺激和冒险的行为,例如游乐园中的各种惊险游戏、观看恐怖电影等等,恰恰是为了唤起紧张而不是消除紧张,这是驱力理论所无法解释的。

赫布(Hebb)和伯林(Berlyne)通过大量观察研究,提出了最佳唤醒(optimal arousal)理论,认为对唤醒的偏好水平是个体行为的一个决定因素。一般来说,个体偏好中等刺激水平,它导致最佳唤醒;而过低或过高的刺激水平都不为个体所喜好。

我们时常可以观察到人们在活动选择上的各种差异,例如有人喜欢节奏强烈的音乐,有人却喜欢曲调柔美的乐曲;有人在闲暇时从事激烈的体育活动,有人则喜欢伺弄花鸟鱼虫。对于活动选择上的偏好差异,人们一般将之解释为兴趣爱好的不同,实质上它与个体之间最佳唤醒水平的差异有关。每个个体都有着各自的最佳唤醒水平,低于这个水平时,个体寻找刺激;高于这个水平时,个体逃避刺激。这里还有个经验因素,因为任何活动经多次重复都会失去新鲜感而变得乏味,从而降低了刺激水平,这时个体便产生一种新的动机,去寻求更有刺激性的活动。

三、需要层次论

美国人本主义心理学家马斯洛(Maslow,1954)提出人的需要可以排列为 7 个等级(或层次)(图 10-2):

1. 生理需要

包括人对食物、水分、空气、睡眠、性等需要,在人的所有需要中是最基本的,也是最有力量的。

2. 安全需要

表现为人们要求安全、稳定,受到保护,免除恐惧和焦虑等。例如,幼童需要大人陪伴,成人需要工作的保障,衣、食、住宅等基本条件等。马斯洛认为,安全需要与生理需要都属于低级需要。

3. 归属和爱的需要

表现为个人要求与其他人建立感情的和实际的联系,与他人亲近,受到接纳,有所归依。例如结交朋友,追求爱情,认同于某个团体等等。

4. 尊重需要

指人们希望得到一种稳固的高评价,包括自尊和受到他人的尊重。尊重需要得到满足,会使人充满自信,富于创造力;与此相反,丧失了他人的尊重与自尊,则使人自卑、灰心、丧失信心。

5. 认知需要

包括求知、理解、探索和好奇。马斯洛认为,学习和发现的愿望以及探索新异事物与未知世界的愿望是人性的基本方面之一。

6. 审美需要

表现为人们追求对称、秩序与和谐。这也是人性的基本方面之一。

7. 自我实现的需要

表现为人们追求充分发挥自己的潜在能力并达到完善化。当前面几种需要得到满足后,人的活动便由自我实现的需要所支配,这时人具有高度的自我意识和社会认知能力,富于创造力,行为具有自发性,能够积极地面对未知和挑战。

马斯洛认为,上述 7 种需要都是天生的,是人类基本的需要。它们构成不同的等级或水平,并成为激励个体行为的动机力量。低级需要直接关系到个体的生存,因此也叫缺失需要(deficiency of need),是要求满足个体生理和心理平衡的需要,如生理需要、安全需要、归属和爱的需要。高级需要则不是维持个体生存所绝对必需的,但它的满足能使人充分发挥潜能,超越过去而成长,因此,高级需要也叫成长需要(growth need)。在需要等级中,某一水平的需

图 10-2 马斯洛的需要等级

要至少部分地得到满足,才会萌发下一水平的需要;因此只有低级需要得到满足或部分地得到满足之后,高级需要才会成为行为的重要决定因素。

在有关人类动机的研究中,以往的动机理论对动机持有一种较消极的看法,充斥其间的是本能、紧张的消除,无意识冲动等等,弗洛伊德的心理分析学说则主要以精神病患者或有心理障碍的人为研究对象。与此相对立,马斯洛注重的是社会中的正常人,其动机理论旨在帮助正常人发挥潜能,达到更完善的状态,而不仅仅是为异常人群解除心理障碍。这种理论倾向为心理治疗提供了新的途径。

当然,马斯洛的需要层次论并非传统的心理实证研究,其许多观点或结论无法在实证水平上予以证实或反驳。而且,马斯洛把人的基本需要统统说成是先天的,这就模糊了人的生物需要与社会需要的差别,未看到后天生活环境和教育对人的需要的发生与发展所起的重要作用。此外,马斯洛片面强调没有低级需要的满足便不可能有高级需要,却未充分认识到高级需要对低级需要的调节作用,而这恰恰是人和动物的本质区别。但是,不管存在这样或那样的问题,马斯洛的需要层次论仍不失为一种较完整的需要理论,而且在心理学及其邻近学科中已广泛流传,产生了巨大的影响。

四、认知、期望和归因论

当今许多心理学家从认知角度来说明人类个体行为和社会行为的动机,他们的主要观点在于,人类动机并非来自客观现实,而是来自人们对它的解释。人们现时的行动往往受到精神因素的控制,例如,对过去成功与失败的归因,对自身能力的估价,对某个行动结果的预期等等。正是这些认知因素决定着行为,而不是驱力所唤醒的能量、生物机制或刺激特征的作用。

罗特(J. Rotter)的社会学习理论指出了期望(expectation)对于驱动行为的重要性。罗特认为,人们作出某种行为的可能性取决于他对该行为所能实现的目标以及该目标对他的个人价值的期望,而对未来事件的期望则主要基于个体的过去经验和在过去经验中建立的控向轨迹(a locus of control orientation)。控向轨迹是个体对行为结果进行归因的一般倾向。内控型(internal control orientation)的人倾向于把行为结果归因自身行为,外控型(external control orientation)的人倾向于把行为结果归因不受个体控制的外部事件。

对于行为结果的归因,海德(F. Heider)提出了一个相似的概念,认为人们对于行为结果可归因自身素质或情境因素。例如得到坏成绩的考试结果可归因于缺乏努力或智力偏低,或归因于测验不公或教师判分有误,而归因的结果会影响着今后的行为动机。

第三节 动机的种类

一般说来,根据动机的性质,人的动机可分为生理性动机和社会性动机两类。

生理性动机也就是驱力,它以有机体自身的生物需要为基础,例如,饥、渴、缺氧、疼痛、母性、性欲、排泄等动机都是生理性动机。生理性动机会驱使有机体采取相应行动以维持体内物质和能量的平衡。

人类行为有受生物需要驱动的一面。处于婴幼期的人类个体,其行为主要由生物需要来唤起或决定。例如,婴幼儿饥饿、渴、寒冷或疼痛时就哭叫;吃饱、喝足、安稳时就笑,探索周围环境等。成年以后,人类个体在饥、渴、性等基本行为方面仍受到生物因素强有力的制约和影响。但是人类行为的复杂多样性仅用生物需要和相应的生理性动机是不足以说明的。例如,人有时会为某种信仰或追求而放弃优越、舒适的生活,宁愿去挨饿、受苦,甚至流血牺牲。简单说来,除了以生物需要为基础的生理性动机以外,随着个体的成长,将出现新的动机,如劳动动机、社交动机、成就动机和认识动机等,这些动机是以人的社会需要为基础的,称为社会性动机。社会性动机是个体在社会化过程中习得的,并推动人们去认识客观世界,参加社会劳动,与其他人交往,希望获得社会和他人的承认和接纳,争取成就与地位等。

一、饥饿与进食

有机体为了生存,必须维持体内物质和能量的动态平衡。当有机体内部某种物质或能量代谢失去平衡时,有机体会通过种种感觉、运动系统来探查和调整,这就是体内平衡过程。饥饿导致进食是体内平衡机制的一个方面。对包括人类在内的多种动物来说,围绕饥饿所进行的生理和行为调节过程是十分复杂的,有机体必须能够觉察体内的食物需要,发动和组织进食行为,监控进食的数量和质量,还要觉察饱足并停止进食。

多年来,许多学者通过不同途径的研究,试图揭示饥饿的调节机制,得到的结果是多方面的,包括身体不同部位对饥饿的周缘感应机制以及饥饿的脑中枢调节机制,此外还发现饥饿与进食行为受到文化、社会和心理因素的影响。所以说,饥饿感觉的唤起、导致进食行为发动或终止的因素是复杂多样的。

（一）胃壁收缩与饥饿

当我们饥饿时,通常感到肚子咕咕作响,伴有轻微的痛感,这是胃空之后胃壁肌肉收缩而导致的。早期生理学家坎农(W. Cannon)于1934年提出,饥饿感觉是由胃壁肌肉收缩刺激神经而引起的,胃的收缩是饥饿感觉的来源。

坎农和他的一位学生沃什伯恩(A. L. Washburn)做了一项有趣的实验,试图用来验证上述假设。实验装置是一端联结气球、另一端联结气压记录仪的橡皮管,沃什伯恩把未充气的气球吞进胃里,然后由坎农将气球充气。一旦沃什伯恩的胃收缩,气球将会排出部分空气,并在记录仪上显示出来。结果发现,当沃什伯恩报告饥饿感觉时,他的胃确实剧烈地收缩着,气球在缩小、放气,记录仪上显示了这一变化。

但是,严格说来,坎农的这项实验只是证实了胃收缩反应与饥饿感觉的相关关系,而不是因果关系,有可能存在第三种因素导致这两种反应同时发生。后来的研究表明,胃收缩并不是饥饿的必要条件。切断控制胃收缩及其感觉的神经后,动物每日进食量并不改变;直接向血液注射葡萄糖,将阻止胃收缩反应,但并不能阻止胃空的动物产生觅食行为。此外,医学临床发现,胃完全切除的病人仍能像手术前一样感觉饥饿。这些结果说明,来自胃的感觉对饥饿体验可能有一定作用,但并不能解释机体究竟是怎样探察食物需要的。

（二）葡萄糖衡定机制

迈耶(Mayer)于1955年提出了关于饥饿的"葡萄糖假设"。按照这一假设,下丘脑部位具有"葡萄糖感受器",这是一些对血糖水平很敏感的细胞。当血糖水平下降时,葡萄糖感受器便激活,使人产生饥饿的神经通路,进而导致进食行为。

长时期内,许多研究者假定发出饥饿信号的感受器定位于大脑,但未能将其确切定位。60年代末,拉赛克(M. Russek)通过实验观察到,给饥饿状态下的狗进行葡萄糖腹腔注射,结果降低了狗的食量;而将等剂量的葡萄糖直接注入狗的血管却对食量影响极微。拉赛克分析道,如果葡萄糖感受器定位于大脑,那么血液注射葡萄糖应该更为有效,因为直接注入血液的物质到达大脑的速度快得多,可实际情况并非这样。据此,拉赛克认为,葡萄糖感受器不在大脑,而在腹腔的某个部位。

在进一步实验中,拉赛克将一支小塑料管的一端插入狗的一条腹腔血管中,这条血管行使着运输肠内营养素到肝脏的功能。通过食物剥夺使狗处于饥饿状态,然后从塑料管注入少量葡萄糖到血管中,再让狗吃食,从而发现狗的食量减少。而对控制组的狗注射不含营养素的溶液无此效应。这项结果说明,饥饿探察器位于肝脏,后来的许多研究也证实了这一点。研究已经发现,肝脏中存在一些对葡萄糖反应敏感的细胞,它们能通过神经传递信息到大脑。当血糖水平下降时,肝脏的感受细胞发出信号,并传到大脑,从而导致饥饿产生。

(三) 下丘脑调节中枢

早期对贪食和肥胖病人的临床观察发现,病人的间脑底往往有某些损伤。由此人们推测,饥饿中枢可能位于下丘脑。值得注意的是,下丘脑与脑的其他部位以及脑垂体有着复杂的联系,而且有比脑的其他区域更密集的血管,因而更容易受到血液成分的影响。

脑机能定位研究表明,下丘脑的两个区域控制着进食的发动和终止。一个是外侧下丘脑,它引发进食活动,是"进食中枢"。对该区域的电刺激或化学刺激能引起饱足的动物再去进食,而破坏该区域的细胞则使经受长时间食物剥夺的动物拒绝进食;另一个区域是腹内侧下丘脑,它抑制进食活动,是"饱足中枢"。刺激这一区域,动物则停止进食;破坏这一区域,则导致严重的过食行为。

下丘脑对于进食活动的调节似乎具有两类控制作用。一种是即时控制,对于机体的当前营养需要发生反应;另一种是长效控制,使机体重量在一定时期内维持稳定。

"进食中枢"对低血糖水平、胃壁肌肉的收缩做出反应,使有机体感觉饥饿和开始进食;"饱足中枢"对高血糖水平、胃的膨胀作出反应,使有机体感觉饱足并停止进食。这是对进食的即时控制。

此外,人和动物的体重经常多年维持在同一水平上,这是由于下丘脑对于进食的长效控制。实验表明,腹内侧下丘脑受损伤的白鼠进食过多而肥胖,这种现象被归结为短期控制系统局部损伤引起食欲增进的结果。但是,白鼠增肥到一定程度(通常是正常体重的两到三倍),就不再吃得过多,维持比正常水平略高的进食量,并保持住新的肥胖体重。与上述情形相反,外侧下丘脑受损伤的白鼠在术后一段时间内完全拒绝进食和饮水,如果不人工灌食,动物将会饿死。但后来白鼠会慢慢恢复进食,并使体重稳定在新的较正常体重偏低的水平上。上述实验结果表明,破坏白鼠的下丘脑食物中枢,只是改变了体重的标准点(长效控制),而调节机制(即时控制)依然存在。损害腹内侧下丘脑区将提高标准点,损害外侧下丘脑区将降低标准点;经过一定的恢复之后,动物在新的体重标准点上调节进食。

虽然下丘脑对于进食的控制是关键性的,其他脑区,例如边缘系统和脑干的一些神经核,是传送味觉和嗅觉信息的感觉神经的汇集处,也起着一定的作用。因此,下丘脑可被确切地描述为与进食行为有关的外周机制以及与各级脑区的整合部位。

(四) 影响进食行为的其他因素

人类的进食行为是受到多种因素调节和控制的。除了身体的内部因素以外,外在刺激也能影响饥饿感和进食行为,例如食物的颜色、香味等。此外,许多心理、文化因素,社会风俗和习惯,也影响进食行为。例如,每到吃饭时间总要进食;几个人边吃边聊比一个人单独进食往往吃得更多;而偏爱某种食物或禁忌某种食物常常是由于食物的文化象征意义的作用,而不是其营养价值的作用。又如,心理上的焦虑可以促使人进食,而不管身体是否需要;此外,为了追求苗条体型,年轻女性可能过分节食,甚至患神经性厌食症,表明情绪对进食或厌食的影响。由此可见,人类的进食行为是在多系统调节下进行的。生物系统反应于机体的能量需要和营养状况,心理系统反应于与进食行为有关的社会需要和个体的精神状况,这两大系统都在大脑的控制下协同工作,调节着人的进食行为。

二、性与性行为

性是一种很强烈的个体需要,但它不同于饥饿。首先,性的需要并不像食物那样对个体的生态起着关键的作用,但它对于种族的生存却是必不可少的;其次,饥饿引起的进食行为能补充体内缺损,而性动机唤起的性行为是一个充满紧张、消耗能量的过程,但它同时能为个体带来强烈的快感。性高潮的快感体验赋予动物以交配行为,这便对繁衍后代的本能行为起着极大的强化作用。正是如此奇妙的自然造化使得动物种系得以代代延续。

性行为取决于内部因素(激素和脑机制)和外部因素(经验和环境刺激)的协同作用。

(一) 性行为的激素基础

动物生殖器官的发育、成熟及性活动,受脑垂体控制的激素的影响。垂体激素刺激雌性的卵巢产生性激素,即雌性激素和孕激素;垂体激素刺激雄性的睾丸细胞生成和分泌一组性激素,即雄性激素,其中最重要的是睾丸素。

1. 雄性激素对性行为的作用

在胚胎发育期间,雄性胎儿的睾丸分泌睾丸素,它导致雄性器官的发育,并影响大脑的发育。实验表明,如果人为地阻止雄性激素对大脑发育的作用,动物成年后将无法实施雄性性行为。此外,对于包括人在内的成年雄性动物来说,睾丸素的分泌对性行为的实现也是一个很重要的条件,其作用在于激活性器官和性行为的脑神经环路。

几乎所有种属的雄性动物都具有相当恒定的性激素水平,因而性动机的水平也相对稳定。但生殖腺的衰退对性动机有很大影响。动物研究证实，从成年动物体内取出生殖腺移植到老年动物体内，可以恢复和加强老年动物的性行为。

在许多雄性动物身上，由于阉割（切除睾丸）之后缺乏必要的性激素，性行为将受到抑制。但具体受抑制的程度因物种与个体而异。一般的规律是，随着脊椎动物由低级向高级发展，雄性激素对性行为的控制呈减弱趋势。对成年雄鼠的阉割造成其性活动的迅速衰退和消失，而对雄性狗的阉割导致较缓慢的衰退，某些曾经有较多性经验的雄性狗在术后较长时期内仍能维持其性活动。对于人类雄性来说，性成熟以前的阉割比性成熟以后的阉割影响严重得多，而阉割之后通过注射睾丸素往往能恢复性机能。

有趣的是，雄性激素对于女性也具有激发性动机的作用。女性的肾上腺分泌一组激素，其中包括雄性激素。医学临床发现，由于癌症而切除肾上腺的女性表现出性欲望和性活动水平的下降。另一项研究通过对配偶的睾丸素血液水平的测量及其性活动和性体验的日常记录，发现配偶间的性行为倾向于在女性睾丸素水平达到峰值时发生，而女性报告说这时的性行为更令自己满意。

2. **雌性激素对性行为的作用**

在许多种属的雌性动物的受孕或动情周期（黑猩猩为 36 天，人类为 28 天，白鼠为 5 天）内，性激素的水平发生着变化。以人类女性为例，雌激素水平在月经中期达到峰值，这时发生排卵。排卵后，孕激素占据主导地位，但仍然存在一些雌激素。直到周期末端，两种激素水平都下降，这时月经来临。在整个周期中，伴随着性激素水平的变化，性动机也有强度上的改变。灵长类以下的雌性动物，例如大鼠，只在排卵期当性激素达到最高水平时才表现出性接纳行为，并且容易在此时受孕。灵长类雌性动物，如猴子、类人猿和黑猩猩的性活动也往往集中在排卵前后的发情期，但平时也会有性接纳行为。人类女性雌性激素水平也有周期性，其性欲望与激素水平之间也似乎有某种关系。例如许多妇女反映，在排卵前后以及月经前到月经终止这两段时间内，性欲最为强烈。但是，人类女性的性活动更多地受到社会的、言语的和情绪的影响。

人类以下的一切雌性动物,阉割(去除卵巢)后通常都会停止性活动。例如阉割后的雌性大鼠立即停止对雄性的接纳,甚至强烈反抗雄性的接近。人类女性则例外,其性活动并不完全依赖于卵巢激素。在妇女绝经期,卵巢不再产生激素,但大多数妇女的性动机并未因此而减弱;实际上,由于不再担心怀孕,许多妇女报告其性欲比以往反而增强。

(二) 性行为的神经机制

性行为的神经机制是复杂而多层次的。一些基本的性反射(如阴茎的勃起等)由脊髓一级的神经中枢控制,而不需要大脑的控制。临床观察发现,由于受伤而使脊髓与脑的联系中断的人仍然可以作出基本的性反应。性的唤起和性行为的调节则主要由下丘脑控制。对不同种属的动物来说,控制性行为的确切的下丘脑区域有所不同,此外,边缘系统在调节性行为方面也有一定的影响。

在许多低等动物身上,电刺激某些下丘脑区域,往往可以看到特定的性行为成分甚至完整的性行为。例如,对白鼠的一项实验表明,电刺激白鼠的后部下丘脑,不仅引起交配而且可能出现完整的性行为模式。这时雄性白鼠通过啃雌鼠的耳朵和后颈来求配,直到雌鼠作出反应。除非停止电刺激,否则雄鼠接着将发生性交和射精。若分别在白鼠的外侧下丘脑和后部下丘脑埋藏电极,并且轮流施以电刺激,白鼠的行为就能受到特殊的控制。在食物和雌鼠面前,若雄鼠的后部下丘脑受到电刺激便表现出交配行为;若外侧下丘脑受到电刺激便表现放弃雌鼠而开始进食;再恢复后部下丘脑电刺激,雄鼠又中断进食而回到雌鼠面前。

不过,上述由刺激特定区域引起的机械式的性行为在较高级的哺乳动物身上则不会发生。在种系发生上等级越高的动物,其性唤起和性行为越是更多地受到大脑皮层的控制。

(三) 环境、经验和文化的影响

除了机体的内部因素以外,性动机在某种程度上也依赖环境刺激和个体经验,人类的性行为还在很大程度上受到文化的影响。

1. 环境刺激的作用

环境刺激主要指来自异性方面的刺激,包括视觉、听觉、触觉、味觉和嗅觉方面的刺激,它们能激发性唤起和内在的性反应模式。对许多低等动物来说,只有来自异性的特定的感觉信号才能引起性行为,例如昆虫只对具有某种香味的异性发生反应,鱼主要靠视觉形象,鸟类主要靠辨别异性的"歌声"来作出反应。另外,环境的温度、光照等也影响动物的性活动。例如,许多动物在寒冷季节很少有性兴奋,只有当天气变暖时才进入性兴奋和交配期。

不过,在较高级的动物身上,对性行为所必需的特定的感觉刺激已不存在;环境温度、光照等因素对性行为的影响也较小了。由于种系发生等级越高的动物更多地受大脑皮层控制,其性行为更多地受到后天学习和经验的影响。

2. 经验的作用

经验对低等哺乳动物的交配模式没有什么影响。例如白鼠的交配行为似乎是天生预成的,缺乏经验的白鼠同样能进行有效的交配。但是,如果循序从低等到高等哺乳动物进行观察,将发现经验和学习在性行为中起着越来越重要的作用。哈罗的一项研究(1971)表明,被隔离饲养的猴子,成年后通常没有进行交配的能力,而且在其他社会反应方面表现异常,例如不能和其他猴子相处,表现出害怕、逃避或极端的侵犯行为等。哈罗指出,灵长类动物的正常性行为依赖于特定反应模式的发展、激素的影响和异性间的感情联系,这种感情联系的建立源自早期与母亲和同伴的相互作用。这对于理解人类的性发展也不无启发。人类婴儿首先通过与母亲的温暖和相爱关系发展其依恋和感情,这对于与同伴的亲近交往是必要的,而个体在青春期与同性和异性的感情关系是成年异性爱的亲密关系的基础。

3. 文化的影响

人类的性行为除个体经验之外,还深受社会文化的影响。许多文化都对性行为确立了某些约束。例如,乱伦受到各类文化的禁止;南美洲的库纳(Cuna)人认为儿童直到结婚前应该完全不懂性生活;在非洲的阿山提(Ashanti)人中,如果和未举行过性成熟仪式的姑娘性交,双方均遭处死。当然,也有某些较开放的社会,允许儿童接受性教育和从事性游戏。

按照一般社会的传统惯例,婚姻是唯一合法的性生活方式,性欲表现的其他方式一般都受到谴责,某些情况下还被法律禁止。所以,人们的性行为受到社会习俗和道德评价的影响;而且,即使在同一社会里,不同时期对性行为的观念和宽容度也可能发生变化。

三、成就动机

成就动机(achieve ment motivation)是一种社会性动机,它意味着人希望从事有意义的活动,并在活动中取得完满的结果。人的成就动机有明显的个体差异,以工作为例,有些人工作是为了生活,而另一些人活着却是为了工作。对后一种人来说,工作是自我价值感的源泉,是社交网络的基础;追求成就的动机激发和指引着他们的行为,影响着他们对许多社会状况的知觉以及对自己和他人行为的评价。在以往的几十年中,麦克莱兰德(D. C. McClelland)及其他一些心理学家对成就动机产生的条件和成就动机对行为的作用进行了大量研究,下面将作一简要介绍。

(一) 成就需要

成就动机来自人的成就需要(need to achieve)。默里(H. Murray)最早(1938年)提出和描述了成就需要这一概念,它是指人们克服障碍、完成艰巨任务、达到较高目标的需要。成就需要的强度因人而异,它影响着人们追求成就的倾向和对自己工作成绩的评价。

麦克莱兰德等人认为成就动机是人类的基本动机之一;在研究成就动机的过程中,麦氏等人提出了一种测量成就动机的方法,即运用主题统觉测验(TAT)。具体的实施办法是,向被试展示一些有关人物和场景的图片,要他们就图片中所发生的事件及可能的结果编写简短的故事。假设的条件是,被试通过编写故事,将把自己的价值观、兴趣和动机投射到图画情境中去,因此通过分析故事内容,辨别语词、情感上的差异,可评定出被试的成就动机水平。在实验室和生活情境中的许多研究都证实了这种方法的可用性。

对成就需要的研究表明,在能力相当的情况下,成就需要高的人往往取得较高的成就,对学校、商界、政界人员的研究都得到这样的结果。另有研究表明,成就需要在幼年就开始出现,儿童到4、5岁时,这种需要开始表现出明显的个体差异。成就需要的个体差异在很大程度上受到家庭生活环境的影响,一般说来,成就需要高的人,其家庭往往强调追求成就的重要性,父母在儿童较小时就要求他们独立,让他们自行解决一些难题并给予适当奖励,这样做,有利于儿童成就动机的发展。

麦克莱兰德的研究还将不同社会条件下成就动机的水平与社会未来的经济发展状况联系起来,并作出了合理的解释。例如,麦氏曾以总贸易额、电力生产量、发布专利数等经济指数作为社会发展成就的客观指标,而将教科书、诗歌、戏剧等文献中有关成就的词汇数量转换得出成就动机指标。结果表明,成就动机的高低与社会实际成就大小之间有着很高的相关。麦氏就此比较了现代的许多国家,发现经济成功的原因不在于经济制度、地理因素或政治关注目标,而是取决于成就动机的水平。一个高度提倡成就取向的文化是鼓励自信与抱负,鼓励冒险意识的,是着眼未来而不是着眼过去与现在的,这种价值观在英语国家表现得尤其典型。

(二) 失败恐惧与成功恐惧

追求成就的行为并不是简单地由成就需要所导致的,而是以下3种变量综合作用的结果:(1)成就需要;(2)认识到获取成功的可能性;(3)获取成功对个体的诱因价值。

人们不仅有追求成就的动机,还有着对失败的恐惧,以及相应的避免失败的动机,这种动机使人在可能失败的情况下避免去追求成就。追求成就的动机和避免失败的动机同时存在于人的动机结构中,但有的人注重的是获取成功,有的人注重的却是避免失败。研究发现,注重获取成功的人倾向于为自己设立现实的目标,并选择难度适中的任务,这样使得成功的可能性和成功的诱因价值都达到一定的水平。这是因为,过难的任务成功的可能性小,过易的任务成功的诱因价值低。而注重避免失败的人倾向于为自己设立不现实的目标,即相对自己的能力来说过高或过低,并选择难度过高或过低的任务,这样使得最容易避免失败或伴随失败的不快体验最弱。

除了失败恐惧以外,人们还可能存在一些内隐的、甚至无意识的观念。例如,认为自己并不值得去追求成就,认为自己不如别人努力,所以不该获取成功;或认为自己赢得成功后会遭人非议,被人嫉妒等等。这些观念可能使得人们避免去获取成功,甚至使人在垂手可得的成功面前表现出退缩。如果上述情况成为一个人处理生活事件的一般策略,那么这个人便具有一种对成功的恐惧以及避免成功的动机。研究发现,小学生中就存在成功恐惧,而成年人不仅可能有避免成功的不良动机,还可能有与此有关的其他思想、情感和行为。另有研究表明,具有成功恐惧的人在成功地完成某项任务后,立即会在类似的任务中表现出较差的操作成绩,而对不相似的任务则无此效应。成功恐惧的形成也与家庭环境有关,惯于评价、批评和控制的父母,其子女往往可能具有成功恐惧。

霍纳(M. Horner)是最早从事成功恐惧研究的学者。她发现妇女不仅在当今的职业结构中达不到男人的成就,而且似乎在成功面前表现出退缩倾向。于是霍纳在1969年的一篇博士论文中指出这些妇女具有"避免成功的动机"。后来的研究表明,男性和女性都可能具有成功恐惧和避免成功的动机,而对女性来说,阻碍其获取成就的还有另一个重要因素,那就是在男性统治的职业社会中,女性成功可能带来的消极后果。这是由于当今社会对男女性别角色模式仍有着相当牢固的观念,男性通常被塑造成主动的、富于攻击性的、独立的、追求成就的；而女性通常被塑造成被动的、依赖的、友善的、易动感情的。这种性别角色模式通过多种社会化的手段在个体身上得以实现。

(三) 内在动机与外在动机

从成就动机的社会来源和社会后果看，可分为外在动机和内在动机。所谓外在动机，是指人为了某些外在结果而从事某项活动的动机。例如，学生为了得到父母或教师的嘉奖而学习。所谓内在动机，是指由个体的内在需要而引起的动机。例如，儿童认识到学习的意义或对学习本身产生了兴趣，从而积极主动地学习。对外在动机而言，行为是为了获得外界奖赏或应付外界要求的工具；而对内在动机而言，完成行为本身即是一种快乐和奖赏，除此以外没有其他目的。工作可以是出于内在动机，这时个体对所从事的工作深感兴趣；工作也可以出于外在动机，如为了获得某个职位或赢得某种奖励等。

研究发现，如果对完成某项操作任务施加奖赏的话，则这种奖赏往往会妨害操作者从事这项活动的内在动机。有一项研究具体演示了外界奖赏对内在动机的妨害效应。这是一项对学龄前儿童的观察性研究。在第一轮观察中，让儿童在教室里自由玩耍，记录下他们用于图画活动的时间(儿童可以在多种活动中自由选择)。在第二轮观察中，要求儿童从事图画活动，并依照下述条件将儿童随机分作3组：(1)预期奖赏组，向儿童展示他们从事图画活动将得到的奖品；(2)非预期奖赏组，儿童不被告知将得到奖励，但他们画完图画后将得到与预期奖赏组儿童同样的奖品；(3)无奖赏组，儿童从事图画活动不受任何奖励。记录下各组儿童用于图画活动的时间。两周以后，进行第三轮观察，记录各组儿童在自由活动时用于图画活动的时间。对三轮记录结果加以比较，发现第三轮观察中，预期奖赏组儿童用于图画活动的时间较少，而且比他们自己在第一轮观察中用于图画活动的时间也减少；非预期奖赏组和无奖赏组儿童在第三轮观察中仍对图画活动表现出稳定的兴趣水平，他们用于图画活动的时间没有明显变化。很明显,外界奖赏在这里是有害的,它使得个体不再像以往那样对活动本身发生兴趣;外界奖赏一旦被撤除,个体便不太可能再去从事这项活动。

然而,后来的研究表明,并非所有的外界奖赏都会破坏活动的内在动机,确切地说,外界奖赏既能增强、也能减弱活动的内在动机。外界奖赏总是与个体的操作活动相联系的,如果在个体的操作水平显示出提高的情况下给予奖赏,这时的奖赏被个体认为标志着自己的能力和进步,它将会增强个体从事这项操作活动的内在动机;如果个体只要从事了操作活动便得到奖赏,不管操作水平如何,那么这时的奖赏只是一种控制操作者活动的外部手段,它将会妨害操作者的内在动机。

在日常生活中,人们的许多活动都是与奖赏和强化相联系的。例如,对于相声演员来说,观众的笑声对他起着奖赏作用,增强着他对这项工作的内在动机。对于工人来说,产品的质量反映着他的技术熟练程度,高质量的产品对他起着奖赏和激励的作用。人们一般乐于去做那些自己做得好的事情,这是由于成就本身增强着活动的内在动机。只有当人们感到在受制于人的前提下从事某项活动,如从事某项活动便得到他人的奖赏,这时外界奖赏才会妨害活动的内在动机。

推荐读物

[1] 彭聃龄主编《普通心理学》第四章,北京师范大学出版社,1988年。
[2] 希尔加德等著,周先庚等译《心理学导论》第十章,北京大学出版社,1987年。
[3] Zimbardo P., Psychology and Life, chapter 8, Illinois: Scott, Foresman and Company. 1985.
[4] Carlson N., Psychology: The Science of Behavior, Boston: Allyn and Bacon, Inc. 1987.

第十一章 情绪和情感

第一节 概　　述

一、什么是情绪和情感

人在生活中,随时随地都会发生喜怒悲惧等情绪、情感的起伏变化,人的一切活动无不打上情绪的印迹。情绪像是染色剂,使人的生活染上各种各样的色彩;情绪又恰似催化剂,使人的活动加速或减速地进行。人需要积极的、快乐的情绪,它是获得幸福与成功的动力,使人充满生机;人也会体验焦虑、痛苦等消极的情绪,它使人心灰意冷,沮丧消沉,若不妥善处理,还可能严重危害身心。人的一生,就是这样游弋在情绪海洋中,在色彩斑斓的情绪世界里领略着人生五味。古往今来,人们为此感叹,亦为此迷惑,不断提出一个古老又常新的问题:情绪、情感究竟是什么?

（一）情绪的定义

传统心理学把心理现象划分为3个方面,即认识过程、情感过程和意志过程。认识过程是对客观事物或事件本身属性的加工过程,它们反映着事物、事件本身所具有的感性的或理性的特性。意志过程是认识活动的能动方面或自觉的调节方面,是认识活动的延伸。因此,认识活动和意志活动都是以客观事件本身的特性对人起作用的。

情绪与认识不同,情绪是以主体为中介的一种心理活动形式。主体,在此主要指主体的愿望、需要、渴求的欲望、追求的目标等倾向而言。例如,在认识活动中,光线引起明亮感,声音引起听觉,学习导致记忆。但是,人的心理活动远远不止于此。人作为主体,客观事物或事件对他总是具有某种意义的。客观事件或情境可以符合或不符合主体的需要或愿望,对实现主体的渴求目标有益或有害。因此,每当认识活动发生时,主体对它总是有一定的态度的。例如,湖光塔影、鸟飞鱼跃不但有声有色,而且使人赏心悦目、心旷神怡,因为这景色有益于人的身心健康。然而在闹市,车水马龙、拥塞截堵和严重的大气污染,使人厌烦和忧心难耐。澈清的水和一氧化碳本身并不具有愉悦或恐惧的属性,它们作用于人、使人产生愉快或悲伤、满意或痛苦等情绪,是它们与人之间的特定关系所决定的;是它们对人所具有的含义所引起的。鉴此,情绪可定义为:情绪是个体与环境意义事件之间关系的反映。

客观事件或情境对人的意义可有积极的性质或消极的性质,从而导致情绪与认识不同的第二个特点,即情绪有正性的与负性的或积极的与消极的之分。凡对人有积极意义的事件引起肯定性情绪,而具有消极作用的事件则引起否定性情绪。由此而论,环境事件的变化和主体态度的变化会引起主体与客体之间关系的变化。有益于主体的客观事件与主体关系得到维持,将产生肯定性情绪;它们之间联系的终结或破坏,则将导致否定性情绪。反之,有害于主体的事件与主体之间联系的持续存在,将加强负性情绪,它们之间联系被主体摆脱,则将产生正性情绪。由此可见,任何情绪的产生、维持或改变,均以主体与客体之间关系的改变为转移。基于上述分析,情绪亦可看作:个体与环境意义事件之间关系的维持或改变(J. Campos,1990)。

从以上定义可以看出,情绪的性质决定了它的复杂性。情绪在构成上有外显行为、内在体验和生理唤醒等多种成分;在品种上有基本情绪与复合情绪的无可胜数的类别;以及具有强烈或淡漠、激烈或恬静、短暂或持久等多种存在形式。情绪的发生"惊扰"整个有机体,唤醒神经系统各水平和意识各水平的活动。凡此种种,可认定情绪是一种多成分、多维量、多种类、多水平整合的复合心理过程。情绪的每一次发生,都兼容生理和心理、本能和习得、自然和社会诸因素的交叠。

(二) 情绪和情感的概念区分

情绪和情感既是在种族进化中发生,又是人类社会历史发展的产物。因此,在使用情绪情感这类术语去标示在如此漫长的历史演化过程中发生的、可处于不同水平上的这一心理现象时,人们心目中所指的内涵常常有所不同。例如,在过去教科书中出现过的、把同生物需要相联系而产生的感情反应称为情绪,把受社会规范制约的称为情感;在标示感情反应的形式方面采用情绪,标示感情内容时采用情感。但是这两种区分方法都不能把情绪和情感这两个概念截然划分清楚。

综览有关文献,学者们把这种区别于认识活动、并同人的特定需要相联系的感情性反映统称为感情(affection)。它一般地包容着情绪和情感的综合过程。因此,无论情绪或情感,指的乃是同一过程和同一现象。在不同的场合使用情绪或情感,指的是同一过程、同一现象所侧重的不同方面。

情绪(emotion)代表着感情性反映的过程。无论在动物或人类,感情性反映的发生都是脑的活动过程,或个体需要的特定反映模式的发生过程。从这个意义上说,情绪概念既可用于人类,也可用于动物。

情绪这一术语,按照蒙纳(Murray,1888)字典,是来自拉丁文e(外)和movere(动),表示从一处向外移到另一处。例如,"雷……引起空气的流动"(1708),"冰在山洞里流……是由于震动"(1758),"群众的扰动是由于……所引起"(1709)。这里无论是在物理学或社会学上、以及在不同时代所使用的"流动"、"震动"或"扰动",都是emotion这个词。后来,这个词用于表示人的精神状态上,例如,"快乐的满足一般称之为emotion"(1762)。由此可见,情绪一词在词源上是用来描述一种"动"的过程。现在它已不再在物理学和社会学范畴上使用,而限定标示精神的活动。因此,把情绪一词限定标示感情的活动过程,就严格地规定了它的内涵。此外,鉴于情绪由神经过程所携带,并表现于外和可被测量,所以对它的测量称为情绪测量。

情感(feelings)经常被用来描述具有稳定而深刻社会含义的高级感情。它所代表的感情内容,诸如对祖国的尊严感,对事业的酷爱,对美的欣赏时,所指的感情内容不是指其语义内涵,而是指对这些事物的社会意义在感情上的体验(experience)。

情感这个词包含一个"感"字,有感觉、感受之意;还包括一个"情"字,又有不同于感觉(sensation)之解。"feeling"有感觉、感触、心情、同情、体谅等多种含义,说明情感这一概念既包括与感觉、感受相联系的"感",又包括与同情、体验相联系的"情"。因此,情感这一述语的基本内涵是感情性反映的"觉知"方面,集中表达感情的体验和感受。

情绪和情感同属于感情性心理活动的范畴,是同一过程的两个方面。情感是对感情性过程的体验和感受,情绪是这一体验和感受状态的活动过程。二者均既可发生在高等动物和前言语阶段婴儿,也可以发生在成人和高级社会性反映之中。这是因为,人们日益公认,当高等哺乳类动物显示出痛苦、安适或愤怒时,或当婴儿对母亲欢快愉悦,对生人表现警惕和恐惧时,不能认为他们没有内在感受;尽管是处于不同发展阶段的动物或人类婴儿,他们对这种感受的觉知水平与人类成人有所不同罢了。

心理学对感情性反映的研究,侧重在它们的发生、发展的过程和规律,因此较多使用情绪这一概念。

二、情绪的功能

(一) 情绪是适应生存的心理工具

在低等动物种系中,几乎无情绪可言。即使在低等脊椎动物中,所有的只是一些具有适应价值的行为反应模式。例如,搏斗、逃跑、哺喂和求偶等行为。这些适应行为在它们与特定的生理唤醒相对应而发生中,当动物的神经系统发展到皮质阶段时,生理唤醒在脑中产生相应的感觉(感受)状态并留下痕迹,就是最原始的爱、怒、怕等情绪。因此,情绪是进化的产物。

当特定的行为模式、生理唤醒及相应的感受状态3成分出现后,就具备了情绪的适应性,其作用在于发动机体能量使机体处于适宜的活动状态;将相应的感受通过行为(表情)表现出来,以达到共鸣或求得援助。所以,情绪自产生之日起便成为适应生存的心理工具。

人类继承和发展了动物情绪这一高级适应手段。人类个体发育几乎重复了动物种系发生的过程。人类婴儿在出生时,由于脑的发育尚未成熟,还不具有独立行动和觅食等维持生存的基本能力,他们靠情绪信息的传递,得到成人的哺育。成人正是通过婴儿的情绪反应体察他们的需要,并及时调整他们的生活条件的。

因此,情绪的适应功能从根本上说是服务于改善和完善人的生存和生活条件的。无论是儿童或成人,通过快乐表示情况良好;通过痛苦表示急需改善的不良处境;通过悲伤和忧郁表示无奈和无助;通过愤怒表示行将进行反抗的主动倾向。同时,由于人生活在高度人文化的社会里,情绪的适应功能的形式有了很大的变化,例如,人用微笑向对方表示友好,通过移情和同情来维护人际联结,掩盖粗鲁的愤怒行为等,情绪起着促进社会亲和力的作用。但是人们也看到,在个人之间和社会上挑起事端引起的情绪对立,有着极大的破坏作用。总之,各种情绪的发生,时刻都在提醒着个人和社会,去了解自身或他人的处境和状态,以求得良好适应。社会有责任去洞察人们的情绪状态,从总体上作出规划去适应人类本身和社会的发展。

(二) 情绪是激发心理活动和行为的动机

情绪构成一个基本的动机系统(motivational system)。它能够驱策有机体发生反应、从事活动,在最广泛的领域里为人类的各种活动提供动机。情绪的这一动机功能既体现在生理活动中,也体现在人的认识活动中。

一般来说,生理内驱力(drive)是激活有机体行为的动力。但是情绪的作用则在于能够放大内驱力的信号,从而更强有力地激发行动(S. Tomkins,1973)。例如,人在缺水或缺氧的情况下,血液成分发生变化,产生补充水分或氧气的生理需要。但是这种生理驱力本身并没有足够的力量去驱策行动。而这时产生的恐慌感和急迫感起着放大和增强内驱力信号的作用,并与之合并而成为驱策人行动的强大动机。

此外,内驱力带有生物节律活动的刻板性。例如呼吸、睡眠、进食均按生物节律而定时,情绪反应却比内驱力更为灵活,它不但能根据主客观的需要及时地发生反应,而且可以脱离内驱力而独立地起动机作用。例如,无论任何时候和何种情况中发生,恐惧均能使人退缩,愤怒定会发生攻击,厌恶一定引起躲避等。

情绪的动机功能还体现在对认识活动的驱策上,这一点通过兴趣情绪明显地表现出来。严格说来,认识的对象并不具有对活动的驱策性;促使人去认识事物的是兴趣和好奇心。兴趣作为认识活动的动机,导致注意的选择与集中,支配感知的方向和思维加工,从而支持着对新异事物的探索。

(三) 情绪是心理活动的组织者

情绪是独立的心理过程,有自己的发生机制和操作规律;作为脑内的一个监测系统,情绪对其他心理活动具有组织的作用(A. Sroufe,1976、1979)。情绪的组织作用包括对活动的瓦解或促进这两方面,一般说来,正性情绪起协调的、组织的作用;负性情绪起破坏、瓦解或阻断的作用。

有研究证明,情绪能影响认知操作的效果,其影响效应取决于情绪的性质及强度。中等唤醒水平的愉快和兴趣情绪为认知活动提供最佳的情绪背景。愉快强度与操作效果曲线呈倒"U"型(图11-1),过低或过高的愉快唤醒均不利于认知操作。这些研究结果符合关于不同唤醒水平的情绪对手工操作的不同效应的叶克斯-

道森规律（A. Welford, T., 1974）。而对负情绪来说，痛苦、恐惧的强度与操作效果呈直线相关，情绪强度越大，操作效果越差。与痛苦、恐惧不同的是，由于愤怒情绪具有自信度较强的性质和指向于外的倾向，中等强度的愤怒一旦爆发出来，有可能组织个体倾向于面对的任务，导致较好的操作效果（孟昭兰，1984、1987）。这些研究结果则补充了叶克斯-道森曲线。上述结果表明，情绪执行着监测认知活动的功能，不同性质和不同强度的情绪起着不同程度的组织或瓦解认知活动的作用。

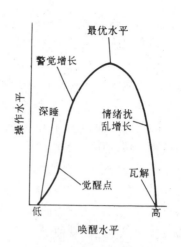

图 11-1 情绪强度（唤醒水平）与操作效果

情绪的组织功能也体现在对记忆的影响方面。鲍维尔的研究表明，当人处在良好的情绪状态时，更容易回忆那些带有愉快情绪色彩的材料；如果识记材料在某种情绪状态下被记忆，那么在同样的情绪状态下，这些材料更容易被回忆出来（G. Bower, 1981）。这说明情绪具有一种干预记忆的效果的作用，使记忆的内容根据情绪性质进行归类。

情绪的组织功能还表现在影响人的行为上。人们的行为常被当时的情绪所支配。当人处在积极、乐观的情绪状态时，倾向于注意事物美好的一面，态度和善，乐于助人，并勇承重担。而消极情绪状态则使人产生悲观意识，失去希望与渴求，也更易产生攻击性。

（四）情绪是人际通讯交流的重要手段

情绪和语言一样，具有服务于人际通讯（interpersonal communication）的功能。情绪通过独特的无词通讯手段，即由面部肌肉运动模式、声调和身体姿态变化所构成的表情来实现信息传递和人际间互相了解。其中面部表情是最重要的情绪信息媒介。

语言是人际交流的主要工具,而情绪信息的传递则应当说是语言交际的重要补充。而且,在许多情景中,表情能使言语交流所造成的不确定性和模棱两可的情况明确起来,成为人的态度、感受的最好注解;而在另一些场合,人的思想或愿望不宜言传,也能够通过表情来传递信息。在电影业发展早期,无声电影正是通过演员的各种表情动作来向观众传递信息的。

但是,从通讯交流的发生上说,表情信息的交流则出现得比语言要早得多,情绪是高等动物信息传递的主要工具,也是前言语阶段婴儿与成人互相沟通的唯一渠道和手段。情绪的适应功能正是通过其通讯作用实现的。

表情信号的传递不仅服务于人际交往,而且往往成为人们认识事物的媒介。这一现象在婴幼儿中表现得最明显,在成人中也经常发生。例如,婴儿从一岁左右开始,当面临陌生的不确定情境时,往往从成人面孔上搜寻表情信息(鼓励或阻止的表情),然后才采取行动(趋近或退缩)。这一现象称作情绪的社会性参照作用(social referencing of emotion, R. Emde, 1986)。情绪的参照作用对于儿童和成人都有助于社会适应,尤其对于儿童的心理发展起着关键的作用。它有助于促进儿童探索新异环境,扩大活动范围和发展智慧能力。

情绪的通讯交流作用还体现在构成人际之间的感情联结上。例如,母婴之间有着以感情为核心的特殊的依恋关系,这是最典型的感情联结模型。半岁以上婴儿在母亲离开时会表现不安和哭闹,称为"分离焦虑"(R. Spitz, 1965)。婴儿在七、八个月以后,在母亲经常接近和离开的不断重复中,学会预料母亲接近和离开的后果,形成"依恋安全感"(security of attachment, R. Bowlby, 1969, 1973)。依恋安全感的建立是儿童情绪健康和人格完善发展的重要基础。它使婴儿经常快乐,更容易同他人接近并建立友好关系,更愿意认识和探索新鲜事物。此外,感情联结还有其他多种形式,例如友谊、亲情和恋爱,都是以感情为纽带的联结模式。

情绪的功能向我们揭示,情绪既服务于人类基本的生存适应需要,又服务于人类社会群体生活的需要。人们每时每刻发生的情绪过程,都是自然环境和社会环境对人发生影响相结合的反应。情绪卷入人的整个心理过程和实际生活,成为人的活动的驱动力和组织者。

第二节 情绪的形式和类别

情绪是多成分、多维量、多种类、多水平整合的一种心理过程。本节将就情绪的主要成分、情绪的维量和分类作如下介绍。

一、感情的主观体验形式和外部表现形式

感情具有独特的主观体验和外部表现。它们与生理唤醒一起被看作是构成情绪的 3 种成分(C. Izard,1977)。

(一) **感情的主观体验**(subjective experience)

感情具有独特的主观体验色彩,即喜、怒、悲、惧等多种享乐色调(hedonie tones)。每种具体情绪的主观体验的色调都不相同,它们给人以不同的感受(feelings),这种感受或体验是感情性反映的心理内容,是情绪的心理载体。感情体验具有下述两种基本性质:

1. **体验与表情的先天一致性**

体验与表情在每种具体情绪上有固定不变的一致性。每种情绪的外显形式与内在体验形式是共生的。它们之间的固定关系在任何时候都不会改变。例如,愉快体验的特定主观色调与特定的表情模式协同产生,绝不因情境的变化而改变。

人生来具有体验感情和表现相应情绪的能力,它们之间的这种对应联系是先天的,是在种族进化过程中形成的固定模式。正是体验与表情的一致性保证了表情正确地反映感情体验的性质,并传递其适应意义。例如,人类婴儿以欢快面容和啼哭信号表达她们

的舒适或饥饿、困倦、病痛的感受。婴儿在前言语阶段,正是靠感情体验与情绪外显行为的一致性来保持其生存适应的。

　　随着人的认知能力、言语能力的发展和社会化,感情体验和情绪外显行为的固着联系变得复杂化起来。鉴于表情活动是由脑的骨骼肌系统的随意运动所支配,在人们受社会文化、道德规范所制约的情况下,情绪的外显行为则带来很大的人为的性质。表情可以被修饰,被夸大、掩盖或伪装,从而产生体验与表情的不一致性。因而,它们之间的不一致具有后天习得的性质,是感情和认知相互作用的结果。

　2. 感情体验的不变性

　　每一种具体情绪的体验在主观上感受的色调具有不变性。体验的不变性来源于人类进化的适应过程。这是由于,意味着具有潜在危险和威胁的新异刺激,只有在引起特定的恐惧体验色调时,这种体验才能成为在危险和威胁情境下驱使个体采取逃避行为的动机力量。而且,在任何具有危险和威胁含义的刺激作用下,所发生的恐惧体验色调都将是永不改变的。只有这种具体感情体验色调的不变性,才能使与之相一致的表情成为向同种属成员传递"危险"来临信息的手段。

　　由于个体的知识、经验、需要和追求目标以及认知评价等各方面的差异,同一环境(environment)对不同的个体来说,可能意味着不同的情境(situation),因而产生的情绪也可以不同。但特定情绪体验的感受色调,既没有个体、民族差异,也没有性别、年龄差异。感情体验的不变性是使情绪、情感在人际间进行交流和产生感情共鸣的保证。

　　(二) 情绪的外部表现(emotional expressions)

　　情绪具有独特的外部表现形式,即表情。表情是表达情感状态的身体各部分的动作变化模式。表情动作是一种独具特色的情绪语言,它以有形的方式体现出感情的内在体验,成为人际间感情交流和相互理解的工具之一,也是了解感情的主观体验的客观指标之一。

1. 表情类别

表情包括面部表情、姿态表情和声调表情。面部表情是额眉、鼻颊、口唇等全部颜面肌肉的变化所组成的模式。例如愉快时额眉平展、面颊上提、嘴角上翘；悲伤时额眉紧锁、上下眼睑趋近闭合，嘴角下拉；轻蔑时嘴角微撇、鼻子耸起、双目斜视等，形成标定各种具体情绪的模式。由于面部表情模式能最精细地区分出不同性质的情绪，因而是鉴别情绪的主要标志。

姿态表情是除颜面以外身体其他部分的表情动作，例如狂喜时捧腹大笑，悔恨时捶胸顿足，愤怒时磨拳擦掌等。其中，手势是一种重要的姿态表情，它协同或补充表达言语内容的情绪信息。手势表情是后天习得的，由于社会文化、传统习惯的影响而往往具有民族或团体的差异。

面部表情和姿态表情均由随意运动所支配，因此可在一定程度上被随意地控制。姿态表情虽不像面部表情那样能细微地区分各种情绪，但它能与面部表情一起表露情绪信息。也往往在人有意地控制面部表情时，而由身体姿态泄露真情。例如，一个人用和蔼微笑的面容去掩饰对对方的愤怒时，他那紧握的拳头、僵硬的肢体却明白无误地泄露了真情实感。

除面部表情、姿态表情外，声调也是表达情绪的一种形式。声调表情指情绪发生时在语言的音调、节奏和速度方面的变化。例如，悲哀时语调低沉，语速缓慢；喜悦时语调高昂，语速较快。此外，感叹、烦闷、讥讽、鄙视等也都有一定的音调变化。语言是交流思想的工具，言语中音调的高低、强弱，节奏的快慢等所表达的情绪，则成为言语交际的重要辅助手段。

在上述3种表情形式中，姿态表情和声调表情都不具有标定特定情绪的特异模式，唯独面部表情所携带的情绪信息具有特异性。因此，面部表情在情绪的通讯交流中起主导作用，姿态和声调表情则是表情的辅助形式。

2. 面部表情的先天预成性与后天习得性

面部表情是 先天程序化的模式。达尔文在《人类和动物的表情》一书中总结道："表情是动物和人类进化过程中适应性动作的遗迹"。在种族进化过程中,有些对机体生存具有适应价值的面部动作,最初并不是有意识地传达情绪的。但由于其适应意义,在漫长的演化过程中逐渐形成固定的生理解剖痕迹而遗传下来,发展成为表达特殊情绪的面部肌肉模式。例如,啼哭时嘴角下撇、眉眼皱起的面部模式源自人类祖先在困难、痛苦中求援的适应性动作;愤怒时咬牙切齿、鼻孔张大的面型是准备搏斗时的适应性动作;厌恶表情源自呕吐时的面部动作。这说明面部表情是具有原始的生物学根据的。

许多研究都证明了面部表情的先天预成性。首先,婴儿生来就具有表情,在出生后一年内,婴儿逐渐显露出兴趣、愉快、厌恶、痛苦等基本情绪表情,这些表情是随婴儿生理成熟而逐渐显现的。其次,先天盲婴在发生早期显露与正常婴儿同样的面部表情。只是由于盲婴得不到来自成人面部表情的视觉强化,他们的表情才在以后逐渐变得淡薄。再次,跨文化研究表明,基本情绪的面部表情模式通见于全人类,具有跨文化的一致性。艾克曼(P. Ekman)于60年代做的一项研究表明,从未与西方文化有过任何接触的新几内亚原始部落民族,按照向他们讲述的故事情节,能准确判别西方人的面部表情(照片);而这些原始部落人的表情模式也能被西方人准确地判别出来。这说明人类基本情绪的表情是先天预成的程序化模式。正如艾克曼所说的那样,外国人的表情不是"外国语";表情在很大程度上使人相通。

表情在个体发展中不断受到社会文化的影响,使得表情的显露从先天预成性向整合性、随意性转化。诚如前述,为了适应社会情境、文化规范以及人际关系的需要,表情经常被主体所修饰。表情的随意性体现了情绪的社会适应性,是情绪的生物适应性在人类身上的延伸。面部表情的社会化使得人类表情极大地复杂化起来,具有后天习得的性质,所以面部表情兼有先天预成性和后天习得性。先天盲童的表情不像常人那样灵活与丰富,且日见匮乏和单调的情况说明,社会强化对于表情的维持与发展起着重要的作用。

面部表情社会化的另一结果是形成文化差异。在不同民族之间,某些带有特定文化意义的表情信号可能是不相通的,而且在表情规范方面也存在着文化差异。例如,中国传统文化讲究含蓄,情绪的喜怒不形于色;日本人强调礼仪,在陌生场合绝不表现愠怒;而美国人则追求个性,情绪表达较为开放。

二、情绪的维量与极性

情绪的维量(dimension)系指情绪在其所固有的某种性质上,存在着一个可变化的度量。例如,紧张是情绪具有的一种属性,而当任何种类的情绪发生时,在其紧张这一特性上可以有不同的幅度,紧张度就是情绪的一个维量,或一个变量。

情绪的维量幅度变化有一个特点,维量具有极性(polarity),即维量不同幅度上的两极。例如紧张维的两极为"松缓-紧张"。情绪的维量与极性是情绪的一种固有属性,在情绪测量中必须把它作为一个变量来加以考虑。

(一) 冯特的三维理论

冯特于1896年第一次提出了情绪的三维理论。他认为情绪可在愉快-不愉快、激动-平静、紧张-松弛这3个维量上被度量。每种具体情绪都处在这3个维量的两极之间的不同位置上。冯特的三维说虽出自主观描述,但却比较符合实际。后来的多种情绪维量量表都是以此为基础发展起来的,至今有的测量也仍以此说为准。

(二) 施洛伯格的三维理论

美国心理学家施洛伯格(H. Schloberg)依据面部表情对情绪实行分类的研究,于50年代提出了情绪的三维量表:按愉快-不愉快、注意-拒绝和激活水平把具体情绪排列在一个倒立的椭圆锥体上(图11-2)。椭圆切面的长轴为快乐维,短轴为注意维,表明情绪

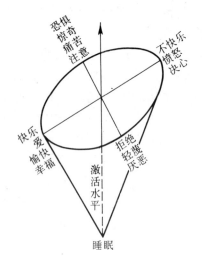

图 11-2 施洛伯格情绪三维模式图

的快乐度比注意度可作出更精确的区分。垂直于椭圆平面的激活水平是强度维。由这 3 个维度水平的不同组合可得到各种情绪。

(三) 普拉切克的情绪三维结构

60 年代末,美国心理学家普拉切克(R. plutchik)提出情绪具有强度、相似性和两极性 3 个维量,并用一个倒置的锥体说明这 3 个维度。锥体的每块截面代表一种原始情绪,共有 8 种原始情绪,每种原始情绪都随自下而上强度的增大而有不同的形式;截面上处于相邻位置的情绪是相似的,处于对角位置的情绪是相对立的;截面中心区域表示冲突,是由混合的动机卷入而形成的(图11-3)。普拉切克认为,所有情绪都表现出强度的不同,如从忧郁到悲痛;任何情绪在与其他情绪相似的程度上都有不同,如憎恨与愤怒比厌恶与惊奇更为相似;任何情绪都有相对立的两极如憎恨与接受,愉快与悲伤。

(四) 伊扎德的四维说

伊扎德从对情绪情境作自我评估的众多数据中进行筛选,确

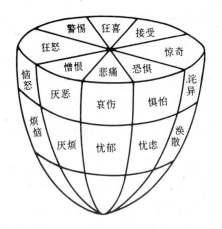

图 11-3 普拉切克情绪三维模式图

定了 4 个维量：愉快度、紧张度、激动度和确信度。其中愉快度表示主观体验的享乐色调；紧张度和激动度均表示情绪的神经生理激活水平，激动度表示兴奋的程度，而紧张度表示个体对情绪情境的突然出现缺乏预料和缺少准备的程度；确信度表示个体胜任、承受感情的程度。伊扎德的四维说根据客观测量，在一定程度上与冯特的三维说相一致。伊扎德按照他所制订的维度评定量表(DRS)和分化情绪量表(DES)可对感情体验作较准确的评估（伊扎德，1977；孟昭兰，1989）。

三、情绪的存在形式

（一）心境状态

心境是一种比较微弱而在较长时间里持续存在的情绪状态。心境不是关于某一事件的特定体验，它具有广延、弥散的特点；它似乎成为一种内心世界的背景，每时刻发生的心理事件都受这一情绪背景的影响，使之产生与这一心境相关的色调。

心境状态的形成往往由对人有重要意义的情况所引起而滞留在心理状态之中。举凡工作的顺逆、事业的成败、人际关系、健康状况、甚至天气、环境,都可成为某种心境的原因。有重大影响事情的回忆、无意间的浮想也会导致与之相关心境的重现。人对引起心境的原因并不都能清楚地意识到,但它的出现总是有原因的。

心境对人的生活活动有很大的影响。积极、良好的心境有助于提高效率、克服困难;消极、不良的心境使人厌烦、消沉。因此,对自己或他人心境的觉知,有助于对消极心境的克服。

(二) 激情

激情是一种强烈的、爆发式的、短暂的情绪存在形式。激情属于在"激动-平静"维量中偏激动极的情绪。激情常常是由意外事件或对立意向冲突所引起的。激情可以是正性的,也可以是负性的。暴怒、惊恐、狂喜、悲痛、绝望的激烈状态都是激情的例子。

激情有明显的外部表现,整个人都被卷进。在激情状态下,人的认识活动范围往往会缩小,在短暂中,理智分析和控制能力均会减弱。因此,对负性的过分激动应当避免。例如,使注意转移以冲淡激情爆发的程度。积极性质的激动虽有动员人的力量的作用,但过度激动并不十分可取。

四、情绪的类别

情绪的纷繁多样使它的分类成为一个复杂而困难的问题。尽管如此,古今中外的学者从不同角度、依不同根据,对情绪、情感的分类进行了许多有益的尝试。

(一) 我国传统的情绪分类

据我国古代名著《礼记》记载,人的情绪有"七情"分法,即喜怒哀惧爱恶欲;《白虎通》记载,情绪可分为"六情",即喜怒哀乐爱恶;近代的研究中,常把快乐、愤怒、悲哀、恐惧列为情绪的基本形式。

我国心理学家林传鼎于1944年从《说文》中找出9353个正篆,发现其中有354个字是描述人的情绪表现的,按释义可分为18类,即安静、喜悦、恨怒、哀怜、悲痛、忧愁、愤急、烦闷、恐惧、惊骇、恭敬、抚爱、憎恶、贪欲、嫉妒、傲慢、惭愧、耻辱。

(二) 伊扎德的情绪分类

近年来,西方情绪心理学中的一派倾向于把情绪分为基本情绪与复合情绪。伊扎德确定基本情绪的标准为:基本情绪是先天预成、不学而能的,并具有分别独立的外显表情、内部体验、生理神经机制和不同的适应功能。按照这个标准,伊扎德用因素分析的方法,提出人类具有 8 到 11 种基本情绪,它们是兴趣、惊奇、痛苦、厌恶、愉快、愤怒、恐惧和悲伤以及害羞、轻蔑和自罪感。

表 11-1 基本情绪与复合情绪分类举例

基 本 情 绪

基本情绪		身体驱力	感情-认知结构倾向
兴趣	厌恶	饥饿	内、外倾
愉快	轻蔑	干渴	自谦
惊奇	恐惧	疲劳	活跃
痛苦	羞涩	疼痛	沉静
愤怒	内疚	性	多疑

复 合 情 绪

基本情绪结合	情绪-驱力结合	情绪-认知结构复合
兴趣-愉快	兴趣-性驱力	多疑-恐惧
痛苦-愤怒	疼痛-恐惧	自卑-痛苦
恐惧-害羞	疲劳-厌烦	沉静-害羞
轻蔑-厌恶-愤怒	性驱力-兴趣-享乐	多疑-恐惧-内疚
恐惧-内疚-痛苦-愤怒	疼痛-恐惧-怒	活力-兴趣-愤怒

伊扎德把复合情绪分为 3 类,一类为在基本情绪基础上,2—3 种基本情绪的混合;二类为基本情绪与内驱力身体感觉的混合;三类为感情-认知结构(特质)与基本情绪的混合。依此分类,复合情绪则会有上百种之多。表 11-1 是伊扎德关于复合情绪的举例 (Izard,1977)。

上列复合情绪有些是可以命名的。例如,愤怒-厌恶-轻蔑的复合可命名为敌意。愤怒是一种"热"情绪,轻蔑和厌恶均为"冷"情绪,它们的结合决定着敌意情绪中攻击性的程度。又如恐惧-内疚-痛苦-愤怒几种情绪的复合是典型的焦虑。其组成中愤怒和痛苦两成分的相对强弱决定着焦虑是兴奋类型或抑制类型。但是即使在上表的举例中所列出的复合模式,也难以一一命名。

(三) 克雷奇的情绪分类

美国心理学家克雷奇(Krech)、克拉奇菲尔德(Crutchfield)和利维森(Livson)等人把情绪分作以下4类:

1. 原始情绪

将快乐、愤怒、恐惧、悲哀视为最基本的或原始的情绪。

2. 与感觉刺激有关的情绪

包括疼痛、厌恶和轻快。这类情绪可以是愉快的,也可以是不愉快的。

3. 与自我评价有关的情绪

包括成功的与失败的情绪、骄傲与羞耻、内疚与悔恨等,这些情绪决定于一个人对自身行为与客观行为标准的关系的知觉。

4. 与他人有关的情绪

发生在人与人之间的情绪种类似乎无限繁多,按照积极的与消极的维度,可以把它们分为爱和恨两个大类。

第三节 情绪的生理基础

情绪的产生在神经生理上是多水平整合活动的结果,它涉及广泛的神经生理生化活动,包括中枢神经系统、躯体神经系统、自主神经系统和内分泌系统(参阅第二章)。

从进化过程来看,情绪的发生是在脑进化的低级阶段出现的,情绪作为脑的功能,首先固着在那些进化上古老的神经组织部位,即那些调节和维持有机体生命过程的神经机构,诸如丘脑系统和脑干结构。这些部位的神经功能在动物机体和人类中均存在着,对情绪的整合起着重要的作用。它们中的某些部位,如下丘脑,被看作是整合情绪的中枢。

随着种族进化过程的演变,情绪的发生和分化同大脑新皮质的形成和分化是同步地进行着的(C. Izard,1978)。大脑皮层在结构和功能上的分化与处于进化中的人类面孔骨骼肌的分化发展是平行的。大脑皮层对来自颜面肌肉系统的内导信息的精细分析及其与皮层下情绪中枢的固定联系,是人类情绪高度分化和无限多样化的机制。

除了中枢神经系统从低级到高级部位参与情绪的整合之外,整个外周神经系统也均被卷进。正如上面所涉及的,躯体神经系统与大脑高级中枢的联系中,介入各种表情的发生或抑制;自由神经系统在情绪过程中由于被脑的低级部位所激活,对情绪活动起着加强和延续的作用;内分泌系统的活动与情绪唤醒的关系更为密切,多种激素除影响有机体一般生理过程从而影响情绪以外,某些激素作为神经化学递质则直接激活情绪。由此看来,每一次情绪的发生,都是包括中枢神经系统各级水平、躯体神经系统、内分泌系统的整合活动的结果。

一、自主神经系统与情绪

自主神经系统是由中枢神经系统低级部位支配的一个特殊系统。它专门控制与调节有机体各器官和组织的活动。在情绪刺激作用下,通过自主系统的活动,广泛激活有机体各器官和组织,产生明显的、超出常态生理节律的生理反应。但即将在本章以下部分所要阐述的,自主神经系统的活动并非情绪产生的中枢机制,它的活动对情绪起着支持和延续的作用。

(一)交感神经系统与副交感神经系统

自主神经系统由交感神经与副交感神经两个分支系统所构成。交感系统与副交感系统共同控制与调节内脏器官——心脏、血管、胃、肠等,外部腺体——唾液腺、泪腺、汗腺等以及内分泌腺

——肾上腺、甲状腺等的活动。

交感系统与副交感系统的机能作用是对立的,二者互相起颉颃的作用(表11-2)。这种作用使由交感系统激活的有机体恢复平静,以限制和保存机体的能量消耗。

表11-2 交感神经系统与副交感神经系统机能活动比较

	交感神经系统	副交感神经系统
瞳　孔	放　大	缩　小
心　率	增　快	减　慢
血　压	升　高	降　低
血　糖	升　高	降　低
皮肤血管	收　缩	舒　张
支　气　管	舒　张	收　缩
冠状动脉	舒　张	收　缩
消化液分泌	抑　制	增　多
胃肠蠕动	抑　制	增　加
汗腺分泌	增　加	减　少
肾上腺分泌	增　加	减　少

自主神经系统的活动是不随意的,它与情绪过程有密切的联系。它们之间的关系是,当人受到情绪性刺激、所引发情绪的激动度和紧张度增长时,生理唤醒水平和器官激活的程度也提高。但是,各种不同情绪是否具有生理激活的特异化模式的问题,尚没有得到确切的解释和明确的验证。迄今只能做到对某些情绪发生时生理变化的描述。例如,焦虑引起消化道蠕动减弱,消化液分泌被抑制;愤怒引起肾上腺激素分泌增加,心血管活动加速,血压、血糖升高,皮温升高;恐惧则导致外周血管收缩,面色苍白,咽、口发干,皮温下降,出冷汗等。

(二) 情绪的生理测量

鉴于有机体在情绪状态下出现许多生理反应,因而有可能运用各种生理记录仪器把这些变化记录下来,作为情绪活动的客观指标之一。例如,心率、血压、血糖、呼吸、脉搏容积、皮肤电阻、肌肉紧张度以及脑电变化、脑神经化学物质变化等,均可被测量。

1. 呼吸

呼吸的变化可通过呼吸描记器记录下来,根据记录曲线,可以

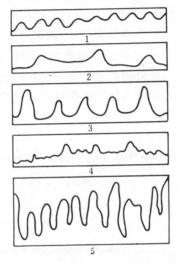

图 11-4　不同情绪状态下的呼吸曲线

1.高兴——每分钟 17 次　2.悲伤——每分钟 9 次　3.思考——每分钟 20 次
4.恐惧——每分钟 64 次　5.愤怒——每分钟 40 次

分析情绪状态下呼吸频率和深度的变化。从图 11-4 中可以看到,高兴时呼吸深度不大,频率略快于平常,整个呼吸曲线基本上较有规律;悲伤时呼吸频率很慢,每次呼吸之间的间歇时间较长;处在兴趣、积极思考状态时,呼吸频率稍慢、均匀,反映了集中思考时的特点;恐惧状态中,呼吸频率变得非常快,但有间歇、停顿的迹象,振幅变化没有规律,反映出恐惧时的颤栗状态;而处在愤怒情绪时,呼吸频率也大大增加,呼吸深度异乎寻常地增大。另一个呼

记录指标为呼气与吸气的比率,一般正性情绪下呼气与吸气之比<1,表明呼气时间短,吸气时间长;而在多数负性情绪下,呼吸比率>1,表明呼气时间长,吸气时间短。情绪状态下呼吸的变化一般只标定激活水平而不标示情绪特异性。

2. 循环

情绪状态下循环系统的活动一方面表现为心跳速度和强度的改变,另一方面表现为外周血管的舒张与收缩的变化。如满意、愉快时,心跳节律正常;恐惧或暴怒时,心跳加速,血压升高。用心动电流描记器和心电图仪可以把心脏活动的变化曲线记录下来,用血管容积描记器可以把外周血管容积的变化记录下来。图 11-5 显示了实验室模拟针刺麻醉条件下患者对痛紧张情绪的手指血管容

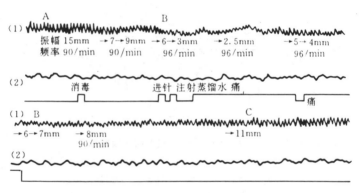

图 11-5 痛紧张情绪反应的脉搏容积和呼吸记录

A 段为无紧张时期,B 段为紧张时期,C 段为紧张解除时期。
(1)脉搏容积 (2)呼吸

积和呼吸反应。结果表明,痛紧张情绪引起血管容积缩小,且血管收缩持续的时间与痛情绪的紧张程度成正比,即紧张程度越大,持续时间越长。

3. 皮肤电反应

在一般情况下，皮肤电流运动具有一定的电阻参数。由于情绪状态下皮肤内血管收缩的变化和汗腺分泌的变化，能引起皮肤电阻的变化。当人处在紧张的情绪状态时，皮肤导电电流增加，皮肤

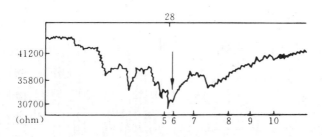

图 11-6　观看影片过程中描记的皮电图

电阻下降。图 11-6 是在被试看电影时记录下来的皮电图，当银幕上出现两个扭斗者从悬崖上滚落到崖下急流的画面时（箭头所指处），被试的皮肤电阻降至最低点。

4. 多项生理记录

使用多导生理记录仪可以同步记录各项生理指标，它包括心率、脉搏容积、呼吸与皮肤电反应等多项指标，可同步取得多项数据，用以进行综合分析。所谓测谎仪实际上就是一台多导仪。多导仪测谎是基于这样的假定：当人说谎时，会产生某种情绪反应，这些反应可以从生理变化表现出来。鉴于生理变化受自主神经系统和内分泌系统支配，不受人的主观控制，因此测量结果是比较客观的。

测谎与一般生理测量一样，在测定基础水平后，向被试提出一系列要求回答的问题，这些问题中包括中性问题和有关键意义的鉴定性问题，问题之间有足够的时间间隔以使生理指标恢复常态。若被试在回答鉴定性问题时产生紧张情绪反应，即将在各指标上出现同步变化，作为鉴别是否说谎的一种参考。

5. 声音紧张分析

声音紧张分析器可以用来测量人耳所不能觉察的语音的某些变化。所有的肌肉(包括声带)在活动时都会发生轻微的振动。当说话的人情绪紧张时,发音器官的正常颤动便被自主神经系统的活动所抑制。通过使用声音紧张分析器对人的语声进行记录,声音

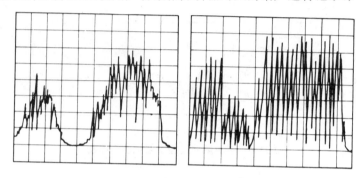

图11-7　声音紧张分析器记录的声音图像
左为正常情况下的声音图像;右为紧张情况下的声音图像。

图像便显示出来(图11-7)。由于人在说话时声带的振动不能被随意地控制,而且不需要使被试和仪器的许多导线相连接,被试甚至不必在场,只要通过收音或录音,再通过分析器的转换就可得到声音图像,因而增加了鉴定结果的可靠性。

二、内分泌系统与情绪

情绪过程中的许多生理变化都同内分泌腺的活动有关,其中肾上腺同情绪的关系最为密切,它实际上是情绪内脏反应的最主要来源。

肾上腺由皮质和髓质两部分组成,这两部分通过两条神经内分泌途径对情绪行为发生影响:一是下丘脑-垂体-肾上腺皮质系统,二是下丘脑-交感神经-肾上腺髓质系统。可见,肾上腺既受自主神经系统所支配,又受中枢神经系统的直接调节。

(一) 下丘脑-垂体-肾上腺皮质系统

下丘脑和脑垂体不但是神经系统的一部分，它们本身也是内分泌腺。情绪产生时，下丘脑发放促肾上腺皮质激素释放因子（CRF）调节垂体前叶促肾上腺皮质激素（ACTH）的分泌量，而ACTH又控制着肾上腺皮质类固醇的分泌和血液浓度。肾上腺皮质激素一方面影响身体各器官的生理效应；另一方面又对中枢神经系统和垂体腺具有反馈调节作用。

研究表明，焦虑、发怒、恐惧等有害的心理刺激能明显地增加ACTH和皮质类固醇的分泌量，并导致一系列生理效果。例如，人处在焦虑状态时，外周血管收缩，血糖浓度下降，肌肉松弛，消化腺分泌活动下降，这与ACTH和皮质类固醇分泌的增加有关，这两种激素水平的变化是心理紧张的一个函数。

（二）下丘脑-交感神经-肾上腺髓质系统

肾上腺髓质系统是受交感神经系统控制的。在对情绪性刺激发生反应时，交感神经同时刺激内脏器官和肾上腺髓质。通过神经信息的作用，内脏器官立即进入应激活动；肾上腺髓质则分泌两种激素——肾上腺素和去甲肾上腺素，并促进生理应激反应。激素到达器官较慢，但对各器官的生理效应具有较长的持续效果，直到活动的需要终结为止。需要指出的是，去甲肾上腺素不仅是肾上腺髓质分泌的激素，同时也是交感神经的传递介质，这样，内分泌系统不仅具有神经激活作用，还参与化学激活效应。而且，交感神经直接支配肾上腺髓质，控制激素的分泌，从而肾上腺激素的分泌还调节效应器官的活动，并对中枢神经系统形成反馈调节。可见，中枢神经系统、自主神经系统和内分泌系统之间存在网络性的交互作用关系。

三、躯体神经系统与情绪

（一）表情与躯体神经系统

表达情绪状态的面部表情、姿态表情和声调表情是由躯体神经系统支配的随意运动实现的。躯体神经系统支配着躯干、四肢以及面部肌肉的活动,因此,它是表情活动的生理基础。表情动作具有随意性,这是与受自主神经系统控制的内脏活动之间的根本差异。

由于在长期生物进化过程中,人的面部肌肉系统的精细分化,神经肌肉系统的高度发展,相应的大脑皮层结构和功能的分化和发展,使得人能够呈现千变万化的面部肌肉活动模式,也就是丰富的面部表情。面部表情的精细化,使它能最大限度地负载情绪内容,区分各种具体情绪,因而它是最重要的一种表情。面部表情已成为情绪研究的一项客观指标,面部表情测量也成为一种有效的情绪测量方法。

(二) 面部表情的测量

测量面部表情的研究在本世纪初期即已开始。那时采用的是照相术,把各种表情拍摄下来,然后呈现给被试,判断它们分别代表哪种情绪。早期使用的这种方法,采集表情模式受到照相术的局限,难以达到所要求的精确度。60年代以后,肌肉动作电流描记技术和录像技术的进步使表情测量的研究有了很大进展。美国心理学家艾克曼(P. Ekman)在70年代末先后创立了"面部表情编码技术"(FAST)和"面部肌肉运动编码系统"(FACS),伊扎德在大约同时先后提出"最大限度辨别面部肌肉运动编码系统"(Max)和"表情辨别整体判断系统"(Affex)。这两套表情测量系统得到了广泛肯定和采用,它们具有如下特点:

(1) 鉴于要把面部表情测量建立在严格客观化的基础上,必须找到面部运动反应的物质基础。因此确定了所要测量的必须是面部肌肉运动本身,而不是面孔所反映的情绪信息。

(2) 为了测量面部肌肉运动本身,必须严格遵循神经肌肉解剖学基础。

以艾克曼的工作为例,他们把面部分为额-眉区、眼-睑区、鼻颊-口唇区3个部位。按照面部肌肉解剖学,刺激一块块肌肉组织,引起反应活动,用照像和录像作记录。他们把6种情绪——愉快、惊奇、厌恶、愤怒、惧怕、悲伤——发生时面孔上每块肌肉的活动照片与每种情绪相匹配,辨认出哪个面容各部分的变化是由哪组肌肉运动引起的,从而确定出每种情绪的面孔肌肉运动组合标准。艾克曼共找出 24 种单一肌肉活动单位和 19 种复合肌肉活动单位,通过对这些肌肉活动的详细描述,并用录像记录表示出来。人们经过学习这套技术就能够客观地标定情绪(参考孟昭兰《人类情绪》第六章)。

四、情绪的中枢机制

生理心理学的研究表明,大脑皮层调节控制着皮层下各个部位的活动。但是,情绪发生的核心部位却主要在皮层下部。在情绪刺激作用下,整个丘脑系统、边缘系统、网状结构、皮下神经节等部位的活动都被卷入,从而形成极为复杂的情绪的中枢机制。

(一) 丘脑

美国心理学家坎农(W. B. Cannon)提出丘脑是调节和控制情绪的中枢。他用实验证明,把猫的间脑以上的脑结构全部切除,从而去掉大脑皮层的控制作用时,猫表现出瞳孔放大、胡须乍立、不停吼叫的反应,称为"假怒"。类似地,坎农通过对人施以药物的方法,使低级中枢从皮层的控制下释放出来,结果发现被试出现笑和哭的情绪反应。根据这些事实,坎农认为丘脑是情绪产生的中枢。他解释说,丘脑一般处于被皮层抑制的状态下,一旦皮层抑制被解除,丘脑冲动得到释放,情绪反应就会发生。

坎农的功绩在于,是他第一次提出了情绪的脑定位的观点。但是,后来的许多研究表明,丘脑并不是情绪发生的唯一中枢;在包括丘脑在内的全部高级部位切除以后,动物的怒反应依然存在。而只有下丘脑结构被切除,情绪反应才消失。而且,在刺激下丘脑、皮层、甚至小脑时,怒反应也会发生。这说明情绪还有更复杂的中枢机制。

(二) 下丘脑

许多研究表明,下丘脑对情绪的发生起重要作用。研究指出,背部下丘脑对产生怒的整合模式是关键部位。这个部位被损坏,动物只能表现一些片断的怒反应,而不能表现协调的怒模式;如果下丘脑保存完好,其上部的脑组织无论去掉多少,仍能表现协调的怒模式。

本世纪50年代,美国心理学家奥尔兹(J.Olds)和米尔纳(P.Milner)首创用脑内埋藏电极法进行"自我刺激"的实验技术,在斯金纳箱内对动物进行"自我刺激"实验。他们发现,在下丘脑、边缘系统和丘脑许多部位都存在着"奖励"(也称"愉快")中枢和"惩罚"(也称"痛苦")中枢,其中以下丘脑最为明显。实验是这样进行的:将电极埋藏在老鼠的相应脑部位,电极的另一端与连接电源开关的杠杆相联。动物按压杠杆时,微弱的电脉冲刺激即传达到脑。实验表明,电极埋藏的部位不同时,老鼠按压杠杆的反应也不同。当电极埋藏在某些脑部位时,老鼠便不停地重复这一行动以得到电刺激;尤其当电极埋藏在背部下丘脑时,老鼠按压杠杆的频率高达每小时5000次,并连续按压15至20小时,直到精疲力尽而入睡为止。于是,这些脑部位被标示为"奖励"或"愉快"中枢。而对另一些脑部位,老鼠会通过按压杠杆去截断电刺激,这些部位被标示为"惩罚"或"痛苦"中枢。后来发现,将这种刺激方法运用于病人,也发现有类似愉快的情况出现。

(三) 网状结构

美国心理学家林斯里(D.Linsley)系统地阐述了一个情绪的激活学说,该学说突出了网状结构的作用。他认为从外周感官和内脏组织来的感觉冲动通过传入神经纤维的旁支进入网状结构,在下丘脑被整合与扩散,兴奋间脑觉醒中枢,激活大脑皮层(参考第二章,图2-10)。激活的作用包括唤起一般的警戒、注意和情绪。

(四) 边缘系统

边缘系统系指位于前脑底部环绕着脑干形成的皮层内边界。边缘系统的主要功能在于,调节自主神经系统的活动,控制某些本能行为,诸如探究、喂食、攻击、逃避;对那些与保存种属相联系的情绪具有整合作用。

神经生理学家帕帕兹(J. W. Papez)于1937年系统地阐述了一个包括情绪行为与情绪体验的复合神经机构,即帕帕兹环路。该环路的主要结构就是边缘系统。帕帕兹认为,情绪过程建立在海马,当海马被刺激时,冲动通过胼胝体下的白色纤维接力到下丘脑的乳头体。兴奋从下丘脑传递到丘脑前核,并上行到大脑内边界的扣带回,再回到海马和杏仁核,完成了这一环路。兴奋在这一环路上经扣带回扩散到大脑皮层,冲动在这里附加于意识上,产生情绪体验(参考第二章,图2-11)。

医学的临床观察和实验证明,帕帕兹环路中的扣带回、杏仁核等部位与情绪的产生有密切关系。切除了扣带回前部的病人表现为失去恐惧情绪,并在社交活动中变得冷漠无情。某些有凶暴行为的病人,其脑病变常发生在杏仁核,对某些病人施行杏仁核毁坏性损伤手术后,追踪观察表明他们的凶暴行为未再发作。

心理学家麦克林(P. D. Maclean)研究和扩展了帕帕兹的情绪学说,于40年代末提出了"内脏脑"的概念。内脏脑所占据的中皮层部位调节着所有的感觉器官和内部器官,通过下丘脑调节内脏反应和骨骼反应。从进化过程看,中皮层是介于新、老皮层之间的脑结构,兴奋从这里转换到大脑皮层,从而提供意识的感情成分。麦克林认为,情绪过程是由皮下机构调节的,而对情绪性质的评价、认识过程则由大脑皮层完成。因此,只有当皮层下部位输入的神经冲动经过边缘系统的整合,并同皮层活动联系起来时,才是情绪产生的完整机制——大脑皮层促成情绪体验,下丘脑促成情绪表现。

(五) 大脑皮层

心理学家确信,大脑皮层是情绪最高调节和控制的机构。这种观点,直到60年代后,才开始由神经生理学的研究逐渐涉及。这些结果主要来自关于大脑两半球的情绪功能差异的临床和实验资料。对脑损伤病人的临床观察和对正常人的研究发现,大脑两半球具有情绪功能的不对称性,左半球为正情绪优势,右半球为负情绪优势。一项研究发现,左半球损伤病人表现过多的哭泣;而右半球损伤的病人表现更多的欣快反应(R. Davidson,1982)。这项对109例病人的观察结果被解释为,由于缺乏正常情况下两半球的协调活动,左半球受损伤时,右半球释放更多的负性情绪;而右半球受损伤时,左半球释放不适当的正性情绪。

进一步的研究发现,两半球的前部和背部也有不同的功能。例如,左右额叶有不同的情绪功能。在左额叶言语区受损伤的病人中,罹患忧郁症者较多。这意味着左额叶受损伤,右半球释放负性情绪。这一现象被解释为,额叶同边缘系统有广泛的、解剖上的联系。额叶受损伤后,失去随意地和自发地调节面部表情的能力,从而表现为忧郁反应,实际上失去了调节情绪的能力。

从以上几项研究病例中,可得到如下概念:

(1) 左半球受损伤,右半球释放负性情绪。

(2) 左额叶言语区受损伤,右额叶释放负性情绪,出现忧郁反应。

(3) 在内颈动脉注射巴比妥盐酸(镇静剂),投射于左半球者65%诱发忧郁,32%诱发欣快;投射于右半球者,16%诱发忧郁,84%诱发欣快。

这些发现支持了如下观点:大脑两半球具有情绪的功能不对称性;左半球为正性情绪优势,右半球为负性情绪优势。

第四节 情 绪 理 论

情绪心理学目前尚处在学派林立,多种理论并存的局面。本节择其要者阐述如下:

一、詹姆士-兰格理论

美国心理学家威廉·詹姆士(W. James)和丹麦生理学家卡尔-兰格(C. Lange)各自分别于1884和1885年提出了观点基本相同的理论。该理论的重要功绩在于,提出了情绪与机体生理变化的直接联系,强调了外周生理活动在情绪产生中的作用。

詹姆士认为,情绪是内脏器官和骨骼肌活动在脑内引起的感觉。

> 詹姆士在《心理学》(1890)一书中写道:"我以为,我们一知觉到激动我们的对象,立刻就引起身体上的变化;在这些变化出现之时,我们对这些变化的感觉,就是情绪"。"合理的说法乃是:因为我们哭,所以愁;因为动手打,所以生气;因为发抖,所以怕。并不是愁了才哭;生气了才打;怕了才抖"。"假如知觉了之后,没有身体变化紧跟着发生,那么,这种知觉就只是纯粹知识的性质;它是惨淡、无色的心态,缺乏情绪应有的'温热'"。"情绪,只是一种身体状态的感觉,它的原因纯乎是身体的"。

兰格在情绪的发生上强调血液系统的作用。他以酒精和药物为例,认为,血管扩张产生愉快,自主系统活动减弱,血管收缩、器官痉挛,就产生恐怖。他甚至说,冷水浇身能使愤怒减弱,溴化钾能使恐怖、忧虑和不愉快受到抑制。这些都是由于血管收缩功能的改变所致。

詹姆士-兰格的外周论在今天也许已经算不上真正的理论了。但是它推动了关于情绪机制的大量研究,因而在情绪心理学发展史上居于不可抹煞的地位。

二、坎农的丘脑学说

美国心理学家坎农针对詹姆士-兰格理论提出了如下质疑:(1)机体的生理变化在发生上相对缓慢,不足以说明情绪迅速发生、瞬息变化的事实。(2)同样的内脏器官活动变化可以在极不相同的情绪状态中发生,因此,根据生理变化难以分辨各种不同的情绪。(3)切断动物内脏器官与中枢神经系统的联系,情绪反应并不完全消失。(4)用药物人为地引起与某种情绪有联系的身体变化,却并不产生真正的情绪体验。根据这些事实,坎农认为,情绪并非外周变化的必然结果,情绪产生的机制不在外周神经系统,而在中枢神经系统的丘脑,并于本世纪20至30年代提出了情绪的丘脑学说。坎农认为,当刺激引起的感觉信息传到皮层时,释放了经常处于抑制状态的丘脑中心,唤醒丘脑过程,导致特定模式的情绪产生。丘脑同时向大脑皮层和身体的其他部分输送冲动,神经冲动向上传至大脑产生情绪的主观体验,向下传至交感神经引起机体的生理变化,所以身体变化和情绪体验同时发生。

坎农的丘脑学说强调被唤醒的丘脑过程是情绪产生的机制,提出了情绪的特定脑中枢,因此比詹姆士-兰格理论前进了一步。但是,丘脑学说忽略了外因变化的意义以及大脑皮层对情绪发生的作用。

三、阿诺德的评定-兴奋学说

美国女心理学家阿诺德(M. Arnold)于本世纪50年代提出了情绪的评定-兴奋学说,该学说强调情绪的来源是对情境的评估,而这种评估是在大脑皮层产生的。阿诺德举例说:在森林里看到熊会产生恐惧,而在动物园里看到关在笼子里的熊却不产生恐惧。情绪产生取决于人对情境的认知和估价,通过评价来确定刺激情景对人的意义。因此,阿诺德给情绪下定义为:情绪是对趋向知觉为有益的,离开知觉为有害的东西的一种体验的倾向,这种体验倾向被一种相应的接近或退避的生理变化模式所伴随。

依照阿诺德的学说,情绪是这样产生的:情绪刺激作用于感官器产生的神经冲动上传至丘脑,在丘脑更换神经元后再传到大脑皮层。在皮层上产生对情境的评估。这时只要情境被评估为对有机体有足够重要的意义,皮层兴奋即下行激活丘脑系统,并影响自主神经系统而发生器官的变化。这时外周变化的反馈信息又通过丘脑传到大脑皮层,并与皮层最初的估价相结合,纯粹的认识经验即转化为情绪体验。

由此可见,阿诺德的学说接受了詹姆士-兰格学说的外周反馈观点,而不同意坎农关于丘脑抑制的观点。她认为整个情绪过程均为大脑皮层兴奋的结果。她与詹姆士的不同可从如下模式中表明:

詹姆士理论:情境刺激——→机体反应——→情绪

阿诺德理论:情境刺激 ┌──→ 评价 ──→ 情绪
　　　　　　　　　　└──→ 机体反应 ←──┘

四、沙赫特的认知-激活理论

自从阿诺德的评价理论提出之后,情绪的认知观点得到了极大的发展,同时,詹姆士理论的影响也始终存在着。

美国心理学家沙赫特(S. Schachter)提出了情绪受环境影响、生理唤醒和认知过程3种因素所制约,其中认知因素对情绪的产生起关键作用。沙赫特和另一位美国心理学家辛格(J. Singer)于1962年设计了一项实验,用来证明上述三因素在情绪产生中的作用。

> 实验前告诉被试,要考察一种新维生素化合物对视敏度的影响效果。在被试同意的前提下,为他们注射药物。但实际上控制组被试接受的是生理盐水,实验组被试接受的是肾上腺素。肾上腺素使被试出现心悸、颤抖、灼热、血压升高、呼吸加快等反应而处于典型的生理唤醒状态。药物注射后,实验组被试分作3组,"告知组":告诉被试药物会导致心悸、颤抖、兴奋等反应;"未告知组":对被试说药物是温和的,不会有副作用;"误告知组":告诉被试药物会导致全身麻木、发痒和头痛。
>
> 人为地安排两个实验情境:"欣快"情境与"愤怒"情境。实验组三组被试各一半人进入"欣快"情境,另一半人进入"愤怒"情境。当被试进入"欣快"情境时,看见一个人(实验助手)在室内唱歌、跳舞、玩耍,表现得十分快乐,并邀请被试一同玩耍。而进入"愤怒"情

境的被试则看见一个人(实验助手)正对填写着的一张调查表发怒、咒骂、跺脚,并最后撕毁调查表;被试也被要求填写同样的调查表,表上的题目带有人身攻击和侮辱性,并会引起人极大的愤怒。

实验假设:如果生理唤醒单独决定情绪,那么3组被试应产生同样的情绪;如果环境因素单独决定情绪,那么所有进入"欣快"情境的被试应产生欣快,所有进入"愤怒"情境的被试应产生愤怒。

实验结果:控制组和告知组被试在室内安静地等待并镇静地进行他们的工作,毫不理会同伴的古怪行为;未告知组和误告知组被试则倾向于追随室内同伴的行为,变得欣快或愤怒。

结果分析:控制组被试未经受生理唤醒,告知组被试能正确解释自身的生理唤醒,他们都不被环境中同伴的情绪所影响,因此没有任何情绪反应;未告知组和误告知组被试对自身的生理唤醒没有现成的解释,从而受到环境中同伴行为的暗示,把生理唤醒与"欣快"或"愤怒"情境联系起来并表现相应的情绪行为。

结果表明:生理唤醒是情绪激活的必要条件,但真正的情绪体验是由对唤醒状态赋予的"标记"决定的。这种"标记"的赋予是一种认识过程,个体利用过去经验中和当前环境的信息对自身唤醒状态作出合理的解释,正是这种解释决定着产生怎样的情绪、所以,无论生理唤醒还是环境因素都不能单独地决定情绪,情绪发生的关键取决于认知因素。

沙赫特的实验和理论引起了相当大的反响,但也受到了批评,缺乏对实验的先在效度分析,实验设计复杂,后人难以重复得出相同的结果。但是,沙赫特的研究毕竟为情绪的认知理论提供了最早的实验依据,对认知理论的发展起到了一定的推动作用。

五、情绪的不协调理论与信息加工理论

情绪的不协调理论的代表人物是扬(P. T. Young)和普里布拉姆(K. Pribram)。

扬在40年代到60年代形成了独特的关于情绪是"扰乱反应"的概念,他把情绪定义为"感情性的激烈扰乱",认为情绪是一种神经中枢在感情上的"紊乱"反应,"紊乱"是情绪的关键因素。扬解释说,正像一个杯子中的半杯水被摇动一样,当情绪性事件发生时,

人就被扰乱或搅乱。因此,情绪是一种对平衡状态的破坏,无论快乐或不快乐的情绪均如此。

普里布拉姆总结了大量生理学和神经生理学的研究成果,对情绪作了一个概括的描述。他认为情绪的产生是以一种有组织的稳定性为基线,这个稳定的基线意味着自主神经系统调节下内部过程的正常工作。如果环境信息的输入使有机体处于一种适宜的协调状态,这时有机体的内部活动状态处于稳定的基线之下;当环境信息是一些不适宜的输入时,有机体的内部活动状态立即超越基线,使有机体处于一种不协调状态,从而产生紊乱,这时就产生情绪。普里布拉姆还提出了一个"监视器"的概念,他认为情绪是监视脑活动的一种机制,起着监视心理加工的作用;情绪过程就是当原来进行的加工程序受到阻断时产生的替代性执行程序,对这个阻断过程的意识觉知,就是情绪的体验或感受。

普里布拉姆和扬都强调情绪同其他心理过程之间的联系,认为情绪起源于对环境事件的知觉、记忆和经验。当人们在过去经验中建立起来的内部认知模式同当前输入的信息不一致时,就导致情绪的产生,这就是不协调的含义所在。例如,意外的成功引起欣喜,意外的挫折导致愤怒,但这两种截然相反的情绪都是对原有内部模式的扰乱。

不协调理论能较好地解释某些较强烈的无论肯定或否定性质的情绪状态,但对那些在满足需要的背景下产生的愉快、恬静的心境却无法说明。尽管如此,它仍为认知心理学家所乐于接受。认知心理学从信息加工的观点出发,强调揭露认知过程的内部结构,如对信息的加工、储存和提取等。认知心理学家把脑的信息加工过程和有机体的生理生化活动结合起来解释情绪。如美国心理学家林赛(P. H. Lindsay)和诺曼(D. A. Norman)把情绪唤醒理论转化为一个工作系统,即情绪唤醒模型(见图11-8)。该模型包括以下几个动力分析系统:第一个是对环境输入的信息的知觉分析;第二个是在长期的生活经验中建立的对外部影响的内部模式,即对过去、

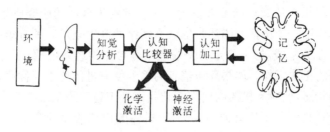

图 11-8　情绪唤醒的一个模型示意图

现在和将来的期望、需要或意向的认知加工;第三个是情境事件的知觉分析与基于过去经验的认知加工之间进行比较的系统,称为认知比较器。认知比较器附带着庞大的神经系统和生化系统的激活机构,并与效应器官相联系。

这个情绪唤醒模型的核心部分是认知。当外部事件作用于人,当前知觉材料的加工引起过去经验中储存的记忆信息的再编码,这个认知过程就会产生人的预期或判断。当现实事件与预期、判断相一致,事情将平稳地进行而没有情绪产生;若有足够的不一致,比如出乎意料的或违背意愿的事件出现,或无力应付给人带来消极影响的事物产生时,认知比较器就会迅速发出信息,动员一系列神经过程,释放适当的化学物质,改变脑的神经激活状态,使身体适应当前情景的要求,这时情绪就被唤醒了。所以,人类所特有的认知过程同它所附带的庞大的生化机构形成一个反映活动的系统,该系统的工作就体现为情绪。

六、情绪的动机-分化理论

综观本节已介绍的几种情绪理论,均强调情绪的起源和发生,却忽视了情绪的作用,这就不可避免地导致对情绪基本性质的了解不够全面。这些理论都把情绪归结为其他心理活动的伴随现象、后现象或副产品(by-product),而关于情绪本身有什么功能,情绪在整个心理过程中居什么地位,对其他心理活动起什么作用,均未涉及。例如,詹姆士-兰格理论把情绪看作身体变化过程的产物,不协调理论则把情绪看作认知不协调的产物等等。在对情绪性质的认识上,这些理论统统属于一个综合性的理论派别,即情绪的副现象论。

不少心理学家在探索情绪的性质时,不满足于副现象论,而认为情绪是独立的心理过程;情绪有它本身的机制,并在人的心理生活中起着独特的作用。这种观点构成了情绪理论的另一大派别,即以汤姆金斯(S. Tomkins)和伊扎德为代表的动机-分化理论。该理论萌生于60年代,至今已成为很有影响的情绪理论之一。

汤姆金斯和伊扎德都认为情绪具有重要的动机性和适应性的功能,汤姆金斯迳直认为,情绪就是动机,他否定了把动机归结为内驱力的看法,着重指出内驱力信号需要一种放大的媒介才能激发有机体去行动,起这种放大作用的正是情绪过程;而且情绪是比内驱力更加灵活和强有力的驱动因素,它本身可以离开内驱力信号而起到动机作用。

伊扎德的动机论则容纳了更复杂的内涵,他提出,情绪是一种基本的动机系统,他从整个人格系统出发建立了情绪-动机体系。伊扎德提出人格具有6个子系统:内稳态、内驱力、情绪、知觉、认知、动作。人格子系统组合成4种类型的动机结构:内驱力、情绪、情绪-认知相互作用、情绪-认知结构。在这庞大的动机系统中,情绪是核心,无论是与内驱力相联系的情绪,或是同知觉、认知相联系的情绪,抑或是蕴含在人格结构中的情绪特质,都起重要的动机作用。伊扎德进一步指出,情绪的主观成分——体验正是起动机作用的心理机构,各种情绪体验是驱策有机体采取行动的动机力量。

伊扎德的情绪理论还包容着更完整的内容,他从进化的观点出发,提出大脑新皮质体积的增长和功能的分化同面部骨骼肌肉系统的分化以及情绪的分化是平行的、同步的。多种情绪的分化是进化过程的产物,因此,才具有灵活多样的适应功能,从而导致情绪在有机体的适应和生存上起着核心的作用。每种具体的情绪都有其发生的渊源,都有特定的意识品性和适应功能。

汤姆金斯和伊扎德继承和发展了达尔文关于表情的学说。从情绪的分化观出发,十分强调面部表情的重要性。他们指出,人类基本情绪的面部表情是先天程序化的模式,而且先天的面部表情参与到情绪发生的整个机制之中,面部运动的感觉反馈激活情绪体验。伊扎德详细阐述了这一过程,描述了外界刺激事件引起感觉皮层和边缘系统的兴奋,激活在下丘脑或杏仁核内贮存的先天情绪模式,从而在面孔上显露为一种具体情绪的表情。这一表情活动向脑内的感觉反馈引起皮层的整合活动,从而产生情绪体验。这就是表情的"面部反馈"功能。

在对情绪性质的阐述上,动机-分化理论既说明了情绪的产生根源,又说明了情绪的功能,为情绪在心理现象中确立了相对独立的地位。尤其在对人类婴儿情绪发生和功能的阐释上,具有创新性和极大的说服力。但是动机-分化理论对情绪与认知的联系缺乏具体的论证和阐述,这不失为其理论不足之处。

第五节 情绪调节与情绪健康

一、情绪的适应与适应不良

情绪是人类自然属性和社会属性的交织。从人类的社会本质而言,情绪作为交际手段和活动动机,受社会规范的制约;从人类的自然属性而论,它受脑的低级中枢的支配,在一定程度上带有不可控性。同时由于环境事件及其对人的意义的复杂性,以及情绪在种类和维量上的交织,致使情绪发生时的变异性很大,其产生的频度与强度均可不同。某些情绪发生过多过强,某些情绪发生过少过弱;情绪有时得到释放,有时受到压抑;复合情绪各成分之间、情绪与认识之间、情绪与固有的人格特性之间发生冲突等,能引起人是否能够经受和必要进行调节的问题。例如,愤怒和恐惧导致紧张,挫折和痛苦导致压抑。本来,即使是负性情绪也均有其原本适应功能的合理性,但如果它们发生过度的频度和强度时,发生在情绪之间、情绪与认知及人格适应性的冲突时,就会导致适应不良。

情绪适应不良的后果有两方面:一方面是人在承担和经受程度上超负荷,但情绪本身尚属正常范围,其导致的不良后果可能是对有机体本身的影响,如引起身体疾病。另一方面,人在经受能力上超负荷而导致严重适应不良,以致影响到社会适应行为异常,这可能已经产生情绪本身异常而导致心理疾病。

(一) 情绪适应不良的分析

情绪的适应不良可按情绪本身的性质和功能去推测:

(1) 心理活动的根本性质之一,是心理各系统之间经常的相互作用与互为影响。首先,情绪的监测功能导致情绪之间的相互影响;其次,情绪的调节作用通过自主神经系统影响机体生理过程,生理过程的变化又反过来加强(或抑制)情绪;再次,情绪与认知间的相互作用是影响情绪系统的重要中介。上述几方面的相互作用经常处于动态的过程之中。

(2) 情绪的动机性质导致在上述几方面的相互作用中,整个人都被情绪所驱动。例如,被情绪所激活的有机体各器官、腺体的活动,又反过来支持、延续或加强情绪本身。情绪促进认知加工和行为反应,认知和行为的变化又反过来影响情绪,这时发生的情绪可能是对事件正确认识的反映,也可以是错误、歪曲认识的反映。由此可见,心理各系统之间的互相联系是可逆的。

(3) 由于情绪从种族进化而来的适应功能,在对环境事件的反映中,情绪经常是最活跃的因素。对人的支配和影响,情绪经常起主导的作用。这种主导性如果带来切合实际与切合自身情况的认识和情绪,就能导致良好适应的后果;但如果带来不切合实际和自身情况的认知并加重负性情绪反应,则能导致适应不良。

(4) 情绪的监测功能首先在于监测情绪本身。例如,痛苦被压抑可导致忧郁,愤怒与厌恶结合可产生敌意,痛苦的延续可转化为愤怒。凡此种种情绪之间的转化与合并、互相补充或加强,互相削弱或抑制,都在人的主观上产生复杂的体验。

(5) 情绪的激活效应在一定程度上构成情绪的不可控性质。大脑皮层对皮下部位的控制是有限度的,皮下神经激活有其自身的规律,因此,情绪并不能完全由语言来调节。所以从一定意义上说,情绪有时是超理性的。因此,情绪的过度激活、压抑和紧张所引起的心身疾病和情绪病变,有来自生理、遗传原因,也可能有社会环境原因,还可能有认识上的以及情绪本身活动规律的原因。

(二) **心理应激**

心理应激属于情绪维量上"紧张-松缓"维的紧张极。但是,应激不是单纯的紧张状态,而是包含着多种负性情绪的紧张状态,它可能以震惊、恐惧、愤怒等爆发情绪形式出现,也可能以处于高唤醒水平的压抑的潜在形式而存在;它可以是短暂的,也可能是持久的。

一定程度的应激,也就是一定水平的心理紧张度,对人从事各种活动是必要的。但是,重大的打击,无论是来自天然的或社会的,会引起过度惊恐、忧愁或焦虑的应激状态。这时对人的震动很大。在有机体生理平衡自身协调的可能限度内,由于挫折的短暂性,不致引起身体疾病。但是暴怒或剧烈的惊恐能给生命带来威胁。然而,持久地忍受挫折和打击,经常处于紧张状态下,经常处于高度激活水平,尤其在高度应激而又压抑的情况下,将会对身体器官产生某些方面的不良影响,甚至引起多种疾病。加拿大医生谢利(G. Selye)指出,应激能击溃人的生化保护机制,使人的免疫力下降,以致为疾病所侵袭。谢利把由应激引起的适应不良称为"一般适应综合症"。这种症状可分为"惊觉"、"阻抗"和"衰竭"3阶段。人可以受应激状态的惊扰直至有机体能量耗竭而死亡。

一般来说,持续的应激状态可引起许多慢性疾患。例如,肌肉紧张可引起多种疼痛症。经久的忧愁、焦虑、烦恼或渴望等不愉快情绪的紧张维度很高，这会使肌肉增加紧张而导致诸如肩部或颈部肌肉发生所谓风湿痛或纤维组织炎症。

又如，肌肉痉挛也会发生在血管内。颅内中型血管对情绪刺激有高度敏感性，这些部位的血管收缩会引起头痛，这就是偏头痛症。微细血管在皮肤表皮下常因收缩而有少量血清从血管薄壁中挤出，久而久之，血清积累在表皮组织中，会引起皮肤呈现红肿和硬块，并有液体渗出，脱落鳞屑和结痂，这就是神经性皮炎。

再如，经常性应激还会引起消化系统正常运动的障碍，胃酶分泌减少，胃酸在胃里停留过久而导致胃壁局部溃疡。同时由于胃壁平滑肌收缩，还能感到胃里似有硬块，并发生剧烈疼痛。因此，即使溃疡本身并不引起疼痛，但由于肌肉痉挛，胃溃疡病人中常有伴随痛感者。

长期的心理应激还能使某些器官发生物理性变化。例如胸腺退化致使有机体免疫系统功能下降，这是导致身体任何部位细胞组织异常增生而发生癌变的原因之一。

并不是每个心理应激的人都会发生上述病症。任何疾病均有它发生的病理和健康原因。问题是心理应激经常是在有机体某些薄弱环节上起诱导和助长作用，这就不能不让人认为心理应激是一种致病因素。

（三）抑郁的心理分析

人人都有过抑郁的体验，因此，抑郁可属正常情绪范围。然而在持久和严重的情况下，抑郁可能转化为病态情绪。

抑郁情绪的正常与异常之间的界线，一般来说，处于抑郁状态的人如能对其自身遭遇作恰当的分析与认识，对自身行为的控制与调节符合社会常规，并有一定的自信与自尊，虽有忧郁体验但无异常行为，即属于正常情绪反应。然而，如果抑郁状态使人对自身处境不能作出如实判断，并产生偏离社会常规行为，如由于过度压力感而情绪低落或绝望，失去兴趣和责任感而不能正常工作，甚至产生回避社会和企图自杀等极端意念和行为,则均属已转化为情绪异常。

对抑郁症的心理学解释:

1. 任何引起严重"失落感"的事件,都可能导致抑郁

失去亲人、失去已有的荣誉和尊严、失去社会承认和支持,都可能成为抑郁的原因。抑郁患者会对抛弃他的对象产生愤怒,又由于怕失去对方而压抑愤怒,或由于不敢暴露自身的愤怒与妒嫉而使愤怒内化,从而归因于自己无能和自责,这就会加重抑郁的程度。患者由于自责和失去信心的威胁而心存恐惧与担扰,自我感到无力应付而心理上处于僵化状态,从而引起退缩行为而削弱面对威胁和改善自身处境的勇气。同时还可能伴有较严重的悔恨和自罪感。这些负性情绪成分固着于自我而无力挣脱,过度疑虑别人对自己的态度而不能恰当对待,从而加重郁闷和回避倾向,表现为社会交往适应不良现象,严重的自我烦扰使之更加不能摆脱固着于自我的束缚。

2. 忧郁患者有歪曲的认知倾向

当以歪曲的眼光和偏见来判断自己,所形成的认知"图式"也会过度偏离实际情况。倾向于自我低估和自我责备,对前途倾向于产生无能为力的预感,从而导致意愿麻痹和愿望丧失(A. Beck, 1967)。

3. 忧郁由积极强化的缺乏所引起

突然发生的忧郁是由于习惯了的积极强化突然消失所致。塞利格曼(W. Seligman, 1975)提出抑郁是"习得性失助"(learned helplessness)的结果,即当认识到(习得)自己的处境是自己不能加以控制时产生一种无助感,从而被动地接受这一情境的压力而陷于抑郁。

4. 抑郁是一种复合的负性情绪体验

痛苦是其中最主要的成分。痛苦在一定程度上是可以忍受的负性情绪,它导致抑郁状态在一个人身上持续存在着。敌意状态也

包括在抑郁中,敌意有 3 种情绪成分——愤怒、厌恶和轻蔑。愤怒倾向于攻击,厌恶和轻蔑则倾向远离和拒绝。当它们同时发生而成为敌意时,则只产生"伤害的意向"而抑制了伤害行为。因此敌意使抑郁患者心存恶意但又忍受着厌怒之情。此外,恐惧、羞愧和内疚感也是构成抑郁的成分。这些情绪导致自责和失去自信。多种情绪成分在抑郁的发生中不是一成不变的,而是依诱发情境的不同,存在不同的组合。基本情绪,如痛苦、愤怒等,均有一定的适应价值,但在过度和持久发生时则会导致适应不良和病变(Izard,1977)。

(四) 焦虑的心理分析

焦虑也是复合性负情绪。其核心成分是恐惧。在某些情境中,痛苦、愤怒、羞愧、内疚和兴趣等复合发生。当焦虑状态严重和持续存在时就可能导致神经性焦虑的病理状态。经常感受焦虑者可能养成一种焦虑特质,其特点为脆弱性格。

焦虑由危险或威胁的预感所诱发。个人遭遇到利害冲突、灾难灾害、疾病困扰或竞争威胁与挑战时,预感到无力避免、无法应付的威胁,恐惧就可能转化为焦虑。

焦虑状态对人的精神生活有严重影响。焦虑导致自主神经系统高度激活,焦虑持续或频繁发生导致身体全面衰弱、食欲减退、睡眠不良和过度疲劳,恐惧、紧张和无助感加剧,注意力涣散,记忆力减退,思想慌乱,无所适从,易产生极端念头,夸大自身无能,顾虑重重,灰心丧气。有时对恐怖的预期还会导致易怒和暴躁,怨天尤人和厌烦。

焦虑的特点是使人具有脆弱感。焦虑并非直接由恐惧所转化。恐惧具有保护性适应价值,而只有对恐惧的恐惧,才具有真正的破坏性。焦虑是对恐惧的恐惧,对担忧的担忧。害怕已出现过的恐怖感再次发生而紧张并不能自控。这种无助感持续发展,就可能转化为绝望而焦虑。

二、情绪调节与情绪健康

有些情绪的持续存在和蔓延,可引起上述疾病。情绪往往不能得到有效的控制。其原因可归结为:(1)下丘脑机制导致情绪在一定程度上不受主观随意性的支配。(2)认知过程受情绪的充斥,被歪曲的认知图式失去控制情绪的意识前提。(3)不适宜的人格因素增加克服情绪的困难度。(4)自我防御机制妨碍自我认知和自我规范。

进行情绪调节和保持情绪健康的有效机制:

(一) 紧张释放机制

紧张和压抑是两种最有害的状态。为什么说愉快是最有益于健康的情绪?

快乐使人在紧张中得到松弛。快乐基本上属于情绪紧张维度的轻松一端。在正常的工作和生活道路上,目标和责任使人不停歇地前进,并不可避免地带来痛苦、忧虑等额外负担。过度的紧张和压力将超出常态。而快乐对紧张起重要的调节作用,愉快状态使人从紧张中得到间歇,是使人感到轻松的自然调节剂。

快乐是从实现有意义的目的中得到的。快乐体验呈现有信心和有意义的意识状态,伴随着满意感和满足感。快乐使人对外界产生亲切感,更易于接受和接近外界,更易于与人处在和谐关系中。快乐体验还具有一种超越的自由感,使人处于轻快、活跃、主动和摆脱束缚的状态,使人享受生活乐趣。

紧张的释放,可以采取人为的手段,如放松训练、气功入静等,而保持生活愉快是维持心理健康的天然机制。

(二) 建立目标与维持优势兴奋机制

人类是实现目标的社会化动物。缺乏志向无所追求的人较少被社会所承认和接受,难以受到尊重和推崇。从事有益于社会的活动是人类的天然需要。

从事活动应建立和维持兴趣盎然状态。兴趣状态有助于维持为达到目标所作的努力。这是因为兴趣是一种基本情绪状态,它支配有机体指向新异性事物,由兴趣引起的脑兴奋状态是构成人类活动最普遍存在的动机条件。兴趣导致对新异事物以及对变化着的事物的探索与注意的维持,因此它要求大脑活动维持一定程度的优势兴奋。兴趣是一种正性体验而不带有强烈的享乐色调,它处于比较淡薄而清澈的色调之中。神经激活处于中强水平。在兴趣状态中,人被所面对的对象和所从事的活动所捕捉和占据,处于自身被吸引和被卷入的状态。兴趣最有利于进行认知加工与激活创造性思维。

一种表现为感情冷漠的精神分裂症的患者,缺乏兴趣情绪,不主动寻找刺激。他们是由于罹患了"感觉超载症",而失去了筛选刺激的能力(M. Zuckerman,1974)。因此,兴趣是一种具有良好适应作用的情绪状态。兴趣与愉快的相互作用为认知和创造提供最优的情绪背景,大脑也处于最优的兴奋状态。这一切均有益于情绪健康。

(三) 自我认知与自我规范机制

自我防御策略在人的适应生活中似乎是不可避免的。但过度的自我防御使人在不自觉中罹受痛苦。例如过度压抑是精神疾病的重要心理原因。

要正确地建立自我和对待自己。上述追求目标是快乐的来源之一,但只此一点并不能保证得到快乐。因为无论事业上或社交上的成功和成就,只有在从社会和他人处得到肯定而增长自信心时,才会产生愉快和轻松之感。而且,能力与成就因人而异,成就的大小和能力的高低是不应过分攀比的。关键在于坦诚地认识自我和求实地对待自己。情绪干扰及情绪异常的重要心理因素之一是自我内部的矛盾冲突。对自身的坦诚才能萌生自我满意、满足,并转化为自信。一个人若能向自己开放心灵之门,勇于了解和面对自己的素质与才能、缺点与局限性,就能缓解自我的内在冲突,就将有能力进行自我调整和主动适应。这对避免情绪困扰和情绪异常有重要作用。

（四）通讯交流机制

人不能离开群体而生存。无论身体上和心理上的隔离与孤立均有害于心理健康。而且，情绪的适应性功能之一即情绪的信号作用。也就是，情绪的天然属性，即在人际间起着疏通信息的作用，情绪受到压抑这件事本身即违反情绪本性——情绪需要释放与缓解。

情绪作为交流工具还具有在人际间蔓延和互相感染的作用。人际间的移情和同情是缓解人心痛苦的重要渠道。亲子之间、夫妻之间的感情联结具有生物-社会性质，是自然与社会相结合的产物；邻里、朋友之间以及其他更广泛的人际感情联结却完全是在社会生活中形成的。人们在感情上的联系，互相理解与宽容，彼此关怀与扶持，其所创造的心理环境是使人克服困难、进取和奉献的力量源泉。

推荐读物

[1] 曹日昌主编《普通心理学》（合订本），第10章，人民教育出版社，1987年。

[2] 克雷奇等著，周先庚等译《心理学纲要》第20、22单元，文化教育出版社，1981年。

[3] 孟昭兰著《人类情绪》，上海人民出版社，1989年。

[4] 林赛等著、孙晔等译《人的信息加工》，第17章，科学出版社，1987年。

[5] Bootzin R. R., Bower, G. H., et. al., Psychology Today: An Introduction, 6th. ed. New York: Random House, 1986.

[6] Carlson N. R., Psychology: The Science of Behavior, 2nd. ed. Boston: Allyn and Bacon, Inc., 1987.

第十二章 技能与能力

人要想顺利成功地从事某种活动,就必须准确、熟练、可靠、灵活地运用整个躯体尤其是骨骼肌肉系统,这就是指的技能。人要想准确地把握客观事物,掌握学习经验,解决问题,就必须具备起码的知觉、记忆、思维水平。这就是指的能力。

第一节 技　　能

一、技能概述

技能(skill)是在活动中经过练习而获得的,赖以顺利完成活动的动作方式或动作系统。

人们从事活动的行动是由一系列动作组成的,这些行动能否顺利完成,依赖于我们对组成这些行动的动作方式的掌握程度。当人们学习一种新的动作方式时,需要不断地去练习,不断成功地完成它。于是这种实现动作的方式就巩固下来,形成顺利完成这一行动的动作系统,也就是形成了一种技能。技能是对动作方式的掌握,不是动作本身。

实现动作的方式一经掌握,技能便形成。这时,由于对实现动作的方式日益熟练,这些动作方式便从"有意识"的方式中解放出来,能在意识的参与和控制减到最低限度的情况下,顺利而有效地实现这一技能动作的"自动化"。自动化是熟练的结果;熟练是技能高度发展的结果。

二、技能动作的分析

要想研究技能,首先要有具体的研究手段。一般说来,技能大都可以从动作的反应时间和准确性两方面加以分析。

(一) 动作的反应时间

动作的反应时间是指从刺激出现到开始作出动作反应之间所经历的时间,简称反应时。反应时的长短可以相对地反映出技能动作的熟练程度及动作的复杂程度。

依据动作发展应有简单反应和复杂反应之分,动作反应时也分为相应的简单反应时和复杂反应时两类。

简单反应是对单一的刺激作单一的确定反应,如铃声一响立即按下电键。这种反应对刺激和反应方式都无需辨别和选择,因此反应时也短。对于听觉来说,这种反应时可短到 0.11 秒。

复杂反应是要求根据各种可能出现的刺激,选择符合要求的反应方式作出反应。刺激可以有几种,反应方式也可以有两种或更多种。因此,在要求作出的反应复杂时,就需要对刺激和反应方式加以辨别和选择。比如要求红灯亮时左手按键,绿灯亮时右手按键,黄灯亮时两手都按键,这样就要先辨别刺激,然后再选择方式作出反应,反应时也就长。

简单反应时的个体差异不大。复杂反应时则有很大的个体差异。即使加以训练,有的人能有较大的缩短,有的人则不能,这就反映出不同人在技能上的差异。

当然,刺激物及人本身的特点对反应时是有影响的。刺激强度越大,反应时越短。人处于积极准备状态下,反应时也会缩短。情绪、疲劳和疾病都会影响反应时的长短。

(二) 动作的准确性

动作的准确性是指动作的形式、速度、力量 3 方面是否恰当和协调,是否符合目的的需要。

动作的准确性是在中枢神经系统的控制调节下,由整个机体的协调活动实现的。

1. 动作的形式

动作的形式是指动作的方向和幅度。动作方向是指动作的轨迹,它应指向所要达到的目的。动作幅度是指动作量的大小,即动作路径的长短。动作方向不对,根本谈不上达到目的;动作幅度不对,过小或过大,也不能达到目的。它们都是不准确的动作。

2. 动作的速度

动作的速度是指动作部位在单位时间里所移动的路程多少。动作的速度是肌体的一种能力,它的范围常在每秒几毫米到1千毫米之间。

动作的速度是以动作的目的为转移的,动作任务的性质不同,要求的任务也不同。在运动竞赛中,要求动作速度越快越好,但在其他一些活动中,快中却会出错。比如,穿针引线要求手的动作速度慢。护士打针进针时要快,但推入药剂时则要慢。依据不同任务,调节相应的不同动作速度,也是准确完成动作的条件之一。

3. 动作的力量

动作的力量是指动作所表现出来或所能表现出来的力量。动作的力量也是完成动作任务的必要条件之一。许多活动需要克服一定的阻力和障碍,需要动作表现出一定的力量。即使并没有阻力或障碍,动作也需具有克服任何可能障碍的力量的潜在可能性。

动作的准确性对于完成任何职业活动都是必须的,它是构成各种技能的不可缺少的一部分。许多机械操作都要求较高的准确性,对于高速度的操作更是如此。例如飞行操作的很小失误都可能导致机毁人亡,操作的准确性也就成了考核飞行员的最重要的技能指标之一。

三、动作的控制与调节

从过程上看,每一个技能动作都是根据对刺激的感知所作出的反应。它起始于感知活动,终止于动作的完成。因此,技能活动是感知觉过程与动作过程共同协调完成的,它们都接受中枢神经系统的控制和调节。

首先,刺激作用于感觉器官,中枢系统调节着感觉器官,以便得到对刺激的精细、准确、完整的感知觉。感知觉信息传入中枢,中枢据此发出指令(神经电脉冲)给运动器官,指引肌肉运动,作出动作反应。此后,每一个动作的细微变化和进展,通过动觉本身和视觉监视得到的信息,反馈回中枢,中枢依据这些信息随时加以处理,发出调节运动的指令给运动器官,调整动作。而调整动作的信息又反馈回中枢,导致再次调整……就这样,形成了感知觉与动作反应的反馈环路。在这个环路中,每一个动作反应本身均起着对下一个动作反应的信号调节作用,构成连锁反应。如果其间有新的刺激出现,对这一刺激的感知觉信息便会加入进来,共同调节下一个动作反应。于是,从感知觉到动作反应,构成了一个循环式的相互联系、不断调节的系统。

四、技能形成的过程

技能的形成过程就是人通过练习掌握特定动作活动模式的过程。技能的形成过程一般有3个主要阶段:

(一) 掌握局部动作阶段

这是开始练习技能动作的初期。这时,练习者的注意范围较窄,对动作不能整体把握,而且细节的控制也很差,并易受过去种种习惯动作的干扰。这时的动作往往不协调、紧张忙乱,故练习往往从局部动作开始。

(二) 动作的交替阶段

在这一阶段中,练习者已能掌握一系列局部动作,并逐步把它们联贯起来,尽管仍不很熟练。往往在两个动作之间,即在动作的交替环节上,常会有短暂的停顿。换言之,练习者在局部的动作上能够协调,但在整体动作上,还处在逐渐练习水平上。这时,练习者的紧张开始慢慢消失,所受干扰和多余动作都大大减少。

（三）动作协调和技能完善阶段

在这一阶段中，所有的动作能协调而准确地联贯起来，形成一个有机的系统并巩固下来。它们能以连锁的方式再现，这时所需的意识的参与和视觉的注意已达到最少的程度。

总观技能形成的全过程，可概括为几个特点：(1)在技能动作的掌握中，一系列局部动作联合成一种协调化的运动模式；(2)多余动作、紧张状态逐渐消失；(3)动作错误消除，视觉控制减弱，运动觉控制加强；(4)动作方式向自动化、稳定性转化，实现动作的灵活性提高。

五、练习曲线

（一）什么是练习曲线

练习曲线是对连续多次的练习过程中的动作效率变化的图解。练习曲线是检测技能掌握过程的有效方法。

根据所采用的指标，练习曲线可分为 2 类：(1)随练习次数的增加，考察完成动作所需时间或错误量的变化。由于完成动作所需时间和错误量总是越来越减少的，因此这类曲线总是呈现逐渐下降的形状。(2)随着练习次数的增加，考察完成的动作量（工作量）或练习效率的变化。由于完成动作量或练习效率总是增加的，所以这类曲线总呈现逐渐上升的形状。我们不妨把第一类练习曲线称为"下降曲线"，把第二类练习曲线称为"上升曲线"。

无论是上升曲线还是下降曲线，它们都不是呈理想的连贯、圆滑的形状。这也就是说，在练习中总有反复现象；错误率总趋势是在下降，但有时也会有提高；效率总趋势是在上升，但有时也会下降（图 12-1）。出现这一现象的原因可能是练习者注意的暂时放松；可能是练习者有意推敲，放慢了练习的进程；也可能是练习者给自己提出了更高更严的要求。

（二）"高原"现象

在图 12-1 中，可看到在一个练习时期里，练习似乎毫无进展，

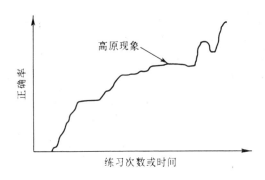

图 12-1　技能练习曲线

效率并无明显提高，曲线近似为一段水平线。这种经过一段练习出现成绩原地踏步的现象，叫作高原现象。这种现象是每个人经常遇到的。出现高原现象有着与成绩反复现象共同的原因；更重要的另一原因是技能结构有所改变和实现新的技能动作的新方式尚未出现前的停滞或准备状态。因为一项技能活动可以由不同的动作方式完成，它们有水平不同之分。如初学英文打字，练习者只是一个字母一个字母地打，这种方式练习到一定程度，成绩不会再有提高。这时练习者在大量练习基础上开始一个词、一个词地连贯打字。一旦这种方式被掌握，练习者的技能便突破原有水平，成绩再度大大提高。

通过练习曲线，我们可以清晰地看出技能掌握的整个过程：一开始，练习效果有很大升高，但这之间常有反复；之后，练习效果进入一个稳定期，几乎没有明显的上升，出现高原现象；此后，练习效果又大幅度上升。

在一个持久的练习过程中，高原现象可能出现不止一次，这是由技能结构、实现动作的方式方法的改变决定的。

技能的发展最后达到一个相对稳定的水平，出现发展的"极限"。也就是说，一旦达到这个水平后，技能就不再提高了。然而，这个极限是相对的,且因人而异。它与人的生理条件、个人的能力及努力、一定的客观条件有关。

六、提高练习效率的条件

（一）明确的目的与要求

动作的练习是有目的、有要求、有组织的学习活动,这是它区别于简单的重复动作的基本特征。练习不是机械地重复,它以最合理、最有效且最正确地完成每一动作为目的,每一次练习都使人向掌握技能迈进一步。机械的重复则毫无目的可言,它并非旨在改变动作方式,对怎样更好地完成动作毫无要求。这就像我们在生活中能看到的,有的人虽然每天都在写字,但他却写得那么难看,因为他并不是在"练"字,也就是他没有认真练习。

（二）正确合理的练习方法

正确合理的练习方法是提高练习效率的重要途径。练习应有方法可循,应避免盲目的尝试。盲目地"尝试错误",是指无任何指导,无任何方法可依,任意尝试,经历各种失败以求得结果。这种方式尽管也能最终达到目的,但效率一般较低,且常是只知其然,不知其所以然。

练习应遵从指导,观察示范,接受随时检查,及时纠偏,应由简至繁,由浅入深,循序渐进;应合理安排练习时间,应根据技能的性质安排局部练习或整体练习;最初的练习不应图快,而应力求准确无误。

练习方法的选择还应注意因人而异,因时因地而异,因目的而异,这样才能均衡各方面情况,寻找出提高练习效率、掌握技能的最佳捷径。

（三）反馈的作用

每次练习都会产生一个结果,了解这一结果,认真研究本次练习中的正误和得失,是提高练习效率的良好方法。也就是说,活动的效果对技能的掌握起反馈作用。这一规律称为练习的"效果律"。

每次练习对各个步骤作出规划,并预见其结果。练习之后,检查结果,并与每个步骤的规划相对照,正确的将在后面的练习中加以强化,使之得到巩固,错误的则予以改正。这样,每次练习都有所收获,也就大大提高了整个练习的效率。

(四) 适当分配练习时间

正确分配练习时间对练习效果有很大影响。一般说来,每次练习的持续时间不宜过长,各次练习的时间间隔不宜过短。较长时间的或连续不间断地练习叫集中练习;较短时间和有一定时间间隔的练习叫分配练习。分配练习往往比集中练习优越。集中练习效果不理想的原因可能是由于疲劳,也可能是由于脑的内抑制规律所致。

掌握技能的练习效果服从于一般的记忆规律。最优的练习时间分配是:开始阶段进行间隔及时间均较短的练习,以后逐渐延长练习时距和练习时间。实践证明,掌握了的技能,每经一定时间进行复习,可使之经久地保持。

(五) **技能的相互作用**

已经掌握的技能可以影响新的技能的掌握。这种技能之间的相互影响叫作技能的迁移(迁移并非技能独有的现象;在学习、记忆、思维、能力方面,都有迁移现象)。迁移有正负之别。凡起积极影响作用的,叫正迁移,凡起消极妨碍作用的,叫负迁移;负迁移也叫作干扰。

如果现在所要掌握的技能与已经掌握的技能之间有许多相似之处,如刺激与反应的方式相近,完成活动的方式及结果相近,对练习者有着同样的能力上的要求,则很容易产生迁移作用。应当合理地利用迁移作用,避免干扰作用,使已经学到的技能服务于将要学的技能,这样就能避免过多的精力浪费,提高效率,收到事半功倍的效果。

第二节 能力概述

一、能力的定义

尽管能力一词人人皆知,可要给能力下一个科学的定义,却远非易事。西方心理学界为定义能力差不多已经作了近百年的努力。西方心理学家们较为普遍地把能力看作是一种对环境、对社会的适应力。韦克斯勒(D. Wechsler)曾指出:智力"是一种总括的或综合的能力,使人能有目的地行动、合理地思维,并有效地应付环境"。这里,智力(intelligence)与能力(aptitude)几乎只是字眼上的不同,并没有观念上的本质差异。以这个说法来看,大概我们通常意义上所说的"笨"与"聪明",就是指人的智力的高低了。

前苏联心理学界对能力的定义有独到的见解。斯米尔诺夫认为:能力是作为成功地完成某些活动的条件的那些个性心理特征。这种观念在前苏联比较流行。鲁宾斯坦则提出一个与众不同的定义,他指出:能力是在个体中固定下来的、概括化了的心理活动的系统。

综合各国各家的观点,大致可以这样确定能力的概念:能力是人完成某种活动所必备的个性心理特征。它在心理活动中表现出来,是影响活动效果的基本因素,是符合活动要求的个性心理特征的综合。这个能力定义有3个要点:首先,能力是完成种种活动所必备的个性心理特征。这是说明能力的本质。比如,大夫要用听诊器了解病人的心肺活动情况,这要求他对声音音强有很高的感受性;音乐家们则尤其要对音频的变化非常敏感;炼钢工人要对火焰的颜色有很高的分别力;牧民们能靠发达的味、嗅觉鉴定草的营养价值。这些都说明,每从事一种活动,都要求人们具有能胜任的相应的心理上的特征。这些特征可以体现于心理过程的各个方面,如各种感觉、知觉、注意力、记忆力、形象思维与抽象思维的能力,等等。

其次,能力是影响人们活动效果的基本因素。这指出了能力的功能和意义。两个人可能都具备某种能力,但程度不同,有高低之别,这就会影响他们对有关知识或活动的学习、掌握的好坏、快慢或巩固程度。比如,常人和音乐家都有音乐记忆,都能通过听乐曲而记住它并再现出来,但这一任务对优秀的音乐家来说,听一次就能完成。莫扎特很小时就能重弹出在音乐会上听到的作品,而一般人则要听多次才能完成。当然,影响活动效果的因素还有思想水平、知识经验、熟练程度以及健康状况等,但能力的影响是最基本的。

最后,能力是符合活动要求、影响活动效果的个性心理特征的综合。这是说明能力的构造。我们所从事的活动往往是复杂的、多方面的,往往需要人们具有多种能力。比如,绘画艺术要求人们具有形象记忆、色彩鉴别、空间知觉、视觉想象等方面的综合能力。如果人的各方面的能力能满足这种能力的综合要求,他便能胜任这一领域的活动,取得较好的活动效果——成就。

二、能力的分类

从不同的角度、不同的依据出发,可对能力作多种不同形式的分类。

我们除了常用能力这一概念外,还经常用"天才"(genius)二字,意指"很高的能力"。这是从能力的高低上来看的。从能力的构造上看,可将能力分为一般能力与特殊能力。所谓一般能力往往是指智力;我们通常的智力概念都是在这个意义上使用的,其含义正如前面韦克斯勒的定义所述。特殊能力是指能力的独特结合,如果人的某些个性心理特征的结合恰能满足从事某种活动的要求,那么他就具有这方面的能力,如音乐能力、数学能力等。心理学上也常把能力称为才能(talent)。

从能力所涉及的心理与行为的领域上看,可将能力分为认知能力、操作能力和社会交往能力。

最后,从能力的创造程度上看,可以分为模仿、再造能力和创造力。我们通常视创造力为一种很高的、很宝贵的能力,但模仿能力也是一种很重要的能力。儿童的模仿能力的高低常决定他将得到何种程度的智力评价。模仿能力对表演艺术家来说,也是极其重要的。即使就最一般的方面而言,模仿能力也与人们学习掌握新的技能的效率有重大关系。

由于上述诸种有关能力的概念只是从不同的能力的划分角度而言的,它们只能从原本的分类含义上使用。不同分类下的概念不应混为一谈。比如,把"智力"、"造诣"、"模仿力"三概念并列地使用,是不恰当的,而这在日常生活中时常发生。

三、能力与知识、技能的区别与联系

(一) 三者间的区别

能力与知识、技能在概念上是截然不同的。它们的区别体现在以下几方面:

(1) 从生理机制上看,知识、技能赖以获得的神经机制,是形成暂时神经联系和动力定型,而能力的神经基础是暂时神经联系形成和巩固过程中表现出来的某些特性。换句话说,能力不是知识、技能本身,而是那些在知识和技能的获得或形成中表现出来的心理特性。比如,两个人在学同一项知识,尽管他们最终都学会了,但其中甲比乙学得快、巩固得牢、运用得好,那么甲比乙的能力高。两人知识相同,但能力不同。

(2) 从概括化的内容与结果上看,知识是在对客观现实的反应中对相应经验的概括化结果,技能是在行为方式的练习巩固过程中对相应行为方式的概括化结果,而能力则是调节行为、活动的相应心理过程的概括化的结果。感知外部世界,产生种种经验,这些经验被概括而固定下来,就构成知识;技能的形成也有着类似的概括化过程。而在这些概括化过程中,那些用以调节行为动作或心

理活动的心理过程,表现出这样或那样的特性,这些特性不断被表现而逐步概括化,形成个性心理特征,也就是形成了能力。

(3) 从形成和发展的特点上看,知识和技能是随着一个人的不断学习与实践日益增长、积累的,而能力在人的一生中则有其逐渐形成、发展和相对衰退或停滞的过程。人到老年,可以说仍能学习新的知识,可以更多地了解世界,但他们在学习能力的某些方面却在一定程度上衰退着。学习同样的东西,常常老年人比青年人学得慢,较难巩固,运用起来也不如青年人灵活,这是能力减退造成的。

(4) 从迁移的特点上看,知识与技能的迁移范围都比较窄,它们只能在类似的活动、行为或情境中发生迁移作用。能力则不同,它有相当广的迁移范围,可以在很多场合间(即使它们并不很相似)发生迁移。这是因为能力是心理过程中反映出来的特性,是个性特征,这种特性渗透到心理活动的各个方面,并发挥作用,具有较广泛的概括性和适应性。

(5) 从个体之间最简单的比较来看,即使人们的知识、技能相同,但能力却会不同,而能力大致相近的人,知识、技能也可能很不相同。能力、知识、技能这三者是不等价的。

能力、知识、技能3个概念在日常生活中常被混淆。我们常看到有许多所谓的"智力竞赛",其实赛的并不是什么智力,而只是百科知识的多少,所以只能说是"百科知识竞赛"。当然,把能力与知识绝对分开是困难的,因为能力总还要通过一定的知识来反映、检验、测查,但这其中的方法则是有科学所依的。

(二) 三者的联系

能力与知识、技能虽有根本上的区别,但仍然是有联系的,它们之间是能互相转化的。

能力是掌握知识和技能的必要前提。很显然,没有最起码的感受力、记忆力,感性知识无从获得;没有一定的比较、抽象、概括的能力,理性知识也无法领会、理解。即使有了这些能力,它们的高低不同也会直接影响掌握知识技能的快慢、深浅、难易和巩固程度。弱智儿童正是由于缺乏这些必要的能力前提,致使他们在多方面知识、技能的学习上落后于正常儿童。

另一方面,掌握知识、技能的过程也可以导致能力的提高。比如,在系统掌握科学知识的同时,可以发展观察能力、分析综合能力、抽象概括能力;在具体的科学实验、生产劳动或生活体验中,可以发展有关的特殊能力。

不过,掌握知识的过程和发展能力的过程也可能是不一致的。在掌握知识、技能的过程中,如果方法得当,可以促进能力的适当发展,使人随知识的增加而变得聪慧、灵巧。但若方法不得当,那么不仅不会促进能力发展,反而会妨碍能力的发展,甚至使人随知识的增加而越发刻板、僵化、笨拙。人们常说的"死读书无益而有害",就是这个道理。发展能力并不是在掌握知识、技能的过程中自然而然地实现的。它需要正确的方法和主观努力。

四、能力与素质

素质(diathesis)是有机体以遗传为基础的解剖和生理特点,主要是人的感觉器官、运动器官、神经系统特别是脑的构造与生理机能方面的特点。

素质是先天的,它作为有机体形态学与生理学上的品质,服从于普遍的遗传学规律。

素质可以直接体现于生理心理特点上,如具有高度感受性的感觉器官、灵活的比例匀称的肢体等,也可间接地表现在对某种活动的爱好上。儿童若在早期对某种活动(如音乐、绘画或运动)表现出特别强烈的爱好和追求,则预示他在这方面有突出的素质。

素质与能力有什么关系?素质是能力的形成所需要的自然前提,是能力的物质基础。我们可以把素质理解为还没有发展的、但在活动的头几次尝试中就已经表现出来的能力的最初的自然基础。没有一定的素质,能力是不可想象的。但素质不是能力本身,素质不能现成地决定能力。要成为一位歌剧演唱家,要求生来具有特定的声带和其他发声结构,以及精确、灵敏的听觉结构,优质的发声系统,使人能发出清亮圆润而优美的声音,听觉反馈使发声更加准确和优美。在发声与听觉的相互作用的练习中才能获得音乐家应具备的才能。同样,要成为一位芭蕾舞演员,必须具有运动系统上的良好素质,有匀称、修长、柔软、灵巧的肢体和敏锐的平衡觉和本体觉。但也只有在舞蹈训练和运动反馈的相互作用中才能发展为优秀的舞蹈才能。

关于素质决定能力的详细机制,目前尚无确切的科学说明。在这方面,人们曾做过许多尝试。19世纪初,德国学者高尔认为,脑的特定解剖特点决定特定的能力;人的一切能力智慧在大脑皮层上有其严格划分的专门中枢,不同中枢的划分从颅骨的形态上可以反映出来。这实际上就是颅相学。也有人认为,脑的体积与重量决定着能力,因为在从类人猿、旧石器时代人、新石器时代人到近代人的人类发展进化过程中,脑的体积从600立方厘米增到了1400立方厘米。但这一理论不能解释为什么有的著名科学家、作家的脑重和体积比平常人小得多。

近来的研究表明,素质同脑和感官的微观结构如大脑皮层细胞群的配置和神经细胞层结构的特点等有关,而不是与脑的简单的宏观形态如圆形、脑重、脑体积等有关;即使有关,也不那么直接、重要。

第三节 能力结构

能力是一系列心理特征的综合,也就是说,能力是有一定结构的。

能力的结构问题最早是由心理学家要制订智力(即一般能力)测验并解释各类测验结果间相互关系而提出来的。比如,比奈、韦克斯勒制订的智力测验都包括了空间关系、数概念、理解、推理、言语等方面的内容,这是因为他们都认为"智力是一种总括的或综合的能力",是由言语、理解、推理、空间认知等方面的特性共同构成的。也正因为他们对能力结构有相似的看法,他们各自制订出的智力测验有很高的相关。当然,他们对能力结构的看法只是诸多理论中的一种。下面我们简要介绍几种主要的能力结构理论。

一、能力结构的理论

(一) 二因素理论

二因素理论是英国心理学家斯皮尔曼(C. Spearman)在20世纪初使用因素分析方法,对大量的可能与能力有关的因素进行分析后,提出的一种能力结构的理论。斯皮尔曼认为:能力是由一般因素G和特殊因素S两部分构成的,完成任何一种作业,都需要有一般能力因素G和某种特殊的能力因素S共同承担。一般能力G体现于人的各种活动,是人人都有的,但每个人的G的量值有所不同;所谓一个人"聪明"或"愚笨",正是由G的量的大小决定的。由此,斯皮尔曼认为,一般因素G在智力结构中是第一位的和重要的因素。

特殊因素S因人而异,即使在同一个人,也有不同种类的S,它们与各种特殊能力如言语能力、空间认知能力等相对应,每一个具体的S只参与一个特定的能力活动。比如,言语能力由G和S_1构成,空间认知能力由G和S_2构成。

斯皮尔曼用一般因素G来解释不同测验间的相关。他指出,不同测验测得总是一般因素G和某种特殊因素S,既然各测验都含有G因素,那么它们就必然有一定相关。

(二) 群因素理论

群因素理论是由美国心理学家塞斯登(L. Thurstone)经运用由他创造的另一种因素分析方法对能力因素进行处理而提出的。塞斯登反对斯皮尔曼的强调一般智力的二因素说,而是认为:任何智力活动都是依靠彼此不相关的许多首要因素共同起作用的,因此,可以把智力分解为诸种原始的能力。

塞斯登对大量测验的结果进行了因素分析,以求能找到明确的所谓原始能力。最后,他确定出了7种因素作为原始的能力,它们是:词的理解、词的流畅性、计数、空间知觉、记忆、知觉速度、推理。其中,词的流畅性是指迅速思考字词的能力,如解字谜、找同音字等;计数是指计数和计算的能力。

塞斯登用这7种基本因素构造了一个智力测验。按他本人的理论,既然任何智力都由这7种不相关的原始能力共同起作用,那么关于这7种原始能力的测验结果之间应当是毫不相关的。但塞斯登并未如愿以偿,结果发现,所谓的7种原始能力之间仍有一定的相关,并不是完全独立的。后来,塞斯登及其追随者们又做了大量的补充工作。但近来人们已意识到,要找出所谓"纯"的基本因素,似乎是不可能的。

智力究竟是一种一般性的单一因素呢,还是多种特殊的不相干的能力因素的混合物? 基本上可以认为:能力的结构中,确有一些特殊的成分对某些特殊的智力活动起特定的作用,但也还有某种一般的智力,它对所有的智力活动都起着必要的作用。

(三) 智慧结构理论

智慧结构理论是美国心理学家吉尔福特(J. Guilford)提出的一种关于能力结构的构想。吉尔福特最初也是从因素分析方法入手的,但他后来并不再去从种种现有测验的分析中寻找具体的基本因素,而是把一般智力活动所共有的操作方式、操作的内容、操作的结果或产品,确定为智力的3个维量,把这3个维量比作长、宽、高,从而构成了智力的立体三维结构模型。然后,吉尔福特具体地分析出了各个维量上的变项,其中操作方式包括认知、记忆、发散思维、辐合思维、评价5种,内容包括图形、符号、语义、行为4种,产品包括单元、类别、关系、系统、转换、含蓄6种。3个维量相互组合,共可确定出120种能力因素(图12-2)。根据这个结构模型,吉尔福特再去寻找每一具体的因素。迄今已找到了一百多种。

这种据已知材料构造一定的关系或系统,进而去推寻未知的方法,类似于人们依天体力学关系与现象寻找未知星球、依已知化学元素的电子排布规律寻找未知元素的方法。这种研究方法叫作形态学方法。

吉尔福特的智慧结构理论在对能力结构的解释上是很成功的。比如我们给儿童实施一项测验,要求说出4个词(如蛤蜊、树木、炉灶、玫瑰)中哪几个属于一类内容。这里所测验的智力,依智慧结构模型来看,是以"语义"为内容,以"类别"为结果,以"认知"为操作方式的能力。若以二因素论和群因素论来考察,则会陷入究竟是一般因素起作用还是言语的、认知的不同特殊因素共同起作用的纠纷之中。

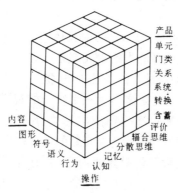

图 12-2　吉尔福特智慧结构模型

回顾上面有关能力结构的理论,我们可以看到,对能力结构的深入探究使我们对能力的本质有了更多的了解,尤其为合理地设计各种能力测验以及科学而有效地制定培养能力的方法、内容和原则提供了重要的依据。

二、特殊能力的结构

对特殊能力的结构的研究很不平衡。人们对有些方面的特殊能力深有研究,如飞行才能,而对其他领域如艺术方面的能力结构研究尚少。在此,我们只简要地介绍一些绘画与音乐能力结构的研究。

(一) 绘画能力结构

前苏联的心理学家曾对绘画能力结构有不少研究。这些研究表明:对物体在空间中的"配置"的把握,是绘画能力中最基本的。所谓空间配置也就是物体对垂直和水平方向的相对位置。此外,对亮度比值的评定能力也是非常基本的,因为物体形状是由轮廓(亮度的明显变异)来表现的。

进一步看,对大小比例的判定能力也是绘画能力的特殊内容之一。有实验研究证实,会画画的人其大小比例判定能力比一般人高得多。

前苏联学者的研究还表明,对具体的对象能产生完整的知觉和表象的能力,是绘画能力的组成部分,甚至也是所有艺术型人才的特征。比如,我们在短短的两秒钟里,把一组物体呈现给人们,以此考察人们是把这组物体作为一个统一的视觉景象来整体地感知,还是只分别地感知每一个物体。结果,凡是有艺术能力的人,大多是从整体上把握对象,因为在短暂的 2 秒钟里,只有从整体上去感知对象,才能大致了解对象的内容,否则,若只分别地感知对象的各个部分,便无法产生对对象的整体印象。由此鉴别出,艺术人才的视觉形象有极大的整体性。

除上述视知觉方面的能力是构成绘画能力的重要部分外,其他方面的能力对绘画有何作用所知甚少。不过有研究证明,手的动作的灵巧程度,手眼之间的协调,在绘画中也起着重要的作用。

(二) 音乐能力结构

人们对音乐能力结构的了解,相对来说比较全面。美国心理学家西舍尔(C. Seashore)对音乐心理学颇有研究,他提出音乐能力由 5 个方面 25 种能力构成:(1)音乐的感觉与知觉,包括对音高、音强、时间、广度的感觉 4 种基本能力与对节奏、音色、和谐、音量的知觉 4 种复杂的能力；(2)音乐的动作，包括对音高、音强、时间、节奏、音色、音量的控制共 6 种能力；(3)音乐的记忆与想象能力，包括听觉的表象、肌肉运动的表象、创造的想象、记忆的广度、音乐学习等 5 种能力；(4)音乐智力，包括音乐的自由联想、音乐的回想力、一般智力等 3 种能力；(5)音乐的情感，包括音乐的体验(喜悦、哀伤)、对音乐情感的反应、对音乐情感的自我表情共 3 种能力。

西舍尔对音乐能力结构的说明相当全面而且精细。如果把这 25 种能力适当加以归并，并从更偏向音乐的角度来说明音乐能力的结构的话，它大致可区分 3 种能力：(1)曲调感，这是指区分旋律的曲调特点和表达情绪色彩的能力，这种能力直接体现于旋律感知和情绪反应以及对音调的准确性的感受上；(2)听觉表象，这里指能随意地使用反映音高关系的听觉表象能力，它体现在能再现听过、看过的旋律；(3)音乐的节奏感，指协调地感受音乐的节奏并能精确地再现出来的能力。这一能力也是音乐产生情绪共鸣的基础。

由于目前人们已能基本上确定出与音乐能力有关的各种因素，因此把它们如何划分、归并已不很重要，划分的方法可以随人们的出发点而异。

第四节 智力的决定因素

在究竟智力决定于什么因素的问题上，遗传决定论与环境决定论进行了长期的争论。大量事实表明，遗传和环境两者都是智力的重要决定因素，因此上述两种理论已被遗传-环境共同作用学说所取代。现在我们就来看看遗传与环境如何影响智力。

一、遗传因素

对智力的遗传因素的大量研究始于遗传决定论者，他们强调遗传的作用，甚至使之过于绝对化。如霍尔(G. Hall)认为，人的发展是动物和人类进化过程的复演,因而人的发展是完全先定了的。在他看来,"一两的遗传胜过一吨的教育"。

遗传决定论虽然走向了极端,但有关的研究却使我们对智力的遗传因素有了相当广泛的了解。

(一) 谱系研究

谱系研究是英国著名学者高尔顿(F. Galton)于1889年发表的《遗传的天才》一书中首先提出的研究智力的遗传作用的方法。高尔顿选出977位名人(所谓名人是按4000人中有1个而言的),考察他们的谱系,然后与普通人比较。高尔顿发现,名人组中,父辈是名人,子辈中名人也相当多;而普通人中,父辈无名人,子辈中只一个名人。后来,高尔顿又用同样方法调查了30个父母有艺术能力的家庭,发现他们的子女有64%也都有艺术能力,而在150个父母无艺术能力的家庭中,有艺术能力的子女只占21%。

自高尔顿之后,产生了许多非常详细的谱系研究,其中很有名的一例是:美国人马丁在独立战争时与一低能妇女生一低能儿,战争结束后又与一正常妇女结婚。这样就形成了两个家族,繁衍到1912年时,已分别有480人和496人之多。在与低能妇女生出的这一系里,代代都生出低能儿;但在与正常妇女生出的一系里,无一个低能儿。

谱系研究似乎表明遗传是智力的决定因素。但谱系研究有不少漏洞。首先,从亲属关系入手去推论能力与遗传的关系,很难将遗传与环境各自的作用明确地区分开来。我们并不知道环境有何种变化、是否起过作用。其次,由于一切资料均来源于史料,因此对智能正常或低下的判定标准带有很大的主观性。正确的结论应当是,谱系研究对遗传在能力形成中的作用给出了肯定的估价,但它并不能排除环境作用的可能。

(二) 双生子研究

双生子研究也是由高尔顿于1883年在《人的能力及其发展的研究》一书中首先提出的考察智力对遗传作用的方法。

双生子有同卵双生子与异卵双生子两种类型。同卵双生子由同一个受精卵在染色体减数分裂时分开为2个独立的胚细胞而发育所成,它们在遗传上是完全一样的。异卵双生子则由两个不同的受精卵发育而来,它们在遗传上是不完全一样的。不同类型的双生子从外貌上很容易鉴别出来。同卵双生子外貌上非常相似,而异卵双生子外貌上往往并不相像,这是它们遗传上的差异的体现。

高尔顿最早对双生子的研究发现了这样的事实:同卵双生子虽然在不同环境中抚养,其智力仍很相似,而异卵双生子尽管在相同环境中抚养,其智力却并不很相似。这也就是说,智力不以环境异同为转移,而与遗传有很大关系。

在高尔顿之后,双生子研究有了极大的进展,主要取得了两方面的成绩。一是对不同类型的双生子的智力差异进行对比分析;二是对不同类型的双生子智力水平的对内(每对双生子两同胞之间)相关系数的分析。

通过对不同类型的双生子的智力差异进行对比分析,产生了估计遗传力的有效方法。遗传力是指遗传在能力形成中所起的作用的大小。我们已经知道,同卵双生子的遗传是一样的,因此,同卵双生子智力上的差异 $V_{同}$ 也就应归因于环境因素。如果把环境造成的智力差异记为 V_e,则有 $V_e=V_{同}$。而异卵双生子间智力的差异 $V_{异}$ 是由遗传和环境因素共同造成的。若把遗传造成的智力差异记为 V_g,则有 $V_{异}=V_g+V_e$。由于总的智力差异 $V_{总}$ 就是 V_g 与 V_e 之和,因而遗传力的估算可导出下列公式:

$$遗传力 = \frac{V_g}{V_{总}} = \frac{V_g}{V_g+V_e} = \frac{(V_g+V_e)-V_e}{V_g+V_e} = \frac{V_{异}-V_{同}}{V_{异}}$$

上式中 $V_{异}$ 与 $V_{同}$ 可以从双生子的智力测验分数上的差异计算出来。许多国家包括我国的某些地区都运用这个公式对不同地区人口的遗传力作了调查,结果表明遗传力的数值主要分布于 0.35 至 0.65 之间,看来遗传力并不是很大的。

对不同类型的双生子智力水平的对内相关程度的分析,对遗传的作用提供了另一种估计。相关系数 r,是一种统计学上的数值,它分布于"-1"到"$+1$"之间,用以刻画两列数值或两类事物相互关系或一致性的程度。$r=1$ 时表示完全一致;$r=0$ 时,表示毫无关系;$r=-1$ 时,表示完全相反,呈负相关。比如从出生到青少年期,智力与年龄俱增,呈正相关,而年龄与一般睡眠量则呈负相关,年龄越大,睡眠量越少。相关系数的分析结果表明(图 12-3),遗传关系越密切的人之间,智力的相关系数越大,其智力越相似。图 12-3 左边列出了被进行智力相关比较的人之间的关系,它从毫不相关的人一直到同卵双生子。毫无关系的人之间的相关系数甚至可能为负值,而同卵双生子之间的相关系数可高达 0.90 以上。看来这一事实证明遗传无疑是影响智力的重要因素。

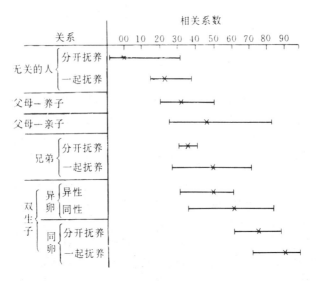

图 12-3　遗传关系和智力

水平线段给出各项研究获得的观察系数的范围,划×处标示平均数。

二、环境因素

与智力的遗传决定论相对立的,是环境决定论,其主要代表要推行为主义者。他们看重环境的作用,否认遗传的作用。这里的环境是广义的,它指除遗传基因以外的所有因素。行为主义创始人华生曾有这样一段著名言论:"给我12个健康的婴儿,一个由我自由支配的特殊环境,让我在这个环境里养育他们。不论他们祖宗的才干、爱好、倾向、能力和种族如何,我保证能把其中任何一个训练成为任何一种人物——医生、律师、美术家、大商人,以至于乞丐或强盗。"在他看来,婴儿人格的形成并非脱胎于遗传,而是"可任我们的意志塑造或毁灭它"。

环境决定论的观点走向了另一个极端。但环境决定论者们的研究却使我们清晰地看到环境对智力的影响。

(一)有关环境影响智力的证据

1. 动物研究

在动物身上曾做过许多环境影响能力的实验研究。比如,把同一窝刚生下来的小狗分为两组,对一组小狗不等它们眼睛睁开就缝上,另一组不缝。过一段时间后,解剖两组小狗的脑,发现眼睛被缝合的小狗大脑皮层视觉区发育比较差,这意味着剥夺视觉这一环境因素改变了视觉能力。

还有人用成对鹦鹉、画眉做实验,对其中一只加以训练,另一只不训练。经过一个时期后解剖大脑发现,受过训练的鸟大脑皮层折皱较多,这也意味着环境是可以对脑机能产生影响、改变能力的。不过,动物实验要求有严格的条件控制,而且常常具有伤害性,因此不适宜施用于人。

这类实验在方法上也受到批评。这种实验只表明环境对能力是有影响作用的,但并没有排除遗传对能力的影响。而且若采用改变动物本身自然生理结构的方法,实际上设置了一种不公平的环境,剥夺了可能确实存在的遗传潜能。

2. 养子研究

对养子的智力进行考察是环境论者找出的研究环境对能力的作用的良好方法。养子进入收养家庭也就换了个环境,由养父养母来教养。因此,通过考察养子与亲生父母间智力的相关程度和养子与养父养母的智力相关程度,便可比较出是遗传还是环境起着作用。

有一项研究表明:收养时分别为 1 至 7 岁不等的孩子,在被收养七、八年后智商达到 85,其中收养时不满两岁的孩子智商达到 95 以上。有的研究还表明,养子被收养,其智商能比其亲生母亲高出近 20 分。

还有人对被分离开的同卵双生的养子的智力作过比较。一对双生姐妹在出生 18 个月后分开,一个寄养于边远地区,只受过两年的教育;另一个寄养在一个繁荣的农庄里,受过专科教育。到她们 35 岁时后者比前者智商高 24 分。

上述研究表明环境可以改变人的智力。不过这些研究结果并未能排除遗传的作用,因为养子的智商只是相对于他们各自母亲的智商提高一定程度。也就是说,如果母亲的智商较高,养子智商会更高;如果母亲智商较低,养子智商即使有较大提高,其所达到的水平也不一定很高。这也就是说,环境因素是在遗传所提供的基础上起作用的。

(二) **影响智力的具体环境因素**

1. 营养

营养,尤其是出生前后有机体的营养水平,在智力发展中起重要的作用,因为营养首先是脑发育的不可缺少的条件。有研究表明,器官生长有细胞数增加和细胞体增大先后两个阶段。第一阶段中,营养不足会使细胞数增加不足,而一旦错过这一阶段,细胞数就不再会增加。因此发育早期缺乏营养会损害脑的发育,从而影响智力。已有确凿证据表明,因营养不良而死亡的婴儿,脑内脱氧核糖核酸(DNA)这种供染色体复制以使细胞增殖的必需成分的含量非常缺乏。

2. 疾病与药物

疾病对智力有很大影响,特别是对胎儿和婴儿。母亲孕期时患有疾病以及因此而服用的药物,会对母体内的胎儿有严重的损害。胎儿期是胎儿各个系统、器官发育形成的时期,因而这时期母亲的疾病以及药物不仅会影响胎儿的神经系统的发育,而且会影响其它各个系统的发育,常会导致胎儿发育畸形。同样会导致胎儿畸形的因素还有母亲孕期接受不适宜的放射线照射。

3. 环境刺激

环境刺激是否丰富多样与智力有很大关系。有研究证实,孩子6个月时的智商,与他同母亲一起交往所占时间总量之间有很大相关(r 为 0.65)。母亲的音容笑貌,她的亲抚与嬉戏,对婴儿是极其重要的环境刺激。它们作用于婴儿的各种感官,并且与各种特定情景相联系。这一切对婴儿认识、把握外部世界并发展各种能力,有极大益处。除母亲的影响外,其他环境刺激,如玩具、与人的交往、与种种环境的接触等,都有助于智力的发展。

不仅环境刺激的量对智力发展有影响,环境刺激的质也极大地影响着智力。那种把大量玩具如山地堆在孩子面前的作法,并不可取。关键是刺激的质。母亲得法的哺育、教养、能启人心智的玩具,都是有助智力发展的高效催化剂。

上述营养、疾病、环境刺激3个因素对发展有直接影响。除此之外,社会经济状况、地区文化、教育的差异以及家庭情绪气氛等,也都影响智力发展。良好的社会经济条件、发达的文化环境是智力充分发展的肥沃土壤;适宜的、充满爱的家庭环境则是儿童的智力乃至整个心身健康发展的基石;而教育则更是促进智力发展的关键所在。

需要指出的是,除遗传与环境两因素外,儿童自身的个性,他的意志品质,他对知识的兴趣、渴望,他的努力等,都影响他的智力发展的程度。

三、环境作用与遗传作用的关系

所有的研究表明,遗传和环境都对人的智力有重要作用;这两方面的作用有一定的联系,它们分别决定了智力的不同方面。目前人们基本上认为:遗传因素是智力发展的背景,它决定了智力发展的可能的范围(限度);而环境因素则决定了智力将落到这一范围中的哪一点上,即决定了智力发展的具体程度。图12-4说明了具有不同智力遗传潜势(智力优异、中等、迟钝、缺陷)的4类人,在不同环境(被剥夺种种刺激的环境、中等环境、丰富的环境)中智力的发展变化的差异。图中表明,对具有优异的和中等的遗传潜势的人来说,智力的可塑范围大,环境的影响也较大。如果生活于被剥夺的环境,则他们的智商也只不过有五、六十,还不如正常人;但如果生活于丰富的环境中,则他们的智商甚至能达到180以上。由此可见,对这些有较好的遗传潜势的人来说,其遗传所决定的智力范围(可塑性)较大,如果环境恶劣,会极大损伤他们的智力;如果环境优越,则能极大地发展智力。然而,对具有智力迟钝和缺陷的遗传潜势的人来说,环境的塑造作用相对较小。如果生活于被剥夺的环境,他们的智力将极其低下,以至不足以独立生存;但即使是生活于丰富的环境,他们的智商最高也只在70—80之间。这表明遗传基础限制了智力发展的可能,环境作用也无回天之力。

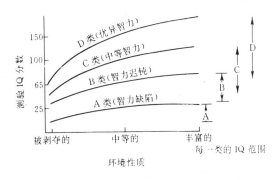

图12-4 遗传与环境对智力的作用

四、智力与年龄的关系

(一) 智力的发展

智力的发展呈现出最初逐渐升高、最后又有所下降的过程。图 12-5 是采用不同的标准化的智力测验对同一组儿童从出生至 16 岁进行跟踪测验得到的智力发展曲线。这些测验分数经过统计处理已转化为具有可比性的智力年龄标准分数。从图中可以看到,在出生到 16 岁以前这段时间内,智力发展呈一直上升的趋势。此后,智力发展速度减慢,但仍有所升高。到约 22 岁至 35 岁这一时期,智力发展达到顶峰水平,并一直保持着这一水平。

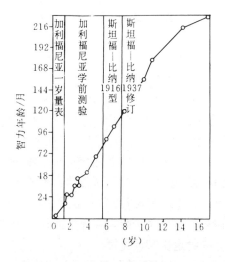

图 12-5 智力发展曲线

35 岁以后的智力发展,不同研究结果不一。大多数横向研究显示,35 岁以后,人的智力逐渐下降。沙罗(K. W. Schalo)和斯托罗瑟(C. R. Strother)就 5 种主要的能力对成年人进行了测验,绘出了成年人智力变化曲线(图 12-6)。但纵向研究表明,35 岁后,人的智力并没有特别明显的下降,除非到生命最终的年头。

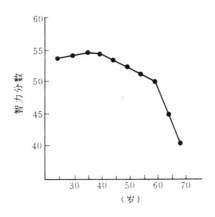

图 12-6　成年以后的智力变化

造成老年人智力测量分数下降的原因之一,是测量的方法造成的。由于测量往往限定时间,要求在一定时间内完成;如果给中、老年人充足的时间,他们的智力分数不会低于年轻人。因此,若说老年人智力下降,主要是反映在他们的反应速度上。故此,现在人们常区别出液态智力和固态智力两个概念。液态智力是指决定于先天素质的那些能力方面,如反应速度、知觉、记忆广度等。这类智力易随年龄增长、身体衰老而减退。固态智力是指决定于各类教育和一般知识经验的那些能力方面。这类智力不随年龄增长而减退,甚至还可能增长。这也就是说,智力的不同方面有着不同的发展趋势和过程,它们分别是由遗传因素和环境因素决定的。

(二) 智力的稳定性和预见性

智力的稳定性和预见性是两个相互关联的概念。稳定性是指一个人自出生到中年其智力测验的分数是否有一致性。比如,一个人在 5 岁、10 岁、20 岁、30 岁所测智商均在 100 分左右,则其智力有很高的稳定性。稳定性越高,预见性就越高,也即用此时的智力去预见今后智力发展水平的可靠度越高。

一般来说,测验时年龄越小,其结果的预见性越低。因为婴儿脑发育极快,能力发展也快。只有当脑发育基本成熟,其智力才趋于稳定。在 2—5 岁之间,预见性显著增加,5 岁时的智商已可显著地预示未来各年龄甚至 40 岁的智商了。当然,这并不是说一个人从 5—40 岁都保持着不变的智力,而是说他的智力以一定的速度发展,从而使他在同辈人中保持着相对稳定的水平。

在 9—18 岁期间,智力的可预测性进一步提高;到 20 岁时,预见性达到非常好的程度,这是因为在 20 多岁后智力基本保持在一定水平上。然而,不同方面的能力有着不同的发展时间表(图 12-7)。因此,对不同能力方面的预测就有所不同。

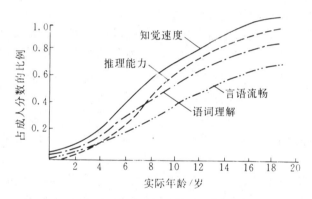

图 12-7 4 种不同能力的发展变化

(三) 智力发展的关键期

在某一时期,人对外界刺激的变化特别敏感,容易接受特定影响而获得某种能力。这一时期就是能力发展的"关键期"(critical period),也称作"敏感期"、"最佳期"。

智力发展关键期的现象最早是在动物身上发现的。比如,猫出生 4—5 天时,是获得形状和颜色视觉的关键期。如果在这个时候把猫眼缝上,日后打开,它不再有正常视觉,变成盲猫。

不少学者探讨了人类智力发展的关键期问题。平特纳(R. Pintner)在本世纪 20 年代认为:"从出生到 5 岁时,智力增加最快,5—10岁,生长虽没有如此之大,但是仍旧是固定的,并且是容易测量的。再后的5年,生长就逐渐减小。"皮亚杰认为,从出生到4岁是人的智力发展的决定时期。如果把17岁所到的普通水平看作为100%的话,那么从出生到4岁就已获得了50%的智力,4—8岁获得30%,最后的20%的智力则在8岁到17岁时获得。

人的智力发展的关键期有多方面的证据。有人曾做过早期儿童隔离实验,即把儿童隔离于暗室,不给外界刺激。结果发现,儿童机能逐渐衰退,直至变得痴愚。这类实验严重摧残儿童心身,受到广泛谴责。

科学家还发现,那些在婴幼儿期被遗弃或被野兽哺育的儿童,在被发现后,即使给予适宜的生活环境和教养,他们的智力仍停留在很低的水平上。印度一儿童2岁时被雌豹哺养,3年后被发现时不会说话,用四肢爬行,吞食活动物。经3年教育后,虽学会直立行走,却仍改不了四肢爬行的习惯。一个5岁被人遗弃的儿童在森林里野生了7年,与世隔绝。被发现后,经训练学会读、写少量几句话,能办简单的事,到40岁死去时,只有相当于6岁儿童的智能水平。

许多研究表明,人的某些智力方面的发展,关键期在四、五岁前。然而,不同方面的能力,关键期不同。口语发展在2—3岁,书面语在4—5岁,视知觉在4岁,数概念在5—5.5岁。如果这些能力在关键期里得不到发展,则以后的发展会非常困难,甚至永远得不到发展。

第五节 智力测量

能力测量是对人的能力进行估价的方法。

人们目前对能力的概念尚无一致化的定论,但由于实际生活、工作、学习中对能力进行评定的需要,人们不得不在概念未明时尝试着测验能力,现代能力测验也就由此而生了。

能力测验可据不同形式分为不同的类别。按能力类别分,有一般能力(智力)测验和特殊能力测验;按实施对象分,有个人测验和团体测验;按测验的内容或材料分,有文字测验和非文字测验。这些能力测验依所要测量内容的不同而有很大差别,这里只介绍智力测验。

一、智力测验的发展史

(一) 最早的比奈智力测验

智力测验始源于法国。19世纪末、20世纪初,法国实施义务教育制。这就需要有一种方法能够鉴定哪些儿童不能接受普通学校教育。这也是最早的智力测验的初衷。

比奈(A. Binet)和他的同事西蒙(T. Simon)受命承担了这一任务。他们开始研究怎样在公共学校里对智力迟钝的儿童进行最佳的教育。他们认为,在制定教育计划之前,必须先确立一套测量所教育儿童的智力的方法。

比奈的研究有4个特征:(1)他认为,这些测验分数不过是现时成绩差异的实用的评估,而不是对内在智力的测量。(2)这些实际的评定分数应被用于鉴别哪些儿童有学习能力障碍,在学校学习中需要特殊帮助。(3)强调训练和机遇对影响智力所起的作用,故而寻求鉴别在哪些方面可以通过特殊教育改善儿童的成绩。(4)他是以运用实证方法来构造测验的,而不是把他的测验建立在智力内涵的理论概念的基础之上。

比奈测验研究的关键意义在于把智力操作成绩量值化。具体做法是,对每一个实际年龄上的儿童都制定一组问题或测验条目。这些条目的特点是:可以客观地记分;在内容、性质上因年龄而有区别;不受儿童生活环境差异的影响;要求通过判断和推理而不是机械记忆来解决。把这些条目对所有年龄的儿童进行测试,找出适宜于各个不同年龄的相应条目作为衡量各年龄智力的标准依据。比如,某个题目刚好7岁的儿童有60%能够完成,就把这个题目作为代表7岁儿童一般智力的标志(见图12-8)。对每个年龄都找出6个题目作为智力标志。每个题目都代表2个月的智力。累加一个人所完成的题目数,按每题两个月进行换算,就得到这个人的智力年龄(mental age,简称MA)。在具体评估一个儿童的智力时,不论他实际年龄(chronological age,简称CA)如何,只看他最多能做到哪个年龄的多少个题目。比如,一个5岁儿童完成了所有5岁组的题目,还完成了3个6岁组的题目,他的智力年龄就是5岁6个月。这就是他实际达到的智力年龄。就用这个智力年龄代表他的智力水平。

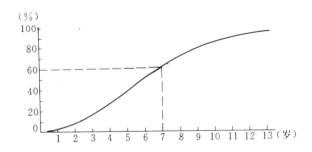

图12-8　一个代表7岁年龄智力的条目所取得的标准化测试曲线

比奈据此对智力迟钝做了操作性的定义:如果一个儿童的智力年龄比其实际年龄小两岁,那么他便是智力迟钝者。比如,一个满6周岁的儿童只能完成4岁年龄组的测验条目,他的智力年龄就是4岁,比他的实际年龄6岁小两岁,因此是智力迟钝儿童。

(二) **斯坦福-比奈测验**

比奈测验很快传导了美国。斯坦福大学的心理学家推孟(L. Terman)于1916年修订、发表了比奈测验的美国版,命名为"斯坦福-比奈智力测验"。由于当时美国劳工雇佣和后来第一次世界大战录用士兵、军官的需要,这一测验在美国很快得到推广普及。

推孟对比奈测验衡量智力的方法作了重大修改。以前的比奈测验在用智力年龄作为直接指标时遇到一个问题。例如，一个5岁的迟钝儿智力年龄为3岁。随着他年龄的增长，到了10岁时，他的智力年龄并不是8岁，而是6岁。这就是说，智力迟钝者的智力发展特征是：智力年龄并不一定保持比实际年龄低两岁的水平，而是会越来越落后于实际年龄。这样，如果直接用智力年龄并不能反映出相对于实际年龄的落后程度。

然而，大致说来，智力年龄和实际年龄的比值 MA/CA 却是相对稳定的。于是推孟首先引入了智商(intelligence quotient，简称 IQ)的概念。具体公式是：

$$IQ = (MA/CA) \times 100$$

推孟认为：智力是一种内在品质，它含有很大的遗传成分。IQ 可以通过评价构成智力的各种能力因素来衡量这一品质。

然而，这一新的方法仍然存在技术上的问题。随着人年龄的增长，已无法再给每一个年龄分别鉴定出一套独立的题目。比如，对20岁和21岁的人，找不到不同的两套题目分别标定他们的智力水平，也就无法计算他们的智力年龄。换言之，尽管人的实际年龄不断增长，计算智力年龄的方法不再有效了。为了解决这个问题，曾经规定，当实际年龄大于15岁时，一律用15替代实际年龄作上列公式中的分母，以此估算15岁以上的人的 IQ。

为了更准确地评价智力水平，在新的版本里，推孟更新了智商的概念，首次采用了离差智商，以标准差为单位，衡量具体智力操作分数偏离平均水平的程度，以此计算智商。所谓离差智商，是指一个人的智力偏离本年龄组平均水平的方向和程度。测验规定，100为平均水平，该年龄50%的人低于该水平，50%的人高于该水平。如果一个人智商分数高于100，则表示高于平均水平；若小于100，则表示低于平均水平。这种智商的特点，从它本身并不能知道一个人知道什么或能做什么，它反映的是一个人与其同年龄组人的智力分布相比较下，所处的水平位置。

离差智商的公式是：

$$IQ = 100 + 15 \frac{X - x}{S} \quad \left(其中 S = \sqrt{\frac{\sum (X_i - x)^2}{N}} \right)$$

X 是个人分数，x 是进行测验标准化时抽测的同年龄组平均分，N 是被抽测的人数，S 是标准差，反映了所有人的分数相对于平均数偏离的程度，说明了整体中各个分数的分布状况，离差智商也就因此而得名。100 分为定义的平均智商；15 是为了取消除法中的小数，并使所得的商与 100 有可比性而人为规定的。从公式中可以看到，如果 X 大于平均分 x，则智商大于 100 分；若两者相等，则智商等于 100 分，否则就小于 100 分。比如，如果一个人的智力测验分数（智商）为 115 分，意思就是说，他的智力比一般高出一个标准差的水平。

（三）威克斯勒智力测验

比奈测验最初是针对学龄儿童的，它的大部分题目都是靠语言来完成的。因此，这种测验是以言语量表形式出现的。然而，这样并不完全适合于学龄前儿童以及有语言障碍或其他智力缺陷的儿童。

威克斯勒制定了一套智力测验量表，包括言语量表和操作量表两个分测验。言语量表测量一般知识、理解力、词汇解释、数字记忆广度、算术推理和类比概括能力 6 个方面；操作量表测量数字符号能力、填图、图片排列、按图搭积木、物体装配等空间、符号操作能力。这两个分测验既可一起实施，又可单独使用，两者之间有很高的相关。这就大大减少了智力测验的实施对语言的依赖。

另一个与比奈测验不同的地方是，威克斯勒采用了项目量表而不是年龄量表。所谓项目量表，就是并不寻求为每一个年龄选定各自的题目，而是指定统一的题目，分别测量各个年龄组在这套题目上的平均分和离散度（标准差），从而为每一年龄段确定一个标准的衡量智力水平的尺度。

二、智力测验的制定方法

(一) 编制测验的原则

智力测验是衡量智力水平的尺度,就像米尺是用来衡量长度的工具一样。为了使这个心理测量工具准确有效,在选择、编制测验条目(问题)时必须遵从一定的原则。

(1) 可行性。施测条目所涉及的行为或方式,应是被测验者所能及的。如测量婴幼儿空间认知能力时,由于他们言语能力还很差,故应使用非语言材料。

(2) 有效性。测验所要甄别的是智力而不是知识或技能。如果测验分数受知识的多少而不是智力的高低所左右,则测验是无效的,因为知识的多少并不对应于智力的高低。

(3) 全面性。测验智力应包括智力的各个方面。比如,测验不能只有言语能力测验,应当还有数概念、推理、空间认知等方面的内容,否则所得到的结果就可能反映不了智力的整体面貌。

(4) 公平性。测验应避免地区、文化、性别差异可能造成的影响。测验条目应对施测范围中的不同地区、不同文化背景及不同性别的人所共同熟悉。比如,不宜对城区儿童考如何区分水稻和杂草,对乡村儿童考电脑和机器人。这些内容用以测查百科知识是可以的,但用于测查智力则是不公平的,因为这只是意味着"知道"或"不知道",不标志智力的高低。

(5) 发展性。从总体的智力发展规律看,人越大越聪明。因此,对任何一个条目来说,年龄越大,通过的人应当越多。否则这个条目就可能不合适。

(6) 整体性。一般来说,做对某一个条目的人的总分数,应比没有做对这一条目的人的总分高。测验是由各条目组合成的,只有每一个测验条目的成绩都能较好地反映总体的成绩,这个测验从总体上说才是可靠的。当然,这也要保证每一个条目具有典型性,应尽量避免做对某个条目的偶然性。

（7）趣味性。测验条目应力求有趣味，应避免被测者因缺乏动机、兴趣或注意力而影响测验成绩。

（二）测验条目的标准化

在根据上述原则选择、编制一定数量的测验条目之后，还必须对这些条目进行标准化。所谓标准化，就是从该测验所针对的实施对象的总体中，选定一个有代表性的典型样本（所谓典型代表性，是指样本与总体在性别、年龄、地区、文化背景等各种指标上均相对应），将所编条目进行初测，根据前述原则检查每一个条目的可用性，必要时应增加或删除某些条目，最后确立该测验的常模（norm），即测验的平均水平（平均分）和离散度（标准差），也就是确定该测验赖以衡量智力的具体尺度。

三、智力测验的信度和效度

我们已经了解信度（reliability）和效度（validity）的概念。对这里的测验而言，信度就是指测验的结果是否具有一致性、一贯性、稳定性，它决定测验结果是否可信；效度是指测验的结果是否是该测验想要测量的东西，也就是说，测量的是否是智力抑或是别的什么，它决定测验结果是否有效。

以信度而言，如果每一天测量一次智力所得到的结果都不一样，那这个测验就没有一贯性，就不可信。检验信度的方法有很多。一种方法是把测验分为两半，求这两部分测验上得到的分数的相关性。如果相关程度很高，则信度高。这种信度叫分半信度。另一种方法是在不同时间里重复实施测验，求两次测验结果的相关。如果相关程度很高，则信度高。这种信度叫重测信度。还有一种方法是让两个评分者分别用同一标准给同一测验评分。如果两个分数相关程度高，则信度高。

以效度而言，测验必须保证测量的内容是真正想要测查的内容，否则测验无效。比如，若测查智力时总是围绕一般常识进行，检查知识量，那么测验很可能无效。因为知识不等同于智力。

信度和效度并非一回事,不可替换。有信度并不一定有效。比如,以测查知识来充当智力测验,可以得到很高的分半信度,但仍然无效。又比如,有人说你眼睛的瞳孔距离代表了你的智力水平,虽然你每次测量瞳距的结果都一样(重测信度高),但测量无效。

需要说明的是,智力测验只是心理测验中的一部分。有关心理测验的其他知识,我们在"人格"一章里再行介绍。

第六节 智力的个体差异

一、个体差异的表现

几乎没有哪两个人的智力会是完全一样的。世上之人形形色色,其智力也大小、高低、偏重结构各异。这就是所谓的智力的个体差异。你也许早就注意到,你的音乐能力不如贝多芬,数学思维不如牛顿,你觉得这世界很不公平。其实你没有必要为自己悲哀,也许你的数学思维能力比贝多芬强,音乐能力也胜过牛顿。这就是能力个体差异的奇妙:没有平等,也没有不平等。

智力的个体差异有不同的表现形式。智力表现有早晚的差异。有些人很早就表现出过人的智慧,如会作曲、作诗、作画的"神童"。人们常称这种较早表现出智慧的人是早慧。与早慧相对应的是"大器晚成",也就是指早年看上去智力、成就平平,但到中晚年却一鸣惊人,功成名就。

智力个体差异的另一种表现形式,是智力类型的差异。人们在智力的不同方面表现出很大的不同。有人听觉发达,有人视觉敏锐,有人善于观察,有人长于推理,有人记忆力过人,有人想象力丰富。人们在特殊能力上也有很大不同。有人专长音乐,有人精通绘画。

智力的个体差异还有一种表现形式,即发展水平的差异。这也是人们在通常意义上最多指谓的形式。从操作定义上说,智力的水平差异直接反映在智商上。人的智商的差异是很大的,高可达150甚至200分以上,低可达20、30分左右。从总体上看,人的智力水平呈正态分布,智商中等的人最多,越是偏离中等水平,人越少。根据这个分布,可以把智力划分高低不同的等级(表12-1)。智力远低于中等水平的,叫智力逊常(intellectual subnormal);智力远高于中等水平的,叫智力超常(intellectually gifted)。

表12-1 智力等级的划分

智商	等级	占人口百分比例
139以上	非常优异	1
120—139	优秀的	11
110—119	高于中等的	18
90—109	中等的	46
80—89	低于中等的	15
70—79	临界的	6
70以下	迟钝的	3

二、智力逊常

(一)智力逊常的分类及特点

智力逊常的人又可分为3类:

智商在50—70的人,约占总人口的2.6%,称为智力迟钝(mental retardation)。处于这一等级的人,其智力大约相当于8—12岁的水平。一般来说,他们仍有可教育性,在适当帮助下能学会自立,自己劳动供养自己。

智商在30—50的人,约占0.3%,智力相当于4—7岁的水平。这些人需靠他人帮助、供养,但仍能训练其自理个人日常生活,有的人能有条理清楚的口语能力,能进行简单的读、写。

智商在30以下的人,约占0.3%,智力严重缺陷,完全依赖他人才能生存。

概括说来,智力逊常者总的特点是:(1)知觉速度慢,知觉范围窄,知觉内容笼统、贫乏。(2)记忆保持能力差,回忆困难,所依赖的视觉表象贫乏,缺乏分化且不稳定。对词和直观材料的识记都较差,再现中有大量的错误和歪曲,再现内容缺乏逻辑的意义联系。(3)言语出现迟,发展慢,语义含糊,词汇量较小,言语缺乏连贯性。(4)在比较和认识活动中,缺乏概括性,不能整体地认识客体。

从以上特点看,智力逊常并非只是某一方面的心理过程障碍,而是整个心理活动能力的低下。

(二) 智力逊常的原因

1. 遗传

有些遗传异常是导致儿童智力逊常的直接原因。其中有几种是比较典型的。

幼儿家族黑蒙性白痴:这是由遗传基因造成的脊髓神经细胞张大并充满脂肪所致,其症状是:儿童4—7岁时视力减退直至失明,继而智力、体力均丧失,于10—12岁前后死亡。

苯丙酮尿症:这是由遗传基因所致,使肝脏缺乏一种酶,从而导致苯丙氨酸无法转化为可利用的物质,而在肝脏里大量积淤,变成有害的苯丙酮酸,损害婴儿的神经系统的发育。

2. 染色体异常

唐氏综合症:又称先天愚型。伸舌样痴呆,是染色体异常导致智力逊常的典型,是因第21对染色体畸形或多出一条造成的。其症状是:身材矮小,鼻梁平,头围小,常伸舌,舌沟纹粗而深,两眼间距大,指、趾畸形,语言不流利,抽象思维能力差。造成染色体异常的原因主要是一些环境因素,如产妇高龄,孕期受X射线过度照射,病毒感染,化学物质中毒等。

3. 其他环境因素

胎儿期神经系统发育很快,也很敏感,易受环境影响。这时的环境包括母体内、外的环境,如母体疾病、药物、放射线、创伤、营养,以及出生后的一个时期的营养,都会影响婴儿的发育。比如,孕妇若患风疹,则婴儿有 12% 的可能会耳聋、视觉障碍及患其他心理异常。

三、智力超常

天才的含义及特征

天才二字,古义是指:天者,天赋;才者,才能。所谓天才,也就是天赐的才能。我们这里所讲的天才是指:天者,高也;才者,能力。故天才即为高水平的能力。智力超常者也就是天才,他们的智商一般在 140 以上。

凡天才者一般都具有如下共同特征:(1)强烈的动机,浓厚的兴趣,坚韧的意志。(2)别出心裁、独具匠心地解决新问题,提出新见解,具有创造性。(3)挫折、困难并不使其消沉,反促成奋斗而取得成就。

从天才的特征看,天才并不仅以高智商为特点,还集合有其他优秀的心理品质。从这一点来看,在培养天才时,只注重智力发展是不够的。

天才的形成需要具备一些基本条件,包括:

(1)先天素质:素质是塑造天才的重要条件,对于一些特殊能力方面的天才来说,尤其如此。没有很好的听力、乐感,难以成为音乐家,没有颜色的辨别和形体的想象力,不能成为好画家;符号思维、抽象推理能力差,在数学上就难以有大成就。

(2)早期教育:这是促成天才的有效方法。早期教育可以使先天素质得到强化与发扬,使先天不足得到补偿。而离开教育,即使天才的苗头崭露,也大有可能会自生自灭。

(3)实践活动:这是使能力得到发展、巩固、提高的途径,也是使天才的价值得到实现的途径。离开实践,天才就没有意义可言。

(4)性格品质:能力要想得到不断发展,得到发挥,需要有良好的性格、意志品质,坚韧不拔、持之以恒、自觉、自信、勤奋、进取,是助人攀上能力高峰的阶梯。

四、高智商与成就的关系

智力的高低可以通过测量或成就反映出来。但一个人具有较高的智商就一定以为会有高的成就吗？回答是否定的。智商并不等价于成就。有的人智力测验成绩很好,智商很高,但却无大成就;有的人智商一般,但却在某些方面有突出成就。这两方面的例子都不鲜见。低智商高成就的现象大多见于一些人仅在某一方面有突出能力,因而在一般智力测验中反映不出来。高智商低成就的原因很多。最主要的原因可能有两个:机遇和性格品质。当具备充分的天赋时,机遇和性格品质,尤其是后者,几乎是取得成就的重要条件。

一般地说,智力是成就的条件之一,而不是全部条件。认定高智力必然有大成就,并不是一件有把握的事。如果,为了取得大成就,磨砺自身的能力,却是又一种可依靠的途径。

推 荐 读 物

[1] 曹日昌主编《普通心理学》(合订本),第12、13章,人民教育出版社,1987年。

[2] 希尔加德等著,周先庚等译《心理学导论》,第12章,北京大学出版社,1987年。

[3] Zimbardo P., Psychology and Life, chapter 12. Illinois: Scott, Foresman and Company, 1985.

[4] Gleitman H., Psychology, chapter 15. New York: Norton and Company, 1981.

第十三章 人　　格

第一节 概　　述

一、人格概念

每一个人都有比较系统、完整的关于自己以及对所接触的人的行为、品行的看法，不论你是否意识到它的存在，它实际上就是一种潜在的"人格理论"，这种理论帮助你随时随地解释和预测他人的行为并控制自己的行为。那么究竟什么叫人格？明确阐明这一概念并不是一件很容易的事。有许多概念多与人的行为风格相联系，诸如气质、性格、个性等。因此，对人格概念的理解最好通过与之有关概念的相互对照、把握它们的相似性与区别而获得。

（一）人格

人格一词的英文 personality 是从拉丁文 persona 演变来的。拉丁文的原意是面具。面具是用来在戏剧中表明人物身份和性格的，而这也就是人格最初的含义。早在古希腊时期，人们就已使用"人格"的概念，并引申出较复杂的含义，包括：一个人的外在行为表现方式，他在生活中扮演的角色，与其工作相适应的个人品质的总和，声望和尊严。在现代英文词典里，仍然可以在"人格"(personality)这一词条下看到上述含义的影子。

心理学家们对人格的定义并不完全一致。阿尔波特(G. Allport)曾列举出 50 种不同的定义，足见人格概念中的分歧，同时还表明人格的复杂性。但众多定义有一个基本相似的看法，即认为人格是与人的行为风格或行为模式有关的概念。从以下各种定义可以看到这种共识:"人格是个体由遗传和环境决定的实际的和潜在的行为模式的总和"(艾森克,1955);"人格是一种倾向,可借以预测一个人在给定情境中的行为,它是与个体的外显的和内隐的行为联系在一起的"(卡特尔,1965);"人格是稳定的心理结构和过程,它组织人的经验,形成人的行为和对环境的反应"(拉扎勒斯,1979);"人格是个人心理特征的统一,决定(内隐、外显的)行为,同他人的行为有稳定的差异"(米歇尔,1980)。如果把诸多界说总结起来,可以这样概括:人格是心理特征的整合统一体,是一个相对稳定的结构组织,在不同时空背景下影响人的外显和内隐行为模式的心理特性。人格标志一个人具有的独特性,并反映人的自然性与社会性的交织。

这个定义反映了人格的复杂性与多维性,它包括:

1. **整体性**

人格标志一个人表现在行为模式中的心理特性的整合体,它是一种心理组织,构建成一个人内在的心理特征结构。它不能被直接观察,但却经常体现在人的行为之中,使个体表现出带有个人整体倾向的精神风貌。

2. **稳定性**

由许多个性特征组成的人格结构是相对稳定的,在行为中恒常地、一贯地予以表现。这种稳定性具有跨时空的性质,即通过个体人格,各种情境刺激在作用上获得等值,产生个体行为上广泛的一致性。但是这种稳定性是可变的、发展的而不是刻板的。这是因为:(1)各种人格特征在某个人身上整合的程度(如稳定性)不同;(2)一个人可能具有相反性质的特征,在不同情境中可反映它们不同的方面;(3)暂时性地受情境的制约,表现出来的并非个人的稳定特性。

3. **个体性**

由于人格结构组合的多样性,构成了不同人之间的个体差异性。尽管不同人可以有某些相同的个别特征,但他们的整体人格不会是完全相同的。

4. 动机性与适应性

人格"支撑"行为,它驱使人趋向或回避某种行动,寻找或躲开某些刺激,人格是构成人的内在驱动力的一个方面,它的动机性与内驱力或情绪不同,它似乎是"派生的",情境刺激通过人格的"折射"引导行为,致使行为带有个体人格倾向的烙印,成为一定的行为模式。人格的这种驱动力反映着人格对人的生活活动具有适应性的品质。

5. 自然性与社会性的综合

人格蕴含着人的自然属性和社会文化价值两方面。人格是在个体生活过程中形成的,它在极大程度上受社会文化、教育教养内容和方式的塑造,然而它以个体的神经解剖生理特点为基础。

由于翻译上的原因和中文的习惯,人们也常用"个性"一词代替人格,它们在概念含义上是一样的。不过,在日常生活中,使用个性一词常常更强调个体的独特性。而对人格一词,日常又往往在贬意上使用,(如"某人人格太差"),这样的使用把人格完全归结为道德范畴,就违背了其科学含义。

人格概念注重人的独特性,但是,这并不意味着人格心理学家们不关心普遍性规律。实际上,心理学家们相信:存在着一定的共同规律,它们可适用于所有人类个体;揭示人的共性与说明人之间的差异(即人的特殊性),以及通过揭示人的个别性来得到共同规律,同样重要。因此,人格心理学家肩负着双重任务:既要解释人的行为的共性,又要解释人之间的个体差异。前者是一般规律研究(nomothetic approach),后者是个体化研究(idiographic approach)。实际上,二者是密切联系着的,共性从个性而来;个性中体现着共性。

需要说明的是,许多心理学家在概念上把人格规定为人惯常表现出的具有一贯性、稳定性的行为模式或心理特性。也就是说,人格具有跨时间、空间(情境)的一致性。由于这种一致性,我们才能识别出每一个人,并把他同其他人区别开来。这种在不同人之中寻求一致性的认识倾向,是人知觉恒常性的一种扩展形态,前者针对人,后者针对客观事物,但都是人的认识的一种特点:寻求规律,从而使世界看起来更有序、更容易预测,使我们的认识更为简捷、经济。然而,就像人们的知觉恒常性并不总是百分之百地可靠一样,我们关于人格一致性的看法,也会有其片面性,而并非总是可靠。对此我们将在后面具体探讨。

(二) 气质

气质(temperament)的概念和人格概念一样古老。早在古希腊时期,人们就把行为风格同人的体液相联系,以此说明、预测行为。在以后的认识发展中,人们又把气质同其他体质因素如腺体、体格(体型)、血型等相联系。现代心理学的一种看法是:气质是由生理尤其是神经结构和机能决定的心理活动的动力属性,表现为行为的能量和时间方面的特点。如行为的强度、反应的速度、活动的持久性和稳定性等。比如,人们常说的"冲动"与"文静"、"敏感"与"迟钝"、"急性子"与"有耐性"等,都是描述的气质,都是指行为的动力与时间特点。

不难看出,气质和人格一样,是与行为模式相联系的一个概念。然而,由于气质被定义为较多、较明显地与人的体质因素相关,因此又与人格有一些区别:(1)气质更多同生理因素而不是环境因素相联系,因此较为固定而不易受外因左右;(2)既然同生理因素关系密切,从种系发展来看,气质更多同生物进化相联系,而人格则更多受社会文化历史背景的影响;(3)由于更多依赖于生理基础,从个体发展来看,气质出现得较早,而人格则是在个体生长过程中逐渐形成的。

广义地说,气质是人格形成的基础,是人格发展的自然基础和内因,它使人格带有一定的气质色彩。是构成人格的一个重要部分,是人格中较多由生物性决定的方面,是人格的先天预置结构,它对环境的依赖性较小,不带有道德价值和社会评价的内涵。

(三) 性格

性格(character)是指人的一贯的和稳定的心理特性、思维和行为方式。人们在日常生活中常使用这个字眼。比如，人们常说的"勇敢"与"懦弱"、"轻信"与"多疑"、"谦逊"与"傲慢"等，都是描述的人的性格。

性格的定义几乎与人格同义。然而它们是有区别的两个概念。与气质一样，性格也是构成人格的一个重要部分，所不同的是，性格是人格中涉及社会评价的那一部分内容，更多地受环境的影响，反映了社会文化的内涵。因此，对照地说，气质体现了人格的生物属性，性格体现了人格的社会属性；前者反映人的神经、生理机能，后者反映人的社会价值。这一对比从上面分别列举的气质和性格的描述词中就可明显看到。

从学术历史和流派来看，前苏联的心理学惯于区分气质和性格，强调它们的不同性质，西方心理学则强调它们的共性，而双方把它们都看作是人格的子集，认为人格是由气质、性格以及能力等共同整合构成的。

二、人格的研究方法

人格研究是心理学中的难点之一。要想研究人格，首先要有可靠的方法。现代科学研究的特点是：使用实验法而不是思辨推理；通过直接观察来收集数据；使用可重复的方法和结果，以便对所作出的假设或结论予以证明、修定甚至否定。

(一) 个案法

在人格研究中，个案法是大量收集有关个人的资料的理想方法。它通过谈话、测验、观察、各类文字作品，组成关于个体的传记，深刻描述所研究的对象，建立起一个把个体的外部行为与内在主观状态相联系的整合模型，既说明其外在行为的原因，也说明外在表现与内在动力的差别。尤其是，个案法搜集和提供有关个人历史的较全面的材料，对于考察一个人在各种自然生活情境中的人格变化十分有用,对预测行为有一定的价值。

个案法也存在一些明显的缺点。一方面,它对观察的内容缺乏控制,特别是它的资料有时采于事后,对内容的可靠性难于把握。另一方面,由于它针对具体的个体,所得到的结论难于比较和推广。

一般来说,心理学家用个案法进行个体化的特殊规律的研究。在这种研究中,每一种心理特征被看成是某种人格所特有的,因为它的作用取决于所有特质的总体模式。比如,一些临床心理学家通常请病人以各种方式,如口头的、文字的或图画的方式,自由描述自己的思想和感受,以此研究特定人的特性。这就是说,一种心理特征在不同人身上可能有不同的意义。与此相反,一般化的普遍规律研究认为,存在基本的人格结构,这种结构体现于每个人都共有的普遍性的特征维量上;不同的人只是在所具有的人格特征(维量)上有程度的不同。比如,有些心理学家让人们对指定的特征用一定的评分尺度评定适用于自己的程度。这是把一种特征看作对于所有的人来说只是程度上的差别的一种观点和做法。

(二) **相关研究**

相关方法在人格研究中被用来确定在同样条件下所观察到的一组对象的两种或多种行为之间是否有一致性关系。比如,一些心理学家用这种方法考察某些人格特性与患心血管疾病的关系,发现具有高竞争性、时间紧张感等特点的人,冠心病发病率要高。由于这种方法可以针对大样本实施,易于得到大量精确资料,故而被相当广泛地使用。

相关方法也有其缺陷,它不能说明两个相关对象的关系方向,不知道谁是原因、谁是结果,或者也可能根本没有因果关系。因此,由这种方法得到的结论虽然可以推广、适用于较大的群体,但其深刻性却不如个案法。

(三) **实验法**

在现代心理学中,越来越多地采用实验方法来研究人格。比如,我们在有关知觉一章中曾介绍了知觉与场依存性的关系。这既是知觉特点的研究,也是有关人格的实验研究。这个实验揭示:具有场独立人格的人在知觉时更多依据个人的内在标准,而不是轻易地被环境条件所左右。实验法给人格研究注入了新的生机。实验法的优点在于,可探索刺激条件与种种对人格具有标示性的行为之间的因果关系,检验有关人格的假设。实验法之所以能够做到这一点,是因为它可以控制变量,具有精确化、可信度高等特点。

然而,实验法同样也有其不足。由于实施高度控制化、精确化、具体化,收集的信息量也大大缩小,与现实生活中的真实情境差异较大,可推广性也就较差。

三、关于人格的理论

长久以来,人都在试图了解人。于是,人们建立起各种理论或模型,以期对人格作出说明。所谓人格理论,就是关于个体人格的结构与机能的假设性说明,它帮助我们理解人格的起源、各种相关物、作用或结果,也帮助我们在对人格了解的基础上预测行为。这正是评价一个人格理论的标准。一个好的人格理论应当能够满足以上要求。由此也可以看到,人格理论帮助我们实现心理学的两个主要目标:描述和说明心理与行为,预测行为。而这两方面也是实现心理学的另一个目标——控制行为——的重要基础。可见人格理论具有十分重要的意义。也许正因为如此,人格理论通常是心理学中最庞大、结构最复杂的理论。

然而,长久以来,人们对人格的认识并没有达到统一。各种人格理论纷呈迭至,众说不一。之所以会出现这种局面,主要原因是不同研究选择了不同的出发点,采用了不同的方法,在不同的层次上进行探索。这本身也反映了人格的复杂性。从下一节开始,我们每一节都介绍一类人格理论,在每一类理论中又包括许多不同的模型。这些理论为我们展示了心理学家对认识人所进行的各形各色的努力。

第二节 气 质

我们生活的世界是纷繁多样的。为了更好地把握事物,我们总要对事物进行概括和分类。这使得我们对事物的认识变得经济、简捷。我们对人的认识也不例外。心理学家对人格研究所作的努力之一,就是试图对人的行为品质进行概括、归类,以期达到对人的了解。

一、气质类型学说

所谓气质类型,是指气质特征的特殊组合模式。类型说研究主张:可根据特殊的相似性对人进行分类,这些类别应当互相不重叠,也就是说,类型是全或无的现象,非此即彼,在各种类型中必具其一,而且不同类型之间并无交叉重合。这种设想是可以理解的,否则分类也就失去了意义。从历来的类型理论来看,气质类型大多是被设定用来说明某些简单的、极为显见或易于确定的特征与行为之间的关系的。

(一) 体液说

最早的类型理论是在公元前五百年左右由希腊医生希波克拉底(Hippocrates)提出来的。希波克拉底认为,人体内有4种基本体液:血液、粘液、黑胆汁、黄胆汁;每种体液对应于一种气质;人体中的4种体液可以有不同的配置,其中占优势的体液主导着人的气质类型。五百年后,罗马医生盖伦(Galen)对希波克拉底的4种类型分类采用了气质概念,这就是近代气质概念的来源。这4种体液与气质的对应关系是:

血液-多血质:活泼,快乐,好动;
粘液-粘液质:沉静,情绪淡漠,不好动;
黑胆汁-抑郁质:忧郁,不快活,易哀愁;
黄胆汁-胆汁质:兴奋性强,急噪易怒。

希波克拉底的体液说的科学性受到后人的怀疑和批评。一来，把人体内的体液划分为4种的做法并不合理；二来，并不存在不同体液的主导关系，体液同人格的关系也并不明确。然而，希波克拉底的理论对后世的影响却很大，原因是虽然体液与气质的关系并不那么可靠，但他对气质的4种划分本身却是有道理的，这4种类型在人们之中很容易看到。后来，人们对这4种类型作了进一步探讨，给出了较为明确的界定，对4种气质类型的特征作了如下说明：

多血质：敏感性低，反应性、主动性强，兴奋与抑制过程的平衡较好，情绪兴奋性高，可塑性高，外倾。

胆汁质：敏感性低，反应性、主动性强，行为较刻板，情绪好冲动，抑制力差，外倾。

粘液质：敏感性低，反应性低，反应迟缓，行为刻板，兴奋性弱，情绪平和，内倾。

抑郁质：敏感性高，反应性和主动性低，反应迟缓，刻板，情绪抑郁，内倾。

(二) 高级神经活动类型说

原苏联生理学家巴甫洛夫对人的高级神经活动特点进行了大量研究，提出了描述神经活动的3个维度：(1)神经细胞工作能力的兴奋和抑制过程的强度；(2)神经系统的平衡性，即兴奋与抑制过程一致性的程度；(3)神经过程的灵活性，即兴奋与抑制过程转换的快慢难易。巴甫洛夫指出：这3种维度上的不同表现可以组合成4种神经系统活动类型。这4种气质类型与体液说的4种类型有很好的对应关系。这种殊途同归的现象本身意味着这4种气质可能是的确存在的。

1. 强、平衡、灵活型（活泼型）

相当于多血质。这种类型的个体能根据刺激调整自己的活动，适应性较好。巴甫洛夫认为这是一种健康、顽强、充满活力的神经系统类型，对恶劣的心理、社会环境有较高的抵抗力。

2. **强、平衡、迟缓(不灵活)型(安静型)**

相当于粘液质。这种类型与多血质有许多类似之处,不同的是,这种类型的个体行为惰性较强,因此不太容易适应迅速变化的环境。

3. **强、不平衡型(冲动型)**

相当于胆汁质。这种类型的人兴奋强度胜过抑制强度,易冲动,神经质,对自己的行为常常难以控制。

4. **弱型**

相当于抑郁质。这种类型的个体的神经细胞显得很脆弱,即使是正常强度的刺激对它们来说也嫌太强,导致神经细胞产生保护性抑制;外在刺激的迅速而频繁的变化会使个体行为紊乱。因此,这种类型的个体在适应生活方面有一定困难,容易表现出神经官能症病状。

巴甫洛夫的理论最初是以其在动物身上进行的研究实验而著名的,后来他与他的学生在儿童身上进行了推广研究,同样取得了重要成果。他们发现:多血质的儿童大脑各个部分较协调,语词能力发展迅速,言语清晰流畅,声音宏亮,并伴有活泼的体态、手势,有良好的模仿性。粘液质的人也很容易适应社会环境,言语能力发展迅速,但这类人言语速度较平缓,伴随的体态、手势较少。胆汁质的儿童在学校里常常难于遵守纪律,言语发展较前两者都要慢一些。抑郁质的儿童情绪低沉,言语缓慢,声调低弱,较易疲劳。

巴甫洛夫的研究与理论为古老的体液说的分类找到了新的生物依据,尤其是它把人格的生理基础由体液转到神经系统的活动上来,无疑要合理得多。

(三) 调节说

调节说是由波兰心理学家斯特里劳(Strelau)提出来的。这一理论吸取了巴甫洛夫高级神经活动学说的基本思想,前苏联心理学的活动论,同时引入了西方心理学有关唤醒和激活的观点。作为一名东欧的心理学家,正如前面所说,斯特里劳把气质单独区分出来,将其定义为:有机体的、主要由生物因素决定的相当稳定的特点,由反应的外部特征表现出来,这些特质构成了行为的能量水平和时间特点。

斯特里劳认为,行为的能量水平是气质的主要成分,是一些人格维度的共同指标。诸如巴甫洛夫体系中的神经系统活动的强弱,艾森克理论中的内、外倾,唤醒水平的高低等,都是能量水平的反映。更具体的说,能量水平反映为两个方面。一个是反应性,指人对刺激(情境)的感受性、耐受性和反应强度。感受性高、耐受性低、反应强烈的个体,是高反应性个体;感受性低、耐受性高的个体为低反应性个体。能量水平的另一个反映是活动性,指个体对一定数量和范围的刺激的组织和调节。通过活动,个体可以接近具有刺激意义的各种环境,或者逃避某些情境任务和其他环境因素的刺激影响。这种调节的目的在于使有机体的状态达到最佳水平,如最佳激活水平、最佳刺激水平、最佳适应水平等。这些最佳水平是活动性执行调节功能的标准。

斯特里劳提出的另一个行为指标是时间特性,包括反应速度、灵活性、持续性、反应节奏和节律性。反应速度体现为对刺激作出响应所需要的时间。灵活性是指根据环境变化而迅速改变反应方式的能力。持续性指刺激停止作用后仍继续保持反应的能力。反应节奏指一定时间内作出相同反应的能力。节律性是指相同反应之间的间隔规律。

斯特里劳认为,行为的反应性、活动性及时间特性等品质,是生物进化的产物,它们在人与环境的相互作用中起着重要的调节作用,既满足有机体对刺激的需要,又保护个体免受刺激的伤害。

(四) 体型说

与体液说相比,体型说则是一种很"现代"的观点。人们试图把人格同人的外部相貌、体征联系起来。这种把复杂的现象同简单、明显的事物相联系的做法,显然是过于简单化了。

体型说的观点在日常生活中很流行。比如,体态丰满往往被视为具有豁达、开朗的性格;眼睛小、眉毛低而短,被视为"贼相",有心术不正之嫌;天庭饱满、大耳垂轮,被视为富于智慧;剑眉高竖、膀阔腰圆,被视为具有英雄气概。总之,人们习惯在相貌、体格与人格之间寻找对应,以至把相貌、体格看作是人格标志,是决定人格的因素。

体型说不仅见于民间,学术界也多有尝试。德国精神病医生克雷奇米尔(E. Kretschmer)发现,病人精神失常的类型与他们的体型有关。他确定了4种基本体型:矮胖型,虚弱型,强壮型,发育异常型。他总结了自己的临床经验,发现躁狂-抑郁症患者往往是矮胖型,精神分裂症患者往往是另3种体型中的一种。这意味着,不同体型的人患不同疾病的机率不一样。

最著名的体型说要算美国医生威廉·谢尔登(W. Sheldon)的理论。他区分出3种体型:内胚层型,中胚层型,外胚层型。与克雷奇米尔不同的是,谢尔登并没有把人绝对划归为某一类体型,而是用一个人多大程度上表现出某种基本体型的特征来说明其人格。由此,他划分出3种人格类型:内胚层型占主导体格的人为"内脏优势型",中胚层型占主导体格的人为"身体紧张型",外胚层型占主导体格的人为"大脑紧张型"。这3种类型的人的体格与人格对应特征如下:

内胚层型:
　柔软、丰满,消化器官过度发达;

内脏优势型:
　悠闲,好吃,喜社交,宽宏大量。

中胚层型:
　肌肉发达,呈矩形身材,强壮有力;

身体优势型:
　自信,大胆,健壮,精力充沛;

外胚层型:
　瘦长、虚弱,头大,神经系统敏感。

大脑优势型:
　内向,拘谨,胆怯,爱好艺术。

体型说看起来很简明,但这些理论对人格并没有很高的预测效度,并不能从人的体格上预见行为和判定人格。这些人格划分在具体应用时失败的情形远多于成功的情形,却助长了人们的刻板印象甚至偏见,因此并没有被科学界接受。

(五) 激素理论

激素理论是由伯曼(L. Berman)提出来的。这个理论认为,内分泌腺的活动与气质有密切的关系。由于人的情绪性、活动的反应性和冲动性与内分泌因素有关,伯曼把气质分为下列 4 个类型:

甲状腺型:感觉灵敏,坚持性强。例如甲状腺机能不全的人,感觉、智力发育比较迟钝;

垂体腺型:智慧聪颖;

肾上腺型:情绪激动;

性　腺　型:性别角色突出。

把内分泌腺同气质联系起来,是一种很有意义的尝试,它进一步深化了人们关于气质同生理因素相关联的认识。不过,这种学说孤立地强调了内分泌腺的活动,过分夸大了内分泌腺的作用。现代生理学的研究表明,内分泌腺的活动,激素的合成和分泌,都直接或间接地受神经系统所支配,而内分泌腺的活动又反过来影响神经系统的活动。因此,不应把气质看作是仅由内分泌腺决定的。

(六) 气质维量说

近几十年来,人们开始思考不用古老的类型说而采用维量来说明气质。托马斯(Thomas)和切斯(Chess)进行了一项很著名的"纽约纵向追踪研究"(NYLS: New York Longitudinal Study)。该研究采用维量化方法对气质进行评定,更突出了气质作为心理活动或行为的动力(能量和时间)特点的本质。他们鉴别出的 9 个维量是:

活动水平:指行为活动的量;

心境性质:指生活中主导的具有相对持久稳定性的情绪状态;

趋　避　性:对新异刺激是否乐于接近或躲避;

规　律　性:行为活动是否有规律;

适　应　性:对新环境是否能很好地适应;

反应阈限：引起反应的刺激水平有多高,即是否很敏感;

反应强度：对刺激作出多大强度的反应;

注意转移：注意力是否能灵活地转换;

注意时间与维持：注意能维持多长时间。

维量理论的一大突出优点,是以9个方面的量化评定的整体组合来说明气质的,涉及了更全面的内容。而且这9个方面都是针对行为或活动的,直接反映了气质所蕴意的动力特征,能帮助人们更直观地了解气质概念。

二、气质的意义

由于气质反映了人的活动的能量和时间方面的动力特点,它对人的日常生活、工作有一定的影响。因此,了解气质的意义是很重要的。

(一) 气质类型无好坏之分

可以把人们相对地分为不同的气质类型,但却不能据此就把人区分为优劣、好坏,因为气质类型并不是人品的标签。任何一种气质类型在此一种情况下都可能是具有积极意义的,而在另一种情况下则可能是具有消极意义的。因此并不能说这种气质是好的,那种气质是坏的。举例来说,多血质的人情绪丰富,工作能力较强,容易适应新的环境,但注意力不稳定,兴趣容易转换。抑郁质的人工作中耐受力差,容易感到疲劳,但感情比较细腻,作事审慎小心,观察力敏锐,善于体察到别人不易发觉的细小事物。有谁能说多血质就是绝对优良的,而抑郁质则是彻底劣质的呢？

(二) 气质不决定人的社会价值和成就高低

在气质和社会价值、成就之间,同样没有对应关系。据研究,俄国的4位著名作家分别就是4种气质的典型代表:普希金是明显的胆汁质气质,赫尔岑是典型的多血质,克雷洛夫属于粘液质,果戈里则是抑郁质。他们各自具有不同的气质类型,但他们同样都在文学上取得了令人瞩目的成就,气质并没有决定他们的社会价值的高低。同样气质的人可以是对社会贡献差别极大的人，而不同气质的人也可能在成就上相差无几。"气质只是属于人的各种心理品质的动力方面，它使人的心理活动染上某些独特的色彩，却并不决定一个人性格的倾向性和能力的发展水平"。（曹日昌）

当然，不同特性的工作或职业对人的心理品质有不同的要求，这决定了不同气质可能适合于不同的工作。比如，有些工作要求具有灵活、机敏的反应能力，这对于多血质和胆汁质很适合，而对于粘液质和抑郁质的人则是勉为其难了。相反，有的工作要求持久、细致的操作，在这方面，粘液质和抑郁质就更容易胜任。

需要说明的是，虽然在心理学中尝试对人的气质进行分类，但这种分类只是相对的。很少有人是绝对的某种气质类型。现实中绝大多数人都是介于两种甚至多种类型之间的。其实这种混合形态使人们更容易适应多种环境的要求。因此，在看待人的气质时，不要作绝对化的类型判断。

第三节 人格特质论

人格特质理论把人格认定为是由诸多特质构成的。所谓特质，是指人拥有的、影响行为的品质或特性，它们作为一般化的、稳定而持久的行为倾向而起作用。特质被看作为一种神经心理结构，也是一种先在的倾向，使个体以相对一贯的方式对刺激作出反应。

然而，对人格特质进行分类并不容易。比如，在英语中有大约一万八千个形容词可用于描述人格特质。这是不是说就有一万八千种人格？是否可对这些特质归并分类？该怎么分？或者，这些特质是否又可以相互不同地组合，形成更多种构型？为了回答这些问题，特质学家们作了长期的探索。特质研究是最早开展的人格研究，但直到今天，这方面的研究仍在持续，理论界并没有就现存的各种模型达成完全一致的意见。可见这是一条多么漫长而艰难的道路。

特质论并不是把人格分为绝对的类型,而是通常认为存在一些特质维度,每个人在这些特质上有不同的表现。比如,慷慨是一种特质,每个人都可在不同程度上具备这种特质,成为其人格的特色之一。而人之所以有差异,就在于不同的人有着不同的特质表现程度,形成不同的特质构型,以此来解释人的行为差异。

特质论的另一个特点是,它的研究大都采用人格测验和因素分析的统计技术,其结果又转化为人格量表,借以测定人格、预测行为。这对人格研究的量化和应用起到了推动作用。

一、阿尔波特的特质论

阿尔波特是人格特质论的创始人,他认为:特质是人格的构造单位;是真实存在于人内心的"一般倾向",是对个别行为习惯整合的结果。特质具有相对持久性和动力性,能引导行为,并造成行为的一贯性,是个体独特性的来源。

阿尔波特尤其强调特质本身而不是环境因素决定着行为。他举例说,这个道理就像"火既可以熔化黄油,也可以固化鸡蛋"一样,虽然环境条件一样,但结果却不同,这是由不同事物的本质属性造成的。

(一) 人格特质的类别

阿尔波特指出,特质之间是相对独立而又彼此重叠的,一系列特质相互交织整合在一起,就构成了人格。然而,对于不同人来说,不同特质在人格中扮演的角色和起的作用并不相同。阿尔波特研究认为,每一个人都具有3种类型的特质:根本(cardinal)特质,核心(central)特质,次要(secondary)特质。

根本特质又称枢纽特质。这种特质主导着整个人格,渗透于人的一切活动之中,使所有的行为都反映出它的影响。比如吝啬就是"悭吝人"的根本特质,他的所有行为都反映出他吝啬的品质。

核心特质也是具有概括性、弥散性的行为倾向,是人格的重要组成部分,是描述人格的基本要素,只是其渗透性逊于根本特质。

阿尔波特发现,描述一个自己所熟悉的人的核心特征,平均只需要7.2个特质,他概括到:人格的主要特征大约由5到10个核心特质组成。

次要特质是指对于描述一个人来说显得并不很重要,或者在一个人身上并非经常、一贯性地表现出的人格特质。这些特质常常因人的习惯、态度、趣味以及环境刺激因素而改变或转换。

(二) 统我与人格发展

阿尔波特认为,各种特质并不是散在地堆积在一起的,而是有机地组织在一起的。他假定存在一个人格组织者,叫作"统我"(preprium),统我不是生来就有的,而是逐渐发展起来的,先后经历了8个发展过程:

1. 躯体"我"的感觉(1岁)

一岁左右的婴儿开始感觉到自己躯体的存在和可控制性,对于属于本身的部分有熟悉感,对本身以外的部分则产生陌生感和厌恶感。这种躯体感是自我意识发展的基础,由此人们开始认识自身。

2. 自我同一性感觉(2岁)

当有关自己躯体的感觉保持一定的一致性时,儿童开始意识到自己始终区别于躯体之外的事物,自己总是同一个人。这个阶段的儿童的言语能力开始发生和发展,他们知道自己有一个名字,无论在什么时候、什么场合,这个名字都是指的自己。

3. 自尊的感觉(3岁)

这个阶段的儿童能独立完成一些活动,从而会因为事情完成的好坏而感到满意或沮丧。由此,儿童发展出自尊、自爱的人格倾向。

4. 自我扩张的感觉(4岁)

这时儿童已经知道除自己之外,还有许多属于自己的事物,如"我的"玩具、衣服、妈妈等。这是儿童的自我感觉扩展到外界事物上。

5. 自我意象的感觉(4—6岁)

这个阶段儿童能对自己及自己的行为形成一般印象,并能将这种印象与别人对他的期望进行比较。因此,这时儿童开始有一些道德意识,并能根据自己的愿望规划未来。

6. 作为理性应付者的自我感觉(6—9岁)

在这个阶段,儿童开始发展出一些理性思维能力,能对一些事物作出理性的思考或判断,不再简单地听信成人的观点。

7. 自我统一的追求(12岁—青年期)

处于这一发展阶段的个体开始形成长远的生活目标,并以此为追求目标或自我的一部分。在阿尔波特看来,长远目标的确立与否,是人与动物、成人与儿童、健康人与病人之间的区分标志。

8. 作为认识者的自我(成人期)

自我既是认识者又是被认识者。这时的自我综合了前此7个阶段的机能,而所有8个方面整合起来,就是统我。

从上面的介绍可以看到,阿尔波特实际上在试图说明人格(而不仅是统我)的发展过程。

二、卡特尔的特质论

卡特尔(R. B. Cattell)是另一位重要的人格特质理论家。他的理论研究特点是,用因素分析来进行特质的筛选和分类。卡特尔认为,人格就是那种使我们有可能对某人在一定情境中的行为进行预测的东西;根据一个人的人格特点,加上对情景因素的考虑,我们可以预测一个人的行为反应的性质甚至量值。

与阿尔波特不同的是,卡特尔并不过分强调个体自身的特性,而是容纳了环境因素的影响。他认为,在构成人格的特质中,有些是人皆有之的,有的是个人独有的,有的是遗传决定的,有的则受环境影响。另一个区别是,卡特尔把特质分为"表面特质"和"根源特质"。表面特质就是指由每个具体的行为所体现出来的人格特点。根源特质反映一个人整体人格的根本特质方面,表面特质是从根本特质中派生出来的。一个根源特质可以影响多种有形的表面特质。卡特尔在多年测查、筛选工作的基础上，找出了他的 16 种根源特质（表 13-1），认为它们就是人格的真正构造物，根据这些特质，我们就可以预测一个人的行为反应。图 13-1 是以卡特尔 16 人格特质测验得出的 3 组被试的人格因素轮廓。

表 13-1　卡特尔 16 性格维量

根源特质	低分特征	高分特征
开朗性	缄默、孤独	乐群、外向
聪慧性	迟钝、学识浅薄	智慧、富有才识
稳定性	情绪激动	情绪稳定
支配性	谦虚、顺从	好强、固执
兴奋性	严肃、谨慎	轻松、兴奋
有恒性	权宜、敷衍	有恒、负责
勇敢性	畏缩、退怯	冒险、敢为
敏感性	理智、着重实际	敏感、感情用事
怀疑性	信赖、随和	怀疑、刚愎
幻想性	现实、合乎成规	幻想、狂放不羁
机敏性	坦白直率、天真	精明能干、世故
忧虑性	安详沉着、有自信心	忧虑抑郁、烦恼多端
实验性	保守、服膺传统	自由、批评激进
独立性	依赖、随群附众	自主、当机立断
自律性	矛盾冲突、不明大体	知彼知己、自律谨严
紧张性	心气和平	紧张、困扰

特质的名称表示用大数量等级评定的因素分析得来的 16 种人格因素。因素以两个名字标定：一个高分数，一个低分数。A—O 是从他人评定的因素分析得到的，4 种 Q 因素是从自我评定的材料中得到的。用 16 人格因素的测验对每一因素的水平进行测定，得分能用图表表示出（一个人或一个组的）一个轮廓。(1)表示一组

飞行员的平均分数,(2)代表一组艺术家,(3)代表一组作家。图中表明作家和艺术家表现相似的特性,而与飞行员有些不同。

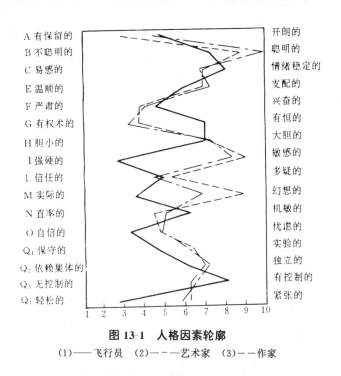

图 13-1　人格因素轮廓
(1)——飞行员　(2)–––艺术家　(3)-·-作家

三、艾森克的维度说和型的概念

最近的一种较为流行且被接受的理论,是艾森克(H. J. Eysenck,1970,1975)提出来的。他把复杂的人格化简为两个重要的维度:内外倾性、稳定性。这两种维度可以构成一个直角坐标系,两个维度上不同程度的表现,可组成 4 种类型的人格,对应于坐标系上的 4 个象限,而每一个象限里都组织有许多有一定相互关系的特质。

艾森克以大量人格测验资料为基础,采用数理统计方法分析数据,筛选、区分出用以描述人格的特质。他发现,很难找出绝对独立的特质,一些特质之间有着一定的联系和连续性。因此他主张用特征群而不是以散在的特质去描述人格。他主张采纳类型的概念,因为他认为:(1)特质不是各自独立的,相互之间有很高相关,因此不易作系统的描述和准确的探讨,而分出类型则无此问题。(2)前人在特质水平上所做的研究,虽用同样的方法,却常常遇到不能重复出同样结果的情况。而从类型的概念所做的实验和测试,大都可重复做出。艾森克通过运用因素分析的统计方法,找到4大特质群,它们正好落在二维坐标系的4个象限上(图13-2)。于是他建立了维度理论。

图13-2 艾森克的人格类型维度

有意味的是,艾森克的理论与巴甫洛夫的理论有异曲同工之妙。艾森克划分的4个人格类型,正好也与古代的4种气质类型相吻合。这种一致虽不是出自艾森克的研究原意,艾森克本人也未作出这样的联系和对比,不过,这种不同理论在不同方法下取得同样或类似结果的现象,本身就为不同的理论提供了相互支持的效度证据。看来,4种类型的分法是有一定合理性的。

四、对类型说及特质论的评价

人格理论中特质论和类型说是现代心理学中最早系统探讨人格的理论,它们的价值是不可抹煞的。它们与人们的日常生活经验和习惯认识最为接近,为人们提供了认识人的基本方面的视点,而且它们提供了对人的现时人格状况的精确描述。尤其是,特质理论开创、采用了人格测量技术及科学的统计分析方法,这对于有关人格的临床实践和应用是有帮助的。

人格类型说和特质论也遭到严厉批评。它们常被批评为"不是真正的人格理论",因为它们没有解释具体的行为是如何被引发的,只是鉴别和描述了一些被认为与行为有关的特征,给它们贴上标签,然后归因为遗传塑造和环境影响。而且,这些理论虽然强调人格结构及其元素,但并没有说明它们的起源以及那些构成人格的特质之间的动力关系。此外,这些研究过多依赖被试自我报告,对环境因素没有具体分析其作用,它们在建立"测试-特质-人格"的联系上有所不妥。即使这些方法提供了人格测验分数,通常也不能很有效地预测某人在给定情境中的行为。

通观上述各种理论,它们实际上把眼光放在生物或遗传因素上,几乎都把人格看作是固有的倾向,至于人格的发生、发展、变化,其间的冲突力量的作用,则很少涉及。这些方面只是在后来的心理动力学研究中才得到强调。

由于类型说和特质论强调人格的固有倾向性,因而都主张人格是相对稳定的、一贯的、具有跨时间和情境的一致性。然而,以常规化特质为基础的人格研究并没能预测不同情境下的相关行为。这导致近年来对整个命题的怀疑:与人格相关的行为是具有一贯性的吗?哥伦比亚大学的沃尔特·米歇尔(W. Mischel)是对人格特质的一致性、普遍化的概念的最强烈的反对者之一。他认为,行为的情境特异化才是更为合理和典型的。比如,一个在学校作弊的孩子并不一定会在家里说谎,在商店里偷东西。因此,米歇尔指出:最好把人格理解为具有时间上的稳定性,而不是空间上(跨情境)的一致性。

我们曾经说过,人类知觉及认识的突出特征之一,是赋予我们多样化的经验以稳定性和一贯性,使我们更经济、方便、简捷地认识事物。而我们寻求人格一贯性的努力是不是我们这种普遍的、组织我们的世界使之更连续、有序、易于预测的认识特性的一种扩展?如果是的话,那么。它在多大程度上反映了人格本身的特性,又在多大程度上搀杂进我们认识本身的特性?

第四节　人格的心理动力学理论

自达尔文使用本能概念以后,心理学家很快借用过来,由原来用于说明动物行为的固化模式,转为用以说明支撑所有人类行为的动因的概念。这甚至也成为了一种流行而时髦的做法:如果心理学家有一种行为要解释,就给它假定一种新的本能。尽管人们知道命名并不等于解释,但这种给行为寻找原因的方法确是在相当的时期被许多人接受。

弗洛伊德给人类本能赋予了新的含义,由此改革了人类人格的概念,正如达尔文改革了人类进化观一样。为此,弗洛伊德的传记作家琼斯(E. Jones)写道:弗洛伊德是"心灵的达尔文"。

一、弗洛伊德的心理分析

弗洛伊德的人格理论规模十分庞大,内容丰富。他精心建立了一个庞大的理论体系,大胆地尝试解释人格的起源、人格的发展进程、人格的结构、心理的本质、人格的变态以及如何通过治疗改变人格。

心理分析理论认为,人格的核心,是人内在的心理事件,这些事件发动了行为,或是构成了行为的意图,它们可以被意识到,但主要是在无意识水平上起作用。这也就是弗洛伊德理论的心理动力学本质:强调行为的内在源泉和动因。弗洛伊德认为,所有行为都是有动机的;每一种行为都有自己的目的和原因,它们可以通过分析人的思维、联想、梦、失误及其他行为因素而被揭示。

(一) 弗洛伊德的概念

心理动力学研究的核心由4个主要的概念框架构成,它们是心理决定论,早期经验,驱力与本能,无意识过程。

1. 心理决定论(psychic determinism)

弗洛伊德是一位神经病学医生。他在早期的治疗实践中接触过许多癔病患者,他注意到其中有不少人没有任何器官或神经损伤,对此他无法用一般的医学概念进行解释。经过分析推敲,他发现,这些病人的病症同他们生活中被遗忘的早期经验有关,或是由这些经验直接所致。换言之,病症源于心理因素。他的临床实践不断支持了他的观点,以至他后来对心理决定论坚信不疑。而他在个案治疗中采用的临床观察和理性分析,则被他认为是揭开病理学及正常人格的秘密的钥匙。

2. 早期经验

弗洛伊德认为,从母体子宫到坟墓,人的发展是一个连续体;在这个连续发展的过程中,人的过去经验总要对现时的人格发生影响。而在所有的过去经验中,早期经验,也就是婴儿期与儿童早期的经验,最为重要。他的这一强调同他的临床经验密切相关。正如前面所说,他发现并相信,神经症的产生原因之一就是早期经验所产生的心理印记或创伤。

弗洛伊德虽然强调早期经验,但他并没有去直接观察、研究儿童,他的理论是以对成年病人的回忆和对早期经验的描述为基础的。这既使他的理论给人留下天才想象的印象,也使他的理论有许多不严谨、不科学的地方。

3. 驱力与本能(drive and instinct)

弗洛伊德假定心理异常有其生物基础。他认为:人类行为的动机来源在于心理能量,这些能量又出自先天的驱力和本能,它们是躯体器官产生的紧张系统。这些能量一旦被激活,便可以各种不同的形式表达出来。

最初,弗洛伊德假定有两大类基本的驱力:(1)同自我或自我保护有关的驱力,包括饥、渴及其他与生存有关的生理需要,它们是使个体生存所必须满足的。(2)性爱(Eros)的驱力,同性欲望和种系的繁衍有关。弗洛伊德更看中性欲望,并把这个概念极大地扩展为既包括性欲望,又包括所有其他的需求快乐或与他人进行身体接触的欲望。弗洛伊德把性欲的能量源泉叫作里比多(libido),认为这是驱使人寻求各种感官快乐的心理能量。

以上两类驱力都叫作"生本能",与个体或种系的生存有关。后来,弗洛伊德又提出"死本能"(Thanatos)的概念。所谓死本能是指人有被驱动去攻击、侵略等的行为本性。他之所以加上了这种本能,是因为他在第一次世界大战中看到人类之间的互相残杀,有感而生一个概念,这也是他对人类命运持悲观态度的原因之一。

4. 无意识过程

与本能一样,无意识是弗洛伊德理论中最重要的概念之一。他提出这一概念也是同他的临床经验有关的。在治疗癔病时,他发现只有在催眠状态中才能回忆起一些过去经验,而这些内容在清醒时完全不能被意识到,就好像它们从没有发生过一样。他认为,某些经验和与之相伴随的情绪体验被推到意识之外,是致病的原因。由此他假设,在意识之外,还存在一个心理结构,即无意识。他假设,人的心理是由意识和无意识构成的。它们就好像一座水中的冰山,在水面上的是意识,在水面下的是无意识;也正像实际中看到的冰山一样,(水面上的)意识只是心理结构中的一小部分,而(在水面下的)无意识则是一个相当大的构造。弗洛伊德非常看重无意识,认为它是人类思想、情感和行为的重要决定因素。

进一步地,弗洛伊德把无意识定义为包括原始冲动和本能以及其他欲望,这些内容因为同社会道德准则相悖,因而无法直接得到满足,它们被挤出意识之外,被压抑到无意识中。前面提到的早期经验被遗忘的现象,按照弗洛伊德的看法,它们不是消失了,而是被推入无意识域。无意识里的内容并不是被动的、僵死的,而是积极活动着,时刻寻求满足。这就像是被压入水的皮球,由于浮力的作用,时刻都在争取浮出水面。然而,无意识中的这些毕竟是与社会准则或个人理念相冲突的,人们必须设法禁止它们进入意识。一旦人的这种努力失败,就会导致各种病变。这就是弗洛伊德以无意识过程创立的病因学。

(二) **人格结构**

在上面的概念基础上,弗洛伊德创建他的人格结构理论。在这个结构中有 3 个成分:本我(id,又音译作"伊德"),自我(ego),超我(superego)。其中,本我、自我和超我处于不断的对立冲突过程之中。弗洛伊德以此来说明人处理自身基本驱力的方式。为了明确起见,我们把这 3 个概念对照如下:

1. **本我**

(1) 本我是原始的无意识的本能,是基本的驱力源,包括性、攻击等。

(2) 以非理性的方式工作,发动冲动,寻求表达和直接满足而不考虑愿望是否有现实可能性、社会接受性和道德性。

(3) 遵从快乐原则,寻求不受约束的性、躯体和情绪快感。

2. **自我**

(1) 是人格中现实性的一面。自我是在本我的冲动与实现本我的环境条件之间的冲突中得到发展的一种心理组织。是本我与外界关系的调节者。

(2) 在超我形成之后,自我还调停本我的冲动与超我的要求之间的矛盾,并在判断哪些行为既能满足本我又不违反超我中起作用,协调本我、自我和超我 3 方面的要求。

(3) 按现实性原则行事,面对愉快需要作合理的选择。

3. **超我**

（1）是个人价值观的源泉，是习得的社会道德态度，包括良知（conscience）和自我理想（ego ideal）。

（2）随着儿童对父母及其他成人规定的、针对被社会不接受的行为的禁忌的内化，并在克服自我的要求中而发展，超我约束人的行为，使其遵从社会规范。

（3）按道德原则行事，是人的社会性的代表和反映。

由上述对比可见，人格结构中的3个成分各行其职，扮演不同的角色。本我寻求快乐，寻求欲望的即时的直接的满足，反映人的生物性一面，好比"原始的人"。自我则探测现实性，探测实现本我冲动的可行性，是人格的执行者，充当本我要求与环境间的调解员的角色，是"现实的人"。超我则寻求完善，代表人的社会性一面，是"道德的人"。

然而，人格结构不是生来完善的。弗洛伊德认为，本我是最初的原始结构，是一种原始的力量来源，是遗传的，是人的各种生物性冲动。由于生物需要是始终存在的，因此本我在人格中是永存的部分。自我是人格结构的表层，在人与环境的接触过程由本我发展而来，作为本我的对立面而检查、监督本我，使得满足本我需要的活动更有目的性，更有效，更适应外界的要求。超我也是在人与环境的交往中由自我发展起来的，但它反映的是正误、是非的标准，也就是行为准则。超我是人习得社会道德规范的结果。这时，自我需要考虑本我、现实、超我3方面的要求，担负着协调3个方面、满足三者需要的职责。这样，本我、自我、超我3种力量相互之间形成了特定的人格动力关系。而一个人的一切心理活动，在弗洛伊德看来，就是由这种动力关系来阐明的。

（三）自我防御机制

在弗洛伊德看来，自我防御机制（self-defensive mechanism）是指自我所运用的心理策略，以此保护自己避开日常生活中体验到的种种冲突。自我防御机制对于心理上适应来自本我、超我、现实之间的冲突非常重要，因为它能帮助个体回避矛盾、自我安慰、自我开脱,起到维持一种可以令人接受和满意的自我形象、保护自尊、维系心理平衡的作用。在弗洛伊德看来,每个人都在一定程度上起用自我防御机制,因为每个人都不可避免地要面对本我、自我和超我之间的冲突,因此自我防御是正常的、合理的、必要的。

自我防御机制有许多种,这里简要介绍一些主要的形式:

1. 压抑(repression)

是最重要的防御机制,也是弗洛伊德的重要概念之一。它是一种心理工具,借助压抑,本我的强烈冲动被排除出意识域,使它们的外显表达被控制。

2. 投射(projection)

是指把自己内心不被允许的冲动、态度和行为推向别人或周围的事物上。这使得此方被压抑的内容在彼方反映出来,因而具有第二位的重要性。

3. 合理化作用(rationalization)

合理化作用又称"文饰"作用,指通过歪曲现实来为需要得不到满足进行开脱,从而保护自尊心。通常所说的"酸葡萄"心理和"甜柠檬"心理都属这种防御机制。

4. 反向作用(reaction formation)

是指自我为了控制或防御某些不被允许的冲动而有意识地作出相反方向的举动。诸如"矫枉过正"、"欲盖弥彰"、"此地无银三百两",都是这类防御机制的表现。

5. 升华作用(sublimation)

是指改换原来的冲动或欲望,以社会许可的思想和行为方式表达出来。这种防御机制使人能改变冲动的目的和对象而并不抑制它们的表现。

6. 转移作用(displacement)

是指用另一个目标作为替代品,从而安全地释放或满足冲动。所谓"找替罪羊"就是这种防御机制的例子。

然而,自我防御并不总是万能的。压抑可以使人不意识到某些观念,但人们仍可体验与之相伴随的情感。当被压抑的冲动日益强烈地寻求表达和满足,以至压抑机制难以奏效时,被压抑的冲动就有冲破制约、进入意识域的危险。当人在潜意识里觉察到这种危机时,就会产生焦虑。换言之,焦虑体验是一种信号,警告人们:压抑不起作用了。需要更大强度的压抑。但是,人能施加和承受的压抑是有限的。尽管人会有不可接受的欲望,都需要压抑,但压抑并不总是有效的,人们总会有这样、那样的焦虑,这可能造成人们过度使用压抑,进而导致病态的神经官能症。通常,那些神经症病人花费过多的精力歪曲、掩饰、排解那些不可接受的冲动,以减轻焦虑,以至很少有精力去营造有建设性的生活和现实。

弗洛伊德认为,每一个社会都要教导它的儿童禁忌他们的绝大多数基本的欲望,因此,每一个人都不得不随时随地防御这些冲动,心理病态也就不可避免。于是,他对人、对人类社会的命运持悲观主义的看法。

(四) 人格发展

弗洛伊德理论的另一个重要内容,是他的人格发展学说。弗洛伊德认为,人格各成分处于动态冲突与平衡的过程之中。其中本我所代表的无意识冲动主要是性需要(即快乐需要)的满足,这种满足总要通过身体的某一个部位或区域的快感来实现,而这个区域在个体发展的不同时期是不同的,这就形成了人格乃至整个心理的发展阶段。

弗洛伊德认为有5个发展阶段:

1. 口唇期(oral stage)

出生至一岁左右为口唇期,这时儿童主要通过吃奶和吸吮等口唇动作来获得满足快感。由于口唇活动是应付焦虑、获得满足的唯一方式,如果过早或过迟断奶,口唇快感满足不够或过度满足,在口唇期后,就会遗留某些口唇期的行为方式。弗洛伊德把这种现象叫作"固着"(fixation)。我们常常看到有的儿童很大了还吃手指、咬笔头,有的成人过分好吃、嗜烟、爱唠叨等。这些人被弗洛伊德认为具有"口唇人格"。

2. 肛门期(anal stage)

肛门期在2—3岁间。弗洛伊德认为,这时幼儿以肛门的忍、排便行为为快感来源。这时也正是对儿童进行便溺训练的时期。如果训练过严或过松,会导致肛门期的固着作用。结果是,到了成年期,要么过分拘谨,小气,固执,高度有条理性,过分注意清洁和小节,表现为"肛门期停滞"人格,要么过分杂乱无序,邋遢,没有条理,不拘小节,表现为"肛门期排斥"人格。

3. 生殖器期(phallic stage)

大约4岁左右,儿童进入生殖器期,以生殖器为快感的主要来源。弗洛伊德认为,在这个时期,出现一种特殊的现象:儿童恋慕父母中异性的一方,以同性的一方作为"情敌"。男孩子恋母,这称为奥迪帕斯情节(Oedipus complex),取名自希腊神话里有奥迪帕斯恋母杀父的故事。女孩子恋父,成为厄勒克特拉情结(Electra complex),取名自希腊神话厄勒克特拉杀母报父仇的故事。然而,这种"乱伦"的情感不能被接受,而且儿童也惧怕来自父母中同性一方的惩罚,因此通过对父母中同性一方"认同"(indentification),即在行为、思想和体验上以父母中的同性为榜样,与榜样相一致,来解决矛盾。这样,一方面可以"取代"同性一方而获得异性一方的情感,一方面可以因效仿同性一方而得到赏识而不是惩罚。

4. 潜伏期(latency stage)

从七、八岁左右开始一直到青春期前,儿童进入潜伏期,这时儿童不对性感兴趣,也不再通过定位于躯体的某一部位而获得快感。这时,儿童的兴趣转向外部,注意发展各种为应付环境所需要的知识和技能,这也正是儿童进入初等教育的时期。

5. 生殖期(genital stage)

这一阶段起于青春期贯穿于整个成年期。如果前面的几个心理-性欲阶段发展顺利,这时就可建立持久的性爱关系。这时,虽然快乐源仍指向生殖区,但人们不只是寻求自我满足,而是考虑他人需要,在性爱基础上建立爱情关系。

二、新弗洛伊德主义的人格观

弗洛伊德不仅自己享有世界性盛誉,也培养出许多颇有名望的弟子。这些弗洛伊德的门生在许多方面修正以至改变了弗洛伊德的经典理论的宗旨和信条:(1)不再过分注重本我,而是更强调自我以及该范畴下的防御机制、思维与控制;(2)重视社会环境包括文化、家庭、同伴等人格塑造因素;(3)不过分强调泛性欲和里比多;(4)把人格的发展推展至整个一生。

在新心理分析学派中,有较大成就的有:荣格(C. Jung),阿德勒(A. Adler),艾里克森(E. Erikson),霍尔妮(K. Horney),弗洛姆(E. Fromm),萨利文(H. S. Sullivan),马勒(M. Mahler)等。其中霍尔妮、弗洛姆试图修正经典的心理分析学说,而弗洛伊德最出名的两位弟子——荣格和阿德勒,则直接向传统的心理分析理论发起挑战。

(一)阿德勒的理论

和弗洛伊德一样,阿德勒也接受无意识的概念,认为人格是由无意识指引的,然而,阿德勒更多地是强调意识域中的活动。不仅如此,阿德勒在许多方面都与弗洛伊德有分歧(表13-2)。

表13-2 阿德勒与弗洛伊德人格理论的对照

阿德勒的理论	弗洛伊德的理论
强调意识	强调无意识
未来目标是动机的重要源泉	未来目标无关紧要
以社会动机为本原	以生物动机为本原
对人类持乐观态度	对人类持悲观态度
利用梦解决问题	利用梦分析无意识内容
人格同个人努力有关	人格完全由遗传与环境决定
不强调"性"的重要性	夸大"性"的重要性
治疗是鼓励人们以社会利益为基础确立生活方式	治疗是发掘受压抑的早期经验

阿德勒最有代表性的一个概念是"自卑情结"(inferiority complex)。他认为,人自一出生起就处于弱小、卑微、幼稚、依赖和无助的境地,都体验着自卑。随着在家庭、学校和整个社会中的不断成长、发展,人始终努力克服自卑、追求优越,这一过程构成了人的整个生活方式。阿德勒指出,人格就是围绕这一潜在的基本努力而构造起来的,每个人克服自卑、寻求优越而获得补偿的方式,决定了他的生活风格,而当外界压力与内在努力自强的愿望不协调时,就发生人格冲突。

人们对待自卑的方式可以有很大的差别,由此形成不同的生活风格和人格。当一个人面对自卑而积极地寻求补偿,追求优越时,自卑感反而是一种促人向上的动力,这时人会开拓和体验积极的生活。但如果面对卑微、无能、弱小、自救无措而消沉,深重的自卑感就会把人吞没,放弃自我改善的念头,陷入消极的人生。另一方面,在克服自卑的过程中,人们也表现出很大的个体差异。有的人为了使自己摆脱卑微,不顾别人的需要和社会的要求,只专注追求个人优越,导致过分补偿,过分自我表现,专横跋扈,好大喜功,甚至贬低他人的后果。

总之,阿德勒强调克服自卑、寻求优越是人格发展的基本动力,后来他又进一步指出,人是为完善社会而奋斗的,这种重视人的经验、社会需要和向善的品质的积极人格观,同弗洛伊德的观点形成鲜明对照。

(二)荣格的理论

荣格是弗洛伊德最得意的门生,是心理分析学派的"加冕王子",然而他却是经典学派最大的"离经叛道"者。荣格的理论的突出特点在于它从几个方面改变了经典的理论。

1. 里比多的新概念

荣格也使用里比多的概念,认为它是心灵背后的推动力,是个人心理发展的能源,但荣格对里比多的工作机理提出了一种新颖的看法,认为里比多能量的活动遵循物理学中的热量守恒定律和熵的原则。此外,他一方面否定里比多是性欲、攻击等欲望受压抑的产物;另一方面,他在原始生物性冲动之外,补充了"创造"和"自我实现"等欲望,在人的本性中加入了社会性内容,这对后来的人本主义理论的产生起了很重要的作用。

2. 无意识的新概念

荣格也把心理分为意识和无意识两个范畴,然而他对两部分的内涵以及在人格中的作用提出了不同的看法。一方面,关于意识,他认为"自我"是意识域的中心,是我们所意识到的一切心理活动,如思维,记忆,情绪,感知觉等。自我的职能是维持日常生活,使我们体验到自身的同一性。另一方面,关于无意识,他又分为两个部分:"个人无意识"和"集体无意识",从而大大扩展了无意识的内涵。他指出,无意识不仅限于人格独特的生活经验,而且充满了基本的、普遍性的心理真理观。这些内容为所有的人所共有,因而称作"集体无意识"(collective unconsciousness),其意义在于,使所有的人以同样的方式对刺激作出反应。比如,人共有同样的历史,生活于同样的文化之下,接受同样的事物,如太阳与月亮,白日与黑夜,天与地,食物与水等,这使人们带上共同的认识背景,或是对事物有同样的反应,而这种作用是在不知不觉中发生的。

3. 原型的概念

荣格提出了"原型"(archetype,或译为原始意向)这一新概念。原型是指一种特定的经验或客体的原始的象征性标志或表征;每一种原型都伴随一种以特定方式思考、体验此种经验或客体的本能倾向。比如,人、男人和女人、宇宙,都有相应的原始的基本形式并被人们所认识。女性可以体验到男性的原型,荣格称之为"阿尼玛斯"(Animus);男性可以体验到女性的原型,称之为"阿尼玛"(Anima)。人也有自我的原型。荣格从东方哲学与宗教中得到启发,认为自我的原型就是"曼佗罗"(mandala)。曼佗罗是印度秘教中关于宇宙形式的概念,是指宇宙对称的、统一的、整体化的构造或境界。因此在做法事时,法场也按照想象中的宇宙的格局布置,以求自身与宇宙相融合。荣格认为,这就是人的自我的原型,象征人寻求统一、和谐与完美。

4. 人格的概念

按照里比多、无意识、原型的新概念,荣格开始构造他的人格结构理论。他认为:人格中包括许多概念,每一概念都反映了一种内部的力量;每一个概念都有与之对立的另一个概念,如意识与无意识,内倾与外倾,思维与情感等。对立的双方构成一个人格单元;按照热量守恒定律,其中一个方面发展了,另一个方面就相对削弱。人格就是这些处于动态平衡中的各种(阴阳)对抗的内在力量形成的"集群"(constellation)。而人的生活目标,就是按照熵的原则在各个人格单元的两个对立方面之间寻求平衡。这也就构成了人格的运动,这种运动的目标就是达成各个对立成分的完美统一——构成曼佗罗。荣格把自己的这种对人的内在动因(集群)的分析的心理学,叫作分析心理学(analytic psychology),以区别于弗洛伊德的心理分析(psychoanalysis)。

(三) 艾里克森的人格理论

同前面介绍的两位学者一样,艾里克森也在相当程度上背叛了经典的心理分析理论。一方面,他也和弗洛伊德一样,认为人格结构是由本我、自我和超我3个部分,其中的本我是人格的原动力。另一方面,他强调自我的重要性,认为自我是个人本体意识同一性的源泉,是个人适应社会环境的保证。艾里克森尤其注重个人与社会环境的交互作用对人格的影响,认为个体人格是在与环境的不断相互作用中发展、成长,建立起来的。

艾里克森的突出贡献之一,是他构造了一个庞大的乃至整个心理的人格发展模型,命名为"心理社会性发展"(psychosocial development)模型。这个模型用他的新心理分析的观点和概念说明人的发展,并把这一发展过程扩展到人的整个一生。他把这个发展过程划分为8个阶段,对每一个阶段,他都鉴别出一种核心的对立过程,指出了其中存在的心理社会危机,分析了这一危机正常的解决(增强自我的力量,导致人格的健康发展)和解决失败(阻碍人格发展)的不同后果,并给出了引导每一阶段走出危机、成功发展的方法(见第十四章)。

艾里克森的心理社会性理论对心理发展所作的阐释,给人们带来了新鲜的认识和极大的启发。他的理论对现代心理学,尤其是发展心理学、临床心理学和教育心理学,产生了深远的影响,并且同皮亚杰的认知发展理论一道,构成现代发展心理学两大最重要的派别(详见个体毕生心理发展一章)。

三、对心理分析理论的评价

弗洛伊德开创的理论,改变了对人的观念。这个规模庞大的理论有十分丰富的内涵,既有对意识层次的剖析,又有对无意识本能的深刻挖掘;既有对人格结构的分析,又有对它的内部组织的动力关系以及发展历程的阐释。而且,从实践角度来看,他的理论既出自临床经验,又对治疗工作起了重要的指导作用。所有这一切,使弗洛伊德的理论在不长的时间里很快被当时的人们所接受,一时引起了轰动性的反响和相当普遍的支持。

当然,弗洛伊德的理论之所以赢得了大众的拥戴,另一个主要的历史背景,是因为当时处在维多利亚女王的禁忌主义历史时期,人的许多本性受到严厉压制,这使弗洛伊德的泛性论的本能观和无意识理论在解释病因方面获得了被接受的机会。在当时,弗洛伊德的理论俨然是对人本性的肯定,这使他赢得了世界。

弗洛伊德的理论所引起的轰动和热潮,与它受到的批评成正比。一方面,心理分析的理论很快在世界范围内流行,尤其在美国,弗洛伊德赢得了极大的声誉,有关心理分析的书籍纷纷入市。而另一方面,心理分析理论中几乎没有哪一部分不受到强烈的批评。

对心理分析的首要批评,是认为它概念模糊,非操作化,无法进行控制和检测。弗洛伊德有许多概念是他头脑的想象的产物,这些概念难以接受科学的测量和评价。弗洛伊德本来并不是心理学家,这就无怪乎他构造理论的方式和结果不合乎现代心理学的"科学"标准。

对弗洛伊德理论的另一类批评,是认为这一理论"是出色的历史,糟糕的科学"。弗洛伊德让病人用事后回忆的方法,然后他对其内容提供解释,这就无法可靠地预测未来。他过分强调历史根源(早期经验),偏离了引起、维持现时行为的现实刺激。他过分看中生物驱力,忽视个人期望、目标、努力的作用。

最后,由于弗洛伊德的理论主要是以他对病人的临床经验为基础的,他对健康的生活风格所言甚少,没有充分肯定人的积极的一面,没有提供关于健康人格寻求愉快、实现潜能的见解。他对人的本性持悲观的认识,恰似给人贴上"人之初,性本恶"的标签,着眼于人不断产生矛盾、创伤、固着、焦虑,更加上"死本能"的概念,人被推上了一条在自我否定中走向死亡的道路。

第五节 人格的人本主义理论

本世纪50年代以来,人本主义学派对人格进行了不少研究,其主要特点是关心个体的有意识经验的整合和成长潜能。该理论特别看中自我实现(self-acturalization)的概念,认为自我实现的愿望是一种基本驱力,是人所具有的多样化力量的组织者,而这些力量的不断的交互作用就塑造了人。人本主义认为,行为的各种驱动力量来自个人独特的生物的和习得的倾向,这些倾向促使人向着自我实现的积极目标发展、变化。由此可见,自我实现是一种建设性、指导性的力量,发动人的积极行为去追求完善。

在方法上,人本主义学派还具有一些明显的特点。一是整体论(holistic)观点,主张把人看作一个统一体,从人的整体人格去解释各个行为。二是倾向论(dispositional)观点,把自我实现看作是一种先天的倾向,与"人之初,性本善"的观点如出一辙。三是现象学(phenomenological)观点,主张个体的参照框架,认为应从个体自身的主观现实角度而不是分析者的客观角度去观察。四是存在主义(existential)观点,注重个人的意识的高度理性过程,以此解释现时经验和生存的各个方面。

一、个人中心式研究

卡尔·罗杰斯(Carl Rogers)是人本主义学派的开创者,也是最重要的人物之一。他的主要贡献是他的"病人中心式治疗"(client-centered treatment)和个人中心式人格理论(person-centered theory)

所谓"个人中心",是指要倾听人的内在心声,个体的内在世界——他的现象学领域——正是心理学家们要去探究和理解的。

罗杰斯的理论核心是自我实现的概念。他把这一概念定义为:不断努力实现固有的发展能力和才能,从而最大限度地发挥、表现个人潜能。然而,罗杰斯发现,不幸得很,在现实生活中,人的自我实现的努力常常与寻求赞赏的需要相抵触。在现实中,儿童为了获得奖赏,必须遵从父母、社会规范,否则奖赏、爱就会被取消。罗杰斯把这样的奖赏叫作"有条件的正性奖赏"(conditional positive regard)。罗杰斯指出,这种奖赏促成一种不良的现象:儿童学会以特殊的行为和感受方式以获得别人的赞赏,而不是获得内在的满足。通俗地说就是,人们只是在为别人的评价而活着,而不是为了自己的追求、价值活着。而这也就形成了人们一贯的生活风格。为此,罗杰斯主张,要给予人们无条件的奖赏,鼓励人们为了自己的生存目标去努力,实现自己的潜能。

罗杰斯的理论极大地改变了传统的医患关系,病人成了治疗的中心,人的本性在心理治疗的理论和实践中得到了充分的重视,对美国的社区健康服务和现代治疗模式产生了巨大影响。

二、"自我"理论

历史上,有不少学者探讨过自我(self)的概念。威廉·詹姆斯曾认为自我有3个成分：物质的我(material me)，指自我的躯体内容；社会的我(social me)，指对别人对自己的看法的意识；精神的我(spiritual me)，指自我中监视内在思想、情感的部分。

很多年以后，罗杰斯重新唤起了人们对"自我"概念的兴趣。他把自我定义为人格的连续性、稳定性所赖以产生的最小单元。罗杰斯把自我概念划分为两个部分：实际自我(actual self)，这是人对自我现状的知觉；理想自我(ideal self)，指人对自己将要成为怎样的人的理想。罗杰斯认为，人格一致性并不是指人格各个部分之间、或特质与行为之间、或过去与现时机能之间的一致性，而是指现实的自我与理想的自我之间的一致性。现实的自我总会与理想的自我有距离，这促使人们努力追求理想。而如何追求个人理想就构成了不同人的生活风格。

另一个与自我有关的概念的是同一性(identity)。罗杰斯认为，这是独特的人格感的核心，包括认识到自我与他人的区别，认识到其他与自我有关的内容，认识到其他与自我相异的内容。罗杰斯还论述了自尊(self-esteem)的概念，这是指对自我的概括化的评价性态度，影响着人的心境和行为。

三、马斯洛的理论

马斯洛(Abraham Maslow)是另一人本主义心理学的创立者和倡导者，他把这一心理学派称为"第三势力"，以取代心理分析学和行为主义心理学，因为心理分析更像是病人的心理学，行为主义更像是动物的心理学，而人本主义才是还人性以其本来应有的地位，是真正的人的心理学。

马斯洛的人格理论的基础，是他的"健康的创造性的人"的概念。他指出，人运用所有的才能、潜力、技能，努力发展潜能至极限；人不是与他人竞争，而是努力成为我所能成为的理想的我。

正如前面在有关动机一章里所说的，马斯洛把人的基本需要划为两大类，一类是缺失需要，一类是成长需要。成长需要是人的高级需要，尤其是其中的自我实现的需要，它是人努力的最高境界，而人自我实现的追求，就构成了一个人的生活主题，人的生活风格就是在这个过程中体现出来。

马斯洛的另一个重要概念是"高峰经验"(peak experience)，这是指当人感到与世界完全和谐时的微妙的瞬间体验，这时人们处于高度自律、自然自在、敏感、忘却时空的境界。这种境界正是在人们自我实现的过程中取得成就时体验到的。

四、对人本主义理论的评价

人本主义理论给人们描绘了一幅关于人性、关于人的未来的美好画卷。在心理分析曾经喧嚣一时、行为主义统治几十年后，的确给理论界带来焕然一新的面貌。

然而，对人本主义理论同样也存在不少批评。一个主要的批评意见是认为，人本主义理论不够科学化，主观性强，概念模糊，没有明确的定义，其理论很多是基于科学上无法证明的推论，而这些推论又是以不准确的方式描述的，如"自我实现"。

还有人批评到：人本主义理论难以说明人的特殊品质，它所主要的本性、品质都是普遍性的、一般化的，是人皆有之的，并没有说明个体差异。

人本主义理论的另一个致命弱点，是它缺乏"中立性"。它主张"人之初，性本善"，认为人先天都是向善的。这一观点虽然赋予人好的先天品行，却使自己在科学性上"先天不正"。例如，它很难解释为什么世界上有那么多战争，有那么多种族残害，有那么多街头暴力，有那么多罪恶。

对人本主义理论的另一些批评还有，认为它过分简化了人格的复杂性，只是用简单的自我实现的先天倾向概括人的整个生活风格；忽视个人独特生活历史和过去经验的影响以及人格的发展性；不能预测特定的人在给定的情境中如何反应。

第六节　人格的学习理论

与心理分析及人本主义理论强调人的内在本能或过程相反，学习理论注重外在条件，强调环境因素对人格的影响。

一、严格的行为主义理论

严格的行为主义的人格观认为：行为和人格基本上是由外在环境塑造的；人格是外显与内隐反应的总和，这些反应是作为个人被强化了的历史的结果而被可靠地引发的；人之所以有个体差异，是因为他们有着不同的被强化了的经历。不难看到，行为主义理论实质上把人格等于行为，而这些行为是通过环境条件作用的强化而被固定下来，并形成具有个人独特性的模式的。

由于行为主义理论把人格看作是环境输入作用下的输出物，它相对地忽视个人本身在人格塑造中所起的作用。它受到的一个批评是，既然行为决定环境刺激条件，那么怎样解释对同样的刺激，不同的人会有不同的反应？行为主义的回答是：一方面，虽然刺激一样，但对于具有不同强化经验史的人来说，它对人的意义并不一样；另一方面，不同的人的行为处于不同的强化时序中，反应自然可能不同。总之，行为主义学者关心的是行为如何随着环境改变而变化，而不是像其他派别那样，关心具有持久性的特质、本能和自我。

行为主义之所以有这样的人格观，源自它的哲学和方法学。它强调心理研究的科学性，认为这种科学性是只能通过客观的、可重复的量化的精确说明来实现和保证的。因此，它认为只能去研究那些外显的或可以凭可控制的手段准确测量到的内隐的行为；同样，在对行为的解释中，也不允许、而且也不需要采用内在心理状态、假定的倾向等概念，认为这些概念只不过是理论家的主观杜撰，除了增加理解、认识上的困惑之外，毫无益处。行为主义理论反对任何虚构人格结构的做法,而它自己也被这些禁忌所约束,以至它也并没有什么真正的人格理论。

行为主义学派的科学化努力在它的实验研究中有突出的表现。和它的基本宗旨相一致的是,行为学派对传统的测验、问卷、投射技术等方法的可靠性表示怀疑,主张通过在实验室采用观察和实验方法,定量地描述环境刺激与行为变化之间的关系。

二、行为学派与心理分析派的调和

为了把弗洛伊德的心理分析理论与行为理论的严格概念整合起来,耶鲁大学的学者道拉德(John Dollard)和米勒(Neal Miller)采纳了赫尔(Clark Hull)的理论,在行为主义理论框架中接受诸如驱力、习惯等概念。弗洛伊德和赫尔的理论有一些共同点,他们都同意(1)紧张的动机作用;(2)紧张的解除具有强化效果;(3)防御机制是解除焦虑的反应;(4)早期经验对日后行为有重要影响。

在上述背景基础上,道拉德和米勒构造起了自己的理论。他们把理论的核心确立在学习或习惯形成的过程上。这个过程有4个主要成分:(1)驱力:负责推动有机体的行动;(2)线索:对哪些是适宜的可缓解驱力的行为提供建议;(3)反应:这就是行为本身;(4)强化:负责加强线索与反应之间的联结。不难看到,这4个概念和相应的过程是心理分析与行为主义概念的混合。

行为主义的调和派在研究对象中增加了内在过程,使学习理论拓宽了严格行为主义对人性的认识,从而丰富了行为派的研究,使它在严格的"科学性面孔"上增添了一些"人性的温热"。

三、社会学习理论

(一)班都拉的概念革新

新行为主义学派对传统的理论作了大量革新。其中最著名的,是斯坦福大学的班都拉(Albert Bandura)的工作。他以学习理论为基础,补充以人自身的能动作用,强调人与社会环境的相互作用,从而提出了新的人格研究方法,形成了行为主义新流派:社会学习理论。

社会学习理论认为:人类既不是由内力驱动,也不是环境的摆布物。人有自己独特的认知过程,它们参与行为模式以至人格的获得和维系。由于人的认知活动:(1)人们能够操纵符号,思考外部事物,可预见行为的可能的结果,而不需要实际去经验它们。这种学习叫作替代学习(vicarious learning)或观察学习(observational learning)。这是社会学习理论中最重要的概念之一。(2)人们可以评价自己的行为,为自己提供自我强化(自我奖赏或批判),而不必依靠外部强化。(3)人们可以调节、控制自己的行为,而不是被外界左右。

不难看出,社会学习理论的改良拒绝了经典行为主义的环境决定论观点,强调个体、环境、行为三因素之间的复杂的交互作用。因此,社会学习理论又被称作"交互决定论"(reciprocal determinism)。在这个理论中,所有的成分对于理解行为、人格、社会生态来说,都是重要的。

新行为观对行为的获得和维持作了系统的说明。首先,人们可以通过观察来进行学习,获得大量信息,了解社会环境,从而获得行为。行为一旦获得,便由3个方面调节与维持:(1)刺激:特定的刺激可以决定某些特定的行为在适宜的时间出现;(2)强化:在个体以特定方式进行活动时予以奖励(3)认知:把行为同内在标准相比较,提供自我强化或惩罚,从而指引行为。

班都拉的另一个重要概念是自我效能(self-efficacy),它是班都拉的理论的核心内容。所谓自我效能是一种信念,相信自己能在特定环境中恰当而有效地作出行为表现。这种信念不同于一般意义上的自信。它是对能力的一组特殊的评价,是一种复杂的自我认识。自我效能以多种方式影响着人们的知觉、动机,影响活动、任务的效果,也影响环境,因此是重要的人格组织因素。

(二) 米歇尔的人格理论

米歇尔(Walter Mischel)是社会学习理论的另一位有特色的学者。他认为,可以用5个相互重叠、相互交错的概念解释行为的独特性和一致性:(1)能力:在过去学习的基础上,构造起对不同情境作出反应的行为程式,它们具有个人独特性和相当的稳定性。(2)编码:以独特的方式认识、划分经验。(3)预见:经过学习,形成关于不同行为的奖惩期望。(4)结果:有两种,一种是环境作用造成的结果,一种是基于个人能力的结果。(5)计划:计划或规定在特定情境中的行为,这种计划具有相当的个人独特性。米歇尔认为,这5个方面构成人格的5个元素,它们是个人过去学习的结果,并指引着未来的学习,因此,它们是个人生活的结果,也规定了未来生活的风格。

米歇尔假设,一般而言,当环境中的线索较弱或模糊时,个人因素就对行为起较大的影响,当情境要求明确而强烈时,个人反应的变异性就较小,多是遵从情境的规定。

从以上介绍的两种理论的内容来看,社会学习学派虽然继承了行为主义的衣钵,但都肯定了个人的能动性和认知所扮演的角色,已经同认知学派有许多共识。

四、对行为主义理论的评价

行为主义学派主要人格理论的客观内容,用明确界定的语言研究,描述可测量的行为,其结论、观点可以被检验、再检验,符合普遍的科学性标准。而且由于其方法以客观测量、操作化定义下的实验为基础,所得到的结果有长效价值,经得起时间的考验。尤其是,行为学派提供了很好的行为矫正的方法,见效快,疗效巩固。

然而,就像人们对行为主义理论予以很高评价一样,人们对行为主义理论也给予最严厉的批评。批评之一是指责它过分强调环境而失去人心理本身的内容。这种理论认为人的所有行为都是环境作用的产物,都是靠刺激引发和外界强化维持的。如果人格真是建立在习得的先前曾受过强化的反应的不断重复的基础上,那么,所有的新的行为的起源又是什么？人的创造性成就、新奇的观念、发明、各种艺术独创又是怎么来的？

行为主义考察研究的绝大多数动物在学习中所进行的操作,都是因有机体处于缺失动机状态而被强化的。行为主义很少去关心人的高层次需要。这一学派拒绝研究任何使人和动物有区分的内容,所揭示的原理或规律势必过于简单而未必适合于人类。

通观行为主义的研究成果,我们很少看到它们对人的本性、对人的生活风格的生动描述,更多地是看到环境刺激与行为反应之间的数量描述。的确,行为主义是一场革命,但也是一场灾难。它捡起科学性,却抛弃了人性,这其间的得失并不能获得平衡与互相抵消。而且,一味追求所谓科学性,以至面对活生生的人而不能直视它的本性,只因为有严格的定量化戒律,那么,执着于这样的方法,等于作茧自缚。

第七节 人格的认知理论

人格的认知理论是新近产生的一种最年轻的理论。这一理论的特点是强调人把感知内容转换为有组织的现实认识的过程,强调个体参与构造自身的人格。

一、个人构念理论

乔治·凯利(George Kelly)在50年代中期提出了较有影响的人格认知理论,称为个人构念理论(personal construct theory)。这一理论突出强调人对自身主观世界的主动的认知性的构造。凯利指出,人不是环境的牺牲品。环境事件本身虽不可改变,但人可以自由地选择如何对它进行解释。人总是不断地以不同的方法重新构造(认识)自己的过去(反省历史),定义自己的现时问题(检验现实),预测未来的环境。

凯利认为,每个人都像是个科学家,建立种种理论来理解和预测周围的世界,特别是人际环境。这些理论就叫作个人构念。具体地说,一种个人构念就是人关于两个事件如何相似而区别于第三个事物的观念。它并不是简单的标签,用来给观察到的行为做标记,它指引人们在巡视环境时应去了解哪些方面,并影响人们对这些方面的反应。

凯利认为,一套个人构念组合起来就构成一个人的观念系统,这个系统决定着他如何去思想、体验、行动和认识新情境。换言之,整个系统就是人的人格;构念系统完全是个体性的,每个人都有独特的构念系统,内容不同,数量不同,构念之间相互联系的方式以及复杂性均不同。因此,要想理解人,就必须努力以对方的方式看世界,以对方的构念系统而不是以自己的构念系统为基础。

二、对认知理论的评价

迄今为止,沿袭凯利理论的研究为数并不多,也许因为它过于强调个体性,然而这对临床医生却很有影响。

认知理论的突出贡献是确定了人的理性活动在人格中的位置,强调人的主动的认识活动对行为的指引作用。人是有头脑的人,有思想的人,是受观念指引而不是被本能驱使的。这就明确了人与动物的区别,使人格研究的确是"人"格的研究。

然而,人不仅是理性的人,也是有感情的人。认知理论在强调认识的作用的同时,忽视了动机和情绪在人格中的作用,只是注重理性,只着眼于信息加工,情绪被降低到思想和行为的副产品的地位,这未免使人格显得太"严肃"了。

对凯利理论的另一个批评是,它对人格构念的由来的解释很模糊,而且,它也没有说明如何运用个人构念预测行为。

以上介绍了5类人格理论。正如已看到的,没有哪种理论是十全十美的。或许要想全面理解人格,最好的办法是把这些理论统合起来。斯坦福大学教授金巴多(P. G. Zimbardo)曾作过一个生动的

比喻。他说,如果我们把人比作一部汽车,那么:

特质理论描述了它的所有部件和构造;心理分析理论为它添加发动机和燃料;学习理论提供了车轮、指示信号和其他操作仪器;人本主义把人请到了驾驶座上,这个人意欲驶向一个独特的目标,并从达到目标和旅途本身中汲取快乐;认知理论则为旅行加上种种注释,使所计划、组织的旅行方式符合人为实现目标所选择的心理地图。

第八节 人格测评

人格测评是人格研究中的一个重要组成部分,它不仅具有理论意义,而且有很大的应用价值。从理论上说,人格测评是我们了解人格本质、结构的重要手段;从实践上看,人格测评是医疗诊治、职业咨询、人事甄选等方面需运用的重要工具。

一、人格评定的基本方法

(一) 人格测量的基本原则

人格测评有一些基本原则,其中大部分同能力测验一样,因为,实质上能力也是人格的一个组成部分。

人格测量的一个重要原则,是测评结果必须具有信度和效度。这同能力测验的要求是一样的。在考察人格测评的信度时,常用的方法是重测信度和分半信度。重测信度是指一个测验重复施测得到的结果是否具有很高的一致性。分半信度是指测量同一内容的两部分题目的测验结果之间是否有很高的一致性。至于人格测评的效度,有许多方法可以考虑。一种是一致性效度,这是把目前的测验结果同一个已知的测量同样内容且有效的测验的结果相比较,如果有很高相关,则一致性效度高。另一种方法是考察预测效度,即考察测验结果是否同被测人实际的行为表现相一致。还有一种是考察内容效度,即检查一下测验的内容是否同想要测验的内容有逻辑上的关系。

人格测评通常是把一些问题通过文字或图形或交谈的形式呈现给被试来进行的。一般说来,对这样的问题的回答,本身并没有好坏、优劣之分,也没有绝对的答案可言,只是通过这些回答间接地判断人的人格。因此,对这些回答,必须制订一个评判标准,以确定什么样的回答反应了什么样的人格。通常,这种标准是在一个标准群体中预行试测(这个群体的人员同本测验将要实施的对象在各方面是一样的,并且是由随机抽样方法产生的),取得该群体对所有问题的反应模式(即所得分数的平均趋势和离散度),也就是常模。

人格测评中应设法避免被试的反应偏差。比如,有的人总喜欢做"是"的回答,有的人则总是答"否",有的人则爱取中性回答,有的人对需要作复杂陈述的问题只是做简单"是"或"否"的回答,也有的人总要掩饰自己的真实反应,不愿意如实回答问题。这些都会给测评造成误差。人格测评中,通常利用一些技巧和方法避免这些偏差,或是如果无法避免的话,要测量出偏差的程度有多大。

需要说明的是,就像用尺子测量物体长度,总有一个误差的范围一样,人格测验乃至所有的心理测验,其精确度都是相对的,没有绝对准确的测验。

(二)人格测量的类别

现有的人格测评技术有很多种,大致说来,可以分为3大类:观察法、自陈法和投射法。

1. 观察法

观察法可以说是了解一个人的人格特性的最简单易行的方法。这种方法可以是在自然情境中进行,也可以在实验室的人为情境中进行。在观察过程中,观察者可以与被观察者进行直接的接触,也可以在被观察者毫无觉察的情况下进行。比如,招募雇员的人事主管常常要同求职者面谈,目的就是要想在交谈过程中考察、了解求职者的基本情况,包括其主要的人格特征。

自然观察是在完全自然的情境中观察被试的自发行为,借以判断他的人格特征。在这种观察中,观察者并不干预、控制活动进程。实验室观察通常是事先安排一些专门的有结构的活动,从中观察被试的行为反应。在这种观察中,观察者可以通过预先安排的条件,了解被试的某些特定方面的特点。

观察法的主要优点是简便易行,但这种方法对观察内容的控制程度小,不一定总能得到想要得到的内容。而且,观察者的经验、技巧和偏见会对观察结果和解释产生影响。

2. 自陈法

自陈法通常以让被试填写问卷的形式进行。问卷都是事先编制好的,由一系列问题或条目组成,要求被试报告自己在给定情境中可能有的行为、情绪感受和想法。这种问卷都有指定的回答方式,如"是—否","同意—不同意",或是用一定的评分尺度评定某一情形在多大程度适合于自己。这种方法对被试的行为具有高度的规定性,记分也就比较简单、容易、明确。

由于自陈法不是直接观察被试的行为表现,而是通过他对问题的回答来间接判断人格的,因此这种方法尤其需要明确测定信度和效度,并排除反应偏差。

一般说来,自陈量表的编制采用3种方法。一种方法是理论推测,即由理论家们从人格概念的分析开始,找出与这些概念有关的认知、行为、情感等方面的表现,把这些表现以文字形式转化为问题,并规定供被试选择回答的方式,从而了解被试在量表上的得分情况是否符合理论期望。另一种方法是因素分析,即以书面问卷形式提供一些反应情境,假定某些情境能反映人格的一个方面,然后用因素分析的统计方法找出它们的相关方面,从而构成人格的一个基本因素。用这样的方法找出来的各种因素就是描述人格的要素。第三种方法是经验标准法,即把初步拟订的问题在某些有代表性的团体中施测。比如,如果想制定测量内外倾性格的量表,可以把拟订的问题分别在公认的内、外倾人群中施测,看量表是否能明确区分出这两类人(即得分上是否有明显差异)。

自陈法也是一种比较简单易行的方法,通常并不要求专家来进行,记分容易。但这种方法的量表制定却是很复杂而严格的科学工作。不过,由于问卷中规定了可选择的回答形式,限定了被试的反应范围,可能造成一定程度的失真。此外,还存在被试的反应偏差,被试可能有意敷衍,或者回避敏感问题,或者从题面猜测所谓的"好答案"。

3. 投射技术

投射法是基于这样一种心理分析的假定,即人的思想、态度、情感、愿望等个人特征,会不自觉地投射到外界事物上,通过对特定投射物的投射反应,便可了解被试的人格特征。因此,投射法以一些意义模棱两可、甚至本身可能毫无意义的图形或墨迹为刺激,让被试无拘无束地对这些刺激进行自由反应,测验者通过分析这些反应分析被试的人格特性。

投射法有3种反应方式:(1)联想法:被试根据刺激报告出自己自由联想到的内容;(2)构造法:被试根据所看到的图片刺激自由编出一段有关图中人或物的故事;(3)表达法:通常是让被试用非言语方式自由表现,借此分析其人格。表达方法有:让被试画画,捏泥塑,用玩具或图片构造一些情境,或是扮演一个社会角色。

投射法的优点是,它没有对被试的反应方式进行硬性规定,被试相对较少拘束,甚至不知测查的意图,不了解反应方式同评定方式之间的关系,测验目的具有很大的隐蔽性,因此被试的反应偏差较小。然而,有得必有失。由于被试的反应可以相当自由随意,也就没有标准的反应可言,对反应内容的评定也就很难标准化,致使结果的分析十分困难。因此,这种方法在很大程度上依赖于测验者的技术、经验、对测验结果的解释能力。

二、常见的人格测验

(一) 罗夏克墨迹测验

罗夏克墨迹测验(Rorschach Inkblot Test)是由瑞士精神病学家罗夏克在20世纪20年代创立的一种著名的投射测验(图13-3)。他在大量筛选基础上选定了10张墨迹图作为刺激材料,其中5张是浓淡不同的墨色图,2张是浓淡变化的墨色再加红色斑点,3张是由几种颜色构成的彩图,所有的图都是没有意义或情节内容的。测验时,让被试对它们逐一进行自由联想,请他们回答在图上看到了什么,然后再进一步询问被试某些问题,了解图中的哪些内容引起被试的反应。

图 13-3 罗夏克墨迹图举例

该测验的评分与解释主要依据以下3个线索:(1)被试注意的

是墨迹图的局部还是全部;(2)决定被试知觉的是哪些图形特征,是形状、颜色还是阴暗部分;(3)被试的答案中是以人、动物,还是以部分器官、骨骼等形式出现;被试的答案是常见性的还是具有创新性。

(二) 主题统觉测验

主题统觉测验(Thematic Apperception Test,简称 TAT)给被试呈现一系列画有模棱两可情景的图片,要求被试对每一幅图片想象一个故事,说出图中发生了什么,什么原因促成了这幅情景,这一情景将会如何发展或解决。

(三) 明尼苏达多项人格测验

明尼苏达多项人格测验(Minnesota Multiphasic Personality Inventory,简称 MMPI)是由明尼苏达大学教授哈瑟韦(S. R. Hathaway)和麦金力(J. C. Mckinley)于 40 年代制定的,是迄今应用极广、颇富权威的一种纸-笔式人格测验。该问卷的制定方法是分别对正常人和精神病人进行预测,以确定在哪些条目上不同人有显著不同的反应模式,因此该测验最常用于鉴别精神疾病。

原始的 MMPI 由 550 个问题组成,每个问题涉及一种行为或态度或认知内容。测验分为 13 个分量表,其中 10 个临床量表,3 个效度量表,它们分别是:(1)Hs 疑病;(2)D 抑郁;(3)Hy 癔病;(4)Pd 精神病态;(5)MF 男子气、女子气;(6)Pa 妄想狂;(7)Pt 精神衰退;(8)Sc 精神分裂症;(9)Ma 轻躁狂;(10)Si 社会内向;(11)L 说谎分数;(12)F 诈病分数;(13)K 校正分数。另外还有 Q 分数,是被试无法回答的题目数。MMPI 十分庞大,能提供十分丰富的信息,但实施起来也较费时,尤其是对病人更为困难,往往要分段实施。后来,有许多人研究 MMPI 的新应用,总结、演化出了多达 200 种以上的量表。也有人尝试缩小这一测验的规模,减少测验题目,缩短了测验所需的时间。

(四) 卡特尔 16 人格因素测验

卡特尔的人格理论我们已在前面介绍过。卡特尔建立了一个与他的理论相对应的人格测验,名为16人格测验(16 Personality Factor Questionnaire,简称16PF)。16PF采用了与MMPI完全不同的制定方法,是以正常人为对象建立起来的。卡特尔和他的同事们首先找出4500多个用于描述人类行为的形容词,最终简化为170个他们认为涵盖了原始词表的主要含义的形容词。然后他们让大学生用这170个词描述他们的熟人,再使用因素分析的统计技术鉴别这些条目中的组类,即因素。由此鉴别出了16个因素,卡特尔认为它们反映了人类人格的关键特征或根本特质。与MMPI比起来,16PF规模较小,但提供的信息仍十分丰富,尤其是它为受测者提供一条人格曲线,并同已鉴定的不同职业的性格特征曲线相比较,对职业咨询起到帮助作用。目前普遍认为16PF是迄今最完善的特质评价方法。

(五) 艾森克人格问卷

艾森克人格问卷(Eysenck Personality Questionnaire,简称EPQ)是英国学者艾森克于四、五十年代建立起来的自陈量表,有成人和青少年两种形式。问卷有4个分量表E,N,P,L组成,分别测量人的内外倾、神经质(情绪性)、精神质(倔强性)、掩饰性(指被试是否真实地反映自己的感受)。与MMPI和16PF人格测验相比,EPQ最短,只有八、九十个问题条目,测验时间较短,实施较为容易,但由该测验得到的结果也相对较为简单,提供的信息量不是很大。

推 荐 读 物

[1] 曹日昌主编《普通心理学》(合订本),第14、15章,人民教育出版社,1987年。

[2] 希尔加德等著,周先庚等译《心理学导论》,第13章,北京大学出版社,1987年。

[3] 陈仲庚、张雨新编著《人格心理学》,辽宁人民出版社,1986年。

[4] 斯特里劳著,阎军译《气质心理学》,辽宁人民出版社,1987年。

[5] Zimbardo P., Psychology and Life, chapter 11, Illinois: Scott, Foresman and Company, 1985.
[6] Gleitman H., Psychology, chapter 16. New York, Norton and Company, 1981.

第十四章 毕生心理的发展

随着社会的发展和进步，人们日益得到更多的机会发挥个人的潜力，作出合乎个人所长和兴趣的成就。人们从社会的需求和个人的需要出发，思索着走什么路去历尽自己的人生。青年在开始探索，中年在沉重地实践着，而老年在回溯与总结。不仅如此，年轻的父母还在为自己的子女设计未来，为他们的学业和事业、为他们的发育与成长，作着各方面的准备。这种准备应当从零岁，甚至从胚胎期开始，这一点已逐渐为人们所认识。

人的一生要经历生长、发育和衰老的几十年岁月，从幼小到长大，从童稚到成熟，从不谙世事到饱经阅历，发展是多方面、全方位的螺旋式上升的过程。人的毕生发展既是连续的，又有质的飞跃，显示出发展的阶段性。

人的毕生心理发展构成一门发展心理学。它是在儿童心理学的体系框架上扩展而来。儿童心理学研究儿童从小到大心理、智慧、能力、人格等方面发展的规律。诸如生物学因素和社会环境因素在心理发展中起着怎样的作用；婴儿时期的养育条件对以后智慧和社会适应性的发展有什么影响；为什么不恰当的教育实施会导致儿童学习和智力上的弱势；成人与社会的疏忽对青少年产生哪些不良后果。凡此种种，随着儿童年龄的增长而发生的各种变化，其规律性是什么。发展心理学因而从个体心理发展方面构成心理学基础理论的一部分；并指导着教育教养实践。

近二、三十年来，世界青年更多地寻求独立性和探索自身发展的途径；随科学技术的进步，中年在创业中承担着超重的工作负荷与生活压力；人类健康水平的提高，许多国家进入老龄社会，日益明显地出现老年特有的境遇和心理需要等问题。循着这一趋势，儿童心理学的研究领域得到扩展,而发展心理学已不是儿童心理学的同义语,它成为一门研究个体毕生心理发展的学科。

自工业革命以来,西方社会开始关注儿童的成长。教育家和哲学家在探索如何解释人的本性时,涉及关于儿童先天素质和后天养育的关系问题。例如,17世纪末英国哲学家洛克认为,婴儿生来是一块白板,可接受后天的影响而被塑造;而法国教育家卢梭则认为,儿童生来具有预置的发展顺序,他们对世界主动地作出反应和积极地探索。类似这样针锋相对的观点及争论在科学研究领域延续至今。

对儿童心理发展的系统研究是从本世纪初发展起来的。早期的着重点主要在心理年龄特征方面。近二、三十年来,研究的兴趣逐渐转向发展过程和规律上。从对儿童的观察、实验、现象描述和解释,到理论的概括,儿童心理学的研究已经历了近一个世纪之久。

对心理发展研究作出贡献的学者很多,不应忽视的是瑞士心理学家皮亚杰和奥地利精神分析学派创始人弗洛伊德。他们分别开创了关于人类智慧发展和人格发展的具有划时代意义的理论体系和学说;而智慧发展与人格形成乃是心理发展的两个重要范畴,皮亚杰和弗洛伊德分别是这两个领域的举足轻重的奠基人。这两个学派在后人的继续研究中,皮亚杰理论始终以其完整而严密的体系而沿用至今,它仍然是人们对儿童智慧发展研究所借以遵循的基础。弗洛伊德学说则经历了很大的修正和补充,他所提出的早期人格发展的理论已从无意识冲动转向注重社会环境的影响,它对近年来掀起的对新生儿和婴儿的研究热潮,给予了巨大的启示。

第一节 婴儿心理发展的生物因素及早期社会化

一、婴儿心理发展的生物因素

每个婴儿都是遗传与环境的共同产物,是自然力与养育的结合。遗传是生长的前提,没有遗传就没有个体生命;没有遗传也就没有个体的心理发展。而环境是生长的条件,没有人类社会环境,婴儿的生存和发展都是不可能的。

(一) 遗传

父母的基因先天地决定新生儿身体和心理多方面的特征,这些特征在胚胎中即已被确定,当个体发展到一定时期,它们即在生理上、心理上和行为上显露出来,基因程序的完成称为"成熟"。例如,性成熟,女孩在12—13岁时完成,男孩在14—15岁时完成。性成熟是遗传基因程序化的结果。

什么是基因?这将在生物学课程中详加解释,这里只简略地指出。男性精子与女性卵子各含有23个微小的颗粒,称作染色体。精子与卵子的结合构成23对染色体。每个染色体由大约2万个基因所组成。每个基因是由脱氧核糖核酸(DNA)这种化学物质所构成。DNA是遗传分子,它们携带着遗传密码,正是这种遗传密码决定个体从父母得到的生理、心理特征。

据估算精子与卵子的染色体所携带的遗传基因的所有可能的排列组合可产生640亿个不同的个体,因而新生个体虽然可以有相似的特征,如在同卵双生子的情况下,但基本上他们都将是各个不同的。

(二) 胚胎

从受精卵进入母体子宫到分娩的整个过程,胎儿从一个单细胞生物体发育成一个基本上具备解剖和机能上完全的人体。到出生前,维持胎儿生命过程的各器官及其生理活动功能已基本形成,神经系统对维持身体器官生理过程的功能已经具备。

胚胎细胞的分裂,胎儿身体器官的生长,应当说完全是自然的过程,胎儿从母体吸取营养而生长,但母体也是胎儿生长的一个独特的环境。母体环境对胎儿的影响并不是千篇一律的。诸如母体提供的营养成分是否完全;怀孕母亲服用药物对胎儿是否有益或有害;放射线是否完全得到了避免接触以及母亲的某些疾病是否会有不良的影响等,均对胎儿正常发育起重要的作用。

此外,怀孕母亲的精神状态也是胎儿接受环境影响的一个组成部分。母亲与胎儿的神经系统并没有直接的联系,但是母亲的内分泌变化却能够通过血液循环影响胎儿,从而母亲的情绪可以影响胎儿。有研究表明,母亲的紧张情绪会增加胎儿的躁动,而母亲经常处于恬静愉快状态对胎儿的成长甚至出生后生理节律周期的建立都很有利。近年来胎教的研究与实践被期待着进一步证明胚胎环境对胎儿心理发育的影响。

二、婴儿早期的社会化

新生儿在降生时已发育成为一个人的生物个体,他们在离开母体后可以进行维持生命的生理活动。但是,由于人类大脑的高度进化,致使个体在胚胎期间大脑尚未达到完全的发育和成熟,从而决定了人类婴儿不具备独立生存能力。换言之,新生儿的生存与发展是在人类社会的养育条件下进行的。

(一) 早期的社会反应和亲-子交往

新生儿有先天的整合机体活动的功能。他们发出的信息对成人是特殊刺激,引起成人对他们的哺育。婴儿的这种自我调节功能包括以下3方面:

(1) 身体器官活动的自我调节。如吮吸、吞咽、睡眠、觉醒、呼吸、消化、排泄等。

(2) 感觉器官的调节。这是对外部环境主动接触的调节。如注视、注视保持、脱离接触、静息、倾听、转向他人或外物等。

(3) 表情活动与感情监测。如饥饿、疼痛、寒冷时哭叫,对不良嗅味皱眉,纵鼻,扭脸,舒适时微笑等。

这 3 种调节功能是新生儿活性或生命性的表现,是唤醒母性意识的信号,是建立亲-子相互作用的生物学基础。这其中,尤以婴儿发出的情绪信息,是随后形成的亲-子感情联结的有效工具。婴儿的欢乐、痛苦、愤怒、惊奇等基本情绪品种,随着神经系统的发育成熟而相继出现。这些情绪的发生,对婴儿和成人来说均无可选择,是在自然而然的适应中产生的。2—3 个月婴儿对趋近的母亲面孔和高频语声发出微笑和欢跃反应,随后婴儿发出喁喁语声,并以哭叫-等待-哭叫模式呼唤成人。这些早期行为既是母亲抚育给予婴儿生存条件的反应,也是进一步唤醒母亲爱抚感情的激活器。双方互相强化着对方的感情反应,并成为亲-子双方快乐的源泉。

婴儿情绪是先天预置的程序化模式,基本情绪及其外显表情是不学而能的,而且具有跨文化的一致性。但是婴儿情绪的发展和品种的增加,依赖于人际间的强化。得不到社会性交往的孩子,表情活动则逐渐趋于淡薄。

婴儿识别人的面孔的能力早于对其他物体的形状知觉。3—5 个月的婴儿已能对成人面孔模式进行整合,注视母亲面孔的时间显著地比注视假面具的时间要长,报以微笑的频率要高。

早期婴儿社会化在情绪发展方面的表现,在婴儿 6 个月时已具有如下特点:

第一,婴儿已学会认读成人不同表情的信号意义。在此之前,婴儿对成人的忧愁或微笑面孔,一律报以欢快反应(Krenger,1973),表明尚不具有认知表情意义的能力。半岁以后,发怒的母亲面孔和声音引起婴儿惊呆或哭泣而不再是欢快反应(Izard,1983)。

第二,婴儿学会区分经常接近的人与陌生人。3—5 个月的婴儿已产生了对母亲的偏爱,但拒绝陌生人的行为尚不明显。7—8 个月以后,陌生人的出现和接近将引起婴儿警觉、躲避或哭泣反应,并开始出现日益明显的"分离焦虑"(Bowlby,1973)。

第三,在经常亲-子交往的基础上,婴儿似乎形成了欢快或淡漠的情绪惯常反应。这种情绪惯常反应是一种情绪的贮存,那些在与成人间经常发生欢快交往的孩子将导致快乐的惯常反应;而缺乏与成人间经常的感情交融或经常受到粗暴对待的孩子则趋向于感情淡漠或爱哭的惯常反应。这种情绪惯常反应给婴儿的气质特征赋予一定的情绪性特点,并带有人格化的倾向。经常愉快是检验婴儿身心健康的重要标志(谢亚力,1989)。

(二) 依恋

依恋是动物的一种习性,是动物幼雏适应生存的一种特定反应。习性学家洛伦兹(K. Lorenz,1958)人工孵化了一群小鹅。小鹅孵出后第一次遇到的活动对象就是洛伦兹,它们跟在洛伦兹身后走动而不理睬其他的对象。进一步地研究用一只旋转前进的木制鸭子在小鹅孵化后第一个出现在它们面前,小鹅则尾随着木鸭转动而前进(Hess,1959,1973)。小鹅对无论是洛伦兹抑或是对木制鸭子的"依恋"行为被称为"印刻"(imprinting)。在自然环境下,小鹅的"依恋"对象是母鹅。在鸟类,幼雏的印刻出现在孵化出的12—24小时内,被称作"关键期"(critical period),超过24小时,印刻即不会出现。

哈罗(H. Harlow,1959)的猴子实验从另一角度展示了"依恋"行为。他们把幼猴放在有两个人工母亲的环境里。一个是金属丝母亲并附有奶瓶,另一个是包裹绒布的母亲。观察表明,幼猴只在吃奶的时候到金属丝母亲身上去,而在不吃奶的大部分时间里都是和绒布母亲拥抱着。哈罗的实验的重要发现表明,幼小动物对母体的依恋不仅是为了食物,与母亲温暖而柔软的身体的接触是舒适感和安全感的源泉。

以下我们将着重考查人类婴儿的依恋。什么是依恋?依恋(attachment)与依赖(dependence)不同。在儿童心理学中,依赖指儿童缺乏独立性而过多依靠成人的心理和行为;依恋则是婴儿与其依恋对象双方在感情的相互感染和共鸣中形成的感情联结。人类婴儿的依恋是先天性与社会性结合的结果。

婴儿在5个月时已表现出明显的对经常接近的成人的偏爱,但这时还没有发生明显的分离痛苦,他们能够接受任何人的爱抚与照顾。但是到了8个月,婴儿开始出现"分离焦虑"和"陌生人焦虑"反应。这时期婴儿的多种行为均指向依恋对象,愉快和悲伤均指向比如是母亲,要她搂抱,要她安慰,追踪她,寻找她。婴儿以母亲为安全基地,面对陌生人和陌生环境时则倾向于靠近母亲;母亲在场,婴儿表现放松自如,母亲离开则表现紧张、痛苦。这就是依恋的一般表现。研究表明,8—10个月婴儿当陌生人接近时,在注视生人几秒钟之后,面部表现紧张并开始哭泣。这就是"陌生人焦虑"反应。而每次母亲离去时,婴儿哭泣,别人要费很大力气才能使婴儿平静,这就是"分离焦虑"。婴儿与母亲的依恋随年龄的增长日益明显和强烈,一直要延续到一岁半以后才会在他们扩大了与他人的交往的同时而趋于稳定,到那时,婴儿能更多地忍受与父母的分离和接近陌生人。

亲-子间的依恋关系的建立应当说是生活中自然形成的。但是研究表明,依恋关系的建立存在着质量问题。依恋的建立来自亲-子双方感情上的互相呼应和互相敏感,当他们共处时,共同分享欢乐或痛苦,双方感情经常处于同一状态中。这种母亲对婴儿感情的共鸣,对婴儿需要的满足,使婴儿对母亲产生一种信赖感和安全感。依恋研究指出,依恋安全感的建立对婴儿身心的生长都具有重要的意义。

对一岁婴儿的依恋研究指出了依恋的3种类型(Ainsworth,1969)

1. 安全型

婴儿以母亲为安全基地,母亲离开表现痛苦,母亲归来受到抚慰,很快恢复平静;懂话了的孩子学会等待,对母亲有信赖感。这样的孩子情绪稳定、经常快乐,愿意探索玩耍和接近生人。

2. 躲避型

婴儿表现独自玩耍多,对母亲的离去与归来明显回避,表现冷淡。据分析认为,躲避型婴儿的表现是一种防御行为。婴儿对母亲的感情经常受到忽视、冷淡或粗暴易怒的对待,这给婴儿带来挫折和被拒绝的痛苦。母亲离去与归来引起婴儿意欲亲近和会被忽略、拒绝的冲突导致婴儿主动地回避行为。

3. 矛盾型

婴儿极力与母亲贴在一起。母亲离开表现强烈痛苦,母亲归来会大发脾气,既要母亲又推却母亲,表现出矛盾行为。这类婴儿没有安全感,母亲的欺骗使他对母亲不信任,没把握,不能预期在需要时母亲能在身边,他不敢独自去玩耍,也警惕生人,有机会就抓住母亲不放。是典型的焦虑型。

从以上的分类可以看出,成人对待婴儿的心理护理方式的差别,对婴儿的感情状态有重要的影响。依恋安全感的问题并不意味着母亲必须是看护婴儿的唯一角色,也不意味着由一个人看护婴儿而不接近他人是最佳的护理条件。与此不同的应当是,婴儿是否能够得到情绪健康的发展,关键在于"母亲代替者"的护理质量。而且,在集体养育条件下,多个人比一个人对婴儿的照顾同样能使他们的社会性得到良好的发展。

(三) 婴幼儿早期社会行为模式

随着儿童年龄的增长,他们的行为逐渐复杂化起来,那么,它们的发展有什么规律可循吗?下述行为分类是从婴儿1—2岁开始,并使人能预料婴幼儿行为(至3—5岁)的范畴(Lamb,1982)。

1. 依恋行为模式

婴幼儿对成人依恋行为的典型表现是在遇到挫折和陌生情境时去靠近依恋对象。经常情况下,依靠双方感情上的呼应与沟通,婴儿可与成人进行远距离交往,互相分享快乐与痛苦,成就与挫折。这有利于儿童主动性、自主性和自信心的建立,有利于发展他们的社交行为和探索行为。分离痛苦将随依恋的建立而加强,一般情况下不致造成心理的伤害性后果。随着婴儿理解成人语言能力的发展,有效的延缓-等待反应逐渐形成,婴幼儿逐渐能忍受与依恋对象较长时间的分离。

2. 惧怕-警觉行为模式

这是一种与依恋正好相反的行为方式,它同样具有适应价值。惧怕-警觉行为保证儿童在遇到新异性过大的刺激物或陌生人时产生回避反应。随着婴儿行走能力的发展,惧怕-警觉反应一方面发生得更加频繁,另一方面又出现试图接近新异物和陌生人的倾向。但这种行为模式始终起伏出现,直到2—3岁后建立起交往行为模式之后,这类早期反应会减弱和消失,代之而起的是在更加具有危险和威胁的事件出现时,惧怕-警觉反应仍会发生。惧怕具有适应性价值,儿童生活中不可能完全避免,但恐惧应属于一种有害的情绪,过度的惊恐对儿童可能产生伤害性后果或在个性上打下胆怯的烙印。

3. 交往行为模式

即使是婴幼儿,他们也绝不完全拒绝接触依恋对象以外的人。他们生活的大多数时间是同父母以外的人交往的。交往与依恋不同,它不是与那些带来某些直接后果——如食物或依恋——的人接触,而是与建立共同兴趣、互相吸引与友好的这种特定类型的行为相联系。交往行为发生在儿童之间或儿童与成人之间共同从事的活动中。他们在游戏中享受共同的想象,理解彼此担当的不同角色,共处于同一的兴趣状态之中。他们的语言交流最容易互相理解,相互提示各自的主张和创新。一项研究表明,老师交给幼儿大、中班的任务,由他们共同研讨去完成比通过老师的讲解完成得更好。幼儿在交往活动中摹仿成人社会,他们的交往行为显示着集体生活人际关系的雏型。

4. 探究行为模式

这是指儿童对非社会性环境的接触方式。人类个体从小即显示出一种内在的兴趣,它是一种内在动力,驱动儿童的注意指向一定的新异性对象,并努力尝试去接触、把弄它们。随着年龄的增长,儿童用于探索事物消磨的时间也逐渐延长。探索倾向是儿童认知发展的中介,它诱发儿童的思维、想象和创造性,发展儿童的智能。同时,具有良好依恋关系和交往行为的儿童,探究行为模式也容易建立。因此,探究活动对发展儿童的独立性、坚持性等个性特征具有重要的意义。

(四) 社会性参照作用

社会性参照作用(social referencing)是儿童以情绪为中介的一种社会交往行为,是一种在特定情境中发生的特定情绪交流模式。其典型现象是,当婴幼儿遇到陌生的、不能确认的情境时,从成人处搜寻情绪信息,而后再采取行动——趋近或躲避。婴幼儿通过利用他人的情绪线索去确定事物关系,是在获得口语能力之前与外界相互作用的手段,并贯穿于此后几年之中。

1. 社会性参照作用的典型实验

美国发展心理学家坎普斯(J. Campos,1981)利用"视崖"(visual cliff)演示了婴儿的社会性参照行为。

> 视崖装置是知觉心理学家吉布森(E.Gibson,1961)发明用以研究儿童的深度知觉的。视崖装置是一个大长方形、四周有高达1尺围栏的板面,面积约为 250 公分×150 公分。板面与地面距离为 130 公分。板面上铺着一块透明的有机玻璃板。板面以长边的中间为界,一半在玻璃板下面衬着红白相间的格子布,使板面以下部位为不透明的,另一半板面下不衬布,是透明的,因而看起来板面下是深陷下去的地面。地面用木板隔起,高矮可以在 30—75 公分之间移动,木板上也铺着红白格子布。儿童在玻璃板面上看起来,一边是自己接触的平面,另一边则像是深深陷下去的。实际上整个的玻璃板面是一样平的,只是在中间部位看起来像是一个崖壁,故称"视崖"。

实验是这样进行的:把一岁婴儿放在视崖非凹陷一侧,母亲站在儿童对面视崖凹陷一侧外边,靠近母亲的视崖凹面边上放着一个吸引儿童的玩具。婴儿爬向或走向玩具,在接近板面中间视崖的边壁时,会停下来探视崖下,或进进退退,迟疑不决。他遇到了一个不能确认的情境,表现出"不确定性"反应。就在这时,婴儿会抬头观望母亲,试图从母亲面孔上得到确定当前情境的信息。这时母亲的不同表情对婴儿的行为会产生不同的影响。

一次实验的结果表明:当母亲呈现微笑面孔以资鼓励时,20个婴儿中15个跨过板面崖壁,爬向母亲,取到玩具;而当母亲呈现恐惧面孔示意危险时,17个婴儿没有1个跨过崖壁(Klenner,1981)。这一结果有趣地证明表情信息起着提示和解释情境意义的作用。

社会性参照作用是一个动态的、儿童的自我调节过程。最早发生在婴儿8—10个月之间,这意味着(1)婴儿已具有识别成人表情的能力;(2)婴儿已会爬行。爬行增加了婴儿遇到"不确定"情境的机会。社会性参照作用的特定含义在于,在婴儿与成人的联系中,常有"第三事件"出现,而这第三事件对婴儿来说具有不能确认的性质。婴儿-成人间的情绪信息传递,解释了不能确定的情境的含义,从而决定了儿童的行为。

2. 社会性参照作用对婴幼儿心理发展的意义

社会性参照作用的发生是婴幼儿早期社会化的一个特定标志,它表明婴儿与成人可以在同一件事情上联系起来,产生"意义分享"现象。意义分享表现为认知分享、感情分享和愿望分享,可导致成人和儿童在理解、感情和注意等多方面心理活动处于同一境遇之中。"分享"的结果使儿童在认知和感情上逐步内化,从而成为儿童自身的心理能力。首先,社会参照行为是儿童认知发展的媒介。它有助于鼓励儿童冒险和进取;但过多的限制性信息,也会消蚀儿童的活动主动性。因此,对儿童认知倾向和认知品质的早期定型有着一定的影响。其次,依成人的感情信息产生与之共同的体验有助于儿童自我觉知能力的形成。自我觉知和最初的意识是在与他人的感情体验的比较和差异中得的。最后,理解和愿望分享经常在规范着儿童的行为,通过感情体验的比较与变化,使儿童掌握是与非的社会行为标准。因此,感情的意义分享是对儿童行为指导的有效途径。

第二节 儿童语言与认知的发展

一、语言发展

语言是人类进化所独有的最具特色和最复杂的成果。语言是以语音为载体,以语词为意义单位,并具有语法规则的符号系统(见第八章)。语言负载着事物意义和事物关系的无可胜数种类的信息。语言交际表达人的思想,陈述人的感情,是人类群体结合成社会的有力工具。人类的社会历史的经验由语言所记载,个体知识的获得也基本上是通过语言的传递而来,个体的记忆和思维也是凭借语言进行的。

如此奇妙而万能的语言系统,在个体发展过程中是如何获得的,与心理学的许多方面一样,有着不同的理论观点。归纳起来基本上可归于两大派别。学习理论,代表人物有毛厄斯(Mowers)、斯金纳、詹金斯(Jenkins)等,他们的基本观点是,言语获得是儿童对成人言语的模仿以及成人对儿童学话的强化获得的。这种理论对于言语获得规律具有显著的跨民族一致性这个现象,无法予以解释。生物先天理论,代表人物为乔姆斯基、列奈伯格(Lenneberg)、麦克奈尔(D. Mcneil)等,他们则认为人类具有先天的语言能力和语言装置,个体言语获得是必然的。这两种理论尖锐地对立着,但把二者结合起来,在现今已有的科学事实的前提下,对言语获得将是较为完全的解释。

(一) 早期言语获得规律

言语获得有严格的规律。儿童在掌握具有信号意义的词语以前,有一个言语的萌发时期,也称作前言语活动的发音时期。婴儿最初发出的元音和辅音,是语音的原始材料,而且,婴儿最初的发音在任何民族间均无不同。

婴儿最早显示出似乎"领悟"成人话语的迹象,如 2—3 个月婴儿会倾听,4—5 个月追踪成人语声,但这显然只是婴儿的声音听觉活动,成人语声对他来说还不具有词的意义。半岁后的婴儿似乎听懂成人的话,并能作出某些相应动作,但这种现象常常只是对整个情境的反应,语音本身并不是重要的成分。只有在婴儿晚期(1岁以后),语词才成为复合刺激中的主要成分。

婴儿在一岁左右说出第一个词,这时出现的单词代表着一定的含义,像是一个句子,故称为一字句阶段。一岁半到两岁为二字句阶段,二字句好像包含着"主-谓-宾"的简单句的含义,但常常缺少其中的一个成分。这时期婴儿还不能把要表达的意思组织成完整句。但由于他们已能用词表示愿望、要求或命令,已开始在掌握言语,因而自此即结束婴儿阶段而进入幼儿期。

2—3 岁幼儿能说出完整的简单句,并逐渐出现复合句,不但使用名词、动词、形容词,而且学着使用连接词、介词等。幼儿到4—6 岁已掌握了基本的生活应用词汇、各种词类和句型,亦即掌握了语言的基础部分。但在幼儿阶段的语言水平基本上属于情境性语言,并与活动直接联系着。

儿童语言发展的过程具有下列变化:(1)从简单句到复合句的发展;(2)从陈述句扩展到疑问句和否定句;(3)从不完整句到完整句的发展;(4)从简单句到语句修饰和精确化的发展。这一些变化在 6—7 岁儿童的口语发展中均已出现。但是,对语法的严格的遵守和运用,书面语言的发展,词与句的修饰等,则是儿童入学后在长期的学习中获得的。

(二) 儿童言语发展对心理发展的影响

语言是思维的工具。儿童言语能力的发展为心理发展带来全面的、质的变化。首先,词作为概念在言语活动中的运用具有对客观事物概括化的性质,任何概念均为一类事物、一类现象或一类运动状态的代表或名称。概念的概括水平,在言语发展初期虽然很低,但它决定了儿童思维活动的概括化性质。甚至可以说,儿童思维之所以产生和得到发展,是与言语能力的发展同步,并随着言语的发展而发展的。

其次,语言一旦被儿童所掌握,即作为对儿童活动和愿望的调节者而起作用的。言语活动的调节功能对儿童的注意指向、观察活动、知觉和思维以及社会行为达到随意性和可支配性的水平。

第三,婴儿时期在感情体验基础上产生的自我觉知能力,言语活动使婴幼儿"自我"的发展达到语词的意识水平。幼儿使用代词、介词、连接词组成的语句,有助于他们把自己与外界相区分,认识外界事物和自身的存在,外界事物与自身以及外界事物之间的联系和关系。言语活动的这些功能是儿童语词意识发展的前提。

二、认知发展

(一)皮亚杰的儿童认知发展阶段

绝大多数心理学家都同意儿童心理的发展经历着量的积累和质的飞跃,从而显示出发展的阶段性。皮亚杰的理论阐述了儿童智慧从外部动作向内部抽象推理的发展过程,共分为4个阶段:

1. 感觉运动阶段(sensorimoter stage,出生到1.5岁)

婴儿的智能表现在动作中。婴儿经常会看到并用手碰撞到一些物体。3—6个月婴儿即可建立手-眼联系,抓取、把弄物体的能力。这些手-眼协调的动作是婴儿用以"认识"物体,获取"知识"的途径。当婴儿重复用同样的方法去尝试接触一件新东西的过程,称为同化(assimilation)。而改用另一种新方式去对付以旧方法解决不了的问题的过程,称为调节(accommodation)。婴儿不断地通过同化与调节的多样化适应动作,得到最初智慧的发展。

婴儿智慧发展表现为通过外部动作形成心理表象(mental image),即在视、听感官和手的活动中得到的经验,逐渐在脑内留下痕迹而形成视、听、动作的心理表象,称为图式(schemata)。例如,皮亚杰把婴儿玩弄物体等动作的内化称为感觉运动图式。图式是心理操作的最小单位。

在个体发展中,图式出现得很早。实验研究表明,以棋盘式格子刺激物呈现给 8 周婴儿,引起婴儿的注视。刺激重复呈现 16 次后,婴儿即失去兴趣而把视线移开。这种现象称为习惯化(habituation)。习惯化意味着婴儿头脑里形成了有关刺激物的图式;而在给婴儿呈现以面孔刺激,呈现 10 次后产生习惯化,接着以棋盘格子取代面孔,婴儿的注意和兴趣又集中在标靶上。这种兴趣的再次出现,称为去习惯化(dishabituation)。去习惯化意味着对旧刺激的记忆——图式的贮存。

心理图式先在婴儿头脑中积累,对刺激痕迹的提取发生在稍后时期。例如,3—6 个月婴儿可形成对人的面孔的表象,并能区分出熟悉的护理者和陌生人;但婴儿在 6 个月以前,不会去主动寻找从他的视线下失去的东西。直到 9 个月以后,才会去掀开毛巾寻找大人藏在下面的玩具这种现象称为客体永存(object permanence),而人的永存(person permanence)则出现得更早些。客体永存是婴儿时期智慧发展的重要成就,表明婴儿头脑中心理表象的存贮、提取的最初加工。

2. 前运算阶段(preoperational stage,1.5—7 岁)

随着婴儿在活动中的尝试-错误在头脑中以表象的形式进行,就标示着婴儿期的结束。这时正是婴儿语言发展的时期,他们的智力活动乃开始进入"概念化符号"领域。这表明图式已开始符号化,对图式的加工以言语的形式进行。例如幼儿把竹竿当马骑,把椅子接起来当火车,并以此组织相应的动作和发出相应的声音。这种把某些物体当成另一些物体的表征能力是前运算阶段的基本特征,幼儿通过模仿,想象而创造新形象。他们的符号化的思维过程的内容充满了具体物的表象。

3. 具体运算阶段(concrete-operational stage ,7—12 岁)

运算(operation)是皮亚杰理论的核心概念。运算是心理操作,它使两个事物间的关系以特定的规则联系起来。例如,数量的"和"与"差"的规则是相加或相减,物体的分类与归类的规则是分解与组合。运算的一个重要特征是可逆性,它表明两个事物的可逆关系。例如,$a+b=c, c-a=b$。这种最简单的运算就是一种心理程序,一种信息加工中的转换过程。

守恒(conservation)的发现是皮亚杰最引人注目的贡献之一。守恒表示在心理运算中可揭示事物具有某种不变性。例如,一块面团可被拉成一个长棒或团成一个圆饼,哪个大些呢?一杯水倒在细长的杯中和倒在矮粗的杯中,哪个杯中的水多些呢?7岁前儿童还不会进行同一物体改变形状或换用容器时的心理逆转,也就是还没有掌握守恒概念。守恒是心理运算中的一个根本概念,在此基础上,儿童可进行事物的比较、分类、归类和排序等智力操作。小学生在进行数学计算或对自然现象如动植物等种属类别的概念掌握中,就是以这些智力操作形式进行的。

4. 形式运算阶段(formal operational stage,12岁以后)

青少年开始运用抽象规则进行思维,采取系统化的方法而不再是随机摘取的方法去寻找解决复杂问题的答案。他们会提出假设,探索答案的对与错;他们会抛开问题的具体内容,以纯粹假定的方式去进行推理。例如,运用抽象的数学规则进行复杂的逻辑论证,以理论的方式对所作出的解答作出评价。所有这些,实际上是把握了初步的科学思维方法。青少年经常思考着诸如真理的性质、生命的意义等理论问题或关涉未来的问题,表明他们已具有纯逻辑的思维能力,这种人类思维的最高形式在青少年已具雏型。

(二) 认知的基本活动

前面已介绍了图式、表象、概念、符号等基本概念。从认知发展的角度看来,图式、表象、符号、概念乃是基本的认知单元,是从最原始的到最高级的智慧活动得以进行的凭借。人的大部分的认知活动是有目的的指向性过程,或称执行过程。执行过程包括监测与协调知觉、记忆、推理,整合已有的经验,提出假设和作出决策等成

分。指向性思维在幼儿阶假已开始发生,在形式运算阶段为青少年所掌握。认知的基本活动包括下列过程:

1. 知觉

知觉通过感觉信息与某些已建立的图式、表象或概念相匹配去理解世界上的事物。知觉活动中使对象从背景中区分出来,提取对象的那些可区分的特征,构造新的图式、表象或符号。例如,儿童识别 bdpq 字母的不同之处,把握这些可区分的特征就成为儿童认识字母的凭借。随着认识事物经验的积累,知觉活动就更具有选择性和更准确,进而获得依据部分信息鉴别物体的能力。

2. 记忆

一般来说,在提取过程中,再认比回忆要容易。这两种过程的差别在儿童中更加明显。相对来说,大孩子比幼儿的回忆效果更好些,这是因为,大孩子在识记和提取中使用了在思维中建立的策略。例如,按物体的意义进行分类、搜索中使用系统化的方法等,这些智能在不同年龄的儿童中是有差别的。一项研究向不同年龄儿童呈现分属于 4 个范畴的 24 个物体图片,图片分散在桌子上,让他们记住这些图片上的物体,3 分钟后收起图片,让儿童回忆这些物体。结果表明,从 3—6 年级按范畴分类进行识记的儿童数随年龄的增长而增多(E. Neimark,1971)。

3. 思维

在知觉和记忆的基础上,思维过程是认知加工的主体。随着符号的心理操作形式的发展,儿童思维中进行假设、评估和推理等高级认知形式日益得到发展。

(1) 假设:在问题解决中提出可能的答案就是提出假设(hypotheses)。假设与创造性思维有关。创造性思维意味着以新颖的、建设性的方式使用智力策略的过程。儿童在经验中建立具有丰富、多变的图式、表象或概念,有利于创造性思维活动的开展。但幼儿与大孩童相比,他们解决问题的能力相对低下,是因为他们还不能完全地记住和理解提出的问题,甚至不能复述刚刚对他们提出的问题,他们的短时记忆的容量,及时提取线索以及贮存的图式、表象或概念都尚不足。在小学生中,已有的、只具有局部意义的观念会干扰他们作出有新意的、有洞察力的答案。而且,不要忽略学龄儿童在老师和同学面前害怕出错,他们想避免说错话、被讥笑而引起的局促不安。因此,具有开放性思维,勇于提出见解,勤于增长知识、不断丰富概念的范畴的孩子,将会成长为真正有创造性的人。

(2) 评估：评估(evaluation)指对自己的思维过程或思维结果进行估量其在问题解决中的作用的过程。儿童学会评估自己的思考过程或结果是一种十分有用的心理操作策略。具有不同评估策略的儿童可区分出两种类型：一类为冲动型,他们对要求解答的任务还没有仔细衡量其答案是否准确之前,急忙地作出回答；另一类为稳健型,这类儿童在作出回答之前,对自己的答案进行反复地衡量。采用眼动的测量表明,稳健型儿童对刺激物的扫描更多、更频繁,说明他们进行着更多的比较与反复思考。他们对解答任务完成得较慢,但比较谨慎和准确。儿童随年龄的增长更趋于稳健而减少冲动,但从5—10岁的追踪研究发现,上述两类儿童仍保持着相对的差别。这意味着儿童先天具有的气质特征在思维活动中显示其作用。

(3) 推理：推理(reasoning)即"如果……那么……"的思维形式。对假设的验证需要推理。为了解决问题和验证假设,常常需要进行调查研究、进行实验或实际地去实践,在思维中不断地进行着判断和推理。尚不具这种逻辑思维能力的儿童在具体任务面前,只能在不断地"尝试-错误"中摸索,而12—13岁的少年学生通过数学和特别是自然科学课程的学习和实践,经常遇到需要他们提出答案、检验答案的任务,逐渐摆脱"随手拈来"的寻找答案的方式,学会运用逻辑方法,体现着思维能力走向成熟并脱离儿童状态。但是少年的知识经验毕竟不足,在评估、推理中常有片面性,这是他们执拗行为的思维根源。

第三节 儿童、青少年的人格发展

一、弗洛伊德的心理性发展阶段理论

弗洛伊德关于儿童心理发展理论的基本观点是他的无意识本能论的重要组成部分。他认为本能是基本的内在驱动力。儿童在生物本能力量和家庭给予的一部分社会性经验中,产生对其父母的性和攻击情感,这种情感引起的冲突是导致发展的本源(Freud, 1949)。

弗洛伊德把人格的发展确定为本我(id)、自我(ego)和超我(superego)几方面(参见第十三章)。本我追求基本生物需要的满足,表现为基本的本能欲望,本我的满足导致快乐。但婴儿生活在一定的社会环境之中,总要受到一定的控制。例如,父母对儿童的惩罚,不仅抑制了儿童的行为,而且也抑制了有关本能的欲望的各种观念,这些被压抑的欲望和观念则进入下意识。

当婴儿的各种欲求未及时得到满足时,就发生了冲突。这种冲突逐渐构成了一种心理结构,称为自我。自我为实现本我的欲望而努力,例如形成哭叫、等待、拥抱、把弄物品等等。自我在无意识中进行,从而实现着发展。

随着幼儿的成长,社会经常向他们施以"正确与错误"的影响,例如,定时大便与睡觉的训练。这些对儿童的要求又与自我发生冲突,因此,社会要求,包括道德行为准则,逐渐内化而进一步形成新的心理结构,这就是超我。自我与超我的冲突可表现为羞愧、内疚等复杂情感。儿童在幼儿时期,从大多数儿童中均可观察到本我、自我和超我的不同表现。

在本我、自我和超我之间的冲突是不可避免的。儿童力图使它们协调一致,而情绪反应可被认为是求得冲突协调的典型手段。冲突达不到协调而导致的焦虑对儿童是一种威胁,自我通常就被迫

去依靠那些十分不现实的防御机制去应付,如压抑、否认等等。这就是防御机制的来源。

在人格发展的分期问题上,弗洛伊德的观点甚不为人所称道。他主张,一岁内婴儿与环境的多数交往与嘴部有关,称为口唇期。儿童出生后第二年的主要学习内容是大小便控制,称为肛门期。2—5岁之间儿童的发展被称为生殖器期。这是因为儿童在这一时期在无意识中产生了一种性的愿望与冲动。从幼儿期到青春期前之间的这段时期中,儿童的性欲望没有新的变化,因此被称为潜伏期。在12—16岁期间,青少年性发育成熟,称之为生殖期(genital stage)。弗洛伊德的人格发展理论是建立在"快乐原则"之上的。尽管他的描述在儿童的日常生活中均可观察到;但是作为人格发展理论,弗洛伊德忽视社会因素在人格发展中的作用,不能不认为具有严重的缺欠(见第十三章)。

二、艾里克森的心理-社会发展阶段理论

多年来,弗洛伊德学说受到了严厉的批评。人们认为他的大多数假设并没有明确的定义,而且难以进行实证的检验。弗洛伊德把性欲看作心理疾病的主要原因,是基于19世纪末在欧洲对性的社会准则过于严格,以至在精神疾病中有集中表现。而当代性的准则又变得比较宽容,人们在性问题上的冲突与自罪感已大大缓解,但是精神疾病并没有因此而减少。尽管如此,弗洛伊德理论仍有强大的生命力,在对人的精神生活的解释中仍然发挥着重要的影响。从心理发展的角度看,婴儿早期的生物-社会反应对后期发展的影响,青少年的成长与行为的矛盾交织等,都在对弗洛伊德理论的修正中得到了许多研究成果。

艾里克森是新精神分析理论的主要代表之一。艾里克森提出了一个心理-社会发展阶段理论,认为人的一生每个阶段都有影响其人格发展的主要问题。这些问题并非只在某一个阶段出现,它们可能在任何时期都会发生,只是在特定发展阶段中更为重要,成为

影响人格发展质量的关键因素(Erikson,1963)。

（一）儿童时期

艾里克森认为人从出生到死亡共分为 8 个阶段(表 14-1)。在本章第一节里,基本上涉及到了艾里克森阶段论对婴儿心理-社会性发展的主张。例如,对成人的信赖感与安全感的建立是婴儿健康成长的关键心理因素,而且对以后个性的形成、人格的塑造起着基础的作用。

艾里克森的第 2、3 阶段基本上等同于幼儿时期。幼儿时期的重要标志是语言能力和行动能力的发展,人的这些基本能力赋予幼儿发展自主性与主动性的可能。幼儿在他们所能涉及的生活世界里,如果能得到自主地与主动地发展条件(指父母和教师的教养方法)的根本点,就在于在儿童的个性里灌注的是独立性或是依赖性;塑造的是自信心还是怯懦与迟疑;培养的是进取与乐观,抑或退缩与内向的问题。

表 14-1 艾里克森的心理-社会发展阶段

阶段	1	2	3	4	5	6	7	8
成熟期								自我整合～失望
成年期							创生～停滞	
青年期						亲密～疏离		
青春期					认同～混乱			
潜伏期				勤奋～自卑				
运动期			主动～内疚					
肌肉期		自主～羞怯						
感觉期	信任～不信任							

艾里克森的第4阶段相当于童年期。学习是童年期的主要任

务,学习的成功与失败,得到成人的肯定或受到挫折以及受到恰当的奖励或惩罚,对学童的作用基本上是使他是否获得自信和勤奋的动力。其结果在儿童个性里贯注的是满足或失望,自尊或自卑,进取、快乐或畏缩、敌意。

从幼儿到学童,他们的心理世界已相当复杂。教育教导的作用就在于给儿童提供一个心理环境,使他们得到最优的发展可能性。教育心理学有许多关于教导方法的研究成果。但教育不是医疗处方,做称职的父母和心理咨询老师比教授一门课程要复杂得多。从对父母的教导方式的分型来说,下列类型的父母将培养出不同人格特性的孩子(G. Burger,1971)。

(1) 专断拒绝型的父母对孩子感情冷漠而态度严厉。这会导致两种后果,一为孩子内心痛苦而萌生敌意,内在的愤怒使他们在思想和行动上易趋片面性和走向极端,个性发展偏激而缺乏友善的人际关系。另一种为孩子的敌意不允许表现出来,孩子本身甚至在意识里不承认这种敌意,从而会产生忧郁或焦虑,怨恨自己,结果导致个性上的怯懦和缺乏自信。

(2) 放任纵容型是许多独生子女父母的通病。他们满足孩子无限度的需要,代替他们"克服困难"。这样的孩子将缺乏自律能力,没有坚持性、自觉性和勇气;还容易助长自私心理,在自我的圈子里打转,他们只要索取而不给予,不会考虑他人的利益和不会助人。他们的独立能力和自助力也很差。

(3) 规范教导型的父母是比较理想的父母。他们按孩子的年龄向他们提出必须遵守的规则,因而他们对孩子有约束力;但与此同时,在遵守规则的限度内,对孩子的自主性给予尊重和鼓励。在事情面前,应如何对待与处理,给孩子留有独立处理的余地,尊重他们的见解,鼓励他们的创造性。这样条件下长大的孩子自我要求严格,因受到肯定而自尊,因屡见成功而自信。这样的父母与子女间感情比较相通,也比较和善相处。由此培养了孩子以父母的准则待人,宽厚而热情。

（二）青春期

青春期是从儿童走向成人的过渡期。由于身体的急骤生长和知识、活动领域的扩大，青少年经常遇到感情困惑和概念冲突。他们因经历单纯而易受伤害，因缺乏周密而易走极端。因此，在儿童时期对父母的无意识认同的基础上，进一步发展自我同一性(identification)，是青春期的核心问题。

青少年经常在思索"我是谁"，"我是一个什么样的人"，"我与别人有什么不同"等问题。这说明，同一性的人格化是青春期个性成长的主题。青少年同一性的人格化，也称为自我同一性，它是指青少年的需要、情感、能力、目标、价值观等特质整合为统一的人格框架，即具有自我一致的情感与态度，自我贯通的需要和能力，自我恒定的目标与信仰。所有这些人格特性整合而成为随时间、条件而相对不变的连贯一致的整体。构成同一性的内容不一定全部都是积极的，它也可能包括消极因素。但是，自我必须有其核心部分，这个核心部分最终将成为这个人的标志。这个核心部分为青少年提供一个参照的框架，使他们在经常遇到的千变万化的事物中，按照这个框架去看待和应付，并填充这个框架，也就是日渐充实着他的人格。

具有自我同一性的青少年，他们的观点与态度能得到他们最初认同的对象（如父母或教师）的肯定，他们的愿望与实现愿望的途径与步伐比较易于一致，他们的能力循着预定的目标与日俱增，从而他们将更加自信和乐观，他们在发展着真正的独立处世能力，他们比较理智和富于热情，面对世界善于进取和敢于冒险。他们当然经常遇到矛盾和困难，感情从困惑中逐渐变得坦然，思想从冲突中得到解脱，他们能经受挫折和变得成熟起来。

按照艾里克森的观点，青春期的问题将发生在自我同一性未曾建立上，这将导致"角色混乱"。没有建立起自我统一的人格框架的人，他很难确立明确的目标，需要和愿望是变换不定的，缺乏统一的感情和兴趣，他们将不知道自己将来会成为一个什么样的人。

在经常遇到多变的情况时,没有恒定的处理方式而表现为矛盾的自我和扮演着混乱的角色。这样的青少年没有确定的前进目标,对偶然发生的欲望和愿望没有把握去实现,从而或是盲目行动而无从预料后果,或是把期望放弃或压抑下去而不敢面对世界。

多数有行为问题的青少年会有矛盾的或混乱的自我同一性。他们内心充满矛盾和无所适从。他们往往在寻求感情上的认同时,由于不能确认正确与谬误而走入歧途。

第四节 青年、中年与老年

一、青年阶段(20—35岁)

青年时期是人生最美好、最幸福的时期,也是真正而实际地迈进人生道路、"施展宏图、确立志向"的时期。在这一时期里,生活会经历显著的变化,因而也会出现风险或危机。

(一)青年时期的婚姻与事业的选择

青年时期具有自我同一性稳定的总趋势。青年的个性"不仅日益清醒,而且日益连贯,不受瞬间事件的影响"(M. Young, 1966)。与青少年时期相比,青年的个性已趋于成熟,他们在人际关系中更含蓄而包容,建立了较为广泛的、尊重他人的人际关系,对周围的人和社会更加关注。青年已发展了纯熟的形式运算思维,兴趣和感情更加稳定,并能遵循普遍的伦理道德原则。由于家庭和事业的逐渐确立,增加了青年的社会责任感。

1. 婚姻

婚姻是青年时期遇到的第一件大事。个人自我同一性稳定之后,青年达到了愿意同特定的对象建立更亲密的关系的阶段。但是青年中也有少数人疏远人群,孤立自身。这类人虽然有孤芳自赏和自我卑微两种情况之不同,但都难以同他人建立亲密的感情联系。美满的婚姻使夫妻双方在没有任何恐惧或内疚的感情中享受爱情的结合,形成人生中最崇高与完美形式的亲密与信赖。按照艾里克森的意见,青年时期人格发展的主要矛盾,乃是能否与人建立亲密而诚挚的关系,抑或成为一个疏离社会和人群的人。这种诚挚的人际关系和美满婚姻关系的建立,将成为青年一生在个人生活和事业上是否持乐观而自信的态度,无论遇到成功或失败,均能勇敢面对的重要因素之一。

2. 事业

事业的建立是青年时期的另一件大事。当代青年,特别是具有文化知识的青年,更注重事业——个人的专门工作,而并非仅仅选择一个职业。在过去的几十年中,我国青年第一次任职往往就成为他一生所从事的事业,并决定着他一生的总进程。但是一个人一生中也许有多次事业的选择和变更。在今天,已经同选择配偶一样,就业是甲、乙双方互相选择的。

在职业的价值观上,大多数青年注重职业的社会价值,并确信经过自己的努力能带来成功和财富。目前在西方,青年中出现了并不热衷于物质利益,更多地是不愿意把自己束缚在限制自我表现和自我发展的某一岗位上。他们按个人兴趣和志愿选择的自由度很大,例如大学毕业生选择从事伤残和低智能教育工作的并不乏其人。在我国,社会开放的政策为青年提供了广泛的就业选择机会。本来,事业的成就与财富的获得是一致的,但是由于社会各领域发展的不平衡,从事非直接创造财富的行业,就需要忍受也许是相当长时期甚至终生的清贫生活。因此在专业的选择和社会价值的取向上,青年面临着严重的挑战。

(二) **青年心理-社会性发展中的危机**

青年时期在建立个人生活和事业上尚不十分稳定,尤其在我国社会,正值社会的经济结构发生巨大而迅速的变革时期,社会法规尚未健全之际,青年怀着激动而不安的心情,随变革的激流滚滚而下,受着社会上权-钱交易泛化,财富不正常地聚敛,职业道德败坏等不正之风的严重冲击。抢劫、凶杀屡见,吸毒、宿娼等社会沉渣泛起。几十年来建立的社会价值标准在青年一代意识中荡然无存,而新的道德意识尚未完善建立。全社会已注意到保存民族精粹之必要,以便在社会财富的积累逐渐丰富的某一时期,人类普遍的道德价值观将再度苏醒。

青年时期成功的事业和婚姻贯穿他们一生的是多数和主流,但也可能出现危机。离婚就是一个典型的现象。离婚,从更根本的意义上说,是对旧的凝固、僵化的婚姻关系的反动,是个人自由的体现。但离婚给双方感情带来创伤,给个人经历留下疤痕。而且,单身父母家庭引起对儿童的忽视甚至虐待,不但严重地损害了儿童的身心健康,而且是少年犯罪的重要根源之一。

此外,早恋和未婚同居的现象日益增多,这是一个令全社会和家长困惑的问题。公开同居者在我国尚是少数,但轻率的两性关系和早恋现象不能不说是社会开放的一种副产品。在西方,公开同居而不结婚是对太多离婚的防犯,他们要在对对方有把握地建立起稳定关系之后再结婚。然而在我们的社会,轻率的、不负责任的两性关系是一种价值观取向不成熟的表现。

二、中年阶段(40—60岁)

中年已经开创了自己的事业,已卓有成就。家庭和事业的发展达到高峰,因此是最丰产的时期。按照艾里克森的意见,中年是创生或停滞的时期。

人步入中年后,事业的开展和成果逐年积累,家庭成员可能包括三代人。他们往往奋力兼程、不惜代价地工作。特别在我国,人们经历了60—70年代的"内乱"之后,中、青年努力工作,力图挽回那一时期的损失。但是,中年正在经历着一个转折的过程。他们已不像青年那样的灵活与生动,不再有魄力去改变环境,他们趋向于稳健。如果对于工作的态度和生活的方式不作适时的调整,他们将逐渐进入停滞状态。

（一）中年的智力与人格变化

1. 智力

较早的研究相当肯定地认为中年的智力随年龄增长而下降。"智力随年龄而衰退是整个有机体普遍衰老过程的一部分"(D. Weschsler,1972)。这个结论是根据一些横向研究得出的。但是，一项研究有幸获得了1919年曾经作过智力测验的被试在1950年重新测试的机会(W. Owens,1966)。结果发现，从19岁到50岁的平均测验分数不是下降而是有相当的增长，而后对这些被试又从50岁到61岁跟踪测量，结果基本上没有什么变化。从这些结果的比较中，可以看到1957年出生的人，其智能比1927年出生者更高。这种不同年代人的智力差别显然是由于时代的差异造成的。因为在这两个年代中，在营养水平与受教育的水平上，后来比先前有很大的提高；而纵向研究显示的具体人的情况则更加可靠。

2. 人格

中年经历了生活的磨炼，人格更趋于成熟，行动更加稳健。他们循着事业和家庭的需要，扩展个人的社会活动范围，事业的成就和美满的家庭生活使他们体验着满意感，从而更能关心和帮助他人，形成了稳定的社会关系。

关于人格变化问题，许多研究表明，中年时期的人格特质的变化未发现什么普遍的趋向。但在部分人中的变化表现为，对外界事物的积极态度日益减退，对自身的作用服从于消极的适应，对自身内在生活的集中注意导致内在性格加强。对中年的这种心理定向的研究主要是用投射测验作出的。这些测验结果表明，中年有目的的适应行为和社会交往并没有与年龄增长而相应变化，但是对广泛的社会环境的兴趣和卷入有减少的倾向(B. Neugarten,1968)。

（二）中年继续发展中可能出现的问题

中年遇到随年龄而产生的问题之一是体力和精力的下降以及性生活的能力、兴趣和机会的减少。这使他们产生了在事业前途上消极的观念，失去创新和开拓的动力。他们深感已不再年轻，尤其是理想还没有完全达到的人,他们认为年龄给他们留下去实现幻想的时机已为时过晚,他们对自己的评价往往是否定的,心境带有压抑、消沉的色调。这就是引起停滞的原因。为了避免停滞出现,中年需要建立起一种心理上的灵活性。基于中年拥有经验丰富和智慧优势,同时又面临体力和精力下降的趋势这两方面的现实,要注意避免观念和行为上的僵化倾向,警惕自身正在发展着的认识偏狭和盲目崇信的情况。鉴于中年在智力和人格特性两方面都没有发生明显的劣势,特殊能力和专业专长更是直到进入老年以前都不会衰减。这些情况足以使中年人自信,在他们所熟悉的领域,只要在工作方式、生活节奏上适当调整,完全可以持续进行创造性的活动,作出高水平的成果,得到更大的成就。

三、老年(65岁以后)

由于人类健康状况的改善与寿命的延长,许多国家或城市已出现了进入老龄社会的趋势。随之而来的是产生了新的社会和心理问题。65岁以上被视为老年的开始,但退休却常常被看作进入老年的标志。由于退休制度历史短暂,很少人对退休有足够的心理的和实际的准备。它为60岁的人的生活带来骤变,而这一现实对他们来说是被动的,因而产生了如何适应的问题。

(一) 老年的身体健康与智能

无论出现得早点或晚点,老人的健康将日趋下降,多少有点这样或那样的慢性病。他们的视力、听力、记忆力以及活动能力均逐渐下降,活动的节奏减慢。

在智能方面,65岁以后逐渐有所下降。因此在问题解决中,提取线索的灵活性上显得笨拙和缓慢。在学习与记忆中,总的来说比年轻人要差,但研究表明,瞬时记忆不受年龄的影响(D. Arenberg,1973),长时记忆也不随年龄而受影响,老年对多年前的轶事甚至在细节上都记得很清楚,但是对短时记忆则表现很差,几小时前或昨天的事就说不清楚了。这表明老人在信息的编码、储存和提取上发生困难,储存量和提取效果成反比(J. Grossman,1967),从而表现出,老人的回忆效果不如年轻人,但再认效果并不比年轻人差。此外,老人在学习测验中,如果允许慢速进行或延长反应时间,他们的工作效果能得到改进(D. Arenberg,1973,R. Canestrari,1963)。

(二) 老年的心理状态

按照艾里克森的心理发展理论,老年时期的主要问题在于面对退休以及与广泛的人群逐渐脱离接触的变化中,是否能够进行自我整合,对生活采取超然态度,能够经受失意,显示精神上的成熟,否则将陷入孤独感和失望之中(E. Erikson,1963,1964)。老人回首往昔,无论大小,只要自觉有所成就,就能带着满意感退休,循序地与工作、社会和人群"脱离接触",重新安排和选择晚年的生活秩序,建立晚年的生活常规。他们的智能、生活经历和做人的修养以及对人生的态度,认识到"把人的生命周期作为一种必然来加以接受,而且,出于需要,无可取代"(E. Erikson,1963)。如果以理解的态度对待不可避免的现实,就能舒适愉快地度过晚年。但这种结果往往要经过一段适应和思考的阶段。然而,有的老人回顾过去,自认成就未尽人意,且乏善可陈,而且退休后又面临收入下降,生活孤寂。这样,大部分人在精神上有较大的适应不良状态,他们处于孤独感和忧郁之中,对人变得比较淡漠甚至孤傲,更易于自我怜悯和忧愁。他们似乎有着一种幼儿时期的自我中心的再现。尤其在疾病缠身或失去配偶的情况下,更容易出现上述现象。

上述变化部分地决定于脑的衰退,例如,脑细胞减少和脑功能下降,或是大脑动脉硬化和轻度脑功能紊乱(R. Terry,1975)。但是另一部分原因则在于社会因素。尤其对于从事专业或知识阶层的人来说,心理适应是重要的问题。失去职位意味着失去责任和权力,失去被人敬重和自身存在的价值,也就是失去"角色"。他们对这种变化很不习惯而产生深深的失落感和沮丧心情,或诱发强烈的激愤和敌意。这种感情上受挫和心理上失去平衡是疾病滋长的温床,某些疾病即将在他身体的某些薄弱环节中产生。

(三) 老年时期必要的调整

鉴于上述老年人的心态,社会和家庭均应予以关注,为老人的生活作出调整与安排,帮助他们主动去适应。

首先,家庭是重要的调整环节。目前,我国几世同堂的传统家庭已经消失;三代人家庭亦开始处于解体的过程之中,但三代人共处或近距离居住,仍不失为当前条件下赡养老人的较好条件。第二代赡养第一代;第一代照顾第三代,互相解决困难,应是较为理想的家庭模式。

其次,婚姻伴侣对老人十分珍贵。老年夫妻共同生活是老人的安宁感和幸福感的重要来源。丧偶对老人的打击是剧烈的,它使老人处于孤立无援、无助、无望的忧郁与焦虑之中。因此,对于老年再婚,子女和社会的积极赞助与支持是一大义举。尽管在老年再婚中存在困难,他们已不再具有年轻人恋爱的激情,且双方各自的生活习惯也难以很快互相适应。根据粗略的统计,大约有一半的老年再婚是成功的。它使老人在一定意义上恢复青春,生活更加富有生气。

第三,社会的组织措施对全社会形成对退休的正确认识和态度是十分重要的。社会在颁布退休政策的同时,有必要通过新闻媒介对全社会和老人本身进行教育和引导。一方面对老人和即将进入老龄的人解释有关政策,让他们有必要的思想准备和实际准备去迎接和安排退休后的生活,让他们尽可能以更换了的方式去发挥专长和有所事事,例如参加老年活动组织和学习机构,关注他们的收入和医疗条件。另一方面,对各部门的领导和职工进行政策传播,对即将退休的人安排从工作和活动中逐渐脱离,提供给他们一个主动顺应的过程。老龄社会的出现无疑给全社会带来更大的经济负担,但从老人一生对社会已经作出了他们的贡献,他们曾经为全社会创造过财富这点来看,社会应对安排他们的晚年使之能得到丰足和愉快的生活负有责任。同时,从各部门的工作考虑,各种职务均应由较年轻的人取代老人,但是应当避免把他们赶走的急切情绪。在考虑到工作的继承性上也应当让他们继续以一定的方式帮助后来者。要使全社会在实际的措施上提倡尊重老人,这不但是中华民族伦理道德的光荣传统,而且也是社会的实际所必需的。老年人生活的质量,像对待儿童一样,是衡量一个社会的经济和文化水平、社会进步和现代化的标志之一。

推 荐 读 物

[1] 马森等著,孟昭兰等译《人类心理发展历程》,辽宁人民出版社,1991年。
[2] 利伯特等著,刘范等译《发展心理学》,人民教育出版社,1983年。
[3] 墨森等著,缪小春等译《儿童发展和个性》,上海教育出版社,1990年。
[4] Bornstein M., and Lamb M., Development in Infancy, New York: McGraw-Hill, Inc., 1991.
[5] Fischer K., and Lazerson A., Human Development, New York: Freeman & Company, 1984.

第十五章 社会心理与行为

社会心理学是对社会相互作用(social interaction)的研究。由摇苹果树而得到苹果,是人与自然环境相互影响发生作用的结果;而从朋友那里接受馈赠的苹果,从他人手中夺取的苹果或在一项竞赛中赢得的苹果,则是人与社会环境相互作用才成功的。这种社会环境是由他人和群体组成的。因而,社会心理学研究人与人的相互作用,就是研究人们彼此的思想、情感和行为相互影响的方式,即研究一个人成为社会化的人的过程中所发生的与他人相互作用而出现的社会心理现象的规律。

社会的相互作用存在于有人的一切地方,于是,这种相互作用显然会涉及各种各样的问题。例如,什么时候个人会遵从群体的观点;什么因素在左右着我们对他人的印象;在什么情况下,一个人愿意帮助一个陌生人;我们是怎样形成对世界的态度的。当然,这都是社会心理学问题中的一些小例子。

在这一章开始,将阐述社会心理学的一些基本问题。例如社会心理学的历史,社会心理学研究的独特观察角度,即社会心理学区别于心理学其他学科分支的观察角度以及社会心理学的结构。其次,将探讨一个人从出生的自然人到成为一个社会人的过程中所发生的社会心理问题,这方面是区别于儿童发展心理学中的"人"的。第三,将了解一些包含在社会知觉中的因素,诸如怎样形成对人的第一印象;为什么我们会更喜欢另一些人;以及在社会知觉中发生的归因问题:即为了理解人和理解人的行为,我们将怎样把他们的行为归因于某种原因和动机;我们对自己行为的解释为什么与别人的解释不一样。第四,将解释人的态度是怎样形成和改变的;当人们发觉自己与喜欢的人发生了不同的意见,又怎样去协调自己内心的态度。最后,将从人类社会各个不同领域所涉及的人际关系和人与环境相互作用中所发生的实际问题,如何能从社会心理学的角度去加以分析以及是否能有助于解决这些实际问题。诸如人类健康与环境因素、心理因素的关系,犯罪的社会、心理原因,组织管理中如何通过人际关系去解决工作效率等问题。

第一节 社会心理学发展史及其结构

历史总是在时间中沉淀着许多前人的智慧。借用近代心理学开拓者之一艾宾浩斯的一句恰当的评语:心理学的历史很短,但有一个漫长的过去。这句话大概也适用于社会心理学。在历史的变迁中,社会心理学的结构也在随之而改变、而完善。

一、社会心理学发展简史

有这样一句讥讽的话,说谈历史一定言必称希腊。可是人类的科学认识的发展历程,的确必须从古希腊的文明开始说起。

社会心理学与西方其他许多学科一样,都可以追溯到古希腊的学术思想。按照学术界通常对科学认识发展历程的划分,人类学术的发展一般可分为三大阶段——哲学分析、经验描述和实验证明。西方社会心理学的发展史也可以分为这3个阶段。作为探源的研究,西方社会心理学的思想可以追溯到古希腊和近代十七、十八世纪的哲学和伦理学的研究。由于近代科学研究是从经验论证开始的,然后才有进一步的实验分析,所以,社会心理学的研究也是以进入经验描述阶段作为开端,实验社会心理学是这一开端的进一步发展。这样看来,社会心理学的历史和心理学的历史兼有一致和不一致的方面。两者都是受近代经验科学的影响发展起来的,在时间上同为19世纪。然而,近代心理学是以冯特创立实验室,进行心理活动的自然基础研究作为心理学科学研究开始的标志,而社会心理学研究中的实验室实验却不能作为这一学科科学研究开始的标志。社会心理学的研究虽然不能不涉及人性的自然基础,但社会心理学一般不依据生物学的研究提出假设,它着重于社会情境对个人的影响。这种研究有很复杂的社会内容,很难进行严密的实验室控制。与此相反,从这种研究本身的特征看,一开始就需要以较广泛的社会调查为基础才能有助于进行科学的社会分析,而实验室的实验只能是进一步地发展。因而,如果以实验室方法区分社会心理学历史上科学与非科学的标志显然是不适当的。从历史发展顺序看,心理学的实验已盛行约半个世纪之后,才有社会心理学实验研究的兴起,而在社会心理学实验兴起以前,19世纪已出现了大量社会心理学的经验研究。

(一) 经验描述阶段

哲学思辨中有关人的本性以及社会对个人的影响的说法,在近代科学研究兴起以后,已越来越不能令人满意了。这就导致了近代社会心理学系统研究的开端。同时,社会心理学对社会经验的描述分析是从19世纪末叶以欧洲为发源地的。

19世纪达尔文进化论的影响使历史发展进入资本主义大工业和都市社会的时代,使得近代社会心理学接受了许多不同方面的影响,逐渐形成两种不同的研究趋向。

据美国心理学史家墨菲的概括,一种是心理学家的社会心理学,它着重研究社会情境中的个人;另一种是社会学家的社会心理学,它着重于群体生活的研究。前者从微观方面研究社会心理与社会行为在个体身上产生发展的过程与条件,而后者则从宏观方面研究社会心理与社会行为对社会组织所具有的功能与意义。当然,两种趋势只是着重点不同,而在研究内容上往往是相互渗透而不可严格区分的。一般说来,法国的塔德(G. Tarde)和英国的麦独孤(W. McDougall)代表着第一种趋向,法国的德克海姆(E. Durkheim)、莱邦(G. Lebon)和美国的罗斯(E. A. Ross)代表第二种趋向。

在本世纪前20年,麦独孤的本能论影响较大。他的《社会心理学》连续十几年,年年再版。在达尔文主义早期,本能成为人与动物联结的纽带,心理学家和社会科学家都倾向于采取一种动力学的或达尔文主义的研究法,以解释社会行为问题。包括弗洛伊德的心理分析法在内,也是如此。但这一趋势发展到高峰后就暴露了它的弱点。"本能"的项目不断增多,而且往往缺少证据;同时,这种说法对于解决社会问题没有多少实际意义,甚至成为回避问题的遁词,这使麦独孤的理论受到抨击,而强调科学研究应以外显行为为对象的行为主义理论的兴起更加速了本能论的衰落。随着心理学中由强调本能逐渐发展到强调习得,在社会心理学研究中也开始了一个新的阶段:由经验描述转入实验证明或社会分析的研究。

(二) 实验分析阶段

实验社会心理学家反对本能的提法,但继承了麦独孤的个体角度研究,实际上是以实验方法加强了个体角度的研究。使得以研究社会情境中的个人为对象的社会心理学与着重研究群体生活的社会心理学更明确地分化为两个学派。

由于行为主义以严格控制外显行为的实验方法在心理学中取得主导地位,再加上许多学者的研究重点转移到社会环境因素和人与人的关系上,这使得社会心理学的实验分析阶段的研究众多而分散。比较典型的有3个方面:

1. 社会促进作用

这一领域的开拓工作是从1897年美国特普莱特(N. Triplett)的一篇社会心理学实验报告开始的。他介绍了在竞赛情况下,骑自行车比非比赛中尽快骑的速度要高的情况。后来又有德国和美国一些心理学家在本世纪早期继续进行这一类研究,其中很大一部分是关于社会情境对个人行为影响的实验研究。这些研究和其他一些研究为实验社会心理学中第一个较有影响的理论——奥尔波特(F. H. Allport)的"社会促进论"提供了一些论据。

2. 态度测量

第二个主要的研究是态度测量。"态度"在社会心理学中被认为是最突出又最不可少的概念。瑟斯顿(L. L. Thurstone)和蔡夫(E. J. Chave)开始了对态度的测量。他们提出了一套测量态度的程序,即瑟斯顿量表,其方法是让被试以赞同或反对这两种方式对反映着他们态度的项目作出反应。后来美国的李克特在瑟斯顿量表基础上改进的方法已在舆论调查中广泛采用。同时,这种测量方法现已广泛应用于各种民意测验和等级评比中。关于这一点,我们在探讨态度时会有详细的介绍。

3. 群体动力学

一般认为,对实验社会心理学影响最大的是30年代后期勒温(K. Lewis)的"群体动力学"研究。勒温对群体中个人与个人之间的相互关系、群体如何形成以及群体内聚力、领导作用、亚群体形成等方面进行了系统的研究,并且试图应用其理论于现实生活中。

(三) 当代发展阶段

随着时代的推进,社会心理学的发展从零散研究的阶段转入系统化研究的阶段。在这个发展阶段中,社会心理学逐渐形成它的结构体系,虽然它还未得到公认,但作为理论框架,还是比较全面地概括了当代研究的几个方面的问题。

简单说来,它大致包括了4个方面的主要问题。(1)小群体中的社会心理现象:心理相容和人际关系,社会归因和态度,这也是社会心理领域的一般性问题;(2)大群体中的社会心理现象:不同类型、不同水平的群体中交往的特点,群体内部的动态,群体的发展及集体的形成;(3)个性社会心理的研究:个体社会化、社会角色的获得以及和群体相互关系系统中的个性问题;(4)社会心理学的实际应用,主要是健康方面,工业生产方面,宣传工作方面,违法犯罪方面以及婚姻家庭方面的社会心理学问题。本章只从以上4方面选择几个有代表性的问题加以论述。

以上论述了社会心理学研究的发展简史。作为普通心理学分支的社会心理学,虽然它的研究思想与普通心理学相似,但是它有着自己独特的观察角度。了解这一点对学习社会心理学是很重要的。

二、社会心理学的独特观察角度

社会心理学的观察角度首先是强调情境影响。社会心理学家注意的焦点,在于当前情境对人的行为的影响,而不在于发展的或人格的因素。比如,一个人在路途中帮助一个陌生人,发展心理学家或人格心理学家希望了解的是:怎样的生活经历使他成为利他的或具有利他人格的?而社会心理学家更感兴趣的是:促使这个人行动的周围环境是怎样的?有无旁观者?有无危险等等。

社会心理学观察角度的第二个特征是强调个人的现象学,即他自己对情境的解释或理解。例如,一个人可能以某种方式行动,因为他相信别人是敌意的,即使是这种信念没有任何根据。但这种觉察到的敌意,只要涉及社会心理学家的研究,便仍然是个人行为的"起因"。这就是长期以来社会心理学中的一项基本假设:"如果人们解释情境为真实,这些情境对其所引起的后果来说也是真实的"(Thomas,1928)。这个特点在许多典型的研究案例中都得到充分的体现。如旁观者对危机情境的解释及干预这一案例中,凡涉及到个人在主观上如何领悟和理解情境的,都是现象学的变量。因而,把现象学作为一个重点是社会心理学观察角度的第二个特点。

第二节 个体社会化

社会相互作用是由个体实现的,而个体只不过是一个精子和一个卵子的结合。我们对这个结合过程的知识是很有限的,但是我们都知道,个体的生理、能力和性格中有许多东西在怀孕时就决定了。我们无法了解以前,但能够而且已经了解了许多自怀孕出生到最终成为一个社会成员经历中的种种变化。这些个体从尖声哭叫、自我中心的新生儿,发展成具有社会功能的人,这个过程被通称为社会化。

"社会化是一个过程,在这个过程中个体获得那些受到其文化群体和家庭重视的适当的行为模式、信念、标准和动机"(Mussen, Conger and Kagan,1974)。在某种程度上,孩子出生,成长的文化环境决定了社会化的内容与方式。孩子在这种文化氛围中长大,逐渐成长为具有这个文化传统的社会的人。由于文化的不同,虽然个体在社会化方式上有着相似的经历,但其内容却相差甚远。所以,我们的论述无法在社会化的一般范畴中包含其全部内容。只能在一大串题目中选择了3个小题目,分别介绍社会化的内容。这3个题目是:(1)心理社会性发展阶段论,即随着出生到老年,社会化遇到的重大心理社会问题,个体如何在社会化中形成其内在的特点。(2)角色问题,其中主要讨论性别角色的认同。(3)道德发展,作为社会人,很重要的一面是具有这个社会所容忍的道德模式。

一、心理社会性发展阶段论

当代心理学认为,人的身心发展是持续毕生的过程,随着身体的变化,环境的变化,人的认知、态度和行为也在变化。所以,艾里克森(1963)提出了一个8阶段的理论,用来说明人一生的发展,称之为心理社会性发展阶段(见第十四章)。他认为个人的心理发展依赖于在生活不同时期建立的社会关系。在每一阶段都会遇到特殊的问题。这些问题必须得到解决。解决得好,就会产生良好的结果;解决得不好,则产生不良后果。我们将把艾里克森的8个阶段归并为3个大阶段来叙述。

(一) 艾里克森的第一、二、三阶段的社会化内容

在这个最早的几个阶段(相当于婴儿期与幼儿期)中,有3个问题对个体社会化是至关重要的。

1. 依恋和"自我"观念的萌发

依恋通常被看作个体早期社会化的主要内容。它一般被看作是一种动机,这种动机包括着许多愿望:得到他人的养育和安慰,保护和帮助,在感情上靠拢他人或得到他人的同情。依恋通常表现

为倾向于接近特定的人,与他们在一起时感到安全,产生自我的安全感和对他人的信赖感。这种安全感和信赖感就是最初的"自我"观念。

从动物观察看来,依恋在很大程度上是在种系进化中形成的,但是,环境是依恋行为出现的关键条件。研究表明,母-婴依恋形成的质量会影响儿童以后的社会交往行为,依恋为儿童提供了形成后来人际关系的基础。如果早期不能对某个亲近的人形成依恋,它在性格上所留下的烙印就可能影响后来发展正常、顺应的人际关系的能力(Ainsworth,1978)。

婴儿时期依恋安全感和对成人的信赖感是他们更愿意探索环境和接近新异事物的前提,为婴儿处理新经历和新关系作了准备。于是,在婴儿的感情体验中出现了把外界与"自我"进行比较的能力。如悲泣中受到抚慰,无准备中受到斥责以及在玩耍和手的把弄操作中成功与失败的不同经验,所有这些经常发生的感情上的不同体验在婴儿内心的对比,就是"自我"观念的最初来源。

2. 伙伴交往

在儿童的早期社会化中,与伙伴交往是影响儿童早期社会化的重要方面。幼儿在彼此交往中会学习很多的社会技能。他们学会与别人分享玩具和食物,学会合作,对相互行为感到高兴,同时学会理解别人的感受。早期的伙伴交往是幼儿经历"自我中心",又能摆脱"自我中心"的阶段。此外,伙伴既是模仿的榜样,又是奖赏和惩罚的重要分配者。儿童在观察伙伴行动时可以学会新技巧,也能看清某些行动的后果。从而又是幼儿萌发道德行为的契机。

3. 育儿方式对儿童社会化的影响

这个问题很早就得到人们的关注。从本世纪前30年代的极严格的育儿方式到40年代宽容灵活的育儿方式,直至现在的中等控制、较严格的纪律以及必要时惩罚的育儿方式的变迁中,人们进行了多方面的考察,得出的一般结论认为:那些在儿童应当如何行动问题上坚决和一贯的,对儿童表示亲热的,尊重儿童意见的父母,倾向于造就出有能力而自立的学前儿童。那些对自己需要比对儿童的需要更关切、更有控制的父母,其孩子能进行相当的自我控制,但对新情境或他人有些担心或信心不足。那些非常宽容的、既不奖赏负责行为,也不排斥不成熟行为的父母,易于造就出缺乏自立和自我控制的儿童。总之,儿童的自信和能力在温暖关切的家庭中得到最好的促进,在这里父母的奖赏负责行为起到鼓励独立行动和决策的作用(Bawnrind)。

(二)艾里克森的第四、五阶段的社会化内容

儿童的学习时期,包括小学、初中及高中。即包括个体的儿童末期、少年期和青春期。在这两个阶段中,个体的社会化包括学习、道德和世界观的形成和自我概念的形成。

1. 知识增长

在这期间,个体不仅要学习系统的知识,而且要培养出适合集体的个性品质。不仅要学习自己感兴趣的,也要学习自己不感兴趣的。个体从语文、数学等多科科目的学习中,掌握了书面语言及逻辑思维的方法,从而使他们扩大了知识范围,提高了抽象思维的能力,概括判断等能力也大大提高,到青春期末,他们已掌握了成人的95%知识。由于这两个阶段的主要任务是学习,所以心理发展上相对比较稳定。随着年龄的增大,知识范围的扩大,个体的自觉性增高,主动、独立性增强,成了相对独立的社会个体。

2. 道德与世界观形成

在这一期间,也是思想、道德和世界观日渐成熟的阶段。随着生理发育,大脑发育基本健全,视野广阔,对人生的目的、意义及周围世界形成了概括的看法。在这期间,成人对个体的影响范围和强度日渐降低,个体的社会化逐渐为个人对环境的认识等内在因素所支配,但伙伴集团对个体社会化的影响起着较大的作用。另外,生活空间的进一步扩大,经宣传媒介来的信息也起着不可忽略的影响。

3. "自我"概念成熟

在这一期间,社会化的一个重要方面就是"自我"概念的成熟,也即自我认同。其实还在儿童社会化早期,父母的自我概念和他们对待孩子的方式就已经影响了儿童的自我概念,那时自我概念便开始萌芽。在中学时期,学生的自我概念受老师对学生看法的影响,此外,同伴的影响也会深深地影响自我概念的发展。在这些影响之下,随个体的生活范围的扩大,生理上的成熟,个体对自我的能力、活动范围等有了比较清楚的认识。在自我概念中,一个很重要的方面就是性别认同。随着生理的成熟,个体对自己性别角色也得到充分的了解,对性别角色的范围认同了与自己同性别的父母、老师及同伴,然后内化成为自我概念的一个方面。

(三) 艾里克森的第六、七、八阶段的社会化内容

在心理学中,关于社会化的研究一直侧重于儿童期。其实,社会化在成人期也仍在继续,所以社会化是一个贯彻一生的过程,在成年早中期也是很重要的。布里姆曾经指出:儿童社会化的特点是习得基本价值观。而成人社会化的重点在于习得与角色有关的各种行为。随着成人扮演的不同角色,角色的要求可能会产生冲突,所以与角色有关的问题成为成人社会化的一个基本问题。

成年期的社会化的主要的3个方面是工作、婚姻和当父母。

1. 工作

据已有的研究认为,工作上的自主性比其他与工作有关的变量,如人际关系对心理影响更大。工作结构与心理机能之间有相互作用,工作对人的影响比人对工作的影响要大。工作上的自主性和复杂性对个人关于自己和他人的信念系统有重要影响,工作对人的社会化影响超出了职业角色范围,更加广泛。因而,学会扮演不同的工作角色,适应不同的工作要求,成为成人社会化的主要课题之一。

2. 婚姻

婚姻也是成人社会化的一个主要方面,结婚的人比未婚者更幸福、健康,但婚姻使得双方都要适应新的要求,新的职责,而孩子

出世又会带来更大的适应问题,这都是社会化的具体内容。许多国家的离婚率高,说明这方面的社会化是很不容易的。

3. 父母角色

而婚姻带来的当父母的角色也成为成人社会化的一个方面。年轻的父母们对父母角色的理解以及能否很好地适应这个角色,也就成为社会化的一个具体内容。父母角色对成人的影响是很大的,但文化背景及年代的不同,人们对这个方面的看法有明显差异。

总之,艾里克森的理论是比较全面地概括了个体社会化的一般过程,它的影响至今仍然很大。

二、角色理论

长期以来的传统文化中,就有了角色的特点。社会心理学家把人际交往比拟为演员扮演角色。这样,每个人在其一生中就扮演着大大小小的一定的社会角色。

由于社会文化规定着社会角色,因而人们对扮演某种角色的人就有着特定的期望,而一个人如果同时扮演着两个角色,可这两个角色的要求又相互冲突,这样就形成了角色冲突。如一个男人同时是丈夫和儿子的角色,这两个角色却又偏偏在经常时间内有不同的要求,这样他就经常陷入冲突之中。

虽然角色是社会文化规定的,可人们是怎样学习的呢?我们以性别角色的习得为例来解释这个问题。

性别角色的社会分工除了有生理的自然方面的原因之外,主要是由文化的、社会的原因造成的。鲍里曾经研究过不同的文化团体对男女行为的要求,他认为,82%团体要求女孩操持家务,照顾弟妹,85%团体要求男孩自立,依靠自己。当然随着时代的变迁,同一文化内部的这种规定会改变,但其差别还是根本上存在的。

在如何习得性别角色的问题上,存在着几种观点,一般认为:儿童在社会化过程中先是学习父母的行为和态度。有时人们会看到,孩子在行为作风上酷似父母,这时孩子就被说成是与父母同一化或认同。同一化是一种学习形式,也是儿童社会化的基本过程。由于父母强化特定行为,孩子习得了性别角色同一性后,出现了行为模仿。按照班图拉等的观点,孩子观察别人的行为就学习了适宜的性别角色行为。例如,一个女孩看见母亲是一个有教养、顺从、被动的角色,那么,这个女孩将学习这样的同一性。孩子学习这些行为无须奖励,因为孩子通过观察就能学到这些行为。

社会角色的获得既是社会化的目的,又是社会化的结果。在社会角色的获得中,期望也有着极大的效果。在罗森塔尔实验中,由于对老师说某些学生是有着天赋的(事实上是随机挑选的),结果却真的使这些学生成了出色的"好学生"角色。当然期望本身并没有这么大的作用,但它却作用着去获得角色的人的心理,使他们有了更高的自信心,从而习得这个角色的可能性就更大了。

三、道德发展

从社会的观点来看,最重要的社会化过程很可能是道德发展阶段。一个孩子获得有关道德行为的准则和信念的过程对正常活动的社会是至关重要的。所以论述儿童如何发展道德行为是社会的一个大课题。

孩子关于真假、好坏的概念是随年龄发生变化。多数 5 岁孩子会说偷东西、伤害人是错误的,但他却是逐步地理解借和偷的不同,有意伤人与偶然伤人的不一样。理解孩子的这种道德发展是不容易的。但我们可以从 3 个方面对道德发展进行讨论:道德行为、道德情感和道德认知。道德行为一般指孩子能在没有外部监督的情况下产生的抗拒诱惑的行为;道德情感是指孩子对越轨行为的情绪反应;道德认知即道德判断,重点在于从发展的角度探索儿童在包括道德冲突在内的各种情境中如何使用规则,以判断行为的正确性。

(一) 道德行为

一些研究者报告过,影响道德行为变化的因素也是影响学习的变量。例如有的报告指出,惩罚能影响孩子抗诱惑的能力,但惩罚的时机是个关键。在越轨行为序列之后给予惩罚,在控制行为的效果上差一点,而在越轨行为出现时给予惩罚效果就好些。同时在越轨行为出现时给予惩罚,并就惩罚的原因给予认知性的解释,这种认知性的说明不仅增强了孩子反应的抑制力,而且更增强了越轨行为后的惩罚后果。

不仅惩罚能影响道德行为,影响这种道德行为的变量还有个体差异,个体与情境的相互作用等等。

(二)道德情感

传统中人们认为,有良心的人有强大的抗诱惑能力,出现越轨行为时,预期会产生严重的内疚。可是,最近的研究粉碎了人们对有良心的人的好感。结果表明,这两个指标,即抗诱惑能力和越轨后的内疚,有不同的前提,两者没有高度相关(Parke,1969)。

对道德情感的研究更多地偏向于精神分析观点。有结果表明,引导——在越轨行为后父母强调孩子的活动给父母及他人造成的痛苦后果,使孩子产生移情体验——这个训练方式与孩子犯规后的内疚以及道德发展的其他指标(如承担责任、坦白等)有高度相关,而相反的,坚决惩罚孩子与道德发展的指标呈负相关。

(三)道德认知的发展

研究道德判断始于皮亚杰。在他的基础上,科尔伯格做了很多工作。他认为道德发展是个扩展的复杂过程,从一个阶段到另一个阶段的发展包含了前一阶段思想方法的改变。因而他根据孩子对假设的道德冲突所作的推理反应,提出了道德发展的六个阶段。

科尔伯格的道德发展的6个阶段,实际上是道德的3个水平,每个水平包含两个阶段,这6个阶段是:(1)惩罚和服从倾向;(2)朴素的工具性享乐观;(3)取得他人称赞的好孩子道德;(4)维护权威的道德;(5)契约与民主法规的道德;(6)以个人良心为原则的道德。以上6阶段合并为3个水平:前道德水平;顺从习俗规则的道德水平；自我遵守道德规则的道德水平。他用9个假定的冲突性故事与相应的一组探查性问题，确定个体的发展阶段。

科尔伯格的看法得到了一些研究结果的支持，同时也有着现实的指导意义。

在用社会心理学的工具了解个体时，社会化过程的作用是不容忽视的。同时我们要知道，社会是个实体，它有助于确定把什么样的社会化行为灌输给孩子，孩子在依恋、角色以及道德几方面习得的东西是社会要求的函数。我们只有全面地了解社会的要求，才能真正把握住个体社会化的根本，才能对个体社会化起着合理的指导。

第三节 社会知觉和归因理论

我们了解周围的人吗？你该怎样去了解呢？你估计别人对你所抱的看法正确吗？你曾否想过有什么样的因素会影响你对别人的了解？在日常社会的相互作用中，我们每一个人都在充当着业余或直观的心理学家，都在试图感知别人，也感知自己，同时有意无意地去对每一件事作出一种解释——追溯行为的原因。而心理学家们则试图用正规的方法去探讨，于是出现了对人际知觉、自我知觉的研究。

社会知觉是美国心理学家布鲁纳（J. Bruner）1947年首先提出的。经过几十年的研究，它现在又被称为人际知觉、对人知觉或社会认知。在这里只讨论人际知觉，实际上包含了自我知觉的原则。

一、人际知觉

当我们第一次遇见一个人，同他交谈几分钟，甚至在这样短的时间里，也可能对这个人的一些特征进行判断。人们倾向于在很少的信息基础上迅速形成印象。现代的社会心理学研究也正在致力于考察知觉主体对有关他人的信息的处理过程和方式。

在社会心理学中,图式指过去经验中有组织的知识构形,用它来解释新的经验。在记忆中检索与输入感觉信息最符合的图式的过程称之为图式加工。图式和图式加工使人可以更有效地组织和处理大量信息。人们不必感知和记住每一新客体或新事物的全部细节,而只需编码和记住其突出特点就行了。图式加工通常是快速地、自动地进行的,我们甚至觉察不到有什么信息加工在进行。

图式有不同的形式,如根据语言材料的图式,根据视觉材料的图式,对付各种人的图式,对付社会群体的图式等。在每种情况下,图式都是评价经验的依据,影响着记什么不记什么,影响着未来的行为。人有各种社会事件的图式,例如当人应邀去参加一个生日晚会,头脑中会出现一个生日晚会的一般图式,这个抽象画面能帮助人预料将发生的情况。图式还有助于处理社会信息。自我图式提供了一种组织信息和便于记忆的方法。

人们是运用图式加工产生人际知觉的,而社会心理学家的任务在于确定哪种水平的处理在对他人知觉中最为重要,最常为人们所运用。研究表明,最常用的水平是能在概念间作出精细划分的水平,同时概念定义又是最丰富的。也就是说,最常用的水平是最能精细区分和最能明确内涵的层次。以上是信息加工论对人际知觉的一些说明,它指的是个体对他人知觉的一般过程。

其实社会知觉的具体内容是很多的,由于社会知觉的刺激对象是人,所以要认识一个人,不仅要认识其外显的特征,还要认识该人与其他人之间的关系,更要认识他内在的心理品质。具体来说,社会认知包括对他人表情的认知(其中有面部表情、身段表情、言语表情等),对他人性格的认知,对人与人关系的认知,对人的行为原因的认知。同时,也由于社会知觉的对象是人,社会心理的规律使得人们在知觉时会有一些特殊的反应效果,这就是社会知觉的效应问题,主要包括首因效应和近因效应、晕轮效应、定势效应和社会刻板印象。

（一）首因效应和近因效应

生活中，人们注意到第一印象的重要性。在职业交谈、第一次约会及其他一些情境中，第一次印象的成功决定着以后是否还有必要继续接触。同时我们也会发现，朋友和情人共同喜好的娱乐之一，就是共同回忆他们"不幸的"第一次相遇，并且为他们互相形成的、歪曲的第一次印象而发笑。在这两种情境下，有两种因素起作用，即首因效应和近因效应。这两种效应表明：最先接受的信息作用最大，最后接受的信息也起着较大作用。

首因效应和近因效应是记忆研究中提出的原理，社会心理学家还做了许多实验去加以验证。社会心理学家鲁申斯作出如下的研究：他编写了两段短文，描写一个叫吉姆的男孩的日常活动。在一段短文中说：吉姆与朋友一块步行去上学。在马路上晒着太阳取暖，与店铺的熟人说话，并与新认识的一个女孩打招呼。在另一段短文中说：吉姆放学后独自步行回家，在有荫影的一侧马路上站着，安静地等待一个店铺服务员，他没跟新结识的女孩打招呼。第一段短文，让人觉得吉姆是个外倾型的人，第二段短文，使人觉得吉姆是个内倾型的人。鲁申斯把这两段短文按先后不同顺序结合起来，分两组给被试读。读完后要求评定吉姆的个性品质，结果证明了首因效应。当第一段在前时，吉姆被认为是外倾型的人，第二段在前时，吉姆被评为内倾型的人。

但在另外的条件下，结果却有所不同。如在两段描述之中插入别的活动，则较近的信息产生了更大的影响，即出现近因效应。一些研究表明，如上个月在一次晚会上认识一个女孩，给你印象不太好，但在本周内你又碰上了她，这次给你印象是好的，那么你对她的印象很可能是好的。

对这种顺序效应有几种解释。一种认为，最先接受的信息形成的原始印象，构成核心知识或记忆图式。后来的其他信息被整合到这个记忆图式中去。这是一种同化模型，新的信息被同化进先前信息所形成的记忆结构中，因此新的信息就具有先前信息的色彩。另一种解释以注意为基础,认为最先接受的信息受到更多的注意,而后来的信息则易受忽视,至少是加工较少。

(二) 晕轮效应

晕轮效应指对他人知觉的一种偏差倾向。当一个人对别人的某些主要品质有了良好印象——如认为这个人勤奋、诚实、聪明——之后,就会认为这个人一切都很好。反之也一样,如果一个人被认为是坏的,那么他就被消极的光环所笼罩,从而也就赋予其不好的品质。这种光环效应就好像刮风天气前夜月亮周围出现的圆环(月晕),其实是月亮光的扩散,所以称为晕轮效应。

狄恩等的研究说明了这个效应。他们让被试看一些照片,照片上的人有的很有魅力,有的无魅力,有的中等。然后让被试在与魅力无关的特点方面评定这些人。结果表明,被试对有魅力的人比对无魅力的人赋予更多的理想的人格特征,如和蔼、沉着、好交际等等。而中国的俗语"情人眼里出西施","爱屋及乌"也说明了这一点。

(三) 定势效应

定势是心理学中的一个概念。大意指以前的心理活动会对以后的心理活动形成一种准备状态或心理倾向,从而影响以后心理的活动。在对陌生人形成最初印象时,这种作用特别明显。俄国社会心理学家包达列夫曾做过这样一个实验:他向两组大学生出示了同一个人的照片。在出示之前,向第一组说,将出示的照片上的人是个怙恶不悛的罪犯;向另一组说他是位大科学家。然后让两组被试用文字描绘照片上的人的相貌。第一组的评价是:深陷的双眼证明内心的仇恨,突出的下巴证明沿罪犯的道路走到底的决心等等,第二组的评价是:深陷的双眼表明思想的深度,突出的下巴表明在认识道路上克服困难的意志力等等。这个实验有力地说明了定势的作用。

(四) 社会刻板印象

由于地理、经济、政治、文化等条件的集合作用,人们会在过去有限经验的基础上产生对某个群体的一些刻板印象,并常以此作为判断评价的依据。如一个人属于什么职业,哪个民族,就很容易产生什么样的定型。把过去所遇到的这类职业的人所表现的明显特点,看成是这个职业所有人的特点,如女教师都是文质彬彬的,海员都是豪放、豁达的等等。这种定型化过程在人际知觉中是必要的,因为它有助于简化认识过程,但也容易造成偏见。许多研究都表明了这类偏见的产生。如果在有限的经验上建立的定型是否定性的,就会影响到对某个群体成员的正确看法,产生不友好的态度。这在种族偏见上表现得特别严重。

在人际知觉中,还有许许多多的问题有待研究。现在研究的总的倾向,是用信息模型的方法揭示人际知觉中反映的文化差异。

二、归因过程

人际知觉是预先假定我们首先知道如何对人进行估量,如何解释他们的言语和行为,才使人了解他们行为的真实原因。这就是归因问题。归因问题的研究,当前已成为社会心理学的一个中心课题。人们对此研究了很长时间,逐渐形成了各种归因理论。

(一) 海德的归因理论

海德是归因问题研究的创始人。他重视行为因果关系的研究,致力于探查行为的原因。他把行为的原因基本上划分为内因和外因两种。他称前者为倾向的、个人的原因,如人格、动机、努力等,称后者为情境的、环境的原因,如外人、奖惩、运气等,如一个学生考试不及格,归之为内因是由于他不聪明,不努力;归之为外因是因为课程太难,评分不合理。

人们是怎样做归因解释的呢?海德提出了共变原则和排除原则。共变原则认为,如果在许多情况下一个原因总是与一个结果相联系,而且没有这个原因不会导致这个结果,而这个原因就是这个结果的归因。如一个老板总是雇用漂亮的女性当秘书,其他的更合格更优秀的女性却不雇用,这个老板就可能被推断为注重漂亮甚于能力。而排除原则,则认为如果情境原因足以引起行为,就可排除个人归因,反之亦然。如在受苦刑的情境下,许多人会违心地承认一些罪行,这应当归因于情境,原因是情境的作用太大了。

(二) 海德理论的发展

海德提出了对归因问题的研究,他为社会心理学找到了一个新的研究课题,这是他的成就,但他对归因的机制等问题的研究却又有着不全面的地方,如他的共变原则中隐含着稳定和不稳定因素对归因的影响。维纳(B. Weiner, 1972)从此发展出自己的理论,而排除原则又成为琼斯(Jones)等发展为对应推论理论的基础。

维纳认为,内因-外因方面只是归因判断的一个方面,还应增加另一个方面,即暂时-稳定方面,这两方面都很重要,彼此独立,而暂时-稳定方面在形成期望、预测未来的成败上至关重要。他的模型简述如下:

		暂时	稳定
内	因	努力、心情、疲劳	聪明、能力、身体特征
外	因	运气、机遇	任务难度、环境障碍

举个例子,如果认为甲的工作出色,那可以归因于他的能力强或任务容易,即归因于稳定因素,那么就可以抱这样的期望:这时给他同样的任务,他还会做得出色;如果把甲成功的原因归于暂时因素,就不会产生期望他会做得很出色的想法,在解释他的失败时,也可以同样的原因作判断。

曾有研究证明这个模型是有效的。他们采用模拟法,让商学院学生扮演经理角色提升一部分职员,提供给他们的材料强调职员工作良好的 4 个原因是能力高、很努力、任务容易和机会好。结果经理决定只提升那些工作好是因为能力高和努力的人,即奖励只给予那些有内因的人,而不是有外因的人。因为他们相信,只有内部稳定特征才能保证将来。

维纳把海德的归因理论进一步深化,且很好地应用于选拔人才等实际运用中,他的理论还是很有价值的。

维纳相对于共变原则提出他的归因理论,与此相对,琼斯等相对于排除原则也提出他的对应推论理论。他们认为,个人的行为不一定与他的人格、态度等内在品质相对应。例如,一个妇女在离开晚会时笑着说:"谢谢,我的确很高兴"。我们不一定相信这是她的真实态度。因为一般人在这种场合下都会说些客气话,所以无法肯定这位妇女的行为与其真实态度是对应的,但是,什么时候能推论一个人的行为与其内在品质相对应呢?琼斯认为,当一个人的行为不符合社会期望或不为社会所公认,我们就可能把行为归因于他的人格。如一个人做了不道德的事,我们就可能从其行为中推论出他是一个不道德的人。另外,我们如果知道某人从事某个行为是自由选择的,而非受外在强大的压力才做,我们也可把这个行为归因于行动者的内在品质。

对应推论理论看起来很简单,但他们在扩展了海德理论之后,他们的外因指的就是社会准则、道德规范、外在压力等宏观方面。这一点是他们值得称道的地方。同时,他们也沿用了海德理论的排除原则,一个人的行为如没有充分的外在原因,则把行为归因于内在品质。

除了维纳和琼斯在海德的归因理论上各自提出了自己的理论外,凯利(Kelley)也在发展海德的归因理论中,吸收了他共变原则的基础,提出了他的三度归因理论。他也认为当某个条件存在时,某个结果出现,当这个条件不存在时,该结果也不出现,这时这个结果就应归于这个条件。这就是说,结果归因于其共变的因素。但他认为,行为的原因可使用3种不同的解释,即行为者、行为知觉的对象和行为产生的环境,他是把内外因中的外因划分为知觉对象和环境两个因素。而要找出真正的原因,就要使用3种信息:

1. 一致性

指行为者的行为是否与这一情境下其他人的行为相一致。若是,一致性就高。

2. 一贯性

指行动者在其他时间和其他情境下,这种行为是否发生。若是,一贯性就高。

3. 特异性(区别性)

指行动者对其他对象是否以同样的方式作出反应。是,则特异性低,不是,则特异性高。

他的模型如下:

一致性	一贯性	特异性	归因于
低	高	低	行动者
高	高	高	知觉对象
低	低	高	情境

举个例子:玛丽对夜总会小丑的表演笑得非常厉害,她为什么这样呢?根据信息的不同,可作出不同的归因(麦克阿瑟,1972)。

玛丽为什么发笑

一致性	特异性	一贯性	归因
高——每个人都笑	高——她不对别的小丑笑	高——她总是对他笑	刺激物小丑(61%)
低——别人很少笑	低——她总是对小丑们笑	高——她总是对他笑	行动者:(玛丽)86%
低——别人很少笑	高——她不对别的小丑笑	低——她以前几乎没对他笑	情境72%

(百分数是每种归因的被试数/总人数×100%)

凯利的三分法使得归因更为明确,从而有利于找出解决问题的关键和方法。但他的模型过于理想化,实际上人们常常得不到3个方面的全部信息,同时,人们在判断中虽然的确使用了这3种信息,但往往低估一致性信息,低估情境影响行为的力量,因而也常常被归结于主要的归因错误。

除了以上几种论述概括了人际知觉过程的理论外,贝姆(Bemb)提出了自我知觉理论,补充了社会知觉的另一面,使得社会知觉的归因理论更全面、更完善。贝姆认为,由于情绪、态度等对自己来说常常不很清楚,因此,人们不得不从自己明显的行为和围绕自己的环境力量的认识中来推断它们。也就是说,正如在对他人的行动进行因果关系的归因中所说的那样,试图使用本质上相同的资料以及相同的归因过程对自己的行为进行因果关系的归因。

(三) 归因中的错误倾向

人们在归因中有时会犯这样或那样的错误。这些归因偏向有的来自动机,有的来自认知,这里简单介绍几种,从而使我们对归因问题的了解会更全面。

1. 基本归因错误

在个人行为的归因上,人们倾向于低估情境的作用,高估个人或内因的作用。原因可能有两种,(1)人们须对自己的活动负责,因而多从内因评价结果;(2)情境中行动者比情境中其他因素更突出,我们往往注重行动者而忽略情境和社会背景。

2. 行动者与观察者之间的差别

行动者倾向于情境归因,而观察者倾向于内部归因。原因可能是:(1)行动者注意环境,而观察者注意行动者本人;(2)观察者对过去了解少,只注意现时现地,而行动者对自己过去非常了解。

3. 自我服务倾向

人们愿意把积极的结果归因于自己,把消极结果归因于情境。

4. 自我损害偏向

如一个人失眠,他就以为自己适应能力、自控能力很差,从而更紧张,更难入睡,即这种归因使失眠更严重。

第四节 态度和态度改变

态度的研究是社会心理学 30 年来的重点之一,态度也发展成了社会心理学的核心概念。在一定意义上讲,人的一切社会行为都不能不受自己态度的影响。原始人的图腾崇拜,早期人类的宗教信仰以及现代人的科学信念都是人类态度的重要方面。对于自然和社会,对于他人和群体,对于事业和人类前途,每个人都会持有自己的态度。态度是社会心理学中相当广泛的概念。

态度研究开始得很早。1888年心理学家朗格在研究"反应时"的实验中便发现,被试的态度直接影响到反应的结果。1918年托马斯和兹纳涅茨在心理学中,第一次采用了态度的概念。随后开始了大量的研究工作,此后,态度逐渐成为社会心理学的核心问题,有人甚至把社会心理学定义为"研究社会态度"的科学。奥尔波特、克雷奇以及弗里德曼在他们的专著中也分别提出他们自己的定义。根据态度的3种成分:认知成分、感情成分和行为成分,已形成了大多数社会心理学家比较满意的定义:态度是对客体的相对稳定的评价反应,具有认知成分、感情成分,以及行为成分或结果。

作为社会生活中最常见的一种现象,态度在实验社会心理学兴起以来,一直是最受重视的研究领域之一。20年代至30年代,兴起的是态度测量的研究,而50年代至60年代是研究"态度改变"的年代,80年代热衷于态度体系的问题。态度能够对个体、群体、社会发生强大的、持久的影响,它不仅经常发生,而且本身具有极大的作用力。这就是态度为什么重要的原因。然而,态度又是很难用科学形式加以论述的,这是因为态度还包括对事实的主观评价因素或感情因素在内。尽管态度研究很难客观,也不妨对它进行已有研究的探讨。下面分别从态度的理论、态度的测量以及态度的改变这3个方面予以介绍。

一、态度的理论

关于态度的形成和改变,心理学家提出过3种不同的理论解释:(1)条件作用论,认为态度是习惯,是通过学习的原理形成的;(2)诱因论,认为一个人采取的态度受他对收益多少的考虑决定;(3)认知一致论,认为人将采取符合他们总体认知结构的态度。这3种理论各有侧重点,但它们是相互补充的。

(一) 条件作用论

条件作用论是一种比较简单的态度习得论。他强调人的机械学习方面,认为人可以通过各种刺激作用习得态度,而最终的态度则包括个人生活经验中所有的联想、价值观及知识。同时,对某个具体的评价和实际态度的形成则取决于所习得的肯定和否定因素的数量和强度。

条件作用论主张,人的态度主要是通过联想、强化和模仿3种过程获得发展的。如吸烟和癌的联想会形成反对吸烟的态度。强化,则是引起态度联想的阳性和阴性的表现形式。如一个人很忙,体育运动会产生影响工作的后果,他则倾向于停止运动(阴性强化)。而模仿,则是通过典型人物形象影响而产生的一种联想和强化的学习。如研究表明,青少年的社会政治态度,在很大程度上相关于他们父母的态度,这大部分是出于模仿。

(二) 诱因论

诱因论是从趋近因素和回避因素的冲突看态度的。当趋近和回避两种诱因发生冲突时,这些诱因的相对强度决定人的态度。它和条件作用论同样认为态度是由肯定因素和否定因素相对决定,不同的是诱因论强调人是主动地对诱因冲突进行周密计算的。爱德华(W. Edwards)曾发表文章,以期待价值研究对诱因论的解释。他认为,由于诱因冲突的复杂性,人在作出抉择时总是力求尽可能大的主观效用。他的计算公式是:主观效用是以下两种因素的乘积,即(1)预期后果的价值;(2)预算后果的概率,即主观效用(U)=价值(V)×概率(P)。

按照这一解释,人似乎总是在采取他们预期能达到最有利后果的立场。但遗憾的是,人的周密思考能力似乎被高估了。有许多例子说明,态度一旦形成,即使诱发内容已被遗忘,仍倾向于保留不变,因为情感成分往往比认知成分经久得多,有力得多。态度的结构虽然复杂,依据感情成分作出的评价却比较简单。

(三) 认知一致论

认知一致论是当代西方社会心理学的一项主要理论,它源于格式塔学派的知觉完形观。它是由勒温的场论和费斯廷格的认知失调论发展而来。这些理论的基本点是一致的。他们认为人在认识中总是寻求平衡与一致。一个人的几种信念和观点不协调时,他将力求协调。

认知一致论有3种变式。第一种变式是平衡论。强调在简单的认知系统中人对自身存在着几种评价态度或感情之间趋向一致的压力。这一理论是海德在1958年的《人际关系心理学》提出的。这一理论最基本的假设在于,平衡的认知状态能引起一种满意的状态;反过来说,认知不平衡就包含着平衡的因子,如果出现认知不平衡,趋向平衡的形式在于改变现存的认知之一,或添加一种新的认知,以校正不平衡(图15-1)。

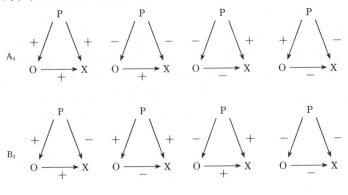

图 15-1 认知平衡模式

A:平衡模式　B:不平衡模式

图 15-1 表明对平衡态和不平衡态的理论分析。在这一图解中,P 是观察者,O 是另一个人,X 是对象,P 和 O 对它采取某种态度。这样在第一种平衡状态下,P 和 O 彼此之间有正态度,他们对 X 也有正态度。在不平衡状态下,P 和 O 对 X 都有正态度,但彼此是负态度,要产生平衡的认知状态,P 和 O 必须改变他们彼此的

态度或者他们中的一个改变对X的态度。这种情境类似于两个相识者之间。他们之间印象不太好,但发觉他们有共同的兴趣后,我们可以预测,他们的态度会沿着好的方向改变,因为一般说来,人们的共同兴趣是不容易改变的。

更一般地说,平衡出现在各符号之间的乘积为正的情况下。这种情况只有当没有负号或有两个负号才能发生。

平衡论以较为简单的概念说明了认知一致论的基本想法。它能使我们看出在一定情境下解决不一致问题的途径和方法。

一致论的第二种变式是感情认知的一致。这个理论假设,我们的信念和认知在一定程度上是受感情偏爱所决定的。罗森柏格曾做过实验证明:一个人对另一个人的态度中,感情的改变能引起随后的认知改变。也就是说,当不平衡是由诱发的感情改变引起的时,能导致种种认知的改变,使感情和认知建立重新的一致,从而减轻不一致的压力。

一致论的第三种变式是态度和行为的一致。这一说法的内容是:态度如果与外显行为不一致时,为保持与行为的一致而态度可趋向改变,这也称为失调论,首次由费斯廷格提出。这一理论最初提出时,主要集中在信念与行为不一致的起因研究,强调不一致可以有两方面原因造成:(1)决策的影响,即在两种强度相近的态度中进行抉择后引起的变化;(2)与态度相悖行为的影响。这些不一致都将引起认知的失调。

二、态度的测量

对态度问题的研究之所以流行一时,这与它能被观察、分析与测量有关。尽管态度是一种无法直接观察的内在心理活动,但它以行为或意见表现出来,所以我们采用从人们的实际反应中推断态度的间接方式来测量态度。这方面的技术在西方社会调查中已广泛采用。测量态度主要是测其方向和强度两个方面。其方向指的是对对象的肯定或否定,其强度是指对对象的认知、情感表现出的程度。目前常用的测量技术有:(1)瑟斯顿-蔡夫量表;(2)李克特量表;(3)社会距离量表;(4)行为反应测量。

(一) 瑟斯顿-蔡夫量表和李克特量表

我们日常谈论人和事,往往倾向于简单的评价,或表示赞成或反对,但仔细分析,我们的态度其实不都是一律赞成或一律反对。因而,可认为个人态度是有很多维度的。瑟斯顿和蔡夫,他们经过对人的态度的多维度分析,提出了一种复杂的程式,这个程式可分为3步。

首先,依据初步访谈和概括分析确定待测态度的一系列项目,并提出测试用的陈述句,陈述句在意义上不能模棱两可,同时又要包括问题涉及的全部范围。

其次,将陈述句按类别分组,以初端为赞同级,末端组为反对级,由许多判断者进行分类,分类后将每个陈述句的量表值算出来,由反对到赞同的各组的陈述句依次排列划分为相应的量表值。量表就是这样构成的。

测量时,要求被试选择他所同意的任何陈述句,以这些陈述句的量表值计算中项分数,即为被试的态度分数。

由于瑟斯顿-蔡夫量表测量程序复杂,李克特提出了简化后的测量方法。

他的方法与瑟斯顿-蔡夫量表相同,只是采用肯定和否定两种陈述。要求参加态度测试的人对各种陈述表明同意或不同意。同时,对所有肯定和否定的陈述句都可以作出由同意到不同意的不同程度表态。测量分数是把他对每一陈述表态的量表等级分值相加得出的。

李克特的量表由于简明易行已广泛应用于各种社会态度调查。但最近也有人产生了过于简化而根据不足的疑义。

(二) 社会距离测量

以上两种态度量表都是按赞同和反对的连续系统进行分类或分级计分的。但赞成和反对并不代表人对一切问题的态度,人除赞成和反对外,还有亲疏之分。

维也纳学者莫里诺曾提出"社会测量",测量某个社会群体中各成员的亲疏关系。它可以用于测量社会选择过程,从亲到远。如和谁同住,和谁同餐,和谁工作学习,和谁娱乐以及和谁参加某项公共活动。要求人们从其中作出自由选择。他曾用这种方法在学校里进行试验。让学生自由选择同伴,测验的结果促进了学生间的相互交往,改善了学生的生活环境。

还有人曾用类似方法对种族之间的社会距离进行测量,可以测出种族之间的亲疏程度,同时,也能测量出一般人与人的亲疏关系。

（三）行为反应测量

以上的测量都是被试的自我报告,但也有被试由于种种原因不肯或不能确切报告自己的态度的强弱程度,于是就出现了行为反应测量来弥补自我报告法的不足。

1. 距离测量法

通过人与人之间交往的接近程度和亲切表现来研究人的态度。包括对身体距离、目光接触和紧张度的观察和测定。

2. 生理反应测量

通过瞳孔扩张、心搏、血压、皮电来测定人的态度。

反应测量是有其局限性的,所以它的使用只能作为辅助手段。

三、态度的改变

态度改变是指一个人已形成的态度在接受某一信息的影响后而引起的变化。企图引起某种态度改变所采用的方式可以是直率表明观点去影响对方,也可以是以隐蔽观点去说服或宣传。因此,态度改变过程也就是说服过程。如广告的目的就在于直接陈述以说服人们喜欢某产品而暗示放弃另一产品,以达到改变人们态度的目的。

霍夫兰德和詹尼斯于1959年提出一种以信息交流为基础制

定的说服和态度改变模式,这是美国社会心理学家公认为最有效的模式。

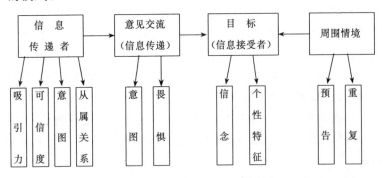

图 15-2 说服和态度改变模式

这一态度改变的模式认为,任何一个说服过程都是由对某一问题有看法的说服者(即信息传递者)向说服对象(即信息接受者)传递信息来完成的,而这个过程必定在特定的情境中完成,受周围情况的影响。也就是说,围绕着说服对象共有3种成分:(1)可见的信息源或传递者;(2)传递的信息本身;(3)周围的情境。这3方面的因素和接受者本身的特性都对说服过程有影响,而出现的态度改变总量是由说服过程中每一阶段的变量决定的。

对于信息传递者来说,有4个方面是影响说服效果的。(1)权威和经验以及意图:人们往往更愿意相信在有关信息领域中学识和资历高深的人;(2)信赖价息及可信度:传递者能使人相信他是公正的,他的话则更令人信服;(3)吸引力:有吸引力的人能增进亲和力,这是谁也无法拒绝的;(4)从属关系:如果传递者隶属于某个群体,则群体关系是说服力的重要来源。

对于信息传递的方式,也即意见交流的过程来说,有两种方式是影响说服效果的。(1)差距:差距是指传递的信息所维护的观点和说服对象的原初态度之间的歧异程度。有研究表明:说服者的可信度越高,差距水平越高,影响说服对象态度改变也越大;低可信度的说服者易遭到拒绝,最高的态度改变点则出现在较低的差距水平上;(2)畏惧:如果说上述的差距是认识水平上的影响,那么感情上的影响方式就是畏惧。譬如,医生为了说服病人戒烟,除了在认识上解释外,还详细地介绍吸烟对身体严重的影响,使患者在情感上对吸烟产生一种警惕感,从而达到患者在情感上也发生改变。但畏惧不像人们平常理解的,唤起的畏惧越强烈,态度改变也越大;而实际上科学研究认为,引起中等水平的畏惧对人们的态度改变最为明显。

最终的说服对象——接受者本身的特点也会妨碍说服是否成功。如他已采取过某些行为证实过自己的态度,或他公开表明过自己的态度,抑或他在实践这一观点中涉足太深,这些都会影响说服的效果,也可能最终使说服无效。此外,接受者的个性特征也会影响他接受说服的程度。如一个人的受暗示性高低,就很明显地影响着他的态度改变程度。

人在一定的情境中生活,所以情境因素也会影响说服过程。如预告,如果一个人预先知道自己的观点受攻击,他会更有能力抵御外来的说服,然而,如果他对原观点不十分信服,则预告可能使他更不信服自己的观点,从而较容易地改变态度;此外,环境引起的重复作用也将影响说服的过程,反反复复地重复,可能使人改变自己的观点,但也可能使人更加固执己见,所以周围情境对说服效果的影响,无论是预告还是重复,其作用都很复杂的。但的确在起着作用。

第五节 社会心理学的应用研究

社会心理学既是研究人与社会相互作用的过程,那么有人的地方也就有社会心理学的应用领域。这一点,在以前的章节中都已讨论过,只不过以前的讨论更多的是从理论上了解社会心理学的规律。

如果把是否与实践的直接需求有关作为划分理论研究和应用研究的标准,我们就会发现它们的区别是很小的。例如一个研究者对攻击性行为感兴趣,他致力于这方面研究并发现了其中的一般性规律,他作的就是理论研究;如果他的兴趣在于攻击性犯罪的发生率,致力于寻找降低这种犯罪的方法,他作的则是应用研究。从事这两种研究的人可能会采用相似的甚至相同的实验,实验过程本身不一定能区分是理论研究还是应用研究,真正区分的在于研究者的目的。

经过长期的研究,社会心理学已形成了基本的理论框架,应用社会心理学家用这些基本理论解决保健、犯罪、管理、消费以及环境等现实的、具体的问题,并在实践中进一步完善着社会心理学的理论。下面我们选择健康问题、犯罪问题与管理问题作些简单介绍。

一、健康与社会心理学

什么是健康?世界卫生组织认为健康不仅意味着没有疾病,还应该是一种身体、精神和社会生活的健全状态。简单地说,就是只有身心两方面都健康,才算得上是一个真正健康的人。那么,什么又是心理健康呢? 心理健康指能够积极地、正常地、平衡地适应当前和发展的社会环境的良好心理状态,个体处于这种状态时,不仅自我感觉良好,而且与社会契合和谐。也就是说,心理健康的人能良好地适应环境。这种适应不是消极的,它包括正确地改变环境,使环境对自己和自己所属的群体有利。而且在这个适应过程中,个人的心情是愉快的。

疾病是人类有机体在与自然环境和社会环境相互作用中不能适应生活环境的结果。随着社会的迅速发展,人类在控制自然和利用自然方面已经取得了很大的成就,人类寿命已明显延长。但现代科学技术和生产的发展带来了新问题,造成十分紧张的社会环境,给人类造成前所未有的心理压力。与这种心理压力有关的疾病发病率迅速上升,突出地反映了受社会文化制约的心理活动对生理功能的影响。据世界卫生组织的调查,在世界范围内,约有90%以上的人有不同程度的精神苦恼,约60%以上的疾病与心理健康有关。这引起了医学、心理学和社会心理学各界的重视,人们纷纷从心理的和社会心理的角度探讨得病的原因和防止的措施。

(一) 人际关系的突变

人际联结关系的突然变化会破坏人已适应了的生活规律。丧偶、离婚、失去亲人、家庭冲突、索居独处、远离家乡等令人沮丧和抑郁的事都会使人心理紧张而导致疾病发生。

许多研究表明,丧偶者因各种因素死亡的比率比未丧偶者高得多,这是因为丧偶对许多人来讲是极大的精神创伤。人们普遍相信与双亲分离会使儿童感到不安,但研究表明,双亲间冲突会使儿童更不安。双亲离婚的儿童比由于双亲中一位去世而使家庭生活受到干扰的儿童表现出更多的紧张状态。所有这些造成的影响都与心理问题有关。

(二) 恶劣的工作情境

家庭、学校、工作单位,这些是人们生活于其中的最主要的群体,人们从中得到心理的良好适应。当工作与个人能力不适合,工作与个人愿望不符,工作性质突然改变或责任突然加重,或者工作关系中人际关系紧张,人们之间不信任,领导或同事关系不融洽等等,都会使人产生焦虑、烦躁、愤怒、失望等情绪,这种情绪一方面会影响机体各器官导致疾病,另一方面由于心情不佳等易造成事故。

(三) 紧张

心理紧张是人们生活中不可避免的,作为紧张性刺激作用于人的结果,心理紧张可以提高警觉度,以便作好操作的准备,从这方面看,心理紧张是有益的;但是从另一方面看,一个人长期处于心理紧张状态,或紧张状态过于强烈,以致超过适应能力,他就可能受这种紧张的损害,导致各种疾患。从这个意义上看,紧张对人是有害的。

现代社会使人紧张的因素很多。首先,现代科技带来的密集信息,导致工作者神经、情绪紧张;第二,现代生产中的自动化程度不断提高,一方面改善了劳动条件;另一方面却使工作变得单调、枯燥和紧张,需要精神高度集中;第三,工作时间过长,这些现象使得长期紧张的人容易患病,如神经症、失眠等。

(四) 现代城市生活

现代城市人口高度集中,高层建筑不断发展,邻里间关系淡薄,加上快的生活节奏,给城市居民造成很大的心理压力,使得他们比生活在乡里的人易患神经、心理疾病。

虽然人的健康受多方面因素的影响,人的心理状态也受社会生活环境的制约,但人们仍然可以通过积极的努力来改善生活环境,维持心理健康。

二、犯罪与社会心理学

犯罪是人类进入阶级社会以来,各种社会形态中普遍存在的社会现象。人们从各个学科的不同方面来研究犯罪的原因、矫正和预防。随着研究的深入,人们越来越认识到不同的社会形态中存在着不同的犯罪原因,因而越来越重视犯罪的社会因素。同时也看到在同一环境下,不同的人会有不同的反应,这就促使人们不得不综合社会、心理两方面的因素来解释犯罪。这就促成社会心理学从一诞生就十分重视犯罪原因的研究。犯罪的社会心理学研究已涉及到:(1)揭示犯罪行为的社会心理机制和特征;(2)研究罪犯个性的社会心理特征;(3)确定个体犯罪行为产生的社会条件;(4)研究罪犯所属群体和参照群体如何影响罪犯的心理和行为;(5)研究预防和治理犯罪的社会心理学问题等5个方面。以下就其主要内容作一简述。

(一) 关于犯罪的社会心理学理论

关于犯罪的社会心理学方面的理论研究进行得很广泛。美国社会心理学家多拉德、杜博等人提出了关于挫折与犯罪行为关系的理论,他们认为,侵犯行为永远是挫折的结果,侵犯行为的发生是以挫折为先决条件的,挫折的存在就可能导致某种形式的侵犯行为。挫折是人们达到目标行为中受到的干扰和阻碍。人们追求目标的动机越强,挫折后侵犯行为的强度也越大。但这一理论却并没有得到人们日常生活经验的认可,挫折不一定导致侵犯行为。

而班杜拉等人认为犯罪是通过学习而获得并保持的,他们的理论认为犯罪是后天学习的结果,反对天生犯罪的生物学派的观点。它强调观察、模仿和操作性条件反射原理在犯罪行为学习中的作用。这个理论现在成了犯罪的社会心理学的最重要的部分。

除此以外,犯罪的社会心理学理论中,还有标定论、差异交往论和中和理论。标定论认为行为异常者是贴上标签的人。一旦一个人被贴上标签,就被作为"越轨者"而孤立于一般人之外。这种标签可能会歪曲一个人的真实形象,并使其自我概念发生变化,结果可能促使犯罪。差异交往论认为每个人都既受遵从行为的影响,又受违法行为的影响。这两个影响在头脑中展开斗争,如果违法行为方面占优势,他就以违法方式行事。而中和论也同意差异交往论的意见,认为一个人的行为总是受其思想意识的支配,罪犯犯罪时,他把犯罪感中和了,即把犯罪行为合理化了,如表现在对罪责的推卸、对犯罪后果的否定等等,通过这种自我辩解,个人确信自己的犯罪是被迫的,从而促进了犯罪动机的形成。

(二)犯罪的社会心理因素

对罪犯来说,来自家庭的影响是很大的。家庭解体,家中主要成员的死亡及离婚前家庭关系的极度紧张,常常是犯罪的原因,青少年犯罪中占第一位的犯罪原因常出在有问题的家庭。

研究表明,教育程度和犯罪是有关联的。罪犯多半是教育程度较低的人。有证据表明,成人和青少年犯罪最初是出现在学生时代。在培养个人的自制和服从等人格特征方面,学校比家庭更重要,所以学校教育也成为影响着犯罪的心理形成的因素。

除此以外,劳动就业方面和文化宣传方面,也是影响犯罪的心理因素。有研究表明,待业青年犯罪率比就业青年高,而不健康的大众传播,如宣传黄色和暴力电影等也是引发犯罪的一个主要因素。

三、管理与社会心理学

随着社会发展的进一步整体化,众多人在一起工作的庞大组织机构的形成,管理的成效就成为组织兴衰存亡的关键。管理包括对人、财、物等方面的管理,而其中对人的管理是最基本、最主要的。人们越来越认识到调动个体积极性和发挥群体效能在推动组织有效运转中的重大作用;组织中的人的心理特点、人际关系以及所属群体对个人所施加的各种非工作方面的影响,都不同程度地影响组织的成效。因而社会心理学也由此找到了与现代管理相结合的契机。

20世纪初,人们注重的是大幅度提高劳动生产率,以泰勒制为代表的管理制度应运而生。虽然由此使企业管理由传统管理进入科学管理阶段,但泰勒制的应用,使劳动变得十分单调和劳累,激起了工人的不满,迫使人们去寻求新的管理制度。30年代末,哈佛大学的梅约通过改变一个工厂的管理制度来影响劳动生产率的事例的研究,提出了一个与传统理论完全不同的人际关系学说。其基本思想认为,影响工人工作积极性的,除物质条件外,还有社会、心理因素;生产效率的高低与生产中的人际关系紧密相关,非正式群体左右着人们的行为。梅约第一次提出了有关管理中的心理学理论,由此奠定了工业社会心理学的基础。在此基础上,普通心理学、劳动工程心理学等互相渗透发展成管理心理学,并且成为心理学的一个分支。

社会心理学理论被广泛应用到管理的许多领域,以下我们简单介绍几个社会心理学理论在管理中的应用。

(一)动机理论的运用

心理学中关于动机的理论很多,在管理上应用最广泛的是需要层次说、双因素理论和期望理论。

美国心理学家马斯洛的需要层次论认为,人的需要体系分为5个层次,由低到高,而人对需要的满足也是由低层向高层发展的。管理中强调根据人们不同的需要设置目标进行激励,并通过满足低级需要和教育形成高级需要。

双因素论认为激发动机的因素有保健因素和激励因素,而促使职工满意与否的因素各不相同。保健因素如工资等,只能消除职工的不满,不能激发其积极性;而激励因素如工作成就等,能激励职工的积极性和热情,促进生产率增长。双因素论用在管理上的贡献是"工作丰富化",即通过工作内容重新设计,强化工作意义和工作本身的挑战性,激发职工积极性。它还可以用于指导工资和资金的管理。

期望理论指出,一个人由于需要才产生引起达到目标的行为。当目标还没实现时,需要就成为一种期望,而这种期望的力量即激励力量的大小,取决于目标效价和期望概率,其公式为:

$$激励力量 = 目标效价 \times 期望概率$$

目标效价指达到目标对满足个人需要的价值,期望概率指根据一个人的经验来判断目标实现的可能性的大小。价值高而期望概率太小,或期望概率大而价值太低,都不能激起较高的积极性。只有二者都维持在一个较高的程度上,积极性才能最充分地激发起来。这对于管理者如何设置适合于职工的目标是十分有帮助的。

(二)领导理论的应用

社会心理学中领导理论研究很多,主要集中在3个方面:领导者品质、领导风格和领导行为。

领导者品质的研究认为领导者需要具备一定的心理品质,如支配、公平、宽容、决断力等。社会心理学强调领导者的品质是在实践中形成的,可以通过训练和培养加以改造。

关于领导风格的研究有很多,勒温就曾经提出3种不同的风格,即民主式、独裁式和放任式。在一般情况下,具有民主作风的领导者所领导的部门,活动效率最高,士气也最高,放任作风的结果最差。而在此基础上,又有人把领导风格分为4类;即剥削式、慈善式、协商式和集体参与式。其中集体参与式的领导方式最理想,它能使上下级互相支持,把个人需要和组织目标结合起来,使个人的创造性得到充分的发挥,从而最大限度激发群体成员的积极性。

领导行为理论集中研究领导者所采取的领导行为以及不同领导行为对下级的影响。领导行为可归纳为关心组织和关心人两类,亦称工作取向和人情取向。关心组织包括组织设计、明确职责和确定目标等,关心人包括树立相互信任的气氛,尊重职工意见,给予心理支持等。理想的行为是两方面都非常关心的。

近年来,人们逐渐认识到领导行为是否有效,不决定于某种固定的领导行为,而与当时的工作环境、时间、工作性质及被领导者的心理状态等有关,于是提出领导效能是领导者诸因素在一起的函数结果,它强调领导行为要随环境因素而变化,寻求在某一具体环境中与被领导者行为之间的最佳配合。

社会心理学的应用范围是相当广泛的,涉及人类社会生活的方方面面。前面介绍的只是很少的一部分,但已经看到社会心理学对于社会生活的不同方面日益显出不可忽视的重要意义。

推 荐 读 物

[1] 希尔加德等著,周先庚等译《心理学导论》第17、18章。北京大学出版社,1987年。
[2] 沈德灿、何立婴著《社会心理学简编》,光明日报出版社,1991年。
[3] 孙晔、李沂主编《社会心理学》,科学出版社,1988年。
[4] 兰伯斯著、魏明庠等译《社会心理学》,地质出版社,1990年。

第十六章 人类心理的演化

第一节 心理演化的一般概念

心理是一个很难下定义的词,在心理学中一般指的是感觉、知觉、思维、意志、情绪和学习记忆等能力的表现,统称之为心理现象。从生物学的观点来看,一切动物有机体维持个体生命和物种延续所表现的种种能力,诸如,对环境刺激的适应反应,利用获得的经验改变反应行为的能力和解决生活中遇到的各种难题的机智,包括人类的高度的智慧和自我意识,都属于不同层次的生存适应功能,而处于一定层次的这种适应功能也就是心理。

一、演化的要义

演化一词是从英文 Evolufion 译来的。这个词的主要词根 evolue 来自 voluere(滚卷)和字首 e(出来),所以合成的 evolue 有展开的意思,也有逐渐增加、充实或改善的含意。达尔文的演化论似乎更强调后一种意思,所以也译为进化论。实际上,进化只是物种变化的一个方面,此外还有退化的,而更为广泛的是物种的多样性的变异。因此译为演化,既能概括英文词义,又符合物种变化的实际。

达尔文以前的哲学家,如斯宾赛,已经提出过演化的概念。但是以大量的事实为根据,系统地阐明生物演化的原理,却是达尔文的功绩。

地球上生长着形形色色的植物和动物,有的动物形态简单、行为呆板;有的形态复杂,行为的变化也多;更有的则在形态上和行为上近似人类。这些动物之间以及它们和人类之间有什么演化上的关系,在达尔文之前没有人说明过。古希腊的哲学家亚里士多德认为植物和动物以及人类,只不过是一种生力,或宇宙精神在不同水平上的表现。植物只表现为营养和生长的能力;最低等的动物加以感觉能力;大多数的动物表现有欲望和满足欲望的手段;而人类更表现有理性,这是宇宙精神的完美原则的最高度的表现,它为人类所独具。亚里士多德的这种见解不是演化性质的。因为低等的和高等的动物都是各自独立地表现精神原则的。没有说明它们之间有什么连续的关系。

达尔文的演化论则认为复杂的、较高级的物种是从简单或原始的物种演化而来。演化的由来是,任何一种生物不仅都能繁殖数目较多的后代,而且后代的个体之间在形态、生理和活动能力上必然有程度不同的差别,即所谓变异。这些差别可导致生活能力的不同:有一些个体生活能力强,可以获得再繁殖的机会,留下更多的后代;有些则因某种特殊的变异不能生活或仅能维持个体的生活,但不能获得繁殖的机会,因而不能留下后代;更有一些虽因某种变异不能在亲代生活的环境中生存和繁殖,但是如果环境有了变化,或迁移到合适的新环境中去,则能很好地生活和繁殖。如果在新的环境中继续繁殖下去,会出现更适合在这种新环境中生活和繁殖的后代,但在形态和习性上却与原来的物种差别更大了,以致可以成为一个新种。新种可能是在形态结构和生活能力上起了特殊变化,也可能只是在某些器官的功能上有了部分的改变。上述的整个过程,总结为一个演化的公式:繁殖—变异—适者生存(自然选择的法则)—新物种。应该强调的是,自然选择虽是物种演化的主要手段,但这是一种渐进的过程,从一个物种演变成一个迥然不同的物种不知要选择多少代。

还须进一步说明的是,虽然达尔文的演化论的中心问题是解释物种的多样性的来源,但达尔文当时并不知道孟德尔的遗传学的研究。他虽然看重一个物种产生的后代之中的变异性,并强调这是自然选择的根据和演化的渊源。但他却不知道为什么会产生变异，而只认为这是一般的倾向。直到本世纪初，重新发现了孟德尔的工作之后，人们才把物种内的变异与遗传问题联系起来，提出了所谓表型特征和基因型的概念(W. Johannsen, 1909)。到了1953年DNA被发现(J. Watson & F. Crick)之后，又出现了自然选择的基因理论，即所谓新达尔文主义。演化论几乎变成一种基因繁衍的理论了。这种理论只把动物表型的变化看作基因在再配合或突变中发生变化的结果。然而，自然选择实际上仍然是选择的表型——即动物的形体结构、生理和行为等适于生存的特征，而不是直接选择的基因型。因此产生的问题是，动物的一切表型特征是否完全由基因型来决定？其他因素，例如，来自环境的各种因素——主要有营养的和机体在发育过程中所接触的种种刺激，是否也有影响？以及这些影响对物种的演化是否也有重要作用？许多生物科学家今天的理解是，一个物种的个体在发育过程中所展现的任何表型特征都不是纯粹由它秉赋的基因型单独决定的。甚至在细胞水平内的蛋白质的结构也都不是单纯地由基因决定的，细胞内的环境因素，如pH、温度或其他酶的作用都会对个别基因的活动有压抑或触发的影响。而从蛋白的结构到大体的解剖和行为特征的表现，道路是漫长的，环境因素的干预更是极其复杂的。综合起来，人们认为个体表型特征是在发育过程中基因和环境影响相互作用的结果。基因只规定了个体发展的方式和各种特性表现的可能性。环境因素则为基因的活动提供必需的条件或起干扰和压抑的影响。关于物种演化的传统的自然选择概念，只把环境条件看作为考验(或选择)一种有机体所携带的基因能否延续下去的手段，而未强调环境因素制约着基因型表达的这种更积极的作用。例如，实验证明环境因素能改变一种有机体的生殖日程。实验者(D. N. Renick等1993)把西印度群岛的一种胎生小鱼养在没有猎食它的鱼类的溪流中它们生殖的年龄就较晚，因为可以安全地多用些时间从事觅食以取得更多的营养，所以几代之后就变成了体型较大，尾巴颜色鲜明的鱼。如果让它们生活在有许多猎食者的溪流中，它们迫于环境压力在身体未充分长大的年龄即开始繁殖，几代之后就变成了体小、尾巴无光彩的鱼。这很能说明环境因素对基因型表达的影响和在自然选择中所起的积极作用。在这种变大和变小了的鱼中是否也发生了基因方面的变化？现在尚未查明。但是如果促成这种鱼变大或变小、晚生殖或早生殖的行为变化的环境条件长久地不变，这种改变了的形态和行为特性也会长久地保持下去，几乎就像新种或亚种了。这类事实说明环境对物种演化的更积极的作用——即不仅是在基因型的表达完成之后起选择作用，而且是通过积极影响基因型的表达过程来起选择作用。环境因素，除能量极大的放射线直接损伤染色体的结构引起突变之外，影响基因型表达的生理机制是极其复杂的，此间不能论述。在这里强调的是我们探讨任何一个物种的心理特征时，必须注意与它们的生存条件连起来看。

今天生存在地球上的动物物种，从它们的形态结构和生理特征上作比较，在复杂程度上显然有高低之分。在分类学上根据形态和解剖上的特点，可以把许多物种分成高等的和低等的，还可根据它们的相似程度归并成不同的门、纲、目、科、属、种及亚种。以门而论，原生动物门被认为是最低等的，脊椎动物门是最高等的。在脊椎动物门中，哺乳纲动物是最高等的，在哺乳动物中灵长目是最高等的，而在灵长目中，现代的智人种则是最高级的万物之灵了。这样排列的等级主要是根据解剖上的特点。更细致的种属区别还有其他的根据，如血型和染色体组合的比较等。然而这种分类的高低并不说明现代的高等动物都是从今天生存着的低等动物演化而来。如果能这样说明的话，我们追踪心理的演化就比较容易了。不幸的是，现存的所有物种都是在适应各自的特殊生存环境中选择出来的。正像一棵大树向各个方向长出的枝杈一样，而且已经都是末梢了。更何况新近的演化论学家认为，这棵演化的大树从根上起就不是来自一种简单的原生动物。

已知今天生存着的动物物种都是演化的枝头。枝头固然有高有低,但都是在亿万年中选择出来适应各自的特殊环境的"专家",所以很难以比较这些枝头的专家来追踪行为和心理演化的直线式的连续性。更因为心理不像骨骼能留下化石,从而可以由之追踪某一种动物的演化进程,或至少是某部分骨头的演化进程。所以问题就更困难了。

所幸,人类的原始宗族不只是留下了骨化石,而且还留下了使用过的工具——文物,我们或许能从不同地质年代的头颅骨化石和伴随着这些化石的工具的发展变化上推测人类心理的演化过程。以外,也可以与现在生存着的人类近亲(黑猩猩和大猩猩)的行为作些比较,以探讨人类和他们只有的一些心理能力的更深层的生物基础。

二、心理演化的适应意义及其可能的途径

人类心理的突出特征即人类高度的智慧表现。智慧具有最高的适应价值。有位心理学家(P. Rozin,1976)曾提出,智能的演化与机体的其他系统一样,服从于同一种生物原则和演化的动力。即在一个复杂的生物系统中,智能的组织也应是等级式的,即由或多或少的控制适应行为的子程序的成分组成。子程序可以说是一些适应的专化程序。它们是为解决生存中的特殊问题而产生的。如为了侦察猎物,或躲避特别的猎食者等等而选择出来的。从神经组织上来说明这种专门化的程序,可能是一组预成的或略可改变的神经线路。从许多这样的成分可组成更高级的智能网络。这些专化的程序最初产生的时候都是严格地为特定的功能设计的,不能用于其他功能系统。在演化的过程中,一种专化的程序可能与其他功能系统以线路连接起来,也可能是在其他系统中复制了这种程序,这样就增加了它的通用性。随之就出现了较高水平的智能表现,当许多子程序的通用性都提高了,并且与意识活动的系统(可能有更复杂的神经组织)接通,动物表现出来的行为就更有自觉性

了。人为万物之灵可能也是许多适应的专化功能逐渐增加通用性的结果。

为解决生活中的某一种问题而演化出来的、以专化的程序或预制的神经线路控制的行为,最明显的是一些常被称为本能的行为。

最简单的例子,如青蛙的捕食行为。当一只小的昆虫飞到它眼前适当的距离时,它一伸舌头就能准确地捕获它。用一段绳头在青蛙的眼前摇动到适当距离也能引它吐舌。但是如果将一只死虫摆在它眼前,它是不会用舌头去拾取的。这说明,它的控制捕食行为的程序是非常专一化的,只能控制捕捉视觉中的小的飞行物体的行为,而甚至不能识别飞虫和其他物体。这种程序是名副其实的适应专化物。它只适合于解决青蛙的捕食问题。

但是有些专化的程序控制的行为表现是比较复杂的。例如,蜜蜂的采食行为:一只飞去侦察食源的蜜蜂找到蜜源之后,需要记住蜜源的方位(如一片花的所在地点偏离当时太阳的位置与蜂巢位置连线的角度)和与蜂巢的距离。回巢之后还要用摇摆、转圈和跑步的"语言"把这些信息传达给其他蜂,其他蜂接收了这些信息,可以自己直接飞到被找到的蜜源那里。更值得一提的是,它们还能用自己的"生物钟"来矫正由于在接收信息期间太阳在天空中移动的位置所产生的偏差。但控制如此复杂的行为的程序仍然是专用的。当试图训练一只蜜蜂记住每隔几个小时到一个实验室中特设的蜜碟中采食时,即碰到了困难。此时,这种演化来的适应的专化程序就完全不适用了。

在高等动物的学习行为中,也有专化的程序。例如:

(一) 白冠雀的学歌

白冠雀是常见于美国旧金山区的一种小鸣禽。在交配季节有占领地盘的特性。雄鸟用歌声宣告自己的成熟和占有本片领地,以防同种的其他雄鸟侵入。雄鸟的歌声还具有地区特色(或可称为方言)。如果一只雄雏鸟在出蛋壳后的50天内没有听到过成年雄鸟的唱声,那么到它成熟后就唱不出本种的完美歌声来。如果把成年雄鸟的歌的录音带放给一只孵化出来即被隔离、但未超过50日龄的雄雏听,那么它长到次年的交配季节即可唱出本种的全部歌声。如果磁带录的是本种其他地区的雄鸟歌,它长大时就唱其他地区的雄鸟歌。但是,如果放给它听的是别种鸟的歌声,它成熟后就唱不出来。这一实验说明,控制白冠雀的雄雏学唱歌的程序只能用于学习本种雄鸟的歌或本种雄鸟的"方言"。研究者们认为,此种鸟学歌能力的这一特点有利于种间的隔离,从而使本种的雌鸟根据歌声准确地辨认本种的雄鸟。

(二) 老鼠学习回避有毒害后果的食物

实验证明,大鼠吃过某种食物之后,经X光照射发生呕吐反应或直接吃了引起呕吐的食物,下次再碰到这种食物就不会再吃了。这是一种长延迟性的条件作用。食物的气味是一种条件刺激,而引起呕吐的恶心感觉是无条件刺激,两者之间形成的联想使得大鼠不再吃这种食物。然而,这两种刺激在时间上相隔至少有十几分钟,这是一种异乎寻常的长延迟的条件作用。在用其他类型的条件刺激和无条件刺激配合时很难发生这种条件作用(一般两者的时间间隔最长不过几秒钟)。的确,如果在大鼠吃了某种食物后,过10分钟电击它的脚掌,下次它碰到该种食物还是会吃的。这表明两者配合长延迟的条件作用不能出现。由此看来,在大鼠中控制长延迟条件作用的程序也只能用于形成嗅味觉和内脏的不适感觉的延迟联系。研究者认为老鼠的这种专化程序显然是为解决老鼠经常在垃圾堆中觅食所碰到的困难而演化来的。在垃圾堆中可能有更多的机会吃到有毒害作用的食物。老鼠如果不具备这种能力,就不易生存下来。

(三) 幼儿的言语发展

学者们认为,人脑虽是学习的通用机,但也还有物种特征的适应的专化程序,从而使得我们很容易学习某种技能。言语的习得似乎就是借助这种程序。所以,幼儿长到一定年龄(约一岁左右)就开始能自发地学习成人的言语,而不需要系统的教导。随着年龄的增长,儿童自然地就学会成人说的一切话(母语)。如果语言环境是多样的,还可以自然地学会不同的方言和其他民族的语言。更有趣的是,白冠雀孵出后 50 天内听不到本种的雄鸟的歌声,过后就不能再学。有些事例表明,在七、八岁前未听见过人说话的野孩子是很难学会说话的。研究者们还认为,在学校里系统地教儿童拼音和文法,只是把学习言语的专化程序与意识网络接通,使儿童能自觉地学习和运用语言的规则,从而能把耳濡目染中习得的言语与其他的知识联系起来,丰富自身言语的内容,并加深对别人言语的理解——即增加系统的通用性。

三、意识问题

以前人们习惯于把动物,包括人类在内的行为分为本能的和智慧的。所谓本能的行为常被认为是随着个体的成长自然出现的,而不是学习来的。而且,本能的行为大都是无意识的,而智慧的行为则都是学习来的,并都是有意识活动的。但是,从许多事实来看,对行为的这种分类似乎过分武断。因为:

(1) 一般被认为是本能的行为,也需要个体的经验和练习,才能充分完善起来。例如,筑巢行为被视为鸟的本能。但是,老鸟筑巢,却比初次营巢者熟练。因为,虽然同种的每一个体都秉赋有同样的专化程序,但每一个体所遇到的实际环境大同中总有小异,单靠种族遗传下来的适应的专化程序未必能完美无缺地解决个体随时遇到的特殊问题。所以,必须由个体累积的经验来加以修正或补充。这种专化系统是开放的。

(2) 被认为是智慧性质的学习行为,有许多也有专化的程序控制成分,例如上面举过的大鼠学习躲避某种毒饵的行为和幼儿的言语学习。

(3) 可能作为区分智慧与本能的唯一标准似乎是在学习过程中有无自觉,即程序的控制是否达到意识水平。

意识是心理发展的核心问题。然而,它却是一个难以对之下准确定义的概念。同时,也很难确定它的行为标准。近年来,研究认知的心理学家们给意识下的定义是:个体对自己的认知过程的认知过程。换句话说,它是一种能够监视,从而也能指导个体的感知觉、学习、记忆、注意、意志、情绪以及种种行为过程的机制。按照这种看法,动物有机体必须具有除供专一化功能系统使用之外的更丰富的神经组织,才有可能拥有意识。人们认为,大脑,特别是大脑皮质,就是为此而演化出来的。因为,一个能有意识地学习和从事活动的动物,在适应生存环境上显然是有优越性的。例如,它可以有意识地注意周围发生的与本身生命攸关的事件,也能自觉地改正自己的错误反应,还可以根据以往的经验预见将会出现的事故,以便据以准备适当的行为。这样,自然会有更多的机会生存下来。这就是意识的功能和它在自然选择中出现的原因。

由此推测,神经系统简单的动物或没有神经系统的动物,即使它们有很巧妙的行为表现,也不能认为它们是有意识的。例如,一种叫作变形虫的单细胞动物,大体上看来像一层透明的薄膜(细胞膜)包着的流质细胞浆。因为胞膜是软的,胞浆可以向各方向流动。又因为在一定的时间胞膜各处的张力不同,胞浆会流向张力较弱的部分,因而此处凸出来成为假脚。当变形虫悬在水中时,它可向多个方向伸出假脚,似乎在寻找附着的东西。在接触到固体物时,它可能只向一个方向伸展假脚,然后其他部分的胞浆都向这个方向流,即所谓向前走动。当它碰到食物,例如一个小眼虫,它还会伸出两个假脚从小眼虫的后面包围上来,然后加以消化吸收。如果它在前进途中偶然被一根水藻的细丝拦住,开始时它会向细丝的两边伸展假脚,一直到两边的胞浆即将被细丝割成两份时,则会忽然改变流动方向。细丝一边的胞浆不再向前流,而是倒流到另一边,从而得以保全整体,同时绕过水藻丝的阻拦。这种行为表现看来好像很聪明,但完全可以用简单的细胞膜和胞浆的物理化学反应来加以解释,即可能是在水藻丝的强烈刺激下细胞膜的张力的局部变化引起的胞浆流向的改变。

又例如,蜜蜂是一种集体生活的昆虫,它们的集体成员众多,并有严格的分工。雄蜂的任务仅仅是使作为后蜂的雌蜂受精。后蜂则只顾产卵。无生殖力的雌蜂,即工蜂,为数众多。蛹变成蜂后,工蜂随着年龄阶段的变化依次担任打扫蜂房、喂幼虫、造蜂室、守大门和飞出采蜜等任务。此外,还有用上面提到过的那种"摇摆舞"的语言报告蜜源信息和招募同伙的任务。这些活动看起来都是很有秩序和很聪明的。但是,经过仔细观察发现,这些活动也都是由未必能达到意识水平的专化程序控制的。例如,研究者发现,它们的分工是由体内某些器官的发育阶段决定的。一只幼蜂在唾腺未发育前只能干清洁工的工作,唾腺发育后任喂幼虫的工作,而当达到唾腺退化、腊腺发达年龄,这时对它最合适的任务就变为用腊腺分泌的腊来扩建蜂室了。等到腊腺退化而身体强壮起来时,它则可在飞去采食中大显身手。然而,在集体生活中能够按"年龄"各尽所能的工蜂,如果不幸飞入人的屋内或温室中,它在不能顺利找到出口的情况下,只能一再地往玻璃窗上撞。而看不到它会及时停止或改变它的无效行为。这就很难表明它会意识到自己行为的不适当性。

在具有发达的大脑的脊椎动物中,有一种在海边沙丘上做窝孵雏的黄鹂,当看到有人或猎食动物走近她的窝时,她会发出受伤似的叫声,翅膀颤抖,尾、羽向下展开,像发生痉挛的样子,摇摇摆摆地向远离雏窝的地方跑去。同时,它不住地扭回头来监视着走近雏窝的危险物。如果,人或猎食者不再走近它的雏窝而走向其他方向,它的这种痉挛样的动作即可停止。如果人或动物又继续向它的窝走去,它还会在向危险物走近一些后重新开始这种痉挛似的逃跑行为。这很像是有目的地引诱人或猎食者去追捕它,从而离开它的有蛋或雏鸟的窝。有的习性学家认为这种行为也是一种适应的专化功能,未必有意识成分。甚至可以认为,黄鹂的这种折翼后的类似痉挛表现不过是在孵雏期由于激素水平的变化,在受惊后易于出现的异常反应。但是另一派心理学家(如报告作者 A. Jolly1985)则认为这是一种有目的、有意识的行为,而不仅是演化出来的专一的适应行为。因为这种行为的目的性是非常明确的。其证明是,引起这种行为反应的不止一种单纯的特殊刺激(走近它的雏窝的人或猎食动物),它对于应该反应或不应该反应的对象是很有辨别力的。对衣着熟悉的走近时,但未曾侵犯它的雏窝的人,它不用此种行为来作出反应。但对陌生的人或动物,则是要作出反应的。而且,它甚至能根据人所表明的意向作出不同的反应:如果人朝海上看,它不作出反应;如果人朝它的雏窝看时,它随即作出上述反应。这样看来,不能武断地否定这种反应行为的意识成分。

因此这派人提出一种判断行为的意识水平的标准。

(4) 行为的意识(自觉)水平的标准。在高等动物的不同物种中,个体的行为的自觉成分可能是有很大的程度差异的。自觉成分的最低限度的表现应当是能从这种行为中看到它的明确的目的,并且还能看到这种行为的出现不仅是由单一的特殊刺激引起的,而且环境中凡是与其最初的目的有关的变化都能引起或改变这种行为。或者说,从这种行为的出现或模式的变化中可以看出,行动者能预见环境中可觉察到的变化的后果。例如,上述黄鹂的佯做折翼的行为,不仅在人或猎食动物走近其雏窝时出现,而且在做实验的人站在较远处朝它的窝注视时也会出现;不仅当人背离它的雏窝而走开时,还在人不面对它的雏窝时,这种表演都会停止;更有趣的是,对于多次接近过它的窝而没有伤害过它的蛋和雏的人,它也不再做这种表演。由此推测,它的这种佯折翼的表演显然是有明确的引诱人离开的目的,而且,它对于人类(或其他动物)的行动目标似乎也有一定的估计(估计未必正确,但这与此间论及的问题无关)。由此推测,黄鹂的这种行为是有意识成分的了。但也有人仍认为,黄鹂的这种行为也还是一种适应的专化功能——即受专化程序控制的。它只适用于解决在沙滩上做窝繁殖时可能遇到的问题。而在其他的生活问题上是否也有类似的聪明表现,尚待研究。

但笔者认为,黄鹂在保护巢、卵和雏的行为中所表现的机敏性,即便是一种不能应用于其他生活问题的专化功能,也难以武断地否定其自觉成分。人类在碰到困惑不解的难题时,也有不适当的盲目行动。

更高级的意识水平的行为标准应当是能在动物的行为中看到它不仅能认识周围事物的关系和预见这些关系变化的后果(如黄鹂认识人和它的雏窝的关系以及人向窝走近的后果,还认识阻止这种后果发生的必要行为),而且还看到它能主动地利用周围发生的事件,甚至能制造这种事件以达到自己的某种确定的目的。最明显的是欺骗行为,如简·古德尔(Jane Goodall,1979)在坦桑尼亚刚布溪国家公园观察到,一只黑猩猩找到一堆香蕉。为了不让其他黑猩猩去吃,它领着他们大步走向森林的其他方向,然后他自己绕弯转到香蕉堆那里独吞。一个更有趣的例子是从一种被认为是更聪明的小型黑猩猩中看到的(Sue-Savage-Rumbaugh,1985):一只名叫马达达的雌猩猩在学习了一个时期的语言后,回到原先的群中。有只原来受她支配的名叫劳莱尔的雌性这时处在支配她的地位。过了几天,碰巧马达达单独和劳莱尔以及一个地位更高的雌黑猩猩的小仔留在外边的笼中。当这只小黑猩猩在笼内悬挂的网上悠荡时,马达达用力猛扭它的腿。小家伙于是大叫起来,里边笼中的所有黑猩猩都动了出来,有成年的雄性,还有小猩猩的竖着毛发怒的母亲。这时马达达却对劳莱尔怒视和大叫,从而引得地位更高的母亲攻击了无辜的劳莱尔。此事发生之后,马达达恢复了支配劳莱尔的地位。作出这种嫁祸于人的行为,不仅需要认识它们间的支配和被支配的复杂关系,而且还需要估计采取某种行动的适当时机和后果。所以,马达达的上述行为显然是高度自觉的。黑猩猩是现在生存的动物中在智力上与人类最接近的物种。它们这种欺骗同类和嫁祸于人的行为,还有很多事例。但应指出的是,这种行为不仅是自觉的,其背后一定还有比较复杂的心理过程。最重要的是能从对自己行为的认识中,推测别人在同样情境中可能发生的行为。即从知己到知彼。或者叫作"推己及人",然后才能有己所不欲而施于人的欺骗行为。

可以认为,有这种行为表现的动物,已经有了自我意识。实验证明,一个熟悉照镜子的黑猩猩,能够认识到镜中的黑猩猩就是他自己(G. Gallup,1982)。例如,将这个黑猩猩麻醉之后,用无任何刺激性的染料涂在其前额上,等它醒来照镜子时看到镜中的黑猩猩额上有污染,他会用手去擦自己额上对应的部位。显然,他知道镜中的黑猩猩就是他自己。因而它也常常会用镜子窥察自己身体上眼睛看不到的部分,如张着口从镜中看自己的牙齿。黑猩猩所表现的这种认知能力在猴类中尚未见到。猴子即使对玩镜子很有兴趣,甚至可以说是爱不释手,但总是把自己的镜影视为异己,而常将手伸到镜后去摸它。可以说,自我意识是动物心理演化所达到的最高程度。人类社会的发展以及由此而达到的现代人类生活的文明程度无一不与人类高度发展的自我意识有关。在今天人类生活的社会中,一个成功的人,无论是科学家、艺术家、商人,还是政治家,都对自己的行为怀有十分明确的目的。而且,为了达到既定的目的,其行动也都是很有计划的。同时,不仅明确自己的一切活动并预计其后果,还常常需要知道别人对自己的看法和别人的行为目的(或动机),即所谓"他人有心予忖度之"。忖度就是按照自己设想的行为推测别人可能做出的行为,以便准备自己的反应。这就是自我意识的适应功能的一个方面。

第二节 人类行为和心理演化的生物根源

一、人类为万物之灵

人类所以能成为地球上智力最发达、行为和心理最复杂的动物,一是由于物种演化来的特别发达的大脑,尤其是它的皮质部分;二是由于此种脑创造的有文化的社会组织。大脑皮质的神经元的数量的剧增及其结构的复杂化,使得人类能综合利用感官接收的信息,并增加对环境中发生的事物和它们之间的变化关系的认识能力。同时,在认识中加上了浓重的感情色彩,丰富了人类生活的意趣,加强了人类追求更美好的物质和精神活动的动力。例如,大多数动物都能对产生酸、甜、苦和咸味的刺激作出有区别的反应,说明它们也有这4种味觉,可以用来辨别不可吃的和可吃的食物,目的仅在于果腹。而人则能调和五味(外加辣觉)制造美食,以供享受饮食之乐。其他感觉在人类的运用上也超越了它们基本的生物功能,如听觉,虽然有许多动物在听觉的敏度和能听到的音频范围上超过了人类,但在哺乳动物中却只有人类能欣赏和创造音乐,并且自己也能唱优美的歌曲。在人类创造的艺术品中视觉的运用也可谓已经达到顶峰。而在人类的诸多享受之中,更是多少都含有来自皮肤的感觉成分。

人类发达的大脑皮质还能更灵巧地控制和运用身体的运动器官,并能在以前的经验基础上有远见地计划未来的行为和设计新的动作模式,甚至预见行为的后果。从解剖学的角度看,人类的肢体结构虽不如其他灵长动物那样适于攀缘,但经过练习的杂技演员的攀缘技能也不亚于猿类;更何况人类特别灵活的手能被用来弹奏乐器和制造精良的工具;此外,人类还能唱歌和说话,表明人脑对喉舌肌肉的控制能力也达到了顶峰。

人类发达的大脑皮质还使得人类既善于自知,又善于知人。因此,人类在群体的生活中能自觉地调整个体之间的关系。而在这种智慧的基础上,才能建立社会生活的种种法则和制度。社群的成员都有了稳定的、有规则的生活,社会才能继续发展。其中包括社会成员在物质生产和文化创作方面的分工与协作,以及权利和义务的种种规定的不断改进。社会的发展可以给脑提供较好的营养条件和更丰富的刺激,使得人脑能充分发育并发挥其潜在的能力,以致最终出现今天人们所看到的文化和科技高度发展的社会。

在此可以引用两千二百多年前荀子的一段话,作为人类何以

成为万物之灵的一种概括解释:

"水火有气而无生,草木有生而无知,禽兽有知而无义,人有气、有生、有知、亦且有义。故最为天下贵也。力不若牛,走不若马,而牛马为用,何也?曰人能群彼不能群也,人何以能群?曰分,分何以能行?曰以义。故义以分则和,和则一,一则多力,多力则强,强则胜物。故宫室可得而居也。故序四时、裁万物,兼利天下。无它故焉,得之分义也"。在此笔者愿再给他补充一句,即"何以有义?曰因有自我(意识)"。有自我才能推己及人,"己所不欲勿施于人",才能分能和。

二、人类的演化过程

研究人类行为和心理的演化过程,既不能做实验,又难以从个体发育中找到重现的证据,更难续现代人的直系宗谱,因而不得不与演化的不同阶段上分出来的近枝作比较。所幸,人类除现在还生存着的远亲外,还有远古的宗族留下的骸骨化石和石器可供追溯。但这种追溯也完全是靠着合理的推测,由此来猜想现在生活着的人类的远古的、在演化的不同阶段上的宗亲已经获得的心理特征。而将现代的人和猿(如黑猩猩和大猩猩)作比较,则能看到人和猿除有巨大的差别之外,还有一些共同的行为特征。而这对于认识人类行为的生物基础和它的演化的分歧与结果是极其重要的。

因此,下面先看看从古人类化石的研究中已发现的一些人类心理演化的线索。

现代人是灵长目、猿科,人属中的唯一生存着的一个种,学名为智人(Homo sapien)。同现代生存着的猿(黑猩猩和大猩猩)有共同的祖先(大约生活在 500 万年前)。人类这一枝的祖宗类似在南非发掘出的古猿化石——南方古猿(生活约在 200—130 万年之间),这种猿已能直立行走,但从其颅骨推测其脑量只有 400 毫升,与现代的黑猩猩的脑相差无几。在它们的化石遗址中虽然也发现了粗制的石刀和石斧,但研究者们认为未必是这类猿制造的,因为从他们的齿牙化石来看,他们似乎是以草籽为主食的,不需要制造屠宰大猎物的工具。比南方古猿出现较晚、被认为可以归入人属的一种猿人化石,也在同一地区发掘出来,上述的石刀和石斧可能是这种猿人制造的。估计其脑量约为600至700毫升。研究者名之为能人(Homo habilis),并认为这可能是现代人的直系祖先。在出土这种猿人化石的地方还发现了建筑蔽所和打猎的遗迹,如堆积的动物骨,有许多都是从犀牛、长颈鹿、马、羚羊、疣猪、狒狒和小的爬行动物身上折断的,此外还有蛋壳。可以说,在这个演化的阶段上,已经出现了猎取大动物,有安定的住处和制造工具的生活。或许还有按性别和年龄的分工。他们可能是以小团体生活的,在一个大的地区许多小团体之间可能有婚配关系。研究者们还难以确定此种猿人是否有了类似现代人类的有结构的语言。他们在集体狩猎大动物时的协作也许更多地靠视觉信号和比较简单的有音节的呼喊来传递信息。古人类学家发现用鹅卵石制的工具似乎可以上溯300万年,直到这一时期还很少变化。演化的如此缓慢可能是因为当时制造工具的技术大都是靠观察模仿来传播的,创造发明较少。偶然有在试做和模仿中产生的很小的变化,但看不出有利用语言传授的知识作大步改进的痕迹。

比上述的猿人更进步的,是一些叫作直立人(Homo erectus)的亚种。他们的化石年代约从80万到30万年之间。这种化石在非洲、印尼、中国和欧洲都有发现。它们仍然是猿人型的。但是,直立人的脑量大了,基部宽大,顶部较平扁。它们的犬齿和臼齿都变小了,门齿加宽。这些特点说明它们是杂食的。从它们的骨盆和大腿骨的化石来看,它们已经和现代人一样地直立,并用两腿大步行走或奔跑了(比它们较早的南方古猿似乎是伛偻着身体一跳一跳地行走的)。直立人的生活方式似乎也有了大的进步。在北京周口店发掘出中国猿人的地点有许多大型哺乳动物,如鹿、象和犀牛的化石。这些骨化石中,许多是劈开来取过骨髓的。此外还有烧过的骨化石和灰烬的堆积,似乎可以认为是火塘的遗迹。推测它们可能已开始吃熟肉了。这或许就是人类齿牙和颚骨退化的原因。这种直立人的遗址说明他们是住山洞的。蔽所地点已有了选择,甚至略有设防,并已能用兽皮当座垫或围裙。这都是适应北方寒冷气候的结果,或者说是一种文化的适应(有别于改变身体器官或生理特点的适应)。文化的适应可能就是由于猿人追逐着大猎物逐渐地进入地球的北方,需要适应寒冷的气候和猎食大型动物的生活条件而出现的,这样就促进了向现代人种发展的速度,同时也助长了人类文化环境的发展。人类的含有文化成分的生态环境提高了技术、创造和组织能力的重要性,反回来又提高了对于有利于适应文化环境的种种生物特性的选择优势。在周口店的猿人遗址中也发现了它们同类的残骨化石。推测它们可能也吃同类(现代人也还有吃人肉的)。可以设想在人属所受到的自然选择的压力之下,人属的同类竞争也占有一份——极残酷的一份。在周口店发现的石器中有手斧、切削器、薄片的和尖的屠宰刀和剐器,还有渔猎和屠宰用的骨制器具。这都说明它们是有技术和有组织的猎手。有组织的猎取大动物的迹象在西班牙的一处空旷地点(Ambrona)发掘的一种直立人的化石遗址中更为明显。除了有大量的象、犀牛、马和野牛骨集中在一个很小的地方之外,还有火塘和屠杀用的石器和木制器具。有些痕迹表明这种直立人是合伙把大群猎物赶到峭壁下和泥塘的绝路中集体屠杀的。然后把肉拿到火塘中烧熟。在同一地层也有许多文物,例如,有一些椭圆形的茅舍遗迹(长度约在26—49尺的范围)。每个遗迹中有一火塘和一个铺着石子的浅坑。有的遗迹的一头有一小石墙,可能是挡风用的屏风。这些文物说明较大的脑和较复杂的文化之间的关系。直立人的这种文化为它们自己创造了更好的人工环境,于是它们可以在能避风雨寒暑的茅舍里烧肉,甚至煮谷物。他们还可能披着兽皮御寒。推测他们可能是数百人在一个地方,按家族系统分成许多群居住的。人类行为的某些特点是不易推测的。例如,在人类演化的什么阶段上出现了固定的配偶和子女的家庭,更难知道,作为把男性固定在一个家庭中的重要因素之一,女性无发情周期的性接受欲,在人类演化中是何时出现的。但是研究者们大都肯定两性的分工是与打猎的生活方式有关的。身体强壮的男性到远处去围猎大的凶猛动物；身体小而较弱的女性只好在居住点附近搜集野果和可吃的植物。打猎未必经常有收获，而搜集植物是比较可靠的，多少总会有些。空手回来的男性一定会从相好的女伴那里就食。这可能也是促进固定家庭出现的一个重要因素。有了固定的家庭，成功的猎手就会带给自己的子女更多的肉食，有利于其子女的生存，这也就是对好猎手和对妻子有责任的男性的优选法。

还应当指出的是，发展到集体围猎大型兽类时，打猎的成功不仅靠成员们的体力，更重要的是靠协作。而协作的好坏又在于互相通讯的精确性和便利性，在这方面有音节结构的言语比任意的呼喊和手势就优越多了。它可以在互相看不见的情况下通消息，同时也不妨碍用手操作武器。这就是人类言语能力最初的适应意义和发展的必然性。当然机智、勇敢、使用武器的熟练以及武器制造的精良程度也是打猎成功的重要条件。总起来看，演化到这个阶段的人类，虽然还称之为猿人，但它们为适应环境已开始利用文化的发明，而不完全靠自己的生物固有的能力了。

在尚属猿人的直立人与现代类型的人种之间，还有一种过渡类型的人种（在德国和法国等地发现的这种化石年代距今约25万年）。他们的脑量约在1100—1200毫升之间，但它们制造的工具并不比直立人的进步，故被认为这是一种介于直立人和现代类型的人种之间的人种。

现代类型的人种称为智人(Homo sapien)。最初的智人约出现在3—4万年前，如在德国发现的尼安德特人和克罗马努人的化石以及中国周口店发现的山顶洞人的化石。人类学家大都不认为它们是今人的祖先，而是现代人种的一些亚种。它们的形体、头颅骨和脑量(约1700—2000毫升)与现代活着的人类已很相似。它们的文化比直立人高出了许多。例如，在山顶洞人的石器中有从大卵石上敲打出来的带利刃的刀和尖锐的刺具。此外还有骨针、骨钩和骨制装饰物。它们除继续集体狩猎大动物之外,他们的社会生活也变得更复杂了。如从尼安德特和克罗马努人埋死者的地方和给死者的随葬品中可以推测他们至少有了一定的葬礼。他们甚至有了某种崇拜的图腾,如熊的崇拜。在他们居住的洞中发现他们已能用图画画在石壁上来表现他们印象中的动物姿态和行为特点。他们的生活也许和现代隔离在偏僻山林中的文化落后的民族相去不远。

现代生存着的人类的确切来源很难从上述的化石遗迹中找到。因为这些遗留在不同地质年代中的化石代表的是多少已适应了不同生活环境的人类近亲或远亲。今人的直系家谱难以追溯。一个近乎实际的假定是:由于人类活动能力强,迁移范围广,而且在不同地区生活的种群间,其个体的与集体的互相迁出和迁入可能是比较容易发生的,因此基因的流动和混合是不可避免的,由此增加的变异和随之而来的自然选择也会重复发生。现代人种也许是这一过程的一个结果。既有共同的基因库,又有在不同地区发展起来的语言和文化不同的众多民族。

三、人类演化的生物根源和人类的共性

从上节所述中可以看出,人类生活的文化社会环境至少已有了四、五十万年的演化历史。今天我们的生活已经远离人类祖先生活的自然环境。在物质生活方面,在高度工业化的社会中,除了呼吸的空气之外,衣、食、住、行之用无不依赖于科学技术和复杂的社会协作关系。在精神生活上,有借助语言和文字才能发展起来的文学和艺术的享受,各种宗教和政治理论的信仰以及随之而来的是非、善恶、悲欢离合的困扰。而在每一种文化社会的环境中,人们之间的社会关系都非常复杂。每个人也都有其自己需要去适应的小环境。这是古猿的生活所不可能有的。然而,从系统地研究现代生存着的大猿(特别是黑猩猩和大猩猩)的社会行为所积累的资料中,人们看到猿类行为和心理的某些特性在人身上并未泯灭,毋宁说只是在表现的形式和应用上经过了文化的加工和技术的装备而

变得面目全非了。

(一) 人和其他猿类最初的分歧——人之初

人类之所以能从一般的灵长生动物中分离出来,可能是由于自然选择有利于这种变异——他们的脑出现了更进步的结构,使得他们有能力不必固守在森林中与猿或猴争夺有限的食源,而可以到广阔的草原上去猎取营养更丰富的肉食。由此,人类的祖先就开始适应一种与其他灵长目动物的大不相同的生态环境。最主要的是处在必须与草原上已有的各种食肉动物竞争的情境之中。最初如何适应?有的研究猜想,缺少其他猛兽的爪牙和体力的人类祖先可能是吃腐肉的。然而,人们发现,例如在非洲的大草原上,狮、鬣狗、秃鹫和胡狼等对动物尸体的竞争是非常激烈的。发现一个大型动物(如角马或羚羊)尸体,几分钟内即被这些动物轮番吃净。同时,在人类祖先生活的那个时期不可能靠动物尸体来维持生存。另一种猜测是他们可能靠猎取老弱、病残和幼婴动物为生。这种猜想的根据是人们常见狒狒和黑猩猩偶尔也猎食幼小羚羊。而且,人类祖先已经具备的颜色视觉也有利于发现藏在草丛中的、刚出生的羚羊或瞪羚一类的小动物。这类小动物多具有黑白视觉不易发现的保护色。这是针对大都缺乏色觉的食肉动物而产生的一种适应特性,然而却不能适应色觉非常好的人类祖先,因此,它们就可能更多地享受这类小动物。此外,从现代的猿类看,可知人类祖先也一定是昼间活动的,这样也可以在一定程度上与夜间活动的狮、豹和黎明与黄昏活动的野狗和鬣狗避免直接斗争。可以设想,在开阔草原上的生活可能更有利于选择能利用武器和大伙协作、围猎大的食草动物和打退食肉动物的人种。人类的祖先可能由于脑较发达,而能够较灵活地使用武器,并有可能从用手势和呼喊的联络手段慢慢地演化出了传递信息更方便和更精确的言语来,于是就能逐渐地猎食大型动物(如成年犀牛、猛马象、大象和熊),并捕杀与之竞争的吃人猛兽。

人类祖先所适应的这种与其他大型动物斗争的生存条件,使得我们的祖先在漫长的岁月中演化出了与其他灵长动物大不相同的形态和一些独特的行为。

具有一个物种特点的人的形态和人类共有的某些行为和心理特征,与任何其他物种的特性一样,也是通过自然选择的基因世代相传的。人类秉赋的基因规定着人的物种特性,并控制着人对新环境的适应能力——即群体和个体行为的可变性。人类的基因甚至也会在包括人类自己创造的新的生活环境的压力下接受再选择。然而,基因的自然选择过程是非常缓慢和严厉的。现代人类的基因从猿人出现时计算至少也有二、三千万年的历史了。其中99%的时间是在集体狩猎的生活条件下经受选择的。人类的更复杂的农业社会估计不超过一万年的历史,现代工业化的社会则只有两百多年。所以不应讳言现代文明的人还会流露不文明的行为,甚至表现像猩猩和猴子的野性。现代高度发展的文化教养可以使人们秉赋的特性在表现上得到适当的文饰、限制,甚至夸张。但不能在很短的历史时期改变它。所以,在不同的地理环境中发展起来的不同的文化社会中生活的男人和女人也都有一些共同的心理特性。不然,现代不同民族和国家的人就很难进行文化交流了。例如,不同民族的语言可以互相学习,儿童的这种能力尤其显著,言语不通时甚至也可以用手势和面部表情互相表达一定的意思。然而动物心理学家和有经验的驯兽师深知,要确切地理解一个在种系上和我们最接近的黑猩猩的某一行动的含义也需要进行长时间的观察,乃至系统的实验。困难的原因就在于人和黑猩猩在演化上的分歧造成的物种的差异。当然我们在训练和理解黑猩猩的行为时遇到的困难要比对付其他动物时少些。这是因为,我们和黑猩猩也还有些从共同祖先那里留下来的共同特性。

(二) 人类的共性和个性的关系

几千万年的基本相同的演化道路和不同地区的人群的不可避免的混合,产生了地球上唯一的一个智人种的基因库。据估计,这个基因库存有10万(或百万)对决定人类一切特性的基因,分布在人类的23对染色体上。每个人都有这么多的基因对偶质。但在这些对偶质的搭配上是各不相同的。除了同卵双生子外,两个具有同样基因组合的人几乎不可能出现,因为这种机遇微乎其微。而且由于每个基因及其产生的酶在机体中是以整个的系统起作用的,在不同的酶之间有高度的相互作用,并不断受到外界环境因素的影响,时而这种或那种酶受到抑制,所以即使是同卵双生,在个体发育中受到不同的环境影响,也会在形体和行为上显示差别。更不用说基因组合不相同的一般人了。可以这样说,世界上找不出在生理、行为和心理能力上完全相同的两个人来。然而人类个体之间的千差万别无论多么大,总超不出人类的基因库所决定的范围。个体差异的问题非本文讨论的重点。本文关心的是表现人类几千万年演化来的适应能力的共性。这可以从以下几个方面来说明:

1. 人类表情的某些共同特点

在灵长目动物中,人类表达感情和情绪的方式最多和最细腻。这可能是适应集体围猎和分享大型猎物的生活条件选择来的特性。人可以用身体的姿势、手势和面部肌肉的活动来表达一种感情,同时一种手势或一种面肌的活动模式在不同场合下也可以有不同的含义。然而有一些基本的表情模式在文化背景不同的民族中几乎是一样的。如,快乐时的大笑模样,发狠心时的咬牙和攥拳的样子,研究者(Eibl-Eibesfeldt,1970)还发现,在文化很不同的许多民族中,人们对别人作欢迎表示的微笑中都有眼眉上挑的成分,眉毛上挑的时间不到一秒钟,伴之以热情欢迎的其他行为。眉毛的这种小动作的意思,被认为是"没想到,见到你真高兴"。甚至有些较复杂的表情动作在不同的民族中也有同样的含义,如拍肩膀都表示友好或安慰恼怒了的朋友。至于拥抱和接吻的举动在各种社会文化的生活中都有。不同的是在有的社会中只能在隐蔽处进行,或只限于在具有特殊关系的两个人中表达特别的感情(如在我国常见于戏台上的久别重逢的母女或母子抱头痛哭的表演)。

2. 人类知觉的某些共同特性

绝大多数的人类具有分辨力极强的颜色视觉,特别是对黄、红和橘黄色最敏感。这种特性无疑有利于在草原上寻找成熟的野果或草籽和易于发现草丛中隐伏的动物。因而,这是自然选择的优胜特性。

人类的听觉对音色、节奏和 10000 周以下、200 周以上的频率(人类言语用的频带)分辨力强。而且大多数听觉正常的人对右耳传入到大脑左半球皮质的声音的节奏最敏感。这显然是人类适应语言环境的专化功能。在哺乳动物中,唯独人类有旋律多变的优美歌声。尤其突出的人类的节奏感还表现在各种民族都有伴随音乐的节奏(或鼓点)翩跹起舞的爱好上。音乐可以鼓动人的情绪,节奏可以整合众人的动作。这在集合众人出外打猎和进行群体之间的战争时是非常必要的。直到今天,在我们最文明的国家,受军事训练还要从练习听口令整队和正步走开始。据说众人行动一致才能打胜仗。

人类的味觉对甜、酸、苦、咸都很敏感。而且善于品尝按不同比例调和的滋味。人类味觉的共性可以从各民族的风味美食皆可供外族人欣赏中得到证明。人类的味觉对人类生存的重要性也表现在人类大脑皮质上的一级味觉区的面积比例较大上。而人的情感也常用味觉形容,如辛酸、甜蜜和苦恼。

人的视觉和触觉表现有天然的统一性。实验(T. G. R. Bower, 1971)发现几个月、甚至未满一月的婴儿当看到一个用仪器呈现的虚幻的立体物时,会伸手去抓,抓不着时表现有吃惊后的哭反应。这似乎表明婴儿已有了对视觉形象的触感觉的预期。哭是预期物未出现的惊疑反应。这种惊反应未必是有意识的。照前面提到的适应的专化功能的演化理论来看,视觉和触觉的自然联系可能是预制在神经系统中的程序线路完成的,在婴儿中也许还未达到意识水平。这是人类在适应必须用灵巧的手制造和使用工具的生存条件中演化来的。手的灵巧依赖触觉和视觉的指导。

3. 人类学习能力中显示的物种特性

前面讲过,白冠雀和大鼠都有因适应特殊的生活条件而获得的特殊学习能力。人类也有这类能力,如已举出的人类学习说话的能力。还可以再举另一个例子:教会一个十六、七岁的中学生开汽车,要比教他理解几个物理定律容易。但是要给计算机编一套开汽车的程序,则比编制运算一个物理定律的程序难。而人学开车为什么容易呢?原因是人类开汽车所需要的一套手脚运动和视觉的配合程序可能早已在我们的类人猿的祖先的脑中预置了。设想猿类从一棵树跳到另一棵树上,必先判断要抓住的树枝的距离、摇动的幅度和方向,才能作出适当的运动反应。这种适应的专化程序在学开车时完全可以利用。学习只不过是将它提升到意识水平上来。而理解和记住一个物理学的定律则是人类最近才遇到的问题。我们的脑解决这类问题得从头学起。

第三节 文化环境对人类行为和心理演化的影响

这方面的问题极多,争论也很多。在此只能作一梗概的说明。

一、高度文明的社会是否已改变了人类的基因

地球上生活着许许多多的民族,文化环境的差别也很大。有的生活在科学技术高度发达的工业社会中,有的仍然过着原始的渔猎生活。人类的基因是否有了新的分化?大多数人认为是不可能的。基因的筛选需要很长时间的物种间的隔离。现代人类还没有存在足够长的时间。而且,人类已有的特性仍然在显示着巨大力量。例如人脑仍能为自己创造更优越的生活环境。虽然今天文明社会中有些人警告人类的生态环境已遭到很大的破坏。然而这正是人类对自己的行为有自知之明的聪明表现。能自发警报者必然也能找到改善的方法。更须一提的是,即便把远离工业社会的极端落后的部族的儿童带到发达的工业社会中去教养,他们也能达到相当高的文化水平。这说明他们的脑仍足以适应现代的生活,而并

未落后于工业社会中的人脑。

二、文化传统对人类行为的影响

文化传统对人的性格和行为有深刻影响,但这种影响未必是通过改变基因的组成达到的。正如上面提到的例子,环境因素影响基因的表达则是完全可能的。

一位社会学家(M. Mead,1936)曾研究过新几内亚的 3 种文化不同的民族的男女性格、脾气和行为的差异。要点如下:

蒙突古木尔(Mundugumer)人的男人和女人都很凶悍,因此社会常发生暴乱。在这种环境中长大的小孩自然也是凶悍的。

阿拉坡什(Arapesh)人的男女都很温和、顺从和迟钝。社会内的暴力行为少。世代如此。

沙布利(Tchambuli)人的男人柔弱、易激动、能歌善舞、富有"女性"味。而女人的性格则类似欧美的男人。

这 3 个民族的差别,被认为是不同传统的文化影响。但这位研究者发现,在每一民族中,有的男人或女人,其行为不符合该社会的常规,常被认为是不正常的人,因而很难得到配偶。有的流落到外族的村落中,在那里他或她的行为倾向被认为是正常的,可以找到配偶。这样看来,文化传统对基因似乎也可能有选择作用。但是人们仍然怀疑,几千年的文化传统,几百代的选择,是否已经改变了他们的基因成分。照现在的看法,环境因素影响的是基因型的表达。如以前提过的,个体在发育中因受到的环境刺激不同而使某些基因的表达受到抑制,有些则充分得到表达。这也可能是不同文化环境中的人们之间的某些差别的成因。

例如,中非有一种体型很小的皮哥墨人(Pygmies)和身躯高大的班图人(Bandus)住在同一地区。皮哥墨人宁愿受班图人奴役,也不愿进行战争。常被认为这种小人是没有一般人的攻击性的酷爱和平者。特别是因为他们内部的侵犯行为也很少。但是,研究者(C. Turnbull,1963)发现,皮哥墨人都憎恨班图人,多在背后嘲笑他们。皮哥墨人的平和表现,是他们的生活方式所需要的。他们体小力弱又靠打猎为生,常常需要高度的协作才能猎得大量动物(例如,许多人追赶一群羚羊,许多人在前面张开网,这样就比一个人单独打猎成功的可能性大),因此群体的协作和团结对于他们是最为有利的。这并不能说明他们没有攻击性。在他们的社会中也有人犯法。也会受到严厉的惩罚。他们的攻击性并未泯灭。

居住在地广人稀的北极严寒地带靠渔猎为生的爱斯基摩人,群体之间的战争也极少,也被认为是没有攻击性的和平人。但是在他们内部如果犯有通奸或蛊惑罪者也可能被杀死。

总之,文化环境对一个民族或个人所秉赋的基因的表达显然是有巨大影响的。影响可能是对某些基因表达的抑制或激发,使得人类共有的某些特性受到压抑或得以充分发扬。

三、人与黑猩猩的某些行为的比较

现在生存着的与人类的血缘关系最近的亲戚要属黑猩猩了。近几十年来,科学家们通过对他们的行为的深入研究,发现他们有许多行为与人类非常相似。似乎从中找到了人类某些行为的更深层的根源。举其要者简述如下:

(一) 食性

黑猩猩以前被认为是素食的,但近几十年来研究发现,他们偶尔也爱吃羚羊和狒狒的肉,而且也是几只黑猩猩合伙追捕猎物和分享猎物。可能由于他们的脑还没有发展到人类远祖的那种程度,因而使得他们不能完全适应打猎吃肉的生活。因此也没有离开山林。更没有发展出在集体协作狩猎的生活中所必要的、精确的联络手段——语言。语言是在人类必须适应集体追捕大型猎物、驱逐吃人猛兽和与不同群的同类为争夺食源而进行战争的生活条件下发展起来的。言语不仅在打猎和战争之时用来发信号以协调众人的行动,而且可以使参加打猎和战斗的成员们在事前讨论行动的计划和发表个人的意见。而这对黑猩猩的生活是不必要的。本世纪以来，动物心理学家在训练黑猩猩学习人类语言中，发现了些有趣的事实：尽管黑猩猩善于模仿人的动作，但从不模仿人说话；即便很费力地教它说话，结果也是毫无希望的。然而教它们学习聋哑人用的手势语，或使用计算机键盘上的特种符号指示物体来表达要求时，黑猩猩能学会上百的单词及其使用方法。这无疑是因为在黑猩猩的生活环境中不需要说话，他们个体之间的信息交流靠简单的吠叫和身体的姿态就足够了。所以在他们的脑中还没有适应学说话的专化系统，然而有高度发展的学习一般动作的系统，而且由于他们的脑已经相当发达，因而在行为上表现有很强的注意力和自觉性，所以学习手势语是比较容易的。

（二）使用和制造工具

使用自身以外的物体作为获得食物的工具，在鸟类和灵长目以下的哺乳动物中已有所见。黑猩猩使用和制造工具的能力更是早为人知了。黑猩猩摘去细树枝上的枝叶，用来探取穴中的白蚁。它还将树叶嚼成一团纤维，用来吸取树洞中的水饮。在实验室中早已测验到，黑猩猩能将两根短竿结成长竿，去捕远处的食物，还能将几只木箱摞起来，去取高悬的香蕉。有人也看到过黑猩猩用大树枝或石块攻打豹子。然而他们使用工具的样子看起来很笨拙，也不经常。它们制造工具也很简单，多是用可以牙咬手撕的树木制作。未发现他们能用石块制造工具。可以设想，人类祖先最初用硬石块打制刀和斧，乃是用来宰割大型猎物所必需的，而黑猩猩在生活中则无此需要。

（三）两性关系

人与黑猩猩的两性关系可从多方面作比较。此处只在两个显著的差别上作些比较。一是配偶问题；二是养育后代的分工问题（或者叫作延续种族的责任分担问题）。这两个问题有密切关系，而且在人类适应自然选择的压力上和人类文化社会的发展上都起着极重要的作用，在黑猩猩中，雌雄的匹配尚无固定关系。在黑猩猩的群中，个体之间有一定的支配和服从的等级关系，能够支配群中所有雄性的,即为头号黑猩猩。拥有与群中所有雌性交配而不受干扰的自由。其他的雄性只能偷偷摸摸地寻找机会与发情的雌性交配。因而可以说,在黑猩猩的群中还没有固定的配偶关系,也不是典型的一雄多雌制。成年雄性跑到邻群中去找配偶比较困难,因为战胜其他群中的雄性的机会很少。但年轻雌性跑到其他群中可能被接收。人类的祖先——类人猿或猿人,是否有固定的配偶制度,无化石记录可查。但推测可能与黑猩猩的相去不远。固定的配偶制,无论是一夫多妻,或一妻多夫,或一夫一妻,在今天都还分别存在于不同的民族之中。问题在于配偶关系的固定化。对于两性配偶关系的固定化是如何演化的,研究者们有两种不同的设想。一种是纯生物学的观点,认为固定配偶关系的纽带是与女性的性接受期的延长(或不再有发情周期)有关。因为他们在黑猩猩中看到,雄性总是喜欢与发情的(即有性接受能力的)守在一起,有美味食物时也常常分给发情的雌性吃。如果人类祖先的雌性的性接受期已经延长了或已经不受发情期的限制,就有可能较长地保持住与一个雄性(或多个雄性)的配偶关系,由此发展成固定的配偶关系,特别是一雄一雌的配偶关系。

但是,人们也看到,有一种体型较小的黑猩猩(名为 bonobo,被认为是更接近人类的一种)在发情期外也有交配举动。而他们的配偶关系也不固定。因此另有一种从社会发展观点作出的解释,认为,固定的配偶关系是作为一种社会性的生存适应功能演化来的。有了固定的配偶关系,就可能减少群体内部雄性间的斗争,节省了这种内耗,有利于合作猎食和与其他群体的竞争。同时在配偶关系固定的条件下,雌性的食物供应比较有保证。因此也有利于子女的存活和成长。不管这种固定的配偶关系最初是群体成员之间有意达成的协议,还是由于至今尚未查明的某种生物特性而自发产生的,总之都是有自然选择的价值的。

两性固定的配偶关系与两性在种族绵延中的责任分工也有关系。两性的分工确实有两性的解剖和生理差别的基础。人和黑猩猩以及大多数哺乳动物在体型和力量方面都是雄性大于雌性。这种差别在采集植物叶果为主食的黑猩猩中不会有适与不适之分,确无分工的必要。但在以狩猎为生的人类祖先中就有强弱之分了。更因为在人类演化的过程中,随着生存条件的日趋复杂,特别是在社会生活方面,智慧的适应行为更为需要。在这种需要的压力下,逐渐选择出容量更大的脑,同时也选择了容易产生大头婴儿的大骨盆的女性。大骨盆增加了两腿间的宽度,不利于奔跑,在追逐野兽时与男性相比自然稍逊一筹。然而更重要的是,骨盆虽已加大,但还不足以容许婴儿在出生时有更成熟的脑。所以婴孩需要母亲长时期的细心照料。这样更增加了男女分工的必要性。黑猩猩可以胸前抱着动作较灵活的婴儿到处去寻找食物。女人则必须很注意地抱定婴儿,而在做必要的劳作时,还必须把婴儿放在安全的地方,这就是需要一个较固定的家;母亲也不能在太长的时间离开婴儿太远。这样母亲就要依赖可靠的父亲来共同养育子女。父母能长期良好地合作,其子女生存下来的机会自然就要多些。所以自然选择有助于鉴别男性的能力和情趣,有助于鉴别能吸引住男性的女性和能帮助女性抚养子女并较少见异思迁倾向的男性。但在节制男性见异思迁的倾向性上,自然选择的作用似乎不如文化的力量大。在信基督教的文明社会中,法定的一夫一妻制虽然还难以杜绝通奸事故,但对男性的这种倾向的限制是最严格的,而在信奉伊斯兰教的民族中,所许可的一夫多妻,则是对男性的这种倾向的折衷处理——既保持了固定的婚配关系,又在一定程度上满足了男性见异思迁的要求。

(四) 地位的斗争

在所有的动物物种中都有强凌弱的现象。在群体生活的动物中,常常在个体之间的实际斗争的较量中逐渐确定了强凌弱的等级。等级高的支配等级低的。一个群中等级最高的能支配所有的成员,可以视为群的首领。大多数灵长动物群都是有等级结构的。动物学家认为,一个物种的群内个体之间有了确定的支配和被支配的等级关系,可以避免混战,保持一定的平静,节省群体力量的内耗,有助于群体的生存。已有的事实证明,将许多不同地区捕得的同种野猴放在一起,如果在混战中不能建立等级关系,个体之间就永远处于紧张状态,死亡率高,也不可能繁殖。人们在弥猴群和黑猩猩群中都观察到,群的首领的确有镇压群内其他个体之间的暴力行为的作用,同时也享有与所有雌性交配不受干扰和优先取食的特权。这种特权地位在黑猩猩群的头号行为上表现最为明显。

黑猩猩群中的头号雄性,或称为首领。他可以不受干扰地和任一发情雌性交配,又能干涉任何另一个雄性和雌性交配。在他发威风时,会竖起颈背和全身的毛来,显得特别大,可以直接攻击任何一个雄的或雌的。当他竖着毛,迈着沉重而有节奏的步子走近任何一个黑猩猩时,没有谁敢坐着不动,都得给它让路。有时其他黑猩猩还向他致敬,或叫作"恭谨的问候"。此种行为的典型模式是匍匐在它前面,发出一系列短促的带点喘气的咕噜声,同时还伴之以快速的点头动作,可以称之为叩头。它就像皇帝接受臣子的朝拜一样,有时甚至不理睬(在头号以下的等级间,等级低的对等级高的也有这种恭谨的问候表示)。然而,黑猩猩群中头号黑猩猩的这种尊重地位,也像专制的君王和独裁的元首一样,常常受到下级的挑战。多是来自居二号地位者的挑战。而在二号向头号挑战和头号的卫冕战斗中都包含有事先争取群众支持的策略。争取的主要是雌性的支持,特别是有权威的头号雌性的支持。二号挑战者有时还要联合三号共同推翻头号。成功之后,二号变为头号。不久退位的头号或许又和三号联合推翻二号,将三号推上首位。例如弗朗斯、狄沃(Frans de Waal,1982,1989)在荷兰安恒(Arnhem)动物园中的一个黑猩猩群中观察到的情况:

这是一个比较大的群,有 25 只(1981)。它们的日间活动是在用壕沟和电网围起来的面积很大的广场上,场内有 50 棵巨大的橡树和其他小树。夜间可进入动物房的笼中睡眠。这被认为是一种半自然的环境。这群黑猩猩已自然繁殖多年。在狄沃观察期间,最初的头号雄性名叶龙,二号的名刘一特,三号是一较年轻的雄性名尼客。叶龙享有上述的一切权利和尊崇。不久,刘一特对他致敬的次数减少了。逐渐开始向他示威——踩脚拍地围着他转圈,甚至敢在他眼前与雌性交配。刘一特在一次最猖狂的示威中,响亮地拍了叶龙一下就跑掉。叶龙似乎不能容忍了,全身的毛竖起来,但不去追刘一特,而是去拥抱在场的每位雌性,特别是狠狠地拥抱一个地位最崇高的叫作妈妈的雌性。此举之后,这些雌黑猩猩都起来跟着叶龙去追击刘一特,把它赶到树上。显然这次刘一特的"政变"尝试失败了。而叶龙的胜利无疑是需要雌性群众支持的,不然它何以不自己去追刘一特。从此之后,刘一特不再向叶龙直接示威,而是更多地接近雌性,常常逐赶和攻击和叶龙坐在一起的雌性。在此期间,一个以前不被注意的年轻雄性,尼客,冒出来常常帮助刘一特去追赶与叶龙亲近的雌性。与此同时,尼客也不再向叶龙作恭谨的问候,而对刘一特更恭顺了。这种变化的过程有段时间。它们之间和它们与雌性之间的关系变化非常微妙,只有到叶龙似乎越来越孤立,终于在一天的夜里,3只雄猩猩在睡觉的笼中爆发了战争。第二天的早上,饲养员发现叶龙受了重伤,神情沮丧,从此失去了头号的地位。刘一特上升为头号。在以后的日子里,叶龙和尼客又都经常地向刘一特恭谨地致敬。有一时期,叶龙还帮着刘一特向尼客示威。同时刘一特也很注意去干涉叶龙和尼客的亲近(挨着坐或理毛),不久尼客对刘一特越来越不恭顺,常向刘一特竖毛示威,破坏刘一特和叶龙的联合。最终叶龙就站在了尼客一边。当尼客向刘一特示威时,叶龙站在尼客身后,搂着尼客的肚子表示亲热。在叶龙和尼客联合的情况下,雌性们也与刘一特逐渐疏远。刘一特遭到叶龙曾受到过的那种孤立。表现出了忧郁和神情不安的样子,常常蹲坐着,两臂交叉在胸前呆望。不久在夜间又发生了血腥的战斗。人们发现时,刘一特已伏卧在血泊中奄奄一息了。在手术台上急救时,发现它的阴囊破裂,睾丸已丧失,未被救活。

德沃尔总结他所观察的事实,认为在黑猩猩的群中(至少是在他的一群中），雄性争夺头号地位，不全靠个体的体力，还需要雌性群众的支持。雄性之间的夺权斗争包含着许多争取雌性群众（特别是居高位的雌性）和联合可被利用的雄性的微妙的小动作（如互相接近，理毛和分裂隔离，在向头号挑衅时互相支持）。而且，在黑猩猩群中，头号地位的转换似乎比在猴群中频繁。他写了一本书名为《黑猩猩的政略》(Chimpanzee Politics,1982)，详细地描述了雄性黑猩猩之间争夺头号地位的事件和手段。他认为从玩弄手腕的技术上来看，黑猩猩距离现代的文明人还很远（它们没有宣传工具和组织手段），但从这种行为的社会意义上看，很难说黑猩猩争取保护（既得）特权地位的意识次于今人。

应当注意的是，德沃尔观察的是生活在动物园中的一群黑猩猩的行为。他所描绘的这种"政治"斗争的情况在自然环境中生活的黑猩猩群中是否也以同样方式经常发生，尚待研究。

推荐读物

[1] Dewsbury D. A. and Rething shater D. A. 著,邵郊等译《比较心理学——现代概观》,科学出版社,1984。

[2] Alcock J., Animal Behavior: An Evolutionary Approach (4th ed.), Sinaur Associates Inc., publishers Sunderland, Massachusetts, 1989.

[3] De Waal F., Peacemaking among Primates, Harward University Press, Cambridge, Messachusetts London, 1989.

[4] Rozin P., The Evolution of Intelligence and Access to the Cogwitive Unconscious. Progress in Psychobiology and Physiological Psychology. **6**: 245—80, 1979.

[5] Kirk D., Biology Today (2nd ed.) Rondom Hause, Inc. Toronto, 1975.

[6] Denny M., Comparative Psychology, An Evolutionary Analysis of Animal Behavior. John Willy and Sons, New York, 1980.

第十七章 变态心理与心理治疗

本书前面几章讲述了一般心理过程和特征。本章所讲的是心理的特殊表现,即心理变态或行为异常。人类在与环境作斗争中,取得了很大成就,但在自身心理保护方面却显得十分逊色。变态心理学是在心理学研究范式下探讨心理变态的性质、发生因素和心理治疗、预防的学科分支。本章将阐述这一领域的基本内容;通过学习可使我们对人的心理有进一层的了解,并对我们自己的生活适应有所裨益。

第一节 概述和历史

一、名称和研究课题

变态心理学又称为病理心理学,是研究心理变态或行为异常的心理学分支。它探索、理解和预测人类的异常表现,不仅对这些现象进行描述、分类和解释,而且还要阐明行为异常的发生、发展、转归的原因和规律,并把这些科学知识应用于实际。

变态心理学中所谓行为,实际上就相当于人们常说的心理现象。为什么强调"行为"? 行为是指一个人(或动物)所做的、可以用某些方法观察和测量的过程。行为不仅指人们所外显的、可以直接观察到的活动,也包括人们内部的、不能被直接观察到的活动。这些活动也能够以不同的方式,在不同的情境下通过谈话、测验、实验而间接地测量出来和得到观察。

近代世界各国的变态心理学不论是属于哪一种理论或系统,对自己学科研究的问题大都称为行为异常。由于认知心理学的兴起,受其影响,70年代末则又出现了"行为和心理的异常"的提法。学习变态心理学的人常因名称不统一而困扰。实际上可以把心理障碍、心理异常、心理变态、行为异常、变态行为等视为同义字。因为要区分它们之间有什么本质的差别也是困难的。

心理学家对行为异常的探讨主要分为两个领域。(1)作为科学的研究领域:有关行为异常的科学的意义,经过对事物的仔细观察和测量(也包括实验室的实验)而取得系统化的知识。(2)作为一种联系实际的技术艺术部门:应用已有的科学知识来解决实际问题。临床心理技术就是通过研究、实践和特殊经验而获得的技巧或窍门,它们在解决实际问题中是很重要的。

(一)正常和变态

在变态心理学中有一个极为基本的问题,就是什么是正常和什么是变态?正常的概念有许多看法。

1. 耶荷达总结性观点

耶荷达(M. Jahoda)的6项总结代表了近代心理学界有关心理健康的主要观点:(1)强调人对自我的态度,用自我承认、自信、自我依靠等来叙述心理健康的态度;(2)强调自我成长、发展和自我实现,认为心理健康者有总的向上的生活原则,并且不断努力去实现自己的潜能;(3)人格整合性,强调心理力量的平衡、人生观的统一及对紧张状态的抗拒和自我控制;(4)自主性,认为个体与外界的关系总的表现是自主的、独立的,强调决策过程和内部调节的重要性;(5)认识现实,即一个人知觉到的现实与实际相符合就是心理健康,他能够从失真了的需求的知觉中摆脱出来;(6)掌握环境,指适宜的人际关系以及满足情境所要求的效率、解决问题的效率、爱的能力和良好的适应和调节能力等。

2. 学科性标准

(1)经验标准:所谓经验标准有两种意义:其一指病人的主观经验,他们自己感觉到忧郁、不快或不能控制某些行为。另外也有些病人由于坚决否认自己"不正常",这也正好作为变态的标准。其二是指研究者对自身的主观体验,即以自己的经验来看待别人的心理状态,凡与自己经验不同者都可被认为变态。

(2) 社会标准:这一标准以社会常模为体,以社会适应为用。也就是说,以通常的社会生活要求为基础来考虑个人行为调节是否完善。在一般情况下,人的行为是与环境协调的,符合社会准则,根据社会要求和道德规范行事。

(3) 病因和症状标准:有些致病因素或症状在正常人身上是不存在的,若在某人身上有所发现,则可判别为变态。这是与躯体疾病相比拟的观点。行为异常也是疾病。在病人身上可以找到生理、生化、神经、遗传等器质性原因或一定的功能性障碍。

(4) 统计学标准:在取样统计中,某一心理特征的人数频率多为常态分配,居中的大多数人为正常,而居两端的少数人则为变态。因此,行为正常或异常可用其偏离平均值的情况为依据。这一观点重视行为特点的量的改变。与统计学标准相联系的是心理测验的判别标准。这两者是根据同一原则进行判别的。

3. 其他个别观点和讨论

上面我们讲了两类标准。第一类是总结性观点,第二类属于具体的操作性标准。这里应该指出,个别临床和人格心理学家的许多观点是前两类标准的基础。个别的意见举例:阿德勒从个人追求优越倾向的观点出发,认为健康人格特征是追求社会事业的发展,这是以社会兴趣和社会情感为基础。阿尔波特对成熟和健康的人提出自我承认和与他人热情交往等特点。罗杰斯、马斯洛都把心理潜能看作人的高级潜能,它包括对真善美的追求,是健康心理的内在基础,高级潜能的完满实现称为自我实现。后两位心理学家都提出了各自关于机能完善的人及自我实现的人的心理特征。

界定正常和异常、健康和不健康对于心理障碍的诊断、治疗和青少年的教育辅导确是重要的,但是说起来容易,做起来难。上述这些标准如果单独使用,几乎没有一种是十全十美的。在大多数情况之下,各种标准都要配合起来使用才能有效。我们也可看出界定的标准随心理学家的观点为转移,也受社会文化背景的影响。可见,企图找到一种绝对的划分标准应用于一切正常或异常心理往往是行不通的。另外也应该承认心理"正常"和"异常"是程度不同的观点,两者只是相对的,而非绝对的。在同一个人身上常常表现为既有正常特性,又有异常特性。因此人们找不到一种所谓标准的"健全人格"和完全的"心理常态"。

(二) 心理障碍的类别

世界各国对行为异常有不同的医学分类体系和方案。世界卫生组织《国际疾病分类》(ICD)1965年修订第5版,其中第5章为精神疾病部分,是行为异常的命名和分类。多为欧洲国家所采用。ICD至今已出第10版。

美国精神病学会于1952年制订《精神疾病诊断和分类手册》(DSM)。1980年公布第3版,1987年又作修订,即DSM-Ⅲ-R。新制定的第4版已有草稿,即将正式公布。

我国于1958年开始制定分类草案,至今已经过两次修订。1989年有《中国精神疾病分类与诊断标准》(第二版)公开发行。

本节叙述的并非各国分类方案中的所归属的类别和名称,而是对日常生活中常见的心理障碍表现加以描述。根据它们的不同范围和特点,大致可举出以下6类。

1. 严重心理障碍

具体表现为统一的心理活动受到损害,行为严重紊乱并完全脱离现实,即个体与现实环境尤其是社会人际关系严重失调。这类人不能理解和认识自身的现状,也不能正常地参与社会活动,这就是通常所说的"精神病",如精神分裂症。

2. 轻度心理障碍

指人格和心理活动的某些方面表现异常。个体在挫折和冲突中过度使用防御机制,致使个人对生活的适应产生较多困难,这类人能自理生活,可以理解和认识自己的状况,并主动求医,这就是通常所说的"神经症"或神经官能症,如神经衰弱。

3. 症状性心理障碍和心身疾病

由于紧张、长期情绪或心理社会因素引起(或加重)的躯体症状。这种症状可能伴有器质性损伤,也可能没有器质性病变。如肠胃溃疡、原发性高血压、肥胖病等。

4. 大脑疾患及躯体缺陷引起的心理障碍

包括大脑器质性疾患(如脑外伤性精神病)、精神发育不全(如伸舌样痴呆)以及聋、哑、盲、跛等躯体缺陷和因伤残而产生的心理障碍。

5. 行为偏离及各种调节反应

包括性格异常、酗酒、药瘾、赌博、性变态及心身变化和紧张情境的调节反应异常,如亲人亡故、社会压力、天灾人祸造成的精神创伤和更年期、老年期的心身变化等所产生的心理障碍。这是一些固定的、适应不良行为型式。其中行为偏离的不少案例涉及到社会治安和司法问题,但他们也有某些心理特点不为一般人所了解。

6. 特殊条件下行为表现

指催眠状态、梦境、感觉剥夺、超觉静坐、高峰经验、气功心理状态等特殊意识状态下的心理变化。对于人的这些潜能的估价,每一种文化都有自己的某种假设。虽然这一领域的研究属于正常和变态心理的交叉,但多年以来,变态心理学家都对此有特殊的兴趣。

(三) **解释模型**

对心理障碍有各种解释,这种对原因、诊断、防治的不同观点称为模型。研究人员的工作都是以自己特有的理论背景为基础的,因而他们在探讨变态心理问题时,各有独自的出发点、主要内容和所用方法。因此模型就是研究途径,从什么技术路线和研究策略来开展工作。

1. 医学模型

把心理障碍看为疾病。认为由于大脑活动异常所致,解释原因可能主要是由遗传的或后天的神经功能失调所引起的。如体内生化代谢改变,躯体及神经系统方面潜在的缺陷结构,功能的素质,大脑损伤,老年性退化等。

医学模型认为躯体和行为的异常组成症状或综合症,由这些组合作出诊断。治疗用药物及改变躯体和功能状态的各种措施。

2. 心理动力模型

心理障碍或异常是由于心理和情绪紊乱的结果。正常和不正常心理都是意识与无意识、欲望驱动与超我控制的矛盾冲突的结果。因此这一模型强调动力因素的重要性,认为心理防御机制的运行产生各种症状。

儿童期发展和家庭经验是心理健康的关键。同情、爱护的环境使儿童心理完好无损。挫折、失败,失去关怀支持的儿童会产生心理、行为障碍。

治疗方法在于发掘病人的无意识意义,强调病人自由谈话,倾吐精神压力,提高领悟力,建立医者与病人之间良好的相互关系。

3. 行为模型

认为一切行为,正常的或不正常的,都是学习获得的。行为主义心理学家强调强化和学习的关系,有许多实验说明这一观点。猫在笼中试图逃走,当它一旦拉动一条绳索,就打开了笼子的门。其后,再将猫放入笼中数次,猫很快能学会拉绳。一个小孩发脾气而得到一个玩具,这样多次结合和强化,发脾气就成为习得性的了。行为模型认为矫正异常行为的方法也同样要用学习原理。

4. 社会模型

主张心理障碍的定义、原因、治疗都要以社会为出发点。认为心理、行为异常的人就是违反文化规范,脱离社会标准的人。近代精神病流行病学材料可以支持这一观点,因地区和文化不同,心理和行为异常的发生率、表现型式、产生后果等都是不同的。社会模式强调社会的病因作用,只要社会的同情和支持,较少挫折,较多互相关心,人们就能保持心理健康。当一个人情境不顺利、生活不稳定时,就会发生异常反应。

家庭破裂,生活困难,经济贫困,文化素质低下等造成挫折、不安及过度紧张,常可导致心理、行为异常。

在治疗方面,对个人的心理防治应该转移到对社会的安定和心身保障上。

(四) 与其他学科的关系

许多学科都与变态心理学有关。与精神病学的关系是,精神病学属临床医学,其服务对象是病人,主要工作是对病人进行诊断、治疗、预防和护理。心理学及其分支变态心理学属基础学科。变态心理学不把上述工作作为自己的直接任务。变态心理学的研究成果可以协助精神病学的诊断与治疗,促进病理心理现象研究的发展。因此,心理学领域中的许多基础实验研究(广义的),能对某些精神病问题提供一定的启发。精神病学则用自己的临床材料和实际成果,丰富变态心理学的内容,验证心理学中的许多理论和假设。

除了精神病学外,与变态心理学关系最密切的还有临床心理学和健康心理学。前者是医学的分支;后两者是心理学的分支,与变态心理学为同一领域的学科。临床心理学是解决心理困扰的应用心理部门;健康心理学研究维护身体健康,防治疾病的心理因素问题。因此,可以把变态心理学视为后两者的基础知识之一。

二、关于变态行为的历史回顾

(一) 远古时代

在人类种族发展史中,变态行为何时开始出现很少有考证,但是人们一般相信,有了人类也就有了人类的变态行为。对变态行为的认识和处理也是早就有之,但是最早较清楚的记述只是在有文字记载的时候才开始。

从类似于文字的、史前人留下的遗迹中,可以发现许多与自然现象(风、雨、水、火、雷电等)和人体现象(生、死、疾病等)有关的内容都带有神秘的色彩。所以,有的医学历史学家认为,公元1万年以前,初民社会对身体疾病和精神疾病都是以神灵的力量来解释的,以祭神、祛魔等办法来处理这些病人。中国的夏商时代和西方的巴比伦时代都重视祭祀。对神或精灵以及对人的变态行为也会有敬畏的表示。

(二) 理性的思考

我国从先秦的文字记载中,已有心身关系和心理障碍的内容,秦汉以后又有许多发展、诠释和考证。这些思想多为朴素唯物主义的。《内经》中有心身统一的思想和心理预防、养生保健等论述。《易经》中有疑病症状,《周礼》中有头痛症状,《左传》中有惑疾和心疾等的记叙。

古希腊哲学家和医学家也重视大脑的作用。希波克拉底(Hippocrates,460—377B.C)反对念咒求神来治疗心理疾病,认为4种体液失平衡而产生生理和心理的疾病。柏拉图(Plato,429—347B.C)则认为理性灵魂一旦有干扰,就不能管制非理性灵魂,从而产生变态行为。自然哲学家亚里士多德(Aristole,384—322B.C)反对神秘主义,认为变态行为是生物机体上的原因。认为理智不会得病,理智错乱只能来源于生物机体。其后在希腊和罗马前期的哲学与科学的成就下,对待心理障碍的理性思想有了较好的发展远景。

(三) 愚昧专横和文艺复兴

中世纪公元前400年以后,欧洲大地有数次传染病流行浪潮,天灾、人祸、社会不宁、人心恐慌而无能为力。责任推委到某些人身上。另外,当时神权统治势力不断扩大,其极端化和泛滥的情况越来越严重,并且涉及许多方面,产生的影响也历时长久。心理障碍者表现有许多不可理解的奇特行为,因此他们成了首当其冲的受害者。

变态行为被看作为魔鬼附体或邪魔力量的体现,病人不同的表现则是魔鬼不同的特点造成的。残酷的驱鬼手段是对心理障碍的处置方法。当时,社会普遍持禁欲态度,认为情欲是邪恶,是魔鬼的诱惑。女人的灵魂是着魔的,是行为异常的根源。最初是受人注意的、被人妒忌的妇女受到迫害。随后则男女老幼只要行为与众不同,或者不肯墨守陈规,都被认为是"巫术"。这些人就被拷打、锢禁、处以极刑或束缚于火柱处死。搜捕和迫害心理障碍病人的举动由个别而不断扩大,以致葬送了百十万无辜者的生命。

在迫害横行的几百年间,也有少数无畏之士或人道主义者曾坚持理智和同情。如有人提倡护卫妇女的尊严;有人反对附魔的观点;有人创导护理和慈善,主张减免酷刑等。但是处于时代的逆境,这些主张未能扭转愚昧和黑暗。

历史向前发展,在文艺复兴运动的推动下,人性解放的思想产生了普遍的影响。医学和其他科学都获得了新生。对行为奇怪的人的收容所逐渐建立起来,行为异常被看作是精神疾病的表现,需要进行治疗和护理。法国医生皮内尔(P. Pinel,1745—1826)首先主张让精神病人参加有益的活动和劳动,给他们以阳光、空气和自由。他是解除精神病人脚镣手铐的第一人。此后,其他地方也继承了他的事业,并将他的做法传播到欧洲、美洲和世界各地。

第二节 心理障碍重要类别的例举

一、精神病

精神病是以严重的心理功能障碍为特征的一组疾病。其严重程度已达到自知力丧失,不能应付日常生活要求或不能对现实保持恰当的接触。情感反应、意志行动、社会交往等能力均受到严重损害。他们不能认识和理解自身的状况,不承认自己有病,他们丧失了正常的言行和理智,不能自理生活,也不能参加正常的社会生活。他们所作所为常常可能危害自身、他人和社会,因而需要住院治疗和受到监护。

一般将精神病分为器质性和功能性两大类。明显的躯体异常导致的精神病称为器质性精神病;应用现代科学尚难确定生化和解剖学基础者称为功能性精神病。重要的器质性精神病有老年性精神病、脑动脉硬化伴发精神病、急性传染性精神病、中毒性精神病等。重要的功能性精神病有精神分裂症、情感性精神病、更年期精神病、偏执性精神病、反应性精神病等。下面介绍精神分裂症及情感性精神病。

(一) **精神分裂症**

精神分裂症是最常见的一种精神病,病因尚不清楚。其临床特点是患者的行为、情感、思维与外界脱节,成为不易理解的、非现实的,并且彼此不相协调。

1. 发病和历史

发病多在青壮年,尤以青年期为多见。男女两性发病数相似。年发病率为 20—40/10 万(上海地区调查材料)。病程长短不一,但一般为进行性地缓慢发展。经及时和合理治疗,约有 2/3 以上的病人可有不同程度的好转。精神分裂症的病因有许多研究,但至今尚没有定论。大多数学者重视遗传、生物化学、心理、社会家庭环境等多种因素的交互作用。从 19 世纪中叶起,不少精神病学家把本病不同的症状分别看作单独的疾病。克雷佩林(E. Kraepelin)于 1896 年将本病称为"早发性痴呆",因为他认为本病发病年龄较轻,以及多数病人最终发展成痴呆。1911 年瑞士布洛伊勒(E. Bleuler)注意到本病不一定发病于青年时期,而且也并不皆发展为痴呆。根据患者行为、情感、思维彼此分离不相协调的特点,他命名此病为"精神分裂症"。

2. 症状表现

可分基本症状和附加症状两大类。基本症状有:(1)思维或联想障碍,表现为词义曲解和错用,联想散漫、中断,思维抽入。(2)情感障碍,表现为情感活动范围狭窄,反应不适切,与患者当时的思想内容和处境不协调。(3)矛盾症状,两种相反的心态或行为倾向同时并存,表现有严重的模棱两可行为。(4)内向性或我向性,表现为整天不问他事,生活在自己的幻想之中,自行其是。

附加症状有:(1)幻觉,外界没有真实事物而产生貌似外界事物的知觉。病人意识到的犹如真实的感知一样,并对此产生相应的行为反应。以幻听为最多见,也可有幻视、幻触和幻嗅、味等。(2)妄想,是一种病理性信念,其特点是与事实不相符、劝说无效和不能动摇、与病人的社会地位和文化水平也不相称。以被害、钟情、夸大、疑病等妄想为多见。牵连观念、被控制感、被洞悉感等也是精神分裂症的特征性症状。(3)行为动作障碍,包括扮相作态、令人难于理解的奇怪动作、突然的冲动行为、刻板动作和模仿动作、违拗及蜡样屈曲等。

3. 临床分型

精神分裂症可以根据症状群分为不同的亚型。通常分4个型:(1)偏执型或称妄想型;最为常见;以妄想症状为主。并有与妄想内容相应的幻觉。(2)青春型,发病多在青春期,主要症状为浮浅而不恰当的情绪反应、愚蠢而怪诞的行为、零乱不系统的妄想和幻觉等。(3)单纯型,发病多在少年期,发展缓慢,表现为动机及活动减少,生活疏懒、行为退缩,妄想、幻觉则很少见。(4)紧张型,以躯体运动上的变化为主,表现有紧张性兴奋和紧张性木僵,两者可交替出现。

4. 对病因的分析

关于精神分裂症的病因的研究有许多分歧。更多人的意见是多种不良因素相互作用的结果。本节只对病因的某些观点作简要介绍。

对双生子的研究结果表明,精神分裂症有遗传的成分。同卵双生子更容易两人都患精神分裂症;而异卵双生子则两人同发病的比率就显著减少。虽然大家承认此病的遗传因素,但是环境也有重要的作用,因为如患病仅仅由于遗传,那么,同卵双生子将有100%的同病率了,而实际情况并非如此。

素质-应激假说认为存在着一种精神分裂症的素质,这是遗传而来的一种心理倾向。但是只有在充分的应激条件下,具有这种素质的人才发展为精神分裂症。一个高素质儿童,尽管有很强烈的天生不良倾向,但如果在平静、良好的环境中长大,就不会出现精神分裂症。反之,虽然遗传的倾向极少,但从小在早期剥夺、矛盾多端的家庭中生活,就很易发生精神分裂症。

心理社会因素在精神分裂症发病因素中占十分重要的地位,如缺乏爱护、家庭破裂、错误的学习和教养,病态家庭相互作用的影响等。这些因素归纳起来就是:(1)早期的儿童抚养,(2)家庭中的人际关系问题。

生命最初时期,儿童就需要喂食、抚摸、游戏、热情相待和慈爱怀抱等,如果受到忽视和虐待,就可能产生多疑、不安全感。随着年龄增长,家庭剥夺、与人接触太少、不关心幼儿、被排斥、受关闭等,使个体的智力和顺应能力受到损害。

父母对待子女过分庇护和放任,或者过分苛求、妄加控制和缺乏灵活性,这对心理健康是不利的。研究人员发现,容易发生精神分裂症的家庭情况如下:表现较多的消极情感、嫉妒和猜疑;不能畅所欲言,缺乏民主作风;经常吵闹和互相指责抱怨;偏执和墨守成规,缺乏灵活性。另外,也由于父母之间的矛盾使孩子左右为难,无路可走。这种孩子处于双重约束之中,即他们要做自己想做的事,而同时要做自己不愿做的事。复杂的双重约束使人无所适从,而同时又必须作出选择。长时如此,许多人焦虑情绪增加,甚至产生心理适应异常。

(二) 情感性精神病

情感性精神病以情感障碍为主要临床特征。表现较多的为抑郁与焦虑,也可表现为情绪高涨与兴奋。但这些表现与病人当时的基本心态是协调一致的。

1. 发病和历史

早在二千多年前,国内外都有情感障碍表现的记载和较多描述。19世纪中叶,法国精神病学家发现躁狂和抑郁可在同一病人身上交替发作,并命名为循环性精神病。随后德国克雷佩林提出了躁狂抑郁症的名称,并与精神分裂症作了区分。

躁狂抑郁症也称躁郁症,实际上与情感性精神病是同义语。情感的异常高涨或低落可能轮替出现,也可能单独出现,即仅有高涨或仅有低落。病程常具有周期性和可缓解性,间歇期多能保持正常。发病在20—30岁之间,女多于男。每次发作病程并不长,自发缓解,易复发,但不论复发多少次,不出现心理功能衰退。

2. 躁狂症

典型症状有:情绪高涨、意念飘忽及精神运动性兴奋,但三者并非无例外地都具备。开始时常有睡眠障碍,无倦意,逐渐表现兴奋多动。

轻躁狂病人语言增多,联想敏捷,谈话滔滔不绝,语气常表现主观自信及夸大色彩。情感轻松愉快,也有易激动、发脾气和攻击行为。行为增多,整日忙碌好管闲事,到处殷勤周到,也常表现调皮、嬉谑,或卖弄风情,或恶作剧伤害他人。

急性躁狂起病急,发展快。几天内出现主要症状。病人注意涣散,言语极多,内容毫不固定,有明显的音连、意连,表现出思想奔逸。病人情绪极度兴奋,狂呼大叫,手舞足蹈,动作不停,常躁动不安,打人毁物。有的病人因极度兴奋以至不进饮食,不睡眠,但不知疲倦。

不少诊断明确的躁狂症病人在病程高峰阶段,偶可出现牵连观念、幻觉和妄想。另外,谵妄性躁狂是一种更为严重的躁狂,伴有明显的意识障碍和严重的精神运动性兴奋。

3. 抑郁症

典型症状是:情绪忧郁,言语减少、行动迟钝。早期常出现早醒性失眠、头昏、工作效率减低等,逐渐症状明显,轻性抑郁表现为注意不集中、思想慢、言语少、情绪低落、过分忧愁、缺乏信心和兴趣、自卑感重、活动减少。急性抑郁起病急,较严重。病人过分责备自己,自悲自责,认为自己一事无成,罪孽深重,产生严重的自杀企图。他们的意志消沉,终日垂头丧气,伤心哭泣,活动极少,整日闭门独坐,连穿衣饮食都不能自己料理。有的病人可有疾病妄想,认为自己的心脏已停止跳动等。也有急性抑郁,迅速进入木僵状态,病人不吃、不动、不说话,对针刺亦无反应。躯体方面出现呼吸、脉搏降低,四肢发冷和发绀,并可有大小便潴留等。

抑郁症也是一组心理障碍的总称,包括有上面讲的躁狂抑郁症的抑郁症、反应性抑郁症、神经官能症性的抑郁症以及更年期忧郁症等,这里不一一做介绍。

4. 关于病因的某些分析

抑郁症的认知行为理论是以"习得性无助"(learned helplessness)为基础的,即抑郁是个体本身的无助感造成的。病人本人确信他们的行为对引起愉快和痛苦不起作用,他们无所事事,变得抑郁。

实验材料表明在面临应激情境中,动物和人可能学习到一种无助的反应。一个动物实验(M. Seligman,1976)得到了很有意义的结果:狗放在一个以屏障隔为两间的箱子里,它很快学会跳到对面的隔间,以逃避地板格栅传送出来的电击。如果在电击之前有一灯光,这只狗就会根据光的信号预先跳到安全的另一隔间去。然而,另一只狗如果在先已有放进电击间而又无法逃避的经历,那么,这只狗再学习适宜的逃避反应就有很大困难。它干脆坐着忍受电击,各种帮助的方法对它也都没有用处。实验表明,这种习得性无助是非常难以改变的。在人身上的实验也同样表明,没有经历无助体验的被试在应激情况下作出的逃避反应,比具有无助体验的人要更多,也更有成效。实验也表明一种情境下的无助,还能够泛化到其他情境。这些有过习得性无助经验的被试,他们都表现为消极地承受自己的处境。

二、神经症

神经症又称神经官能症,是临床上最常见的心理障碍之一,约占精神科门诊病人的 75%,以 18—30 岁的青年人患此病最多。这是由心理因素引起的心身过度紧张,致使大脑机能失调的一组疾病的总称。其共同特点是:心因性发病;症状多样,但没有相应的体征;患者有自知力,竭力要求治疗;预后一般良好。

神经症按其症状可分为焦虑症、恐怖症、强迫症、癔症、离解性神经症及其他诸如神经官能性抑郁、疑病等。下面介绍几种神经症。

（一）癔症

又称歇斯底里,是一种具有心理或身体症状,并伴有强烈情绪表现的心因性疾病。癔症大都突然发病,常由精神刺激或不良暗示引起,可出现感觉、运动或自主神经系统功能紊乱,但常常不能检查出相应的器质性病变。癔症的症状很多,可能模拟任何一种疾病的表现。常见的症状有以下几方面。

1. 情感和行为表现

以情感失调和意识障碍最为突出。在精神受刺激后,立即情感爆发,反应非常强烈,有时大发雷霆,叫骂吵闹,大哭呼嚎或狂笑不止。情感激动的特点是历时暂短,可因别人安慰或同情而变为欢乐。意识障碍可表现为昏睡、朦胧,心理活动范围缩小,集中在与病因有关的事件或体验上。有时出现"假性痴呆",即答非所问,但对重要关键性事情则又表现出他的智慧。还可有阶段性遗忘、神游、多重人格等表现。

2. 感觉和运动等障碍

感觉障碍有失明、失听、躯体感觉缺失或过敏。运动障碍有痉挛发作、瘫痪、站立不能、步行不能等。自主神经和内脏功能障碍可表现为神经性呕吐、呃逆、腹痛、呼吸困难、喉部阻塞感及假孕等症状。癔症患者对自己的躯体症状不以为苦,也不着急,称为癔病性"泰然淡漠"。有的患者对其症状有夸张和造作的色彩。

（二）强迫症

强迫症是重复出现患者不愿意出现的某些观念、意向和行为动作。这些重复出现的强迫现象使患者极为苦恼,虽明知没有必要,也知其不对,但又无法控制。

临床上常见的强迫现象,归纳起来有以下几种:

1. 强迫观念

强迫联想,如一见到刀子就会联想起血淋淋的创伤口。强迫回忆,患者无法克制地回忆某些往事。强迫性穷思极虑,患者总要思考一些难以回答的问题。强迫怀疑,如怀疑房门是否锁上等。

2. 对立性强迫意向

患者常有与正常心理相反的思维与意向,如母亲抱孩子在凉台上时,就出现把孩子扔下去的对立意向。

3. 强迫动作和行为

强迫动作常由强迫观念引起,如患者总觉得手脏有细菌,因而反复洗手。另外还有强迫检查、强迫计数、强迫仪式动作,如走路时数电线杆子,又如走三步路右手握一下拳等。

(三) 恐怖症

又称恐怖性神经症,主要表现特征是对特定的事物或境遇产生强烈的恐惧、不安和焦虑。患者虽知没有必要,但不能克服。引起恐怖的对象归纳起来有以下几类:(1)物体恐怖,包括小动物,如猫、老鼠等,另对某些物体,如剪刀、麻绳等。(2)境遇恐怖,如登高,在闭室中等。(3)社交恐怖,如害怕见人,担心别人的目光注视等。(4)疾病恐怖,如怕患某些疾病。

恐怖症主要是情感障碍,而强迫症则以认知障碍为主。恐怖症是对特殊对象的恐惧,如果能回避这些对象,这种情感也消失了。

(四) 关于病因的某些分析

焦虑被认为是所有神经症的核心症状。弗洛伊德认为自我受到本我和超我的威胁时,就引起强烈的焦虑和罪恶感。为了缓和或消除这种情绪上的不安和痛苦,自我会无意识地运用一些防御机制。主要的防御机制有压抑、投射、文饰、升华、退行等。虽然它们在如何运作上是不同的,但都是以某种歪曲现实的方式来减轻心理冲突和消除焦虑。神经症反应是正常防御机制的夸张形式。症状是患者为了抵御焦虑和增加安全感的反应。这些反应在早期就形成和固定下来。随着紧张的加剧,防御的努力也要加强,以至达到不能适应的严重程度。

行为主义和社会学习理论认为各种神经症状是通过学习产生的。强调如何经过学习使焦虑感与一定的情境联系起来。华生很早就应用条件反射实验来模拟恐怖症。一个原先很喜欢小白鼠的幼儿,被用作实验被试。实验者让幼儿用手去玩弄白鼠,正在此时,实验者在背后猛敲一根铁棒,此时发出的大声响使孩子很为惊吓。他立刻缩回双手,停止玩弄小白鼠。只要这样结合几次之后,当动物再出现时,幼儿就会哭吵不安和表现行为紊乱。恐惧的对象还可能泛化到其他有毛皮的物品或白色的其他用品。神经症行为就是这样产生的。

第三节 心理治疗和预防

一、心理治疗

"心病终须心药治",这是中国的一句老话。心理治疗被许多人看作医治人类心理病理的巨大措施。它解决了许多人的心理困扰问题,但是由于人类事物的复杂性和心理科学本身的发展水平,心理治疗在理论和技术上存在许多尚待研究的问题。因此,心理治疗仍是一种很不完善的治疗工具。本节只简要地阐述有关心理治疗的一些基本问题,并介绍几种主要的治疗方法。

(一) 心理治疗一般问题

1. 心理治疗与心理咨询

心理治疗是应用心理学的理论和技术,对精神疾病和行为障碍进行帮助和改变的方法。受过训练的心理治疗者与病人建立接触,通过语言和非言语的治疗交往关系,改善不能适应环境的行为模式,促进人格的成长和发展。

与心理治疗有关,但又有区别的是心理咨询。心理咨询是心理卫生和心理治疗的实际业务之一。通过咨询关系,工作人员帮助正常人妥善处理个人、家庭、婚姻、教育、职业及生活习惯等方面的问题。

心理治疗和心理咨询没有本质的区别,因为两者在实施专业工作的理论指导、采用技术的主要原则都是相似的。两者的区别是,心理治疗主要对象是有心理障碍的病人,一般在医疗机构进行;心理咨询的对象则为正常来访者,在学校、工厂、街道等地方进行。前者主要以治疗;后者主要以辅导、建议方式来施行。虽然有这些区分,但在实际开展这些工作时,这种区分常常不是十分严格的。

2. 心理治疗的理论和实际

心理治疗的理论众多。理论来自心理治疗家对人格的解释和对人格发展和形成的认识。心理学中的人格问题实际上可以看作是心理治疗指导思想的来源和基础。治疗者根据自己依循的理论观点,也派生出不同的技术方法。

在心理治疗过程中,不管依循哪一种理论和方法,治疗者和病人都在自觉自愿的基础上建立相互的关系。这是一种两方合作努力的行为。但是必须强调指出,在治疗过程中,病人逐步地变得越来越自动和自我取向。他对自己的情感、思想、行为更负责任。病人发生了变化,并改变发生在他的内部。因此,心理治疗过程的总设计不在于改变病人,而在于帮助病人改变他自己。

心理治疗是一项很实际的工作,出于治疗业务的要求,心理治疗要以最有效、最经济、最有益和最人道的方式,解除或减轻人们的心理困扰和障碍。

(二) 精神分析治疗

精神分析由弗洛伊德首创,是发展最早、结构较完整的心理治疗方法。精神分析认为心理疾病和症状都有无意识的动机和含义,临床心理学家的任务就是从无意识中揭示意识。精神分析治疗通过自由联想和对失误和梦的解释等,把压抑在无意识中的动机愿望召回到意识中来,由此达到治疗的效果。

精神分析治疗对后来发展起来的心理治疗方法有较大影响,许多技术方法或多或少与精神分析有联系或吸取了它的营养。

经典精神分析治疗的主要技术如下:(1)自由联想:让病人讲出一切在头脑中的事情,通过这些联想揭示无意识内容,使病人恢复童年时期的记忆和情绪状态。(2)梦的释义:睡眠时自我控制减弱,某些无意识欲望可以从梦中显示出来。治疗者要从梦的外观(显相内容)中找出梦的潜隐意义。(3)移情:随着治疗的深入,病人有把治疗者当成自己配偶、父母、仇人的强烈情感或期望。治疗者可以从中知道病人生活中主要事件的线索,并导向适合的情感出路。(4)解释:在无意识事件开始显露时,解释也就逐渐开始。治疗者帮助病人理解和自知其异常行为的无意识基础。最后治疗者通过多次的揭示和解释,使病人摆脱现今的心理紊扰,放弃那些不成熟的情绪反应,获得良好的适应。

新精神分析理论强调不同的心理动力,重视人际关系,也改变了经典精神分析的某些技术方法。他们强调人类其他需求的重要性,如独立性、爱抚、得到尊重等;重视心理机能的意识方面和病人现时状况的直接因素等。但是这些治疗方法都强调同一种治疗目的,就使病人获得有关自己无意识根源的自知力,因此,都可称为自知力治疗或领悟治疗。

(三) 行为治疗

行为治疗是以条件反射和学习理论为基础的一种治疗方法。行为治疗家认为,许多适应不良行为,包括某些所谓"病"的表现,都是在环境中习得的错误行为。既然一些错误行为由学习而来,那么也可以通过学习的方法减轻或消除这些行为,并且也可以通过学习形成某些新的合乎要求的行为。因此,这种治疗是直接纠正不良行为或症状本身,而不是针对引起这些行为或症状的心理因素。

行为治疗有许多种类和技术,但都有共同的特点:(1)重视现在的各种症状;(2)强调新近的而不是过去的决定因素;(3)外在行为的改变被看作评定疗效的标准。

行为治疗的具体技术很多,下面列举数种:

1. 系统脱敏

系统脱敏法也称交互抑制,由美国心理学家沃尔帕(J. Wolpe)首创,主要用于治疗恐怖症、焦虑和其他神经症症状。在病人产生焦虑反应的同时,让他产生一个与焦虑相对抗的其他反应,这样多次结合后,病人焦虑反应强度就随之减轻,并在最后消失。可以采用的对抗反应有多种,但最常用的是肌肉松弛状态。这里的假设是,放松(松弛)同焦虑是对立的,放松可以制约和对抗焦虑。放松的目的就是将这种放松状态同诱发焦虑的情境联系起来,在治疗过程中,逐渐提高诱发焦虑的刺激水平,直到"最恐惧"的刺激也不再引起焦虑。在进行治疗时,需要将各种焦虑反应由强到弱分级排列,松弛反应也逐级系统地与之配对出现,先从抑制较弱的焦虑反应开始,循序渐进,最后消除最强的焦虑反应。

2. 厌恶疗法

用作为惩罚的痛苦体验与不良的行为或习惯结合起来,以抑制或消除这种不良行为或习惯。以治疗酗酒为例,当病人喝酒时,使用致吐剂使他产生恶心或呕吐,直至他每当想喝酒时就感到恶心,由于对酒的厌恶而自动停喝。作为厌恶性刺激的,也可用药物、电击或其他可以引起疼痛的机械性刺激等。另外,有时也可以是想象性厌恶刺激,用来改变不良行为。

3. 代币奖励

根据操作性条件反射原理,病人如果出现良好的行为就给予强化。强化的办法是以代币进行的,即以红星、塑料卡等作为奖励。累积一定数量的代币可以换取作为奖励的某种物体或活动。如儿童按时吃饭、睡觉,则得一个代币;与小朋友合作游戏,则得 2 个代币等。5 个代币可以换一本小人书;10 个代币可以去公园玩等。这种代币奖励法对于矫正精神病人的病态行为也有效果。

4. **暴露疗法**（flooding therapy）

也称涌进疗法，这是根据条件化饱和（satiation）的原理发展来的治疗方法。如果使某些反应大量地产生，但不给予强化，则这些反应不久就消退。让病人身临引起焦虑反应的情境中，让他重复多次体验不快的经验，使原来引起症状的内部动因逐渐消退，病人的症状也就消除了。例如对实验室白鼠产生恐惧的人，让他反复看到许多白鼠和捉摸白鼠。

（四）完形治疗

完形疗法（Gestalt therapy）又称格式塔疗法，强调人是有组织的整体，心理障碍是情感、思维、行动整合的破坏或人的心理或行为不能达成完形所致。倡导人是美国心理学家佩尔斯（F. S. Perls），他将完形心理学理论的认知原则引进临床心理学领域，在多年进行实际治疗的基础上形成一种非解释性的，非分析的心理治疗方法。

1. **主要理论**

完形心理学强调整体性，不同部分的联系产生一定的意义。这种疗法也把人的心理健康看作有组织的完形，在人身上表现为自我完善的努力倾向。神经症病人对人、对己、对生活不能达成完善的完形。他们把痛苦和焦虑排除于意识之外，对于自己感到不可接受的心理特点和行为予以否定等。

图形和背景也是心理治疗的重要概念。图形是病人当时的注意中心，知觉对象的其余部分成为背景。健康的心身要求有灵活性，适度地做到转换图形和背景，使与外界事物保持良好适应。心理有障碍者不能放弃僵化的定向经验。恐怖症、强迫观念、强迫动作等就是由于这种机制产生的。

趋合也是完形心理学中的重要概念。人格发展和心身健康同样依循趋合原则。生活中许多"未完成事件"给人造成创伤经验，产生某些"缺口"，趋合倾向表现为完成这些未完成的事件，从而达到良好的适应。

2. 异常表现和治疗原则

由于病人的日常行为不符合整合和完成的心理机制,他们会产生一些特殊的表现。这些表现构成心理障碍的主要原因有:以假定"必须如此"的思想对待生活;以固持、僵化的思维替代行动;拒绝现实,回味过去,憧憬未来;对自己的决策缺乏责任感;过分运用心理防御机制以逃避现实等等。

完形疗法的目的不是消除病人的症状,而是促进他的人格发展。治疗者要不断设法让病人放弃寻求支持和帮助的想法,使他知道依靠自己解决心理问题;帮助病人获得较高的自信心和责任感,重新整合自己人格的分裂部分。也鼓励他与其他人有更多的直接接触和减少心理防御和伪装。

完形疗法采用许多具体的技术,如对话演习、双椅技术、梦的工作、责任心训练、家庭作业等。这些技术都用以强化病人的直接经验,促进情感释放,使病人能够面对冲突和矛盾,提高他的意识性。在淡化上述这些特殊的行为表现中,病人可以逐渐地达成人格重新整合。

(五) 患者中心治疗

患者中心治疗由美国心理学家罗杰斯(C. R. Rogers)于本世纪40年代开创。他认为自我概念与体验不一致导致心理障碍。因此,这是个人对其环境的知觉和对环境的解释,两者之间失去了协调。此时,个人就用自欺的方式避免面对,不去实事求是地解决问题。心理治疗的重要目的是设法让来访者自觉地抛弃自欺的外衣,接受和面对现实。

这种疗法的理论要旨是:人本身具有了解其自身存在和行为的建设性变化的巨大潜力。这种潜力或潜在的资源,总是在不断地发挥和充分地表现出来。如果环境不好,或没有良好的指导,这种潜力就不能得到发展,或向歪曲的方向发展,而成为行为异常。在进行心理治疗时,治疗者能体验及表达其关怀、真诚和理解,这种潜能就可释放出来。但治疗者和来访者之间的特殊治疗关系是整个治疗过程的关键所在。

在进行心理治疗时,最重要的是建立一种环境气氛或治疗关系。治疗者对来访者的行为不作任何解释,也不试图作任何干涉或控制。因此,这种治疗也称非指导性疗法。治疗者只表示对他了解、同情、关怀、尊重,接受和愿意听他的倾诉等。在这种环境中,患者内部的潜在资源能得到很好发挥,他能说出内心症结所在,也能获得对自己的清楚的了解,达到治疗的效果。这种治疗以患者本人为主,故又称为患者中心治疗。

(六) 认知治疗

认知疗法是20世纪60—70年代在美国发展起来的一种治疗方法。这是通过改变人的认知过程和从这一过程中产生的观念,来纠正其适应不良的行为和情绪。

认知疗法认为,外部世界作为刺激并不直接引起个体的反应,它先要转换为感觉信息,经过人格结构和过去经验的折射,通过思维过程对信息加以评价解释。正是在此评价与解释的基础上,才产生出各种情绪和有目的行为。认知上的歪曲与局限,则导致情绪的紊乱和行为的适应不良。因此心理治疗的关键在于改正人的认知。

认知疗法的代表人物为贝克(A. Beck)和雷米(V. C. Raimy),前者的着重点在认知的过程,后者则在认知过程导致的错误观念。

在贝克看来,任何情绪问题和行为障碍都伴有认知的歪曲和思维的紊乱。这些歪曲和紊乱的表现有以下几种特征:

1. 以自我为中心

病人对任何事件的解释都是按其与自身的关系来进行。与自己联系起来再进行判断就不易客观。这就导致认知的直接歪曲。

2. 极端化思维

病人常作出片面的抽象、过度概括、非常武断的推论。这种思维过程就会使获得的正确感受的信息发生变形。

3. 超规则化

病人对情境作出有规则的反应,但他不顾客观条件,一味按规则行事,因而其行为与环境不相协调。贝克的主要临床工作在于探察导致不良行为和情绪的观念的认知过程,并通过心理治疗纠正这一过程。

雷米关心的是错误观念是怎样产生的,怎样以一种有秩序的方式在病人身上表现出来,又是怎样发生作用的。他认为错误观念都是以群集的方式出现,而每一群集都与一组有系统的变态行为和情绪紊乱相对应。每一群集中的错误概念又有不同重要性和层次。心理治疗的目的是要瓦解中心的、深层的错误观念,而治疗的手段则是从边缘的、表层的开始,逐渐靠近中心,揭示深层,最后瓦解它。

二、心理卫生与预防

心理卫生包括两个意义:(1)指心理健康状态,个体处于这种状态时不仅自我情况良好,而且与社会契合和谐。(2)指维持心理健康、减少行为问题和精神疾病的原则和措施。

由于心理异常的普遍,而且治疗的不易,心理卫生工作的重要性越来越受到重视。心理异常的人往往不能从事工作和学习,而且也影响其家属和周围人的工作和生活。有的甚至威胁社会安全,对这些人的照顾和治疗也给家庭和社会造成沉重负担。因此,防范精神疾病和行为问题的产生,对个人和社会很有裨益。心理卫生和预防工作要从以下两方面着手。

(一) 个人心理卫生

就个人来说,首先要对心理变态有正确的认识。一个人如果抱有许多错误观点,就只会消极被动地对待心理健康问题和对待病人。一般常见到的不正确观点有:(1)心理异常是不可能治疗的,也不可能痊愈的;(2)心理异常是不可能预防的;(3)心理异常是可耻的;(4)异常的行为表现非常可笑,以轻视、逗乐、侮辱的态度看待这些人,等等。上述观点需要通过科普知识的宣讲予以纠正和消除偏见。对待心理变态和有关的诸多问题,需要坚持的是:(1)科学性,(2)人道主义。

其次要对个人的健康心理进行积极的培养。个人在生活环境中总会遇到挫折。每个人需要学习如何应付挫折,容忍挫折,以达到良好的适应。下面列举一些建议和做法,但多为原则性的,每人可根据个人情况参考应用。当然也可从各个年龄阶段所具有的心理特点来考虑心理保健问题,对此本文就不讲了。

下面举出一些建议和做法:(1)了解自己的优点、缺点,使人有自知之明,能够自尊、自强,也知道努力的方向。(2)承认现实,面对现实。个人行为与现实保持良好接触,不脱离现实,不逃避现实。(3)发展自己的才能和兴趣。参与社会、参与文体、艺术等活动。对某一事物知道得越多,对它和对世界的兴趣也会越大。以此提高人的胜任感和责任性,也能使个人与社会更加契合。(4)关心他人的疾苦。隔离和孤独的情感使人脱离社会,失去支持和产生疑虑。关心他人能帮助我们较正确地看待我们自己的烦恼和苦闷。关心他人也能使我们接近他人。与人为善和搞好人际关系,能增进个人的社会适应。(5)不以寻求心理上的帮助为耻。我们每个人的自我了解和自我帮助有一定限度,必要的时候需要有其他人帮助解决困难,可以向朋友、教师、家人等交谈,也可求助于心理咨询和治疗家。自愿求助于专业人员是情绪成熟的标志。

(二)社区预防

以公共卫生观点来对行为问题和精神疾病进行防治。社区心理卫生要求把预防精神疾病的工作做到社会中去。工作人员走出医院,到家庭、街道、社区进行服务。这一观点也强调心理健康的服务必须是广义的,除专业人员外,还需要有关人员和许多群众一齐参与,以解决或减少有碍心理健康的多种因素。

社区预防可分为3个层次的防治工作:

1. **首级预防**

防患于未然,对疾病发生发展的各种因素采取经常性措施,因此这是针对病因的,是最基本的预防。

2. 二级预防

早期发现和早期治疗,也包括良好的疗效和防止复发。主要目的是使轻度心理异常不导致急性发作,或转变为慢性的。

3. 三级预防

减少由心理障碍而造成的危害和后遗症。这就需要做好患病者的康复安排,尽量减少其心理衰退和能力丧失,使病人多保留一些人际交往和劳动能力,使其有可能自食其力或至少保持生活自理的水平。

为了开展社区心理卫生的各级预防工作,也常常设立一些机构和服务点,如辅导中心、咨询门诊、专用热线电话、危机调解、康复站、日托病人站、老人服务中心、戒酒自禁团体等。社区预防工作的开展与推广不但为学术界普遍重视,也得到各国政府和社会团体的广泛支持。社区心理卫生已形成一个社会运动,在全世界范围内深入开展起来,尤其为落后地区的防治工作带来了巨大益处。

总之,心理卫生的中心工作在于减少精神疾病和不良适应行为的发生倾向。为了维护人们的心理健康必须保持并增进个人与社会的良好关系,发展健全人格,增进每个人的适应能力,并积极改善社会环境及人际关系。

心理卫生工作要由个人、家庭、学校、社会、工作单位和医疗机构共同努力,才能收到较大成效。

推 荐 读 物

[1] 希尔加德等著,周先庚等译《心理学导论》第 14、15、16 章,北京大学出版社,1987 年。

[2] 陈仲庚主编译《变态心理学》,人民卫生出版社,北京,1985。

[3] 钱铭怡编著《心理咨询与心理治疗》,北京大学出版社,北京,1994。

[4] Sahakian W. S. ,Psychopathology Today(2nd ed),Illinois:Peacock Publishers,1979.

[5] Davison G. C. and Neale,J. M. Abnormal Psychology:an Experimental Clinical Approach(4ed),New York:Wiley,1986.